Den Invecklade Universumet ~ Bok Ett

Av
Dolores Cannon"

Översättning av:
Herman Anders Sørensen

© 2001 av Dolores Cannon
Svensk översättning - 2025
Alla rättigheter förbehållna. Ingen del av denna bok, vare sig helt eller delvis, får reproduceras, överföras eller användas i någon form eller på något sätt, elektroniskt, fotografiskt eller mekaniskt, inklusive fotokopiering, inspelning eller genom något informationslagrings- och hämtningssystem, utan skriftligt tillstånd från Ozark Mountain Publishing, Inc., utom för korta citat som ingår i litterära artiklar och recensioner.

För tillstånd, serialization, förkortning, bearbetning eller för katalogen över andra publikationer, skriv till: Ozark Mountain Publishing, Inc., P.O. Box 754, Huntsville, AR 72740, ATTN: Tillståndsavdelningen.

Library of Congress Cataloging-in-Publication Data
Cannon, Dolores, 1931-2014
Det Komplicerade Universum ~ Bok Ett av Dolores Cannon
Uppföljaren till The Custodians ger metafysisk information erhållits genom många ämnen genom hypnotisk regression från tidigare liv.
1. Hpynos 2. Reinkarnation 3. Tidigare liv terapi 4. metafysisk 5. Atlantis
I. Cannon, Dolores, 1931- 2014 II. Reinkarnation III. Metafysisk
IV. Titel
ISBN: 978-1-962858-51-9

Översättning av: Herman Anders Sørensen
Omslagskonst och layout: Victoria Cooper Art
Bok satt i: Times New Roman
Bokdesign: Nancy Vernon
Publicerad av:

Ozark Mountain Publishers
P.O. Box 754
Huntsville, AR 72740
Tel: 800-935-0045 eller 479-738-2348
WWW.OZARKMT.COM

"99,9999 % av det som påverkar vår verklighet kommer att vara omöjligt att upptäcka med våra sinnen. Människan måste lära sig att tänka själv, snarare än att blint följa det han har blivit lärd."

– Buckminster Fuller

"Gränserna för det möjliga kan bara definieras genom att gå bortom dem in i det omöjliga."

– Arthur C. Clarke

Innehållsförteckning

Introduktion i

SEKTION ETT - SÖKANDET EFTER UNDERBARNET
1. Linda och Bartholomew Kommer In i Mitt Liv 3
2. Lektionerna Börjar 32
3. Energienheterna 56

SEKTION TVÅ - FORTSÄTTNING FRÅN "VÄRNARNA"
4. Janices Utelämnade Utskrifter 79
5. Kunnskapens Repository-Planet 127

SEKTION TRE - JORDENS MYSTERIER
6. Atlantis 153
7. Pyramidernas Mysterium 231
8. Oförklarliga Mysterier 257

SEKTION FYRA - VIBRATIONER, FREKVENSER OCH NIVÅER
9. Uppvaknandet 313
10. Platsen Kallad "Hem" 334

SEKTION FEM – METAFYSIK-KVANTFYSIK?
11. Parallella Universum 381
12. Energin och Assistenterna 420
13. Användningen och Manipuleringen av Energikraften 460
14. Transformationen av den mänskliga kroppen 490
15. Den Mekaniska Personen 536
16. Guds källan? 557

Författarens sida 571

Introduktion

Det rekommenderas starkt att du först läser The Custodians innan du ger dig på informationen i denna bok. Detta är en fortsättning eller uppföljare till den boken. The Custodians var en rapport om mitt arbete med UFO-/bortförandefall sedan 1986 och täcker min utveckling från det enkla till det mycket komplexa. Jag upptäckte att bortföranden och observationer bara var toppen av isberget. När mitt arbete framskred fick jag mer och mer komplicerad information. Vid den tidpunkt då den boken hade sammanställts insåg jag att den var för omfattande och innehöll information som avvek från UFO-temat till mycket komplex metafysik. Det var då jag bestämde mig för att ta bort en del information från den boken för att inkludera den i en ny bok som skulle behandla mer komplicerade teorier. Denna bok är resultatet av det.

Jag antar (kanske felaktigt) att när läsaren har nått denna punkt i mitt arbete, kommer de att vara bekanta med min bakgrund som en utredare inom det paranormala genom användningen av hypnos. Mina rötter inom hypnos går tillbaka till 1960-talet, då jag började arbeta med hypnos med de äldre metoderna. Efter att ha uppfostrat en familj återvände jag till hypnos år 1979. Jag ville då fokusera på tidigare-liv-regression och tidigare-liv-terapi, så jag studerade de nya induktionsmetoderna som var snabbare och använde bilder och visualiseringar. Under åren med terapi och utredning utvecklade jag min egen teknik som uteslutande använder det somnambulistiska trance-tillståndet. Det är genom denna metod jag kan få tillgång till en enorm mängd information genom att kommunicera direkt med det undermedvetna sinnet.

När mitt arbete framskred utnyttjade andra entiteter ofta det djupa transstadiet för att kommunicera genom mina försökspersoner. Detta pågår fortfarande efter över 20 år, och mer information fortsätter att komma fram. Detta kommer att inkluderas i framtida böcker. Jag fick veta att jag hade klarat proven och skulle få tillgång till svaren på alla frågor jag ville ställa. Detta var för att jag hade förblivit trogen mot materialet och inte censurerat eller förändrat det. Jag ser mig själv som

Den Invecklade Universumet ~ Bok Ett

rapportören, den psykiska utredaren och forskaren av "förlorad" kunskap. Sökandet är därför aldrig avslutat.

Läsaren kommer att märka i mitt arbete att de andra entiteterna utnyttjar ordförrådet i försökspersonens sinne och ofta använder detta för att ge analogier i ett försök att förklara det oförklarliga på ett sätt som människor kan förstå. Därför använder de ofta ord som inte är korrekt engelska. De bildar ord av de närmaste substantiven och verben de kan hitta i försökspersonens sinne. Hur det än görs, fungerar det, och vi kan förstå vad de försöker förmedla.

Dolores Cannon

Den Invecklade Universumet ~ Bok Ett

Sektion Ett:
Sökan efter Underbarnet

Den Invecklade Universumet ~ Bok Ett

Kapitel Ett
Linda och Bartholomew Kommer In i Mitt Liv

Jag hade ursprungligen tänkt inkludera Lindas historia i The Custodians, men den boken blev så stor att jag var tvungen att ta bort den här delen. Förutbestämdheten att möta och så småningom arbeta med Linda hade många märkliga och ovanliga undertoner. Vårt första möte var under mitt första föredrag i Little Rock, Arkansas, sommaren 1989. Den första volymen av Conversations With Nostradamus hade tryckts, och jag började med att föreläsa och signera böcker, så att säga, på hemmaplan. Efter föredraget var Linda en av många som köpte en bok och ställde sig i kön för att få en autograf. När jag signerade hennes exemplar gav hon mig sitt visitkort och sa att om jag någonsin ville ha någon att arbeta med, så skulle hon vara tillgänglig. Hon verkade lite osäker och sa inte mer vid det tillfället. Andra människor gav mig också sina kort eller skrev sina namn och kontaktinformation på papperslappar. Några av deras kommentarer antydde att de trodde sig ha haft UFO-upplevelser. Jag gjorde anteckningar på dessa kort och lovade att återkomma till dem först, eftersom jag vid den tiden genomförde UFO-utredningar tillsammans med Lou Farish i Arkansas. Jag insåg snart att det skulle vara omöjligt att träffa alla.

Tidigare försökte jag alltid arbeta med alla som ville ha en hypnosregression av tidigare liv, eftersom jag inte visste hur viktigt det kunde vara för dem. Efter att min första bok publicerades började trycket, och jag insåg snabbt att livet inte längre skulle vara så enkelt. Mitt liv skulle aldrig återgå till den långsammare, normala stilen. Det fanns inget sätt jag kunde träffa och prata med alla dessa människor, än mindre regressera dem. Jag antog att de flesta bara var nyfikna och sökte efter en upplevelse snarare än svar på problem i sina liv. Jag la korten och papperslapparna i min väska och avsåg helt klart att göra ett seriöst försök att kontakta dem om det var möjligt. Lindas kort var bland dessa. Jag blev snart uppslukad av för många händelser för att kunna återkomma till Linda och de andra. Vid den tidpunkten var hon inte en individ, utan ett suddigt ansikte i en mängd, en av många.

Några månader senare återvände jag till Little Rock för ett annat föredrag och hade min första session med Janice. Jag gjorde en särskild ansträngning att träffa henne eftersom hon misstänkte att hon hade haft en UFO-upplevelse, och jag upptäckte snart att hennes fall förtjänade vidare undersökning. Jag ordnade så att jag skulle arbeta med henne varje gång jag gjorde den långa fyra timmars resan till Little Rock. (De fantastiska saker vi upptäckte redogjordes för i The Custodians och den andra delen av denna bok.)

Av en slump upptäckte jag att Linda var en vän till Janice, och hon berättade att Linda var besviken över att jag aldrig återkommit till henne. Jag förklarade situationen för Janice: att jag var överväldigad av förfrågningar, som nu kom in via telefon och brev. Jag hade blivit mycket selektiv i valet av de jag hade tid att arbeta med. Eftersom Janice sa att Linda verkligen ville träffa mig, bokade jag motvilligt ett möte under min nästa resa till Little Rock vintern 1989. Jag var tveksam eftersom jag visste att jag skulle vara mycket upptagen. Jag hade planerat flera sessioner utöver ett föredrag, och jag visste från tidigare erfarenheter att det också skulle vara människor som ville stanna uppe hela natten för att prata. Trots oron för att jag skulle överbelasta mig själv med för många nyfikna personer, gick jag med på att träffa Linda av respekt för Janice. Jag förväntade mig verkligen inget från sessionen, och definitivt inte en långvarig relation.

Varje gång jag reste till Little Rock bodde jag hos min vän Patsy, och hon lät mig boka sessioner för regressioner i sitt hus. Det fanns alltid en avskild plats eftersom Patsy var på jobbet. När Linda anlände satt vi i Patsys vardagsrum och pratade. Hon var en attraktiv kvinna, troligen i 40-årsåldern. Välklädd, hennes hår var elegant arrangerat, och hon verkade inte vara den typen (om det nu finns en sådan typ) som skulle vilja utforska tidigare liv genom hypnos. Hon var en affärskvinna som drev sin egen djuraffär. De flesta av hennes barn var vuxna och hade lämnat hemmet för att skapa sina egna liv. Tyst och mjuk i talet, inte den typen som uppmuntrar till drömmande eller fantiserande, levde hon ett upptaget och fullspäckat liv.

När hon hörde om mitt första föredrag kände hon en överväldigande impuls att närvara, trots att hon egentligen inte var särskilt intresserad av Nostradamus. Hon sa att hon var mycket förväntansfull på kvällen för föreläsningen, även om hon inte riktigt förstod varför. När hon satt i publiken under föredraget berättade hon för sin man att hon hade en okontrollerbar lust att prata med mig. Trots att lusten nästan överväldigade henne, tvekade hon att närma sig mig. Efter föredraget stod hon i kön för autografer, och funderade på om hon skulle säga något eller inte. Hon var rädd för hur det skulle låta. Hennes man uppmuntrade henne och sa att om hon kände så starkt för det, borde hon göra det. Men när ögonblicket kom, kunde hon bara ge mig sitt kort och säga att hon gärna ville arbeta med mig. Självklart var hon omedveten om hur många gånger jag hade hört den begäran samma dag. Vårt samtal var mycket kort, och när hon lämnade salen lade jag hennes kort bland de andra i min väska. Jag glömde händelsen tills ödet förde oss samman i Patsys vardagsrum.

När jag frågade Linda om hennes skäl till att vilja genomgå en hypnotisk regression, kunde hon inte ge mig något tydligt svar. Hon sökte inte svar på något problem, och hon var inte nyfiken på tidigare liv. Det var en impuls som inte lämnade henne ifred, och hon kände att hon hade något att ge mig, men hade absolut ingen aning om vad det var. Eftersom mitt arbete handlade om Nostradamus trodde hon vagt att det kanske hade något att göra med honom. Jag arbetade redan med flera personer för att slutföra det projektet, som resulterade i två ytterligare volymer av Conversations With Nostradamus. Jag behövde verkligen ingen nykomling, särskilt inte en som bodde fyra timmar bort. Hon hade ingen kunskap om de andra projekten jag var involverad i, så hon var helt förlorad över varför hon var där.

Jag suckade och tänkte att regressionen förmodligen skulle visa sig vara ett enkelt, banalt tidigare liv utan någon betydelse förutom för henne själv. Jag hade genomfört många av dessa under de senaste dagarna och var verkligen inte på humör för att göra en till. Jag återhämtade mig från en halsont och min energi hade varit låg under hela resan. Trots att jag var trött visste jag att jag var tvungen att genomföra sessionen för hennes skull. När vi började förväntade jag mig absolut ingenting, och blev snart glatt överraskad och fullständigt tagen på sängen. Det var ytterligare ett exempel på att gå in i något utan förväntningar och upptäcka att scenen var förberedd av krafter bortom min kontroll.

Jag använde min vanliga hypnosinduktionsmetod som skulle placera Linda i ett tidigare liv. När hon kom in i scenen var hennes

Den Invecklade Universumet ~ Bok Ett

röst så avslappnad och tyst att det var svårt att höra. Jag visste av erfarenhet att hennes röst skulle bli högre när vi fortsatte prata. Hon såg löv på marken och visste att hon var i en skog, men blev förvånad över att se att hennes kropp var en mans kropp. Hon bar stövlar som gick upp till knäna och en långärmad skjorta. Hennes beskrivning var av en ung man i tjugoårsåldern med långt brunt, vågigt hår och skägg och mustasch. Hans ögon var genomträngande blå. Han var upptagen med att hugga ved i skogen nära där han bodde.

Jag föreslog att hon skulle se platsen där hon bodde. "Det är ett slott, med en vindbrygga och flaggor som fladdrar på toppen av murarna. Min far är kungen."

D: Så du behöver egentligen inte hugga ved, eller hur?
L: Nej, men det är roligt. Det får mig att må bra. (Tyst) Folk tror att jag är galen.
D: Varför tror de det?
L: För att jag gillar att arbeta. Jag tycker inte om hovets liv. Det är så ytligt. När du arbetar med händerna känner du en känsla av prestation som inget annat kan ge dig.

Hans namn var Bartholomew och han bodde i slottet med sin familj och många, många andra människor, inklusive tjänare. "Det är en ganska stor gemenskap. Alla bor innanför murarna."

D: Åtminstone känner du dig inte ensam, eller hur?
L: Jo, det gör jag. De bryr sig inte om mig. De vet inte om mitt intresse för lärande. De bryr sig inte om kunskap. Jag är lycklig på mitt eget sätt.

Situationen i hans land var inte fredlig. Det fanns faror, och de var tvungna att hålla sig nära slottsmurarna.

L: Bönderna vill inte. De behandlas inte särskilt väl. Så du kan inte gå ut utan eskort.
D: Vad tycker din far om hur folket beter sig?
L: Det är hans fel. Han är inte särskilt snäll. Han försöker inte hjälpa dem. Han använder dem bara för sin egen vinning.

Den Invecklade Universumet ~ Bok Ett

D: *Du sa att du var intresserad av kunskap. Har du en viss typ av kunskap som du gillar att studera?*
L: Ja. Jag gillar att studera stjärnorna. Universum. Och det är därför folk tror att jag är galen.

Självklart antog jag att han talade om astronomi eller astrologi.

D: *Hur uppfattar andra stjärnorna under din tidsperiod?*
L: Som bara blinkande små bitar av månen.
D: *Finns det inga andra människor under din tid som gillar att studera stjärnorna?*
L: Bara en. Han är min vän.
D: *Är det han som hjälpte dig att lära dig dessa saker?*
L: Ja. Han vet. Han är inte härifrån. Men han är mycket gammal, och snart kommer han att lämna mig.
D: *Men kanske kan han föra vidare sin kunskap?*
L: Ja, det är vad han gör just nu. Och det är ett mycket stort ansvar som jag måste bära när han lämnar. Då kommer det att vara mitt. Jag måste lära mig och föra det vidare, så att det inte dör och går förlorat. Det får inte gå förlorat.
D: *Vilken typ av kunskap om stjärnorna är det?*
L: Det är kunskapen om universum. Allt av Guds skapelse, inte bara denna jord. Utan av många, många, många universum och stjärnor som är så långt borta att vi människor inte ens kan förstå var de är. Den här mannen som jag studerar med har varit på många platser, och han har kommit hit för att ge mig denna kunskap i hopp om att mitt sinne ska föra det vidare till framtida människor, så att de inte ska vara rädda.
D: *Du sa att den gamle mannen kom från någon annanstans?*
L: Ja, han kom från Plejaderna.
D: *Gjorde han?*

Nu fångades mitt intresse. Detta var inte en enkel regression.

D: *Var är det?*

Jag visste att det var en stjärnbild, men jag ville se vad han skulle säga.

L: Det är ... i Vintergatan. Mycket långt härifrån.
D: *Låter det inte omöjligt?*
L: Nej. Han kom hit på en ljusstråle ... (förvirrat) vilket är mycket svårt för mig att förstå.
D: *Jag tror det skulle vara det. När du först träffade den här mannen, tyckte du att dessa idéer var svåra att tro på?*
L: Nej. Jag visste att de var sanna. Det finns många saker som är skapade som vi människor inte förstår. Vi kan bara känna att de är så, i våra hjärtan.
D: *Hur ser den här mannen ut?*
L: Han är mycket gammal. Han är böjd, har vitt hår och bär en mantel. En mycket enkel gammal, gammal man.
D: *Var bor han?*
L: Jag vet inte. Han bara kommer till mig. Var jag än befinner mig, kommer han bara till mig.
D: *Hur kan han göra det?*
L: Jag vet inte. Först trodde jag att han var magisk, men jag tror inte att det är rätt. Jag tror att han har krafter som jag inte kan förstå vid denna tidpunkt, eftersom mitt intellekt inte är tillräckligt utvecklat för att jag ska förstå.
D: *Hur uppfattas magi av genomsnittspersonen under din tidsperiod?*
L: Det är ett sätt att leva här. Det finns trollkarlar, men de är falska. Min far sätter stor tillit till dessa människor. De är inte de som de utger sig för att vara.
D: *Det verkar som om han skulle vara intresserad av din vän.*
L: Nej, för jag kan inte berätta om den här mannen. Hans existens skulle hotas.
D: *Har du studerat med den här mannen länge?*
L: Jag har studerat i fem år nu. Jag var ... tjugo.
D: *Vad tänkte du när han först kom till dig?*
L: Ah! Jag tänkte, "Varför jag? Jag behöver frid. Jag behöver inte det här." (Eftertänksamt) Jag satt i skogen under ett träd och funderade på mitt liv. Och när jag öppnade mina ögon stod han rakt framför mig. Jag frågade honom vem han var. Och han sa till mig, "Jag har kommit från en mycket avlägsen plats för att lära dig saker som du inte kan föreställa dig." Så jag sa till honom, "Vad får dig att tro att jag vill lära mig dessa saker?" Och han sa

till mig, "För att det är förutbestämt. Och på grund av detta kommer du att lära dig dem."

D: *Som om du inte hade något val.*

L: Det var precis vad jag sa till honom. "Jag kommer göra vad jag vill." Och han sa till mig, "Ja, och du kommer vilja lära dig."

D: *Han verkar vara en intressant man. (Hon småskrattade.) Tog det lång tid att övertyga dig?*

L: Nej. Jag visste i mitt hjärta att det var så.

D: *Även om det var konstigt. Och han har kommit i ungefär fem år nu, var du än är?*

L: Ja. Nästan varje dag. Han låter mig inte vila särskilt ofta, för det finns så mycket jag måste lära mig. Han sa till mig att när han lämnar mig måste jag hitta en elev som är mycket yngre än jag. Och på så sätt kommer kunskapen att leva vidare. Jag kan inte skriva ner detta material.

D: *Varför inte?*

L: På grund av farorna att det kan förstöras. Det måste vara en levande kunskap som förs vidare från en generation till en annan. Och endast utvalda personer får ha denna kunskap. Jag känner mig mycket tacksam och lycklig över att vara den utvalda i min tid.

D: *Det är ett stort ansvar.*

L: Det är en stor ära, men jag känner också att vikten av denna ära pressar mycket hårt på min själ.

D: *Så du ska minnas vad han säger och inte skriva ner det?*

L: Nej, jag kan inte skriva ner det. Det kommer att lagras i mitt intellekt, och när jag hittar min elev kommer allt att återkallas, som om genom magi. Det kommer i rätt ordning, så att denna elev kommer att förstå exakt den kunskap han behöver ha. Och sedan kommer han att lagra det på samma sätt som jag har gjort. Det är inte tillåtet att skriva ner det.

D: *Tror du inte att det finns en risk att glömma något av det?*

L: Nej. Intellektet är mycket stort. Människor förstår inte intellektet.

D: *Finns det inte en risk att, när det förs vidare från en generation till en annan, det kan uppstå förvrängningar?*

L: Nej, för det finns något som håller det intakt i intellektet.

D: *Jag tänker på hur människor är. De ändrar information över långa tidsperioder.*

9

Den Invecklade Universumet ~ Bok Ett

L: Men detta är lagrat på en mycket speciell plats och kan bara tas fram vid rätt tillfälle. Jag kan inte diskutera detta med vem som helst när som helst. Det diskuteras endast vid rätt tidpunkt, och då utnyttjas den delen av intellektet för att få fram informationen.

D: Men det är okej om du pratar med mig om dessa saker? (Ja) För jag utgör inget hot mot dig?

L: Det stämmer.

D: Kom han specifikt för att träffa dig eller har han bott på jorden?

L: Han kom bara för mig. Jag tror inte att andra kan se honom. Andra hör mig prata med honom, och det är därför de tror att jag är galen. De ser honom inte.

D: Det skulle vara förvirrande, eller hur?

L: Ja, men det är okej. Jag vet att jag inte är galen. Vi är mycket isolerade där jag bor. Det finns inte många människor i det här området. Vi bor mycket långt borta från de flesta andra kungadömen.

D: Har du blivit undervisad i någon form av religiös tro?

L: Vi tror .... Endast på magi. Eld. Eldens gud är mycket kraftfull.

D: Är det en del av vad trollkarlarna lär ut? (Ja) Är det därför din far tror på dessa saker?

L: Ja. Han är mycket vilseledd.

D: Så denna information är inte för honom, eller hur?

L: Nej. Han skulle inte kunna förstå dessa saker. Han skulle inte kunna acceptera dem. Jag måste resa mycket långt bort.

D: Har du blivit tillsagd det?

L: Ja. När min undervisning är avslutad måste jag resa mycket, mycket långt bort för att hitta en elev att ge denna kunskap till. Jag kommer aldrig återvända till min skog. Det är därför jag måste njuta av den nu.

D: Skulle du inte kunna hitta någon lämplig där du bor? (Nej) Hur känns det att lämna?

L: Mycket sorgligt.

D: Är du arvtagaren till kungariket?

L: Nej, jag är den yngsta. Om jag var arvtagaren skulle jag inte ha blivit vald att göra detta arbete.

D: Du skulle ha andra ansvar.

L: Ja. Och eftersom jag inte har några, kan jag gå.

10

Den Invecklade Universumet ~ Bok Ett

D: Jag är mycket intresserad av informationen som du får. Men låt oss lämna den scenen, och jag vill att du går framåt i tiden till en viktig dag. En dag då något som du anser vara viktigt händer.

Det som kom fram var redan märkligt nog och hade väckt mitt intresse, men jag var inte beredd på vad som skulle komma härnäst.

D: (Lång paus) Vad är det? Vad ser du?
L: (Betonat) Jag är i universum. Jag är på en resa. Jag är på en sightseeing-mission.
D: Hur sker detta?
L: Jag blev ombedd att åka på denna mission, så att jag kunde ge mina åsikter till andra i ett land långt borta. Jag reser mycket snabbt, men det verkar inte så. Det känns som om det inte sker någon rörelse.
D: Hur reser du?
L: Jag är i en ... kapsel.
D: Vad är det?
L: Det är en rund sak.
D: Är det väldigt stort?
L: Nej. Det är bara ett mycket litet ovalt rum. Nej, en liten oval sektion av ljus. Och det finns ingen annan här än jag. Jag ... jag styr det inte. Det reser sig själv.
D: Sitter du inuti?
L: Jag står, men jag skulle kunna sitta om jag ville.
D: Så det är stort nog för att du ska kunna stå i det?
L: Ja. Det har ett fönster. En öppning, men du kan inte sticka ut handen genom den.
D: Varför inte?
L: För att det är en täckning av något slag som inte tillåter dig att gå ut. Men det gör att du kan se vad som finns på andra sidan.

Detta har inträffat upprepade gånger när jag har regresserat någon till medeltiden. De vet inte vad glas är. Det måste ha varit ovanligt under den tiden eftersom detta är ett återkommande mönster. När sådana kommentarer upprepas har de en viss validitet eftersom personen inte vet vad andra har rapporterat. Detta är några av de små saker jag har lärt mig att hålla utkik efter.

D: *Vad ser du genom öppningen?*
L: Jag ser att det är väldigt mörkt där ute. Mycket mörkt, verkligen svart, mycket fridfullt. Och ibland ser jag saker som svävar omkring mig. Det finns inte mycket färg här, som på jorden. Mycket svart och grått. Inte mycket färg alls.
D: *Vilken typ av saker ser du som svävar förbi?*
L: Åh, jag ser formationer av ... svart sten ibland.
D: *Hur kom du in i denna lilla plats?*
L: Jag sov och jag blev väckt och tillfrågad om jag ville komma. Och jag sa, "Självklart." Och sedan somnade jag igen. Och sedan blev jag medveten om att jag var i detta lilla rum. Jag vet inte hur jag kom hit. Allt jag vet är att jag bara gick med på att komma och sedan var jag här.
D: *Var det din vän som frågade dig?*
L: Nej. Han sa att han kände min vän, men han var från en annan plats i universum. Inte från Plejaderna. På andra sidan av Plejaderna. Han kom från en planet som kallades (fonetiskt: My-con) Micon. Micon? Jag har aldrig hört talas om den platsen.
D: *Hur såg den personen ut?*
L: Han var liten, mycket liten. Han hade inget hår. Han hade ett väldigt stort runt huvud.
D: *Kunde du se hur hans ansikte såg ut?*
L: Jag minns inte om han hade ett ansikte. Jag minns bara att hans huvud var mycket stort och mycket runt. Och hans kropp var mycket liten. Och jag undrade vid den tidpunkten hur han höll balansen på grund av sitt stora huvud.
D: *Självklart var det natt, och det var svårt att se hans ansiktsdrag, eller hur?*
L: Nej. För han var ... silverfärgad. Ljus! Silverfärgad, och han var ljus.
D: *(Överraskad) Du menar att han lyste?*
L: Ja. Det var därför jag inte kunde se hans ansikte, för det var för ljust. Och jag var sömnig, och jag kunde inte se. (Linda tittade nedåt.) Jag har på mig ett stort bälte. (Handrörelser.) Ett stort bälte runt midjan. Det är mycket tjockt och mycket varmt, och det är också silverfärgat. Det har fack runt framsidan av mig, som fickor. Jag undrar varför jag har på mig detta bälte, och vilket syfte det

tjänar. Det är dock inte av läder. Det är mycket mjukt, inte hårt. Det känns inte som något jag känner till. (Med handrörelser verkade hon också undersöka det.) Det finns ingen början på detta bälte, ingen spänne. Och jag minns inte att jag satte på mig det. Detta stör mig lite.

D: *Finns det något i fickorna?*
L: De känns som om de har saker i sig, men det finns ingen öppning, så jag kan inte se vad som är i dem. (Bältet verkade störa honom.) Jag antar att jag snart kommer att bli tillsagd varför jag har detta bälte på min kropp.

Rösten genom hela denna del lät äldre och hade en distinkt artikulering som inte liknade Lindas vanliga.

D: *Det kommer inte att störa dig. Det är bara en nyfikenhet.*
L: Ja, det är det. Det är en mycket märklig känsla. Jag känner som om min mage expanderar under bältet.
D: *Men det är inte en obehaglig känsla?*
L: Nej. Det är väldigt lätt, väldigt lätt.
D: *Har du dina vanliga kläder under bältet?*
L: Nej, nej, nej. De fick mig att lämna dem i mitt rum. Jag har på mig .... (Han verkade undersöka det.) Det är också glänsande. Jag vet inte vad detta material är. Plagget är mycket lätt, och det omsluter hela min kropp. Jag har dessa skor på mig. De är inte stövlar, de är skor. Och allt är enhetligt. Det är allt i ett. Jag är inkapslad i det. Jag har dock ingen hatt på mig.
D: *Finns det något på väggarna, eller är rummet tomt?*
L: Låt mig se. (Lång paus) Det finns ett stort fönster.
D: *Är detta annorlunda än den lilla öppningen?*
L: Nej, detta är öppningen. Det är mycket långt. (Paus) Jag undrar var dörren är. Jag ser ingen.
D: *Det blir bara mer och mer underligt, eller hur?*
L: Ja, det gör det. Jag undrar vart jag är på väg.

Så snart han undrade detta började svaren komma. Det verkade som om han upprepade vad han hörde. Det var ny information för honom.

13

Den Invecklade Universumet ~ Bok Ett

L: De säger till mig att det inte kommer att ta lång tid. Jag ska besöka en ny plats där människor har gått för att börja ett nytt liv. Och anledningen till att jag går dit är att ... (Förvånat) hitta min lärjunge! (Med glädje) Jag ska hitta min lärjunge. Jag har letat så länge.

D: Har du inte funnit honom på jorden?

L: Neeej! Jag har letat överallt, och jag är mycket gammal nu. Och jag var så rädd att jag inte skulle hitta honom i tid. (Med glädje och njutning.) Det är dit jag är på väg. Jag ska till denna nya plats för att hitta min lärjunge.

Jag fick plötsligt en idé. Detta var för bra en möjlighet att gå miste om.

D: Skulle du vara villig att dela med dig av den kunskap du har lärt dig, inte bara med din lärjunge, utan även med mig?

L: Jag måste fråga först. Jag kan inte göra det om jag inte får tillåtelse.

Jag kollade på bandspelaren och såg att vår tid höll på att ta slut.

D: Okej. Om jag kommer tillbaka vid ett annat tillfälle och pratar med dig, skulle du då ha tid att fråga och få tillstånd?

L: Ja, jag ska fråga.

D: Kanske kan du då dela det med två lärjungar, eftersom jag också är mycket nyfiken.

L: (Med förtjusning) Åh, skulle inte det vara underbart? (Nästan i extas) Åh, det skulle vara dubbelt så mycket. Skulle inte det vara fantastiskt?

D: Så jag skulle vilja att du frågar om tillstånd och sedan kan jag komma tillbaka och diskutera det.

L: Det skulle vara trevligt. Jag var mycket orolig för att denna kunskap skulle gå förlorad. Och jag kände mig så glad över att jag skulle hitta min lärjunge. Men det oroade mig mycket att min kunskap skulle gå förlorad för denna jord. Och det skulle vara synd, eftersom även om människorna här är mycket primitiva och inte bryr sig om sådana saker, så borde denna kunskap bevaras.

D: Jag håller med. Jag kommer att be dig fortsätta din resa. (Ja) Jag kommer inte att störa Bartholomeus resa. Men jag vill att den

14

Den Invecklade Universumet ~ Bok Ett

andra delen av dig som jag talar med lämnar den här scenen och flyttar framåt i tiden.

Jag konditionerade sedan Linda med ett nyckelord och väckte henne till full medvetenhet. Jag blev nu besviken över att jag bara hade satt in ett 60-minuters band i min bandspelare när vi började denna session. Men jag hade ingen aning om att den här typen av information skulle komma fram. Jag förväntade mig ett tråkigt, vardagligt tidigare liv, och det var så det började. Vanligtvis kan jag gå igenom ett helt liv på 60 minuter, eftersom inget spektakulärt händer i de enkla liven. När Bartholomeus började prata om den märkliga besökaren och den information han fick, visste jag att jag inte skulle kunna avsluta historien i en session, så jag försökte inte. Jag visste att detta skulle bli ett nytt projekt som skulle ta flera veckor att slutföra om jag fick tillgång till den dolda informationen. Tydligen var jag på väg att ge mig ut på ett nytt äventyr, även om vår konversation innan inte hade indikerat något av detta slag i Lindas undermedvetna.

När hon vaknade verkade hon förvirrad och var fortfarande lite dåsig. Hon kommenterade: "Jag hade ett budskap att ge dig. Det minns jag. Och jag känner ett stort ansvar. Det är verkligen viktigt. Jag vet inte vad budskapet är. Jag vet bara att det finns mycket kunskap som vi inte har. Det togs ifrån oss på grund av våra primitiva sätt och vår rädsla. Och nu är det dags att återvända. Och av någon anledning är du och jag utvalda att föra tillbaka detta till planeten. Och det är ett mycket stort ansvar. Jag känner det. Det väger mycket tungt på min själ. Det är allt jag minns från sessionen."

Det var uppenbart att hon var somnambulistisk, eftersom hon hade gått så djupt i trance att hon inte kunde minnas något annat som sades under sessionen.

Nu var jag definitivt intresserad av att fortsätta denna berättelse. För mig var det som att öppna en Pandoras ask. Jag älskar ett mysterium. Och när någon säger att de ska berätta saker som har gått förlorade och som jag behöver veta, är det för spännande för att ignorera.

Det enda problemet skulle vara avståndet jag skulle behöva resa för att arbeta med henne. Därför beslutade jag att komma till Little Rock minst en gång i månaden och försöka arbeta med både Linda och Janice under samma helg.

Nu hade jag två separata projekt som utvecklades mellan Janice och Linda. För att arbeta med dem kände jag att jag skulle behöva göra en specialresa till Little Rock i januari 1990 och inte göra annat än sessioner. Jag hade tänkt ägna hela resan åt att arbeta med materialet som kom från de två kvinnorna. Detta borde ha varit lätt eftersom jag inte hade någon föreläsning planerad. Mina vänner sa att de inte skulle berätta för någon att jag kom, så att vi kunde hålla besökare borta. Självklart fungerade det inte som vi hade planerat. En av deras bekanta fick reda på att jag skulle komma och ville ha en regression. Jag bokade in det till fredagskvällen när jag kom, även om jag var trött efter den långa bilresan. På så sätt kunde jag ägna resten av helgen åt de två kvinnorna.

Till en början tänkte jag växla mellan sessionerna, men bestämde sedan att det skulle vara lättare att följa den individuella berättelsen om jag koncentrerade mig på en tråd i taget. Om vi alternerade skulle det dessutom betyda att en kvinna skulle behöva vänta medan jag genomförde en session med den andra. Vi bestämde oss för att arbeta med var och en av kvinnorna på separata dagar. Jag skulle försöka ha tre sessioner med Linda på lördagen och tre med Janice på söndagen. Detta var första gången jag någonsin hade försökt detta och visste inte hur det skulle påverka dem. Jag förväntade mig att de skulle bli trötta, men inte lika trötta som jag, eftersom de skulle känna att de tog korta tupplurar hela dagen. Det var ett experiment och vi visste inte hur det skulle fungera. Men om vi kunde hantera det skulle jag kunna få motsvarande en månads arbete gjort på bara en dag.

Min första session med Linda skulle börja på lördagsmorgonen. När hon kom för denna serie sessioner såg jag att hennes nedre högra arm var i gips. Hon hade ramlat på isen före jul och brutit den. Jag var lite orolig för att det skulle vara en distraktion under vårt arbete eftersom det skulle vara obekvämt och besvärligt. Jag trodde att hon inte skulle kunna vila ordentligt och att detta kanske skulle påverka hennes möjlighet att gå in i djup trance. Men hon lade en kudde över magen och vilade gipset på den. Innan jag sökte efter informationen som Bartholomeus skulle ge mig ville jag ta reda på mer om hans bakgrund. Om en bok senare skulle skrivas skulle detta vara nödvändigt för att sätta scenen. Jag skulle behöva ta reda på vad som hände i hans liv mellan vårt första möte och hans resa i rymdskeppet för att lokalisera sin lärjunge. Detta var det första jag behövde göra. Jag använde Lindas nyckelord och det fungerade omedelbart. Gipset på hennes arm verkade inte orsaka några problem. Hon kunde ignorera det när hon gick in i en djup somnambulistisk trance. Jag räknade sedan tillbaka henne till Bartholomeus tid och frågade henne vad hon gjorde.

L: (Hon började långsamt och mjukt igen.) Jag är på marken. Det är inom stadens murar. Som en marknadsplats. Det är mycket aktivitet. Det pågår många saker idag. Människor med sina varor att sälja. Människor som tillverkar saker. Smeden är där. Barn som springer. Hundar, djur. Det är väldigt livligt idag. Jag är här eftersom det är höstdagjämningens firande av skörden. Det är därför det är så mycket aktivitet. Det är tiden efter att skörden har tagits in och människor firar sin lycka. Och också för att tacka gudarna för de tjänster de har gett dem under växtsäsongen. Detta firande kommer att pågå i tre dagar och tre nätter, och kulminerar i en stor fest på sista natten.

D: *Vilken typ av gudar dyrkar ni?*

L: Det finns många. Det finns elementenens gudar. Jordens gudar. Solens och månens gud, och vindens och regnets gud.

D: *Har ni något i ert land som kallas "kyrka"? (Paus, som om han inte förstod.) Som den katolska kyrkan?*

L: De kom hit många gånger för att försöka omvända landsbygden, men det accepterades inte. De som kom blev stenade. Nu lämnar de oss ifred.

D: *Folket tyckte inte om att de försökte förändra deras tro?*

L: Nej, eftersom de kallade oss hedningar och behandlade oss illa, som om vi inte var tillräckligt bra.

D: *Dyrkar ert folk fortfarande den gamla religionen, eller hur?*

Den Invecklade Universumet ~ Bok Ett

L: Det stämmer.
D: *Har du haft kontakt med din lärare än? (Paus) Förstår du vad jag menar?*
L: Jag har pratat med någon nyligen, men han har inte sagt att han är min lärare.

Tydligen hade vi kommit in i hans liv vid en tidigare tidpunkt än när vi pratade under vår första session.

L: Han är en mycket gammal man. Han kommer inte härifrån. Han kom för att besöka mig för ett tag sedan när jag var i skogen. Han gick förbi och jag satt under ett träd och funderade. Och han bara kom fram till mig. Han hade en ryggsäck, en väska, på ryggen, så jag antog att han var på väg någonstans. Och vi bara pratade, det var allt.

D: *Var sa han att han kom ifrån?*
L: Det gjorde han inte. Han sa bara att han kom från en mycket avlägsen plats. En som jag inte kände till. Han frågade mig vad jag funderade så mycket på. Och jag sa att jag bara funderade över mitt liv. Vi började prata om detta och om hur människor inte förstår.

D: *Är det så du känner? Att människor inte förstår dig?*
L: Ja. Det är som om de har ett helt annat koncept av vad som händer i deras liv. De lever inte sina liv på samma sätt som jag skulle vilja leva mitt.

D: *Kände den gamle mannen på samma sätt som du?*
L: Åh, ja. Han sa att det är tiderna. Och att människor inte inser det.

D: *Det var bra att du hittade någon du kunde prata med.*
L: Ja. Jag var väldigt ledsen att se honom gå. Men han sa att han kanske skulle återvända snart igen, och att vi kanske kunde prata igen.

D: *Det skulle vara väldigt bra. Sa han något namn?*
L: Ja. Hans namn var mycket konstigt. Hans namn var ... Christopher. Jag hade aldrig hört det namnet förut. Jag tyckte att det var mycket underligt på något sätt.

D: *Menar du att det är ett konstigt namn för ditt land?*

Den Invecklade Universumet ~ Bok Ett

L: Jag har aldrig hört det förut. Han var en gammal man, och det verkade nästan som om det namnet borde vara för en mycket ung man. När jag säger det, ger det mig en mycket fridfull känsla.

D: Men nu njuter du av festivalen, eller hur?

L: Åh, ja. Massor av färsk mat och alla slags varor som bönderna tillverkat. Massor av sång och dans.

D: Det är en bra dag. Låt oss lämna den scenen. Glid bort från den scenen. Och jag vill att du går framåt i tiden till när du är äldre i det livet. Vad gör du nu? Vad ser du?

L: Jag är i en stad långt borta från mitt hem. Den har gator av sten. Den är mycket smutsig ... många människor som är tiggare. Det är mycket dystert. Jag gillar det inte här.

D: Har staden ett namn?

L: Jag var tvungen att åka båt för att komma till den här platsen. Det är i landet England, och stadens namn är Liverpool. Det är väldigt hemskt här.

D: Vad gör du där?

L: Jag har rest mycket långt för att se hur människor lever på denna planet. För att se hur olika de alla är. Ibland stannar jag länge, och ibland lämnar jag väldigt snabbt. Jag kommer nog att lämna den här platsen i morgon. Det är mycket sorgligt. Det plågar mig att se vilken nivå människor har sjunkit till. De är mycket dåliga mot varandra.

D: Men du sa att du har besökt andra städer och andra länder också?

L: Åh, ja, många. Under de senaste tio åren eller så har jag rest från en plats till en annan.

D: Vilka är några av länderna du har besökt?

L: Jag har besökt Gallien, och jag har besökt Rom. Jag har besökt många platser. Jag besökte öst. De flesta har aldrig varit där.

D: Vad finns i öst?

L: Åh, det är ett mycket stort land. Och deras filosofi om livet är mycket annorlunda än vår. De har olika hudfärger, och de gör något som kallas "meditation." Där de kommer i kontakt med sitt (hade svårt att säga det) ... inre vetande. De är mycket visa.

D: När du åker till dessa andra länder, hur reser du?

L: Jag går.

D: Det skulle vara en lång väg, eller hur?

Den Invecklade Universumet ~ Bok Ett

L: Åh, ja. Ibland om vattnet är där måste jag ta en båt, men i allmänhet går jag.

D: *Hur vet du vart du ska gå?*

L: Åh, jag går bara dit jag känner att jag ska gå. I den riktningen går jag bara.

D: *Behöver du oroa dig för pengar eller mat?*

L: Ibland. I allmänhet träffar jag någon på vägen, och de är mycket snälla mot mig. De tar emot mig ett tag, och hittills har jag inte behövt oroa mig. Jag har blivit omhändertagen.

D: *Vet du nu vad namnet är på landet som du kom ifrån? Där du bodde när du var yngre?*

L: Ibland kallar folk det olika saker. Vissa människor kallar det ... (svårt) Seeton (fonetiskt). (Lång paus) Jag kan inte minnas. Det har inget namn som sådant. Det är ett kungarike för sig själv, och de reser inte därifrån alls.

D: *Då var det väldigt ovanligt för dig att lämna det?*

L: Ja. Ingen lämnar någonsin därifrån.

D: *Det var mycket modigt av dig att vilja ge dig av.*

L: Jag ville egentligen inte lämna, men jag fick veta att jag måste. Jag fick veta att jag måste se vad livet handlar om på många olika platser. Men att jag inte skulle oroa mig, att jag skulle bli omhändertagen på mina resor. Och det har jag blivit. Och jag är inte ensam.

D: *Det skulle vara skrämmande att ge sig ut på okänd mark och inte känna någon.*

L: Det var det till en början. Jag var livrädd.

D: *Vem sa åt dig att göra detta?*

L: Min vän som kommer till mig periodvis. Han sa att det var viktigt att se vad livet handlar om här. Att mitt kungarike var så isolerat att jag aldrig skulle kunna förstå på en miljon år hur andra människor var, om jag inte upptäckte det själv.

D: *Vad har du lärt dig om människor?*

L: Jag har lärt mig många saker om olika folks kulturer. Och hur de skiljer sig beroende på deras plats och hur de lever sina liv. Hur det påverkar deras sätt att se på livet. Hur några är väldigt goda, och några är mycket dåliga. Några är mycket okunniga och ser inte längre än till slutet av sin näsa.

D: *Alla talar olika språk, eller hur?*

L: Ja, det gör de.
D: *Har du svårt att kommunicera med dem?*
L: Nej. Min vän har lärt mig många saker. En av dem är att fokusera på mitten av någons panna, och kommunikationen kan ske utan att man behöver säga ett ord. Det är från sinne till sinne. Det är inte som en vanlig konversation, utan mer en informationsutbyte.
D: *Måste de andra människorna du möter koncentrera sig?*
L: Nej. De är förvånade först. De börjar prata med mig, och när jag fixerar min blick på dem är det som om en lugnhet faller över dem och vi kommunicerar. Och när vår kommunikation är färdig fortsätter de, på något sätt, där vi började. Det är mycket underligt.
D: *Kommer de ihåg det efteråt?*
L: Nej. Det är som om en tidslucka uppstår. Och de är inte ens medvetna om det.
D: *Finns det en anledning till det?*
L: Ja. För om de visste skulle de bli mycket rädda och förmodligen döda mig på grund av sin rädsla. De skulle tro att jag var ond.
D: *Den här typen av kommunikation gör det lättare för dig, eller hur?*
L: Åh, ja, väldigt mycket. Jag skulle inte kunna prata med dem annars. Det är mycket trevligt att kunna göra detta. Jag pratar med bönder. Jag pratar med adelsmän. Jag pratar med kungar. Jag pratar med bönder. Jag pratar med hantverkare. Det har varit ganska lärorikt.
D: *Du har träffat viktiga personer, som kungar?*
L: Ja, under mina resor har jag ibland träffat kungar, ibland bara adelsmän. Jag har träffat präster, överpräster. Deras filosofier är alltid intressanta för mig. Men de är alltid väldigt rättfärdiga. Jag tycker ibland att det är skrattretande. Jag säger det inte till dem.
D: *Tror de att deras egen filosofi är den enda?*
L: Ja, ja, det är vad jag finner roligt.
D: *En gång när jag pratade med dig sa du att du också letade efter någon. Är det sant?*
L: Ja, jag letar efter en ung man som jag kan lära ut det jag har lärt mig innan det är dags för mig att lämna, så att han kan utföra mitt arbete. Och hittills har jag inte hittat honom.
D: *Hur kommer du att känna igen honom när du hittar honom?*
L: Jag kommer att veta det omedelbart. Det kommer att ges mig ett tecken, och jag kommer att veta det.
D: *Vet du vad tecknet kommer att vara?*

L: Nej, men jag har fått veta att när vi börjar vår kommunikation kommer det att berättas för mig.

D: Skulle det vara en anledning till att du reser? Tror du inte att du skulle hitta den unga mannen i ditt eget kungarike?

L: Ja. Men också när jag reser lär jag mig många saker. Och jag kan berätta för den här unga mannen vad jag har sett.

D: Du har sett många underbara saker, antar jag.

L: Ja. Och jag har sett några mycket dåliga saker också. Men det är vad livet handlar om. Du måste ta det goda med det dåliga.

D: Du kan inte göra några bedömningar.

L: Nej. Det skulle inte tjäna något syfte. Jag kan inte göra något för att förbättra situationen just nu. Det är en informationsinsamling som sker just nu.

D: Ja, det skulle vara meningslöst att försöka hjälpa människor. Det är bara för många.

L: De skulle inte lyssna. De är inte redo att göra några förändringar i sitt synsätt just nu.

D: Jag antar att du är som en observatör? (Ja) Vad tyckte din familj om att du bestämde dig för att lämna?

L: De var ledsna. Men de har alltid trott att jag var galen. Så det var bara något annat.

D: Du var aldrig densamma som de.

L: Det är korrekt. Så de bara lät det vara. Jag saknar dem ibland.

D: Jag antar att du känner dig ensam ibland.

L: Ja. Även om de inte vet de saker jag vet, är en familj en mycket tröstande plats att vara på.

D: Ja, jag förstår det. Men nu är du på en plats som heter Liverpool?

L: Ja. Jag kommer att lämna här i morgon. Jag kommer nog att åka till Spanien.

D: Måste du ta en båt igen? (Ja, ja.) Har du någonsin funderat på att resa åt andra hållet, över havet?

L: Det har pratats om det. Men jag tror inte att det vid den här tiden finns en bevisad rutt. Det är ett mycket stort hav där ute, och jag är inte redo att ta mig an det projektet just nu.

D: Menar du att människor inte har rest i den riktningen?

L: Det pratas mycket om det. Det finns en man som heter Columbo, som säger att jorden är oval. Och folk skrattar åt honom.

D: Har du sett mannen som kallas "Columbo"?

Den Invecklade Universumet ~ Bok Ett

L: Nej, jag har inte sett honom. Jag har bara hört talas om honom från stadsborna. De pratade om honom och skrattade. Och jag tänkte för mig själv, hur sorgligt. Så jag stod bara där och lyssnade ett tag. Och ett tag tänkte jag att jag kanske skulle hjälpa honom lite, men jag fick veta att jag inte skulle göra det. Men han har rätt. Han vet inte hur rätt han har.

D: Hur vet du det?

L: Jag fick veta om dessa saker av min vän. Jag skulle kunna hjälpa denna man, Columbo, på hans resa. Men jag har blivit tillsagd att vara tyst.

D: Vad berättade din vän för dig om vad som finns där ute?

L: Han visade mig bilder. De var inte teckningar. De var vad han kallade "fotografier". Jag förstår inte vad det är. Det är en bild, men inte som något jag någonsin har sett. Den är inte tecknad eller målad. De är mycket vackra. Och han visar mig otroliga saker om denna jord som jag aldrig någonsin skulle ha kunnat föreställa mig.

D: Kan du dela det med mig?

L: Det var som om jag var väldigt långt borta i natthimlen, tittade ner, ner, väldigt långt bort. Och det var mycket vackert. Du kunde se jordens form och platser i havet som jag aldrig skulle ha kunnat veta om. Du vet, människor idag tänker bara på tillvaron där de är. De tänker aldrig på att det skulle kunna finnas en annan plats. Och det finns väldigt många platser som ingen vet om, eller ens kan föreställa sig. Mycket större platser än där vi lever nu. Mycket större landmassor, med skogar och kullar och berg. Otroliga platser. Några där det finns människor, några där det inte finns människor, bara land som väntar. (Detta sades med en längtansfull ton i rösten. Nästan melankoliskt.)

D: Hur är människorna på dessa platser?

L: Jag har inte besökt dem alla. Jag har bara besökt en mycket liten del i mitt område, för att gå till dessa platser skulle vara omöjligt. Jag har dock fått veta att jag kanske någon dag skulle kunna besöka dessa avlägsna platser också.

D: Du sa att du blev visad bilder.

L: Ja, men de var inte på människor, bara på jorden och landet från ett stort avstånd bort. Jag skulle verkligen vilja se de människorna där dock. Jag undrar om de är som vi.

23

Den Invecklade Universumet ~ Bok Ett

D: *Tror du att det är dit denna man, Columbo, är på väg?*
L: Han tror att han är på väg österut. Jag tror inte att han vet om de andra platserna. Han vet inte att de existerar.
D: *Och din vän vill inte att du ska berätta för honom.*
L: Nej. Han sa att det skulle vara mycket dåligt. Han sa att han ändå inte skulle tro mig.
D: *Det är sant. Han måste upptäcka det själv, precis som du har gjort. I din tid, vad tror de vanliga människorna finns där ute?*
L: De tror att om man går långt ut med ett skepp, så finns det väldigt många onda saker där ute som kommer att ta över en. Och man kommer att gå förlorad för alltid.
D: *Tror människorna i din tid att det finns andra människor där borta?*
L: Nej, de tror inte att det finns något bortom det de ser.
D: *När han visade dig bilderna på jorden, vilken form hade den?*
L: Den var slags rund, och det fanns mycket vatten. (Upphetsat) Och vet du vad? Jag tror att jorden snurrar runt och runt och runt.
D: *Såg det ut som om den gjorde det?*
L: Ja, men mycket långsamt. Och det finns vatten och land, stora bitar av land. Överallt mer vatten.
D: *Tror människorna i din tid att jorden ser ut så?*
L: De vet inte att jag har sett dessa saker. De tror att jorden bara är där de är. Och bortom det finns ingenting. De flesta människor är väldigt rädda, och de stannar där de vet att de är säkra. De vågar inte resa långt från där de bor.
D: *Så du har varit mycket modig som har gjort dessa saker.*
L: Jag var tvungen att lita mycket på de instruktioner jag fick. Det var mycket svårt till en början. Men efter några år var det inte svårt alls.
D: *Du var förmodligen också rädd. Du visste inte vad som fanns där ute.*
L: Jag var mycket rädd. Jag var mycket rädd. När jag förstod att jag inte skulle bli skadad, att jag skulle bli omhändertagen, blev det mycket enkelt.
D: *Ser du fortfarande din vän?*
L: Ja, ibland kommer han och pratar med mig. Han visar mig mycket fina saker ibland. Han berättar för mig saker som jag behöver veta. Han visar mig om jorden. Och han berättar för mig hur saker och ting kommer att vara många år framöver. Och hur människor

24

Den Invecklade Universumet ~ Bok Ett

kommer att utvecklas i sina tankemönster och sina livsstilar. Och hur mycket civilisationen kommer att förändras. Det är mycket intressant. Det är ibland svårt att tro att dessa saker verkligen kommer att hända.

D: *Vilka är några av de otroliga saker han har sagt kommer att hända?*

L: (Upphetsat) Han sa en gång – och jag har mycket svårt att tro det – att det kommer att finnas vagnar som flyger på himlen. Är inte det löjligt?

D: *Åh, det låter konstigt, eller hur?*

L: Och att människor kommer att resa i dem över hela jorden. Och att de kommer att veta om alla dessa platser som vi inte känner till nu.

D: *Det låter mycket mirakulöst att tänka att någon skulle kunna flyga.*

L: Det är mycket spännande. Jag kan inte ... (Suck) mitt sinne kan inte förstå en sådan sak. Jag frågade honom om hästarna skulle ha vingar. Och han sa att det inte skulle finnas några hästar. Kan du föreställa dig det?

D: *Nej, jag kan inte föreställa mig hur det skulle hända.*

L: Jag kan inte heller. Det kommer att finnas många underbara saker. Han sa att det kommer att finnas maskiner som kommer att göra arbetet för tio män. Och att allt de behöver göra är att trycka på knappar och saker kommer att skapas.

D: *Det skulle spara mycket arbete, eller hur?*

L: Ja, det skulle det. Han sa att människor skulle kunna kommunicera bättre med varandra än vad de gör nu. De kommer att ha saker att tala igenom från en plats till en annan, och du kommer att kunna höra dem många mil bort. Han sa att detta kommer att öppna kommunikationen för hela världen, så att vi alla kan prata med varandra. Och inte längre vara okunniga.

D: *Det är alla bra saker, eller hur?*

L: Ja. Det skulle vara så trevligt om några av dessa rädslor kunde tas bort. Och människor skulle vara vänliga mot varandra.

D: *Tror du att det skulle hända om de hade sådana saker så att de kunde prata med varandra?*

L: Ja. Då skulle de inte vara så rädda. Du förstår, människor är väldigt isolerade nu. De lever inom sina egna familjer i sina egna små städer. Och de är mycket rädda för allt bortom dessa gränser. Och på grund av denna rädsla kommunicerar de inte särskilt bra. De skulle kunna lära sig mycket av varandra om de bara tillät det. Okunskap skulle avskaffas genom dessa metoder.

D: Så du tror att svaret är att lära sig att kommunicera?

L: Mycket riktigt. Brist på kommunikation är mycket dåligt, eftersom det tillåter rädsla att omge ens väsen och hindrar dem från att se verkligheten framför dem. Det sveper allt i mörker.

D: Så han berättade för dig om saker som de kunde prata i eller genom?

L: Ja. Och de kunde också höra. De var små maskiner. Jag vet inte hur de ser ut. Han sa bara att de var små maskiner.

D: Och detta skulle vara bra eftersom de då kunde kommunicera med varandra.

L: Ja. Förstår du, då kunde de ge sina idéer om saker, och andra människor kunde ge sina idéer. Och kanske kunde den bästa idén användas.

D: Det låter väldigt bra för mig. Berättade han om andra saker som var svåra att tro på?

L: Ja, väldigt många saker. Han sa att det finns andra jordar i universum. Och att dessa människor har utvecklats mycket snabbare än vi. Och de har mer kunskap än vi. Men när vår värld växer och vi har dessa maskiner som hjälper oss att bli mer utbildade, kan dessa människor från andra platser komma och besöka oss och också utbyta sina idéer.

D: Det låter allt väldigt bra.

L: Jag tror att det skulle vara underbart.

D: Det är svårt att tänka på människor som bor på andra jordar, eller hur?

L: Ja, det är det. Det är mycket svårt, även om jag alltid har vetat detta. Och av någon anledning var det lättare för mig att förstå än att tänka att det fanns andra platser på jorden som jag inte kände till. Jag vet inte varför jag hade så svårt med det.

D: Det var lättare för dig att förstå att det fanns människor där ute på andra världar?

L: Ja, det kunde jag förstå mycket lättare än att det fanns andra platser med land på jorden och att jorden inte bara var här.

D: Men är det inte svårt för andra människor i din tid att tänka på andra världar?

L: Åh, ja, de ser på det som ondskefullt och dåligt, och de är mycket rädda för att tänka på sådana saker. Det är deras rädsla som håller dem tillbaka. Allt de inte förstår kallar de för ondskefullt och dåligt, och de försöker bli av med det genom att döda det eller bränna det. De är bara mycket rädda.

D: När du reste till Rom, är det inte där den katolska kyrkan har sitt säte?

L: Ja, de har många vackra platser där. De har många präster som lär ut den religionen på landsbygden. Även de är fyllda av rädsla.

D: Tror du det?

L: Åh, ja. Jag tror det. De försöker hålla bönderna under kontroll med sin religiösa filosofi. Men det är allt en täckmantel för rädslan.

D: Varför skulle en religion behöva vara rädd?

L: Jag vet inte. Deras Gud kan inte vara särskilt god. Om han var god, varför skulle de ha sådan rädsla?

D: Menar du att prästerna själva är rädda?

L: Ja, de har detta system. Det är som ett kungarike. Det är samma gamla sak, bara ett annat namn, för att hålla bönderna i linje. Ett system där de som är högre upp kontrollerar de små människorna. De tror att det bara finns deras Gud, och att alla andra är onda. Att det bara finns ett sätt att vara god, och det är det sätt de lär ut. Och om du inte följer deras instruktioner kommer du att bli fördömd för evigt. Detta är felaktigt. Det finns många, många vägar. Detta är ett ord jag har lärt mig, vet du? Ordet "väg". Är inte det ett konstigt ord?

D: Det är ett konstigt ord. Vad tror du det betyder?

L: Väg betyder stig eller led. Jag tycker det är ett mycket intressant ord. Väg.

D: Ja. Men du tycker att det är fel att de tror att deras religion är den enda vägen?

L: Mycket riktigt. De säger att de är väldigt, väldigt heliga eller väldigt, väldigt visa och att så här är det. Det tillåter inte en enskild person att utforska sina egna inre sanningar. De lär ut att han är mycket begränsad. Han måste följa instruktionerna noggrant och bara göra det på ett sätt. Och detta är mycket dåligt. Det tillåter inte en person att tänka själv. (Suck) Men detta är tiden. Du vet, det är så överallt. Det är inte bara i Rom. Det handlar inte bara om religionen. Det handlar också om dagens politik. Du får inte tänka

Den Invecklade Universumet ~ Bok Ett

själv. Du får veta vad du ska tänka och vad du ska göra. Jag blev förvånad över att det fanns en sådan tråd av konsekvens, ett monster över hela världen. De kan ha olika seder och göra saker på lite olika sätt, men det är i grund och botten samma sak. Rädslan är densamma. Den kan handla om något annat, men i grund och botten är det samma mantel som människor bär. Och de tillåter det att färga deras tolkning av livet, och de tillåter det att hålla dem tillbaka. De är rädda att de kommer att bli straffade.

D: *De skulle hellre stanna kvar med det de vet. Där är de säkra.*

L: Det är korrekt. Och då finns det ingen risk att bli stenad eller hängd eller inlåst i en låda.

D: *Vad menar du med inlåst i en låda?*

L: De har dessa saker. De är mycket hemska. De är trälådor. Och människor placeras i dessa lådor och hålls där i flera dagar utan mat eller vatten. Ibland dör de där. Det är mycket hemskt.

D: *Dessa saker görs mot människor som inte tror på samma sätt?*

L: Ja, eller om de ifrågasätter. Åh, det finns några dåliga människor där ute som förtjänar att vara i dessa lådor. De stjäl eller dödar eller så. Men att placeras där bara för att man tror annorlunda är en mycket stor orättvisa, enligt min uppfattning. Vem kan det skada om du tänker något annat i ditt sinne? Det kan till och med vara bättre, eller hur?

D: *Vad har du funnit om människors hälsa, när du reser?*

L: På vissa platser är det mycket bra och de lever länge, särskilt om de bor ute på öppna fält och gårdar. Om de bor i staden är det mycket, mycket dåligt. Som jag sa, städer tenderar att vara väldigt smutsiga och det finns mycket sjukdomar. Människor lever inte särskilt länge. Det är mycket död i staden.

D: *Finns det människor du skulle kalla för "läkare" som tar hand om dessa människor?*

L: Ja, men de gör ingen nytta. Dessa människor dör ändå. Jag tror inte att de hjälper alls. De tror att de gör det, men det gör de inte.

D: *Nåväl, du har haft tur under dina resor. Har du någonsin blivit sjuk?*

L: Några gånger. Inget allvarligt. De flesta av dessa människor i staden dör vid fyrtio års ålder. Detta är gammalt i staden. Jag är femtio och människor tycker att det är fantastiskt att jag är i så god hälsa. Mitt hår börjar bli vitt nu, men jag är vid god hälsa.

D: *Det anses vara gammalt då.*
L: Mycket gammalt, mycket gammalt.
D: *Men du kan fortfarande gå och resa.*
L: Ja, ja, jag är i god fysisk form. Jag har ingen häst. Jag vill inte ha ansvaret för att ta hand om någon annan än mig själv. Även om det har blivit gjort för mig.
D: *Jag tänkte att om du hade en häst, skulle du kunna resa snabbare.*
L: På detta sätt behöver jag inte oroa mig för foder till min häst eller logi. Jag kan bara gå i min egen takt, stanna så länge jag vill och sedan lämna. Ibland får jag lift, men inte särskilt ofta.
D: *Men du reser med båtar.*
L: Det är en nödvändighet eftersom jag inte kan simma så långt. Det är bara en nödvändig sak för att komma till en annan plats.
D: *Är båtarna du reser med väldigt stora?*
L: Ibland. Jag har rest med ett stort skepp med många segel. Och andra gånger har jag bara åkt med en liten båt. Det beror på vem jag kan få lift med.
D: *Du behöver inte oroa dig för pengar då, eller hur?*
L: Nej, är det inte fantastiskt? Jag skulle aldrig ha trott att jag kunde resa så länge utan pengar. Det är fantastiskt.
D: *Har du med dig några kläder eller något annat?*
L: Nej. När mina kläder blir slitna, kommer alltid någon och ger mig nya. Och någon matar mig. Jag har en stor stav som jag bär med mig. Det är som en vandringsstav. Den hjälper mig att gå upp och ner för kullar. Den har blivit min gamla vän.
D: *Tror du att du någonsin kommer att hitta den unge man du ska föra kunskapen vidare till?*
L: Jag börjar bli lite orolig nu på grund av min ålder. Tidigare var jag inte orolig. Jag kände bara att han skulle visas för mig vid rätt tidpunkt. Men när jag blir äldre börjar jag bli orolig att jag inte kommer att hitta honom i tid. Du förstår, jag har mycket att berätta för honom. Och det är inget jag kan berätta på en dag eller en vecka. Jag har väldigt många saker att berätta för honom, och detta kommer att ta tid. Jag måste stanna hos honom. Jag måste kunna lära honom medan jag har min hälsa. Detta är en mycket stor oro för mig just nu. Även om jag har fått höra att jag inte behöver oroa mig. Det har tagits hand om. Och hittills har allt som har blivit sagt till mig tagits hand om. Så jag antar att jag borde sluta vara

Den Invecklade Universumet ~ Bok Ett

orolig. Jag känner mig inte som en gammal man. Endast när det påpekas för mig.
D: *Din kropp känns inte gammal då.*
L: Inte för mig inuti. Men för dem utanför är jag mycket gammal.
D: *Men du ska till Spanien nästa gång?*
L: Ja, jag har aldrig varit där. Och jag har förstått att det är mycket vackert. Så jag tänkte att jag skulle titta och se själv. Jag har varit öster om där, och jag har varit norr om där, och jag har varit väster om där. Men jag har inte varit söder om där. Kanske åker jag dit den här gången. Jag blir vanligtvis styrd när jag vaknar på morgonen för att gå, i vilken riktning jag ska gå. Jag får höra att jag ska gå österut eller nordost eller vilken väg jag ska ta. Jag får höra att ta denna väg, och så gör jag det.
D: *Du ställer inga frågor. (Nej) Okej. Låt oss lämna den scenen. Jag vill att du ska gå framåt tills du har anlänt till Spanien och berätta vad du tycker om det. Tog du en båt?*
L: Ja, jag tog en stor farkost den här gången. Jag träffade kaptenen på värdshuset, och han tyckte mycket om mig och lät mig åka med på hans farkost. Jag bodde i hans hytt. Det var mycket vackert. Det var ett mycket stort skepp med många master.
D: *Vad tycker du om Spanien?*
L: Det är inte så många människor här än så länge. Det är mycket varmt. En sådan förändring. Det värmer mina ben. Det var mycket kyligt i Liverpool, mycket fuktigt. Och solljuset känns mycket bra på min kropp. Luften är mycket frisk, och brisen är precis perfekt. Alla historier jag har hört är sanna.
D: *Ska du stanna där ett tag?*
L: Jag tror det. Jag skulle vilja besöka dessa människor ett tag, för att se vad deras livsfilosofi är. De verkar mycket vänliga. De verkar inte vara lika rädda. Dessa människor är öppna. De är inte så djupt rotade i tradition. Och de verkar vara mer självständiga i sitt tänkande än vad jag har sett.
D: *Kanske hittar du din lärjunge där.*
L: Jag tror inte det. Jag tror att min lärjunge är mycket långt härifrån. Jag vet inte varför jag tror det nu. Jag tror inte att jag kommer att hitta honom. Jag tror att han kommer att hitta mig. Jag tror nu att jag kommer att stanna här i Spanien ett tag. Kanske skickar de

honom till mig. Det är så uppfriskande, och det är en sådan förändring. Jag kan vila ett tag här.

D: Men tror du verkligen att du någon gång kommer att hitta honom?

L: Det har jag fått höra, och jag har ingen anledning att tro något annat.

D: *Du har ägnat ditt liv åt att göra detta. Så länge du tror på det, måste det finnas någon sanning i det.*

L: Ja. Det är en mycket stor lektion som jag lärde mig för länge sedan. En lektion i tro.

D: *Så om det är meningen att det ska vara, kommer du att hitta honom. (Ja) Okej då. Det låter som en mycket vacker plats, och du kan vila ett tag.*

Jag förde sedan Linda tillbaka till fullt medvetande och lämnade Bartholomew i hans värld, med vetskapen att vi snart skulle återförenas och fortsätta vår berättelse.

Kapitel två
Lektionerna börjar

Efter den första sessionen tog vi paus i några timmar för att äta lunch, vila och umgås. Vi återupptog arbetet runt klockan 14:00. Genom att använda Lindas nyckelord igen, räknade jag henne tillbaka till det livet. Jag hade avslutat bakgrundshistorien om Bartholomew och ville nu gå vidare med att få informationen. Min nyfikenhet hade verkligen väckts, och jag ville upptäcka den kunskap som Bartholomew var tänkt att vidarebefordra till sin lärjunge. Jag avsåg att återvända honom till farkosten och plocka upp historien därifrån.

D: *Jag skulle vilja att du hittar Bartholomew igen när han var i det där konstiga rummet och han var på väg någonstans. Jag räknar till tre, och vi kommer vara där. 1, 2, 3, vi är tillbaka i den scenen. Du hade just lämnat ditt sovrum och befann dig i denna konstiga plats med saker som passerar utanför. Vad gör du och vad ser du? Berätta för mig om det.*

L: Jag är den enda här. (Nästan med förundran.) Jag sitter i en stol och tittar ut i universum, tittar på stjärnorna och planeterna som passerar. Jag blev väckt och ombedd att åka på en resa. Och när jag gick med på det, fick jag höra att jag måste ta på mig dessa kläder. Sedan omslöts jag av en ljusstråle, och nästa jag visste var att jag satt i denna stol ensam.

D: *Sa du inte att du är äldre nu?*

L: Ja. Jag är väldigt gammal. Jag är nästan sextio nu. Jag är väldigt, väldigt gammal.

D: *Letade du fortfarande efter din lärjunge?*

L: Ja, det gjorde jag. Jag kände att jag hade misslyckats med mitt uppdrag i detta liv. Jag försökte lita på att jag skulle få den sista biten av pusslet vid rätt tidpunkt. Men när jag blev så gammal började jag tvivla och känna rädsla.

D: *Hittade du någonsin någon under dina resor på jorden som du trodde att du kunde lita på med informationen?*

Den Invecklade Universumet ~ Bok Ett

L: Nej, inte en enda. Jag trodde kanske att den österländska kulturen var mer förstående, öppen och mottaglig. Men de är också täckta av sina egna traditioner och trosuppfattningar. Jag blev väldigt besviken. Det var då jag började tappa tron. Det var först denna natt jag fick veta att detta skulle vara min sista resa. Och jag skulle få den sista biten – slutet på min sökning.

D: Vad var den sista biten?

L: Den sista biten är att dela denna kunskap med någon som är lik mig, som är öppen för idéer de inte kan förstå. Någon som kan undersöka dessa saker utan rädsla, fördomar eller partiskhet. Bara acceptera fakta och granska dem noggrant. Bara att dela ditt vetande, och det är allt.

D: Tar de dig till din lärjunge?

L: De tar mig till en ny plats. De kallar det "kolonin". Det är en ny experimentell plats där de hoppas att ren sanning ska genomsyra, och inte förvrängas på något sätt. Dessa människor har ett rent hjärta och sinne. Jag kommer att vara deras lärare. Jag kommer att ge dem den kunskap jag har samlat på mig under dessa många år. De kommer att vara väktarna av denna kunskap. På grund av deras renhet kommer de inte att missbruka, roffa åt sig eller färga den på något sätt. De kommer att vara väktarna av den universella sanningens kunskap.

D: Är detta där din lärjunge kommer att vara?

L: Ja. Han kan sedan skickas vid rätt tidpunkt för att upplysa planeten jorden när tiden är inne. Tills dess kommer han att stanna på denna plats med de andra och vänta. De andra har också sina platser där de ska föra ut detta budskap vid rätt tidpunkt.

D: Varför kunde du inte föra den vidare till någon på jorden? Det var vad du trodde att du skulle göra.

L: För att det inte fanns någon med ett rent hjärta som kunde behålla den utan att förvränga eller missbruka den. Just nu är planetens utveckling inte på en sådan plats att mänskligheten är redo. De har så många, många lektioner de måste lära sig innan de kan använda någon av detta till mänsklighetens rätta fördel. Det skulle förvrängas, missbrukas och till slut förstöra hela jorden.

D: Så på detta sätt kommer det till slut att återföras till jorden.

L: Det är korrekt. Denna lärjunge kommer att leva här i denna "koloni". Denna plats känner ingen tid eller rum. De kommer inte att åldras eller förändras på något sätt. Det är en hållplats. Och jag kommer att lämna här när mitt arbete är klart och gå till min plats för vila. Jag kommer inte att stanna här, och jag kommer inte att återvända till jorden på ganska lång tid.

D: *Om du betraktar dig själv som gammal, kommer det att göra någon skillnad var du är på väg?*

L: Nej. Men jag kan inte stanna i denna koloni. Mitt själsmönster är annorlunda än dessa varelser på denna plats. Det är inte kompatibelt för en lång, obestämd vistelse. Jag skulle inte vara bekväm här. Jag önskar verkligen att få gå till min vila när mitt arbete är klart. Jag behöver vara med Alltet.

D: *Säger du att du kommer tillbaka till jorden i denna kropp efter att du har avslutat att ge dina budskap och din kunskap till dessa andra människor?*

L: Nej, jag kommer inte att återvända till jorden på många, många generationer. Jag kommer att gå till "Alltet" för vila. Jag kommer att återvända mycket senare i en annan kapacitet.

Från hans svar verkade det som om han hänvisade till att gå över till andevärlden och komma in i viloplatsen en stund innan han återföds i en annan kropp. Denna plats beskrivs i min bok Between Death and Life. Det enda problemet jag hade med att förstå detta var att han inte nämnde att han dog. Han verkade fortfarande vara i sin fysiska kropp. Och alla vet att man inte kan ta med sig sin kropp när man dör.

D: *Jag försöker förstå. Du har fortfarande din fysiska kropp. Den är i detta rum och sitter på stolen.*

L: Ja, det är min kropp. Jag har aldrig frågat vad som skulle hända med den. Jag antar att jag borde ha gjort det. Men det verkade bara inte viktigt.

D: *Okej. Låt oss gå vidare tills detta fordon eller vad det nu är, denna maskin som du befinner dig i, når sin destination. Du sa att du reser till platsen där kolonin finns. Låt oss gå vidare tills du har nått din destination. Berätta vad som händer när du kommer fram.*

L: Det är en mycket ljus plats, och jag sitter i min stol och svävar över denna ljusa plats. Plötsligt omsluter ett mycket starkt ljus min kropp. Det börjar från toppen av detta rum. Det är cylindriskt i

Den Invecklade Universumet ~ Bok Ett

form, och jag befinner mig i dess centrum. På ett ögonblick är jag med dessa andra andar. Jag är inte längre i rummet. Jag transporteras bara av detta ljus till dessa varelsers närvaro. De är alla mycket, mycket glada att se mig. De ser ut som ljusvarelser. Var och en är olika men ändå lika. De är mycket ljusa varelser.
D: *De har inga fysiska egenskaper?*
L: De har det, men de är så ljusa. När jag försöker titta på deras ansikten blir jag bländad. Det är som att titta in i solen. Jag kan se att de ler. De måste ha en mun. Jag känner att de ler mot mig. Men de är täckta av ett så starkt ljus att jag inte kan urskilja deras kroppsliga former.
D: *Är du fortfarande i din fysiska kropp? (Paus. Kanske var han osäker.) Hur känns det?*
L: Det känns väldigt lätt, väldigt lätt, som om jag svävar. Som om det inte finns någon vikt, ingen kraft av något slag. Jag är bara fri. Jag tror inte att jag har en kropp. Jag tror att jag bara är jag.
D: *Tror du att dessa andra varelser är fysiska?*
L: (Paus) Kanske. Men jag tror att de förmodligen är ren energi. Jag ser dem, men jag tror inte att de har mänskliga kroppar.

Detta sades med en känsla av nyfikenhet, av förundran, som om han försökte förstå något märkligt och annorlunda som han inte var förberedd på.

L: Jag tror att jag har kommit till en annan existensnivå. Det började som en fysisk resa, men jag tror att jag har gått igenom det fysiska planet och kommit in någonstans som jag inte känner till. Ändå känner jag att jag skulle kunna lämna härifrån om jag ville, när som helst, och återvända till det där rummet.
D: *Tror du att du kunde hitta din fysiska kropp i det där rummet? (Ja) Du sa att du skulle dela din kunskap med dessa varelser. Är det korrekt? (Ja) En gång tidigare frågade jag om det skulle vara möjligt att dela din kunskap med mig också. Och du sa att du skulle behöva få tillåtelse. Vad tror du?*

Jag kände en förväntan, hoppfull om att jag skulle få ta del av denna kunskap. Min nyfikenhet var ivrig att detta skulle ske, men det

35

skulle helt bero på krafter utanför mig själv – krafter som jag inte hade någon kunskap om.

L: Jag frågade min vän, och han sa att kanske skulle du kunna lyssna in på mina undervisningsuppdrag.

Jag kände en glädjekick.

D: *Det skulle vara underbart om jag fick göra det.*

L: Han sa att det kommer att finnas tillfällen då du inte kommer att kunna höra vissa saker, men det mesta kommer att göras tillgängligt för dig.

D: *Varför skulle jag inte kunna höra vissa saker?*

L: För att det bara finns några få saker kvar att lägga på plats innan en plan implementeras på jorden. Och de väldigt få sakerna måste hållas hemliga tills planen är genomförd. Och när den väl är implementerad kommer du att få den återstående informationen.

D: *Så om jag deltar i undervisningsuppdragen kommer jag kunna dela i kunskapen?*

L: Det stämmer. Du ges denna chans eftersom du också är en av de få som inte kommer att förvränga eller använda detta för din egen vinning. Du är ren i hjärtat och kommer inte att använda detta för dig själv.

Linda började andas snabbare och visade tecken på obehag.

D: *Jag förstår att det är viktiga krav.*
L: Ja. Inte alla skulle kunna göra detta. Bara en mycket, mycket liten del.

Under de sista meningarna märkte jag att hennes andning blev oregelbunden, snabbare och något ansträngd. Detta gjorde det svårt för henne att tala tydligt.

L: Luften här kommer att kräva anpassning. Den är väldigt tung på mitt bröst. (Hon andades fortfarande tungt.) Det kommer att ta några dagar innan jag har anpassat mig.

Jag gav förslag för att skingra eventuellt fysiskt obehag. Min huvudsakliga oro är alltid för ämnets bekvämlighet.

D: *Den fysiska kroppen jag talar till kommer att kunna anpassa sig utan problem, även om entiteten som talar till mig har problem. Förstår du?*

L: (Hennes andning återgick till det normala.) Jag förstår.

D: *Okej. Ska du börja dina lektioner?*

L: Snart. Det är en välkomnande tid nu. En tid av glädje. En tid att vara tillsammans.

D: *Har de väntat på dig?*

L: Ja, de har väntat på mig, och de är väldigt, väldigt glada. De jublar åt mig. De kramar mig. De är väldigt glada för min skull.

D: *Det låter som en trevlig plats, en trevlig miljö.*

L: Åh, det är väldigt trevligt. Det är väldigt varmt.

D: *Kan vi gå framåt tills du börjar dina lektioner, och jag får lyssna? Har du någon plan eller ordning du ska ge dina lektioner i?*

L: Jag hade inte tänkt på det. Jag hade vid en tidpunkt en plan, men det har gått så lång tid att jag har glömt. Jag har nu bestämt mig för att först börja med frågor från mina vänner. Och sedan kommer jag att hålla en föreläsning om deras frågor. Jag känner att detta förmodligen är det bästa sättet just nu.

D: *Jag håller med. Men eftersom jag inte kommer att kunna höra deras frågor, kan du upprepa dem? (Ja) Är du vid punkten där du ska börja? (Ja) Okej. Fortsätt då i din egen takt.*

L: Jag pekar på ... Artness (Fonetik, kanske: Ardness) har frågat mig, (Långsamt, som om han lyssnade och sedan upprepade.) "Vad hände på Jordens plan som gjorde att människor blev så trångsynta i sitt trossystem?" För många, många eoner sedan kom människor till Jorden med omfattande kunskap om universum. Det fanns andra som redan levde på Jorden, som inte var lika kunniga som de som nyligen kom. Och det fick de som kom att undersöka frågan om makt. Det var något de inte hade upplevt förrän nu. Och de gillade den känslan. Det gav dem en upprymdhet de inte hade känt förut. Så de bestämde sig för att behålla sin kunskap för sig själva och inte dela den, som det var menat att vara. Och de förslavade dem som inte var lika kunniga. De berättade saker som inte var sanna, för att skrämma dem till att tjäna dem. De betraktades som gudar. De blev gudar. De vanliga människorna, de vanliga människorna som var här först, trodde att de var gudar, eftersom de kunde göra ovanliga saker. Det var inte menat att detta skulle hända. Och när de blev indragna i all denna makt och girighet ville de inte lämna. De ville stanna. Och så gjorde de det. När de gick vidare från detta liv, överlämnades berättelser om dessa gudar och deras stora krafter. Och rädsla började få fäste. Rädsla för att om de inte gjorde som gudarna sa skulle de bli förstörda. Det var en mycket mörk tid för planeten Jorden.

D: *Vad berättade dessa varelser för dem som skrämde dem och tillät dem att bli förslavade?*

L: De berättade att de kunde styra vinden och ljuset, solen, månen och regnet. De styrde det, och om dessa människor inte följde deras regler skulle de bli förstörda. Människorna skulle inte ha något vatten, ingen sol. De visste att de behövde solen och vattnet och vinden, regnet. De var tvungna att ha dessa saker för att existera. Och gudarna hade kontroll över allt detta, så de var tvungna att lyda, annars skulle de bli förstörda omedelbart. De visste inte att deras väsen, deras ande, lever för evigt. De kunde bara se det som fanns här och nu. Det ursprungliga syftet med dessa ljusvarelser som kom till jorden var att dela denna information, så att rädslan kunde tas bort och människorna kunde förstå.

D: *Utförde dessa varelser underverk för att få människorna att tro att de var gudar?*

L: Ja, det gjorde de. Allt var en bluff. De gjorde det med ljus och magi, men människorna trodde att de var gudar. Jag vill säga att detta är ett perfekt exempel på den mänskliga naturen, på den ständiga kampen inom oss mot rädsla och självviskhet. Att tjäna sig själv. Makt.

D: *Men varelserna som kom var de som orsakade problemet.*

L: Ja. De gjorde inte vad de blev tillsagda. De föll eftersom de kom för att tjäna sig själva och inte mänskligheten.

D: *Du sa att detta var ett exempel på människor, men ändå var det inte människorna som orsakade problemet.*

L: De skickades för att höja nivån på jordens invånare. De skickades för att undervisa de som redan var här, inte för att göra dem till slavar. De misslyckades med sitt uppdrag. De skulle få människorna att förstå och leva på en högre nivå av existens. De fastnade.

D: *Vad menar du med att de fastnade?*

L: De blev involverade i makt och förlorade ljuset som skulle ges till den mänskliga aspekten på jorden. Jorden var en plats för att uppleva nya saker. Och de som kom hit i hopp om att höja de som redan var här till sin nivå, fastnade och drogs ner till en lägre nivå istället för tvärtom.

D: *Med andra ord, det integrerades i den mänskliga arten? (Ja) Är det allt du vill säga om den frågan? (Ja) Vill du ta en annan fråga från gruppen?*

L: Vi går snarare in i historisk bakgrund här, så att alla kan förstå vad som utvecklats under många eoner. Jag tror att detta förmodligen är det bästa sättet att förklara det. Att visa vad som har hänt i det förflutna och sedan gå framåt därifrån. Frågan var, "Varför skickades inte fler för att hjälpa de som hade fastnat? Varför skickades inte några för att föra hem dem som missbrukade sitt förtroende?" Anledningen var: vid den tidpunkten var vi rädda att om fler skickades skulle de också falla in i samma mönster. Så beslutet togs att vi skulle vänta tills denna generation gått förbi, och sedan skicka in en ny våg i hopp om att vända projektet. Så det var vad som hände. De första människorna som kom till jorden var från planeten Tyrantus (Fonetiskt: Ty-rant-tus). Den liknade på många sätt jordens magnetfält. Så det var inte svårt för dessa människor att accepteras i det vanliga livet. De skulle inte ses som avvikelser. De såg väldigt mycket ut som jordborna. Tyvärr misslyckades de.

D: *Det var de som ville ha makt?*

L: Ja. De kom först. Några av dem avlade med jordborna sinsemellan. Den andra vågen som skickades kom från (Hon hade svårigheter med namnet.) Iranius. (Fonetiskt: Iran-i-us) Dessa individer var annorlunda. De såg inte mänskliga ut, och därför kom de i förklädnad. De kom som djur.

D: *Djur?*

L: Ja, deras uppgift var att mycket tyst arbeta med utvalda individer för att vända projektet. Vissa utvalda fick instruktioner från dessa djur, som de trodde att de var. Det var på en annan nivå, denna instruktion från dessa varelser förmedlades till dem i deras drömmar. De fick undervisning om kärlek, odödlighet och samarbete mellan arterna. Det gjordes mycket tyst och subtilt. Tyvärr misslyckades detta projekt också, eftersom det bara var några få som kunde införlivas i dessa nya tankesystem. Och de blev hånade av folket. De, på grund av rädslan hos den allmänna befolkningen, var rädda för att acceptera det som erbjöds dem. Och naturligtvis skulle de som hade makten inte acceptera det, för då skulle de förlora sin makt. Så vid denna tidpunkt hade människan sjunkit till den lägsta nivån, och det var en mycket besvikande situation.

D: *Dessa varelser kom som djur för att inte bli upptäckta?*
L: Ja, för de var inte människoliknande.
D: *Hur såg de egentligen ut?*
L: De var mycket små, och de hade stora runda huvuden och magra kroppar. De hade armar och ben, men de var mycket böjliga. De var inte som mänskliga armar och ben. De trodde att de skulle vara för märkbara, och folk skulle bli rädda och döda dem.
D: *Så de hade förmågan att framstå som djur?*
L: Precis. De hade förmågan att anta utseendet av ett djur. De förklädde sig. De trädde in i den existensen.
D: *Och på detta sätt kunde de påverka människor genom deras drömmar, sa du, på ett subtilt sätt.*
L: Genom deras drömmar. Ja. Förhoppningen var att om de kunde påverka tillräckligt många människor, skulle projektet kunna vändas mycket snabbt. Men tydligen var det för subtilt, för långsamt, så det misslyckades också.

När jag forskade om indianska legender för min bok Legend of Starcrash, hittade jag många berättelser om djur som uppenbarade sig för människor i de tidigaste tiderna för att förmedla kunskap. Detta är en mycket stor del av den amerikanska ursprungsbefolkningens kultur. Andra kulturer runt om i världen har också liknande legender. Det är intressant att notera att i moderna UFO/utomjordiska observationer, uppträder utomjordingarna ofta som djur som ett överlägg eller minnesskydd så att människan inte ska bli skrämd.

D: *Får du fler frågor om detta?*

Den Invecklade Universumet ~ Bok Ett

L: Frågan var: "Varför skickades inte fler Iraniusaner till planeten Jorden? Eftersom de är en mycket stark intellektuell ras, kunde de övervinna alla som var på Jorden vid den tiden." Och svaret, min vän, är: våld fungerar aldrig. Det är inte en hållbar lösning. De på Jorden måste komma till insikt genom sitt eget val. Våld har använts för ofta som en lösning på många problem. Detta fungerar aldrig.

D: Det är ett bra svar. Vad är nästa fråga?

L: "Hur länge varade denna mellanperiod av förfall innan fler skickades?" Det varade i tiotusen år. Beslutet togs att låta Jorden växa på egen hand ett tag, och kanske hitta något för sig själv. Saker förändrades inte på mycket lång tid. Människor växte, men växte i mörker. Det fanns väldigt lite ljus i deras hjärtan.

D: Vad gjorde människorna som var mörkt?

L: De var mycket primitiva. Och det fanns inte mycket kärlek. Det fanns mycket dödande, mycket hat, många maktkamper, som fortsatte i många århundraden, många eoner. Mörkret varade mycket länge.

D: Har du en annan fråga?

L: Ja. Frågan är: "Vad hände med jordens förändringar under denna tid." Det fanns många förändringar på ytan. Många togs från planeten i hopp om att rekrytera lättare energier.

D: Vilken typ av jordförändringar inträffade under den tiden?

L: Det fanns översvämningar. Vatten, vatten överallt. Kontinenter som var ihop splittrades. Det fanns tider med intensiv hetta. Hetta så varm att de som var här dog. Några reste till andra delar för att fly. De som lyckades fly startade nya kolonier och bad om vägledning och kunskap.

D: Vad fick kontinenterna att splittras? Och varför fanns det så mycket vatten?

L: Under jordytan finns det saker som kallas "nät" som håller jorden samman. Och när allt detta hände, ändrade dessa saker inom jordens yta sin position och fick kontinenterna att splittras. Vattnet kom från hettan som smälte det frusna vattnet. När dessa kontinenter splittrades förlorades många. Människor, växter, djur, de förlorades. Sedan kom nedkylningsperioden efter denna intensiva hetta. När det svalnade började mycket ny vegetation att växa fram. Nytt liv började utvecklas, och det fanns stora

41

förhoppningar om att Jorden skulle komma in i ljuset. Man trodde att de nu hade lärt sig att kärlek och acceptans av sin granne skulle blomstra. Och det gjorde det ett tag, men inte särskilt länge. Människor tröttnar på ett fredligt tillstånd, och söker efter något spännande och annorlunda. Och det var vad som hände så småningom.

D: Menar du att det var människors natur att inte vara nöjda när saker och ting gick bra?

L: Ja. Och det var vad man hoppades skulle förändras. Men det gjorde det inte.

D: Vad gjorde de när de ville ha något spännande?

L: Ja, först spelade de spel, och sedan blev spelen ett test av styrka och vilja. Och en sak ledde till en annan, och de var tillbaka till maktbegäret. "Jag är viktig. Jag är starkare. Jag är bättre." Detta har varit mycket svårt för människor att förstå och lära sig av. De faller ständigt i samma fälla som sätts framför dem.

D: Tror du att det beror på att blodet från de som kom hit har blandats med människorna? Är det därifrån det kommer, eller är det människans natur?

L: Det är människans natur som förstärks på denna existensnivå genom blandningen av kulturerna. Människorna från andra länder, andra platser. De kom och försökte förbättra världen, men blev själva tagna av den. Så det de valde att förstöra och förbättra blev istället förstärkt genom dem och manifesterades i den jordiska existensen.

D: Så deras gener hjälpte till att göra denna egenskap starkare? Skulle det vara ett sätt att uttrycka det på?

L: Ja. Och de skickades för att göra något annorlunda för planeten. Det var därför det tog lång tid innan någon annan skickades, på grund av rädslan att förstärka det hela igen.

D: Okej. Jag tror att det är allt vi har tid för just nu när det gäller frågor. Men jag kan komma tillbaka om en stund och ställa fler frågor.

L: Det skulle vara bra. Jag kommer att vara här.

D: Och vi kan fortsätta berättelsen från den punkten.

L: Vi har bara skrapat på ytan av början.

D: Vi måste börja någonstans. Jag har många, många frågor.

Den Invecklade Universumet ~ Bok Ett

Jag förde sedan Linda tillbaka till fullt medvetande. Hon ville berätta om en bild som stannade kvar i hennes sinne. Jag satte på bandspelaren igen för hennes beskrivning.

D: *Du sa att du kunde se insidan av världen?*
L: Det var som om det var ihåligt, och det fanns saker som höll ihop det. Jag vet inte vad de var. De rörde sig inuti. Och det var som om mycket hände ovanpå. (Handrörelser.) Det gick upp och ner. I mitten av jorden såg det ut som en ihålig boll. Och dessa saker på sidorna av bollen rörde sig upp och ner. Jag vet inte vad de var. De var saker som höll det samman. – De människor som kom andra gången hade stora runda huvuden, och de var silvriga. De hade kroppar, men de hade dessa utsträckningar som kom ut från deras armar, deras mittparti och deras ben.

D: *Utsträckningar?*
L: Har du någonsin sett de statyer och teckningar från östliga kulturer av några av deras gudar? De hade mänskliga ansikten och kroppar, och armar som kom ut i olika riktningar?

D: *Jag har sett några som har alla dessa armar.*
L: Ja, precis. Men dessa människor var väldigt små, och de hade enorma runda huvuden. Jag minns inte ansiktena. De hade inget hår. Sedan hade de alla dessa armar och ben som kom ut på olika ställen.

D: *Då var dessa riktiga utväxter, riktiga armar och ben?*
L: Ja. De var små människor. Deras hela väsen var glänsande. Jag vet inte om de bar dräkter eller om det var deras faktiska kroppar. De var silvriga överallt, en enda solid färg överallt.

D: *Och de visste att de inte kunde presentera sig själva på det sättet för människor, för de såg så annorlunda ut. Det skulle ha varit för skrämmande. (Rätt) Menade du att de kunde gå in i ett djur eller få sig att framstå som ett djur?*
L: Jag förstod det som att de kom ner och gick in i djuret på något sätt. In i deras intellekt eller hur de nu gjorde det, jag vet inte. De gjorde det så att de kunde vara i närheten av den mänskliga varelsen.

D: *Jag tänkte att om ett djur började prata med en människa, oavsett hur långt tillbaka i tiden det var, skulle det ha chockerat dem. Men det var inte så.*

Den Invecklade Universumet ~ Bok Ett

L: Nej. Det gjordes på något sätt genom sinnet, eller genom deras drömmar. Men anledningen till att de gick in i dessa djur var så att de kunde vara i fysisk närhet av människorna. Jag antar att dessa människor måste ha haft husdjur, för jag såg dessa människor sova och dessa djur ligga nära dem.

D: *Kunde du se hur de första människorna såg ut? De som gjordes till slavar?*

L: Jag såg dem i form av en människa. De var mörka. Jag vet inte om det var i kontexten att de var av den mörka sidan eller lägre i intelligens eller tillväxt eller något, men jag såg dem som mörka. Och dessa första varelser som kom ner såg väldigt mänskliga ut, men de var ljushyade. Vet du, i vår religiösa bakgrund lär vi oss att Adam och Eva kom och spred alla andra människor på jorden. Och utifrån vad jag får härifrån är det annorlunda. Det fanns många av dessa människor på jorden. Men ändå, när jag föreställer mig dessa mörka människor, ser jag dem krypa på marken. Och återigen vet jag inte om det var en synonym för ljusvarelser och mörkervarelser. Men det var väldigt tydligt för mig att dessa ljusa var här uppe och upprätta, och det var en krypande massa mörker där nere.

D: *Naturligtvis måste de ha varit mycket imponerade eller rädda för dessa människor. Jag undrar om de var primitiva från början, och det var därför de lätt blev förslavade.*

L: Jag skulle anta, utifrån vad som sades, att de hade väldigt lite kunskap. Och dessa andra varelser var här för att upplysa dem och föra dem till en högre nivå av existens. Så utifrån det skulle jag uppfatta att de var mycket primitiva.

D: *Det skulle finnas mycket rädsla och vördnad, och de utnyttjade det. Oavsett om dessa varelser var människor, humanoider eller vad de än var, så var de inte så utvecklade att de kunde motstå att hamna i en maktposition när människor föll ner på knäna. Så det visar att även någon som är avancerad kan korrumperas.*

L: De var inte perfekta varelser, men de var kunniga, och jag antar att det var därför de kom, för att dela sin kunskap. De såg mänskliga ut och mycket ståtliga. Väldigt långa och mycket självsäkra. Och jag minns att jag sa att de gjorde gudar av dem.

D: *Man kan förstå varför de gjorde det.*

Den Invecklade Universumet ~ Bok Ett

L: Och dessa ljusvarelser på den planet som han berättar historien för. De var väldigt ljusa, vitt ljus. Det var som en blob. Blobbar av ljus. De påminde mig om formen av den tecknade figuren Casper the Ghost. Förutom att det var ett väldigt starkt, intensivt ljus, och de var väldigt fredliga, väldigt glada, kärleksfulla. De vill bara dela kärlek.

Linda uttryckte sin otålighet över att vi inte fick mer information snabbare. Hon trodde att det bara skulle ta några sessioner. Jag påminde henne om att det fanns för mycket information för att bara kunna hällas ut på en och en halv timme. Det tog också längre tid eftersom hon talade långsammare. Jag var van vid att arbeta under lång tid (i vissa fall flera månader) för att sammanställa information och sätta den i ordning, men naturligtvis var inte Linda det. Min del i dessa projekt var att ha tålamod och försöka organisera händelseförloppet.

Vi tog en paus för att äta middag, vila och besöka Patsy. Vi började vår sista session långt efter mörkrets inbrott. Vi visste att det skulle bli sent när vi var klara, men det spelade ingen roll för mig, eftersom jag inte var säker på när jag skulle kunna återvända till Little Rock. Vi ville försöka få så mycket gjort som möjligt på en dag. Jag räknade med att hon kunde sova sent nästa dag, och det kunde jag också.

Nyckelordet satte Linda i det djupa transstadiet igen, och vi återvände till samma scen som vi hade lämnat några timmar tidigare. Bartholomew fortsatte som om det inte hade varit någon avbrott.

L: Jag står på en plattform framför mina elever. Jag tar frågor just nu.
D: *Innan vi tar fler frågor, skulle jag vilja klargöra något du sa tidigare. De första människorna som var här på jorden när de andra kom. Vet du var de kom ifrån?*
L: De var här. De var jordvarelser.
D: *Fick du veta hur dessa ursprungliga varelser såg ut?*
L: Jag antog att de var människor som jag. Jag frågade aldrig.
D: *Okej. Då hade vi kommit till den punkt där du talade om katastrofen med jordens kontinenter som bröts upp, och människorna som flyttade till säkrare platser. Vi var där när jag blev avbruten. Vill du ta fler frågor från dina elever nu?*

Den Invecklade Universumet ~ Bok Ett

L: Ja. Mina elever vill veta varför dessa människor var missnöjda med sin situation? Varför störde de den fred de hade känt i flera år? Svaret på det är mycket förvirrande för mig. Jag fick höra att de ville uppleva ett känslomässigt tillstånd av högre natur. De var trötta på lugnet. De ville ha spänning i sitt liv. Och när spelen blev till krig, gav detta dem den utlopp de sökte. Deras hjärtan blev mörka, och det var mycket dödande, mycket trauma. Det var något de själva ville uppleva.

D: *De var trötta på fred. Uttråkade, så att säga?*

L: Inte så mycket uttråkade som att det inte gav dem mycket känslomässigt utlopp. De kände att extremer i beteende främjade deras känslomässiga behov. Det gav dem upplevelser de ville utforska för sig själva. Utan att inse att när de tillät dessa känslor att styra, förlorade de ljuset inom sig själva. Det försvann inte, men det blev mycket, mycket svagt. Och allt på grund av viljan att uppleva känslornas upphetsning och trauma.

D: *Sa du inte att rymdvarelserna beslutade att lämna dem ifred, och låta dem försöka lösa saker själva?*

L: Ja. Vid den här tiden var det inte många av dessa människor, och de var inte en fara för någon. Så det beslutades att lämna dem åt sina egna resurser. Och de skulle antingen växa genom denna erfarenhet eller bli utplånade. Och sedan kunde planeten ges över till andra som ville leva ett gott liv.

D: *Övervakade rymdvarelserna människorna hela tiden genom deras historia?*

L: Ja. De skakade bara på huvudet i förundran över de svarta konsterna, och undrade varför.

D: *Varifrån övervakade de? Alla dessa händelser måste ha tagit lång tid.*

L: Deras tidsuppfattning är mycket annorlunda än vår. De kunde stämma in på det genom mentala projektioner, eller ibland besökte de faktiskt planeten fysiskt. Detta gjordes inte särskilt ofta eftersom det inte var säkert att göra det. Människorna här vid denna tid var mycket onda, och de dödade andra utan eftertanke. Det var mycket mord.

D: *Varför var dessa rymdvarelser så oroade? Kunde de inte bara åka iväg och glömma bort jorden?*

L: Nej, för det fanns en huvudplan för denna jord. Det är den vackraste planeten i detta universum. Den designades i skönhet som ett experiment. Tyvärr utvecklades den aldrig på det sätt som den var tänkt. Den skulle vara ett experiment i känslor och fysiska njutningar. Saker som många andra platser inte har. Den var utformad för att vara en upplevelse för dem som kom hit, och sedan skulle de lämna. Människor skulle komma hit på semester för att uppleva jorden, de njutningar som den skulle ge. Fysiska njutningar som dessa varelser normalt inte skulle uppleva.

D: Du menar, de kom hit som på semestrar och liknande innan situationen blev dålig?

L: Det var innan människor bebodde denna jord. Sedan blev några av dem så involverade i dessa fysiska njutningar att de fastnade i det och inte kunde lämna. De stannade för att uppleva det mer. Ju längre de stannade, desto mindre förmåga hade de att lämna. De förlorade förmågan att lämna. Så de var här när den första gruppen varelser kom. De som skulle hjälpa dem som hade fastnat i det fysiska med denna planet, för att hjälpa dem att återfå sina ljussjälar. De fastnade också.

D: De skulle hjälpa dem att återfå det de hade glömt, men det fungerade inte så.

L: Nej, för de fastnade också. Så de stannade också, och blev sammanflätade med dem som var här först.

D: Du sa att det var en del av huvudplanen från början. Kan du berätta något om det?

L: I början var planen en vacker plan. Planen skulle tillåta själar att komma till jorden för att besöka skönheten, för att njuta av jordiska ting, som en belöning för det de hade gjort på andra världar. Det var meningen att vara en kort semester, en njutbar upplevelse, och sedan att lämna och fortsätta med sin existens.

D: Det var huvudplanen?

L: Ja. Det var som en belöning för ett väl utfört arbete.

D: Det verkar som om allt gick fel, eller hur?

L: Ja. Det var sorgligt.

Detta var inte första gången jag hade hört detta. I andra regressioner med andra subjekt nämndes jorden som en semesterplats, ett semesterresmål, där varelser från många olika världar och dimensioner kom i de tidiga dagarna innan världen förorenades av människor. Det sades att detta var innan själar fastnade i jordens fysiska verklighet.

D: Har någon en annan fråga?
L: När översvämningen kom, och kontinenterna bröts isär. Han vill veta om det var en abrupt förändring eller om det var något som hände gradvis. I vissa fall var det mycket abrupt. Men uppvärmningen av planeten var en gradvis process. Det som var abrupt var när översvämningen började. Den förstörde en stor del och kom mycket snabbt. Det fanns praktiskt taget ingen plats på planeten som inte drabbades. De flesta invånare blev fångade och förlorade. Endast ett fåtal överlevde. Det var hoppet att detta skulle få dem att se de misstag de hade gjort tidigare, och att de skulle kunna vara tacksamma för freden som nu kom till dem. Men de tröttnade snart på den.

Jag funderade på de översvämningslegender som är vanliga i alla kulturer i världen. Men detta kan ha varit en mycket gammal och primitiv tid i jordens historia. Tydligen har jorden skiftat flera gånger, och översvämningar av stor omfattning är inte ovanliga i vår historia. Den bibliska översvämningen och andra kan ha inträffat vid ett senare tillfälle. Det verkar som om det egentligen inte finns något nytt i världens fysiska historia, utan en upprepning av en rad händelser. Vissa av dessa saker har blivit nedtecknade i gamla skrifter, och andra inträffade troligen innan vi hade ett koncept av skriftlig historia.

D: Finns det en annan fråga? Vi följer historien väldigt bra.
L: "Varför lämnade inte de människor som var kvar planeten om de var tillräckligt upplysta för att bli räddade?" Svaret är att de inte var upplysta varelser. De var fortfarande jordvarelser och hade inget begär att lämna. De visste inte om en existens utanför deras egen dagliga tillvaro. Så de var inte medvetna om att det fanns ett val. Därför visste de inte att de kunde lämna. Och förmodligen var det lika bra att de inte gjorde det. Fråga: "Tror du att de skulle ha förorenat andra platser dit de gick om de hade lämnat?" Det är en möjlighet, eftersom deras motiv inte var lika rena som andras. Om de besökte platser som var mottagliga för deras sätt att tänka,

kunde de ha påverkat dem. Men det var så få av dem, så jag tvivlar på om det skulle ha varit en möjlighet. Fråga: "När fattades beslutet att skicka in fler ljusvarelser?" Det var inte förrän många år senare, när jorden återigen besöktes av ett skepp. Det var många människor på detta skepp, och de kom inte för att stanna, utan för att instruera många som var här. De fick inte blanda sig med jordmänniskorna. De var endast här för att lära dem tillräckligt mycket för att stimulera deras tänkande och få dem att utvecklas lite mer mot ljuset.

D: *Men först, hur såg de människor ut som kom denna gång? Du sa att det var många.*

L: Det var väldigt många. De såg ut som människor på vissa sätt. Tillräckligt mycket för att de skulle accepteras. De var mycket, mycket långa och hade konstiga fötter.

D: *Konstiga fötter? Vad menar du?*

L: De hade inte händer och fötter som vi. De höll dem täckta så att ingen skulle märka. De bar alltid skor och handskar för att inte skrämma någon. Deras ögon var väldigt stora och mörka. Och de hade bara hål i ansiktet istället för en näsa. De hade en mun, även om de inte använde den på samma sätt som vi gör. De talade inte ett språk eller åt mat från jorden, och de drack inte vätskor.

D: *Vad använde de då för att överleva?*

L: De har ett system som är helt främmande för mänsklig förståelse. Det är ett energisystem av ljus, främjat, vitaliserat och revitaliserat genom en serie ljus.

D: *Du menar att det var ljus som höll dem vid liv?*

L: Ja. Utan det skulle de dö. De tog med sig sina ljuskällor på skeppet och var tvungna att vila i en kammare från tid till annan för att bli revitaliserade. De behövde bara spendera kort tid i dessa små utrymmen, men det var avgörande för deras hälsa att de gjorde det ibland.

En liknande idé rapporterades i Legacy From the Stars där varelser lade sig i en sarkofag för att ta ett ljusbad. Detta var också deras enda näringskälla, och de sa att ljuset kom från Källan.

D: *Kom dessa varelser alla till samma plats på jorden?*

Den Invecklade Universumet ~ Bok Ett

L: Nej. Det fanns - satelliter? (som om det var ett obekant ord) - satellitskepp som lämnade moderskeppet och gick till olika områden där det fanns människor. De höll kontakt med moderskeppet regelbundet för att jämföra anteckningar om deras framsteg.

Allt detta sades som om det upprepade information, antingen memoriserad eller hörd från någonstans. Som om det var märkligt och obekant. En ren redogörelse för fakta.

L: Några var mer framgångsrika än andra. Vissa misslyckades helt. De flesta var dock framgångsrika. De lärde jordborna väldigt många saker. Saker som skulle förbättra deras fysiska existens. Filosofier som skulle förbättra deras andliga och filosofiska syn, i hopp om att plantera den gnista av ljus som kunde växa.

D: *Vilka slags saker lärde de dem för att hjälpa deras fysiska liv?*

L: De gav dem kunskap om jordbruk: när de skulle plantera, när de skulle skörda, hur man planterar, vilket de inte visste tidigare. De var tidigare jägare och ägnade sig mycket åt att döda. Uppdraget var att avleda deras uppmärksamhet från dödandet till en mer positiv riktning, som odling och skörd, en annan källa till mat och energi. Detta skulle också hålla dem stationära eller på en plats, snarare än att leva ett nomadiskt liv. De skulle få mer tid att tänka och utveckla sina resonemangsförmågor om de var stationära. De lärde dem också hur man använder djur på annat sätt än att döda dem. De lärde dem att vara vänligare mot varandra och att leva i mer harmoni. Tyvärr betraktade folket återigen lärarna som sina gudar. Men den här gången höll lärarna sig sanna; de blev inte fångade i den jordiska existensen. Deras syfte var att komma och lära ut. Och när deras uppdrag var avslutat, lämnade de alla tillsammans. Detta experiment ansågs vara en stor framgång. Jordens folk fick en bättre tillvaro och en anledning att utveckla det de hade. De fick undervisning och fick en mer stabil existens än de någonsin hade känt på länge. Och en chans att använda sina sinnen på ett sätt de inte tidigare hade tänkt på.

D: *Dessa var mycket bra saker.*

L: Ja. Det var ett mycket bra projekt, och många var glada och jublade över dess slutförande under en tid.

Den Invecklade Universumet ~ Bok Ett

D: *Men du sa att några av lärarna gick till platser där det var ett totalt misslyckande.*

L: Ja, för de människorna var så fördjupade i sina jordiska nöjen. De kunde inte eller ville inte acceptera någon hjälp, så de lämnades åt sitt eget öde, för att utvecklas som de ville eller gå förlorade. Många dog eftersom de inte lyssnade. De förlorades.

D: *Fanns det några specifika raser som kan ha dött ut på grund av detta? Raser som inte längre finns på jorden?*

L: Vid den här tiden var jordens varelser alla lika. Det skulle ta en tid innan det skulle bli en skillnad i färg och utseende. Vid den här tiden var de alla lika, och det var inte många alls.

D: *Vill du fortsätta med frågorna?*

L: Fråga: "När kom de förändringar som gjorde att det blev olika hudfärger och de olika språk och dialekter som talas på jorden?" Detta hände vid ett senare tillfälle i jordens utveckling. Det hade att göra med andra utsådda folk som kom till olika områden. Människor kom från hela universum. Några stannade och gifte sig med jordiska varelser. Det var en lång process innan det utvecklades till vad vi idag känner till. I mitt liv tog det väldigt läng tid innan jag insåg att det fanns en annan hudfärg än den jag själv hade sett. På mina resor såg jag bara två andra färger, men jag fick höra att det fanns fler än vad jag sett. Jag hade sett den östliga, den gula rasen, och jag hade sett den bruna rasen. Jag har blivit informerad om att det finns en rödskinnad ras, vilket jag inte kan föreställa mig hur det ser ut på en person. Jag har blivit informerad om att det finns en svartskinnad ras, vilket jag kan föreställa mig hur det ser ut. Och jag har blivit informerad om att det finns en annan färg som jag inte har sett. Den är lik min hud men annorlunda. Den är mer vit. Den har jag inte heller sett.

D: *Har du fått veta om några färger som tidigare fanns på jorden men som inte längre existerar? (Nej) Men dessa hudfärger uppstod på grund av andra varelser som kom från andra världar?*

L: Ja. Det var en långsam utveckling.

D: *Jag har alltid trott att en del av det berodde på varma och kalla klimat. Är det inte den enda faktorn?*

L: Nej. Det kan ha hänt efteråt, men tidigare berodde det på blandningen av folk. Vid ett tillfälle var vi alla lika. Det fanns

51

ingen skillnad. Och sedan började vi gifta oss med varelser från andra världar, och det var då förändringarna började utvecklas.

D: *Hur såg vi ut när vi alla var lika?*

L: När vi alla var lika, hade vi brun hudfärg. Det var färgen. Det var en mycket varm brun färg.

D: *Hade vi hår?*

L: Nej. Inget hår.

D: *Kom det genom blandningen?*

L: Ja. Vi blandade oss med folk från andra planeter, och även med vissa djur. Vi ville ha djurens styrka och trodde att vi kunde få det genom att blanda oss med dem. Det var en mycket dålig idé, för det uppstod många märkliga varelser som utvecklades från dessa parningar. Och det påverkade vårt språk och vår förmåga att tänka rationellt. Så det stoppades, för det var mycket, mycket dåligt.

D: *Det gjorde att människorna regredierade snarare än utvecklades.*

L: Ja. De blev mer djuriska än mänskliga. Och vi hade redan gått bakåt tillräckligt mycket. Så det förbjöds att göra ytterligare blandning med djur.

D: *Var det några särskilda djur som blandades mer än andra?*

L: Ja. De som var väldigt starka och stora var de som oftast valdes, på grund av deras fysiska styrka och deras storlek.

D: *Men du sa att det skapade några mycket konstiga varelser.*

L: Ja, det gjorde det.

D: *Var dessa egenskaper nedärvda? De dog väl inte alla ut?*

L: Nej. Några gjorde det, men vissa styrkor stannade kvar.

D: *Men de var inte positiva egenskaper.*

L: Nej. Förutom att det gjorde jordinvånarna större i storlek än tidigare. De var små i storlek, och detta orsakade en förändring i storlek. Det tillförde också fysisk styrka som de tidigare inte hade haft.

D: *Men det hade tillräckligt med negativa bieffekter att det förbjöds efter det.*

L: Ja, det var inte bra, för dessa första avkommor brydde sig inte om sina familjer eller livet. De sökte bara ensamhet och fysisk överlevnad.

D: *Det var inte vad rymdvarelserna ville.*

L: Nej. Syftet de hade var att lära jordinvånarna att komma överens med varandra på ett mer öppet och kärleksfullt sätt. Och dessa varelser var ensamvargar. De interagerade inte med andra varelser om det inte var nödvändigt för deras fysiska överlevnad. Den andra generationen från dessa varelser var lite bättre. De hade åtminstone deltagit i en gemenskap.

D: *Dessa rymdvarelser som kom från många platser och blandade sig, och så småningom skapade de olika raserna. Kom de med goda avsikter?*

L: Några gjorde det. De tog med sig teknologi och en filosofi om goda intentioner. Andra kom bara för att utforska. De kom inte för att lära eller hjälpa, utan bara för att se. Tyvärr kunde dessa personer bli involverade i de jordiska sätten av misstag, och det skulle vara svårt för dem att vilja lämna.

D: *Så det fanns olika skäl till att de kom. Fanns det en anledning till att de alla kom ungefär samtidigt?*

L: Eftersom de första experimenten inom jordbruk var framgångsrika, och dessa varelser lämnade i massor. Och det ansågs att jorden skulle utvecklas snabbare om den fick fler upplevelser. Avelsprogrammet hade stoppats, och det ansågs att nu var tiden att komma in och hjälpa till med en högre form av existens. Några kom verkligen för att göra detta arbete. Andra kom på grund av nyfikenhet. Andra kom för själviska motiv. De kom för att erövra. De var krigare i sin egen existens. Deras planet var mycket liten, och de flesta andra folk associerade inte med dessa varelser eftersom de var för självcentrerade. Därför isolerades de från de andra. De såg detta som en möjlighet att avancera sig själva i universum. Förstår du, ingen hade tillåtits komma till jorden på länge. Sedan gavs tillståndet att komma till jorden vid denna tidpunkt. De första som kom var från planeten Syrus (fonetiskt: Sy-rus). De var de som var framgångsrika och lämnade. Och eftersom de var framgångsrika ansågs det att kanske andra också kunde hjälpa till. Men så var inte fallet. Några gjorde det, andra gjorde det inte.

D: *Dessa som var som krigare, varför förbjöds de inte att komma?*

L: Jag tror att de kom utan att fråga. Det var oväntat.

D: *Jag tänkte att det kanske fanns en grupp eller någon som skulle vara ansvarig för detta, och hålla de oönskade från att komma hit. Vet du något om en sådan grupp?*

53

L: Ja. Den har funnits väldigt länge. Men det ansågs att jorden hade så många problem att det inte skulle spela någon roll. De var här, de frågade inte om tillstånd. De bara kom. Och när de väl var här var det som om de bara skulle integrera sig. Och det kunde inte bli värre än vad det redan var.

D: *Jag förstår. Jag trodde kanske att någon skulle ha beordrat dem att lämna.*

L: De hade vissa goda egenskaper tillsammans med sina negativa. De var mycket intellektuellt utvecklade. De drevs i fel riktning av sin intelligens. De var dynamiska ledare inom utvecklingskompetenser.

D: *Har du en annan fråga från gruppen?*

L: "Jag skulle vilja veta varför dessa människor på jorden inte kunde läras en bättre tillvaro genom kärlekens aspekt och andens förfining?" Svaret är att de kunde ha lärt sig dessa saker, om de hade önskat dem. Men vid denna tidpunkt ville de inte vara mer än vad de redan var. Det är en universell lag. Man får inte inkräkta på någon utan tillstånd. Och dessa människor var nöjda med hur saker var och ville inte ha några förändringar vid den tidpunkten. Det är mycket svårt för mig att förstå varför en person inte skulle vilja ha ett bättre liv om det erbjöds honom. Men så var det.

D: *Trodde de inte att det var ett intrång när de förde med sig jordbruk och teknologi?*

L: De accepterade dessa saker som gåvor. De ville ha dessa saker för sig själva. De ville inte ha en ny filosofi. Vid den tidpunkten var de bara intresserade av de fysiska aspekterna av sin tillvaro.

D: *De materiella sakerna för att hjälpa deras liv?*

L: Ja. De var inte intresserade av något annat än vad de kunde känna, se eller vara. Man hoppades bara att plantera den lilla gnistan så att den kunde växa, även om det gick långsamt, men åtminstone var det en början. Det skulle ta många eoner innan den väcktes.

Jag hade fått samma information från andra. Den presenteras mestadels i Keepers of the Garden. I början av mitt arbete tyckte jag att konceptet med sådden av planeten Jorden var ganska radikalt. Men det har presenterats genom många ämnen, och jag tror alltid att upprepningen av bevisen ger giltighet, eftersom de inblandade personerna inte har någon möjlighet att veta vad jag redan har fått.

Den Invecklade Universumet ~ Bok Ett

Det var nu dags för mig att avsluta sessionen igen. "Får jag komma igen och ställa fler frågor och lyssna på dina lektioner? Du har mycket att lära mig, liksom andra."

L: Ja, det får du. Ibland är dessa saker som jag vet förvirrande för mig. Jag hoppas bara att jag kan förklara dem för dig så att du ska förstå sanningen. Många förvrängningar har skett under åren, och därför har vi mycket felinformation om dessa saker. Det kommer att vara mitt nöje att klargöra sakerna och visa dig utvecklingen, i hopp om att ljuset ska lysa klart och att alla ska se det själva. På så sätt kan vår planet utvecklas och bli en del av vad den var avsedd att vara från början. Vi kommer också att bli ljusvarelser, om vi bara tillåter oss själva att avvisa allt som inte är av detta ljus. Allt som inte är av den perfekta essensen från vilken vi alla, vid en tidpunkt, utvecklades. Att återvända till den platsen i ens öde skulle vara mest underbart.

Jag förde sedan tillbaka Linda till full medvetenhet, och Bartholomew drog sig tillbaka igen. Det var väldigt sent när denna session var över, nästan tio på kvällen, och Linda var uppenbart trött. Mot slutet av sessionen fanns det längre pauser medan hon talade, nästan som om hon höll på att somna. Några gånger var jag tvungen att mana på henne genom att upprepa vad hon hade sagt, för att få henne att fortsätta. Men när det skrevs ut passade allt ihop och var begripligt. Vi var båda trötta efter detta, även om vi satt och pratade med mina vänner till efter elva. Jag visste att jag skulle ha samma schema dagen efter med Janice. Men åtminstone fick vi mycket arbete gjort på en dag.

Jag hade tänkt försöka återvända till Little Rock minst en gång i månaden så att jag kunde fortsätta arbeta med dessa historier. Men det blev inte så. Under de följande månaderna var jag upptagen med den sista redigeringen och korrigeringsarbetet på Nostradamus-uppföljaren (Volym II). Jag hade också flera radioprogram. Jag hade inte tid att åka någonstans eller göra något annat. Vårt nästa tillfälle att arbeta var flera månader senare.

Kapitel tre
Energianordningarna

Jag träffade inte Linda igen förrän hon och hennes man kom till mitt område för Ozark UFO-konferensen i Eureka Springs, Arkansas, i april 1990. Vi ville ha åtminstone en session medan de var där. Jag hade många saker på gång och den enda tiden vi kunde få ihop var mellan slutet av konferensen och banketten. Sessionen hölls på hennes motellrum, och vi visste att det inte fanns tid för en full session. Jag satte in en timmes kassett i bandspelaren och tänkte att vi skulle försöka få så mycket gjort som möjligt. Något var bättre än inget. Under hela sessionen höll jag ett öga på klockan, medveten om att vi behövde sluta i tid för att klä oss till banketten. Jag skulle ha velat fortsätta historien, men jag tror att jag fick med det mesta av vad hon ville säga utan att känna att jag stressade henne.

Hennes man, John, satt med på sessionen och verkade stödjande och ganska intresserad. Han sa senare att han visste att denna information inte kom från henne, eftersom hon inte var så smart. Det var ett skämtsamt, chauvinistiskt uttalande, men det bevisade en poäng. Han var säker på att hon inte kunde ha hittat på allt detta. Enligt honom hade hon inte fantasin för det.

Jag använde nyckelordet och räknade tillbaka henne till samma scen när Bartholomew undervisade de lysande ljuskloten.

L: Jag står på en plattform och föreläser för alla dessa ljusvarelser som har väntat på att jag ska komma och förmedla min kunskap till dem.

Hon fortsatte som om det vore nästa ögonblick, snarare än flera månader senare. Det var som om tiden hade stått stilla och väntat på vår återkomst.

L: Jag berättar för dem om Jordens historia. Hur den har utvecklats genom eoner, och hur många människor kom från olika planeter och universum för att hjälpa Jordmänniskorna att utvecklas.

Den Invecklade Universumet ~ Bok Ett

D: Berättar du om någon specifik tid i historien?

L: Jag har precis avslutat att berätta om en tid då många lärare kom för att skänka sin kunskap till dem på jorden. De stannade inte länge utan lärde dem jordbruk och byggnadstekniker.

D: Var det de huvudsakliga sakerna de lärde ut?

L: Ja. De lärde hur man planterar säd, hur man bevattnar, hur man skördar, när man ska plantera, när man ska skörda, hur man lagrar maten så att den kunde användas senare. De lärde ut några byggnadstekniker som tidigare varit okända för dem, så de kunde bygga platser att bo på, platser att mötas på.

D: Vilken typ av byggnader hade de innan?

L: De var gjorda av trä och djurhudar. Och de lärde sig hur man använde Jordens resurser för att göra tegel, hur man använder sten. Hur man sätter ihop det, för att ha en mer permanent plats som inte skulle vara utsatt för vädrets makter och lätt förstöras.

D: Lärde de ut något annat?

L: Endast ett fåtal lärdes att använda elementen till sin fördel. Hur man använder solen, månen och stjärnorna till fördel för människorna på denna planet. Hur man använder solens energi.

D: På vilket sätt lärde de ut att använda solens energi?

L: De lärde dem med hjälp av vissa anordningar. Hur man fångar upp energin under dagen med dessa anordningar, så att den kunde användas senare som en energikälla. Denna energi kunde göra många saker. Den kunde flytta saker. Den kunde lysa upp saker. Den kunde bevara saker, som matvaror. Den hade många, många användningsområden som Jordmänniskorna inte var medvetna om, eftersom de inte hade rätt utrustning för att fånga denna energi och använda den på rätt sätt. Endast vissa personer fick tillgång till denna kunskap, och de svor till hemlighetsfullhet. Dessa människor sågs som präster eller gudar, och de var de enda som fick känna till dessa saker. De fick dock välja elever för att fortsätta arbetet som gjordes.

D: Kan du beskriva denna anordning som kunde göra alla dessa underbara saker?

L: Den var gjord av ett material från en annan plats, inte från denna jord. Den såg ut som en bit brons, men det var inte vad det var. Den var lång och hade en triangulär form. Den låg på jordens yta och måste manipuleras i en viss vinkel mellan jorden och solen, vid en specifik tidpunkt och plats där solen var på himlen. Det måste vara vid en viss tid på dagen, och det var avgörande att denna anordning placerades i en specifik radie och vinkel mellan solen och jordens horisont.

D: Det var allt det var, bara en bit metall?

L: Det såg ut som metall och det var i form av en triangel. Den var förmodligen fem fot lång och tre fot hög, och var V-formad i mitten.

D: Du sa att de också lärde dem hur man använder kraften från månen och stjärnorna. Hur var det möjligt?

L: Månen har också mycket energi. Människor har aldrig förstått detta. Det är en mycket passiv form av energi, helt olik solen som är mycket aktiv och stark. Men månens passiva energi är lika stark som solens.

D: Vi tänker på det som kallt.

L: Ja. Det är en helt annan typ av energi. Och det är därför människor tänker på det som kallt, men det är det inte.

D: Vilken typ av anordning använde de för att fånga månens energi?

L: Den var glänsande och ljus som en bit glas.

D: Kunde du se igenom den som glas?

L: Nej. Den var silver och glänsande, och stod på en bågformad piedestal. Den var konkav i mitten och roterade i många riktningar. Den var mycket större än instrumentet som användes för solen, på grund av energins natur. Den var femtio fot i diameter och tjugo fot i höjd. Den var väldigt, väldigt stor.

D: Det är förmodligen därför den behövde en piedestal för att rotera den.

L: Ja. Det krävdes många män för att flytta den.

D: Vad användes månens energi till?

L: Månens energi kunde användas för att förändra tidens effekt på den mänskliga formen. Den kunde användas för att läka den mänskliga kroppen. Den kunde användas för många olika saker.

D: Hur skulle den kunna förändra tidens effekt på den mänskliga kroppen?

L: När en person åldras sker en nedbrytning i den cellulära kommunikationen genom hela systemet. Och på grund av denna nedbrytning åldras kroppens organ och fungerar inte effektivt, vilket gör att viktiga funktioner i kroppen svälter. Denna enhet föryngrade den cellulära strukturen, vilket gjorde att den fungerade normalt, som i en yngre ålder. Endast de som valdes ut fick denna kunskap, och den gavs till dem för att de skulle kunna stanna på jorden under längre perioder och vägleda jordborna.

D: Energin skulle behöva lagras, eller hur? Inte bara riktas?

L: Ja. Den lagrades på hemliga platser. Människor fick höra att dessa var tempel för gudarna, och de blev skrämda så att de skulle lämna dem ifred och inte utforska vad som fanns inuti. De fick inte gå in på dessa platser.

D: Så energin från solen och månen lagrades båda på den här typen av platser?

L: Ja. I separata kamrar, eftersom solens energi skulle vara destruktiv för månens energi.

D: Du sa också att de använde energi från stjärnorna. Hur gick det till?

L: De fångade bitar av ljus från vissa stjärnkonstellationer.

D: Stjärnorna är så långt borta. Hur kunde de göra det? Stjärnorna skulle inte ha så mycket kraft.

L: Nej, det var inte så mycket energin, utan placeringen av stjärnorna på himlen. De kartlades och följdes noggrant, för att lära sig mer om profetior. Mer om den andliga naturen hos saker och ting.

D: Så det var inte så mycket energin från stjärnorna, utan en studie av stjärnorna?

L: En studie av stjärnorna för projektioner (svårt att hitta ord) av andra tider och ... Jag förstår inte. Andra ... projektioner av profetior. Profetior. Jag är förvirrad.

D: Är det något du inte är bekant med? Är det det du menar? Att du inte förstår det?

L: Ja. Stjärnornas placering på himlen gav dem information om profetior, saker som skulle hända.

Det var uppenbart att hon försökte beskriva astrologi, men tydligen hade entiteten, Bartholomew, inget ord för det eller förstod inte konceptet. Ett annat exempel på att vi använde hans sinne och inte Lindas.

D: Det verkar som en mycket underbar plats och tid, om de fick alla dessa underbara saker för att förbättra sina liv. Vad hände?

Den Invecklade Universumet ~ Bok Ett

L: Det var underbart under en tid. Dessa präster använde sin kunskap klokt. De hjälpte sitt folk att göra framsteg. De var vänliga. De helade deras trasiga kroppar. De skyddade dem. De lärde dem många saker. Och sedan, som det har hänt många gånger, uppstår negativitet och växer som dåligt ogräs i en åker. Det kväver till slut vetet eller säden. Och dessa saker gick förlorade.

D: Var det en gradvis process, eller var det något plötsligt som orsakade negativiteten?

L: Det var en gradvis försämring.

D: Och detta orsakade att kunskapen gick förlorad?

L: Ja. Dessa underbara saker som gavs till jordborna som gåvor förstördes eftersom det uppstod ett uppror bland de vanliga människorna, som ville ha solens energi. De fick reda på att den var lagrad i ett visst tempel, som de trodde tillhörde gudarna. Och de ville ha den för massorna. De trodde att detta skulle göra dem mäktiga. Och de reste en armé för att inta templet, och prästerna blev slaktade. Och när de kom in i templet kunde de förstås inte använda energin på rätt sätt, eftersom de inte hade kunskapen. Och den blev förstörd. Det var enorm förödelse, explosioner, eld och massförstörelse. Och den gick förlorad.

D: Detta skulle också ha förstört energin från månen, eller hur?

L: Ja. Det fanns ingen fara för explosion från månens energi. Men eftersom den hölls i närheten, blev den också förstörd.

D: Blev de ursprungliga enheterna också förstörda?

L: Ja, eftersom de förvarades på denna plats.

D: Kunde inte de som ursprungligen gav dem denna kunskap komma tillbaka och ge den till dem igen?

L: Nej, eftersom de hade varit borta från jorden under lång tid, flera hundra år. De hade åkt tillbaka hem. De visste inte vad som hade hänt.

D: Den gruppen varelser verkade vara en positiv grupp. De försökte ge människorna någon kunskap de kunde använda.

L: Ja. De blev mycket bedrövade när de fick reda på det, men det var lång tid efter att det hade hänt. Och beslutet fattades att inte ersätta det vid den tiden.

D: Men det måste ha funnits överlevande från den gruppen människor på jorden.

Den Invecklade Universumet ~ Bok Ett

L: Ja, det fanns de som var i utkanterna, och som inte var involverade i själva stormningen av templet. De var långt ifrån centrum för upproret. De var mycket gamla eller mycket unga, och de trodde att det var templets gudars vrede som orsakade denna förstörelse. Så de var inte medvetna om vad som verkligen hade hänt.

D: *Jag kan tänka mig att deras liv var ganska annorlunda efter det.*

L: Ja, det var det, eftersom de var tvungna att förlita sig på den lilla kunskap de hade. De kunde bara plantera när de kom ihåg. De hade ingen vägledning från prästerna. Men de klarade sig. De gjorde mycket bra ifrån sig med de få resurser de hade.

D: *De kunde förmodligen aldrig återgå till det tillstånd där de hade all kraft och energi för att hjälpa dem.*

L: Nej, det gjorde de inte. Det var ett stort, stort bakslag. Många saker gick förlorade. Mycket teknologi och många hemligheter.

D: *Återvände överlevarna till primitiva sätt?*

L: Ja. Men de fortsatte att bygga hus och att odla åkrar, och de fortsatte att handla med andra människor, som de gjort tidigare.

D: *Så de kom fortfarande ihåg hur man bygger med sten och stenblock.*

L: Ja. Men de hade inte längre de verktyg de tidigare haft för att flytta stenarna. Allt måste göras för hand. Det fanns ingen energi för att flytta dem.

D: *Var det solens energi som användes för att flytta stenarna på plats? (Ja) Gjordes något av detta genom levitation? Eller förstår du vad jag menar?*

L: Ja, jag antar att du kan kalla det så. Denna energi kom in i stenen eller vad som skulle flyttas, och den drogs som en magnet till den beräknade positionen. Och när den nådde den platsen släpptes den, och den stannade bara där.

D: *Så efter förstörelsen av dessa energikällor var det tvunget att göras för hand.*

L: Ja. Eftersom de inte visste hur det gjordes.

D: *De behöll delvis kunskap men det var inte tillräckligt. Det finns många lärdomar att dra av dessa saker.*

L: Ja, det finns väldigt många saker att lära sig. Några av dem är väldigt, väldigt sorgliga.

Jag förde Linda framåt. Denna session kunde inte vara lika lång som vanligt, eftersom vi behövde göra oss redo för banketten, och vi hade verkligen bråttom med tiden.

När Linda vaknade ritade hon hur hon uppfattade apparaterna. I fallet med den för solen tog hon ett papper och vek det på mitten för att visa vinkeln på triangeln.

På grund av den sista redigeringen och korrekturläsningen av Nostradamus-uppföljaren kunde jag inte arbeta med Linda igen förrän jag åkte till Little Rock i juni 1990 för en författarkonferens.

Jag körde till Little Rock i juni 1990 för att delta i författarkonferensen. Dessutom hade jag för avsikt att arbeta med både Linda och Janice, trots att jag hade ett fullspäckat schema. Jag kunde bara ha en session med Linda.

Med hjälp av nyckelordet räknade jag henne tillbaka till tiden för de lysande varelserna och Bartholomeus fortsatta berättelse till dem.

L: Jag är omgiven av dessa ljusvarelser. De bombarderar mig med frågor. Det finns så mycket att veta, och vi är mycket glada över att kunna absorbera all denna kunskap för säker förvaring, att ges till andra vid rätt tidpunkt. Vi känner oss mycket välsignade att ha blivit utvalda för detta arbete. Det är mycket prat. Jag måste lugna alla så att arbetet kan fortsätta. (Paus) Jag har nu lyckats med detta, och vi är redo att fortsätta på detta uppdrag.
D: *Kan du upprepa för mig frågorna som de ställer?*
L: Det var många, och alla talade samtidigt. Vi ska fortsätta från där denna upphetsning började orsaka sådan störning. Det hade att göra med energikällorna som togs emot från solen och månen. (Två månader hade gått, men de fortsatte från den sista händelsen.) Detta är vad som orsakade all upphetsning. Eftersom det finns många solar och många månar i universum, och de alla innehåller denna kraft och energi. Det är samma sak på många planeter, och denna energi kan utnyttjas som på jorden, för användning för mänskligheten och för alla interplanetära resor.
D: *Det kan användas som en energikälla, menar du?*

L: Ja. Det kan användas för många saker. Inte bara som ett drivmedel och en energikälla, utan det har också många andra användningsområden. Plus tillväxten av andlighet hos de varelser som bebor en viss planet eller område. Den har potential att läka och med denna helande kommer andlig tillväxt och kunskap. Detta är vad som orsakade störningen, eftersom det var så spännande.

D: Hade de aldrig hört talas om det tidigare?

L: Vissa hade, men de flesta hade inte. De hade tänkt på dessa saker, men visste inte säkert. För några var detta en bekräftelse.

D: Problemet är alltid hur man kan utnyttja energin för att få den att fungera på dessa sätt.

L: Det stämmer, men det är inte en särskilt svår process. Det är en mycket enkel uppgift. Men inte många känner till detta, eftersom det är så enkelt. Det är en process av förstoring, av absorption av energin genom förstoring från källan. Energin samlas in och förstoras tiofaldigt, och absorberas sedan i en samlingsenhet för att distribueras vid rätt tidpunkt. Förstoringsprocessen är den viktigaste delen av processen. Och om detta inte förstås och görs korrekt fungerar inte processen. Samlingen och distributionen kan inte utföras om inte förstoringen har skett på rätt sätt. Detta är där många har misslyckats. De har försökt väldigt hårt, men har missat den enklaste aspekten av processen.

D: Vad är den enkla aspekten?

L: Den enkla aspekten är inte storleken, utan kvaliteten på materialet som används för att förstora energin. Detta material kan inte hittas på många platser i universum. Det finns bara tillgängligt på vissa planeter. Jorden är en av dessa platser där detta ämne är lättillgängligt. Och det är därför den universella överenskommelsen med jordens folk var så viktig för alla inblandade, även om jordborna är väldigt primitiva. Många gånger har man försökt hjälpa dem att utvecklas till en högre förståelse, men det har misslyckats många gånger också.

D: Vilken typ av överenskommelse gjordes?

L: En överenskommelse gjordes med jordborna vid flera tillfällen för att tillåta intergalaktiska resor att komma och handla för detta material. Ibland fanns det avbrott i denna handel på grund av jordbornas stridbara natur. Saker förstördes, människor lämnade,

Den Invecklade Universumet ~ Bok Ett

och nya överenskommelser var tvungna att förhandlas om. Oftast gjordes dessa överenskommelser med ledarna i specifika områden på jorden. Ibland kunde de förhandlas med privata medborgare som hade kontroll över ett visst område.

D: *Jag tänker på en överenskommelse som vanligtvis innebär att förhandla om något i utbyte. (Ja) Vad fick jordborna i utbyte?*

L: Jordborna fick teknologi som de inte hade känt till tidigare, eller hjälp med den teknologi de utvecklade på en mycket primitiv nivå. I dessa överenskommelser fick de mer information för att hjälpa dem utveckla det de för tillfället arbetade med. Det snabbade upp processen avsevärt. Och mer kunskap kunde sättas i praktiken.

D: *Vad är detta material som de ville ha så mycket?*

L: Detta material är ett mineral som finns strax under jordens yta. Det är ett fint, pulveraktigt ämne som kan tas upp, och när det utsätts för tryck bildas det till tunna ark. Dessa ark används i förstoringsprocessen och måste ständigt bytas ut när de filtrerar energin, kort efter användning. Så de måste ständigt ersättas. Det finns en stor mängd av detta ämne på många platser runt jorden. Och det är väldigt enkelt att komma åt det med rätt verktyg.

D: *Så det är väldigt vanligt. Vilken färg har det pulveraktiga ämnet?*

L: Det är grått, olika nyanser av grått. Ibland kan det misstas för jord, men det är mycket fint i konsistensen, nästan pulveraktigt.

D: *I konstruktionen av dessa ark, sa du att det utsätts för tryck. Behöver det värmas upp, eller finns det några andra steg i processen för att omvandla pulvret till ark?*

L: Nej, det är bara enormt tryck. När det är i denna tryckkammare, på grund av tryckets grad, blir det väldigt varmt. Ingen värme behöver tillsättas. Det blir bara varmt från trycket som utövas på det.

D: *Och sedan formas det till ark?*

L: Ja. Väldigt tunna, smidiga ark.

D: *Och detta används sedan i förstoringsprocessen. (Ja) Och du sa att det absorberades i en samlingskammare? (Ja) Du sa att det var ett framdrivningsmedel. Om detta skulle användas på något slags farkost, måste det finnas ombord på farkosten?*

L: Ja. Det finns en samlingsdel på farkosten, inne i farkostens buk. Mycket energi lagras här för långa resor. Det behövs inte mycket utrymme för denna behållare eftersom energin är väldigt kraftfull och kan räcka för långa tidsperioder.

D: *Så den kan gå långa avstånd och långa tidsperioder utan att behöva fyllas på?*

L: Ja. Många, många år.

D: *Farkosten måste sedan återvända till energikällan för att laddas upp igen?*

L: Ja. Men de arbetar nu med en bärbar enhet som kan samla denna energi från olika månar och solar genom att ha dessa ark ombord. Men detta har inte varit särskilt framgångsrikt eftersom arken är väldigt ... (Lång paus) Jag tror att ordet är "sköra". Och de måste hållas på ett visst sätt och temperaturregleras. Om det varierar mycket åt ena eller andra hållet, förstörs arkets förmåga att förstora energin utan att filtrera den. Dessa ark tillverkas inte långt i förväg eftersom de förlorar sin förmåga. Ämnet som arken är gjorda av kan lagras under lång tid utan att förlora sin förmåga. Men arket, när det väl har tillverkats, måste användas inom en kort tidsperiod.

D: *När dessa är i naturliga förhållanden, som på jorden, är arken mer stabila då?*

L: Nej. Det är samma problem. Själva pulvret kan lagras under lång tid. När det pressats till ett ark måste det användas snart.

D: *Är det farligt för människor eller några varelser att hantera detta ämne? (Nej) Så det är en helt säker komponent eller element?*

L: Ja. Det är vad du skulle kalla "inert". Det har inga särskilda egenskaper förrän pressprocessen aktiverar det.

D: *Så detta är vad varelserna ville ha när de gjorde dessa överenskommelser med jorden.*

L: Ja. Annars skulle jorden lämnas åt sitt eget öde eftersom de som bebor den är väldigt oförutsägbara och har prövat tålamodet hos många från andra världar.

D: *Är det en grupp som har lärt sig att använda detta element som energikälla?*

L: Nej, det finns många som känner till det och de besöker ibland. Men de kontrolleras av ett råd. Det finns representanter från varje plats som sitter i detta råd. Och de fattar besluten: vem som får besöka och vad de får ge och ta från jorden. Allt bestäms i förväg

Den Invecklade Universumet ~ Bok Ett

innan någon kontakt tas. Ingen får komma utan tillstånd från detta råd.

D: *Jag har hört talas om detta råd tidigare, och jag har alltid varit nyfiken på var det ligger. Har du den informationen?*

L: Detta råd är beläget på en plats som är oåtkomlig för någon annan än en rådsmedlem. Och de måste vara en varelse som är högt respekterad av sina likar. Ingen vet exakt var det är.

D: *Men det är en fysisk plats?*

L: Nej, det är ingen fysisk plats. Det är på ett annat plan och är bara tillgängligt för dem som är tillräckligt utvecklade för att ta sig dit.

D: *Då ger de tillstånd att komma och få detta material. Och att byta kunskap med jordborna.*

L: Det stämmer.

D: *Har jag rätt i att anta att andra grupper också har kommit av andra skäl, förutom att få materialet?*

L: Ja. Vissa grupper kommer för att lära sig varför vi gör de saker vi gör. De kommer för att observera våra sätt. Några kommer för att försöka lära oss att vara ett mer fredligt folk. Det finns många anledningar till varför de kommer, inte bara för handelsändamål. Vissa kommer bara av ren nyfikenhet, men inte så ofta, eftersom detta tillstånd att komma in i atmosfären inte ges enbart för nyfikenhetens skull.

D: *De måste ha ett syfte då.*

L: Det stämmer.

D: *Kommer några av dessa grupper någonsin med negativa avsikter?*

L: Inte särskilt ofta, eftersom rådet är mycket klokt och de inte tillåter det. Jordborna har tillräckligt med negativitet för många livstider. Ibland blir dock de som besöker jorden involverade i den negativitet som finns här och reagerar på ett sätt som får dem att framstå som negativa. När de avlägsnas från denna atmosfär är de inte det.

D: *Detta är alltså ett sätt att samla energi och skapa framdrivning för farkoster. Finns det inte andra sätt?*

L: Det finns många sätt att göra framdrivningsmedel för farkoster och energi. Detta är bara ett av dem. Detta sätt, även om det är mer kritiskt i sin insamling, är dock mindre skadligt för miljön på de flesta planeter. Det är en så kraftfull metod och kan enkelt lagras i små utrymmen, vilket gör det mycket önskvärt.

66

D: Finns det andra metoder som är farliga eller skadliga för miljön?

L: Väldigt mycket så, som du vet från vad som händer på jorden i den tid du lever i nu. Detta arbetas på i din tid, och när människor blir mer medvetna om vad som kan göras, kommer många av de saker som nu används för energi inte längre att vara tillgängliga för användning på jorden. Men det kommer att kräva ett uppvaknande. Det finns många människor som inte vill ha denna förändring.

D: Använde dessa varelser de farligare typerna av energi någon gång?

L: Nej, inte den typen av energi du talar om. Kärnkraft undersöktes, men användes aldrig. Den förkastades som förorenande för galaxerna. Det var inte en bra källa eftersom den var mycket instabil.

D: Så de hittade de säkrare metoderna. Jag tänkte om det elementet var så sällsynt och svårt att hitta på andra planeter, kanske de utvecklade andra metoder som var mer bekväma för dem.

L: Det stämmer. De har hittat andra planeter där detta material är lättillgängligt. Dock är jorden en närmare källa än några av de andra. Och det är därför den har varit intressant. Annars skulle den ha lämnats ifred. Det var bara mer bekvämt.

D: Och jordborna kunde utveckla detta själva om de förstod processen?

L: Ja. Denna process har givits till vissa, men den har inte fått mycket acceptans, eftersom det finns många som tjänar ekonomiskt på de andra sätten. Och de andra sätten verkar för jordborna vara en bättre källa. Det är något som funnits här längre, tror de. Men i verkligheten är det inte så. Dessa andra energikällor har använts här många gånger tidigare. Men de gick också förlorade många gånger.

D: Jag trodde att det kanske berodde på att det var så enkelt att de inte trodde att det skulle fungera.

L: Det är en del av det, men det går mycket djupare än så. Det handlar om makt och girighet. Det finns en fråga från mina elever. De vill veta hur materialet upptäcktes av besökarna. Jag berättar för dem att stjärnskepp återigen kom till jorden för att besöka. Det var av en slump som de upptäckte detta material som de har använt för energi. Det var en riktig uppenbarelse, och de var mycket upphetsade över att hitta det, eftersom de hade rest långt in i andra galaxer för att samla detta mineral. Expeditionen denna gång var att ge medicinsk kunskap till läkare som utövade medicin på ett mycket arkaiskt sätt och dödade många människor. De kom för att lära dem grundläggande kunskap om människans fysiska och biologiska sammansättning. Det var en mycket nödvändig operation för att livet skulle kunna utvecklas på denna planet. Under tiden var det en stor pest och många dog dagligen. De försökte bestämma vad de skulle göra med liken. Det var under denna tidsram som mineralet upptäcktes när de grävde massgravar.

D: *Rymdfolket eller jordborna?*

L: Jordborna. Rymdfolket observerade vad som hände vid den tiden. De ingriper aldrig i människors dagliga liv. De observerar bara och tillhandahåller vägar för människor att lära sig deras teknik.

D: *Men om de inte ingriper, hur gav de då människorna, läkarna, informationen?*

L: Genom mental telepati. Läkarna trodde att det var något de själva hade upptäckt. De behövde veta hur sjukdomar överfördes från en till en annan, och hur de levde i blodet. Blod är mycket avgörande för livskraften i en människokropp.

D: *Och människorna, läkarna, visste inte hur sjukdomen överfördes?*

L: Nej, de var inte medvetna om nödvändigheten, värdet, av blodet som flödar genom människokroppen. Det var mycket nödvändigt för livskraften i människan att detta blod fanns kvar i kroppen. Och de praktiserade inte god hygien.

D: *Vid den tidpunkten kände de inte till bakterier heller, eller hur?*

L: Nej. Detta var vad de försökte förmedla till dem, om bakterier och om att låta blodet läcka ut ur kroppen.

D: *Att läcka ut?*

L: De stoppade inte blodet från att lämna kroppen. De visste inte att det var nödvändigt. Och om någon hade ett sår och blödde kraftigt gjorde de ingenting för att stoppa det. De visste inte att det var nödvändigt för att leva, att bibehålla en viss mängd blod i kroppen. Detta var ett av misstagen de gjorde. Och bristen på renlighet orsakade bakterieinfektioner. Det tillät bakterier att komma in i kroppen och blodomloppet. Vid den tiden var det okänt att desinficera, tvätta och hålla sig ren. De hade ingen kunskap om kemikalier. Det första steget var att lära dem att använda vatten för att tvätta sig noggrant. Och att hålla miljön ren.

D: Kunde de förmedla denna kunskap genom en läkare eller...?

L: Genom många. Kunskapens frön planterades genom sinnen, från ett sinne till ett annat. De flesta läkare trodde att det var deras egen idé. Det gavs inte på ett sådant sätt att de kände att de hade fått denna kunskap från någon annan. Det var bara något som dök upp för dem.

D: Jag tänkte om de bara gav det till en man, kunde han bli fruktad eller ansedd som ovanlig.

L: Nej. De gav det till många. Och när de jämförde sina anteckningar, var de överens om att detta var en bra idé.

D: Men tänkte inte varelserna att detta var ett ingripande?

L: Nej. De gav det som en gåva, och det var upp till individen om han ville ta emot det eller inte. Det anses inte vara ett ingripande eftersom de hade möjlighet att avböja. Något behövde göras. Många dog.

D: Inträffade denna pest samtidigt som de bestämde sig för att ge dem informationen?

L: Det pågick när de kom. Det var därför de kom. Många dog. Och det befarades att livets balans skulle påverkas, och att den mänskliga rasen till slut skulle dö ut på denna planet. Och detta var inte vad som önskades. Denna grupp skickades hit för detta uppdrag. Och eftersom de utförde sitt uppdrag väl, var det en gåva att hitta en bättre energikälla än de tidigare hade känt till.

D: Så detta material var inget de använde vid den tiden?

L: De hade experimenterat med det. Men det var otillgängligt där de befann sig, och det var en lång resa för att få tag på det. Så idén övergavs på grund av bristande tillgänglighet.

D: Vilken typ av energi använde de fram till dess?

L: De använde ljus. Och det fungerade bra. Men ibland fanns det inte tillgängligt och det tog slut.

D: Varifrån kom ljuset?

L: Det samlades på paneler. (Sakta, som om hon inte riktigt förstod vad hon såg.) På skivor. Paneler. Men på vissa ställen där de reste fanns inget ljus för att ladda upp deras paneler. Och därför tog deras energi slut, och de var tvungna att räddas av ett annat fordon.

D: Varifrån kom ljuskällan ursprungligen?

L: Från solar i olika galaxer.

D: Men dessa skulle ha varit väldigt långt borta om de reste i rymden.

L: Ja. Detta var nackdelen. (Sakta, som om hon studerade något.) Vissa av dessa paneler hade förstoringslinser som kunde överföra ljus från dessa solar på mycket långt avstånd. Men det krävdes mycket stora maskiner för att göra detta, och det var inte praktiskt att ha dem på farkoster. Så de hade bara sina paneler för energi, och kunde inte resa särskilt långt innan deras bränsle tog slut.

D: Vad sägs om kristallkraft? Experimenterade de med det?

L: Nej. Vid denna tid hade det inte slagit dem att utforska den möjligheten. De letade efter ett annat system, för när de reste över stora avstånd var det inte bra om de hamnade utanför räckhåll för en ljuskälla.

D: Så detta nya material hade stora förstoringsegenskaper. Är det korrekt?

L: Nej, materialet i sig hade inte dessa egenskaper. Men de hade förmågan att omvandla det med hjälp av de förstoringsegenskaper de redan besatt. Det var en mycket enkel process att omvandla dessa granuler genom deras system, och ge förmågan att lagra energi i små behållare, så att resor över stora avstånd kunde göras med minsta möjliga packning.

D: Var källan till energin fortfarande ljus?

L: Ja, ljus är nödvändigt och används. Men dessa granuler användes för lagring. Detta var den saknade egenskapen i deras hela energisystem. Det gjorde det möjligt för dem att lagra sin energi i mycket små behållare, där de tidigare var tvungna att ha mycket stora paneler för att driva sina farkoster. Detta revolutionerade deras hela energisystem, och de fann olika sätt att använda det. Inte bara för farkoster, utan för många olika operationer. Till en början tog de bara det. Men sedan var de tvungna att förhandla om det, eftersom tiden gick. Det de gjorde upptäcktes, och de var tvungna att byta till sig det. Men under en mycket lång tid var det inte nödvändigt. Först när de upptäcktes flyttade de bara till ett annat område som inte var bebott vid den tiden. Men när befolkningen på Jorden växte fanns det mycket lite områden där de kunde få tag på detta mineral som inte var befolkat. Så förhandlingar har gjorts med flera regeringar över hela Jorden, inte bara på ett ställe. Det fruktades att de skulle stoppas, så de gjorde överenskommelser på flera olika platser.

D: Kan vi återgå till den historia du talade om? Du sa att de gjorde avtal med folket för att hjälpa dem att få tag på detta material. Och de skulle belöna dem med någon form av teknologi, kunskap som de kunde använda i sina liv vid den tiden.

L: Det är korrekt.

D: Vad skulle då hända för att bryta avtalet?

L: Avtalet skulle brytas vid flera tillfällen när människans fysiska natur lät makt och girighet ta över. De ville använda denna teknologi för krigsändamål, för förstörelse, snarare än för att hjälpa mänskligheten. När sådana saker inträffade försökte människorna erövra varelserna som kom. Och när detta inträffade, skulle de som kom hit från andra platser lämna för en tid, tills en ny generation kunde utvecklas och ett nytt avtal kunde göras.

D: Så jordborna skulle ta teknologin som gavs dem, för vilket syfte eller fördel som helst, och omvandla det till krigsliknande saker. Är det vad du menar?

L: Ja. Detta hände många gånger, många gånger.

D: Det verkar märkligt att de skulle vända sig mot sina välgörare.

L: De trodde att om de hade denna kraft kunde de kontrollera välgörarna och få dem att göra som de ville att de skulle göra. De trodde att de hade den enda tillgängliga källan för dessa andra planetära varelser, men de hade fel, eftersom det fanns många andra platser på Jorden.

D: Så då skulle varelserna dra sig tillbaka?

L: Ja, de skulle lämna. Och många gånger, beroende på de begångna överträdelserna, skulle de ta bort all sin teknologi, eller så skulle de förstöra den så att den inte kunde användas på ett negativt sätt. Då skulle människorna gå tillbaka. Detta har hänt många gånger under denna jords liv. Det verkar som att mänskligheten utvecklas till ett högre tillstånd, och sedan låter de makt och girighet helt absorbera dem och det de har lärt sig. Sedan blir de förstörda, och de tar många, många steg tillbaka.

När Bartholomew kom in i de små lysande ljusvarelsernas värld överskred han tydligen vårt koncept om tid, eller snarare, tid existerade inte där. I början gav han information från Bartholomews sinne, information som hans konstiga vän hade gett honom. Ju längre han rapporterade, desto mer började han få tillgång till information från framtiden som inte skulle ha varit tillgänglig för Bartholomew. Han hade verkligen överskridit tiden och befann sig på en plats där dåtid, nutid och framtid var ett. Detta är det enda sättet jag kan förklara hans tillgång till information som är relevant för vår nuvarande tidsram. Hans sinne (i samverkan med Lindas sinne) hade utökats i sin förmåga att få tillgång till och assimilera komplicerade och relevanta fakta.

Men vad var syftet med att lära dessa små varelser? Vilken roll skulle de spela i vår tid?

L: Människan har inte kunnat lära sig tillräckligt mycket från tidigare överträdelser för att låta sig utvecklas bortom en viss punkt. Detta har varit ett mycket allvarligt problem genom många livstider. Varelserna hoppas någon gång kunna hjälpa dessa jordbor att utvecklas förbi denna plats. När de väl utvecklas förbi denna plats kommer de att tillåta sig själva att utvecklas vidare. Det är just det hindret som fortsätter att orsaka stora tillbakagångar till tidigare misstag. Detta är varför vi möts nu, för att hitta ett sätt att stänga gapet, så att mänskligheten kan göra det framsteg som behövs i deras utveckling. Och vi hjälper till att göra detta. Alla dessa varelser här idag vill hjälpa till att stänga denna klyfta en gång för alla. Så att mänskligheten kan utvecklas till vad som alltid har funnits för dem. Och genom sin okunskap har de varit oförmögna att stänga det själva.

D: Hur kan de hjälpa oss?

L: Många, många kommer att skickas snart för att arbeta i vardagliga ting. För att upplysa på ett subtilt sätt, för att sända ett budskap om kärlek, så att detta kan avslutas en gång för alla. Många kommer att välja att inte stanna på jorden. Men de som gör det kommer att arbeta mycket hårt och kommer att belönas med många underbara saker för sitt arbete.

D: *Menar du att dessa små energivarelser skulle komma till jorden för att hjälpa till? (Ja) Hur kommer de att göra det? Kommer de att förbli i sina energiformer av ljus?*

L: Några kommer att förbli som de är. Andra kommer att ha förmågan att komma in i många mänskliga kroppar. En ljusvarelse kommer att kunna gå in i tio mänskliga kroppar samtidigt. Och lysa upp den mänskliga kroppen själv, för att tillåta en utveckling av tankar och andlig tillväxt som fram till denna punkt var omöjlig.

D: *Kommer de att gå in i kroppar som lever på jorden och är upptagna av en annan själ?*

L: Ja. De kommer inte att bryta mot någon naturlag eller ta över kroppen. De kommer bara att vara en ljusgnista som kommer att lysa upp den fysiska kroppen själv och möjliggöra dess tillväxt.

D: *Jag trodde du menade att de skulle komma in som en själ och leva ett liv från barnet och framåt.*

L: Nej, nej. Detta är inte möjligt. Dessa ljusvarelser är så ljusa och så utvecklade att de inte behöver ta på sig en fysisk existens. Detta är inte vad de var designade för att göra. De är bortom ert koncept. De är inte en själ, som du skulle betrakta dem. De är ljusvarelser som utvecklats från en Gud av all skapelse. Källan.

D: *Men våra själar utvecklades också från det.*

L: Ja, det är sant. Men det finns många, många olika källor från den Ena, och de var alla designade på olika sätt för olika syften. Men de är alla en del av detsamma.

D: *Men om de kommer in i den mänskliga kroppen för en stund – du sa att det inte skulle besätta eller ta över, utan hjälpa – är det tillåtet att göra det enligt universums regler? Jag tänker på själen som den som vaktar kroppen. Är något annat tillåtet att komma in?*

L: Ja. Det får komma in om det är överenskommet i förväg. Dessa ljusvarelser är så rena att de inte skulle påtvinga någon sin vilja.

D: *Är denna överenskommelse mellan de två medvetet gjord?*

L: Nej. Det ges på en annan nivå.

D: *Så den medvetna individen vet inte vad som händer?*

L: Det är korrekt. De vet att något förändras på en medveten nivå. Men de vet inte exakt vad. När de accepterar detta i sitt medvetna tillstånd och tillåter utvecklingen, kommer de att finna svaret och de kommer då att veta vad jag säger dig. Först kommer de bara att ha en känsla av förändring i tankemönster. Och de kommer att undra över detta. Men det kommer att vara en stark känsla av att de måste förändras, även om de inte förstår varför eller hur.

D: *Men detta kommer inte att ske med varje individ.*

Den Invecklade Universumet ~ Bok Ett

L: Nej. Bara några, och dessa kommer att föra med sig andra till deras sätt att tänka. Några kommer att välja annorlunda. Några är ovilliga att förändras. De kommer att kämpa emot detta hårt, och orsaka mycket smärta och problem. Men dessa negativa kommer till slut att överskuggas av majoriteten som vill göra övergången. Och de kommer att tvingas lämna, eftersom de kommer att vara mycket olyckliga i den miljö som skapas.

D: *Dessa är förmodligen människor som ändå inte skulle göra en överenskommelse för att låta varelsen komma in.*

L: Nej. Jag vill göra det klart att dessa ljusvarelser på inget sätt kommer att störa den mänskliga kroppen eller själen eller syftet med vilket de lever detta liv. De är bara där för att möjliggöra en viss tillväxt. De är inte där för att förändra något som redan har överenskommits eller etablerats.

D: *Det skulle vara en invasion av individens fria vilja.*

L: Det är korrekt. De är bara en gnista för att låta människan korsa klyftan och stänga den en gång för alla, så att detta återfall till primitiva sätt kan stoppas.

D: *Är det därför de kommer som en andeform, så att säga? Eftersom de fysiska varelserna inte har kunnat uppnå detta på egen hand?*

L: Det är korrekt.

D: *Andra varelser försökte många olika sätt, och som du sa, de fastnade ibland i planetens fysiska natur. Och de misslyckades också på många andra sätt.*

L: Ja. Och det är därför dessa ljusvarelser skapades.

D: *För att utföra denna uppgift på ett annat sätt.*

L: Ja. För ingen annan anledning är dessa varelser här.

D: *Är det därför Bartholomew måste lära dem om vår jords historia?*

L: Ja, de måste veta hur många gånger detta har inträffat. De måste förstå människans natur grundligt, så att de inte överträder på något sätt. Det mänskliga elementet måste åstadkomma detta själva.

D: *När de gör en inträde, så att säga, måste människan vara mer öppen vid den tiden? (Ja) Uppnås detta på ett visst sätt? Jag tänker på att en människa omedvetet har naturliga försvarssystem.*

L: Ja. Detta kommer att vara en övergång som görs mycket enkelt. Allt som behövs är en önskan att växa. Inte en in-träde, inte ett

74

övertagande, utan en sammansmältning, en sammanslagning, en tilläggning, en kombination. Ett element som läggs till som förbättrar men inte minskar.

D: *Det är logiskt om det inte skulle fungera på något annat sätt. Finns det några andra andar eller varelser som planerar att komma till jorden för att hjälpa till med allt detta?*

L: Vid denna tidpunkt är det en vänta-och-se. Rådet hoppas att när jordens invånare har utvecklats, att ett komma och gå från många andra platser kan uppnås. Och ett handelsnätverk kan upprättas med en öppen policy snarare än en dold policy. Jorden kan bli en mer öppen plats att besöka.

När jag fick denna information i början av mitt arbete tyckte jag att det var komplicerat, men under åren har det bekräftats av många andra sessioner från hela världen.

Sektion Två: Fortsättning från 'Väktarna'"

Kapitel Fyra
Janices utelämnade utskrifter

När jag skrev min bok Väktarna fokuserade jag på min forskning om UFO:n och misstänkta bortförandefall. Det förklarade hur jag började (som de flesta andra undersökare gör) med enkla fall av observationer, landningar och bortföranden. Boken följde mitt arbete när det utvecklades från det enkla till det komplexa. Den sista delen av boken handlade om mitt arbete under slutet av 1980-talet och början av 1990-talet med en ung kvinna som bodde i Little Rock, Arkansas. Hon bidrog med en stor mängd värdefull information som gjorde att jag kunde upptäcka att utomjordingarna inte bara kom från andra planeter och galaxer, utan också från andra dimensioner. Några av de koncept de gav mig var sinnets-expanderande, eftersom de inte hade rapporterats av andra.

Ett märkligt fenomen inträffade när jag arbetade med Janice. Efter att vi kommit igång med sessionen och hon befann sig på den djupaste möjliga nivån av trance (den somnambula nivån) försvann hennes personlighet, och andra entiteter talade genom henne. Dessa var ofta varelser ombord på rymdskeppet hon togs till. Detta märkliga fenomen inträffade också med andra personer jag arbetade med, som om jag hade upprättat någon form av direkt kommunikation med dessa varelser. Informationen som kom från Janice var så omfattande att den tog upp största delen av Väktarna. Dessa varelser svarade på alla mina frågor och tillhandahöll information om ett brett spektrum av ämnen.

Min oro var att Väktarna växte till att bli en enorm bok, och jag visste att viss information skulle behöva raderas. Jag upptäckte att i vissa delar av sessionerna rörde sig Janice bort från UFO:n och rymdskepp, och istället exponerade ny mark inom mer komplicerade metafysiska koncept. Vi kommunicerade inte längre bara med varelser som opererade rymdskepp och genomförde de många experimenten i jordprojektet. Vi verkade ha kontaktat mer avancerade varelser, bekanta för rymdfolket, men okända för oss. Jag beslutade då att ta bort de delarna från den boken, så att den skulle förbli trogen till sitt ursprungliga koncept, och fokus skulle förbli på mitt arbete med utomjordingar. Jag hade samlat in information i många år under mina vanliga regressioner som övergick till ett område av det paranormala som jag var obekant med. För att förbli trogen till fokus för de böcker jag skrev vid den tiden, inkluderade jag inte dessa koncept. Jag visste också att jag inte kunde förstöra den informationen bara för att jag inte förstod den. Jag lade den åt sidan, med vetskapen om att den skulle få värde vid någon tidpunkt i framtiden när min förståelse ökade. Jag visste inte om eller när allmänheten skulle vara redo att förstå en del av detta, så jag bestämde mig för att skriva en bok som enbart skulle handla om denna information, och hoppades att det skulle finnas människor som gillade att få sina sinnen expanderade. Det expanderade verkligen mitt sinne, och omformade mitt tankemönster. Varje gång jag självsäkert trodde att jag hade all information och hade formulerat ett sätt att förstå hur universum fungerar, skulle "de" listigt förse mig med information som expanderade koncepten och startade mitt sinne att utforska i en annan riktning. "De" har alltid gjort det försiktigt, och matat mig med små bitar i taget så att jag inte skulle bli avskräckt, och skulle kunna smälta nästa lockande bit. Jag hade kunnat vägra, säga att jag inte ville få mina trosuppfattningar utmanade, att jag var bekväm med mina egna teorier och inte ville få mitt tankesätt omkullkastat, men jag är för nyfiken för det. Jag vill veta vad som finns runt nästa krök på den spännande resan. Även om jag inte förstod det, kanske det finns andra där ute som skulle göra det. Så min utforskning har varit riktad mot de som gillar att få sina sinnen böjda som kringlor. Mina böcker är utformade för att få folk att tänka.

Sessionerna med Janice ägde rum under slutet av 1980-talet och början av 1990-talet medan jag var djupt involverad i att skriva materialet om Nostradamus. 1986 blev jag ombedd att bli en UFO-undersökare i Arkansas, och det var min första exponering för detta fascinerande ämne. Allt detta berättades i Väktarna. Jag reste från mitt hem i bergen i nordvästra Arkansas till Little Rock för att arbeta med två kvinnor som visade sig vara utmärkta subjekt och som

Den Invecklade Universumet ~ Bok Ett

tillhandahöll underbar information. Eftersom det var en fyra timmar lång bilresa försökte jag ha så många sessioner som möjligt medan jag var där.

Jag bodde hos min vän Patsy där jag hade ett privat sovrum på övervåningen för sessionerna. Janice kom dit och jag försökte ha flera sessioner med Janice på en dag. Vid en av dessa resor verkade tre sessioner på en dag vara för mycket för oss båda, eftersom sessionerna pågick sent in på natten. Efter det försökte vi se hur många vi kunde göra utan att överbelasta någon av oss.

Vid denna resa 1990 hade vi för avsikt att utforska en annan händelse av försvunnen tid som Janice hade varit med om månaden innan. Hon hade blivit inbjuden till en lördagsmiddag med många vänner i ett hus utanför Little Rock. Hon ringde sin vän innan hon lämnade huset för att vara säker på att hon inte behövde några sista minuten-inköp, och sedan gav hon sig ut på motorvägen. När hon kom fram var hennes vän ganska irriterad på henne. Festen var över och gästerna var på väg att gå. Hennes vän sa, "Du kunde åtminstone ha ringt och sagt att du skulle komma sent!" Janice visste inte vad hon pratade om, tills hon upptäckte att fyra timmar hade gått sedan hon lämnade hemmet.

Detta var mycket likt incidenten med lunch på kontoret som rapporterades i Väktarna, där flera timmar försvann utan hennes vetskap. Det skapade definitivt problem i hennes sociala liv. Janice hade nått den punkten där hon undvek att göra sociala åtaganden för att undvika att hamna i den pinsamma situationen att behöva förklara dessa underligheter för sina vänner. Det blev ännu svårare eftersom hon själv inte hade några förklaringar, tills vi började arbeta 1989, och upptäckte att hon blev hämtad (bilen och allt) från motorvägen. Efter händelsen skulle hon bli återplacerad på motorvägen, förvirrad, men omedveten om att en stor tidsblockering hade försvunnit från hennes liv.

I vårt arbete upptäckte vi att Janice hade arbetat med utomjordingar hela sitt liv, utan hennes medvetna sinnes vetskap. Hennes upplevelser hade utvecklats från tidiga reproduktionsexperiment till deltagande i komplicerade klasser ombord på det underbara och enorma "moder"-skeppet, där hon kunde studera vilket ämne som helst i universum. Självklart var all denna undervisning aldrig tillgänglig för hennes medvetna sinne. Det hölls i hennes undermedvetna sinne tills tiden var mogen att släppa det. En del av henne visste att viktiga saker hände henne på en annan nivå, men det hjälpte inte förvirringen det förde till hennes normala vakna liv.

Jag började sessionen genom att använda hennes nyckelord som genast förde henne in i den djupa trancenivån. Jag lät henne sedan gå tillbaka till dagen då händelsen med den försvunna tiden inträffade.

Hon återupplevde detaljerna om hur hon förberedde sig för att lämna huset, men hon hade vissa farhågor, eftersom hon kände att något skulle hända. "Jag kan känna närvaron av mina vänner. De har varit här i dagar. Jag hade en föraning om... jag visste att jag skulle göra något arbete, och jag ville bara inte vara på middagen, eftersom andra människor skulle vara där. Och jag vill inte exponeras. Det är en privat sak, inte något som ska sensationaliseras av en massa människor som inte förstår. Så jag vill inte gå, för jag vet att jag kommer att ha en upplevelse. Det kommer, men jag vet inte när. Så jag tänkte att jag skulle stanna hemma och låta det hända där jag var ensam."

Dessa känslor måste ha varit på en undermedveten nivå, eftersom Janice medvetet normalt bara kände sig obekväm före en händelse, utan att veta var känslorna kom ifrån eller vad de betydde. Kopplingen var alltid oklar, mestadels för att det hände på en annan nivå som var otillgänglig för hennes vakna medvetande. Först senare skulle de förknippas med de episoder då tid försvann.

Hon lämnade huset, men farhågorna fortsatte. "Jag började känna de konstiga sensationerna. Och jag har lärt mig att det är okej att köra när det händer. Jag behöver inte oroa mig för att köra av vägen eller något annat. I början var jag ibland rädd för att jag inte skulle kunna köra. Det verkar skrämmande att inte kunna veta." Hon hade inte kört särskilt långt på motorvägen när hon viskade: "Åhh! Där är de!" Hennes ansiktsuttryck visade att något hände.

J: (I förundran.) Gigantiskt! Gigantiskt skepp! Det är framför mig, men det är ovanför mig. Jag tittar, och jag tänker, 'Vilken avfart?' Jag var bara på motorvägen i en minut eller två, och där är det.
D: Ser du andra bilar runt dig?
J: Jag vet att det finns andra bilar, men det är som om jag är den enda. Det är som om jag är i en korridor, i brist på bättre ord. Det är som

om jag är i mitt eget "utrymme", men skilt från de andra bilarnas utrymme.

Detta fenomen att vara separerad från omvärlden när dessa händelser inträffar utforskades i Väktarna, där ingen annan verkar se något. Jag har lärt mig att det är en individuell upplevelse och är osynlig för alla som inte är involverade.

J: Jag har sett stora skepp, men det här är helt enormt. Oj! (Hon var definitivt förundrad.) Det är en grå färg som himlen ser ut en molnig dag. Det finns olika uppsättningar eller linjer av små fönster, eftersom det är flera våningar högt. Det är bara enormt!
D: Vad händer sedan?
J: Jag är bara 'blippad'. (Jag förstod inte.) Swhooosh! Bara knäpp med fingrarna, och det är bara "blip". Puff! Det är en ögonblicklig sak. Det är nästan så snabbt som en tanke kan vara. En minut var jag på motorvägen, och sedan var jag inte där längre. Jag är där uppe.
D: Är din bil där uppe också?
J: Åh, ja.
D: Berätta vad du ser.
J: Det är som att du har din egen stad där. Det är bara så stort. Och vi lämnar bilen där, och jag går med dem. Du vet att de väntar på dig, och de tar dig dit du måste gå. Denna plats är så stor att du skulle gå vilse. Du skulle inte ens kunna hitta runt. Det är så stort.

Hennes följeslagare instruerade henne att sätta sig på en märklig apparat. "Du är lutad. Det ser ut som en stol i sig själv. Det finns inga kablar. Jag letade efter kablarna."

Det hördes då ett skarpt andetag, och hon verkade obekväm. Jag kunde se att hon upplevde något som var en ovanlig fysisk känsla. Det verkade ta andan ur henne. "Hur kan den saken röra sig så där? Den rör sig väldigt snabbt."

Hon rapporterade att hon blev yr, så jag gav instruktioner för att lindra de fysiska sensationerna. I flera sekunder beskrev hon känslan av att röra sig mycket snabbt och fick bokstavligen kämpa för att hämta andan. Detta var punctuerat av vokala utrop. Hon kunde inte beskriva hur området såg ut som hon for igenom, eftersom det blev en suddig röra av färg, och sensationerna tog över.

J: Åh, herregud! Ooohh! Det var verkligen snabbt. Verkligen, verkligen, verkligen snabbt. Min kropp känns konstig. (Ett nästan hysteriskt skratt.) Åh, det pirrar överallt.

Jag fortsatte att ge förslag på välbefinnande medan hon tog djupa andetag. Jag försökte förflytta henne framåt så att hon skulle komma någonstans, och sensationerna kunde avta. Efter några sekunder började hennes andning återgå till det normala. Sedan överraskade hennes nästa kommentar mig.

J: (Viskande) Du är så högljudd. Du är så högljudd!

Detta var förvirrande. Jag hade inte höjt volymen på min röst. Detta görs inte eftersom det kan bryta transtillståndet om man ändrar tonläget.

J: Det är som en megafon.

Hon suckade och stönade, uppenbarligen fortfarande återhämtande sig från den frenetiska färden. Jag gav instruktioner att hon skulle uppfatta min röst på ett normalt sätt.

J: Tack. Det var som en megafon i en minut.
D: Vad ser du när det saktar ner?
J: Det har inte saktat ner i mitt sinne ännu. Fysiskt har jag gjort det, men det går fortfarande fort. Det går fortfarande fort.
D: Allt återgår till det normala, eftersom vi inte vill att du ska känna något obehag.
J: Det är inte obehag. Missförstå inte. Det kan vara nödvändigt att känna det. Jag deltar för att jag vill det. Det är inte obehag. Det är en upplevelse. Du kan inte göra det här. Åh, herregud, det var snabbt! Se, du måste gå snabbt för att komma förbi ljusets hastighet.
D: Men det kommer inte att påverka den fysiska kroppen.
J: Nåväl, den fysiska kroppen har justerats. Dess toleransnivå har varit... Det finns ett annat ord, förutom justering, men jag vet inte vad det är.

Hon andades tungt igen. Sedan blev hon varm och rörde sig runt för att komma ut under täcket. Jag hjälpte henne. Detta hände ibland och indikerade en energi-fluktuation. Ibland kan ämnet växla mellan att vara varm och kall och tillbaka igen. Hon gick igenom flera sekunder av växlande obehag som om hon fortfarande kände accelerationen. Jag försökte fortfarande få henne till slutet av sin resa så att vi kunde fortsätta med historien. Efter några sekunders förslag tog hon ett djupt andetag, slappnade av och började göra mycket graciösa handrörelser.

D: *Varför gör du de där rörelserna?*
J: (Mjukt) Det är en hälsning.
D: *Vem hälsar du på?*
J: En varelse.

Hon fortsatte med handrörelserna, nästan vördnadsfullt, och indikerade att varelsen framför henne också gjorde samma rörelser. Nästan omedveten om mig, koncentrerade hon sig på sina rörelser. Jag var tvungen att få henne att börja prata igen. Jag bad om en beskrivning av varelsen.

J: Varelsen är ett område av ljus, men det är en kropp. Som om det inte är fysiskt än. Ljuset är väldigt ljust. Det är frånvaron av färg. Du skulle säga att det är det ljusaste ljus du någonsin har sett.
D: *Kommunicerar han med dig?*
J: Ja. Det är som instruktioner av något slag. Förklaringar och instruktioner.
D: *Kan du upprepa vad han säger?*
J: Tja, jag hör dem inte. (Suckar frustrerat.) Det är inte i ord. Det är som om du såg damm komma, eller du kände det gå in i dig själv. Jag menar, det är mer än din hjärna. Det är mer.

Jag har fått brev från många läsare som har haft märkliga upplevelser av att ta emot information genom symboler som verkar gå direkt in i deras hjärna. Detta inträffar ibland efter eller under tiden de har observerat ett UFO. Vid andra tillfällen har det inträffat när personen ligger på en säng eller soffa, och geometriska symboler

Den Invecklade Universumet ~ Bok Ett

verkar komma in i deras hjärna genom en ljusstråle som kommer genom ett fönster. Jag har fått för många sådana rapporter för att avfärda dem som fantasier. Detta rapporterades också i Väktarna där utomjordingarna sa att information överfördes mycket snabbt på en cellulär nivå. De sa att informationen skulle komma fram i det medvetna sinnet vid en framtida tidpunkt då den behövdes, och mottagaren skulle inte ens veta varifrån informationen kom.

D: Vet du vad instruktionerna handlar om?
J: (Suckar) Det går för snabbt för att förstå.
D: Kanske är det enda sättet att överföra en stor mängd information. Att det bara går direkt in i din kropp och ditt sinne.
J: Det är överallt. Jag känner mig som en svamp.
D: Känner du dig bekväm i den närvaron?
J: Jag känner mig mycket ödmjuk. Jag bad att få se det, och det förvandlades till en person. Ljuset kan vara en person om det vill. Det kan vara vad som helst. Wow! Det står framför mig som en person. (I vördnad.) Det ser ut som en människa, men det är annorlunda. Han kan vara som ett mjukt ljus. Du känner att huden är mjuk. Som en ljusvarelse... som en glödlampa som är frostad.
D: Menar du att hans ansikte och kropp ser ut som om det är gjort av ljus? (Ja) Glöder det inifrån?
J: Ja. Jag frågade, "Är du bara ett ljus? Är det allt du är? Bara ett ljus?" Och precis framför mina ögon formades det. Jag blev verkligen överväldigad av att se det hända. Att inse att ett ljus kunde bli en person.
D: Kan du fråga det vem eller vad det är?
J: Jag är så förundrad att jag inte frågar. Det är som om du vet att du ska vara tyst. (Hon verkade lyssna.) Saker händer med dig. Saker händer med dig, och om du sa något skulle det vara oviktigt prat. Som om du bara inte pratar. Du pratar, men inte på något sätt som jag känner till. Jag låter bara vad som är nödvändigt hända, för det har med något annat att göra.
D: Tja, låt oss gå vidare. Du kan påskynda den sekvensen. Var det allt som hände? Stannade du bara i hans närvaro och absorberade information?
J: Nej. Vi gick vidare till en annan plats.
D: Gick du ur stolen?

86

J: Jag var inte i stolen då. Jag vet inte var den var. Vi gick ut på planeten, eller vad det här nu är. Vi är inte på ett skepp längre.

Tydligen tog stolen henne ut från skeppet till en annan plats. (En annan dimension?)

J: (Stor suck) Det är väldigt ljust överallt. Det gör nästan ont i ögonen, det är så ljust. Det är väldigt tyst. Vi gick på vad vi tänker på som en rundtur i din stad. Sättet vi rörde oss på var intressant, eftersom vi inte gick. Bara rörde oss. Inga kablar. Jag letade efter kablar. (Skratt) Bara väldigt smidigt. Inga gupp. Bara rörde oss genom luften.

D: *Berätta vad du ser när han visar dig runt.*

J: Jag vet inte. (Hon var frustrerad ibland när hon försökte förklara vad hon såg. Hon hade inga begrepp för det.) Det är ljus. Och du rör dig genom ljuset. Och sedan förändras det, för det finns områden i ljuset. Och sedan rör du dig in i det, och det blir - inte fast - men det förändras från ett område till något annat. Och sedan rör du dig till ett annat område, och det är annorlunda.

D: *Vad förändras det till?*

J: (Hon hade svårt att förklara) Du vet, som när du kör genom ett bostadsområde, och sedan ändras det och du är i ett annat, men det är annorlunda.

D: *Menar du som byggnader eller objekt?*

J: Det är inte byggnader, men det är där de bor.

D: *Han visar dig platser där de bor, bland detta ljus?*

J: Ljuset är summan av allt... Herregud! Jag kan inte förklara det.

D: *Kan du beskriva en av dem för mig?*

J: Det finns inget sätt, för jag vet inte något som de ser ut som. Det är som ingenting jag någonsin har sett förut.

D: *Tja, jag tänker på ett hus eller en byggnad som en behållare med väggar eller något. (Hennes ansiktsuttryck visade oenighet) Är det inte så?*

J: Nej. Du vet att det är hemmet, som ljuset förvandlas till personen. Och sedan vet du att ljuset ... Jag kan inte beskriva det.

D: *Kan du be honom att hjälpa dig att ge dig svaren? Jag är säker på att han har svaren, och kanske har du ordförrådet så att han kan hjälpa dig att förklara det. (Lång paus)*

Så här hände det i alla andra omständigheter. När jag behövde en förklaring som personen inte kunde ge, skulle en annan entitet komma fram om jag bad om hjälp.

J: Det är inte dags att förstå det.
D: *Kommer han att berätta varför han visar dig dessa saker?*
J: Detta är det första steget.
D: *Första steget mot vad?*
J: Jag vet inte.
D: *Kan han berätta för dig?*
J: Det är inte dags.
D: *Den här platsen är inte på jorden, eller hur? (Nej) En annan planet?*
J: De kallar dem inte planeter.
D: *Vad kallar de dem?*
J: Jag kan inte säga just nu.
D: *Är det fysiskt?*
J: Vad menar du?
D: *Jag tänker på vår jord som fysisk, solid. Du kan röra vid den. (Stor suck) Eller är det annorlunda?*

Rösten förändrades. Den blev mer spontan, där Janices röst tidigare var förvirrad och osäker. Den här lät auktoritativ. Kanske kunde jag nu få svar. Detta var den typ som hade gett svar tidigare. Hennes undermedvetna? Eller kanske sinnet hos den andra varelsen?

J: Det är en annan verklighet och en annan dimension. Och det anses inte ... (Förvirrad) fast.
D: *Så det är annorlunda, men ändå är det verkligt. (Ja) Men behöver varelserna som bor där kroppar? (Nej) Var det en kropp som visades för Janice?*
J: Ja. Det var en kropp som visades för henne, som våra kroppar kan visas. Det är inte en form som vi upprätthåller hela tiden.
D: *Det är inte en fast kropp som hennes, en fysisk kropp? (Nej) Är det för att ni inte behöver en kropp?*
J: Det stämmer.

D: Jag försöker förstå. Denna plats där ni är, är det som ett högre utvecklingsstadium?
J: Det är ett mycket högre utvecklingsstadium.
D: Jag har fått höra om några av dimensionerna. De andliga tillstånden dit människor går när de lämnar den fysiska kroppen på jorden. Är detta som det, eller är det annorlunda?
J: Det är som det.
D: Men mer utvecklat än vad jag har fått höra om?
J: Jag förstår inte riktigt din fråga.
D: I mitt arbete har människor rapporterat att när de lämnar vår fysiska dimension, när de dör så att säga, så flyttar deras ande eller deras essens till olika nivåer. Och ibland är dessa nivåer mycket lika jorden, bara i ett annat spektrum. Sedan, när de rör sig högre, förändras ibland dessa objekt, vad du än vill kalla dem. (Hon skakade på huvudet.) Är det inte så?
J: Vissa av funktionerna skulle kunna kallas att vara samma, i den meningen att egenskaperna som är inblandade är de som skulle passa in på de nivåer som du har blivit medveten om. Men vid denna oändliga punkt av varandet behöver man inte ett hus. Man behöver inte en kropp. För existensen är på ett mycket annorlunda... (Mjukt) terminologin är bara....
D: Jag vet att det är svårt att hitta ord. Låt oss se. Vibration? Frekvens?
J: (Med säkerhet.) Vibration! ... Det är inte korrekt, men som ett element som du kan relatera till, kommer vi att använda vibration. För det du förstår är ofattbart i jämförelse med vad jag försöker säga till dig vid denna tidpunkt. Och det är helt enkelt evolutionärt till den punkt att man måste kunna förstå vad jag säger. Och jag måste kunna kommunicera det på ditt språk. Och detta kan inte göras genom ord.
D: Språket är otillräckligt. Det har jag hört förut.
J: Jag kunde göra detta på ett annat sätt, men det kommer inte att ske för dig just nu.

De hade tidigare antytt att de kunde kommunicera direkt genom mig (som kanalisering), men jag föredrog denna metod så att jag kunde förbli en objektiv rapportör. Eller så hänvisade han till samma metod att sätta in symboler direkt i mitt sinne. I så fall skulle jag vara begränsad i min förmåga att extrahera dem och förmedla betydelsen till andra. Jag kanske skulle förstå, men vara oförmögen att överföra kunskapen.

J: Språk är mycket begränsande. Men den typ av kommunikation som vårt folk använder är mycket annorlunda än språk.
D: Hon sa att hon fick mycket information, som flödade in i henne som en svamp. Är det så ni kommunicerar?
J: Det är en metod. Det är en mycket intensiv och en mycket grundlig metod för assimilering av information.
D: Vilka andra metoder använder ni?
J: Jag tror att hon har talat med dig om ... symbolerna. Men det är inte rätt ord.

Han hänvisade till symbolerna hon hade fått medan hon var i ett avslappnat meditativt tillstånd.

D: Men det är ett ord som vi förstår, på vårt begränsade sätt. Skulle vi kunna försöka tolka dessa symboler?
J: Det kommer att avgöras av någon annan än mig själv.
D: Kan du säga varför du ger henne denna information?
J: Det är inte tillåtet vid denna tidpunkt. Jag måste känna dig bättre.
D: Det är helt okej för mig.
J: Och hon måste vara redo att höra det.
D: Ja, för ofta om du hör saker och inte är redo, kan det vara ganska överraskande.
J: Korrekt.

Rösten fortsatte att låta djupare och mer maskulin än Janices normala röst.

D: Ger du henne denna information mer eller mindre på en undermedveten nivå?
J: Det har inget att göra med det undermedvetna, och allt att göra med det undermedvetna. När jag talar med dig om själen, talar vi i termer av det undermedvetna, det medvetna och det fysiska, det icke-fysiska, hela tillståndet av varandet.

Den Invecklade Universumet ~ Bok Ett

D: *Så det är mycket mer komplicerat, mycket större, mycket mer än vad vi kan förstå.*

J: Kanske.

D: *Nåväl, är denna information något hon kommer att behöva veta senare?*

J: Mycket riktigt.

D: *Kommer det att hjälpa henne i hennes jordiska liv?*

J: Mycket riktigt.

D: *Kommer det att hjälpa andra?*

J: Mycket riktigt.

D: *Skulle vi få dela informationen senare?*

J: Den kommer att utvecklas och föras fram. Men det kommer att ske i rätt tid. En del av den kommer att komma fram på ett naturligt sätt. En del av den kommer ni att få tillgång till. Så svaret på din fråga skulle kanske vara "ja", men inte just nu.

D: *Okej. Jag har mycket tålamod. Jag har för avsikt att sätta informationen i skriftlig form så att andra människor kan dela den och få hjälp av den.*

J: Det kommer att avgöras av många andra faktorer. Jag kan inte svara "ja" på din fråga, för det kommer att avgöras av resultaten av olika planetära och interdimensionella interaktioner.

D: *Jag tänkte att om det skulle hjälpa människorna på jorden, kanske vi skulle få utforska det.*

Rösten lät inte bara maskulin, utan nu gammal och mycket vis. Uttalet av orden var mycket noggrant och exakt. Det fanns ibland en paus och mumlande när den letade efter rätt ord. Det var det enda tillfället då det fanns någon osäkerhet. Jag kände som om jag var i närvaron av en entitet som besatt stor visdom.

J: Det finns, och kommer alltid att finnas, människor på jorden som det inte skulle hjälpa. Som det skulle skada. Med "skada" menar jag att de aldrig kommer att vara redo att veta eller assimilera någon av informationen. Och det är därför den inte kan föras fram förutom genom vissa sällsynta individer som kan assimilera och integrera den i sitt väsen. Och dessa… vi finner inte många av dem på er planet. Därför är det av största vikt att du förstår vikten av att skydda den information du skulle få om du når denna oändlighetspunkt i framtiden.

D: Tror du att jag kommer att nå den punkten vid en annan tidpunkt?

J: Det kommer att avgöras allteftersom vi går framåt. Jag har inte friheten att diskutera många saker med dig vid denna tidpunkt i vår interaktion. Men det är... Jag har svårt att kommunicera. Det är mitt problem. Det kunde göras på ett annat sätt, men du behöver förbli som du är. Därför, för att kommunicera med dig... jag hoppas du förstår att jag verkar stappla och stamma, när det är mycket svårt att sakta ner till vibrationsnivån som formar ordspråket. Och därför är det svårt för mig att interagera med dig. Så vi kommer kanske att utveckla en sorts bekvämlighet, om vi skulle mötas igen.

D: Tycker du då att det är klokare att detta är det enda sättet jag kommunicerar med dig, genom en annan person?

J: För närvarande. Jag kunde kommunicera med dig nu på ett annat sätt. Jag kunde göra det. Men jag kommer inte att göra det, för det skulle inte ha något värde för dig om du inte hörde orden.

D: Så det är på det sättet jag måste kommunicera då?

J: Det är inte så att du måste, men det är den enda metoden som skulle passa dina syften och vara produktiv för dig.

D: Jag tror att det är korrekt. Det skulle vara bättre att jag får orden genom en annan person, ett annat fordon, med det arbete jag gör. Jag känner mig mer bekväm med den metoden. Jag förstår vad du menar med att vissa människor aldrig kommer att förstå det, och att det skulle skada dem. Jag fick höra för många år sedan att viss information är som medicin, och annan är som gift. Att den kan missförstås och tas på fel sätt.

J: Mycket riktigt.

D: Jag fick höra att världen inte är redo för viss information. De sa också att inte alla mina frågor skulle besvaras, av den anledningen. Jag tror att du kan se att jag förstår, och jag har inte för avsikt att pressa.

J: Ja. Jag beklagar att mer inte kan ges just nu.

D: Det viktiga är att Janice absorberar vad hon behöver veta. Hon kommer att använda det vid ett senare tillfälle, och hon behöver inte veta det medvetet.

Den Invecklade Universumet ~ Bok Ett

J: Och det vet hon. Det är den sällsynta individen på er planet som kan vara tillräckligt trygg för att nå denna oändlighetspunkt. Det krävs en mycket trygg person för att nå denna punkt och återvända. Och "trygg" är ordet. Det skulle vara viktigt för varelsernas intelligensnivå att förstås av oss, eftersom denna typ av individ kan kommunicera på många nivåer. Det är bara en anledning till att denna interaktion äger rum just nu. Dessutom finns det en annan faktor involverad, i att personen är mycket pålitlig när det gäller att skydda arbetet. Det skulle inte gynna världen att få veta om denna oändlighetspunkt, för de skulle aldrig tro på det från första början. För det andra, de skulle aldrig förstå det. Och för det tredje, de skulle placera Janice på ett institution.

D: Det skulle jag aldrig vilja.

J: Det skulle aldrig heller hända.

D: Men i min begränsade förståelse, är du på vad vi betraktar som Gudsnivån? Skaparnivån?

J: Det är oändlighetspunkten, ja.

D: Jag har tagit många människor till olika nivåer, och de talar om vissa som är högre. Även om det kanske inte finns någon sådan sak som riktning.

J: Det är riktning endast i bemärkelsen av rörelsen hos varelsen. För egentligen är "högre" bara en referenspunkt från var de har kommit.

D: Ja, i vårt linjära sätt att förstå.

J: Korrekt.

D: Så detta skulle vara nivån vi alla hoppas att uppnå en dag?

J: Det finns nivåer bortom denna.

D: Det gör det? Då är detta inte det yttersta.

J: Detta kan inte diskuteras just nu. Förutom att säga att interaktion från denna nivå kräver renhet i kropp, sinne och ande. Renhet. Dessa interaktioner är inte så vanliga på er planet. Även om de sker, är det inte känt. För de flesta individer kan inte bära på den kunskapen.

D: Hon sa att hon inte lyssnar på dessa bandinspelningar som jag gör av dessa sessioner. Kanske är det bättre att hon inte vet vad som pågår?

J: Hon vet vad som pågår. Och det var mitt uttalande till dig, i att hon kan bära det hon vet. För förmågan att bära det är nyckeln till att uppnå de olika andra tillstånden av varande. Och det är mycket viktigt att hon utvecklas i steg. – Du måste förstå en sak. Denna individ har arbetat mycket, mycket hårt med många varelser. Hennes arbete med UFO-energi är bara en fasett av vad hon gör. Hon är inte från er normala befolkade värld, även om hon är mycket en del av er befolkade värld. Funktionellt är hennes egenskaper totalt utanför räckhåll för förståelse genom mätt vetenskap. Vad du måste förstå är att denna person opererar på den fysiska nivån och är en mycket fysisk människa. Men samtidigt opererar hon på många andra dimensioner och nivåer, interberoende.

D: Du sa att det fanns andra nivåer ovanför detta, men ändå kallar du detta en oändlighetsnivå.

J: Det är en oändlighetsnivå.

D: För mig betyder oändlighet för evigt, som att det inte finns något bortom det.

J: Det finns en punkt av oändlighet, och sedan finns det bortom punkten av oändlighet.

D: Måste hon komma till den här platsen ofta?

J: Det handlar inte om att behöva komma. Detta är en interaktion som är nödvändig för ... (Tveksamhet, söker efter ord.)

D: Hennes arbete eller vad?

J: Hmmm. Många anledningar. En är tröst för individen.

D: Så hon upplever tröst när hon kommer dit? (Ja) Även om hon bombarderas med information och känner hastigheten? (Ja) Det är fortfarande tröstande.

J: Du förstår, för att nå punkten av oändlighet måste du gå förbi ljusets hastighet. Förbi ljuset. Så förbi ljuset är snabbare än ljuset. Sedan går du in i en annan typ av varande.

D: Tja, jag tror att vi har gjort detta tillräckligt länge. Jag är mycket noggrann med hur länge vi gör detta. Så jag vill tacka dig mycket för att du lät mig tala med dig.

J: Du skulle inte tala med mig om det inte hade blivit förhandsgodkänt av någon annan än mig själv. Jag tackar dig för att du tillät denna något osäkra kommunikation, för det är svårt. Och jag önskar bara tacka dig för ditt tålamod med mitt stapplande.

D: Det är helt okej. Jag uppskattar att du har talat med mig. Och kanske någon gång i framtiden kan vi tala igen, om du är villig.

Den Invecklade Universumet ~ Bok Ett

J: Kanske har saker utvecklats till den punkten att vi kan ha en mer djupgående diskussion. Men det är inte nödvändigt just nu.
D: Det är okej. Jag har tålamod. Jag väntar tills tiden är inne. Jag tar emot vad som helst jag kan få under tiden.

Jag orienterade Janice och förde henne fram till fullt medvetande. Som vanligt tog det lång tid för henne att kunna sätta sig upp. Hon kunde alltid prata med mig, men verkade så avslappnad att det var omöjligt för henne att resa sig och gå på flera minuter. Även då var hon ostadig tills hon var helt vaken. Detta verkade vara hennes normala mönster och inget att oroa sig för. Medan hon återhämtade sig diskuterade vi några av sessionens innehåll. Hon hade alltid total minnesförlust av sessionen.

Efter att ha ätit och kopplat av med Patsy gick vi tillbaka till sovrummet för en annan session. Vi var överens om att två sessioner skulle räcka för detta besök. Vi har haft tre sessioner tidigare, men dessa visade sig ofta vara tröttsamma och utmattande, mer för mig än för subjektet.

Innan vi började diskuterade vi vad vi ville ta reda på. Janice funderade fortfarande på de symboler hon hade sett flöda in i hennes sinne veckan innan. Jag förklarade att varelsen hade sagt att det inte var dags för henne att veta, och att vi ännu inte kunde få informationen. Även om hon var besviken, visste jag från tidigare erfarenheter att man inte kunde tvinga fram detta. De skulle låta informationen komma när tiden var rätt. Det skulle inte göra någon nytta att försöka överrida dem ändå. Jag var alltid tvungen att upprätthålla deras förtroende, annars skulle all information stängas av och min forskning skulle stoppas.

Vi bestämde oss slutligen för att utforska en konstig händelse som inträffade kvällen innan. Hon hade gått in på en mörklagd parkeringsplats för att gå till sin bil. När hon startade motorn såg hon plötsligt vad som verkade vara rök eller dimma stiga runt bilen. Hon trodde att något var fel med bilen, så hon klev ut och gick runt den för att se var röken kom ifrån. Röken lade sig sedan i ett område framför bilen. I mitten av den kunde hon urskilja en katt. Det sista hon mindes var att hon gick mot djuret in i dimman. När hon blev medveten om att hon satt i bilen och förberedde sig för att köra hem, hade flera timmar gått. Så vi bestämde oss för att fokusera på denna händelse under denna session.

Efter att ha använt hennes nyckelord gick hon omedelbart in i djup trance, och jag tog henne tillbaka till kvällen innan, när hon lämnade ett möte och gick till sin bil på parkeringsplatsen. Hon började återuppleva scenen.

J: Jag försöker se om det är rök som kommer ut från motorhuven. Det är inte exakt rökfärgat, men jag kunde se att det bara liksom rörde sig uppåt. Och det var framför vindrutan, och på motorhuven, och över hela bilens framsida. Det är inte tjockt som rök, det är dimmigt. Mer som en slöja. Först trodde jag att bilen överhettade, men jag hade en känsla av att det var något annat. Jag stod där och väntade. Och jag tänkte, nåväl, jag ska bara se vad som händer. Och sedan såg jag att det fanns en katt där. Och jag sa: "Jag visste det. Jag visste det. Jag visste det." Och sedan rörde jag mig mot katten, men katten var inte en katt. Röken och katten var bara där för att få mig ur bilen. Och sedan rörde jag mig mot katten. Jag visste att katten skulle röra sig, och när katten rörde sig skulle jag försvinna. Det är så det fungerar. Du har sådana här saker som händer, och du vet att det inte är vad det ser ut som.

D: *Vad hände när du gick mot katten?*

J: Jag var låst. Det är som att du låser in dig i en frekvens. Du tittar in i kattens ögon och du blir låst. Det är som att du går från att vara i nuet till en frekvens. Det är som att byta kanal på en TV, förutom att du gör det på ett annat sätt. Och sedan är det som om du är på en stråle, eller du är i en korridor. Men du vet att du rör dig. Jag vet inte om jag rör mig fysiskt, eller bara mentalt.

D: *När du blev låst på det, såg du något förutom katten?*

J: Ja. Det förvandlades till en grupp varelser precis framför mina ögon. Jag visste att jag rörde mig mot den, men ibland rör jag mig mot den och sedan befinner jag mig på skeppet. De stod där, och ändå kunde de inte ha stått där. Hur som helst fortsatte jag att röra mig mot dem, som om jag var dragen, som om jag var på automatik. Sedan hörde jag ett ljud, och jag visste vad som hände. Och jag

Den Invecklade Universumet ~ Bok Ett

började känna mig själv gå, på ett annat sätt. Du känner dig väldigt
flytande, och du går sådär. Och de väntade på att jag skulle
komma.

D: *Vem väntade?*

J: Det var en hel grupp varelser där. Jag var inte säker på att jag riktigt
kände igen dem. Men mannen i den gröna manteln, honom känner
jag dock. Jag försökte titta på alla, men jag rörde mig för snabbt,
så jag kunde inte titta på dem alla.

D: *Du sa att det var någon du kände igen?*

J: Jag kände igen kläderna från en annan tid. När jag var på ett stort
möte, och jag var i en aula. Den här samma mannen stod nere på
en scen och höll en föreläsning. Och jag satt där, förutom att jag
var i ett dimmigt tillstånd. Om du tittade på något, såg du det
fysiska av det, men sedan var det genast tillbaka till dimma. Det
är ett annat sätt att se. Vi var alla där på denna stora plats, och han
stod där, framför en hel massa av oss. Och han gjorde sin del och
gick, och sedan kom någon annan.

D: *Och du trodde att det var säkert att gå med dem, eftersom du kände
igen honom?*

J: Eftersom jag såg honom och visste att det var okej.

D: *Vart har du gått?*

J: Jag vet inte vart jag har gått. Jag ligger i luften. Jag bara ligger. Det
är inte på ett bord. Jag förstår det inte, men jag vet att jag inte är
på jorden.

D: *Kan du se något runt omkring dig?*

J: Nej, just nu kan jag inte. Du vet hur natthimlen ser ut. Du vet att
den är där, men jag kan se stjärnorna. Och jag tror inte att det fanns
några stjärnor igår kväll.

D: *Kan du känna något runt omkring dig, om du inte kan se det?*

J: Jag vet att de är där. Jag vet att de är förberedelsen för vart jag gick.
Så jag rörde mig genom dem för att komma dit jag är. De stod
mellan mig och där jag är. Jag är säker och jag mår bra. Och de
säger till mig att jag vet att jag är säker. Det är som om jag var
tvungen att lägga mig ner efter att jag kom dit.

D: *Är någon med dig?*

J: Jag känner att det är någon här, men jag ser dem inte. Det finns ett
stort lila ljus över mitt ansikte. Det pulserar. Det rör sig. Det är
som ett hjärtslag, men det är inte ett hjärtslag. Det är enormt. Och

ibland är allt runt omkring det grönt. Det är som en lysande sak, nästan en indigo iriserande mitt. Jag har sett det många gånger, och jag vet inte vad det är. Sedan kom några olika former in i ljuset igen, men jag har aldrig sett dem komma i det ljuset förut. Jag har sett det ljuset hundratusentals gånger, men jag har aldrig sett det här. Detta har aldrig hänt. Former. Mönster. Former. Mönster. (Hon upprepade dessa ord om och om igen i en allt snabbare takt, vilket indikerade att de inträffade snabbt.) Som om jag tittar på vad som händer inuti ... det integreras i mig. Former, mönster, former, mönster. Mönster, former. Snöflingemönsterformer, sexsidiga mönsterformer.

D: Men känns det bra?

J: Åh, det känns som om du pluggade inför ett prov eller något. Du vet hur det känns när du studerar riktigt hårt. Men jag behöver inte riktigt studera det. Jag bara absorberar det. Men det händer med mig. (Förundrad.) Åh, herregud, titta på den där!

D: Medan du gör det, finns det någon där som kan svara på våra frågor? Så vi kan ta reda på syftet med detta?

J: Det är som om gruppen står mellan oss.

D: Vill du fråga någon om de kan komma fram och svara på våra frågor? Medan du tittar på formerna kan de prata med oss.

J: Ljuset försvann. Former försvann. Jag hör några prata. Jag vet inte vad de säger, för jag förstår inte det språket.

D: Kan du be någon om hjälp med information?

J: (Paus) De lyssnar inte.

D: Kanske kan du göra det mentalt.

J: Jag försöker. (Mjukare) Jag vet bara inte vad som händer. (Hon mumlade och verkade kommunicera tyst med någon.) De verkar alla vara upptagna och prata. (Paus, mumlande igen.) Nu är de bara runt mig.

D: Vad gör de?

J: Utbyter information.

D: Med dig, eller med varandra?

J: Både och.

D: Okej. Kan du mentalt be någon av dem om de kan svara på våra frågor medan allt detta pågår med dig?

J: Det är svårt att fråga medan detta händer. Det är så mycket som händer just nu. Det är bara en stor ... Det är mycket ... (Förvirrad

och lite överväldigad.) Så mycket kommer in att det är svårt för mig att ens fråga. (Hon gjorde handrörelser och pekade på olika runt henne.) Den här personen gör ett utbyte, sedan gör den här personen ett utbyte, och den här personen gör ett utbyte, och den här personen gör ett utbyte. (Upprepades om och om igen.)
D: Och de gör allt detta mentalt med dig?
J: Jag tror inte att det är mentalt. Jag vet inte hur det görs, eller vad det är. Det känns inte mentalt.
D: Okej, kan vi gå förbi det, så att du inte har så mycket på gång i ditt sinne? Låt oss gå vidare till när det är klart.
J: Mitt huvud gör ont!

Jag misstänkte att obehaget kan ha berott på för mycket input i hennes hjärna. Jag gav förslag på att när jag rörde vid hennes huvud skulle allt obehag försvinna. (Hon gav några avslappnade och lättade stön. Jag kunde se att det kändes bättre.) Låt oss gå vidare till när du inte har så mycket input på gång, och du kan diskutera saker med mig. (En lång lättad suck.) Kan du mentalt be någon nu att komma och svara på frågor?

J: Okej. Nu diskuterar de vem som ska prata med dig. Jag försöker se, men jag kan inte se. (En plötslig flämtning.) Åh, en pyramid kom ner till mig. Med spetsen nedåt. Och den har linjer på sig. Den bara kom ner.
D: Vad är det, ett ljus eller vad?
J: Jag vet inte vad det är gjort av. Det rör sig nu. Det är mer som ett av de där videospelen som du ser. Det kommer ner till mitt huvud. Jag ser att det kommer in i min kropp. Det har olika nivåer. Det är uppdelat och har ringar runt sig som ett träd skulle ha ringar, förutom att det är en pyramid. Och spetsen kommer ner, och den går in till en viss punkt. Och den stannar. Sedan går den igen och stannar. Den rör sig igen och stannar, rör sig igen och stannar. Det är som om hela min kropp är i den. Det sprider sig ut i hela kroppen. Mina armar känns konstiga. Det känns som om min kropp försvinner. (Jag blev för ett ögonblick orolig.) Det är bra. Det är okej. Det gör inte ont. Min kropp bara försvinner. Den bara upplöses. Åh, den bara upplöses.

D: Du kan alltid höra min röst oavsett var du är. Finns det någon i den gruppen som kan svara på våra frågor och förklara detta för dig?
J: Snälla. (Djupa andetag) Just nu är det inte möjligt att svara på dina frågor. De kommer att svara på dina frågor, men inte just nu. Det kan inte ske just nu.
D: Okej. Men det är en bra känsla?
J: Det är en bra känsla, ja. Det är bara att min kropp har upplösts. Den är helt ...

De ville att jag skulle vänta så jag använde tiden för att ge fler förslag för välbefinnande.

J: (Lång paus) Vi förstår att du önskar få någon form av kommunikationsinput. Vi gör dock ett arbete, och tar en möjlighet och kanske en frihet med din session. En fortsättning pågår från gårdagens arbete. Och du önskar få information från kvällen innan, medan det som händer nu är en helt ny utveckling av information för denna person. För att veta mer om produkten av engagemang som hon leds till att göra.

Rösten hade definitivt förändrats. Det var alltid lätt att märka när en av varelserna talade, eftersom förändringen var omedelbar.

J: Jag kommer nu att förklara det för dig. Vad vill du veta?
D: Hon är nyfiken på syftet med de former och bilder hon har sett.
J: Detta är ett helt språk av – jag kan inte diskutera med dig varifrån det kommer. Men jag kan säga att det finns en metod för kommunikation som är viktig för människor att ha till sitt förfogande. Men just nu är det omöjligt att kommunicera det till dig på ett språk du skulle förstå. Det kommer att finnas ett sätt att göra det när Janice samlar mer erfarenhet av att fungera på detta sätt. För närvarande tar hon emot vägledning och andra metoder för kommunikation, på grund av något arbete som ska utföras i framtiden. Kanske är det bästa sättet att förklara det för dig att säga att du går i skolan och studerar franska, så att du kan åka till Frankrike och tala franska. Hon lär sig det för framtida utvecklingar. Och hon lär sig det för sitt eget skydd.

Den Invecklade Universumet ~ Bok Ett

D: *Dessa symboler kommer att vara ett sätt att skydda henne.*

J: Symbolerna är ett sätt att skydda sig själv från att kommunicera saker som inte bör kommuniceras på den mänskliga nivån vid denna tidpunkt. Det är dock viktigt att de präglas, så att de i framtiden, när de kommer att föras fram till hennes medvetande, redan kommer att ha funnits där för att aktiveras. Vid den tidpunkten, när hon behöver veta, förklara och undervisa.

D: *I framtiden, skulle hon kunna rita dessa symboler för mig och förklara dem?*

J: Kanske. Det är en frihet som jag inte har tillåtelse att ge. Det måste komma från en utvecklingsnivå som inte finns för närvarande. Du kunde ha frågat det i din tidigare session och fått ditt svar.

D: *Det gjorde jag, och de sa att jag inte kunde få det just då.*

J: Då skulle jag ge dig samma svar.

D: *Hon ville också veta syftet med gruppen av olika varelser som har samlats här.*

Rösten förändrades igen. Denna lät mer auktoritär och professionell. "Jag kommer att svara dig. Syftet med gruppen av varelser är att varje medlem i gruppen har en viss nivå av expertis. Så! Vad du har är en grupp av – du skulle kanske kalla dem – 'gräddan av gröten' inom olika aspekter av utveckling. Ungefär som du har ditt masterprogram av högskoleprofessorer som undervisar i masterprogrammet. De är inte samma professorer som skulle undervisa de nybörjare i dina högskolekurser."

D: *Hon sa att hon inte kunde se dem alla, men de verkade vara olika.*
J: Mycket.
D: *Några av dem kände hon igen. Nåväl, bland denna grupp av människor, skulle du vara en som kan svara på några frågor?*
J: Om jag inte är den som kan svara på dina frågor, kommer den som kan svara fram. För det är överenskommet med gruppen att interagera med dig. Om det finns någon i gruppen som inte känner att det är lämpligt att interagera just nu, kommer det inte att ske. Om det skulle hända, ber vi att du förstår att även om vem som helst i gruppen kan svara, kommer det inte att ske. Om auktoriteten känner att svaret inte bör ges, kommer ingen annan att svara för auktoriteten.

Detta hade också inträffat när jag arbetade med Phil i The Keepers of the Garden. Vid den tiden kommunicerade en grupp av tolv entiteter med mig och gav mig historien om planeten Jords utsäde. De sa också att de endast fick ge information som de alla var överens om.

D: Jag tar alltid vad jag kan få. Om ni inte vill svara, låt mig bara veta det. Det finns ett mysterium som sker på jorden just nu som många människor ställer frågor om. Detta gäller sädescirklarna i fälten i England. De kallar dem korncirklar, även om det egentligen är vete och andra sädesslag. De har förekommit de senaste åren. Kan du ge mig någon information om dem? Varifrån de kommer, hur, och varför?

J: Jag kan säga att det finns flera anledningar till cirklarna. Och det finns olika anledningar för dem. Och vid olika tillfällen gäller olika anledningar. Nu, förstår du spiraler? (Ja) Och förstår du fönster? (Ja) Vid en viss tid används dessa av vissa energier för att interagera med strömmarna på din jord, vibrationerna på din jord. Jag försöker svara dig utan att bli teknisk. Jag kan inte ge dig all information om detta. Men jag kan säga att några av dem är gjorda av skepp som landar. Och de är gjorda på grund av metoden för framdrivning eller resor som driver skeppet. Och det har att göra med gravitationskraften på din planet. Det finns andra orsaker än antigravitation.

D: De är inte alla gjorda av skepp, eller hur? (Nej) Några av dem verkar vara i mönster. De har cirklar runt cirklar och olika design.

J: Det är korrekt. Du talar om deras inbördes förhållande till varandra. (Lång paus) Jag är ledsen. Jag har dina svar, men i ditt nästa möte kommer jag att ge dem till dig. Jag kan inte göra det nu, för det är ett tidsproblem. Det betyder att det är viktigt att det inte förstås just nu. Jag kan bara säga att det finns ett projekt som vissa människor arbetar på. Och dessa är en del av det projektet. Tro bara att det inte finns någon skada som kommer från dessa cirklar. De är i samverkan med andra aspekter av energiflödet. Det är mycket viktigt att de är där. Och precis som Janice lär sig symbolerna för språk, används alla ansträngningar i förhållande till den ömtåliga planeten Jords mantels stabilisering. Om det behöver finnas en omvänd cirkel – cirklar är mycket kraftfulla, du vet. Och de används också som en transmissionsfokuspunkt. Så det är vad jag kan säga till dig.

D: Har mönstren betydelse?

J: De har betydelse.

D: Är det viktigt att många av dessa har hittats runt gamla monument som Stonehenge?

J: Naturligtvis. När du tänker på Stonehenge, när du tänker på dina gamla monument eller dina så kallade "heliga platser" på din planet, då måste du veta att för att bli helig sker det inte omedelbart. Tid är en bärare av energi. Och vi har arbetat med dessa specifika platser i århundraden.

D: Men det verkar vara ett nytt fenomen med cirklarna.

J: Det är bara synligt. Du kunde inte se dem förut, men de har alltid funnits där. Du kan se dem nu på grund av en dimensionsskiftning som nu har ägt rum.

D: Så de var på marken?

J: De var under markytan. De har bara kommit upp till ytan. Jorden förändras så mycket att ... (Stor suck) Förskjutningarna på din planet har varit en annan anledning som har gjort att de kommit till ytan.

D: Så i det förflutna skapades energin de producerade, eller den funktion de tjänade, under ytan? (Ja) Och nu appliceras det på ytan?

J: Ja, för saker har förändrats.

D: Många människor tror att det kanske är en form av kommunikation.

J: Det är det. Jag förklarade tidigare för dig att de användes som en fokuspunkt för vibrationer ... kanske sa jag det inte. Du ser, det är vad som händer när du kommunicerar på ett annat sätt. Du tenderar att tro att alla vet vad du tänker. Vad jag försöker säga till dig är att de är en fokuspunkt för energiingång. Nu, energiingång i ett mönster, i en spiral, kommer in och kastas upp... (Förvirring om hur man ska uttrycka det.)

D: Ut ur samma plats? (Ja) Lite som en studsande effekt? (Ja) Okej. Hon hade fått höra att hon var en del av ett projekt där de använde energi.

Den Invecklade Universumet ~ Bok Ett

I The Custodians förklarades det att Janice var en del av ett projekt där hennes energi används för att hjälpa till att balansera energierna på jorden. Det finns många människor som är involverade i detta projekt, även om det är helt okänt för deras medvetna sinne. Jag fick veta att jag också var en del av detta, och att mina resor skulle ta mig till många delar av världen, eftersom min energi skulle behövas där. Detta projekt skapar ingen energiutarmning för deltagaren som är inblandad.

J: Det är en annan fas av samma projekt.

D: *Men detta låter som om energi studsar eller reflekteras. Skulle det vara korrekt?*

J: Det finns olika... Får jag svara på det? (Hennes fråga var mjuk och var uppenbarligen inte riktad till mig.) Ja. Jag svarade på det? (Detta var mjukt, och jag förstod inte att hon inte pratade med mig.)

Det var en lång paus, och sedan kom en annan röst, en mjukare, nästan söt röst. Uppenbart feminin.

J: Kanske kan jag svara dig. Det är inte dags för dig att förstå allt om detta projekt just nu. Det är viktigt för dig att veta vissa detaljer, som du kommer att få av medlemmar i gruppen. En av de saker du behöver veta är att det finns cirklar i Peru. Det finns cirklar på andra platser på din planet som människor inte är medvetna om. Vi gör en ansträngning för att tillåta mänskligheten att börja känna till andra sätt att kommunicera. Men det finns de som kan kommuniceras med genom dessa cirklar. Energi-cirklarna går också genom jorden, så det är en del av samma projekt. Det är bara en annan fas. En annan sak att veta är att din jord snurrar i rymden, eller hur? (Ja) Och hur snurrar den? Vilken riktning?

D: *Jag måste tänka. Snurrar den moturs? (Hon gjorde handrörelser) Medurs, okej. Jag minns inte den delen.*

J: Egentligen skulle det inte spela någon roll om den snurrade över ändarna. Poängen med cirklarna är helt enkelt att skapa en motsatt effekt. Och detta är ett annat område av balans. Det är ett syfte, och bara ett. Men de används och energi cirkuleras genom dem. Om du kunde se in i en annan dimension, skulle du kunna se spiralen. Du skulle se effekten av den virveln, för den är i rörelse och rörelse. Du kan inte se den, men den rör sig. Konstant i rörelse. Precis som en snurra. Medurs.

Vilket håll går gröd-cirklarna? De jag har sett och varit i går i båda riktningarna.

D: *Jag tänker på en snurra. Snurran roterar och rör sig. Och dessa skulle vara platser där den berör jorden?*
J: Kanske kan du tänka på en virvel.
D: *Okej. Jag tänker på att den är i rymden och sedan kommer mot jorden och berör marken.*
J: Det är korrekt. Strålen sänds faktiskt till cirkelns mitt och roterar utåt. Kom ihåg den fokuspunkt jag talade om tidigare? Strålen sänds till cirkelns mitt och virvlar.

Detta var något jag lade märke till när jag var i gröd-cirklarna flera gånger i England. I mitt sinne verkade det som om det fanns en central fokuspunkt, och cirkeln virvlade ut från den. Nästan som den visuella bilden av någon som fokuserar munstycket på en högtrycksslang och sedan öppnar det för att rotera från den centrala punkten. Jag vet att det inte gjordes med en slang, utan troligen med fokuserad energi, men det var en analogi jag kunde relatera till.

D: *Och detta är en del av projektet som hjälper till att stabilisera jordens rörelser? Plattorna?*
J: Ja, det är det.
D: *Och det verkar vara riktat mot vissa specifika platser, eller de är mer märkbara där.*
J: De har kommit upp till ytan där. Det är ett försök att få mänskligheten att ställa frågor. Det är också ett försök att tillåta de varelser som kan förstå det att börja veta och förstå det.
D: *I vissa fall finns det en cirkel där all säd går i en riktning. Sedan en cirkel runt utsidan där säden går i motsatt riktning.*
J: Detta är min poäng.
D: *Varför går det i motsatt riktning i den yttre cirkeln?*
J: För att det är nödvändigt att balansera den inre intensiteten.
D: *Detta måste ske väldigt snabbt. Är det rätt?*

J: Mycket snabbt. Du kan inte se det.
D: De säger att det sker över en natt. Var kommer strålen ifrån?
J: Jag kan inte ... (Snabb andning, och rösten blev störd och förvrängd. Det lät konstigt på bandet, nästan förvrängt vid denna punkt. En energifluktuation?) ... säga det.
D: Du kan inte berätta för mig?
J: (Varelsen verkade upprörd.) "Nej."
D: Okej. Jag undrade om det kom från rymden, från ett skepp, eller...?

Janice reagerade som om hon kände sig obekväm. Jag trodde att hon kanske blev varm igen, som under den tidigare sessionen. Jag försökte göra henne bekväm genom att justera täckena och ge kylande förslag. Men något annat verkade inträffa. Hon andades obehagligt snabbt. Efter flera sekunder med förslag saktade hennes andning ner. Hon slappnade av igen, så jag fortsatte med frågorna. Varelsen avbröt mig.

J: (Mjukare) Snälla...
D: Vad är det?
J: Låt varelsen få en period av justering.
D: Okej. För hon blev väldigt varm just då. (Ja) Var det på grund av energi?
J: Ja, det är det. Kroppen kom i kontakt med den fulla kraften av den fasen av projektet. Du måste förstå att när vi kommunicerar med dig är kroppen ett fordon för att göra det. Men på grund av kroppens involvering i detta projekt, är det ibland omöjligt att förhindra att upplevelsen sker med full kraft. Varelsen kommer att uppleva det arbete som görs mentalt. Mentalt. Kanske kan du förstå "mentalt", men det är inte riktigt en mental process, eftersom det fysiska kan påverkas. Och det händer mycket snabbt. Orden du använde för att orsaka detta att inträffa var när du sa, "Detta måste hända väldigt snabbt." Så ordet "snabbt" var en utlösare. Kommunikation på denna nivå blir väldigt känslig.

Efter att ha lyssnat på bandspelaren igen, hade jag faktiskt sagt "väldigt snabbt" istället för snabbt, men uppenbarligen tolkades det på samma sätt genom deras användning av Janices vokabulär.

D: Jag ber om ursäkt. Jag hade inget sätt att veta.
J: Det är omöjligt för dig att veta. Och vi önskar interagera med dig. Vi önskar ge dig vägledning i ditt arbete. Vi önskar att du fortsätter arbeta med varelsen. Och det är viktigt för dig att förstå att det finns tider då en utjämning måste ske av oss och av dig, för att varelsen ska kunna fortsätta vara involverad i din session. Du måste förstå att nivån på operativ energi är mycket ... (Förvirrad, letar efter ordet) ... känslig.
D: Jag vet att hon reagerade. Det verkade som en värmeutbrott.
J: Det är för att när denna individ befinner sig i centrum av en av cirklarna, kan den specifika rotationskraften orsaka en enorm mängd värme i det fysiska på ett ögonblick. Vi försöker dela detta med dig och komma hit för att tala med dig, för det är viktigt att dessa saker diskuteras. Men vi kommer att behöva lära dig några metoder för att hjälpa individen att ibland fortsätta.
D: Ja, för jag hade inget sätt att veta att något av mina ord skulle utlösa något. Och jag ville verkligen inte att det skulle hända.
J: Individens fysiska kropp kommer inte att lida. Du kanske tror, på grund av din fysiska iakttagelse, att kroppens fysiskhet kommer att lida. Denna individ har varit .... (Osäker på ordet igen.)
D: Vad är ordet? Konditionerad?
J: Det är nära. Men det är mer än konditionering. (Tvekade.) Förberedd. Ja. Det finns ett sätt att förklara för dig. Under åren, på grund av hennes långvariga engagemang i detta projekt som har pågått under hela hennes liv här, har hon utvecklats till en punkt där hon kan tåla fysiska energinivåer som är ofattbara för den vanliga individen. Och också omöjliga för deras fysiska kropp att uppleva utan någon nedbrytande effekt.
D: Så länge hon kan hantera det, för jag skulle verkligen inte vilja göra något som skadar henne. Tror du att det är klokt att vi slutar prata om cirklarna?
J: Det är mer än att bara prata om cirklarna. Cirklarna är en integrerad del, för vad du ännu inte har upplevt är pyramiderna. Du har dina fysiska pyramider i Egypten. Men det finns pyramider, precis som dina cirklar, som du ännu inte har sett på ytan, som också är operativa. Detta är bara en annan metod för energiarbete. Energiarbete är avgörande för att upprätthålla din planet. Och vad du också måste veta är att det finns farkoster som kommer, och

vid landning på ytan kan de skapa ett fysiskt avtryck på samma sätt. Så det finns cirklar, och det finns cirklar.

D: *Men dessa landningsplatser har inte samma energipåverkan. De orsakas bara av farkostens framdrivning.*

J: Men när de väl är gjorda används de.

D: *Det jag frågade var, kommer strålarna från rymden eller från en farkost? Varifrån styrs de?*

J: Jag får inte berätta det för dig. Vi kommer att diskutera det vid ett annat möte. Det finns varelser som inte har gett dig kunskap, som är närvarande om du vill ställa dina frågor.

D: *Okej. Men jag vet aldrig om jag berör ämnen jag inte får veta om.*

J: Du kommer att veta.

Jag var på väg att fortsätta med frågorna, när jag plötsligt blev avbruten. Något hade inträffat som gruppen ansåg vara en nödsituation. Det fick företräde framför vad jag höll på med.

J: (En sträng röst.) Ge förslaget!
D: *Vad?*
J: (Lät otålig.) Ge förslaget!
D: *Vad menar du?*
J: Varelsen har ont. Ge förslaget!

Janice höll sig om huvudet, så jag började ge mina vanliga förslag för att lindra något sådant, genom att röra vid mitten av hennes panna. Men varelsen avbröt processen och beordrade att jag skulle applicera tryck med ett finger. Jag försökte göra som det föreslog, men det avbröt igen. "Du är på fel plats!"

D: *Visa mig var.*
J: (Hon pekade på platsen.) Lätt! Jag kommer att vägleda dig. (Hon tog mitt finger och vägledde det till rätt punkt i mitten av hennes panna.) Jag kommer att vägleda dig. Fortsätt prata och ge förslaget.

När jag fortsatte ge förslag var varelsen fortfarande inte nöjd.

Den Invecklade Universumet ~ Bok Ett

J: Låt mig få din hand! Använd inte din hand! Detta är viktigt! (Strängt.) Använd inte din hand! Låt mig få din hand. Detta är viktigt för varelsen. Slappna av i handen! Ge mig ditt finger. (Milt) Ge mig ditt finger.
D: *Du har det.*

Det var en lång paus när hon vägledde mitt finger till rätt punkt på hennes panna. Jag slappnade av i min hand och gav förslag för att lindra eventuellt obehag medan hon manövrerade min hand.

J: Jag kommer att låta dig veta när jag är klar. Jag är ledsen att jag var så bestämd med dig, men det var en nödsituation.
D: *Kan du berätta vad som orsakade det?*
J: (Paus) Prata inte! (Lång paus.)
D: *Använder du energin från min kropp? (Nej)*

Det var en lång paus, sedan verkade Janice mer avslappnad och andades långsammare igen.

J: (Mekaniskt.) Tack. Jag är ledsen att jag var så bestämd, men på grund av nödsituationen var det nödvändigt för oss att kunna ha den fysiska kontakten med varelsen. Och där vi opererar är det omöjligt.
D: *Jag är glad att jag kunde vara till nytta, för jag bryr mig mycket om hennes säkerhet också. Kan du berätta vad som orsakade nödsituationen?*
J: Om en stund. Vi måste stabilisera.
D: *Så det är inte min energi, det är bara den fysiska beröringen.*
J: Ja. Det har inget att göra med dig eller din energi. Och om du känner något, kommer vi att ta bort det.
D: *Nej, det gör jag inte.*
J: Det trodde jag inte.
D: *Jag försöker bara slappna av så att du kan använda min hand.*
J: Det är väldigt svårt, och jag uppskattar dig. Det är väldigt viktigt.

Det var en annan lång paus medan hon flyttade mitt finger till andra punkter på hennes huvud. Hon suckade flera gånger djupt.

109

D: *Kan du berätta varför du trycker på de olika områdena?*
J: Dessa är meridianpunkter. Dessa är mycket som din akupressur. Vad som händer är att individen kan ansluta sig till mig genom din beröring, även om din kropp inte är inblandad.
D: *Jag vill lägga detta på inspelningen. Du rörde vid pannan och flera platser: ögonen, området precis framför öronen...*
J: (Avbröt) Ge mig din hand! Håll din arm stabil.
D: *Det är sättet jag sitter på. Okej. Och du rörde framför öronen, och under hakan, och toppen av huvudet. Sedan precis ovanför näsryggen i mitten av pannan.*

Dessa åtgärder upprepades om och om igen. Sedan slappnade hon av och sänkte min hand. Uppenbarligen var nödsituationen över.

J: Tack.
D: *Är det bättre nu?*
J: (Hennes normala röst.) Ja, det är bättre.
D: *Jag är glad att jag kunde hjälpa. Jag visste inte vad jag gjorde. Jag satt i en ansträngd position, så det var svårt för mig att slappna av.*
J: (Den stränga rösten var tillbaka.) Tack för att du använde din hand.
D: *Vad var nödsituationen? Kan du berätta för mig?*
J: Det är en kvarvarande effekt av cirklarna. Vad du måste förstå är att du är interdimensionell just nu. Varelsen är interdimensionell. När du mycket snabbt rör dig mellan dimensioner, om den rätta anpassningen inte uppnås, om en punkt inte nås före den dimensionella skiftningen, kan det orsaka smärta eller kortslutning i varelsens fysiska kropp. Och vi (hade svårt att hitta ordet)... gick förbi oss själva, så att säga.
D: *Gick lite för snabbt?*
J: Det handlar om timing. Kosmisk tid, jordtid, biologisk tid. När dessa tider är inkongruenta kan sådana saker hända med varelsens fysiska kropp. Vad du måste förstå är att när du diskuterar cirklarna, lever varelsen det.
D: *Det visste jag inte.*
J: Vi vet. Vi trodde kanske att det inte var något du behövde veta.
D: *Men för att säkerställa hennes säkerhet och frihet från smärta, skulle jag vilja veta dessa saker.*

Den Invecklade Universumet ~ Bok Ett

J: Det hanterades på ett sätt som du kommer att instrueras om i framtiden. Det kommer inte att vara, om inte nödvändigt, att meddela dig på förhand i framtiden. Denna specifika typ av informationsöverföring till dig är mycket ovanlig för denna grupp av varelser. Vad du måste veta är att... (Stora andetag, och hon verkade obekväm igen.)

D: *Upplever hon värme igen?*

J: Vi försöker se om det är möjligt, så att vi kan påskynda processen att kommunicera med dig. Det kommer att krävas några justeringar, som vi upptäcker just nu.

D: *Okej. Men om det orsakar henne något obehag, tror jag inte att det är värt det för min skull.*

J: Det handlar inte om ditt val om det är värt det eller inte. Faktiskt, antingen väljer du att göra arbetet eller inte. Jag menar inte att vara bestämd. Jag menar bara att detta är mycket viktig information. Och det handlar om att hitta rätt medium för att leverera den. Och när gruppen arbetar med dig kommer en slags jämvikt att etableras som inte finns just nu. Så vi har några mindre justeringar av jämvikten mellan varelsen och gruppen, och gruppen och dig, och dig och varelsen, och varelsen och gruppen. När vi mycket snabbt går in i ett mycket allvarligt ämne som cirklarna, kan saker hända mycket snabbt. Och där är det ordet igen. Men vi har tagit hand om det med individen. Du förstår, vi var inte medvetna om att "snabbt" skulle orsaka samma reaktion. Så vi lär oss samtidigt hur denna individ reagerar.

D: *Det är det jag menar. När jag pratar har jag inget sätt att veta hur det kommer att påverka henne.*

J: Vi kan fullt ut förstå din situation och sympatiserar. Och vi uppskattar att du kan förstå att om vi är bestämda, beror det inte på att vi är arga på dig. Det beror på brådskande angelägenheter. (Lång paus)

D: *Lyssnar du på någon?*

J: (Hennes röst lät mer normal.) Ja. Det är någon som vill prata med dig, men de kan inte tala engelska, och jag kan inte tala det språket. Och vi försöker lista ut hur vi ska göra.

D: *Kan de få någon annan att kommunicera det?*

J: De letar. De pratar. De har en liten diskussion. De är i hörnet. Det är som att de försöker bestämma sig.

D: Säg till dem att vi börjar få slut på tid här. Jag vill verkligen få meddelandet, för de gav mig instruktioner. (Förvirring) Kanske kan de vidarebefordra det till någon annan som kan ge mig meddelandet.
J: Det är vad de gör. (Milt, som om hon pratade med någon annan.) Okej. (Stor suck.)
D: Är de redo nu?
J: (En högre röst.) Kanske.
D: Eftersom jag inte har något sätt att veta om jag bryter mot några regler, om de inte instruerar mig.
J: (Hon började prata, sedan harklade hon sig, som om varelsen var tvungen att justera sina stämband. Nästa röst var definitivt feminin och mjukare.) Det har inte förekommit några regelöverträdelser. Men vi skulle råda dig att vara extremt försiktig i dina avslappnade diskussioner om fenomenet. Du måste vara försiktig med vem du delar avslappnad information med. Det finns känsliga områden. Det är viktigt, jag upprepar, att avslappnad information och delning inte är tillåten. Du har gjort bra ifrån dig, och vi är tacksamma. Ett av problemen kan vara arten av informationen och tidpunkten. Det är inte så att alla behöver veta allt. Du är mycket bra på att avgöra vem som borde veta vad. Det är en nivå av din expertis som gör att vi kan arbeta väl med dig. Det handlar inte så mycket om att lita på eller inte lita på dig, utan mer om timing. Tid att veta, tid att inte veta. Så, när du får information i framtiden kommer det ibland att finnas instruktioner om att inte avslöja det, tills du får ytterligare instruktioner. Kanske kan du hitta ett sätt om det är nödvändigt för något som andra arbetar med, att informera dem. Men avslöja inte din källa. Vi kommer att orkestrera deras kunskap, så att allt som delas med andra kommer att vara av en natur som är förhandsgodkänd.
D: Då ska jag följa era instruktioner.

Jag hade tidigare lärt mig att jag måste lyssna på dem, annars skulle de hitta sätt att hindra informationen från att bli publicerad. I The Custodians rapporterade jag hur fyra band försvann i åtta år eftersom det inte var dags för dem att visas i skrift. Det har gått över tio år sedan denna session, så jag tror att det nu är dags att ta fram informationen. De hade rätt om en annan punkt också. Flera gånger

Den Invecklade Universumet ~ Bok Ett

under åren av mitt arbete har jag fått känslig information och blivit tillsagd att inte publicera den, antingen för mitt eget skydd eller för att tiden ännu inte var mogen. Så jag har lärt mig att följa deras instruktioner.

D: *Jag tror att vi håller på att få slut på tid. Och fordonet har gått igenom en prövning idag. Men jag vill tacka alla medlemmar i gruppen som har talat med mig idag.*
J: Det finns andra som kommer att tala med dig nästa gång.
D: *Och jag ska försöka väldigt hårt att göra vad ni vill. Om jag gör misstag är det för att jag inte förstår.*
J: Åh, vi är väl medvetna om dina förmågor och uppskattar och tackar dig. Det är bara ibland nödvändigt att vara lite brådskande. Och när vi är det, kan vi låta mycket hårda, och det är inte vår avsikt.
D: *Men snälla förstå att jag försöker väldigt hårt. Och jag kommer inte att förråda ert förtroende, för jag vill inte att kopplingen ska sluta på grund av något fel från min sida.*

Jag började med omorienteringsförslag för att föra henne tillbaka till denna värld, men hon gjorde handrörelser istället för att följa mina instruktioner.

D: *Vad betyder det?*
J: (Väldigt mjukt.) Vi säger adjö till dig.
D: *Jag tror inte att jag skulle kunna duplicera de handrörelserna, men jag uppskattar det.*

Jag förde sedan Janice tillbaka till full medvetenhet. Hon hade inget minne av vad som hade hänt och verkade inte vara värre fysiskt eller mentalt efter prövningen som hon hade utsatt både sig själv och mig för. Jag hade lärt mig mycket från varelserna under denna session. När man arbetar inom ett så ovanligt område har jag ofta haft farhågor om att det kunde vara någon fara för subjektet, mest för att vi rörde oss i okända vatten och inte visste vad vi kunde förvänta oss. Jag övervakade också noga personens fysiska kroppstecken så att jag skulle bli varnad om några problem oväntat skulle uppstå. Varelserna hade tidigare sagt till mig att inte vara så orolig över det, att de alltid skulle meddela mig om något problem uppstod. Under denna session

Den Invecklade Universumet ~ Bok Ett

bevisade de att de höll sitt ord. De varnade mig för en situation som jag inte hade något sätt att veta kunde inträffa. Jag hade lärt mig en värdefull lektion, men jag lär mig också att jag aldrig skulle behöva förlita mig enbart på min egen expertis. Jag blev definitivt vägledd i mitt arbete av krafter från någon annanstans, en högre dimension.

Om jag trodde att det som inträffade under den senaste sessionen var förvirrande, var jag definitivt inte beredd på den information som kom fram i den här sessionen. Jag hoppas bara att läsaren kan följa de mer komplicerade koncepten.

Det hade gått över ett år sedan vår senaste session. Vid ett tillfälle när jag var i Little Rock kunde Janice inte arbeta med mig. Hon visste att hon hade varit någonstans natten innan, och det hade påverkat henne så mycket att hon inte kunde lämna sitt hus och definitivt inte kunde köra sin bil. Tidigare hade hon sagt att ibland när hon satte sig i bilen visste hon inte ens var hon skulle sätta nyckeln eller hur man startade bilen. De enklaste sakerna kunde plötsligt bli väldigt komplicerade, som om hennes sinne blev helt tomt och förvirrat.

På denna resa i september 1991 var jag i Little Rock för att intervjua några UFO-fall åt Lou Farish, så jag skulle försöka göra allt under samma helg. Innan vi började arbetet gick jag ut på middag med Patsy, Janice och några andra vänner. Vi pratade mest om våra personliga liv och nämnde inget om UFO:er eller hur mitt arbete gick. Huvudämnet för Janices middagssamtal kretsade kring en gammal pojkvän som nyligen hade kommit tillbaka in i hennes liv, och saker och ting blev seriösa. Hon verkade extremt lycklig, trots den fortsatta UFO-aktiviteten som förblev i bakgrunden av hennes liv. Efter middagen gick vi till Patsys hus och hade denna session. Janice hade upplevt många paranormala händelser sedan vi senast sågs, men vi bestämde oss för att inte välja ut en specifik att utforska. Vi tyckte det var bättre att bara se vart sessionen ledde. Varje session med Janice var alltid full av oväntade överraskningar och svängningar.

Efter att hon hade lagt sig på sängen använde jag hennes nyckelord och började induktionen, men hon avbröt och sa att vi var tvungna att vänta tills en viss tid för att börja.

J: Klockan 11:16 kan vi fortsätta. Exakt.
D: Okej. Enligt min klocka är det ungefär en minut kvar. Jag hoppas bara att min klocka är rätt.
J: 11:16 tack. Vi kommer att veta. För informationen kommer inte kunna nå sin kulmen om den inte är det.

Detta var första gången en entitet var närvarande redan innan sessionen började. Normalt var vi tvungna att söka efter dem. Jag fortsatte med mina induktionsförslag medan jag tittade på min klocka.

J: Du behöver ge henne ordet igen.

Jag stängde av inspelaren när jag sa hennes nyckelord, så att det inte skulle vara med på bandet. Jag slog på den igen när hon verkade vara under.

D: Vet du vart du vill gå, eller vill du att jag ska leda dig?
J: Vi ska gå till en punkt i tiden. Tid har punkter, du vet.
D: Ja, du har sagt det. Varför vill du gå till en punkt i tiden?
J: För att det kommer att vara början på en upplevelse. Det kommer att handla om många saker, eftersom det är en mångfacetterad punkt.
D: Okej, vi är vid tiden som du nämnde tidigare, 11:16.
J: Jag är vid ett ögonblick, du är vid en minut.
D: Vad menar du?
J: Vi pratar om samordningen av flera olika sorters tid. Du förstår, när du pratar om människans tid pratar du i minuter och timmar. Men när du pratar om tid i andra riken mäts det inte i minuter och timmar. Men för att kunna föra information genom dimensionell tid, måste du vara vid en specifik punkt i människans tid. Annars kommer informationen som kommer inte att vara total, och den kommer inte att vara elementärt koordinerad.
D: Men det är ofta svårt att veta. När vi har sessioner, gör vi dem bara när vi kan.
J: Ja, men om du hittar ett ämne som arbetar inom interdimensionell tid, så vet de att det är viktigt. Och att allt måste göras inte en minut eller en sekund tidigare eller senare. För det kan missas.

D: *Som en dörröppning eller en port?* (Ja) *Vill du leda det dit det måste gå?*
J: Vi kommer att hitta det medan vi reser.
D: *Hur reser du?*
J: Jag reser som en stråle. Som en partikel. Jag är en partikel. Bara en ljuspartikel. Väldigt liten, pytteliten.
D: *Vart reser du?*
J: (En stor suck.) Bland stjärnorna.
D: *Vad ser du där ute?*
J: Åh, det är underbart! Det är bara total, total upphängd fred, tystnad. Rör vid sammeten.
D: *Kan du se vart du är på väg?*
J: Nej, men jag vet vart jag är på väg. Jag behöver inte se det. Jag vet att jag kommer att känna när jag är där.
D: *Jag undrade om det såg ut som något.*
J: Nej, för jag tittar inte i det fysiska. Jag tittar i ett "se" fält. Du ser ett monster, och du vet att det är en plats. Och om du går till mönstret, är du på platsen. Och platsen blir du, och du blir platsen. Så mycket så att du inte behöver se det, för du är det. Så om du vill se i det fysiska, ber du och kan titta i det fysiska. Annars upplever du det på ett helt annat sätt. Det finns en färg, en rosenkvartsfärg. Och då vet du att du kommer närmare det. Och närmare, och närmare, och närmare det. Och det rör sig väldigt snabbt. Du går väldigt, väldigt snabbt. Väldigt snabbt. Men ändå känner du mentalt på en annan hastighet än den fysiska som partikeln rör sig i, för partikeln rör sig så snabbt att du inte kan se den.
D: *Menar du att den blev osynlig?*
J: Ja. Den är precis där, bara swoosh! (Hon verkade distraherad av något hon såg.) (Milt) Okej.
D: *Vad?*
J: Det var ett kors. (Distraherad) Det var ett... okej. En korsning.
D: *Som en vägkorsning?*
J: Ja. Precis som på en karta när du kommer till den punkten.
D: *Vad händer när du kommer till den punkten?*
J: Du stannar. Du stannar.
D: *Varför stannar du?*
J: Av olika anledningar. Det beror på var du vill bo.
D: *Vad menar du?*

Den Invecklade Universumet ~ Bok Ett

J: Vid den punkten kan du samla information, eller så kan du gå in i en annan dimension och vara i ett helt annat liv.
D: *Vill du samla information?*
J: Vi har precis börjat, men jag vill samla information vid denna punkt, för det är en port till var vi kommer att hitta vår information. Du förstår, vad som händer är att vi har stannat så att människans tid kan vara i enlighet med denna tid. Jag inser att detta kanske inte låter vettigt, men det kan inte hända på något annat sätt. Du förstår, om din tid är i oordning med denna tid, så kan anslutningen inte göras. Så därför måste du tillåta det stoppet, det stoppet, och du kommer att skjuta framåt i samma ögonblick som det har sammanfallit. Om du tar två cirklar och placerar dem bredvid varandra, och de kommer ihop tills de låser, kan du inte passera genom dem.
D: *Men om du passerar genom dem, kommer du då att gå till en plats där information finns?*
J: Jag kan gå till de gamla. Jag kan gå vart du vill. Eller jag kan gå dit vi behöver gå. Och jag kan gå till Skapelsen. Eller jag kan gå till Gudskällan.

Hon tog några djupa andetag och visade fysiska reaktioner. Något pågick.

J: Det är en infusion av information. Och det är också en lärare som vill tala till dig och Janice. Och för att berätta att du har passerat tid och rum. (Rösten förändrades.) Först måste du förstå några grundläggande principer och fundament när det gäller källenergi.
D: *Jag är alltid villig att lära mig.*
J: Partikeln som du upptäckte var faktiskt en källa av partikeln. Allting börjar med en ljuspartikel. Allting som finns börjar som den minsta poren på din hud. Om du kunde föreställa dig en molekyl, skulle du se en ljuspunkt. Du skulle veta att i den yttersta källan, är det allt du är. Så vad jag säger till dig är att, inom källan till "Allt Som Är," de interaktioner som sker mellan partiklar bildar en källenergi. Om du ser ett slags mönster i en partikel, och du placerar den partikeln över en annan partikel, kommer de att matcha totalt i varje minut detalj. Nu, när energi blir materia, från den källenergin, reser den ner längs strålen – eller ut längs strålen

Den Invecklade Universumet ~ Bok Ett

– beroende på ditt begrepp eller hur du vill relatera till det. Och när det imploderar, exploderar ut, delar det sig som en cell delar sig, för att bilda olika individer. Det kan dela sig många gånger. Det kan dela sig en gång. Det kan dela sig miljontals gånger. När det delar sig blir det antingen manligt, kvinnligt, eller manligt-manligt, kvinnligt-kvinnligt, manligt-kvinnligt. När det fortsätter att dela sig och resa genom dimensionella skiften, blir det i varje dimension det som det ytterst är vid sin källa. Och det börjar växa. Och när det går genom universum och galaxer, fortsätter det att vara det det alltid är. När du för ner partikeln till en praktisk verklighet i jordiska termer, har du människor som är: som i partners. Du har människor som är: som i underdelade partiklar. Dvs: du har likheter mellan människor. Du har främlingar som omedelbart blir totala vänner, för att de delades vid källnivån. Sällan blir människor sammansmälta. Endast när det finns ett högre syfte skulle den föreningen äga rum. För mänskligheten har ett sätt att förändra verkligheten på ett sådant sätt att sällan förverkligas den högsta möjliga verkligheten på denna jordiska nivå. Så vad du har beror på planetära syften. Ett gemensamt syfte för det yttersta förmånandet av mänskligheten måste förverkligas och beror på valen. Det högsta möjliga slutet. Du är låst i ett energimönster, och kommer slutligen att återvända till källan i samma energimönster från vilket du kom. Jag talar bortom tid och bortom rum och bortom skapelsen. Jag säger dig att jag talar till dig från bortom skapelsen. Skapelsen är cirkeln jag talade om, genom vilken mänskligheten kan komma. Och mänskligheten kan återvända, om de vet hur, till sin källa. Men innan det händer har du något arbete att göra på den där planeten, för det är dags. Som jag talade till dig i förhållande till tid, som jag talade till dig i förhållande till mänsklig tid, och i förhållande till interdimensionell tid. Jag försöker förklara tid för dig. Du måste förstå tid. Och det är ditt jobb. För det är vad du arbetar med i dina böcker. Du arbetar med interdimensionell tid.

D: Och också med väldigt komplicerade koncept.

J: Komplicerade koncept som det är ditt jobb att förenkla, så att mannen på gatan kan läsa det och säga, "Ah!" Så att människor börjar lära sig att leva flera liv samtidigt. Att förstå att allt de gör här på jorden påverkar varje annat liv. Deras linje går hela vägen.

Det energispår som börjar härifrån, vad vi säger nu, vad du säger från var du är till var jag är, kommer alltid att finnas kvar. Skillnaden är, när du rör dig från dimension till dimension.

D: *Jag kan inte låta bli att tänka att jag blir ledd till förlorad kunskap, till förlorad information.*

J: Den är förlorad.

D: *Jag känner att jag måste få tillbaka den.*

J: Det är precis min poäng. Det är vad jag säger till dig. När du blev ledd till Nostradamus profetior var det bara början. Spetsen av isberget. Du har bara vidrört ytan. När du pratade med honom, var det verklighet för honom, eftersom hans verklighet är där han är. Och hans verklighet existerar, precis som din verklighet existerar. Den kommer aldrig att upphöra att existera. Det är bara ett skifte. Ett enkelt skifte. – Kommer du ihåg att vi först började prata klockan 11:16. Vi pratade klockan 11:16 eftersom 11:16 är kopplat till .... (Paus) Jag tror kanske att jag måste berätta för dig på papper.

Det här har hänt tidigare under sessioner, men den här gången var jag inte förberedd på det. Jag pratade med henne medan jag öppnade min väska och letade efter ett block och en penna som jag har lärt mig att bära med mig för sådana här tillfällen. Jag gick tillbaka till sängen med materialen. Hon satte sig upp, och jag räckte över pennan till henne och placerade blocket i hennes andra hand. Hon öppnade ögonen med svårighet och stirrade på papperet.

Jag har bevittnat detta fenomen flera gånger under de tidiga dagarna av mitt arbete. Det är alltid fascinerande att observera, eftersom subjektet har en glasartad blick, som någon som inte är vaken. De är alltid omedvetna om sina omgivningar och har all sin koncentration på papperet och vad de ritar eller skriver.

J: (Hon började rita.) Det här är du, var vi är, var du är, var jag är med dig. Det här är flytande. Det rör sig hela tiden. Det stannar aldrig.

D: *Vad är det?*

J: Nivåer. (Paus medan hon ritade.) Jag ska förklara dimensionell tid. (Lång paus medan hon ritade linjer.) Det finns fler, fler.

D: *Vad representerar de där linjerna?*

J: Tid. Perioder.

D: Tidsperioder? (Ja) Olika år, menar du?
J: Ja, förutom att det är mer komplicerat än år, eftersom det kan vara universum och galaxer inom. Beroende på hur långt ut du går. Du kan gå ut i vilken som helst av dessa tidsperioder till en punkt av oändlighet. (Hon ritade medan hon pratade.) Oändlighet, oändlighet, oändlighet. Du, jag, alla på planeten i det fysiska ....
D: På den där pricken. Okej.
J: Och sedan ... Gudkällan.
D: Där borta i det flytande. Okej.
J: Det är allt flytande. (Hon skrev ner datum.) Åh, det spelar egentligen ingen roll vilka år jag skriver ner. Du börjar röra dig. Alltid rör sig energin åt det här hållet.
D: Framåt?
J: Och åt det här hållet.
D: Framåt och bakåt också.
J: Och så gör tiden. Och så gör tiden.
D: Bakåt och framåt samtidigt?
J: Samtidigt. När du väl bemästrar dematerialisering, kan du bli den partikel från vilken du började, medan du är i det fysiska. Du kan gå till här, eftersom du var här. När du kom från här till här, rörde du dig genom allt som existerar. Och du rör dig alltid genom allt som existerar. Det är komplicerat. Men vad du behöver veta är att, när du rör dig, i partikelform, kan du gå till här ....
D: Den där tidsramen eller året.
J: Och du kan röra dig ut till vilket som helst liv inom den perioden, för det finns mer än ett liv i varje period. Så, vad jag säger till dig är att det är fullt möjligt, som en partikel, att gå till där Nostradamus är. För han existerar bortom tid. För här – det här är Skapelsen – stannar tiden! Människoskapad tid stannar.
D: Vid skapelsen?
J: Vid skapelsen. Din mänskliga historia säger att Gud skapade himlen och jorden.
D: Det verkar som att det var där tiden började, istället för att stanna.
J: Den börjar för mänskligheten, men den stannar för dessa dimensioner här. För du har lika dimensioner i båda ramarna. Du har lika dimensioner. Du har mänsklighetens tid som börjar här. All tid. All tid-tid. Men vår sorts tid – andlig tid – är helt annorlunda, men ändå kongruent med. Mekaniken är helt

annorlunda. Du säger, "Klockan ett." Och vi säger, ingenting! För vi behöver ingen tid. För vi är allt. Vi har alltid varit. Nostradamus är här, är allt han någonsin har varit, och fortsätter sin oändlighet. Även om döden fick honom att upphöra att vara här, fick den honom aldrig att upphöra att vara här. Så egentligen, i verkligheten vad du gör är att du kommer till punkten av hans död. Du överskrider hans död. Du kopplar till honom som lever sin oändlighet. Och det är informationen och konceptet i verkligheten som du tar tillbaka från honom, tillbaka genom skapelsen, tillbaka ner till här.

D: *När jag tar människor tillbaka till tidigare liv, är det då denna partikel som går till de liven och återupplever dem?* (Ja) *För det är som om den personligheten i det andra livet aldrig dör.*

J: Den dör aldrig.

D: *Jag kan kontakta dessa andra personligheter när som helst.*

J: Korrekt. Vad du gör är att du vibrationsmässigt ansluter denna partikel som finns här med denna partikel som finns här. Ungefär som när du säger, "Åh, jag minns vad som hände julen 1964. Vi satt runt julgranen. Åh! Jag fick en docka." Det är i detta liv. Men du talar om denna vibrationsfrekvens. Precis här. (Ritar.) Denna vibrationsfrekvens. Bara du är inställd på Jorden 1-9-4-5 i detta liv. Detta liv började år 1-9-4-5. Detta är en tidsperiod i denna dimension. Men vid döden reser partikeln hela vägen hit.

D: *Tillbaka till källan, där den började.*

J: Men, mer komplicerat är att, beroende på vad som hände här, kan den kanske återvända hit. (Pekar på datum.)

D: *Om den vill hoppa tillbaka till 1800-talet kan den göra det.*

J: Och komma tillbaka därifrån. Så vi går in på lite fysik här. Det finns lite mer. Men vad du behöver veta, med avseende på Einsteins och Nostradamus .... Det finns ett område. (Hon ritade.)

D: *Vad är det?*

J: Det är all kunskap. Forntida, all kunskap. Vad som hände med människor som Nostradamus och Einstein är att de började här.

D: *I det området av all kunskap?*

J: Ja. Men de tog med sig ett specialiseringsområde till planeten. Nu har de inte nödvändigtvis återvänt hit (området av all kunskap), men det är irrelevant, när du väl passerar skapelsens punkt, var du är.

Den Invecklade Universumet ~ Bok Ett

D: Men de behöll mer av denna kunskap i sitt undermedvetna? Skulle det vara korrekt?
J: Exakt. Men det var deras syfte med att komma, att föra den med sig.
D: Till vår tid. Okej. Skulle det vara korrekt att kalla den lilla gnistan för "din själ"?
J: Du kanske kallar det en själ, men i verklig mening borde du egentligen kalla det din "källenergi". En själ är människans namn för den källenergin, för allt är energi. Varenda, varenda, varenda sak är energi. Nu, det här .... (Hon ritade igen.)
D: Den flytande delen.
J: Gudskällan eller den flytande delen. Gnistan är allt som denna flytande del är.
D: Skulle det vara som vår uppfattning om Gud?
J: Det skulle kunna vara det. Ja, om du vill, det skulle kunna vara Gud. Det skulle kunna vara det yttersta. Det skulle kunna kallas vid vilket namn som helst. Det har egentligen inget namn. Vi använder inte namn. Faktiskt är vi alla flytande när du passerar denna punkt. Egentligen existerar du på det sättet. Och du kan också slå dig samman här och här och här. Och du kan också veta allt, och komma ut. (Ritar) Du förstår, jag säger att dessa överlappar .... (Ritar)
D: Alla dessa små prickar. De överlappar alla.
J: Och sedan när varje molekyl har överlappat, delar de sig återigen i sina tre. (Ritar) Och de är allt som den andra energin var. Allt.
D: Men huvudsaken är att vi fokuserar på den här delen av vårt liv just nu. Är det tanken?
J: När vi går in i varandras liv här, tar vi med oss en del av vad de var och en del av vad de är. Vi gör allt här i det fysiska som vi gör här.
D: I anden.
J: Det är ingen skillnad.
D: Men vi vet inte om de andra för vi fokuserar på detta liv och vad vi gör nu.
J: På grund av vår vibrationsfrekvens är vi här. Allt som händer när du flyttar är att energi accelererar. Det accelererar när det går den här vägen (framåt). Det saktar ner när det går den här vägen (bakåt).

Hon verkade vara klar med ritningen, så jag hjälpte henne att lägga sig tillbaka, och bad henne stänga ögonen igen. Jag tittade på

Den Invecklade Universumet ~ Bok Ett

papperet medan hon rörde sig för att göra sig bekväm igen. Jag tänkte att det skulle vara meningslöst att behålla det för att sätta in det i en bok senare. När hon var klar med det, var det en meningslös samling av linjer och prickar, som inte gjorde mer mening än ett barns klotter. Jag visste att den viktiga beskrivningen skulle fångas av bandspelaren.

J: Vi har exponerat Janice för olika typer av kommunikationsmönster. Det är början på ett helt nytt koncept för kommunikation, som Einstein var väl medveten om.

D: *Hon talade om tiden när hon låg på soffan i sitt hus, och all denna information verkade komma genom fönstret på en ljusstråle och bombardera henne. Bilder? Symboler? Vad handlade det om?*

J: Energimönster.

D: *Vad var syftet?*

J: Energimönstren är kodade med information. Varje mönster innehåller en annan uppsättning kunskap. Ett annat koncept. Och kanske till och med hela historien om en planet.

D: *Dessa mönster och bilder?*

J: Ja. Eftersom hennes mentala kapacitet är sådan att hon kan bära kunskapen, och det är mycket som en vitamin som släpps i kroppen vid rätt tidpunkt. Varje gång då en korsning mellan människans tid och interdimensionell tid sammanfaller, kommer en interplanetär... (söker efter ordet)... överlappning, om du vill, som kommer att orsaka att en uppsättning omständigheter utvecklas. På ett sådant sätt att det kommer att registreras, och kanske av dig. Dina kopplingar som du gör är för att du är betrodd att registrera korrekt. Och du har rena avsikter.

D: *Ja, jag blev tillsagd att inte censurera någonting. Bara att rapportera det som det kom.*

J: Och du har inte censurerat. (Mjukare) Förutom i ett par fall.

D: *Ibland var det nödvändigt i några delar, men det mesta har förblivit oförändrat. – Det var alltså syftet med all denna bombardemang.*

J: Nej, det var inte hela syftet. Men det var ett av syftena. Det finns ett annat syfte också. Och det andra syftet är att hon ska kunna bära en särskild vibrationsfrekvens med avseende på det projekt jag nämnde för dig tidigare. Det är också en aktivering för annan information hon redan besitter. Och det är också en integration av tidsramar inom henne, eftersom hon förstår betydelsen av korsningar. Hon ska bli aktiv i att få... (söker efter ordet)... aktivering av vissa begrepp som redan existerar inom henne, eftersom de har... vi använder inte ordet "implanterade", men de har placerats i hennes minnesbank. Så när de presenteras för henne i den fysiska världen, orsakar det att kunskapen kommer fram i det medvetna sinnet, och en integration av tidsramarna äger rum. Och på en källnivå, på en energimönsternivå, är planetens vibrationsfrekvens sammanlänkad interdimensionellt hela vägen till källan. Det är därför det är viktigt för mänskligheten att inte förstöra sin planet, förstår du. För interdimensionellt kommer det att ha en effekt hela vägen till källan.

D: Så du tror att det är därför hon skulle arbeta med mig, för att hjälpa henne att frigöra detta?

J: Ja. Vad jag vill förklara för dig är att Janice är en mångsidig individ som har förmågan att stämma in på olika dimensioner. Hon har en fullständig förståelse av tid i förhållande till interdimensionella korsningar. Med finjustering av denna kunskap kan hon förstå saker som solförmörkelser, vilket kan förändra historien på er planet. Om varje person som är involverad i Triangelprojektet befinner sig på den platsen på planeten där de behöver vara vid en viss tidpunkt, kommer historien att förändras. Om en person inte placerar sig där, kommer det ögonblicket, den korsningen, den människominuten-timmen i relation till multidimensionell tid, aldrig att komma igen. Och det måste projiceras in i framtida människotid, interdimensionell tid, för att ge möjlighet till förändring. Annars kommer det inte att hända.

D: Men vi är vanliga människor. Vi vet egentligen inte att vi ska vara på en viss plats och göra vissa saker.

J: Jo, det gör ni. Det gör ni. Hon gör det. Ni blir förberedda. Janice har en koppling till dig, och du till henne. Alla andra du arbetar med har också en koppling. Och ni kommer alltid att veta när det är dags. Du kommer att tänka: "Jag måste göra detta. Jag måste göra det där." Och du kommer att försöka. Kom ihåg min förklaring för dig angående korsningar. Du kan inte ställa in det. Ditt ämne kan inte ställa in det. Det är redan förinställt. Och vad du behöver veta är att det kommer att vara, inte i förhållande till din tid eller ämnets tid. Det kommer att vara i förhållande till planetens universella betydelse, precis som din Nostradamus-information kom.

D: *Men det kom som en total överraskning första gången.*

J: Men det var förinställt. Du började vid en korsning. Du kunde inte ha gjort det vid något annat tillfälle. Det skulle inte ha hänt. Men vad du måste förstå är att ditt UFO-arbete just nu är viktigare än ditt Nostradamus-arbete. Jag säger detta för att jag vill att du ska vara förberedd. Och jag vill att du ska bli organiserad. Du är inte klar med ditt arbete med UFOs. Och mycket av det arbete du har gjort med Janice i relation till UFOs är för din egen förståelse. För när du går igenom dina UFO-kontakter, kommer det att komma en punkt i ditt liv när du kommer att se din koppling i hela bilden. Så en del av informationen är inte för publicering. Du kommer att få tillåtelse att använda en del av informationen. Men en stor del av den skulle inte vara fördelaktig just nu, eftersom den skulle förändra framtida utvecklingar på grund av kunskapen och vad som skulle hända vibrationalt när den sprids. Vad du inte förstår är, när din information sprids, när dina böcker säljs här, där, här, där, här, där. Vad händer? Har du tänkt energimässigt vad som händer?

D: *Nåväl, jag vet att jag ansluter till många människor.*

J: Vad händer på energinivå? Vi talar om energi. Vad händer? Nostradamus' energi går igenom varje person som läser den boken.

D: *Många människor skriver till mig och säger att de känner något.*

J: Det är för att jag pratar med dig om vad de säger. De säger till dig vad jag förklarar. Jag närmade mig slutet av sessionen igen. Jag har aldrig ett ämne i trance längre än en och en halv timme. Längre än så producerar vissa oönskade effekter, inklusive slöhet och förvirring.

Jag tror att det är dags att avsluta denna session nu. Så jag kommer att fortsätta arbeta, och när tiden är mogen kommer den andra informationen att komma fram. Jag vill tacka dig, vem du än är, som har gett mig informationen.

D: *Jag tror att det är dags att avsluta denna session nu. Så jag kommer att fortsätta arbeta, och när tiden är mogen kommer den andra informationen att komma fram. Jag vill tacka dig, vem du än är, som har gett mig informationen.*

J: Jag talar till dig från bortom tiden. Bortom Skapelsen.

D: Bortom Skapelsen. Förbi början av Skapelsen?

J: Ja. Du är en underbar varelse. Och vi finns omkring dig många gånger. Och vi vägleder dig i riktningar för att samla in informationen. För i själva verket är du vår översättare, precis som du är Nostradamus' översättare, eftersom hans kunskap kommer från denna nivå av vetande.

D: *Jag försöker sätta ihop det på bästa sätt jag kan.*

J: Och du gör ett underbart jobb.

Jag bad sedan entiteten att dra sig tillbaka och att Janices medvetande och personlighet skulle integreras fullt ut tillbaka i hennes kropp. Det var uppenbart när den andra entiteten lämnade eftersom Janice började hosta och röra på sig, när hon tidigare inte hade några sådana symtom. Sedan orienterade jag henne och förde henne till full medvetenhet.

Detta var den sista sessionen jag hade med Janice. Hon fortsatte sitt liv medan jag fortsatte mitt. Hennes största oro var att skydda sin identitet, och det har jag gjort genom att ändra hennes namn och yrke i båda böckerna. Jag kommer alltid att vara tacksam för den underbara information hon gav mig och de koncept hon utsatte mig för, som för alltid kommer att förändra mina tankegångar och sättet jag ser på världen. Det kommer också för alltid att påverka hur jag bedriver mitt arbete och samlar in information. Janices information har gett mig ett annat sätt att se på världen vi lever i, och visat mig att vi verkligen lever i ett komplicerat universum där allt är möjligt.

Kapitel Fem
Kunnskapens Repository-Planet

Delar av denna session inkluderades i The Custodians. I början av mitt arbete med bortförandefall, när ett ämne hade förlorad tid, fann de sig ombord på ett rymdskepp och interagerade med utomjordingar. När mitt arbete fortskred och utvecklades började saker förändras. Jag hittade fall där, istället för att gå ombord på ett fysiskt skepp, befann de sig i andra världsliga situationer. Ett exempel rapporterades i kapitel 4. Jag har kommit till slutsatsen att vi inte kan göra antaganden om något i detta arbete. Så fort jag tror att ett mönster är etablerat, finner jag fall som avviker från det mönstret och leder i en annan riktning. Dessa breddar min förståelse av den okända värld jag har undersökt. Jag inkluderade den första delen av detta fall i The Custodians för att illustrera en dramatisk situation med förlorad tid, men eftersom resten av det inte följde normen, bestämde jag mig för att spara det för denna bok och berätta historien i sin helhet.

Under 1997 hade Clara skrivit och ringt flera gånger och bett om en session. Detta händer så ofta att jag inte längre kan arbeta med nya ämnen om jag inte ska hålla en föreläsning i den stad där de bor, och bara om jag har tid. Jag kan inte arbeta med alla och samtidigt bevara min egen energi. I början av mitt arbete körde jag ofta långa sträckor för att ha sessioner med människor och försökte hjälpa alla som frågade, men tiderna och omständigheterna har förändrats. Det finns nu så många som vill ha sessioner att jag slutade göra dem hemma och endast på de dagar jag ska föreläsa. Jag finner att min energi delas om jag gör för många olika saker under föreläsningsturnéerna. Jag genomför endast sessioner de dagar när lite annat är planerat. Vanligtvis säger jag till människor att de kommer att sättas på min väntelista, och nästa gång jag är i deras stad kan vi boka en tid.

Clara fick reda på att jag skulle vara i Hollywood i maj 1997 för en konferens, så hon ringde och bad om en tid. Hon bor nära San Francisco, men hon var villig att köra ner till Hollywood. Under dessa omständigheter kände jag att jag inte kunde neka henne, särskilt om hon var villig att ta sig besväret.

Konferensen visade sig vara en katastrof. Brist på publicitet och planering var huvudorsaken. Även om talarna var där, fanns det inga deltagare. Flera föredrag ställdes in eftersom det inte fanns någon publik. Det var den värsta jag någonsin deltagit i, men som ett resultat hade jag mer tid än jag hade förväntat mig. Phil (min vän och ämne i Keepers of the Garden) bodde där nu. Han förvandlade resan till en sightseeing-tur och visade mig det Hollywood jag hade velat se sedan jag var tonåring och drömde drömmar i en mörklagd biograf. Jag hade aldrig haft tid att verkligen se det tidigare, eftersom jag alltid var begränsad till mitt hotell eller kongresscentret. Efter en konferens var jag tvungen att åka direkt till flygplatsen. Vi bestämde oss för att göra det bästa av en dålig situation, och jag njöt verkligen av att se stadens glamorösa sida.

Så när Clara anlände var jag avslappnad och hade gott om tid att spendera med henne. Hon kom till hotellrummet. Phil skulle anlända senare och vänta i lobbyn tills vi var klara så att vi kunde gå och äta middag.

Clara är en attraktiv blond kvinna i fyrtioårsåldern, aktiv, intelligent och vid god hälsa. Under vårt inledande samtal, där jag försöker avgöra problemet eller orsaken till sessionen, sa hon att det som främst oroade henne var en episod av förlorad tid som hade inträffat några år tidigare. Hon åker ibland till Hawaii för konferenser som rör hennes arbete. Vid detta tillfälle körde hon på ön Maui. Det var nästan skymning, men fortfarande ljust, och hon letade efter ett hotell som hon hade varit på tidigare. Det låg vid stranden, och hon ville äta middag där för att njuta av havsutsikten. När hon körde och letade efter det upptäckte hon att hon hade passerat ingången och bestämde sig för att köra lite längre ner på vägen för att hitta en plats att vända och åka tillbaka. Denna del av ön hade frodig tropisk växtlighet och palmer som skuggade den tvåfiliga vägen. Det fanns få hus, och de låg tillbaka från vägen, gömda från synen. Hon hittade slutligen en uppfart att vända på, även om hon mentalt noterade att hon aldrig hade märkt den tidigare när hon körde samma väg. När hon svängde in fann hon sig i en liten bostadsutveckling bestående av modulhus. De låg bland palmer i mycket trevliga omgivningar. Det enda konstiga var att Clara inte kunde minnas att hon någonsin sett detta samhälle på den vägen tidigare. Hon körde in sin bil i uppfarten och höll på att vända den – och det var det sista hon kom ihåg.

Den Invecklade Universumet ~ Bok Ett

Nästa ögonblick befann hon sig på andra sidan ön, körandes på en livlig fyrfilig motorväg. Det var nu beckmörkt, och hon hade ingen aning om hur hon kommit dit.

Ett år senare, när hon återvände till Maui för en annan konferens, körde hon av nyfikenhet nerför samma väg och letade efter uppfarten där hon hade vänt, eftersom den märkliga incidenten aldrig hade lämnat hennes minne. Hon körde över hela området, och även om hon hittade hotellet igen, hittade hon aldrig bostadsområdet med modulhus. Detta hade förvirrat henne sedan dess, och det var detta som fick henne att vilja ha en session. Hon ville upptäcka vad som hände den natten och hur hon så mystiskt kom till andra sidan ön utan att minnas att hon hade kört dit.

Hon visade sig vara ett utmärkt ämne. Jag hade inga problem att genast föra henne in i djup trance. Hon kom ihåg datumet för händelsen, så jag räknade henne tillbaka till mars 1994 när hon var på ön Maui på Hawaii. Hon fann sig stå framför sitt hotell, Maui Sun, och var på väg att gå genom glasdörrarna. Hon hade just anlänt till en årlig workshop där hon gillade att kombinera avkoppling med arbete. Hon beundrade de livfulla färgerna på blommorna som omgav hotellet. Efter att hon hade checkat in flyttade jag henne framåt i tiden till när hon körde till det andra hotellet för att äta middag.

C: Jag har aldrig ätit där tidigare. Jag har bara passerat förbi det. Det ligger precis vid vattnet, där mitt hotell ligger lite uppför backen. Och jag ville verkligen uppleva att sitta på hotellet med alla fönster öppna och höra vattnet slå mot stranden. Jag har velat åka dit länge, men det har bara aldrig hänt.

D: Vad är klockan?

C: Det är precis vid skymningen. Jag vet inte vad klockan är, men det blir mörkare. Det är svårt att se eftersom det inte finns några gatlyktor. Och jag kör förbi Astland. Det är ett riktigt stort ställe, och jag missar den infarten. Det finns många träd. Och infarten verkar som ... väl, inte kamouflerad, men jag missar den bara. (Irriterad) Jag kan bara inte se den. Så jag kör längre ner för att hitta en plats att vända och åka tillbaka, för jag vill verkligen äta middag på det där hotellet.

Under denna del verkade det ibland som att hon talade med sig själv medan hon körde, och sedan också svarade på mina frågor.

C: Jag kör. Och jag hittar denna plats ... Okej. Så jag ser denna plats. Det är en återvändsgränd. Ja, det här ser ut som en bra plats att vända. Hmmm. Jag har aldrig sett detta ställe tidigare. (Förvirrad) Hmmm. Det har vackra palmer och blommor, och ett staket, men det är ett jag kan se igenom. Och det finns alla möjliga ... (hade svårt att beskriva) modulhus, eller väldigt fina mobila hem. Ja, okej, det här är en vacker plats.
D: *Och hittar du en plats att vända?*
C: Ja. Det är en återvändsgränd, och jag vänder min bil. (Mjukare) Och jag ser dessa starka ljus. (Paus, sedan förvirring.) Det är som ... bländande ljus.
D: *Var är de?*
C: (Hennes andning blev snabbare.) De kommer ner från himlen. Och det är som en ljustratt. En tratt, med den breda änden nedåt mot mig. Det är nästan som ... från solen, hur du ser genom träden detta starka, starka ljus. Och jag känner mycket kraftfull energi från detta ljus. (Andas djupt)
D: *Är det ett fast ljus?*
C: Det är som strålande ljus. Strålar av ljus.

Det var tydligt från hennes röst och andning att hon upplevde något ovanligt och något obehagligt.

D: *Kör du fortfarande din bil?*
C: Nej! Jag bara är. Jag bara är.
D: *Vad menar du?*
C: (Med otro) Det känns som att jag är en del av detta ljus.
D: *Är du fortfarande i din bil?*
C: Nej. Jag känner att jag svävar. Och som om jag är en del av ljuset. (Djupa andetag.) Jag är bara ljus. Det verkar som en transcendens av tid och ljus. Som att jag rör mig. Jag är på väg någonstans, men jag vet inte vart jag är på väg. Och det är okej. (Hon var definitivt uppslukad av upplevelsen.) Känslan av att sväva. Att röra sig. Genom färger, genom tid, genom rymd, genom ... (Djupa andetag.) Det är väldigt behagligt.

D: Är färger det enda du ser?
C: (Sakta) Färger och gyllene ljus. Och det är bara väldigt fridfullt. (Hon andades ut på ett mycket avslappnat sätt.) Känslan är att jag är allt, och allt är jag. Allt som är finns där. Allt som är finns här. Allt som är, är.
D: Har du en känsla av att du rör dig eller är på väg någonstans?
C: Ja. Jag stiger upp. Rör mig mot en annan plats och en annan tid.
D: Låt oss se vart du är på väg.
C: (Tvekar) Det känns som att jag precis landade. Det ser ut som en plats där ... (Djup suck.) Det är väldigt svårt att beskriva.

Hon hade svårt att hitta orden för att beskriva sin omgivning, men det verkade som att hon hade landat på ett mycket platt terrängområde där det fanns flera spiror. "De är som byggnader. Grå som granit. Det gnistrar i färg, men mer grå. Gnistrar som granit."

D: Vill du gå dit?
C: Jag vill, men jag känner en tvekan. Detta är så storslaget. (Hon blev känslosam och började gråta.) Att vara här! Det är som att det är ... (Hon grät öppet.)

Det var svårt att förstå varför synen av denna plats gjorde henne känslosam.

C: Jag trodde aldrig att jag skulle se detta igen. (Hon hulkade och grät.)
D: Förklara vad du menar.
C: Det är som att jag kommer hem. (Hon grät högt.)
D: Och detta är en plats som du känner igen?
C: (Hulkande) Ja. Jag känner igen den. Men det är från en avlägsen tid. Och jag var inte säker på om jag någonsin skulle vara här igen. (Hulkande) Det är en mycket bra känsla.

När jag försökte lugna henne gick en rysning genom mig. Det kändes som deja vu. Detta lät som samma scen och samma känslomässiga upplevelse som Phil hade när han oväntat kom till planeten med de tre spirorna. Detta var platsen han kallade "hem", och han visste att han hade varit borta länge och trodde att han aldrig skulle se den igen. Detta rapporterades i Keepers of the Garden. Kunde Clara ha kommit till samma plats?

D: *Ser du några människor?*

C: (Snörvlande) Nej, jag ser ingen just nu. Jag kom bara ... (Hon försökte samla sig.)

D: *Det var en överraskning, menar du. Oväntat.*

C: Jag är mycket överraskad. Jag ... Jag trodde inte att jag någonsin skulle vara här igen. Och det känns så plötsligt att vara här. Som om jag kom en lång väg. Och genom en lång tid. (Hon var fortfarande känslosam.) Att vara på denna plats. (Gråtande)

D: *Det låter som en speciell plats. (Jag visste att jag var tvungen att få henne att komma förbi känslorna innan vi kunde fortsätta historien.) Berätta vad som händer.*

C: Jag tittar, och det är som om jag kom på detta ljus till denna plats. Och ... (Paus) Jag ser människor.

D: *Var är människorna?*

C: (Lugnande) Det är en grupp människor, och de kommer från byggnaderna.

D: *Ser de dig?*

C: Ja. Och jag ser väldigt konstig ut för dem. (Gråter igen.)

D: *Varför ser du konstig ut för dem?*

C: För att jag inte är grå som de är. Jag är ljus. Jag är denna varelse av ljus. Och de är nyfikna. Men jag är också nyfiken. På att se vad detta är.

D: *Hur ser de ut?*

C: De har bruna huvuden och ... (Hon visade med händerna.) Deras huvuden ser ut så här.

D: *(Jag försökte förstå hennes gester) Menar du, lite avlånga?*

C: Lite avlånga. Och deras haka går nästan ner till en spets. Och det är nästan som att det bara är huvuden, och det finns inte mycket kropp. Du ser bara huvudet.

D: *Kan du se några ansiktsdrag?*

C: Jag ser mest intelligensen. Och det är väldigt ...

Hon hade svårt att förklara, men åtminstone grät hon inte längre.

D: *Har de på sig något, eller kan du se det?*

C: Det är som en kroppsoverall. Allt i en färg, grå, glänsande.
D: Och du sa att denna grupp människor ser dig som lysande?
C: Jag är bara ljus. Och de verkar vara nyfikna på att jag är en ljusvarelse. De är väldigt nära. De försöker röra mig. Och jag är lite orolig. Jag vet inte vad som kommer att hända. De försöker röra mig.
D: Kan du se deras händer?
C: Ja. De är lite spinkiga, bara ... åh, fingrarna. Jag ser tre, och sedan finns det ett litet finger. Det är nästan inget, som en stump. Och de vill bara röra mig.
D: Kan de röra ljuset?
C: Ja. Det känns bara kärleksfullt.
D: Du var orolig.
C: Ja. Och när de kommer närmare är det ... (Hennes ansiktsuttryck och ljud indikerade att hon upplevde något behagligt.) De är väldigt nyfikna.
D: Men nu stör det dig inte.
C: Nej. Det är okej.
D: Förstår de vad du är?
C: De verkar veta vad jag är, och vem jag är. Och vi går tillsammans tillbaka mot byggnaderna. De berättar för mig att jag är en av dem. Men jag har gått ut från denna plats som en undersökare för att samla information. Och att jag var tvungen att resa som en ljusvarelse genom tiden. Och nu har jag samlat informationen och kommit tillbaka för att föra denna information till detta land.
D: Hade du varit borta länge?
C: Under en mycket lång tid. En väldigt, väldigt, väldigt, väldigt lång tid.
D: Men de kände fortfarande igen dig?
C: Det tog ett tag. De sa att de var nyfikna. De var inte säkra på att det var jag, den som skickades för att samla information. Nu känner de igen mig. De vet att jag är den som skickades.
D: Skickas många människor för att göra dessa saker?
C: En ungefär var tusende eller varannan tusende år.
D: Varför ville de att du skulle samla in informationen?
C: För att hämta den kunskap som finns bortom denna plats, så att kunskapen bevaras. Så att den inte går förlorad.
D: Menar du att det är kunskap som inte är en del av deras historia?

C: Ja. Historien och kunskapen från en annan tid och ett annat rum.

D: *Varför är de intresserade av att hämta den, om det inte är deras historia?*

C: För att de hade hört talas om denna andra plats, och att de kan lära sig från den kunskapen. Det fick inte gå förlorat.

D: *Så de ville att du skulle hitta ny information som de inte hade?*

C: Ny information från den andra platsen som de inte visste. Som de kunde samla.

D: *Hade de inte något annat sätt att hitta informationen?*

C: Då och då väljer dessa varelser sina utvalda. Och de väljer att gå till andra galaxer, till andra tider och platser i rymden, för att få information om tid och rum och plats. Och föra tillbaka det till detta tillstånd av varande. För att lära. För att växa. För att expandera. För när denna tid och detta rum lär sig att växa och expandera, separeras det. Det blir en annan tid och ett annat rum.

D: *Menar du att det bara kan expandera genom kunskap?*

C: Genom kunskap.

D: *Har de sätt att resa till andra platser för att få kunskap?*

C: De reser på ljusstrålar. Ljusstrålarna är ibland avlånga, runda sfärer. Från en dimension ser de silverfärgade och långa ut, ovala. Och från en annan riktning ser de runda ut. Och de är som en silverdisk. Och du bara glider genom luften.

D: *Är de solida, fysiska?*

C: Ja, ja.

D: *För du sa också att de var som ljusstrålar.*

C: Det är de. De kan vara solida, eller de kan vara ren energi. Vad som än är lämpligt för platsen. Vi kan vara ren energi, eller vi kan vara en solid disk, för att komma dit vi behöver vara.

D: *Kunde de inte använda den typen av "utrustning" för att samla in kunskapen själva?*

C: De kunde. Men en varelse valde att gå, och en varelse valdes att gå, för upplevelsen.

D: *Menar du att om de åkte med sin utrustning skulle de inte kunna uppleva?*

C: Nej. Varelsen går, och varelsen kan vara disken, eller fordonet, eller bara vara varelsen. Varelsen kan vara fordonet, eller fordonet kan vara varelsen.

Den Invecklade Universumet ~ Bok Ett

D: *Så det behöver inte ha en fysisk form? (Nej) Men ändå ser du dem i fysisk form.*
C: De blir fysisk form så att jag ska känna igen dem som de var när jag lämnade.
D: *Sedan du lämnade behöver de inte längre denna fysiska form? Är det korrekt?*
C: De behöver inte den fysiska formen, men de blev fysisk form för att jag skulle känna igen att de har utvecklats sedan jag varit borta, till en plats där de kan vara ren energi. Så att jag skulle känna igen dem som jag gjorde vid tiden då jag lämnade. Då var jag en varelse som dem.
D: *Och sedan du har varit borta har de förändrats så att de inte längre behöver kroppen?*
C: Om de väljer det. Om de väljer att vara ren energi, kan de vara ren energi. Eller de kan vara kroppen, eller disken, fordonet.
D: *Men de behöver fortfarande något att resa i.*
C: Inte nödvändigtvis. Jag kom tillbaka på ljuset som ren energi från den andra tiden och det andra rummet. Objektet de visar mig är så att jag ska minnas att jag kom tillbaka in i denna stratosfär, detta ... det finns ingen atmosfär. Det är bara ...
D: *Denna dimension, eller värld, där de lever?*
C: Ja. Denna värld där de lever, så att jag ska känna igen att vi har använt disken. Vi kan fortfarande använda disken om vi behöver åka till en annan värld. Vi kan använda disken, eller vi kan bara använda ren energi. Det är för min påminnelse om tiden då jag lämnade.
D: *Men fortfarande är det bästa sättet att få kunskapen att ha någon som du som åker och absorberar den? Är det ett bra ord?*
C: Det är ett bra ord. Absorbera, ja.
D: *Och nu har du kommit tillbaka för att dela den med dem. Men du är inte där för att stanna?*
C: Det kommer att bestämmas vid en annan tidpunkt, om jag stannar eller om jag går vidare till en annan värld för att samla mer information eller kunskap.
D: *Okej. Men du sa att de tar dig någonstans.*
C: Vi går in i detta rum som är runt. Vi sitter vid ett runt bord. Det är som ett råd av varelser. Och där delar jag den information som samlats från de andra världar jag har varit på.

135

D: Hur delar du informationen med dem?
C: Vi sitter ner i ... som en fysisk form. (Hon hade svårt att förklara, men hon log.) Vi kan dela informationen på en telepatisk nivå, eller vi kan tala verbalt. Tankemönstren ... vår tankeöverföring avbryts ibland av att någon i gruppen talar upp och säger något som är ... (ler) humoristiskt. Lite interplanetär humor där.
D: Något du sa som de finner roligt?
C: Ja. Och de säger något som jag finner roligt. Så det görs på ett auditivt sätt. Och det är som om min varelse matar in information i en datorbank. Den överförs telepatiskt till deras system, till deras datorbanker.

Detta hände också med Bonnie när varelserna tog hennes bil från motorvägen in i ett stort skepp. Med hjälp av en anordning som de placerade på hennes huvud duplicerade och överförde de hennes minnen till en sorts dator. Detta rapporterades i The Custodians.

D: Kan du se dessa system? Är de i rummet?
C: Nej. Det är i deras hjärna, i deras sinne och deras varelse.
D: Så informationen överförs från ditt sinne till deras sinne. (Ja) Informationen om alla världar du har besökt sedan du lämnade. (Ja) Alla livstider du har levt, eller bara från världar?
C: Bara från världar.
D: Så du levde inte faktiskt på alla dessa världar som du diskuterar med dem?
C: Det finns andra gånger då jag har varit på andra världar. Men den här gången åkte jag bara till en värld för att samla information och kunskap om den kulturen, om den världen och om det systemet. Och för att föra det tillbaka. Det verkar vara en plats där information samlas från alla andra världar. Sedan förs den till denna plats. Det är som en enorm plats där all kunskap lagras från alla universum, från alla galaxer, från alla platser som existerar. Som en samlingsplats. Som ett enormt bibliotek av information från alla tider och alla rum.
D: Vem har tillgång till denna information, om den är lagrad där?
C: Alla har. Alla i alla galaxer har det, om de vet hur man ansluter sig till den. Det är ett resurscenter. Alla kan ansluta sig till det. Det handlar bara om att ha nyckeln för att göra det.

Den Invecklade Universumet ~ Bok Ett

D: Och du är en del av det just nu genom att överföra den information du har funnit. Men om du åkte till en värld, som du sa, för att samla information, vilken värld var det?
C: Den världen var Jorden.
D: Behövde du leva liv på Jorden för att samla informationen? (Ja) Då har du varit borta väldigt länge. (Ja) Du måste ha mycket information att dela.
C: (Djup suck) Mer än jag trodde var möjligt.
D: Men det låter som att det överförs väldigt snabbt.
C: Ja. Det är snabbare än ljusets hastighet. För även om det tog mycket, mycket tid och livstider att samla informationen, vid detta resurscenter eller denna plats där jag befinner mig nu, verkar det som att den kan spridas väldigt snabbt. Det kan överföras. Det kan flöda genom mitt system till den plats där det behöver vara, på mycket kort tid och rum, för här sker allt nu. Allt här händer nu.
D: Och informationen är säker där eftersom den är lagrad hos dessa varelser?
C: Hos dessa varelser, och inom allt som existerar här. I klipporna, i byggnaderna, allt absorberar informationen. Det är som om allt är en datorbank. Allt absorberar denna kunskap. Allt blir denna kunskap. Allt blir allt jag tar med mig tillbaka.

När Phil kom till planeten med de tre spirorna sa han också att all kunskap fanns tillgänglig där, och att den var lagrad inom planeten själv. Denna information fanns i Keepers of the Garden.

D: Om någon som jag ville hitta informationen, hur skulle den kunna hämtas?
C: Det är en speciell nyckel. En nyckel för att bara gå in i sig själv, för att gå in i sig själv är nyckeln till den kunskapen, och detta är platsen där all kunskap finns. Och vem som helst, vilken varelse som helst från vilken tid och vilken plats som helst, kan komma åt den genom sin egen vilja.
D: Menar du att de måste ha en önskan om kunskapen först?
C: Ja, och kunskapen kommer genom kärlek. Du behöver inte åka till denna plats där jag är, där dessa varelser är. Bara be om informationen, och den kommer att ges.
D: Det låter som om du utför en mycket viktig uppgift.

Den Invecklade Universumet ~ Bok Ett

C: Det är vad mitt syfte är. Det är vad jag kom till att vara och göra.

D: *Stannar du där med dessa energivarelser länge?*

C: Alltid.

Detta var en chock. Om hon stannade där, vad hände då med Clara, den kropp som jag talade med och som låg på sängen i Hollywood? Kunde en del av henne stanna där och samtidigt vara här? Jag oroar mig alltid för att skada ämnet, och detta var ett märkligt svar.

D: *Jag menar, stannar du där tills de har hämtat kunskapen?*

C: Nej. Jag kommer att vara här tills jag får en annan uppgift på en annan plats eller vid en annan tid. Det kan vara att samla information från en annan värld, som Jorden, eller en annan plats.

D: *Men jag tänker på kroppen som jag talar med på Jorden just nu. Claras kropp. Kommer denna energi som jag talar med att återvända till den kroppen? Eller är den separat? Jag försöker förstå vad som händer.*

C: Det är en och samma.

D: *Men du sa ändå att energin skulle stanna där tills en annan uppgift kommer?*

C: Det stämmer.

D: *Men samtidigt är den också en del av denna kropp på Jorden?*

C: Det stämmer.

D: *Hur kan den vara på två platser samtidigt? Kan jag förstå det?*

C: (Djup suck) Hon förstår det inte.

D: *Finns det något sätt du kan hjälpa oss att förstå?*

C: (Bestämt) Hon sändes för att vara i en kropp och samla information. Jag är en del av henne som har samlat information och nu för den tillbaka till denna plats av kunskap. Detta resurscenter. Detta bibliotek. Hon har stora svårigheter med att förstå och lära sig att hon kan vara där och samla information, medan jag kan vara här och sprida information eller föra tillbaka information. Så det finns en tid då det för henne sker en uppdelning av energin. Hon vet inte om hon är på en plats eller en annan.

D: *Händer detta även andra människor?*

C: Ja. Det finns andra som upplever liknande livstider.

D: *Känslan av att vara på två platser samtidigt.*

C: Ja, ja. Eftersom det finns många varelser som sänds. Det skulle vara ett enormt ansvar och arbete för en person att samla all den informationen.

D: *Det skulle vara nästan omöjligt, tror jag.*

C: Ja, ja. Så det finns många varelser. Och det finns andra varelser som går till andra världar samtidigt som jag är här, och Clara är där i den formen. Jag hoppas att hon samlar mer information i den fysiska formen för att överföra till den delen av henne som är jag, som för informationen hit.

Detta gick bortom min förståelse och skulle kräva ytterligare studier. Jag tänkte att jag borde återvända till den upplevelse vi undersökte från början.

D: *Är du i en position att förklara vad som hände när hon körde nerför vägen på Hawaii, när denna överföring ägde rum? Är hennes fysiska kropp fortfarande i den bilen vid den tiden? (Inget svar) Vi granskar den tiden, när hon körde nerför vägen och kom till den där parken.*

C: Hon sändes dit vid den tiden och på den platsen. För det var platsen som materialiserades för hennes fördel, så att hon kunde gå in i det utrymmet, så att den delen av mig kunde lämna och föra informationen hit till resurscentret. Och då var det inte lämpligt vid den tidpunkt när informationen spreds här att hon återvände till just den platsen. Så hon togs till en plats som hon, i den fysiska kroppen, kände till på denna motorväg, Pelanoni (fonetiskt). En plats som hon kände till, så att bilen skulle vara där, och hon skulle veta hur hon skulle komma dit hon var på väg, när den del av mig som jag är lämnade hennes fysiska kropp.

D: *Så överföringen måste ske på en viss plats på Hawaii vid den tiden?*

C: Inte nödvändigtvis. Det var bara en plats där hon kände sig bekväm i den fysiska kroppen. Och platsen som skapades för henne var en plats av stor skönhet för henne. Och det var en plats där hon kunde vara helt och hållet avslappnad, så att överföringen av den delen av mig kunde lämna hennes kropp och överföra informationen.

D: *Så bilen och hennes fysiska kropp i bilen togs fysiskt till den andra motorvägen på andra sidan ön?*

C: Det stämmer. Det var bara helt enkelt dematerialiserat och sedan materialiserat tillbaka på en annan plats.
D: Är det vanligt att flytta bilar och människor från en plats till en annan?
C: Åh, ja. Åh, ja.
D: Det händer ofta?
C: Väldigt ofta, väldigt ofta.
D: När det händer, är den fysiska kroppen också dematerialiserad och sedan rematerialiserad? (Ja) Och ingen skada sker på kroppen.
C: Ingen skada. Den blir ren energi.
D: Och hon och fordonet flyttades bara från en plats till en annan.
C: Det stämmer.
D: Så när hon återigen blev medveten, var hon på en annan plats på ön. Och hon körde vid den tiden. (Ja) Och hon hade inget minne tills nu av vad som hände.
C: Det stämmer.
D: Är detta enda gången detta har hänt i hennes liv som Clara?
C: Det har hänt många gånger. Men den här gången var hon på en plats och en tid i sitt liv där hon var öppen för att undersöka, för att se vad som hände och hur det kan ha hänt. De andra gångerna var det inte en tid då hon var redo att ha en förståelse, eller vid en tidpunkt av tillväxt i sitt jordiska fysiska liv då hon kunde förstå vad som hände.
D: Det var förmodligen heller inte lika märkbart, så att det fick henne att minnas det.
C: Det stämmer.
D: Så detta var en tid när något ovanligt hände, och det fick henne att minnas det.
C: Det stämmer.
D: Är det okej för henne att veta informationen nu?
C: Ja. Hon bör veta informationen. Hon har längtat efter att få veta informationen. Hon kommer att förstå det nu. Det kommer att vara till stor glädje för henne.
D: Det är mycket viktigt. Skulle det vara okej om jag kom en annan gång och kommunicerade med denna del av henne?
C: Åh, ja. Vi gillar att kommunicera. Det är vårt arbete, att kommunicera.

D: *För jag har fått höra av andra att om jag ville ha information skulle jag ha tillgång till allt jag behövde veta.*
C: Det stämmer. Du har en speciell talang och en speciell gåva som har getts till dig. Att samla information som varit tystad, som varit undertryckt, som varit gömd, som varit dold i eoner. Och det är tiden nu, och vi gör denna kommunikation genom detta fordon till dig, så att du vet och att du är medveten om att du gör ett stort arbete. Och det är vid den lämpliga tiden på planeten Jorden som du sprider informationen på det sätt du har blivit utvald att göra. Och för att tillåta denna kunskap att komma genom dessa resurser, så att andra vet att alla är kapabla att dyka djupare in i det som är, för att lära sig mer om sig själva. Och om det förflutna och framtiden, och allt som händer i alla universum. Så, ja, du har tillgång till all information i resurscentret. Och vi erkänner dig.

Jag bad sedan den andra entiteten, eller delen, eller vad det än var, att dra sig tillbaka, och jag lät Claras personlighet fullt ut återvända till hennes kropp. Förändringen eller frisläppandet är alltid märkbart, eftersom ämnet andas djupt vid denna tidpunkt. Jag orienterade henne till nutiden och förde henne tillbaka till fullt medvetande.

Efter att Clara hade vaknat helt ringde jag ner till receptionen och bad Phil komma upp. Jag tyckte att det skulle vara viktigt för de två att träffas eftersom deras upplevelser var så lika. Phil blev förbryllad när jag introducerade honom för Clara, eftersom han visste att jag var mycket noggrann med att skydda mina ämnens identitet för att bevara deras integritet. Men när jag förklarade vad som just hade hänt blev de båda väldigt känslosamma. Det var som om två själar möttes och omedelbart kände igen sin koppling. De pratade och beskrev liknande minnen från denna märkliga planet med spiror. Det var en mycket känslosam och logiskt onaturlig scen, för vi visste alla att de hade återvänt "hem" under en kort stund, och känslorna var överväldigande. Det kommer att finnas andra sessioner i denna bok där ämnen fann sitt "hem" vara en onaturlig plats långt från Jorden (Kapitel 10).

Under de senaste åren, 2000 och 2001, har jag funnit andra fall där personen tycktes vara på två platser samtidigt, eller rapporterade från ett annat perspektiv. I ett av dessa fall gick en kvinna, istället för att gå in i ett tidigare liv, till andevärlden där hon deltog i ett möte med lärare, guider och mästare. Hon sa att denna del av henne alltid stannade där, och en del av hennes jobb var att övervaka hennes framsteg på Jorden och försöka ge råd på en undermedveten nivå.

När denna bok var på väg till tryckeriet fann jag ett annat liknande fall 2001. Den som styr detta från andra sidan har uppenbarligen beslutat att det är dags att släppa denna information. En kvinna regresserade till ett tidigare liv som en man i en avlägsen del av Grekland. Han hörde inte hemma där, men observerade och lyssnade. Jag tog henne bakåt för att se var hon kom ifrån, och hon fann sig själv på en mörk planet. Allt var grått med några få byggnader och inga träd. Det verkade mestadels vara under jorden. Hon fann sig själv i en konstig kropp. Hon beskrev den som en fiskkropp, men den verkade mer ödlelik med en stor mun, enorma ögon, ett ovanligt format huvud med en knöl på baksidan och en svans. Hon sa att hon var en observatör och sändes till Jorden under olika tidsperioder i historien. Vid dessa tillfällen antog hon formen av den existerande varelsen och var en observatör och ackumulator av information. När jag försökte ta henne till den sista dagen av hennes liv sa hon att det inte fanns någon sista dag. Hennes nuvarande personlighet var fortfarande observatören. Det var hennes uppgift.

Det har pratats mycket om "skepnadsskiftare". Om de är verkliga tror jag att de är dessa varelser som kan existera i flera lämpliga former. (Även energivarelser kan skapa vilken form eller kropp de vill.) Mina slutsatser är att dessa skepnadsskiftare inte skulle vara i maktpositioner eller fatta beslut (som har föreslagits), eftersom de är observatörer, ackumulatorer och rapportörer. Detta är liknande Bartholomew, så det verkar ha pågått sedan tidens början.

Så det verkar som om denna del av oss som lever ett liv på Jorden bara är en liten del eller splinter av ett mycket större oss. Att vi är många snarare än en, eller snarare delar av en mer komplex helhet. Vi kan bara fokusera på den splinter vi uppfattar som vår helhet. Det är en bra sak, för om vi var medvetna om komplexiteten i det hela skulle vi inte kunna fungera i denna värld eller verklighet. Vi tillåts bara se fasaden som döljer en mycket större bild. Endast nu får vi en glimt bakom slöjan.

Clara ville ha en ny session när hon hörde att jag skulle återvända till Kalifornien. Jag var tvungen att komma tillbaka nästa vecka för att tala på Whole Life Expo i Pasadena. Den här gången flög Clara ner

Den Invecklade Universumet ~ Bok Ett

från San Francisco istället för att köra, och vi kunde ha en session. Jag ville särskilt fokusera på frågor som rör jordens mysterier, eftersom vi hade fått höra att vi kunde få tillgång till all information vi ville. Jag berättade inte för Clara vad jag var intresserad av att undersöka. Naturligtvis har jag tidigare funnit att väktarna av kunskapen inte alltid ger dig allt du ber om. Jag har lärt mig att inte pressa för mycket, och ta vad jag kan få. Jag har alltid gott om frågor, och jag kan alltid gå vidare till ett annat ämne.

Under denna session ställde jag frågor om många olika oförklarade ämnen, och svaren kommer att inkluderas i avsnittet om jordens mysterier. Jag nekades information om pyramiderna eftersom tiden inte var rätt, men jag fick annan information som är relevant för detta ämne.

D: *Anledningen till att jag frågade om pyramiderna var för att du sa att spirornas planet, hela planeten, alla dess delar, klipporna, varje del av planeten, hade förvandlats till ett lagerhus. (Ja) Och på jorden är detta inte fallet?*

C: Allting på jorden har kunskapen. Allt finns i människans sinne, om människan öppnar sig för den expanderande förmåga som sinnet har för människan. Människor på jorden, som utvecklingen av hans sinne är nu, måste ha en påtaglig plats som de kan röra vid och känna, som ett bibliotek till exempel. Det är en plats där kunskap finns. Den är lagrad. Du kan gå dit. Så det är en genomförbar sak att all kunskap för människan, och all skapelse, all kunskap om jorden och universum, skulle ha ett lagerhus på jorden. Och det är i pyramiden. Skulle människan kunna öppna sitt sinne till full kapacitet, då skulle han veta att all kunskap finns inom honom själv.

D: *Ja, det är sant. Jag har funnit i mitt arbete att det kan nås med denna metod. (Ja) Men medvetet inser folk det aldrig. Det är bara när de är i trance och arbetar med det undermedvetna.*

C: Det är sant. Och det är därför du har blivit utvald att visa mänskligheten, att visa människor på jorden, att detta är ett sätt att expandera sinnet, att veta att all kunskap som finns är inom. Det handlar om att hitta vägen att nå den kunskapen. Och genom dina metoder visar du att detta kan göras. Det finns människor som inte kommer att tro på detta, men när du börjar låta informationen flöda genom dig på det sätt du har gjort, kommer acceptansen att ske i större skala. Och så småningom, med tiden, kommer fler och fler att acceptera detta som ett sätt att kunna få tillgång till det som finns inom alla. Och kanske vid en framtida tidpunkt – förhoppningsvis en nära framtid – kommer människor att kunna få tillgång till denna typ av kunskap på en mer medveten nivå.

D: *Jag har alltid trott det. Att kunskapen inte har förstörts bara för att människor har dött under århundradena. Den finns fortfarande lagrad i det undermedvetna.*

C: Den är lagrad på cellnivå i DNA:t. Så även om en person övergår från en fysisk kropp till en ren energikropp – det som jag är – glömmer du aldrig.

D: *Så den är alltid tillgänglig när du väl hittar metoden för att kontakta den.*

C: Ja. Den finns inom alla. Informationen finns där.

D: *Jag har ofta misstänkt att pyramiderna och monumenten i Peru – som jag just besökte – är mycket äldre.*

C: Macchu Picchu?

D: *Ja, jag har varit där. Jag kunde se en kombination av strukturer där som jag trodde var från olika tidsperioder.*

C: Det finns olika tidsperioder i Macchu Picchu. Vissa är mycket nyare än andra. Det är som om två civilisationer var där. Och faktum är att de var det.

D: *Det var vad shamanen berättade för oss. Att det inte var inkafolket som byggde de största med de enorma blocken.*

C: Det är korrekt. Inka kom många generationer, många, många, många, många år senare efter de ursprungliga – ruinerna, som du känner dem nu – civilisationerna, städerna, som byggdes. De byggdes mycket, mycket tidigare än inkafolket. Inkafolket befolkade dem efter att den andra civilisationen redan hade lämnat planeten.

D: *Det var vad jag trodde. Det var också vad shamanen trodde. Att inkafolket bara använde det de fann.*

C: Ja. De fann en mycket trevlig boplats. Och därför sa de: "Varför ska vi skapa något när det redan har skapats för oss?"

D: *Och några av byggnaderna de byggde var av mycket lägre kvalitet.*

C: Det stämmer. För de hade förlorat den kunskap som den tidigare civilisationen hade uppnått.

Den Invecklade Universumet ~ Bok Ett

D: *Vad hände med de ursprungliga invånarna? De verkar bara ha försvunnit och lämnat sina städer. Ingen vet vad som hände med dem.*

C: De hade utvecklats till en vibrationsnivå där de inte längre behövde en fysisk form. De hade nått en nivå av sådan renhet att de blev ren energi. Och precis som du skulle säga "försvann" de från massan, eller densiteten hos människokroppen. Eller den fysiska formen, som du känner till den. Dessa städer byggdes av människor som överlevde Atlantis och migrerade till Peru. Så de var redan på en högre utvecklad nivå. När de kom till denna planet var de redan på en högre vibrationsnivå. Och de som sedan gick ut och skapade andra samhällen och andra civilisationer, förlorade en del av den högre vibrationsnivån, eftersom de separerade sig från helheten. Helheten, som civilisationen var. Som den hade skapats när den kom tillbaka från stjärnorna. Och sedan, när de gick ut och skapade andra samhällen och andra små civilisationer, som du skulle kalla det, började de förlora sina högre vibrationer. Deras vibrationer blev lägre, och därför blev de tätare och tätare. Tills vi har den täta fysiska form som du känner till idag.

D: *De högt utvecklade individerna höjde sin vibrationsfrekvens så mycket att de mer eller mindre förändrades?*

C: De förändrades helt. Det fanns ingen densitet längre. De blev ljus.

D: *Fanns de fortfarande kvar på jorden när de förändrades till ljus?*

C: De finns fortfarande kvar idag.

D: *Varför kan vi inte se dem?*

C: För att de vibrerar på en så hög energifrekvens att de inte längre behöver en fysisk form, som du känner till den. Och det är inte en synlig form.

D: *Men vad gör de? Lever de fortfarande ett liv?*

C: De lever fortfarande ett liv. De kan ofta vara en andlig guide, som du vet vad en andlig guide är. Om en varelse eller en energi skulle visa sig för dig, är det mycket möjligt att det kan vara en av dem som har nått en sådan vibrationsnivå att de blir vad du skulle kalla "en uppstigen mästare." Denna hela civilisation, som en enhet, var en enhet. Och som en enhet utvecklades de till en plats där de inte längre behövde en fysisk form.

D: *Vad hände med kropparna när de utvecklades?*

C: Kropparna bara upplöstes.

D: Och den plats de gick till, var det som ett land, en stad?
C: Ja. De kan vara i vilken stad som helst. Vilken stad, vilken plats som helst kan vara deras hem. Det finns också vad du skulle kalla "eterniska städer." Städer precis som dina städer, men de är på en vibrationsnivå som är så hög att människor, som du känner dem, inte kan se dem. Men de existerar.
D: Och de existerar i denna ljusform.
C: I ljusform, ja. Om du skulle kunna höja ditt medvetande till en nivå där du inte längre behöver en tät fysisk kropp, då skulle du kunna se städerna. Du skulle kunna röra dig in och ut, och göra vad du gör dagligen, som om du var i en tät form. Men din vibrationsnivå är av en sådan ren tanke, kan jag säga. Dina tankar är så rena. Ditt liv är så rent, att allt är positivt. Och du når en nivå där din känslighet och din vibrationsnivå är så hög, att du inte längre behöver detta. Så du går till den platsen, som fortfarande finns.
D: Men på den platsen låter det som om de inte skulle dö, om de var rent ljus.
C: Nej, du dör inte. Du dör aldrig. Även i den täta formen dör du inte.
D: Jag vet, du byter bara form.
C: Ja. Du förändras helt enkelt till en annan vibration. Och det är en möjlighet att du skulle kunna nå den vibration vid någon tidpunkt. Du kanske övergår. För även om du lämnar en tät fysisk form, som du känner den, har du fortfarande stadier där du kan växa och utvecklas till andra vibrationsnivåer. Det finns många olika vibrationsnivåer.
D: Så även på den nivån, om de övergick och gick dit en masse, har de fortfarande karma att betala av?
C: När du når den vibrationsnivån, som skulle vara långt bortom den femte dimensionen, som du skulle tänka på dimensioner, har du arbetat igenom all karma som behövde lösas. Så när du når den vibrationsnivån finns det ingen karma.
D: Då kan de stanna där för evigt?
C: Så länge de vill.
D: Även om de inte dör, kan de bestämma sig för att gå vidare och göra något annat?
C: De kan bestämma sig för att komma tillbaka i fysisk form. De bestämmer, "Tja, det var så roligt, varför inte göra det igen."
D: Men då kan de fastna i karma igen.

C: Det är en möjlighet, ja.

D: *Jag försöker sätta ihop detta med några andra saker jag har hört. Det är annorlunda än andeplanet, där människor går när de dör på jorden och lämnar den fysiska kroppen. Är detta en annan plats där dessa varelser är?*

C: Det kan vara samma. Det beror på andens utveckling. Om det är någon som just har gjort en övergång, kan de vara på en vibrationsnivå där detta samhälle finns. Eller det kan kräva mer utveckling för att komma till den platsen. Det beror på vilken nivå av upplysning personen befinner sig på vid tiden för övergången.

D: *Så majoriteten av människorna på jorden idag, när de dör och lämnar kroppen, arbetar med att lösa sina karmaproblem, så de måste fortsätta att gå fram och tillbaka. Så uppenbarligen kom dessa i Peru från en annan plats när de gick över.*

C: Ja. Den gruppen var en civilisation som gjorde det i gruppform istället för i individuell form.

D: *Så det är förmodligen vad vi försöker uppnå, att nå den nivån där vi inte behöver komma tillbaka hela tiden.*

C: Det är det yttersta målet.

D: *Jag har hört att det yttersta målet är att återvända till Skaparen, återvända till Gud.*

C: Det är vad allt handlar om, att gå till ljuset som är källan, det är vad du skulle kalla Gud.

D: *Ja, det finns olika namn för Honom.*

C: Många olika namn. Det är vad du väljer att det ska vara för dig.

D: *Då är dessa människor, antar jag, så nära Skaparen man kan komma.*

C: Mycket nära. Mycket nära. För en civilisation gick i gruppform, och de gick som en enhet, utan någon separation, som du skulle säga, från Guds sköte. Vilket är att vara ett med Gud, eller att vara ett med allt, att vara ett med allt som är. Att vara allt som är. För det yttersta målet är att vara ett med Gud. Och du är inte ett med Gud när du inser att det finns en separation, för människan har försökt så hårt att vara separat från Gud. Själen har som sitt yttersta mål att återvända till Gud, varifrån vi kom från början.

D: *Ja, det låter vettigt för mig. Finns det andra civilisationer som har gjort denna övergång en masse?*

C: Många har gjort det.

D: Finns det några som vi skulle känna till i historien?
C: Inte i er kända historia, nej.
D: Det var före det?
C: Före det, ja.
D: Det låter som om folket i Atlantis dog våldsamt. Så det skulle vara annorlunda omständigheter när vi har masskatastrofer.
C: (Avbröt) Jag kommer att säga en sak om masskatastrofer. Om det är en civilisation, eller om det är en grupp människor, de själarna, de varelserna valde det vid den tiden som ett sätt att gå till en annan nivå. Eller till en annan plats där de kunde växa på ett annat sätt. Det är ett val.
D: Som du kan se, har jag många frågor.
C: Ja, det har du. Du har väldigt bra frågor. Och det är därför du har blivit utvald. Och det är därför vi vill dela kunskapen med dig, så att mänskligheten, som du känner den idag, kommer att ha informationen och hemligheterna som har varit låsta från oss själva. Vi önskar att prata mer med dig. Clara gör mycket som du gör, men på ett annorlunda sätt. Du kommer att rapportera det till mänskligheten. Hon kommer i kontakt med människor, samlar in information och rapporterar tillbaka till oss. Och det är därför du har blivit skickad många varierade och olika människor att samla din information från.
D: Men informationen blir mer komplicerad ju mer jag arbetar.
C: Det är för att du öppnar fler dörrar. Och när du tillåter dig själv att öppna fler dörrar, när du går genom dörrarna, öppnas andra dörrar, så att andra verkligheter och mycket mer komplicerat material kommer att ges till dig. Det kommer att vara en ära att utforska dem med dig.
D: Jag kommer att försöka aldrig svika ert förtroende.
C: Det vet vi, annars skulle vi inte komma till dig.

Jag orienterade Clara tillbaka till nutiden och förde henne fram till fullt medvetande. När hon vaknade beskrev hon sina känslor medan hon pratade.

C: Jag hade känslan att jag var i nuet. Jag kände mig som om jag var i framtiden, i det förflutna och nuet. Det var som om all tid var just nu.

Den Invecklade Universumet ~ Bok Ett

D: Det var allt kombinerat. Ungefär som om du var uppdelad?
C: Nej, det kändes inte uppdelat. Det kändes mycket som en enhet, att vara i framtiden och ändå i en forntida, långt förfluten tid. Många, många civilisationer sedan. Det kändes som om denna entitet inte kände några gränser för tiden. Det var som om all tid var nu.
D: Jo, du kan se hur vi kan få information på det sättet, eftersom det inte finns några gränser.

En ovanlig händelse inträffade efter denna session. Clara gick tillbaka till sitt hotellrum. Efter några minuter ringde hon mig och bad mig komma till hennes rum. När jag kom dit visade hon mig baksidan av sin nacke. När hon borstade sitt hår såg hon ett rött märke på baksidan av sin nacke. (I badrummet på detta hotell fanns det speglar på båda sidor av väggen. Så Clara kunde se baksidan av sitt huvud när hon borstade upp håret. Hon hade det uppsatt i en stram hästsvans.) Det röda märket sträckte sig upp i hårfästet minst två tum och sedan ner bortom hårfästet – det var där hon lade märke till det – ungefär en halv tum. Det var mycket rött och såg ut som en rand. I området under hårfästet var det ungefär en halv till tre fjärdedels tum brett och avsmalnade uppåt till ungefär en och en halv tum vid den bredaste delen av det röda märket inuti hårfästet. Jag tog fram min kamera och tog några bilder på det. Men det började redan blekna vid den tidpunkt jag försökte ta bilder. Det finns inget sätt något kunde ha orsakat någon irritation på den delen av kroppen, eftersom hon hade legat helt stilla på en kudde. Hon sa att det inte gjorde ont eller kliade eller något, det var bara rött, och hon var nyfiken på det. Detta skulle kunna stämma överens med andra människor jag har arbetat med, som har fått märken och fläckar på kroppen när de arbetade med denna typ av energi. Dessa fall rapporterades i The Custodians.

Denna kontakt med en planet som rymmer all kunskap, och som ständigt ackumulerar mer, är mycket lik berättelserna från mina andra ämnen som har fått veta att de är rapportörer. Många människor har implantat i sin kropp som fungerar som sändare. Allt de ser, hör och känner skickas till databanker som registrerar historien om vår planet

Jorden. Är dessa två separata projekt, eller är de på något sätt kopplade till helheten? Jag har funnit att en av de viktigaste funktionerna hos det undermedvetna, eller kanske vår själ, är att samla information från alla liv vi någonsin lever. Vårt yttersta mål är att återvända till Källan, vår uppfattning om Gud, Skaparen. När vi har fullbordat alla resor och äventyr genom alla våra många olika liv förväntas vi återvända till Skaparen med vår ackumulerade kunskap. Den absorberas sedan. På så sätt betraktas vi som celler i Guds kropp. Kunskap och information verkar vara det främsta syftet med den mänskliga arten, och därmed kan ingenting vara rätt eller fel. Det är bara positivt och negativt. Vi lär oss av det och det gör det möjligt för oss att bearbeta vår karma så att vi kan slutföra våra uppdrag och återvända till varifrån vi kom. I det avseendet är i slutändan allt vi har och är summan av våra erfarenheter och vår kunskap.

En oroande tanke gick genom mitt sinne när jag hörde om hela civilisationen i Peru som transcenderade en masse till en högre vibration så att de blev osynliga. Det sades att detta också har hänt andra civilisationer i det förflutna. Det pratas mycket nu om att vår nutida Jord förändrar sin vibration och går till en högre vibration och byter dimension. Att vissa skulle gå och andra skulle lämnas kvar, och de som blir kvar kommer aldrig att veta vad som hände. Är det samma sak som hände dessa civilisationer i det förflutna?

Sektion Tre:
Jordens Mysterier

Kapitel Sex
Atlantis

En viktig gåta som har fascinerat människors sinnen i århundraden är existensen av civilisationen Atlantis. Många har kallat det bara en myt, en legend, men den har ändå överlevt. Jag har alltid trott att även en myt eller legend har en grund i sanningen, och jag har verifierat detta gång på gång i mitt arbete med hypnos. När mina försökspersoner befinner sig i det djupaste stadiet av trance kan vi få tillgång till det undermedvetna på olika sätt. Jag har upptäckt att all kunskap är tillgänglig när du väl får tillgång till visdomen i det undermedvetna. Ofta ges personen informationen direkt genom tidigare liv, och ibland tas de till platser där de kan få tillgång till informationen och tolka den själva. Detta görs ofta genom att besöka Biblioteket på den andliga sidan. I denna underbara byggnad finns all kunskap som någonsin har funnits och all som kommer att finnas, på varje tänkbar ämneskategori. Detta är min favoritplats i andevärlden eftersom jag alltid söker efter "förlorad" kunskap. Denna plats förvaltas vanligtvis av en väktare vars jobb är att granska de som önskar ha tillgång och att avgöra deras syfte. Jag har blivit informerad om att jag kan få tillgång till vad jag vill, eftersom jag har visat mig trovärdig genom att rapportera informationen så sakligt som jag kan, utan förvrängning eller censur. Naturligtvis finns det alltid information som inte kan ges, eftersom människans sinne inte kan hantera det vid den nuvarande tidpunkten. Men jag har märkt under över tjugo års regressionsarbete att information nu börjar läcka ut som var förbjuden i de tidiga dagarna av mitt arbete. Detta ger mig hopp om att människans sinne äntligen har avancerat till en punkt där det kan förstå komplicerade koncept.

Under åren, när jag hade en försöksperson i detta djupa trancestadium, krävde min nyfikenhet att jag ställde så många frågor som jag kunde om många, många ämnen. När jag har tillgång till kunskap kommer jag aldrig att vända mig bort från den möjligheten. Informationen i denna del framkom under femton år. Jag lade den åt sidan och fortsatte att samla mer tills det nu är dags att sätta ihop det i denna bok.

En del av informationen om Atlantis kan vid första anblick verka motsägelsefull. Men jag håller inte med, eftersom jag tror att de olika försökspersonerna såg det vid olika tider i dess existens. Jag har upptäckt att Atlantis inte var en enskild kontinent, stad eller plats. Det var ett namn som gavs till världen som helhet vid den tiden. Namnet har blivit associerat med den mest utvecklade delen av civilisationen. Men hela världen var inte på samma nivå, liknande vår tid. Denna anmärkningsvärda civilisation existerade under tusentals år, så den genomgick många förändringar när den steg till de högsta framstegen människan var kapabel till, och sedan försämrades gradvis och föll. Man behöver bara titta på vår egen världs historia under de senaste tusen till tvåtusen åren för att se en parallell. Vår värld har också genomgått otaliga förändringar och framsteg, vissa bra och andra mindre bra.

Jag har blivit informerad om att många, många människor som lever idag också var vid liv under Atlantis tid. Vi har återvänt vid denna tidpunkt eftersom mänskligheten återigen närmar sig den avgrund som kan kasta vår värld i samma hål som tog Atlantis. I en spiral har tiden fört med sig liknande omständigheter till vår nuvarande tid, och vi går längs samma väg. Vi har återvänt för att se till att mänskligheten inte gör samma misstag igen. Genom att leva i denna tumultartade tid kan vi återbetala karma som normalt skulle kräva tio livstider. Så vi alla anmälde oss frivilligt för att vara här under dessa tider.

Brenda gav oss information om Atlantis under dess glansdagar innan det började försämras.

B: Historien om Atlantis sträckte sig över många tusen år. Vi skulle kunna börja med att ge dig allmänna termer om hur saker utvecklades. Och sedan, om du önskar fler detaljer, kan vi organisera dem och ge dem till dig i de olika aspekterna av historien.

D: *Var detta den första avancerade civilisationen på denna planet, eller fanns det andra före det?*

B: Det är svårt att säga, de sträcker sig så långt tillbaka. Det verkar som att innan Atlantis uppstod, var den främsta civilisationen på denna jord från det galaktiska samfundet som hjälpte mänskligheten. De hjälpte Atlantis att utvecklas, så att mänskligheten skulle utveckla sin egen civilisation. Vilket är vad mänskligheten behövde göra för att så småningom gå med i det galaktiska samfundet.

D: Var vill du börja? Jag gillar alltid att ha saker i ordning. Det gör det lättare för mig.

B: Ja. Som jag just nämnde var det olika bosättningar från det övergripande galaktiska samfundet som hjälpte Atlantis att komma igång. De hade observerat mänskligheten och försökt hjälpa dem att utvecklas, men de höll sig i stort sett dolda. Mänskligheten höll på med grundläggande saker som jordbruk, hade eld och byggde enkla städer. Och de ansåg att mänskligheten hade avancerat tillräckligt för att kunna hantera kunskapen om att det fanns andra som inte var av mänsklig härkomst. De såg att det fanns en grupp på Atlantis som var den mest avancerade. De hade den högst utvecklade civilisationen inom produktion av varor, konst, litteratur och liknande. Ett mycket urbant folk. De började hjälpa dessa människor att ytterligare utveckla civilisationen. De hade ett sätt att stimulera dessa människor så att de kunde komma på uppfinningar i snabbare takt. De kände till den typ av energi som gynnade kreativa tankar. Och de stimulerade människornas sinnen med denna energi. När de såg att det fungerade, började de göra samma sak i andra civiliserade centra runt om i världen, vilket gav upphov till andra civilisationer. Du frågade specifikt om Atlantis, så jag ska försöka hålla mig till den historien.

D: Var Atlantis bara en plats?

B: Det började som en plats, men när civilisationen växte, spreds dess inflytande. Och så började det som ansågs vara Atlantis att inkludera mer än bara det land som ursprungligen kallades Atlantis. Dess civilisation spred sig så att alla som var inom inflytandesfären ansågs vara en del av Atlantis.

D: Är vi korrekta i att kalla det så?

B: Det är ett bra namn. Det är en korrigering av det ursprungliga namnet. Som du vet, när en civilisation sprider sig över ett stort område, dyker olika dialekter av huvudspråket upp. Och i den dialekt som utvecklades i söder uttalades namnet närmare Atlanta, vilket har förändrats ytterligare i uttal på ditt språk. Men det är tillräckligt korrekt... Det var en direkt progression, och det utgör inget problem att relatera det namnet till den civilisation jag talar om.

D: *Det fanns andra civilisationer, men du vill fokusera på denna vid denna tidpunkt.*

B: Det verkar som om du vill ha informationen om just denna. Så jag kommer att göra referenser till de andra civilisationerna. Utvecklingen var stadig i alla dessa civilisationer. Atlantis låg något före eftersom de började utvecklas först. Men de andra civilisationerna utvecklades också, så att de alla kunde arbeta tillsammans. För mänsklighetens bästa var det nödvändigt. Så civilisationen fortsatte att avancera. Människorna var vackra människor. De var allmänt glada, godmodiga. De var känslomässigt och fysiskt hälsosamma, vilket bidrog till att göra dem rättvisa människor. Inte nödvändigtvis ljusa i färgen, utan rättvisa som i vackra. Ditt språk är mycket oprecist med sina beskrivande ord.

D: *Jag vet. Jag har hört det förut. Hade de några allmänna färger eller drag som var dominerande?*

B: Inte direkt. Till en början, ja, och sedan när de spred sig kom de i kontakt med andra folk. Det blev en allmän blandning, mycket som det är i ditt land. De kunde ibland avgöra någons allmänna härkomst, var deras förfäder kom ifrån, genom deras färg, ibland. Men det spelade ingen roll för dem, så de brydde sig inte om det. De började som i huvudsak rödlätt håriga med några få bruna hår. En ljus olivhy, mellan ljus oliv och krämig. Och med vanligtvis gröna eller hasselögon. Och senare blev de människor som var blonda eller svarthåriga, bruna ögon, ljus hy, mörk hy, en allmän blandning. Och de tenderade att vara långa och välformade.

D: *Jag ville få en mental bild.*

B: De baserade inte sin kultur på metall, som din gör. De trodde på att använda material så nära sitt ursprungliga tillstånd som möjligt när de erhöll dem. Så de använde mycket sten och lera för sina byggnader. Och deras vetenskaper utvecklades direkt till manipulation av energier, så att de kunde manipulera alla typer av energi, inklusive sådant som gravitation. Därför kunde de resa byggnader med enorma stenblock som verkar omöjliga för er med det tankesätt som er civilisation har.

Den Invecklade Universumet ~ Bok Ett

D: Så de använde inte maskiner eller utrustning?
B: Korrekt. För det var inte nödvändigt. De visste hur man manipulerade dessa energier med vad som verkar vara enkla och okomplicerade instrument som skulle vara omöjliga att använda för sådana saker. Men de visste hur man stämmer in på olika typer av energiflöden och får dem att interagera på ett sätt så att saker hände som de ville. Vilket låter vagt på ditt språk, men det verkar vara det bästa sättet jag kan uttrycka det på.
D: Behövdes det många människor för att göra detta?
B: Det berodde på vad som skulle göras. Vanligtvis kunde en person göra det med de tillgängliga verktygen, men det krävde allas samtycke, så att energin skulle flöda i en positiv riktning.
D: Alla behövde inte koncentrera sig eller sända energin?
B: Nej. Men de behövde ge sitt allmänna samtycke, så att de inte blockerade energin genom att vara oense med vad som pågick. Det är som ditt koncept med positivt tänkande. Du behöver inte koncentrera dig så hårt för positivt tänkande. Det är bara en allmän inställning som du försöker uppnå. Under processen att lära sig om dessa energier och manipulera dem utvecklade de sina psykiska förmågor till sin topp. Så många saker som vår civilisation är beroende av var helt enkelt inte nödvändiga i deras civilisation. Saker som telefoner, byråkratiskt pappersarbete. Administrativa saker var mycket direkta eftersom folk kunde kommunicera telepatiskt. Och när något behövde göras och behövde allas samtycke, kunde de bara fråga dem genom telepati och de skulle ge sitt samtycke. Och det skulle vara nästan omedelbart, vilket eliminerade många av problemen som finns i den moderna världen.
D: Var det här det enda sättet de kommunicerade på, bara genom tanken?
B: Nej. De kommunicerade också verbalt, men det var en blandning av båda. Och de tog det bara för givet. De gjorde aldrig någon skillnad om de kommunicerade verbalt eller mentalt, eftersom de gjorde båda samtidigt.
D: Var det något de var tvungna att lära sig, eller kom det naturligt?
B: Alla människor har en naturlig benägenhet för detta. Det är något som har avlats in i rasen, men det handlar om att utveckla det. Till exempel har alla människor generellt händer med fem fingrar.

Dessa händer är extremt skickliga verktyg och kan utföra mycket känsligt arbete, men endast om man utvecklar musklerna och använder händerna. Det är samma sak med psykiska förmågor. Alla människor har psykiska förmågor, men det enda sättet att utveckla dem är att använda dem.

D: *Men detta var något som kom naturligt för dessa människor?*

B: Nej, de var tvungna att utveckla det. Det ansågs bara vara en del av den normala mognadsprocessen, men de var mer medvetna om det än vad människor i allmänhet är idag. De betraktade det som en normal del av ett barns utveckling, att utveckla muskelstyrka liksom psykiska färdigheter. De ignorerade inte tecknen som de ignoreras idag. Det var där, väntande på att utvecklas, men de var tvungna att arbeta med det, precis som de var tvungna att arbeta med att lära sig gå. Förmågan hade alltid funnits där, men det tog dem ett tag att inse att den fanns konsekvent. Tidiga människor förlitade sig på den för att överleva, men de insåg inte vad de gjorde. Senare, när människorna blev civiliserade, glömde de ofta bort det, men det fanns fortfarande där. Och när deras civilisation utvecklades med hjälp av den galaktiska gemenskapen, insåg de att det var något som kunde utvecklas. Deras vetenskap påpekade att de behövde vara en harmonisk helhet själva för att vara i harmoni med universum i allmänhet. Och detta var en del av dig själv. Och om det inte utvecklades skulle du inte vara balanserad och du skulle inte vara en harmonisk helhet. Vid de sällsynta tillfällena då någon blev sjuk, hjälpte deras psykiska förmågor dem att hitta var de var ur balans med de grundläggande energinivåerna i universum. Och så använde de sina psykiska förmågor på otaliga sätt i de minsta detaljerna av vardagen. Det skulle vara omöjligt att lista alla sätt. Vi skulle vara här länge bara för att lista olika sätt deras psykiska förmågor kunde användas. Psyket är mycket mer fingerfärdigt än bara sinnet, även om det fungerar genom sinnet. Det är en annan aspekt av hjärnan än vad sinnet är. Sinne och psyke är två olika aspekter som arbetar genom organet som kallas hjärnan. Det ena är grundläggande och tar hand om livets nödvändigheter, och det andra lägger till detaljer och slutliga beröringar. Det kan vara mycket exakt och göra saker som sinnet inte skulle vara kapabelt att göra, eftersom det inte är tillräckligt finjusterat.

Den Invecklade Universumet ~ Bok Ett

D: *Var majoriteten av människorna i världen vid den tiden utvecklade på detta sätt?*

B: De som fanns i civilisationen, ja. De som bodde i avlägsna områden hade inte utvecklat sitt psyke lika väl. De förlitade sig nästan enbart på det som instinkt.

D: *Hade de någon form av regering?*

B: Till en början, ja, men sedan ändrades det när civilisationen utvecklades, eftersom de ursprungliga syftena med regeringen blev föråldrade på grund av de psykiska krafterna. Och så förändrades regeringen gradvis och fick ett annat syfte. De använde den organisatoriska strukturen bättre på andra områden, som att organisera forskning.

D: *Det vetenskapliga samfundet? Eller ansågs det vara det på den tiden?*

B: Det ansågs egentligen inte vara det eftersom forskningen som gjordes mestadels var baserad på mystiska och psykiska saker. Och så ansågs det vara individuella sökningar. När människor hade insikter om saker rapporterade de det till denna organisatoriska enhet, så att de kunde hålla koll på det faktumet och se hur det passade in i helhetsbilden, eftersom de ansåg att varje faktum var relevant. Och de samlade alla dessa fakta tillsammans och organiserade dem och passade in dem i helhetsbilden, för att försöka bättre förstå universums natur. Detta involverade varje enskild person. Det var mycket komplext och organisationen var nödvändig. Så det är vad som hände med den ursprungliga regeringsstrukturen.

D: *Behöll de några slags register?*

B: Ja, de var tvungna att föra mycket omfattande register. På grund av denna civilisations natur hade de inte datorer i sig, men de hade ett sätt att lagra information med hjälp av universums grundläggande energi, som kunde nås med psykiska förmågor. (Kanske på ett sätt som liknar hur vi samlade in information.) Det var deras största lagringsutrymme, och det är därför era arkeologer inte har hittat något. Deras information finns fortfarande lagrad där och är redo att användas. Du behöver bara utveckla rätt psykiska förmågor för att kunna nå den. De hade pappersliknande produkter för att lära barnen att läsa och illustrera

159

hur de skulle utveckla sina psykiska förmågor och sådant. Och det ruttnade för länge sedan.

D: *Jag tror att forskarna förväntar sig att hitta något nedskrivet eller ingraverat eller någon form av sådana register.*

B: Ja. Registren finns där, men de finns på de psykiska planen. Det är mycket organiserat och lagrat och det är redo att användas. Och det kommer att vara till stor nytta för er värld. Det är nästan som Akashiska register, men inte riktigt, eftersom Akashiska register är en del av universum. De tog det konceptet och fann att det kunde användas för att upprätta en annan sorts register. Det existerar på ett slags energinivå.

D: *Jag tänkte på pyramiderna eller något liknande. Om de kanske har tillgång till kunskapen på en fysisk plats.*

B: Nej. Däremot är pyramiderna och andra typer av megalitiska strukturer som är anpassade till himlakropparna - och med det menar jag saker som de mystiska stencirklarna i Europa - anordningar för att hjälpa till att fokusera denna energi, så att man kunde nå den. För energin måste organiseras och fokuseras för att kunna användas för detta ändamål.

D: *Om någon besökte en av dessa gamla platser, skulle det hjälpa dem att få mer tillgång till den?*

B: Ja, det skulle det. Vissa av stencirklarna skulle inte vara lika finjusterade som de hade varit, helt enkelt på grund av equinoxernas precession.

D: *Du menar att himlen och jorden förändras?*

B: Rätt, och därför är de nu något ur linje. Men andra som hade en stark solriktning skulle fortfarande vara funktionella. Till exempel, sedan Atlantis förstördes är de viktigaste fokuseringscentren nu pyramiderna i Egypten. Och de är fortfarande i perfekt linje, på samma sätt som de var när de byggdes, därför har deras kraft inte minskat. Det är därför människor har haft hallucinatoriska upplevelser efter att ha tillbringat långa tidsperioder i vissa inre delar av pyramiderna. Det beror på att det är centrum för fokusen av kraften. Och man skulle behöva vara döv, stum, blind och efterbliven för att inte kunna känna av dessa emanationer. De hade liknande megalitiska strukturer på Atlantis. Om era arkeologer hittar något, kommer det att vara dessa megalitiska strukturer, och de är inte längre i linje.

De skadades allvarligt när Atlantis förstördes, och naturligtvis förstördes deras justering. Era arkeologer kommer att lista ut att de en gång var justerade efter solen, med hjälp av förekomsten av dessa andra megalitiska strukturer som är oskadade. Dessa var som en gigantisk sten-dator, som använde jordens naturliga energiflöden och omgivande rymden. Och de fokuserade dem på vissa sätt för att kunna använda olika energinivåer i universum.

D: *Du sa att Atlantis invånare inte använde metall?*

B: Väldigt lite metall eftersom de upptäckte att ju mer något är tillverkat och förändrat från sin ursprungliga form, desto mer i oordning är det med universum, och desto fler vibrationer förlorar det. Och om du tar något från jorden och använder det utan att drastiskt förändra dess molekylära struktur, kommer det fortfarande att vara i samklang med energinivåerna och kan användas för detta ändamål. Därför tenderade de att använda mycket sten i sina strukturer, eftersom detta bara var massiva bitar av jord som skars upp och transporterades till en annan plats utan att utsättas för smältning, som ni gör vid raffinering av vissa metaller.

D: *Då var alla deras byggnader, även privata bostäder, gjorda av sten?*

B: Antingen sten, lera eller trä, och liknande. En del av möblerna i deras hem var uthuggna ur sten. Jag använde ordet "uthuggna", för det är ordet på språket, men det är egentligen inte en bra beskrivning av processen. När de tog sten från jorden, fanns det ett sätt att tillfälligt förändra dess energifält så att den blev flexibel som lera. Och som ett resultat kunde de forma den som lera till vad de än behövde. Och sedan lät de energifältet återgå till sitt normala tillstånd och det blev återigen stelt som sten. De hade alla de vanliga bekvämligheterna i livet som du skulle förvänta dig i ett civiliserat samhälle.

D: *Vad sägs om mat?*

B: Bara en vanlig balans av mat. I processen att lära sig om energi lärde de sig hur de skulle hålla sig i balans med sin kost. Vilket eliminerade många medicinska problem som din civilisation har problem med, och olika sjukdomar som orsakas av obalanserad kost. Så som en följd av detta skulle de flesta människor äta främst grönsaker, fiberrika dieter och mycket lite kött. De gick inte till de ytterligheter som några av dina vegetarianer har, eftersom kroppen behövde protein och de ville inte äta ägg hela tiden. Och så dödade de kött när de behövde det. Några av de mer avancerade mystikerna kände inte behovet av att äta, eftersom de kunde ansluta sig till energin och absorbera vad deras kroppar behövde direkt från universum, snarare än indirekt genom mat. (Detta är sättet som vissa utomjordingar lever.) Det är en mycket avancerad teknik. Och även om Atlantis var mycket avancerat psykiskt sett i allmänhet, var det bara deras mest avancerade som gjorde detta regelbundet.

D: Var deras djur liknande de vi har på jorden idag?

B: De var i grunden liknande. Vad dina arkeologer betraktar som tidiga civilisationer, det vill säga civilisationerna som först hade jordbruk och domesticerade djur, var faktiskt överlevande från denna tidigare civilisation som hade fallit. De försökte återuppbygga civilisationen från sina sönderfallna rester. Det är därifrån de domesticerade djuren kom, boskap, getter, får, kameler och vissa typer av hästar. Raserna var annorlunda och de såg annorlunda ut, men det beror på att mänskligheten alltid gör selektiv avel för att förändra utseendet på sina tamdjur. Men i grunden var de samma djur. Till exempel är det som skillnaden mellan en mjölkko och en brahmabull.

D: Hade de någon typ av transport?

B: Åh, ja. Den typ av transport de hade har kommit ner till dig i legender om magiska mattor. (Jag gav ett förvånat skratt.) I grund och botten kunde de levitera utan problem, eftersom de visste hur man manipulerade energi och gravitation. Och så gjorde de de flesta av sina resor genom levitation. Nu, ibland om de ville ta något med sig men inte ville bära det, istället för att använda ytterligare energi för att levitera det separat, skulle de ta en matta eller något som de skulle sitta på och bara levitera sig själva och de andra föremålen på mattan.

D: Ah-ha, precis som Tusen och en natt.

B: Rätt. De lärde sig att manipulera denna energi för att uppnå många saker, och detta inkluderade att resa över jordens yta. Om de bara ville gå en kort sträcka och inte ville ansluta sig till energin, skulle de använda ett djur. Men som ett resultat av att kunna ansluta sig till denna energi, fanns det inget behov av att utveckla bilar eller flygplan. Och den galaktiska gemenskapen var mycket exalterad över detta. För denna förmåga verkar, så vitt jag kan se, vara unik för vår ras. Och det skulle vara ett av de bidrag vi skulle göra till den galaktiska gemenskapen. Eftersom de andra planeterna utvecklades genom användning av maskiner och fordon.

D: *Som vi har gjort den här gången.*

B: Ja. Och den galaktiska gemenskapen är något bekymrad över att vi inte har utvecklat våra psykiska förmågor den här gången, men de vet att dessa förmågor finns där och väntar på att utvecklas. Och de minns hur det var med den andra civilisationen. Om vi inte lyckas att ansluta oss till denna psykiska information själva, kommer de utan tvekan att påminna oss och hjälpa oss att "upptäcka" den, på samma sätt som de har gjort med andra tidigare upptäckter. Denna typ av energi användes huvudsakligen för personlig transport över långa avstånd och för transport av stenblock och liknande. Det finns vissa mystiker i din nuvarande civilisation som fortfarande kan göra detta, men de är isolerade områden i världen. Vissa djupt inne i Indiens djungler. Men förmågan är mest framträdande bland Lamas i Tibets höga berg. De kunde bevara det eftersom de var så isolerade. De påverkades minst av förstörelsen av Atlantis.

D: *Gjorde de något för underhållning?*

B: Åh, ja, det är ett grundläggande behov i människans natur. Det berodde på vilken civilisation det var och enligt deras individuella kulturer. Till exempel, i Atlantis var en sak som var mycket populär: en grupp människor skulle fästa färgade band till sina armar eller klädesplagg. Och sedan skulle de alla levitera runt varandra för att skapa vackra färgglada mönster med banden fladdrande bakom dem. Och barnen skulle älska att se detta. De skulle göra vad deras fantasi kunde komma på. De hade drama, teater och musik. De tenderade att föredra liveframträdanden, men om de ville se något som inte framfördes lokalt vid den tiden, kunde de psykiskt stämma in på var det framfördes och se det med sina psykiska förmågor. Så det var som TV på ett sätt.

D: *Det verkar som om de var mycket högt utvecklade psykiskt.*

B: Ja, men förstörelsen av Atlantis skrämde dem väldigt mycket. Det gav dem motsvarande ett mentalt trauma. Som när en individ drabbas av ett allvarligt mentalt trauma i sin ungdom, och det påverkar dem resten av livet, om de inte blir medvetna om det och arbetar igenom det för att lösa det. Hela människosläktet fick motsvarande. Och även sättet på vilket Atlantis förstördes, och hur de psykiska fokuseringscentren förstördes, gav alla en tillfällig psykisk utbrändhet. Det skulle vara som att av misstag se en explosion på för nära håll och tillfälligt bli blindad.

D: *Och detta påverkade dem i flera generationer.*

B: Ja. Förmågan fanns fortfarande där, men den var bara bedövad ett tag. Sedan började den gradvis återfå sin känsla. Och det tog inte så lång tid som man skulle kunna tro. Men mänskligheten i allmänhet mindes detta undermedvetet och undvek därför att utveckla psykiska förmågor i flera tusen år, av rädsla för att bli "brända" igen, så att säga.

D: *Det skulle vara logiskt. Var de kvar i den typen av utveckling under en lång tid?*

B: Ja, det var den huvudsakliga drivkraften för deras civilisation. De använde kristaller för att fokusera vissa typer av energier, för att kontakta den galaktiska gemenskapen. De kunde göra det mentalt, men för att hjälpa till att förstärka de mentala energierna använde de vissa typer av kristaller. Deras vetenskap om kristallografi var extremt avancerad.

D: *Du sa att de använde detta för att kontakta den galaktiska gemenskapen?*

B: Ja, för långdistanskommunikation. Istället för att tömma allas energi genom att utnyttja allas telepatiska förmågor, använde de dessa kristaller. Eftersom inte alla i den galaktiska gemenskapen var inställda på detta, skulle det vara som att försöka tala med en döv person. Man var tvungen att använda ett annat kommunikationsmedel.

D: *Och de förstod kristallkommunikationen?*

B: Ja, precis. Och så använde de de energier som genererades av kristallografin för att interagera med den galaktiska gemenskapen. Det var komplementärt och kompatibelt med både deras civilisation och de olika civilisationerna i den galaktiska gemenskapen.

D: *Kunde en person fokusera dessa kristaller eller krävdes det många personer?*

B: En person kunde göra det eftersom dessa kristaller kunde dra på de olika energierna och energifälten på jorden. Så som elektromagnetiska fält, gravitation, solljus, vad du vill. Vad som behövde göras berodde på vilken typ av energi kristallerna drog på. Och det fanns olika typer av kristaller för olika syften. Och några av dessa olika typer var specialiserade på att dra på vissa typer av energi.

D: Behövde de vara huggna på ett visst sätt eller formade på ett visst sätt?

B: Deras molekylära strukturer, matriserna, gitterstrukturen i den molekylära strukturen behövde designas på ett visst sätt. Och ja, många gånger påverkade även ytan. Men de började på molekylnivå och gjorde något liknande med kristallerna som de gjorde med stenarna. De förändrade energifältet så att de kunde omforma molekylernas gitterstruktur så att de kunde fokusera en viss energi på ett visst sätt. Och sedan återställde de energifälten så att det skulle förbli så.

D: Då var det så de formade vissa strukturer för olika ändamål?

B: Inte former! Den interna strukturen. Kristallens molekylstruktur. Och sedan, ja, de skulle ändra ytan på denna kristall för att forma den som den behövde vara. Men det var först viktigt att få den interna strukturen, molekylstrukturen korrekt, annars kunde du forma den hur mycket som helst utan att göra någon nytta.

D: Jag trodde att det hade att göra med fasetterna eller den olika formen, hur den skulle fokuseras.

B: Du måste först få molekylstrukturen korrekt. Det är som strukturen hos en snöflinga, men ta det ner till oändligt små energinivåer. Och du måste ha allt detta format korrekt, annars gör det ingen nytta.

D: Spelade det någon roll hur stor kristallen var?

B: Det berodde på vad den användes till, hur stor den var eller vilken form den slutligen fick. Men deras främsta oro var den molekylära strukturen. Och eftersom de kunde kontrollera den molekylära formen på dessa kristaller, var det en anledning till att deras vetenskap om kristallografi var så långt utvecklad. Och därför kunde de använda kristaller för så många olika ändamål. Eftersom de hade specifikt kontrollerade molekylstrukturer, såväl som kontrollerade former eller storlekar.

Den Invecklade Universumet ~ Bok Ett

D: *Jag har alltid trott att ju större de var, desto kraftfullare var de.*
B: Inte nödvändigtvis. Det fanns en kristall de hade för att fokusera en viss typ av energi som var ungefär tre tum lång och väldigt smal. Den var linsformad, spetsad i båda ändarna. Och om du tittade på den från änden, hade den formen av en femuddig stjärna eller något liknande. Och den var bara ungefär en åttondels tum bred vid sin bredaste punkt. Den var väldigt smal, men det var en kraftfull kristall på grund av den typ av energi den fokuserade. Jag kan inte hitta informationen om vad den användes till, men jag kan se den formen på kristallen.

D: *Jag förstår. Då var de tvungna att vara medvetna om den energi de ville ha och vad de olika energierna skulle göra.*
B: Exakt. Jag tror att du börjar förstå nu. De hade olika kristaller för att fokusera olika typer av energi för olika ändamål. Till exempel hade de vissa typer av kristaller som kunde fokusera kosmiska strålar, och ultraviolett strålning och stjärnljus för att skapa synligt ljus på natten. Och dessa kristaller kunde också använda infraröd värme, som kroppsvärme, för att hjälpa till att skapa ljus på natten. Era arkeologer har hittat några av dessa kristaller i Centralamerikas djungler. De har inte underhållits på många århundraden, men de lyser fortfarande på natten och avger ljus, men inte lika tydligt som de brukade. Och de verkar för arkeologerna vara enkla stenbollar. De kan inte förstå vad de var till för eller hur de fungerade, eftersom dessa är en specialiserad typ av kristall. De har hittat bollar i olika storlekar. Och det har funnits rykten om hur de lyser på natten. Det är därför de är så vanliga och hittas överallt. På de platser där de hittades användes de för att ge ljus på natten. Precis som i de flesta civilisationer pågick det saker även på natten, och man behövde en ganska utbredd källa till artificiellt ljus.

D: *De var som enorma gatlyktor som lyste upp städerna?*
B: Ja. Gatlyktor, inomhusbelysning, strålkastare, beroende på vilken typ av belysning som behövdes. Och det fanns andra typer av kristaller som strålade ut värme för att hjälpa till att värma husen. Så de behövde inte hugga ner sina skogar för att göra eld. De kunde använda dessa kristaller istället och spara skogarna för möbler eller helt enkelt för att växa och syresätta luften.

D: *Vilka typer använde de i husen för belysning?*

B: Stenkulor. De kom i alla storlekar. Och de har hittats i alla storlekar i Centralamerika. Du har personligen bara hört talas om de stora, men de har också hittat mindre, ungefär i storlek som en bowlingklot eller något mindre, som kunde bäras i två händer.

D: *De är av sten, men du kallar dem kristaller?*

B: Som jag redan sagt, dina arkeologer kallar dem sten eftersom de ser ut som sten, men de är en specialiserad typ av kristall.

D: *Jag tänker på kristall som något man kan se igenom.*

B: Vissa kan man och vissa inte. De kallas kristaller inte på grund av sitt yttre utseende, utan på grund av sin molekylära struktur.

D: *Jag förstår. Då användes dessa mindre stenkulor för belysning i husen?*

B: Rätt. Det skulle finnas en piedestal som stack ut från väggen där de kunde placeras. Eller en typ av hållare i taket, likt en inställning för en sten på ditt smycke. Det skulle finnas en sådan inställning, så att säga, utskjutande från taket där de kunde fästa en av dessa kulor, eller flera, beroende på vilken typ av arrangemang de ville ha.

D: *Var de som användes för uppvärmning liknande?*

B: De hade en annan struktur och såg därför annorlunda ut. De liknade mer din uppfattning av kristaller. Och de kunde fås i olika färger beroende på hur de ville att de skulle passa in i deras inredning. Och de kunde göra en sak med ljuskulorna som du inte har tänkt på. Eftersom kulorna kom i olika storlekar kunde de få några som var mycket små, säg, en till två tum i diameter. Och göra dem till ett fint arrangemang, som en dekoration såväl som en ljuskälla.

D: *Det här avviker från Atlantis men det påminner om något i boken jag skrev om Jesus när han levde i Qumran (Jesus och essenserna). De hade en mystisk ljuskälla. Det låter väldigt likt. Skulle du veta något om det?*

B: Det verkar som att ljuskällan kom från gamla kristaller som var kvar från tidigare dagar och som gick i arv från generation till generation. Eftersom de inte längre hade kunskapen att göra fler av dessa, vårdade de dem.

D: *De sa att de kom från de Gamla, folket som levt många år tidigare. De hade många saker som kom från dem.*

B: Ja. De gick i arv och togs om hand och användes från generation till generation. Och de förde vidare kunskapen om hur man underhöll dessa, för så länge de underhöll kristallerna kunde de producera ljus nästan för evigt. Det var enkelt underhåll.

Jag arbetade med Phil i många år och den information han gav har blivit sammanslagen i många av mina böcker. Istället för att gå till biblioteket på andesidan, fick han sin information från Planet of the Three Spires, som verkade vara ett förråd eller deponi av all kunskap. Ofta skulle en grupp på tolv entiteter också fylla i saknade delar eller så skulle han visas scener och försöka tolka dem med hjälp av dessa entiteter.

Vi hade tillgång till denna information genom att använda en hissmetod, snarare än molnmetoden som är mycket effektiv med de flesta av mina subjekt. Phil skulle visualisera sig själv i en hiss i en kontorsbyggnad och stanna på rätt våning som innehöll tillgång till den information vi letade efter. I detta fall hade vi diskuterat möjligheten att hitta något om Atlantis. Metoden spelar egentligen ingen roll, det viktiga är att få tillgång.

Hissen hade stannat och jag frågade honom vad han såg när dörren öppnades.

P: Det finns ljusa skimrande ljus. De är energin på nivån från vilken vi arbetar. Och jag passerar genom ljusen. Jag kan se vad som verkar vara ett flygande farkost, eller ett flygande skepp, flygande över ett fält av gräs. Det har en något spetsig form framtill, och en något oval form baktill. Och det finns plats för två personer att sitta. Det finns andra farkoster i himlen som kunde rymma många. I fjärran, från min synvinkel, finns en stad som gnistrar i solen. Detta är en av många städer vid denna tid.

D: *Vet du var vi är?*

P: Detta hade diskuterats tidigare. Frågorna var relaterade till den tiden på jorden. Detta är bara en stad på det som då kallades kontinenten Atlantis.

Den Invecklade Universumet ~ Bok Ett

Det kan verka som en motsägelse att han såg flygande farkoster medan Brenda inte såg dessa. Som nämnts existerade civilisationen under många tusen år och genomgick många förändringar och framsteg. Vid denna tidpunkt hade de uppenbarligen utvecklat mekaniska enheter och gått in i teknologin. Vi skulle också upptäcka andra förändringar.

D: *Kan du säga vad den farkosten är gjord av?*
P: Det är en aluminiumlegering, mycket lik den som används i nuet.
D: *Kan du säga hur den drivs?*
P: Genom vad som kallas kristallkraft. Det finns över landet strålar av kristallenergi som riktas till olika delar av kontinenten. Och dessa farkoster anpassar sig helt enkelt till denna stråle och projiceras längs den. Liknande konceptet med motorvägar som används i ditt land idag.
D: *Har de också farkoster som lämnar planeten eller reser i rymden?*
P: Ja, men de var inte av samma typ av konstruktion. Det fanns människor som fick denna möjlighet. Men de var de högsta prästerna eller den högsta funktionella ordningen, som var i gemenskap med de av stjärnnaturen. Detta var inte vanliga erfarenheter bland den allmänna befolkningen. De som hade den högsta moraliska karaktären och förståelsen fick denna erfarenhet, som en del av deras lärande och andliga utveckling. Det var inte en nöjestyp av upplevelse. Det gavs i sammanhanget av lärande.
D: *Finns det några delar av den ursprungliga kontinenten över vattnet idag?*
P: Delar av Atlantis kontinent reser sig verkligen igen och kommer åter att stiga till och över ytan. Men för närvarande finns det inte det man skulle kalla delar av det ursprungliga torra landet. Det vill säga inget betydande.
D: *Jag har hört att en del av USA var en del av det.*
P: Det är inte korrekt som vi uppfattar det. Du frågade efter land som ansågs vara en permanent del av Atlantis, och hela kontinenten i USA var faktiskt en del av havsbotten vid en tidpunkt.
D: *Vet du var Atlantis ursprungligen var beläget enligt vår geografiska karta som den ser ut idag?*
P: Det var i Atlanten. Det finns områden som under den perioden var ovan och under, likaså. Det finns områden idag som var ovan

mark vid den tiden, som senare sjönk under en period, och som sedan återuppstod. Det finns områden som vid den tiden var nedsänkta, som nu är ovan mark. Det har skett många jordförändringar sedan den perioden. Många gånger är det ena eller det andra, det vill säga land eller hav.

D: Så majoriteten av kontinenten ligger under vattnet nu.

P: Det är korrekt.

D: Hur är det med resten av världen? Det kunde inte ha varit den enda bebodda kontinenten.

P: Det fanns i det ena specifika området många olika civilisationer av människor. En social struktur, inte så långt från vad ni på er planet har på plats idag. Det vill säga, det fanns många olika typer och klasser av människor. Det fanns den låga eller fattiga arbetarklassen. Och sedan ekonomiskt sett, medel- och överklassen.

D: Men det fanns andra kontinenter förutom Atlantis?

P: Det är korrekt. Det fanns områden, inte som kontinenter, i den meningen att de fick eller tilldelades ett specifikt namn eller benämning. För vid den tiden var det framträdande och främsta befolkningsområdet kallat "Atlantis". Men det är inte korrekt att säga att det var det enda bebodda området vid den tiden. Det var civilisationens centrum vid den tiden.

D: De andra områdena hade inga namn.

P: Det är korrekt. Det fanns inget behov av att inkorporera dessa i vad som då skulle ha kallats "världsregeringen".

D: Hade de samma kulturella framsteg som denna kontinent Atlantis?

P: Det fanns områden som var teknologiskt något överlägsna. Men moraliskt sett överträffade inget området Atlantis. Det var civilisationens krona vid den tiden. Vid den tiden på er planet var det höjdpunkten i sökandet efter sanning.

D: Hade människan funnits länge när Atlantis utvecklades till detta stadium?

P: Det fanns många, många generationer före detta. Utvecklingen av de andliga manifestationerna var till en hög grad, mer högt utvecklad än ens idag.

D: Jag undrade om detta var den högsta utveckling som människan hade uppnått vid den tiden.

Den Invecklade Universumet ~ Bok Ett

P: Det är korrekt, och sedan dess. För den moraliska karaktären på er planet idag har en lång väg kvar för att nå denna framgångs topp.

D: *Jag tänkte att det kanske hade funnits andra tidigare civilisationer som vi inte visste om.*

P: Det fanns verkligen andra civilisationer och kontinenter före den Atlanteiska kulturen. Men ingen har överträffat det som fanns i Atlantis vid den tiden, sett strikt ur en moralisk och karaktärssynpunkt.

D: *Då fanns det tider då människan skulle utvecklas så långt och civilisationerna skulle förstöras innan den Atlanteiska kontinenten bildades?*

P: Det var, som öknens sand som skiftar, de skiftande ödena för människan. För det fanns alltid framsteg som skulle höja den specifika kulturen till en nivå av utmärkelse bland sina likar. Genom olika typer av vad som kunde kallas "olyckor" verkade dessa kulturer aldrig kunna etablera en fast grund i civilisationerna vid den tiden. Och så var det en kontinuerlig förlust och återuppbyggnad, och sedan förlust igen. Tills plötsligt kom de stora framstegen av den kontinenten Atlantis. Det fanns tidigare många kulturer som överträffade den andliga karaktären i Atlantis. Men ingen i sammanhanget av den övergripande befolkningen som helhet. Det fanns individer i andra kulturer som genom flit och självförnekelse och träning nådde dessa medvetandenivåer som var över den allmänna befolkningen i Atlantis. Men här talar vi om en allmän medvetenhet hos hela befolkningen. Det vill säga, kulturen eller befolkningen i allmänhet hade nått den höga nivån av medvetenhet. Och det fanns kulturer före Atlanteerna som var av högre moralisk karaktär, men som ändå inte hade samma typ av kultur eller inre sammanhållning. Det var mer på individuell basis.

D: *Men varje gång måste människan börja om från en mycket låg nivå?*

P: Det fanns alltid de som var förvaltare av kunskapen, för det var en svartsjukt bevakad hemlighet. Kunskapen skyddades med mycket vördnad och värdighet. Men den var inte tillgänglig för befolkningen i allmänhet. Och så fanns det alltid de med högre moraliska standarder som var förvaltare av kunskapen.

Den Invecklade Universumet ~ Bok Ett

D: *Då hade jorden förändrats, kontinenter hade stigit och försvunnit, före denna tid av Atlantis.*

P: Det är korrekt. Detta orsakades av olika kataklysmer som var naturliga för planeten. För under den tiden höll jorden fortfarande på att anpassa sig och stabilisera sig för ett långt och framgångsrikt liv. Jorden vid den tiden var något yngre än nu, den var mycket mer ostadig.

D: *Våra forskare tenderar att tro att det inte fanns några människor under de tidiga dagarna.*

P: Inte så, för det fanns människor under dagar när forskare tror att det inte fanns något liv alls. Men de har helt enkelt inte den perspektiv som behövs för att bekräfta existensen av dessa människor. För med varje förändring försvann de som fanns tidigare, så att deras kulturer gick förlorade utan spår. Inte att folken själva utrotades så att det inte fanns några människor kvar, men att det inte fanns några spår kvar av deras prestationer. Helt enkelt på grund av den kataklysmiska förstörelsen som följde varje naturlig jordförändring.

D: *Då har det alltid funnits några som har överlevt.*

P: Det är korrekt. För det har alltid varit känt att förändringen var nära förestående. Och de som var inställda och medvetna skulle göra förberedelser, och därför överleva intakta och fortsätta vidare. Det fanns alltid en medvetenhetsnivå som sa att den största möjliga prestationen i människans historia är den som är i nuet. Detta har varit vanligt genom hela människans historia. Det fanns många tidigare civilisationer som tyvärr höll samma åsikt. Det är bara människans natur.

Jag har haft regressioner där hela civilisationer förstördes av dramatiska jordförändringar. Ibland av väggar av vatten, ibland av vulkanutbrott som producerade väggar av lera och skräp. Jag fick höra att dessa var före Atlantis, och mänskligheten har ingen kunskap om deras högt avancerade prestationer. Vetenskapsmän har inga bevis på dem eftersom eventuella rester antingen är begravda under vatten eller under berg av jord. Vår värld är som en rastlös gammal kvinna som ständigt oroar sig, vrider sig och vänder sig.

Jag återvände till vad Phil observerade.

D: Du sa att du kunde se en stad i fjärran?
P: Det är korrekt. Kunskapens väktare är baserade eller härrör från denna stad. Elohim från de gamla, väktarna av de moraliska fysiska lagarna av sanning. Det är den högsta formen av medvetenhet om människans naturliga och fysiska lagar, i samverkan med andlig medvetenhet.

D: Då var de som hade dessa så kallade mentala krafter bara ett fåtal i jämförelse med hela befolkningen?
P: Inte så, för staden som helhet var mycket medveten. Det är som om staden i sig höll någon typ av energi, som verkade höja dessa människor till långt större potentialer än vad som normalt sett fanns i resten av landet.

D: Vad får staden att lysa?
P: Det är av kristallnatur, från byggnadsmaterialen som utgör deras konstruktion. Det är som om betongen du använder idag var av kristallnatur.

D: Är du vid staden där du kan se dig omkring och observera?
P: Det finns en något motvillig inställning att gå närmare staden. För de som inte var av den högsta energin fick inte komma in, för det skulle orsaka betydande skada på den fysiska och andliga enheten som helhet. Energimängden i denna stad var sådan att det skulle överbelasta de som inte var bekanta med hur man kanaliserar denna energi. Och därför är det en försiktighetsåtgärd att vi observerar på avstånd. För energin är alldeles för kraftfull för att försöka kanalisera just nu.

D: Jag uppskattar att du berättar det för mig. Vi kommer inte göra något som skadar dig på något sätt. Kan du få information genom att observera det på avstånd?
P: Det är korrekt. Det finns de som är medvetna om vår närvaro på gränsen, och kan kanalisera denna information till oss utan att orsaka någon typ av fysisk störning i fordonet. Det finns de som skulle se i sitt inre öga att det finns något att lära sig av denna kontakt. Och så skulle de resa mot denna stad, dragna av någon osynlig kraft som skulle leda dem till detta område. Där skulle de intuitivt känna kopplingen med dem som var Sanningens Väktare. Och som sedan skulle kontakta dessa individer. Och gemenskapen skulle ges som skulle fastställa vad som är sanningen för de individer som söker den.

D: *Men vi är egentligen från deras framtid. Har de normalt talat med människor i olika tider?*

P: Det finns alltid möjlighet att överbrygga det som kallas tidsbarriären, för i den sannaste meningen finns det ingen sådan barriär. Det är alltid möjligt att relatera till dem som är av denna högre ordning, bara genom tanke. Det finns ingen barriär för tanke. De är mycket glada över att du skulle försöka göra detta, för det är av den högre ordningens tänkande som gör att du kan göra detta. Om det inte vore så, skulle det inte vara tillåtet.

D: *Ja, jag söker alltid efter kunskap. Då, om vi håller oss tillbaka så att du känner dig säker och skyddad, skulle jag vilja ställa några frågor om staden.*

P: Det kommer ges den kunskap som är säker för det involverade fordonet och för det allmänna uppdraget, som du skulle kalla det. Det vill säga att föra denna information fram till din tidsperiod.

D: *Om denna stads energi var så kraftfull, vad sägs om människor som inte bodde där. Skulle de tillåtas komma in?*

P: Som vi sa tidigare, det fanns de som skulle försöka komma mot staden. Men energinivån var sådan att de intuitivt inte skulle komma mycket längre, för de skulle veta att detta var ett område som var förbjudet. Medvetenheten om det som är på en högre nivå skulle säga dem att de inte behöver närma sig mer, annars skulle de skada sig själva. Det var en medfödd och intuitiv medvetenhet. Det fanns inget behov av vakter eller centurioner, för medvetenheten var sådan att de som var lämpliga att närma sig denna stad inte skulle känna behovet av att vända om. Det var en automatisk säkerhetsfunktion, som skulle vända bort dem som inte var av den högre naturen.

D: *Är detta den enda staden av denna typ som existerar vid den tiden?*

P: Det är en av flera. Varje var unikt i den specifika aspekten av sin energi. Kunskapen och folkets nivå där var något unikt. Men städerna som helhet var mycket lika, genom att denna typ av manifestation, energinivåerna som fanns överallt, var vanliga.

D: *Då användes varje av dessa städer för olika syften?*

P: Det är korrekt, för det fanns lärandet om fysiska naturer, till exempel personlighetsaspekterna. Och det fanns medvetenheten om den andliga naturen, andlighetens element. Det fanns städer som skulle integrera dessa.

D: Vilken typ användes denna stad för?

P: Detta var av hälsa och naturtypen, eller medvetenhet om det som kombinerar fysiskt och andligt för att upprätthålla hälsa och balans mellan fysisk och andlig medvetenhet.

D: Kan de ge dig information om byggnadernas typer? Du sa att de var gjorda av kristall.

P: I konstruktionen finns det pulver av kristallnatur, som skulle se ut som separata individuella kristaller. Det var som om byggnaden i sig var gjord av kristallmaterial, så att byggnaden som helhet sedan skulle bli en kristallmottagare.

D: Först trodde jag att den var helt gjord av enorma kristaller.

P: Inte så, de var av pulverform, så att de enskilda kornen själva var av kristallnatur.

D: Jag trodde inte att du kunde hitta kristaller som var så stora ändå. Men detta pulver blandades med något för att göra väggarna?

P: Det är korrekt. De blandades med ett bas- eller murbrukinnehåll, som skulle cementera dem tillsammans i en solid form. De hälldes i en betongform och fick härda. De var något självuppvärmande i den mening att den energi som avges var av temperaturen från solen som lyser på den i middagssolen.

D: Var det stora byggnader?

P: Det fanns strukturer som skulle kunna resa sig flera tiotals våningar, kanske trettio våningar, om det var nödvändigt. Kunskapen fanns tillgänglig för att konstruera dessa byggnader. Det fanns handel och industri, och sedan fanns det kontorsutrymmen, så att säga. De områden där kunskap och information assimilerades och distribuerades, precis som i ert samhälle idag.

D: Då är alla byggnader i denna stad byggda av samma material.

P: Hela staden som helhet, så att hela staden och dess invånare inom den, bestrålades av denna energi.

D: Men de vanliga städerna på planeten var inte byggda av detta material?

P: De mindre städerna var byggda av mer vanliga typer av material, som de lera, sten och trä som var vanliga.

Detta lät mer som staden som Brenda såg.

Den Invecklade Universumet ~ Bok Ett

D: *Det skulle förklara varför denna stad gav ifrån sig en annan energinivå.*
P: Det är korrekt. Det var som om staden själv återspeglade den högre mentala karaktären hos dess invånare.

Han beskrev möblerna, men de var gjorda av liknande material som vi använder idag. Det fanns heller inget ovanligt med människorna och deras kläder, förutom att de mestadels bar tunikor eller mantlar.

P: Själva belysningen gjordes med kristallenergi, så att kristallerna för belysningen gav ifrån sig ljusenergi, men ett starkt något blåfärgat ljus. Det fanns vid den tiden kristaller som, när de stimulerades genom kosmisk energi, gav ifrån sig, eller omvandlade den energin till fysiskt ljus. Det var helt enkelt en energitransduktor.

D: *Är golv och väggar också av detta kristallina material?*
P: Det är korrekt. Det var som om hela staden var byggd av detta material.

D: *Finns det någon annan typ av fordon förutom det du såg på himlen?*
P: Det finns många som tillåter transport. Många av en mer funktionell karaktär snarare än en transportmässig. För vid byggandet och återuppbyggandet var det nödvändigt att frakta stora mängder material långa sträckor.

D: *Hur ser de ut som används för transport?*
P: Det kan beskrivas som en slags skyttelfarkost till utseendet. Vi syftar här på den tvåsitsiga farkost som presenterades tidigare. Något äggformad sett underifrån, och något större baktill jämfört med framsidan. Det fanns ett område längst fram där individerna skulle sitta. Det fanns ett observationsområde som tillät att observera områdena runtomkring, under och ovanför. Det fanns inget behov vid den tiden av friktionsmekanisk framdrivning, som ni har vid denna tidpunkt. Det var mer av en svävande karaktär. Dessa drevs av kristaller. Det var nödvändigt att öka energiproduktionen för att kompensera för den extra lasten. Arrangemanget av drivkristallerna kunde vara i multiplar, vilket skulle tillåta en kombinerad effekt som skulle vara tillräcklig för att driva den lasten.

D: *Du menar att den hade flera mindre kristaller, beroende på hur stor last den behövde dra eller driva?*
P: Det är korrekt. Det fanns fler av en vanlig typ av kristall, arrangerade på ett sådant sätt att deras totala energiproduktion skulle vara multiplar av en enda form. Dessa kristaller var i sig naturligt förekommande. Men de tillverkades till en viss specifikation så att deras energiproduktion kunde riktas.
D: *Du sa att dessa drevs av energistrålar som projicerades från någonstans, som motorvägar?*
P: Det är korrekt. För långdistanstransport fanns det kristallenergifyrar. En radiator av kristallenergi som skulle vara inriktad så att vägen skulle leda till en annan fyr, som var stationerad på någon avlägsen plats. Det skulle då helt enkelt vara en fråga om att anpassa sitt farkost eller transport längs denna energifyr, och sedan drivas eller skjutas framåt längs denna fyr. Det var nödvändigt att omdirigera energin så att man kunde röra sig framåt eller bakåt, till en punkt och från en annan. Det var helt enkelt en fråga om att omorganisera själva kristallerna, drivaggregaten, så att framdrivningen skulle ske i en riktning eller en annan. Strålarna eller fyrarna var tillräckligt breda för att flera farkoster skulle kunna använda denna fyr samtidigt och resa i kanske motsatta riktningar. Det var inte, som det har tolkats, en smal och tight stråle, utan en bred och allmän fyr.
D: *Då placerades dessa fyrar på olika platser på planeten?*
P: Inte så mycket på själva planeten, eftersom kunskapen och medvetenheten som behövdes för att använda denna form av transport inte var utbredd. De fanns på hela kontinenten på olika strategiska eller viktiga platser, inte slumpmässigt. För det fanns områden som behövde sådana fyrar, och områden som inte gjorde det.
D: *Då fungerade fordonen inom denna stad annorlunda?*
P: Det fanns energi tillgänglig i hela staden så inga fyrar eller strålar var nödvändiga. Den tillgängliga energin i den omgivande atmosfären eller den omgivande energin var tillräcklig för att dessa farkoster skulle kunna flyga i vilken riktning passagerarna önskade.
D: *De kunde utnyttja energin som orsakades av kristallbyggnaderna och själva staden.*

P: Det är korrekt.

D: *Då, om du ville lämna staden, behövde du använda den andra typen av fordon.*

P: Det är korrekt.

D: *Hur var kommunikationen inom staden?*

P: Den var telepatisk till sin natur. Det fanns inget behov av telefoner i den mening som man skulle tolka dem idag. Invånarna var mycket telepatiska till sin natur och kunde vara medvetna om, och kommunicera med vem som helst de ville när som helst. Men det fanns vad som skulle kunna kallas "maskiner", något liknande era datorer. Dessa var distributörer och ackumulatorer av kunskap och information. Dessa användes mestadels inom själva staden, för de mer exakta kommunikationerna av information.

D: *Kunde människor kommunicera över långa avstånd telepatiskt?*

P: Helt korrekt. Det fanns de som kunde kommunicera mellan olika områden på planeten. Det fanns inget behov av konstgjorda kommunikationsmedel. Det var inte nödvändigt att begränsa sig endast till planeten, eftersom det fanns förmågan att kommunicera med dem som var på ganska avlägsna planeter, helt enkelt genom telepatiska medel. Denna form av kommunikation är fortfarande tillgänglig idag, om den skulle erkännas som sådan.

D: *Återaktiverad, till en viss grad.*

P: Det är korrekt.

D: *Hade alla på planeten denna förmåga att kommunicera?*

P: Inte så. För det fanns de som inte brydde sig. Kanske kände de inget behov av sådana kommunikationsformer och var inte intresserade av att lära sig vad som var nödvändigt för att möjliggöra denna typ av kommunikation.

D: *Då var inte hela planeten så högt utvecklad.*

P: Det är korrekt. Det fanns de som önskade hängivenheten och kunskapen som skulle underlätta denna kommunikation. Kommunikationen i sig var inte fokuspunkten i jakten på kunskap. Det var inte målet i sig.

D: *Varför kommunicerade de med andra planeter?*

P: Det fanns information som gavs som skulle tillåta en högre förståelse av sig själv, med avseende på sig själv och andra också. Det hade gjorts tillgängligt genom invånarnas sociala medvetandes framsteg. En mer fullständig förståelse av sociala funktioner på en planetarisk nivå.

D: *Människor från de andra planeterna kontaktade dem när de hade utvecklats till rätt nivå?*

P: Inte så. Det var helt enkelt en fråga om medvetandets utveckling, så att medvetenheten hos de på planeten snart nådde en nivå där de var medvetna om mycket mer än bara sin egen sort på sin egen planet. Deras medvetenhet vidgades och ökade så att de då var medvetna om kommunikation mellan andra planeter.

D: *Hade de också fysisk kontakt med människor från andra planeter?*

P: Ja, som vi sa tidigare. De hade fått förmågan att kommunicera direkt med eller träffa personligen dem som var av en annan natur.

D: *Ja, du sa att vissa fick tillåtelse att lämna planeten.*

P: Det är korrekt.

D: *Kom folk från andra planeter också hit?*

P: Det är korrekt. För det ansågs att kunskapsutbytet skulle kunna vara fördelaktigt för båda parter. Så att deras lärande blev mer komplett och förankrat.

D: *Vet du om denna kommunikation pågick under lång tid innan de blev medvetna om det?*

P: Det fanns i andra delar av universum kommunikation långt innan planeten som helhet uppstod. Men medvetenheten hos den specifika delen av befolkningen möjliggjorde kommunikationen mellan dem på andra planeter och dem själva.

D: *Jag var nyfiken om folk från andra planeter kom till Jorden innan de märktes, så att säga.*

P: Under en lång tid innan den atlantiska inkarnationen fanns det besök som tillät en medvetenhet om planeten i andra delar av universum. Det var inte okänt att planeten utvecklades på detta sätt. Och det ansågs att utvecklingen skulle leda till att telepatiska kommunikationsformer etablerades, där varelser kvar på planeter som inte reste snart skulle kunna kontakta dessa invånare på denna nyutvecklande planet.

D: *Fanns det några andra typer av maskiner i staden?*

P: Det fanns igen de kommunikationstyper av maskiner, såväl som informationshämtning och lagring. Det fanns en nivå av maskineri som skulle säkerställa byggnadernas komfort. Det fanns en bevarandemaskin, så att maten och kläderna och så vidare, hölls friska och i rent och fint skick.

D: *Det är en intressant term "bevarandemaskin." Jag tänker på våra kylskåp. Men det kunde inte ha varit det, eftersom du nämnde kläder också.*

P: Vi talar här i breda termer, och inte så mycket ett enda koncept. Det är faktiskt mycket likt kylskåp och tvättmaskiner som är vanliga i ditt samhälle idag.

D: *Då har de alltid haft behov av sådana saker, antar jag.*

P: Det är korrekt. För behovet av renlighet och bevarande har varit vanligt för människan i många århundraden.

D: *Finns det några djur i staden?*

P: Det ansågs inte lämpligt i denna kristallstad att låta djur vandra fritt på gatorna, som var vanligt i andra områden på kontinenten vid den tiden. Djur skulle inte kunna anpassa sig till den enorma energikraften i staden.

D: *Var människornas livslängd liknande vår?*

P: Den var något kortare än vad som är vanligt i denna tidsram idag. Men det berodde inte på dålig hälsa. Att befinna sig i denna energi förkortade något livslängden. Men kunskapsinsamlingen var sådan att man lärde sig på mycket kortare tid det som kunde ta många, många år i efterföljande liv med lägre energier. Det var som om lärandeprocessen var snabbare. Och genom att leva med energierna användes de fysiska kropparna mycket snabbare och mer intensivt än de som levde utanför energierna. Sjukdom och dålig hälsa, som var vanligt i andra delar av planeten, var till stor del obefintlig i den typen av stad.

D: *Då hade andra människor på planeten en annan livslängd än de som bodde i staden.*

P: Det är korrekt. De som bodde i energistäderna hade en livslängd som var något kortare än genomsnittet. Kanske i fyrtio- till femtioårsåldern skulle vara genomsnittligt. De som bodde utanför, som var av högre ordning och var medvetna om renlighet och kost, kunde förvänta sig att leva in i sextio- och sjuttioårsåldern. Men det fanns de som var något mer primitiva, vars livslängd var mycket kortare.

D: *Jag misstänker att mycket av detta också hade att göra med medicinska framsteg.*

P: Det är korrekt. Det var helt enkelt en nivå av medvetenhet som dikterade livslängden.

Jag bestämde mig för att avsluta sessionen eftersom jag kände att vi hade lärt oss tillräckligt om kristallstaden. Jag frågade om jag kunde återvända en annan gång och få information om deras kunskaper och förmågor.

P: Vi kommer att försöka ge dig det som är mest lämpligt att ge vid den tidpunkten. Vi skulle vilja att du förstår att lämplighetsfaktorn är den konstituerande riktlinjen i var och en av dessa sessioner. För det som är lämpligt vid en session kanske inte är det vid nästa.
D: Det beror på vilken energi som besvarar frågorna?
P: Det beror på energin i hela situationen, för det finns många deltagare i detta arbete, inte bara ditt eget, vilket har en påverkan på den övergripande operationen. Det är denna sammanlagda energikondition som utgör lämplighetsfaktorn. Vi ska skydda honom i hans ansträngningar att förstå sig själv, liksom hans liv, som kan, som alltid, vara mycket åtskilt och separat. För ofta känner människor att de är sitt liv. Men faktum är att ens liv verkligen är en förlängning av ens jag. Ens jag kan bli ganska åtskilt från ens liv. Här definierar vi livet i sociala, samhälleliga och kulturella aspekter, och inte i en fysisk mening. Upplevelsen av att leva är då ens liv. Och så filtrerar man genom detta livskoncept de erfarenheter som är själva livets upplevelser.

Denna session var svår för mig. Det verkade finnas en energi som strålade från Phil trots att han inte var nära staden. Det gav mig en lätt huvudvärk och störde min tankegång och mina frågor. Det var svårt att formulera frågor och att koncentrera sig. Det var också märkligt att när jag lämnade denna session och gick till Johns lägenhet för en session om Nostradamus-materialet, hade jag en annan märklig upplevelse. Detta var dagen då den onde imamen slog mig med sin energi. Detta rapporterades i Samtal med Nostradamus, Volym ll. Två tillfällen på en dag av att bli utsatt för en märklig typ av energi. En tillfällighet?

Mer information kom fram från Phil under en annan session när jag ställde frågor om Jordens mysterier.

D: *Jag knyter ihop lösa trådar om Atlantis historia. De sa att människorna i Atlantis hade utvecklat en stor mental förmåga. Att de kunde göra många saker med sina sinnen som är omöjliga för människor i vår tid att göra. Kan du berätta vilka förmågor Atlantis folk hade på den mentala nivån?*

P: Det finns saker i existens som var mer uppenbara för dem som du skulle kalla Atlanteerna. Människorna var mer inställda på existensens andedräkt och kunde uppfatta mer. Dessa individers talanger var mer motiverade av en önskan att lära sig, snarare än en önskan att tjäna. Vilket är vad du finner i ditt samhälle vid denna tidpunkt, som du definierar det.

D: *Vad kunde de göra som vi inte kan göra idag?*

P: Det finns ingenting som gjordes då som inte skulle kunna göras idag. Men motivationen saknas kanske i majoriteten av människorna på din planet vid denna tidpunkt. Det finns många som försöker återfå den förlorade kunskapen.

D: *Men vilka krafter hade de som vi har förlorat?*

P: Förmågan att metamorfosera har blivit oanvänd och bortglömd. Det vill säga att förändra sin existens från en viss varelse till en annan. Det handlar helt enkelt om att återmontera sin atomstruktur för att identifiera sig mer med en annan redan etablerad och identifierad uppsättning atomharmonier. Förmågan att göra detta har mycket mer att göra med acceptansen av livsmodeller än vad som är allmänt känt idag. Konceptet är att vid bildandet av en fysisk planet finns det överenskommelser mellan de energier som utgör denna planet, att sådana energier ska vara si och så. Och andra energier ska vara något annat. Det finns en överenskommelse att stenar ska vara stenar och träd ska vara träd. Detta är i harmoni med de individuella energiernas behov och önskningar. Det finns dock de som har förmågan att förändra sina accepterade verkligheter så att de sedan kan modellera sig själva som en annan varelse eller verklighet. Detta är inte ett brott mot universell lag, utan bara en tillämpning av universell lag. Det finns förmågan att göra detta hos många människor på din planet idag, som är rädda för denna talang. De är något medvetna om den och medvetna om förmågan att göra detta. Men de är bundna av många olika typer av rädslor och lojaliteter, så de vägrar att erkänna existensen av en sådan talang. Det var dock vanligt på den tiden i Atlantis.

Detta var första gången jag hörde om ett sådant koncept utanför Hollywoods version. Jag ville klargöra det.

D: *Menar du att istället för att anden går in i kroppen på ett djur, så förändrar de faktiskt den befintliga människokroppen till formen av ett djur och tillbaka igen?*
P: Det är korrekt. Det skulle helt enkelt vara en omformning av den övergripande harmonin för en viss existens. Så att den då blev en annan typ av existens. Det handlar om olika vibrationer. Att ändra sin vibration från den av ett träd till den av en sten skulle helt enkelt vara en fråga om justering. Det finns varelser som kan göra detta efter behag, för ett syfte. Men under de dagarna i Atlantis, innan sönderfallet, upptäcktes att många använde denna talang och förmåga till att orsaka mycket förstörelse och skada. Inte bara för dem runt omkring dem, utan också för sig själva. Den högre ordningen och harmonin med denna förmåga övergavs till förmån för personlig vinning eller ära. Och därför förlorades talangen.
D: *Varför skulle någon vilja göra det? Det låter mer eller mindre som en lek.*
P: Det finns inga lekar i livet som inte lär ut något. Men det finns "lekar" som kan användas på ett sätt som inte är hälsosamt och friskt. Det skulle då ses att de lekar som spelades och som orsakade död och förstörelse, inte längre var lekar utan blev en belastning för de inblandade.
D: *Men hur kunde metamorfosering, att byta mellan olika former, orsaka död och förstörelse?*
P: Handlingen av bedrägeri och förräderi var inte okänd på den tiden. Och därför kan du se att de olyckor som drabbade en civilisation genom individer som kunde förändras till en annan person, och imitera den personen, skulle bli mycket uppenbara; även i din livstid om du kunde framställa dig själv som någon annan och

orsaka oreda under förklädnaden av den personen. När man tar detta till en nivå av korspersonalisering mellan en art och en annan, finns det många som skulle bli förvirrade över vilken som är deras sanna identitet. Och de skulle därför bli vilse över vad och vem de verkligen är.

D: *Så du menar att de använde detta för fel syften?*

P: Det är korrekt. De syften för vilka dessa talanger gavs övergavs i en alarmerande takt. Och därför såg man att denna förmåga nödvändigtvis skulle behöva tas bort, för att förhindra en omfattande förstörelse av civilisationen i stort.

D: *Har detta något att göra med legenderna om halv-mänskliga och halv-djur?*

P: Det är korrekt. Minotaurer, till exempel. Det fanns de som skulle förändras till det som hade blivit ett, och ändå behöll aspekter av det som är något annat. Och sedan blev förvirrade över vilken av de två de var, och behöll därmed en del av båda. Denna förmåga degenererades sedan till en förvirring av identiteterna hos båda verkligheterna eller existenserna, vilket ledde till att det fanns en fara för att det skulle bli en allmän förlust av identiteten hos alla arter. Därför såg man att denna identitetskorsning inte skulle tillåtas.

D: *Jag har också hört att de kanske gjorde detta mot andra människor utan deras tillåtelse.*

P: För att detta skulle kunna genomföras var det nödvändigt att individens medvetenhet visste, inte bara varifrån han kom, utan också vart han var på väg. Därför skulle det nödvändigtvis behöva finnas ett medvetet medvetande om denna process för att det skulle kunna möjliggöras. Vi ser att det fanns tillfällen där instruktioner gavs om hur man förändrade denna individ till den figuren. Och sedan gavs ytterligare instruktioner om hur man förvandlade den personen till en annan, så att den ursprungliga identiteten förlorades. Det sägs att detta var ett sätt att avlägsna en från bilden, så att säga, att förvandla en till något som var mindre hotfullt eller neutralt.

D: *Men detta skulle faktiskt strida mot morallagarna, och även mot universums lagar.*

P: Tekniken var i linje med lagarna, uppenbarligen. Det skulle inte vara möjligt att göra detta om det inte redan var en etablerad lag.

Det faktum att detta var möjligt antyder att det redan var etablerat som en lag. De moraliska implikationerna av sådana handlingar stod dock i direkt konflikt med den stadga som gavs till denna planet vid livsgivningen, så att rasens framsteg skulle främjas och inte hindras. Det sågs att denna korsmutation hindrade framstegen, och därför togs den bort.

D: *Fanns det något annat de kunde göra med sina sinnen som vi har förlorat eller inte utvecklat vid denna tidpunkt?*

P: Det fanns många, många olika talanger, som du skulle kalla dem. Men de är helt enkelt igenkännanden av universella sanningar. Med tiden kommer det återigen att ges medvetenhet och förmåga att känna igen och använda – i brist på bättre ord – dessa verkligheter.

D: *Det här var en av sakerna jag hörde, att de började missbruka sina förmågor och universums lagar. Att det var en av anledningarna till varför de var tvungna att sluta.*

P: Det är korrekt.

Denna del kom från en annan session, och jag är inte säker på om den talar om samma sak eller inte.

D: *En gång när vi pratade sa de att i början, när andar först började komma till jorden för att bebo kroppar, gick de in i djurens kroppar. Och jag tror du sa att det inte längre är tillåtet att göra detta. Hände det något? Varför är det inte längre tillåtet?*

P: Det gavs möjlighet att experimentera med, vad man kan kalla, en transmigrationsupplevelse. Eller kanske enklare, implantation av medvetande och medvetenhet i djurkroppar, så att ett djur då skulle uppfatta och ha medvetandet om, vad du kallar, mänsklig medvetenhet med det.

D: *Menar du att djuren var mer medvetna än de är i dagsläget?*

P: Vi menar bara att djurkropparna hade vid den tiden medvetandet och medvetenheten hos djurkropparna du kallar "mänskliga". Det är inte så att djuren själva förändrades, talat ur en strikt fysisk synvinkel. Men medvetenheten, medvetandet, som är tydligt skiljt mellan djur och människa, gavs vid den tiden till djuren. Det var helt enkelt en möjlighet för medvetandet att integreras i en djurkropp.

D: Gjorde detta att djuren betedde sig annorlunda?

P: Ur en strikt andlig mening förändrades medvetandet inte så mycket, men det fick uppleva att bo i en djurkropp eller en annan livsform. Det skulle vara som om ditt medvetande fick komma in i ett djur. Du själv, ditt medvetande, skulle inte förändras så mycket. Du skulle fortfarande behålla din identitet. Men uttrycket för din fysiska kropp skulle vara annorlunda. Du skulle då vara medveten i en djurkropp.

D: Du skulle vara begränsad av vad djuret kunde göra.

P: Genom djurets fysiska begränsningar, det är korrekt.

D: Jag har ställt frågor om livskraften som finns i djuren idag, och jag fick höra att den är annorlunda.

P: Det är korrekt. Det är inte lika medvetet eller uppfattande, eller på samma nivå som den intelligens som du själv innehar. Det är i sig ett djur eller en livskraft, men det är inte av samma energi som det medvetande du bär.

D: Så på den tiden var det annorlunda?

P: Det var inte så annorlunda från den intelligens som bebodde din djurkropp. Det är helt enkelt så att intelligensen gavs till mer än en fysisk typ av kropp, vid den tiden.

D: Då var detta bara en form av experiment?

P: Det är korrekt. Det finns alltid, inom upplevelsens område, behovet av det som är nytt och det som inte har gjorts tidigare. Därför tilläts det. De som förvaltade planeten vid den tiden tillät dessa transmigrationer, för att möjliggöra för dessa intelligenser att uppleva livet i en fysisk miljö genom många olika typer av fysiskt uttryck. Det sågs att detta skulle kunna förbättra förmågan att uttrycka sig på en fysisk nivå. De ytterligare förmågorna att uttrycka sig skulle förbättra intelligensernas förmågor att – vi finner detta svårt att översätta, för det finns inget koncept som ges på denna nivå. Men syftet med uttrycket var att lära.

D: Då pågick detta när andarna först kom till jorden?

P: Det är inte korrekt, för det var långt efter den ursprungliga sådden av planeten. Men det var i ett avancerat tillstånd av bebyggelsen av planeten, i den atlantiska upplevelsen, där det fanns en hög grad av medvetenhet om livskrafterna.

D: *Jag trodde att det kanske inte fanns några människor vid den tiden då detta gjordes, att det bara fanns djur.*

P: Det är inte korrekt. För det skulle inte ha getts förmågan att transmigrera på detta sätt, om det inte hade funnits den mänskliga utvecklingen före detta. Det vill säga, upplevelsen av mänsklig inkarnation.

D: *Då, vid den tiden, sa du att Atlanteerna var mer medvetna?*

P: Det är korrekt. De var extremt medvetna om livskraften och innebörden av livskrafter i djur- eller fysiska kroppar. Det var som om detta var en vetenskap som fördes till en hög grad. Och så fick de tillstånd att experimentera med fler fysiska kroppar, för att bättre förstå detta fenomen med intelligens eller medvetenhet som bebodde en djurkropp. Det var helt enkelt en möjlighet att detta hände. Det missbrukades dock och utnyttjades till den grad att djuruttrycken grumlade vatten i genpoolerna. Det skapade störningar i harmonin för fysiskt uttryck. Om detta experiment hade hållits till dess högsta moralkod, skulle det ha tillåtit många av de högsta uttrycken för intelligens i många olika former av djurliv. Men införandet av disharmoni i detta experiment dömde det till misslyckande.

D: *En punkt som jag försöker förstå. Dog de först och gick sedan in i djurkroppen, eller gjorde de detta medan de också var i människokroppen?*

P: Det kunde göras samtidigt. För det visades att medvetenheten kunde migreras från ett fordon till ett annat. Det skulle vara som om någon mediterade och tog sig ur sin kropp, och sedan placerade sig i den fysiska kroppen av ett annat djur.

D: *Jag trodde att om de gjorde detta som ett experiment, dog de och kom sedan tillbaka som ett djur, vilket är sann transmigration.*

P: Det fanns de erfarenheter där de från andra sidan hjälpte de som fortfarande var i det fysiska. Och därför kan man säga att det fanns fall där en inkarnation tilläts äga rum. Dock inte i den klassiska meningen av återfödelse, som du har här på din planet nu.

D: *Då var Atlanteerna så utvecklade mentalt och intellektuellt att de gjorde dessa saker som ett experiment?*

P: Det skulle vara mer korrekt att säga att de var mycket mer medvetna, inte så mycket intellektuellt, som helt enkelt öppensinnade. För det verkar vara en ganska stor skillnad här. Det finns de som kanske inte har den högsta intelligensen, och ändå vara mycket medvetna. Och det kan finnas de som kan vara på geni-nivå, och ändå vara stängda för allt utom det som rör de fem sinnena. Här finns det ingen skillnad mellan vad som är bättre eller högsta prestationen.

D: *Jag trodde kanske att de var mycket utvecklade.*

P: Den ena behöver inte nödvändigtvis vara närvarande med den andra.

D: *Jag försöker förstå detta korrekt, så jag kan säga saker som låter naiva. Men det verkar som om de spelade ett spel?*

P: Det är inte korrekt. För det var ingen lättsinnighet involverad i detta. Det var verkligen ett seriöst försök till upptäckt. Eller för att mer exakt skildra det, seriös forskning i konsekvenserna av intelligens som bebor djurform eller fysisk form.

D: *Men de kunde mer eller mindre projicera sitt medvetande in i djuret. Sedan kunde de återvända till sina egna kroppar när de ville.*

P: I de fallen är det korrekt. I kanske fler fall var det en migration av intelligensen från en form till en annan.

D: *Detta var en fullständig migration?*

P: Det är korrekt i vissa avseenden. Men det finns subtila skillnader som inte kan ges helt vid denna tidpunkt. Vi uppfattar att det finns en brist på fullständig förståelse för de fysiska konsekvenserna av samtidig medvetenhet, på denna nivå vid denna tidpunkt. Men det fanns fall där man valde att lämna sin tidigare fysiska kropp för att bebo en som var av en lägre eller annan natur.

D: *Men i de fallen skulle de inte återvända till den ursprungliga kroppen.*

P: Det är korrekt.

D: *Skulle inte den ursprungliga kroppen dö?*

P: Den kunde kanske bebos av en annan eller annan intelligens. Det skulle vara som om de bytte plats.

D: *Men det skulle inte vara djurintelligensen som gick in i människan. De bytte inte på det sättet.*

Den Invecklade Universumet ~ Bok Ett

P: Inte så, för det fanns inte intelligens i djuret från början. Det finns inte det du skulle kalla djurintelligens. Intelligensen var av andlig natur, som helt enkelt prövade nya former av fysiskt uttryck.

Uppenbarligen måste detta vara viljat eller önskat av intelligensen, och djuret skulle inte vara tillräckligt avancerat för att ha viljan eller önskan att byta plats. Dessutom, som jag upptäckte i Between Death and Life, är djurens ande annorlunda från människans ande, eftersom den mer liknar en gruppanda, liknande kolonier av myror eller bisamhällen.

D: Du sa att detta skapade disharmoni?
P: Det är korrekt, för det fanns integrationen av dessa olika former av liv inom gemensamma grupperingar. Och så uppstod mutationer. Det var sådant att de sanna formerna eller... vi finner detta koncept svårt att översätta här, för igen finns det inte en korrekt förståelse av verkligheterna av livsformer som bebor fysiska kroppar vid denna tidpunkt. Därför måste vi använda det som är känt vid denna tidpunkt: byggstenarna som finns tillgängliga för oss, för att skildra så nära som möjligt det som vi uppfattar som den slutliga verkligheten. Med andra ord skulle vi använda den kunskap som finns tillgänglig för dig just nu. Men vi känner att du kan se att den bild som skildras inte skulle vara så exakt som vi skulle önska. Och därför måste vi offra något i översättningen, för att förmedla det som är närmast vad vi uppfattar som sanning. Vi skulle också be att du förstår att vi inte kunde låta detta översättas om det skulle skildras på ett sätt som vi skulle kalla felaktigt eller vilseledande. Därför finns det vissa områden som vi inte kan tala om, helt enkelt på grund av att det inte finns något med vilket vi kan förmedla detta på en konceptuell basis. För varje försök att förmedla denna konceptuella grund skulle, på grund av naturen av det som är tillgängligt för förmedling, översättas och ge en ganska felaktig och vilseledande bild.

D: Gör ditt bästa. Jag uppskattar allt du kan ge mig längs den linjen.
P: Då skulle vi be att du helt enkelt säger vad du vill veta.
D: Nåväl, du sa att de kunde mutera kropparna...?
P: Kropparna muterade, inte att de muterades. Skillnaden ligger mellan de fysiska och andliga aspekterna här. Med andra ord,

kropparna skulle sedan uttrycka eller återspegla det som är eller var av den andliga naturen. För det är känt att det fysiska bara är en reflektion av det andliga. Och därför, genom att korsa dessa andliga energier, fanns det mutationen eller korsreflektionen av det fysiska till det andliga.

D: Jag tänkte att efter att de hade bebotts kunde de ha korsats med andra djur, och det var vad du menade med mutation.

P: Det är korrekt. Men det är viktigt att förstå att själva samvaron inte är den enda avgörande faktorn i dessa mutationer. Om man skulle uppleva och assimilera livsformen av en typ av djur, och sedan migrera till det fordon som är av en annan djurform, så skulle man genom att korsa de distinkta gränserna för de fysiska aspekterna bära över egenskaperna eller assimilationerna av en form till den andra. Och det är här som dessa mutationer uppstod.

D: Jag har hört att djur normalt inte kan korsas med en annan art. Och jag trodde att det var vad du menade med mutationer.

P: Vi menar här att förmedla idén att det fysiska uttrycket återigen bara är en reflektion av det som är i andlig mening. Därför, om halva en reflektion blandas med en halv av en annan reflektion, skulle du kunna se att resultatet skulle vara en mutation.

D: Då genom att göra detta, kunde de på något sätt påverka det genetiska...

P: (Avbruten.) Det är korrekt, för det genetiska påverkas helt genom det andliga. Det skulle kunna förklaras så här, att uttrycket av människan är ett andligt uttryck i sin natur. Och den fysiska formen som formas runt detta uttryck är helt enkelt en reflektion av det som är andligt mänskligt. Och därför följer det att denna mänskliga form finns på många olika delar av universum, helt enkelt på grund av det faktum att detta är ett liknande uttryck. Människans form uttrycks i mänsklig form, vare sig det är här på denna planet eller på någon annan planet. Det finns andra uttryck. De uttryck som inte är mänskliga, men som är medvetna, skulle de uttrycka sig på denna planet, skulle det vara på ett ganska obekant och möjligen skrämmande sätt. Det är helt enkelt så att människans form är en form av fysiskt uttryck som är en manifestation i det fysiska av det andliga.

Den Invecklade Universumet ~ Bok Ett

D: *Detta har tagit upp två frågor. Vi kanske kan täcka båda. Skulle detta förklara några av legenderna om märkliga varelser, halvmänniska och halvdjur?*
P: Det är korrekt. Det fanns verkligen denna korsuttryck. Vattnen blev grumlade.
D: *Det var vad du menade med disharmoni?*
P: Det är korrekt.
D: *Då var dessa sanna fysiska varelser.*
P: Det är korrekt. De var utstötta i sitt eget samhälle. För det fanns de som ansåg sig vara rena och såg ned på dessa varelser som de kallade av "mindre rena" uttryck. Det uppstod då en sorts kastsamhälle, som det du har i Indien idag. Det finns de som anses vara av en högre natur och de som anses vara av en lägre natur.
D: *När dessa former dök upp, som halvmänniska och halv-häst och andra av detta slag, kunde de då reproducera sig själva?*
P: Inte så, för deras var inte en genetisk ritning. De var helt enkelt uttryck för det som var av den andliga naturen, och inte i sig själva en ras av varelser, som du har nu. Det finns raser av varelser, vare sig de är mänskliga eller djur.
D: *Då var de unika.*
P: Det är korrekt.
D: *Det verkar finnas så många berättelser om olika typer.*
P: Det är korrekt. För det fanns fler än enstaka händelser av denna korsmigration. Det fanns flera händelser. Men de var inte i sig själva det du skulle kalla "en ras" av varelser. För att förklara detta ytterligare, kanske vi behöver ge dig en kort föreläsning om denna medvetenhet om andlig integration. I det fysiska eller mänskliga uttrycket finns det energier som i sig själva är mänskliga till sin natur. Vi talar här strikt i en andlig mening, utan att ta hänsyn till någon typ av fysisk komponent. Dessa är mänskliga energier. I fysiskt uttryck framträder dessa mänskliga energier i fysisk form som du känner dem, i mänsklig form. Verkligheten här är att det fysiska är helt enkelt ett uttryck för det som är andligt. Den mänskliga formen, fysiskt sett, är helt enkelt ett uttryck för den energi som är mänsklig till sin natur. Livskraften som är särskilt mänsklig till sin natur översätts ner till den fysiska nivån i mänsklig form. Det finns energier, som det du skulle kalla "gräsenergi". Ett grässtrå är helt enkelt en fysisk manifestation av

den energi som är av grässtråets natur. Så du ser att det finns många former av energi. Och dessa olika former av energi översätts olika till den fysiska nivån. Universum är gjort av energi. Det fysiska universum är helt enkelt ett uttryck eller en översättning av dessa högre energier. Så du ser, verkligheten i universum bygger på andlig energi. Det fysiska universum är inget annat än ett uttryck eller en översättning av det som är andligt till sin natur. Därför, när man tar en andlig energi och översätter den ner till ett fysiskt uttryck, har du vad som uppfattas som en fysisk form, som helt enkelt återspeglar eller översätter den andliga energi som den är en del av. Så när du ser dig omkring och ser dessa fysiska former, ser du i själva verket inget annat än reflektioner eller översättningar. Dessa är reflektioner eller översättningar baserade på, eller härledda från, de energier som de är en komponent eller reflektion av. Så att i transmigration hittar man en blandning av dessa energier. Energin som är särskilt hästenergi blandas eller mixas med den energi som i sitt uttryck är mänsklig. Och så, i denna blandning eller blandning av energier, blir uttrycket naturligtvis en del häst och en del människa.

D: *Då på det sättet – du använder kentauren som exempel – skulle de vanligtvis se lika ut. Det är därför vi har denna legend om halvmänniska och halv-häst?*

P: Det är korrekt. Dock var proportionerna av blandningen inte konsekventa. Det fanns en allmän överenskommelse om att detta var halv-häst eller kanske halv-människa. Men det fanns ingen lag eller regel som krävde att den mänskliga delen skulle börja där hästens hals kanske skulle vara. Uttrycken var inte identiska i alla fall, men de var lika.

D: *Då gav legenderna bara en generalisering.*

P: Det är korrekt.

D: *Då berättelserna om sjöjungfrur och harpyrer: halvt fågel och halvt kvinna, alla kom från dessa faktiska händelser.*

P: Det är korrekt.

D: *Då, vid den tiden, strövade dessa varelser runt på jorden, men som du sa, de var föraktade.*

P: Vi skulle inte säga att de strövade runt på jorden. För de var inte spridda över hela planetens befolkning. De var faktiskt lokaliserade eller segregerade till de områden där experimenten ägde rum. I de områden där kulturen hade nått den höga medvetenhetsnivån, så att dessa experiment kunde manifesteras.

D: *Detta är varför dessa legender, mer eller mindre, finns i vissa kulturer idag.*

P: Det är korrekt. Upplevelsen var känd av många genom planetens evolution. Men de faktiska fysiska manifestationerna var något lokaliserade till den atlantiska inkarnationen.

D: *Vad sägs om berättelserna om magi, där en individ, en trollkarl av något slag, kunde förvandla människor till djur?*

P: Kanske skulle detta mer exakt kunna tillskrivas områdena för fantasi och önskan. Önskan att ha mer kontroll över sitt liv. För under den tidsperiod då magi var ganska utbredd i människans medvetenhet, fanns det en önskan att ha mer kontroll över den fysiska miljön. Och så gav dessa berättelser trovärdighet till möjligheten att människor verkligen hade mer kontroll över sin miljö. Det var helt enkelt en manifestation av ett psykologiskt behov av att uttrycka sin majestät över elementen. Och så, genom att berätta och tro på dessa historier, levde dessa personer dem indirekt. De kunde då föreställa sig att de hade en del av denna magiska kraft och kunde då ha mer kontroll över sin fysiska miljö. Det är inte så annorlunda i denna tid att se användningen av vetenskap för att tämja det som är i den fysiska miljön. Det är återigen samma typ av behov att ha kontroll över dessa element.

D: *Då i dessa fall i Atlantis, var det människor som ville uppleva denna andra typ av verklighet.*

P: Det är korrekt.

D: *Då sa du att det var förbjudet efter det?*

P: Det sågs att detta orsakade mer disharmoni än att det gav någon nytta. Därför förordnades det av de energier och energinivåer långt över de som var på experimentnivåerna, att för rasens och individernas bästa, detta inte skulle tillåtas.

D: *Då orsakade detta disharmoni för anden, energin, som bebodde? Det förvrängde på något sätt deras personlighet eller deras egen ande.*

P: Det är korrekt. Och det gavs då att – vi söker här efter den exakta översättningen – när mutationerna återvände till det andliga, tilläts inga ytterligare manifestationer av detta slag. Detta var helt enkelt inte en lämplig tillåtelse vid den tiden, och så har denna förbud stått till denna dag. Detta förbud kan dock vid något tillfälle tas bort. Men med tanke på tillståndet på denna planet vid denna tidpunkt skulle det verka osannolikt att detta skulle ske inom en snar framtid.

D: *Men minnet överlevde efter Atlantis förstörelse, och det är därför vi har dessa legender?*

P: Det är korrekt. Det fanns i skriftliga redogörelser som fördes vidare till de efterföljande generationerna. Och så förändrades över århundradena att det snart blev en legend.

D: *Skapade den disharmoni mer karma för anden?*

P: Kanske i den meningen att karma kunde tolkas som disharmoni, eller kanske disharmoni kunde tolkas som karma. Det fanns ett behov av att arbeta bort denna disharmoni, och därmed räta ut sina energier. På detta sätt kan det då ses som karma. För vi känner att i ditt sammanhang representerar karma då en disharmoni eller en ojustering av energier, som genom erfarenhet måste justeras. Vi känner att karmakonceptet, som det förstås, inte är korrekt i denna framställning, för det är inte en hämndlysten faktor. Vi känner att den förståelse som är utbredd av karma vid denna tidpunkt är en straffande eller bestraffande effekt, och vi känner att detta verkligen är en helt felaktig uppfattning. Det är helt enkelt så att när man genererar det som man skulle kalla "dålig" karma, så handlar det bara om energier som har blivit ur synk eller feljusterade. Och så känner vi att det skulle vara mer korrekt att säga att när man rättar till sin karma, så handlar det faktiskt om att justera sina energier igen.

D: *Var missbruket av denna typ av förmåga en del av det som ledde till Atlantis undergång?*

P: Det skulle vara mer korrekt att säga att detta var en reflektion av de förhållanden som ledde till fallet. Inte att detta i sig självt var den direkta orsaken till fallet. Men de förhållanden som var på plats och som orsakade denna kulturs fall, hade som ett element eller en manifestation, denna typ av förhållande eller upplevelse.

D: *Det var en fråga till jag ville ställa, innan jag glömde det. Denna livskraft kunde tydligen genetiskt förändra utseendet på djuret, genom manipulation av generna eller hur det nu utfördes. Betyder det också att vi har kontroll över vår egen kroppsliga cellstruktur?*

P: Det är korrekt. Du bör förstå att denna kontroll inte till stor del är på en medveten nivå. Den fysiska manifestationen är en exakt representation av den energi du består av. Och därför kan du inte på egen fri vilja förändra din reflektion. Du kan förändra din energi, vilket sedan skulle orsaka en relaterad förändring i din reflektion. Du kan dock inte ändra din reflektion i spegeln. Du kan ändra ditt utseende, det vill säga din kropp, och din reflektion kommer då att förändras på samma sätt. Men du kan inte bara ändra reflektionen utan att ändra det som orsakar reflektionen. Det är viktigt att förstå att det fysiska bara är en reflektion. För att förändra reflektionen måste du förändra det som orsakar reflektionen.

D: *Du menar att vi inte kan förändra vårt utseende fysiskt.*

P: Om det tilläts att du kunde igen, som tidigare, blanda dessa energier, så skulle det vara möjligt. Till exempel, att blanda energin från ett grässtrå med mänsklig energi – om detta tilläts – effekten skulle möjligen kunna vara en människa som hade grässtrån istället för hår.

D: *(Skrattar) Jag kan se var alla dessa berättelser kommer ifrån. Att de föreställer sig att dessa saker är möjliga.*

P: De är helt möjliga. Men att det tillåts är en helt annan sak.

D: *Om vi hade genetisk kontroll skulle vi kunna ändra vårt utseende för att se ut som en annan typ av människa.*

P: Det är viktigt här att förstå att det skulle vara av lite värde att ändra reflektionen bara för att ändra reflektionen. Värdet av ett sådant experiment skulle vara att förena de energier som orsakade reflektionen. Du måste se att det sanna värdet skulle vara på en högre nivå, än att bara skapa intressanta reflektioner.

Jag upptäckte att under Atlantics långa existens utvecklade folket sina sinnen till en mycket högre grad. Detta åtföljt av vetenskaplig nyfikenhet att upptäcka vad som var möjligt förde blandningen av arter ännu längre. Dessa vetenskapligt avancerade människor verkade försöka dechiffrera skapelsens hemligheter, vilket låter oroväckande likt vår tid idag. Kanske var de snedvridna experimenten orsakade av tristess när de nådde toppen av att upptäcka vad sinnet kunde göra. Då, istället för att använda det för kreativa och gynnsamma syften, missbrukade de dessa krafter på ogynnsamma sätt.

När jag försatte John i djup trance kunde han alltid få tillgång till det magnifika biblioteket på andeplanet, som ligger i Visdomens Tempel-komplex. Det mesta av informationen han gav i mina många böcker kom från dessa arkiv. Som alltid när vi gick in i byggnaden möttes vi av bibliotekets väktare som ville veta våra avsikter och informerade oss om restriktioner.

D: *Kan han hitta någon information från volymerna eller vad de än är, om kontinenten Atlantis?*

J: Ja. Han säger att vi har mycket forskning om Atlantis. Han sa att du kan gå in i tittaren.

D: *Vad är det?*

J: Han tar mig in i det här andra rummet, och det är som ett visningsrum. Det är som om du bara riktar uppmärksamheten mot Atlantis, och alla möjliga bilder dyker upp. De är på väggarna.

D: *Som en skärm på en vägg?*

J: Inte riktigt som en skärm. Det omger dig, och jag är i mitten av det och tittar på det. Åh, det är denna vackra, vackra, vackra stad. Den är guld. Den ser lysande ut, som om ljuset kommer inifrån stadens väggar. Och det är mörkt, och stjärnorna är ute. Det är denna vackra fullmåne. Och det verkar som om de vet hur man använder månens energi. Det är mycket vackert. Jag är omgiven av detta landskap. Och jag börjar se människorna. Jag kommer närmare. Människorna är bara vackra.

Han sa när han vaknade att staden verkade vara arrangerad som en pyramid på avstånd. Ett centralt torn eller högsta punkt, och resten av byggnaderna ökade gradvis i höjd när de omgav eller ledde upp till denna punkt. Det fanns ramper som förband dessa olika nivåer.

D: *Hur ser människorna ut?*

J: Åh, de är som oss, men de ser ut som filmstjärnor. De har alla perfekta tänder och vackert hår. De har experimenterat med olika frisyrer och hårfärger och designer.

Den Invecklade Universumet ~ Bok Ett

Han sa senare att håret hade delar som var olika färger, ljusa färger som fåglar: röda, gula, gröna och blå. Och håret var flätat och tvinnat för att bilda olika mönster. Jag påpekade att det skulle likna punkstilar idag, men han invände och sa att det inte var så vilt. Detta var annorlunda, prålig men ändå vackert på sitt eget sätt.

J: De verkar bära... klänningar, om det är rätt ord. Nej, inte klänningar, de bär något som tunikor och mantlar. Och de är lysande. Jag menar, deras kläder kan ändra färg. Det är som om vackra spektra av färger är invävda i tyget, så att de i olika ljus ger olika färger. Du tittar på ett plagg och det kan verka rosa, men du tittar på det på ett annat sätt och det verkar pastellblått. Och du tittar på det igen och du ser det som violett. Det ändras och skimrar. Kläderna är bara fantastiska. Och jag ser att de har olika typer av smycken, och det finns kristaller i smyckena.

D: *Vad sägs om staden? Varför tror du att väggarna strålar ut ljus?*

J: Jag vet inte. Det finns några riktigt stora byggnader där. Några av dem ser ut som vår version av grekiska tempel. Det finns andra som ser ut som mycket moderna byggnader från 2000-talet. Några av byggnaderna har tjugo och trettio våningar.

D: *Hur går de upp till de olika våningarna?*

J: Det finns rörliga ramper. Du stiger på en ramp och du är precis där du behöver vara. Det är ramper, men de är svåra att beskriva. Du förstår, dessa byggnader är inte byggda som våra byggnader som behöver hissar. De är byggda i etapper. (Han hade svårt att beskriva.) De nedre nivåerna är trappade, det är ordet. Dessa byggnader är inte bara en enda byggnad. De är olika byggnader som har rampvägar mellan sig. Och dessa rampvägar är elektriska. Det är som en rulltrappa men den är platt. De rör dig mycket snabbt upp till dessa olika platser du behöver gå till.

D: *Finns det någon form av transport inom staden?*

J: Ja. Det finns massor av transport. Det finns cigarrformade flygplan. Och det finns bilar som är cigarrformade. Men i stort sett använder de många av dessa rampvägar för att ta sig runt i staden.

D: *Är bilarna som våra, med hjul?*

J: Nej, de har inga hjul. De är som svävare.

D: *Hur drivs de?*

Den Invecklade Universumet ~ Bok Ett

J: De drivs av solenergi och kristaller. Solenergi som hälls genom kristallen.

D: *Vad sägs om flygplanen? Har de vingar?*

J: Nej, de har inga vingar. De ser inte alls ut som våra flygplan. Faktum är att de ser ut som en stor cigarr. (Skrattar) Och den har fönster runt hela mitten av den. Och den verkar få sin kraft från en stor enorm kristall i spetsen. Den drar energi från något som ser ut som ett torn. Det är som en förtöjningspost som hjälper skeppet att gå upp och ner. Så det drivs också genom att vara del av denna förtöjningspost.

D: *Den kunde inte komma särskilt långt, kunde den, om den fick sin energi från det?*

J: Åh, den kan gå tusentals mil. Den lagrar solenergi i detta batteri och det är vad skeppet drar från.

D: *Har de några kommunikationsenheter?*

J: Människor behöver inga telefoner där. De kan tala telepatiskt.

D: *Vad sägs om långa avstånd, utanför staden? Kan de fortfarande göra det på samma sätt?*

J: Ja. Jag ser inte radio eller TV eller något sådant. Det finns inget behov. De har dock underhållning, ja. De gillar musik. Och det finns arenor. (Han pausade och sedan plötsligt flämtade.) Åh, herregud! Det är hemskt! De är verkligen grymma människor.

Detta var första gången det framkom att något var annorlunda. Hittills hade hans beskrivning låtit väldigt lik de andra berättelserna om Atlantis. Tydligen var inte allt paradisiskt. Som jag nämnde tidigare existerade Atlantis i tusentals år, och kanske såg John hur det var under den tid då det började försämras. Folket och staden var vackra och magnifika, men denna yttre skönhet dolde en mörk och ful hemlighet.

J: Det händer några riktigt grymma saker. Det ser ut som människor som är fästa vid djurkroppar. De har dem i denna arena, och de tvingar dem att slåss mot varandra. Det är som romerska gladiatortävlingar.

D: *Hur ser varelserna ut?*

J: Jag kan se en varelse. Han är en man, men det ser ut som en man mitt på en hästs rygg. Han har fyra ben och en mans torso. Och han är i mitten av ryggen. Det ser ut som om han blivit fastsydd. Och där hästens huvud skulle vara är det bara ett tomrum.

D: *Jag tror att jag förstår vad du menar. (Det lät som om han beskrev en kentaur.) Hur ser de andra varelserna ut?*

J: Åh, det finns ... det ser ut som en jaguar ... ett ansikte av en jaguar men de bakre benen är mänskliga. Den bakre delen är som en mänsklig kropp. Åh, det är bara hemskt! Det ser ut som dessa är genetiska missfoster. De är väldigt grymma mot dem.

D: *Finns det bara de två varelserna?*

J: Åh, nej, det finns tiotals av dem. Jag skulle säga att det finns minst hundra till två hundra. De är alla i denna arena. De slåss alla mot varandra, och de har en dödsstrid. Och människorna sitter bara runt omkring, och de klappar inte eller skriker eller något sådant. Det är bara underhållning för dem.

D: *Kan du se någon annan kombinationsvarelse?*

J: Ja. Det finns en annan varelse som ser ut som en tjur. Den har horn och ansikte av en tjur, och kroppen av en tjur, men där benen skulle vara finns det mänskliga ben. Dessa saker ser verkligen grotcska ut. Det finns fler. Det finns en sak som ser ut som en orm med ett mänskligt ansikte. Och sedan finns det ... åh! Ett djur som ser ut som en giraff som har ett mänskligt ansikte.

Han verkade upprörd av att observera dessa märkliga varelser.

D: *Jag vill inte orsaka dig något obehag med min nyfikenhet.*

J: Nej, det är inte obehagligt, det är bara det att dessa var genetiska misstag. De kan inte reproducera sig, så varför inte bara låta dem dö. Det är som en sport som dessa människor tycker om. Dessa människor är mycket grymma.

D: *Jag skulle ha trott att om de var telepatiska skulle de vara mer förstående och vänliga. Är det inte så?*

J: Nej. Egentligen får jag känslan att de är mycket, mycket stolta och ser ner på andra varelser. De ser alla andra arter på jorden som hemska djur.

D: *Tror du att de samlade dessa varelser och satte dem här för att slåss?*

J: De gör detta periodvis, eftersom det verkar som om de alltid kan experimentera på en ny omgång.

D: *Har dessa varelser några vapen, eller attackerar de bara varandra? Jag tänker på gladiatorer.*

J: Nej, de använder sina naturliga instinkter. Och folket gillar att titta på detta, men de klappar inte eller visar några uttryck. De ropar eller skriker inte eller visar några känslor. De tycker om att titta på det. Det är underhållning för dem.

D: *Det verkar svårt att förstå att någon har underhållning och inte visar någon form av känsla.*

J: Ja, de visar inga känslor. Det är så annorlunda. Dessa människor är verkligen inte trevliga människor. Jag menar, de är kalla. De är överlägsna. De har ett verkligt förakt för andra livsformer. Nu går de in i arenan. Och de har något som liknar vapen, men de är gjorda av kristall. Och de riktar dem mot hjärtcentrumen på alla dessa djur som är kvar.

D: *De som inte dödade varandra?*

J: Ja, och de dödar dem. Det kommer en ljusstråle som centrerar sig runt deras hjärta. Det ser ut som en laser, men det är en ljusstråle, inte en laser. (Låter av avsky.) Och nu tas jag till en annan plats där de skapar dessa djur. Dessa människor är samlade framför en ritning. Det finns ett djur i ett separat kammare från dem, och de visualiserar ett människans ansikte på detta djur. De tittar på en ritning av ett djur med ett människans ansikte, och de manifesterar detta på djuret med sina sinnen. De koncentrerar sig på detta. Och detta är för att lära dem hur man manifesterar. Det finns ett levande djur där inne. Det ser ut som en hund. Det är väldigt smärtsamt för djuret att gå igenom detta. Det är därför jag anser dem grymma. Det finns fyra personer som gör detta, en kvinna och tre män. Det krävs deras gemensamma koncentration. De koncentrerar sig på att sätta ett människans ansikte på detta djur i kammaren.

D: *Och de kan göra detta bara med sina tankars kraft?*

J: Ja. De kan koncentrera sig så hårt att det händer. Men deras koncentration är på omstruktureringen av djurets ansikte. De koncentrerar sig på att arbeta med cellstrukturen i djurets ansikte, vilket är mycket smärtsamt för djuret att gå igenom.

D: *Gör de detta som en övning i tankekontroll?*

J: Troligen det. Men de försöker också hitta någon typ av husdjur, som vi har hundar och katter. Ett husdjur som har människoliknande egenskaper.

D: *Finns det någon typ av maskiner eller något i rummet som hjälper dem med detta?*

J: Ja, det finns ... det ser ut som kristallglas. Och det finns sten, men stenen är formbar. Jag menar, den är som gummi. Du kan böja och manipulera den. Stenen används i rummets inredning.

D: *Är denna sten en del av en maskin?*

J: Nej. Den används bara som foder i rummet. Istället för att ha målade väggar har den formbar sten.

D: *Sedan är kristallerna en del av vad de använder.*

J: Ja, de har kristaller överallt. Stora massiva kristaller, och i olika färger. Och jag ser en kontrollpanel med kristaller. Och sedan kommer ljuset från stjärnkluster av kristaller i taket.

D: *Är någon som använder den här maskinen?*

J: De gör det med sina sinnen, men de stämmer in med kristallerna.

D: *Jag vet inte om du har tillgång till den här kunskapen eller inte, men när de ändrar detta djur till halvmänniska och halvdjur, påverkar det djuret på något sätt? Hur det tänker och agerar?*

J: Ja, djuret hatar det eftersom det gör ont. Det är smärtsamt.

D: *Jag menar, gör detta att djuret får mer människoliknande egenskaper?*

J: Ja, det får mer människoliknande egenskaper, även om de inte är riktigt bra mänskliga egenskaper.

D: *Jag undrade hur detta skulle påverka livskraften, själen så att säga, inom djuret.*

J: Anledningen till att de känner att de kan experimentera på dessa djur är att de är en lägre livsform, och att de är en överlägsen livskraft. Deras attityd gentemot djurvärlden är: "Vi är överlägsna, så vi kan göra vad vi vill."

D: *Men gör detta inte djuret mindre underlägset när de gör detta?*

J: De försöker inte utveckla djuret, nej. De ser inte djuret som ha en själ. De har själarna och kan göra vad de vill eftersom de är gudar. Och de är det, de är gudar. De kan göra så mycket. De kan skapa och omstrukturera den där hundens ansikte för att få det att se ut som en människa.

D: Men det är utan något syfte, eller hur? Om de bara sätter dem i arenan och låter dem döda varandra.
J: Nej, de använder några av dessa varelser i tjänst. De tror att de är en låg livsform, så det är okej.
D: De ville bara att de skulle se mer mänskliga ut. Det låter som om de spelar spel.
J: (Han rynkade pannan) Jag tror inte att de spelar spel. De är inte trevliga människor. Jag gillar dem inte.
D: Jag ville inte orsaka dig något obehag att se något sådant.
J: Åh, det var smärtsamt att se dessa stackars djur döda varandra. Men de är i plåga hela tiden eftersom deras molekylära struktur har blivit rubbad.
D: Det verkar som om det skulle gå emot livskraften i universum, deras miljö, att göra något sådant.
J: Det är därför Atlantis förstördes.

Atlanteerna beskrevs som perfekta människor. Kanske hade de redan bemästrat eller fulländat konsten att genetiskt förändra människokroppen. Det fanns inga fler utmaningar kvar. Så de vågade sig in på att förändra och kombinera sina gener med djur. Det var en ny utmaning fylld av äventyr i det okända.

D: Kan du se något annat de kan göra med sina sinnen? Kanske inte så destruktivt, men några andra krafter de har?
J: Ja. (Gasp) De kan få en person att få orgasm väldigt enkelt bara genom att tänka på det. (Han tyckte detta var ganska roligt.) Det är något de gillar att göra, att hälsa och prata och älska med andra människor. (Skratt) Det är ett spel de leker. De kan påverka andra varelser på planeten. De är mycket överlägsna och tror att de är bäst, och att allt fungerar för dem. Som ett resultat har de förakt för lägre livsformer. Det är därför de experimenterar på djuren på det sättet.
D: Har de något konstruktivt sätt att använda sina sinnen?
J: Åh, ja. De kan skapa dessa städer med sin tankekraft. De kan lyfta tunga föremål och teleportera dem.
D: Levitation? Tja, det skulle vara en positiv egenskap.
J: De är så självcentrerade. Det är vad jag försöker säga, antar jag. Allt måste svara på dem.

Den Invecklade Universumet ~ Bok Ett

D: Jag är också intresserad av den här formbara stenen.
J: Det är en viss typ av sten som de använder för att bygga sina städer och dessa elektriska ramper.
D: Förekommer den på det sättet i naturligt tillstånd?
J: Jag vet faktiskt inte. Jag frågar om det just nu. Jag får veta att det är sten som har behandlats genom experiment med sinnet, så att den kan bli formbar. De är mycket, mycket intelligenta människor. Men ändå har de verkligen förakt för annat liv. (Paus) Oooo, det är äckligt! (Han avbröt kraftigt.) Jag vill inte stanna här! (Ett uttryck av avsky.)
D: Det är okej. Jag vill inte att du ska behöva stanna. Du kan resa ut ur den där staden. Bor resten av folket på kontinenten i städer som den här, eller är det bara en liten grupp människor?

Jag försökte ta bort honom från något som uppenbarligen var obehagligt att se.

J: Nej, vissa människor bor på landsbygden. De bor i vackra hus och har vackra trädgårdar. (Förvånad) Det finns inga insekter som vi har. Jag har märkt det, det finns inga insekter. De kan vistas utomhus, och det finns inga verkligt besvärande insekter.
D: Vet du varför?
J: (Förvånad) De skapade många skadliga insekter i sina experiment. Jag gillar dem inte heller. De är också kannibaler. Jag såg ett sällskap av dem äta en annan person.
D: Tror du att det var ett av dessa djur?
J: Nej, det var inte ett av dessa djur. De tillfångatog den här mannen och åt honom. Det var utanför staden. Det var ett sällskap av dem. De flög i flygplanet. Och de fångade en av dessa människor och lagade honom och åt honom.
D: Åh, herregud! (Jag ville byta ämne.) Tja, vad sägs om dessa skadliga insekter? Du sa att de skapade dem som experiment?
J: Ja. Detta var anledningen till att Atlantis måste falla, för de missbrukade livskraften. De gjorde bara det för att vara uppfinningsrika. Jag får känslan av att de inte var särskilt trevliga människor. Jag gillar inte att vara här. Jag vill gå härifrån.
D: Okej. Om det stör dig, behöver du inte stanna.

Den Invecklade Universumet ~ Bok Ett

J: Jag vill gå härifrån. Du förstår, de har den här riktigt arroganta inställningen till livet. Att de är överlägsna, och att allt annat är till deras fördel. De respekterar inte livskraften. Det är därför de blev förstörda.

D: *Jag uppskattar att du tittade på det och berättade för mig informationen. Jag ville inte störa dig på något sätt.*

J: Vad som störde mig var kannibalismen. Det var bara så meningslöst. Och det är därför vi fortfarande har kannibalism i världen, antar jag. Men de gör bara väldigt meningslösa saker i stundens ingivelse.

D: *Om du känner dig obekväm där, kan du lämna visningsrummet?*

J: Det är tomt nu. Jag har alltid trott att atlanteerna var trevliga människor, med hög energi och sånt där. Men de var det inte. De var mycket avancerade, ja, men de var mycket, mycket arroganta och hade ingen respekt för lägre livsformer. Det var saker som vi inte skulle förstå. De var meningslösa. De skulle mutera dessa djur och orsaka detta stackars djur sådan smärta bara för att de ville göra det.

D: *Kanske var de uttråkade.*

J: Det är vad det verkade som när de tillfångatog den här mannen. Denna grupp människor flög i flygplanet, och de tillfångatog denna aborigin-liknande man. Som om vi skulle åka till Nya Guinea nu.

D: *Så de hade infödingar på den tiden.*

J: Rätt. De åkte till en plats där det fanns infödingar, och de tillfångatog honom, lagade honom och åt honom. Och jag tyckte att det var riktigt meningslöst.

D: *Kanske blev allt så avancerat att de blev uttråkade. Och dessa var sporter för att hålla dem intresserade och underhållna.*

J: Troligen. Jag får den känslan.

D: *Deras sinnen hade utvecklats till en sådan nivå att ingenting var en utmaning längre, så de ville prova olika saker.*

J: Bibliotekarien säger till mig att de flesta människor på jorden ser på atlanteerna som ett folk med hög energi. Men varför förstördes deras kontinent? Det var för att de missbrukade livskraften, och de var tvungna att förstöras.

D: *Det låter mycket mer logiskt än några av de andra sakerna vi har hört.*

204

Mer information erhölls vid ett annat besök i visningsrummet i biblioteket.

J: Jag går in i biblioteket nu. Jag är på platsen där bibliotekets väktare är. Han säger: "Jag är här för att vara till hjälp för dig." Och jag får frågan, "Vad är din begäran?"

D: *Tidigare frågade vi efter information om Atlantis och fick se det i visningsrummet. Och det var störande. Vi skulle vilja titta på viss information som handlar om deras positiva krafter, om vi kan.*

J: Ja. Han säger, varsågod och gå in i visningsrummet. Han var förvirrad för han trodde att informationen vi ville ha var att se Atlantis sjunka, och varför det sjönk.

D: *Det ska vi ta en annan gång.*

J: Han säger att det är därför informationen var störande för mediet, för det var en av anledningarna till nedgången. Han säger att det finns en känsla av rättvisa. Och när man använder sin negativitet så starkt, attraherar man negativitet. Och det var så den atlantiska civilisationen till slut kollapsade.

D: *Även om det var störande så tackar vi honom för att han gav oss informationen. Den här gången vill vi se något om deras helande krafter från den tiden, för att se vilka höjder de nådde med sådana krafter.*

J: Han visar mig detta vackra kristallrum. Det finns tusentals kristaller över hela detta rum. Det är nästan som frostade glasrutor, men de är alla gjorda av kristaller som de tillverkar. De tar en gel de har upptäckt och blandar den med sand, och detta bildar dessa mest perfekta kristaller. Men det finns en speciell apparat som det är i. Det ser nästan biologiskt ut. Han visar mig detta underbara område som har olika färgade ljus. Det finns grönt, blått, rött, violett, gult, orange och vitt. Och var och en av dessa, säger han, representerar en annan del av kroppen som ska helas. Det vita är för att hela den eteriska kroppen och astralkroppen. Det gröna är för att hela den fysiska kroppen. Det blå är för att hela den emotionella kroppen. Det röda är för att hela orsakskroppen.

Dessa är alla olika kroppar hos personen. Genom att sitta i dessa färgade strålar, i harmoni och i rätt ordning, skulle man bli helad från vilken svårighet som än finns inom sig. Det finns också kristallterminatorer som är arrangerade i olika mönster runt en platta som personen ligger på. Den ser ut som en stenplatta, men samtidigt är den mycket bekväm. Den har ett tygöverdrag som ser väldigt tunt ut, men det är mycket starkt i motståndskraft. Det ser ut som en av de där rymdfiltarna, den har den där silvermetalliska färgen. Men ändå är det annorlunda för det känns som skum när man ligger på den. Denna säng färdas under dessa olika färger. Och färgerna måste användas i rätt ordning. Om de används i fel ordning kan det orsaka sjukdom, så det finns en viss sekvens. Men han har inte gett mig den sekvensen än. Han säger att det inte är viktigt just nu. Han säger att detta var den högsta helandekammaren i Atlantis och användes för att behandla personer från aristokratin eller den styrande eliten.

D: *Det var inte för vanliga människor?*

J: Nej. Han säger att de hade andra platser som var mycket liknande. Men detta skulle vara som ett sjukhus för eliten i ditt eget land och tid.

D: *Så individuella åkommor behövde inte behandlas?*

J: Hela kropparna behövde behandlas. Inte bara den fysiska kroppen utan också den emotionella, mentala, alla dessa kroppar behövde helas.

D: *Om du hade en skada eller sjukdom behandlades den inte som en separat sak?*

J: Nej. Detta var mest för andlig utveckling och helande av tidigare fel och sådana saker. Det var lite som en psykiatrisk metod. Han visar mig områden där människor fick brutna ben läkta och saker av denna typ. Och på ett sätt ser det ut som våra vanliga operationssalar, förutom att de använder kristalliknande instrument som har förfinats och slipats till rakbladsskarp perfektion.

D: *Du sa att maskinen du såg i det andra rummet, som helade de olika kropparna, var nästan biologisk. Vad menade du med det?*

J: Den ser levande ut! Den ser ut som om den är levande. Det är en datorterminal som ser ut som något från växtfamiljen. För den ser ut som om den kan växa och expandera, precis som en växt kan

Den Invecklade Universumet ~ Bok Ett

växa och expandera. Och den har en ljusgrön färg. Men den har också en kristalliknande vätskedisplay som ser ut som något från en science fiction-tidning. Men den ser ut som om den kan växa och föröka sig.

D: *Vem skulle bestämma om någon hade en störning som behövde behandlas i detta rum?*

J: Människorna vid den tiden var mycket medvetna. Detta var centret dit man kom efter att en nära släkting hade gått bort, för att säga adjö till dem, skicka dem kärlek. Detta är en helande process för många saker. Sorg. De var mycket avancerade människor vid denna tid som i grunden kände till sina manipulationer och motivationer. Människor vid den här tiden dömer inte varandra.

När jag satte ihop den här boken 2001 fick jag en liten bit information under en session i Memphis. En kvinna beskrev en frekvensmaskin som användes i Atlantis som använde ljus för att reglera frekvenser och föra kroppen i harmoni för helande. Den styrdes av personens sinne och var ren energi. Den var verklig och effektiv. Men efter ett tag stod den oanvänd, eftersom forskarna utvecklade en annan maskin som de trodde var mer effektiv. De föredrog att använda kristallmaskiner som var kraftfulla, men de förvrängde energin. Kristallerna var i lådor med någon typ av vätska. Ljuset som sken genom lådorna genererade kraft från många människors sinnen i rummet. Det degenererade till att användas för fel syften (särskilt sexuella) och producerade förvrängda effekter.

När atlanteerna lärde sig mer om användningen av energier och deras kunskap expanderade blev de fascinerade av manipulationen av energi. De upptäckte nya sätt att experimentera med det och rikta det. De förlorade fokus på att använda det för positiva syften i sina liv, som helande och balans. När energin (förstärkt av många människor som koncentrerade sig och gav den ökad kraft) användes för negativa ändamål blev den felriktad och förvrängd och vände sig till slut mot sig själv. Detta var en av anledningarna till att Atlantis förstördes.

Vi fortsatte att få mer information när vi återvände till biblioteket.

J: Väktaren frågar, vilket ämne skulle ni vilja diskutera?
D: Vi är fortfarande intresserade av Atlantis. Jag skulle vilja ställa några frågor om tiden i Atlantis när allt var lyckligt, innan nedgången började. När det var på sin höjdpunkt. Vi skulle vilja veta något om familjelivet hos människorna under de goda tiderna i Atlantis. Kan du se det?
J: Ja, han visar mig bilder av Atlantis.
D: Hade de individuella familjer och en familjestruktur?
J: Ja, de hade individuella familjer. Familjerna var verkligen sammanbundna. Människor levde väldigt länge, så det fanns stora mängder människor. En familj kunde fylla en hel stad. Eller inte en hel stad, men det skulle vara som det i vår tid. Men de var sammankopplade och varje familjemedlem var mycket viktig. Alla hade olika färdigheter och tekniker för att vara till hjälp för varandra. I grund och botten levde de dock inte kollektivt som vi gör. Alla hade sina egna individuella utrymmen, men de träffades alla vid olika tider för måltider och samtal och sådana saker. Till och med makar och fruar hade separata rum eller separata områden. Deras hus var rymliga och hade många rum för varje familjemedlem, och de var alla sammanbundna, ungefär som innergårdar. Jag ser innergårdar med olika människor. De är alla släkt men de är fortfarande väldigt individualiserade. Och jag ser de äldre människorna arbeta med barnen, och dessa äldre människor är hundratals år gamla. De är inte bara hundra, de är hundratals år gamla. Och de verkar särskilt tycka om att arbeta med små barn. Och jag ser att folk går om sina olika sysslor. Det finns människor som mediterar. Det finns människor som arbetar med olika vetenskapliga experiment och saker av denna typ. Och de hade alla sin egen känsla av utrymme, som sitt eget rum där de gör sin egen grej. En känsla av individualitet var mycket viktig för dem.
D: Och du sa att de skulle samlas för att äta?
J: Ja, de samlas vid olika tidpunkter för underhållning, äta, dansa och sjunga. De hade gruppaktiviteter med familjen. Det fanns helgdagar och liknande, men i stort sett levde alla ganska individuellt.
D: Vad sägs om konst och musik och sådant?

Den Invecklade Universumet ~ Bok Ett

J: Åh, ja, de hade vacker konst. De blandade malda kristaller med sina färger, så allt hade en lysande kvalitet. Och stilarna i målningarna hade något som spiraler i sig. Små spiralformer som verkligen fick dem att sticka ut. Och de hade alla dessa processer där de använde kristaller för musik. Det ser ut som någon typ av maskin som snurrar kristallen till en spiraltråd. Den går så här. (Handrörelser av en spiral.) Och de hade stränginstrument som de spelade på. De tar kristallen och snurrar den ... det är inte som de kristaller vi har nu, bergkristaller. De var ursprungligen det, men de muterades i laboratorier som de hade över hela kontinenten. Och de snurrade det till en grad där det blev som en spiraltråd. Och denna spiraltråd användes som ett instrument på gitarrer, men inte som våra gitarrer eller något liknande. Det är mycket annorlunda utseende på instrumenten. Det finns stränginstrument. Det finns flöjter. Och sedan finns det dessa saker gjorda av enormt långa kristalliknande saker. Allt är gjort av någon form av kristallmaterial. Och de spelar i speciella områden, så att det resoneras. Det öppnar verkligen upp deras hjärtan och muskler, för musiken är så vacker. Det är mycket avslappnande och andligt. Det får dig att känna frid. Och människor dansar och sjunger. Och jag ser många rep av blommor runt människor. Och så dansar de med rep av blommor, flätar in sig i dem. Det ser inte ut som antikens romerska eller grekiska. I själva verket har alla dessa vackra färgglada kläder på sig, i rött och blått och grönt och gult. Och de dansar med dessa blommor och girlander. Det är en sorts kombination av syntetisk musik och klassisk musik. Ljuden är mycket lika, men tonen är mycket ren. Den är inte syntetiserad, den har inget återkopplingsljud. Och de använder den i sina ritualer. Och den används i kyrkor – inte kyrkor, tempel som de hade. När det gäller konst. Konst finns överallt. Allt är vackert målat. Det ser ut som mald färg. Det är mer som ett fast ämne snarare än en vätska som de använder. Vissa är på canvasliknande material och andra är på väggar. Och andra saker är delvis skulpterade i väggen och sedan färgade.

D: *Ser du någon form av ljuskälla de använde i sina hus?*

J: Det finns denna formbara bergkristallenergi som de har. Det strålar överallt, så det är alltid ljus. Men genom att röra sin hand upp eller ner kan de göra ljuset ännu mer briljant eller mörkare. När de sover, för att skapa ro i rummet, sänker de sin hand så här om de vill ha mörker. (Handrörelser, som att långsamt sänka handen.) Mot väggen. Och det är deras vibration som väggen tar upp och gör rummet mörkare. Allt styrs av deras egen energi.

D: *Vad sägs om deras matlagnings- eller matvanor?*
J: De har dessa områden som är som stora vingårdar och trädgårdar. Och de har dessa märkligt utseende varelser som tar hand om allt det. De arbetar på fälten och i trädgårdarna. De ser ut som kentaurer, sjöjungfrur och getter. Och all mat som kommer in i köksområdet bearbetas sedan av dessa varelser. De gör allt planterande och skördande och plockar frukterna. Och de får mat i gengäld. De flesta av atlanteanerna älskar dem väldigt mycket, som en bra bonde älskar sina hästar och tar hand om dem väl. Dessa märkliga varelser behandlas som välvilliga djur.

Så i vissa delar av kontinenten skapades och uppskattades dessa varelser.

D: *Jag är nyfiken på de där djuren. Var kom de ifrån?*
J: De skapades för det ändamålet. De var genetiskt framställda.
D: *Du sa att det fanns sjöjungfrur?*
J: Ja, sjöjungfrur går ner i vattnet och hämtar tillbaka korgar med fisk. Människorna kommer och de skrattar och sjunger och smeker dessa djur, kysser dem och håller dem, och låter dem veta att de är älskade och att de är tacksamma för vad de gör. Och varelserna förbereder också maten. Inte sjöjungfrun. Sjöjungfrun stannar vid denna dammliknande plats eftersom hon är halvt fisk. Medan små kentaurer hämtar in dessa vagnar med korgar fyllda med frukt och saker av denna typ, som går till ett centralt kök. Och det finns en varelse som har en överkropp som en människa men har getfötter. Och det är en slags köksatmosfär, men köket ser inte alls ut som våra kök. Det har dock skåp för att förvara saker. Men i stort sett tillagas inte maten lika mycket som den bearbetas levande, som att frukt skärs upp eller skalas. Fisk och sådana saker går in i en sak som tillagar dem väldigt snabbt. Det har olika områden. Det är som en mikrovågsugn, men det är inte en mikrovågsugn. Det ser ut som en kristallkammare där maten läggs som behöver tillagas, som fisken. Jag ser inget kött där. Jag ser bara fisk och

skaldjur, som musslor och kammusslor och sådana saker. Och de värms bara upp till den punkt där de inte längre är levande. Och sedan äts de.

D: *Var dessa varelser genetiskt skapade för att vara tjänare?*

J: Ja, de skapades för att vara tjänarna till dessa människor. De är dock älskade. När en av dem skadar sig eller något liknande, samlas hela familjen för att ge energi till den skadade varelsen. De behandlas som tjänare, men älskade tjänare. Som vi skulle behandla en katt eller hund, visa den kärlek och omsorg. De är mycket tacksamma för vad dessa varelser gör, eftersom de betraktas mer som djur än människor. Delar av deras kroppar är mer som ett djur, men deras ansikten är i stort sett människoliknande.

D: *Hur är det med deras beteende eller intellekt?*

J: Åh, de kan tala och ta emot instruktioner. De vet enkla saker, ja, men inget som de andra människorna gör.

D: *De är inte lika intelligenta som de andra människorna, även om de ser delvis mänskliga ut.*

J: De är inte fula eller något sådant. De ser väldigt naturliga ut, och de tas väl om hand. Och de var mycket uppskattade, och fick veta att de var älskade. Jag ser denna tjänare som satte ihop fruktfatet. Och denna kvinna tar emot det, kysser henne och smeker hennes huvud, eftersom det finns små horn i huvudområdet. Och hon gnuggar dessa horn så här, (gör handrörelser) och säger: "Åh, du är så fantastisk. Titta på det här, det är underbart. Alla kommer att älska det. Och varför kommer du inte ut efteråt och…" Och de kommer alla fram efteråt och blir älskade av resten av familjen. De behandlas som ett älskat husdjur skulle behandlas.

D: *Kan dessa varelser genetiskt reproducera sig, eller är de unika var för sig?*

J: Nej, de kan inte reproducera sig. Människor köper dem. Var och en av dem är individuell, men de massmarknadsförs. De har platser där man kan gå och köpa dessa varelser så att de kan tjäna.

Efter uppvaknandet beskrev John varelsen i köket, vilket var det sista han kom ihåg. Den hade ett ansikte som var delvis koseliknande och delvis mänskligt. Som om en människa hade en kos nos och små horn som stack ut ur huvudet. Den bar ett förklädesliknande plagg över den övre delen av kroppen, eftersom den tydligen var kvinnlig.

Phil: Det finns långt fler användningsområden för kristaller än vad som för närvarande är tillgängligt för mänsklig förståelse. Det som är okänt överstiger långt det som är känt. Men när er medvetandenivå ökar till att acceptera och tillgodogöra sig dessa verkligheter, då kommer användningarna att manifesteras. Det kan ses att kvarts i någon form förstorar och intensifierar den energi som är mänsklig energi. Vi finner här att översättningen är svår, eftersom det sanna energikonceptet inte förstås. Men en blandning av energier, både mänskliga och icke-mänskliga, är fullt möjlig och lätt genomförd med dessa kristaller. De kan användas som blandare och differentierare eller separerare, beroende på energins riktning som ges av den person eller de personer som använder eller dirigerar denna kristall. De är ett filter, användbart på många olika sätt, endast begränsat av fantasin hos dem som skulle använda dem.

D: *När du talar om en sten som filtrerar kosmiska strålar, vad skulle syftet vara med att behöva filtrera kosmiska strålar?*

P: Det finns filtrering och fokusering, som kan vara separata eller samtidiga. Det finns fyra specifika skäl eller syften. Specifika energier som är bäst lämpade. Detta skulle vara för filtrerings- eller fokuseringsaspekten. Fokusering fokuserar helt enkelt eller kondenserar energierna till ett enda område. Olika stenar kan göra varje, eller speciella stenar kan göra båda, beroende på syftet. De kosmiska energierna är en mycket kraftfull, ännu orörd, energikälla som denna planet ännu inte har upptäckt – en riklig källa till rå energi, många miljoner gånger mer kraftfull än någon råvara här på denna planet.

D: *Problemet är att kunna avslöja det.*

P: Problemet är att höja medvetandet för att acceptera konceptet och samtidigt skärpa ansvaret för att använda det. Denna energi var utbredd på denna planet vid ett tillfälle, men genom brist på ansvar förlorades kunskapen om dess användning.

Den Invecklade Universumet ~ Bok Ett

D: *Var detta vid tiden för Atlantis?*
P: Ja, det stämmer. Mycket gick förlorat vid den tiden. Det var mycket missbruk under den atlantiska tiden av många olika typer och former av energier. För det fanns ursprungligen en hög förståelse för dessa energier som utgör den fysiska verkligheten. Det fanns sedan missbruk av förståelsen av dessa energier.

Clara fick information från en plats som liknade Phils Planet of the Three Spires. Hennes var också en planet med märkliga tornliknande strukturer, och informationen fanns i hela planeten, som om dess sammansättning var en kunskapsförvaring. Detta var samma beskrivning som Phil gav. Clara kallade också känslomässigt denna plats sitt "hem", liksom Phil gjorde. Hela berättelsen om hur hon hittade denna plats berättades tidigare i denna bok.

D: *Kan du berätta något om Atlantis? Är det en del av arkiven?*
C: Atlantis sjönk i havet.
D: *Jag skulle vilja veta om det innan det sjönk. Vilken typ av civilisation var det?*
C: Det var mycket sofistikerat. Mycket grönt. Och mycket teknologiskt avancerat, bortom där jorden är idag.
D: *Existerade denna civilisation under en lång tid?*
C: En mycket lång tid.
D: *Kan du berätta något om deras teknologiska framsteg?*
C: De hade förmågan att flytta och skifta energi genom tid och rum på ett mycket mer sofistikerat sätt än vad teknologiska – hur säger du? – framsteg görs idag. (Hade svårt att hitta ordet.) Hmmm, vad är det för ord ni använder för avancerad maskinteknik? Som datorer och kommunikationsenheter. Denna utrustning var mycket omfattande. Den gjordes mycket, mycket liten. Till och med till den punkt där viss information förmedlades på en telepatisk nivå.
D: *Hur drevs maskineriet eller datorerna?*
C: Allt gjordes med solenergi. Allt gjordes av solen. Den stora centrala solen.

D: *Så de hade inte elektricitet som vi har idag?*
C: Vid ett tillfälle hade de det. Men när det närmade sig slutet av den tid som Atlantis existerade drevs allt av den stora centrala solen.
D: *Är detta den sol vi känner till på himlen, eller är det något annat?*
C: Solen som du känner till.
D: *Liknade utrustningen den vi har idag?*
C: Mycket mer sofistikerad. Ni har stora och enorma solpaneler och solutrustning, som är mycket större än vad som användes i Atlantis. Deras var så avancerad att den kunde utnyttjas på ett mer effektivt sätt och tog inte upp lika mycket plats. Deras teknologi var mer i samklang med den centrala solen, som gav ifrån sig energin. De var som om de var anslutna till en större kraft. De var anslutna till stjärnorna och till krafter från andra stjärnor.

John hade nämnt att de också visste hur man utnyttjade månens kraft. Bartholomew nämnde också att forntida människor hade denna kunskap.

C: De kommunicerade med varelser från andra planeter, från andra stjärnor. Och genom sin kommunikation utbytte de information, som de använde i teknologin för sina maskiner, sina datorer och sina andra teknologiska framsteg, vad det än kunde vara.
D: *Så varelserna från stjärnorna hjälpte dem?*
C: Ja. Det var ett samarbete.
D: *Jag har fått höra att vetenskapsmännen utvecklade sina tankars kraft för att uppnå några av dessa resultat.*
C: Det stämmer. I utvecklingen av deras sinnen, när de började öppna sig för alla möjligheter, att det verkligen fanns varelser på andra planeter, då var de i kontakt på ett obegränsat sätt. De hade då förmågan, genom att lämna det begränsade sättet att tänka, känna och tro, att ta emot det som kom från andra universum och från andra planeter. Och de planeterna i sin tur skulle ge information till dem på ett sådant sätt att det blev mycket telepatiskt. De kommunicerade på en tanke till tanke-nivå utan att behöva långa kommunikationslinjer, som era telefonlinjer. Och därför tog de denna telepatiska förmåga och avancerade den genom att kommunicera med många planeter. Det blev ett globalt samhälle, istället för ett område av en mänsklig ras.

D: *De kunde åstadkomma mycket mer. Är det vad du menar? (Ja) Jag har hört att Atlantis inte bara var ett land, utan det var hela världen vid den tiden.*

C: Det var den kända världen vid tiden då Atlantis existerade.

D: *Var alla delar av denna kända värld avancerade?*

C: Nej. Inte alla delar. Det fanns områden som var primitiva, där människor inte hade öppnat sig för kommunikationen. Hela planeten var inte helt upphöjd till en högre vibrationsnivå. Det fanns några platser och vissa befolkade områden som valde att inte öppna sina hjärtan och stödja ett nytt sätt att leva, ett nytt sätt att vara. Så de blev, vad man kan kalla, utstötta. De var de som inte trodde att de kunde gå bortom sina begränsningar. De som valde att leva ett begränsat liv valde att bo i ett annat område av den planeten. Medan de som öppnade sina hjärtan och sina sinnen för ett obegränsat sätt att leva, steg och avancerade. Och kommunicerade med alla planeter.

D: *Det var som om de inte hade något gemensamt med varandra.*

C: Exakt.

D: *Kan du se var de mer avancerade, den vetenskapliga gemenskapen, bodde i förhållande till hur världen ser ut idag? Jag vet att världen har förändrats mycket.*

C: Den har förändrats väldigt mycket. Det som var den kända världen vid den tiden låg i ett område som du nu skulle kalla Atlanten.

D: *Finns det några rester kvar av den civilisationen som människan kan hitta någon gång?*

C: Endast på en eterisk nivå.

D: *Så det kan inte hittas på en fysisk nivå?*

C: Just nu finns det en möjlighet om människan öppnar sig tillräckligt för att tro på riktigt, på ett medvetet sätt, att det kan hittas. Då kommer det att hittas.

D: *Vissa människor tror att de har sett saker under vattnet som kan vara rester av städer, vägar och byggnader.*

C: Det är inte sant. Det de ser är rester av andra nyare civilisationer, sedan Atlantis.

D: *Jag har också fått höra att de atlantiska vetenskapsmännen nådde en punkt där de utförde fysiska experiment. Ser du något sådant?*

C: Vilken typ av fysiska experiment?

D: *Genetiska eller något liknande?*

C: Allt som upplevs nu på denna planet gjordes under Atlantis tid. Men det gjordes många århundraden före Atlantis undergång. Genetiskt klonade de djur. De klonade människor. Men de fann att detta inte var lämpligt att göra. För det störde DNA:t hos den mänskliga rasen, och den mänskliga rasen skulle lida mycket om de fortsatte. Så det visade sig att de skulle sluta.

Så genetiska experiment utfördes utöver användningen av sinnet för att påverka det fysiska. Jag fick aldrig reda på vad som kom först, eller om båda pågick samtidigt. Det verkar som om deras nyfikenhet inte hade några gränser. Ett eko från det förflutna som upprepas i vår nutid.

D: *Var det bara ett experiment, eller hade de ett syfte?*
C: Det var experimentellt. Deras syfte var att se om det kunde göras. Och när de upptäckte att det kunde göras, stötte de på många svårigheter och problem med resultaten. Det var inte önskvärt, och det ansågs bäst av dem som satte reglerna, att det skulle avbrytas.

D: *Vilka slags problem stötte de på?*
C: Former dök upp som inte liknade människor. Och det fanns många experiment med - hur säger man? – inavel? (Hon ifrågasatte det ordet.) Interkloning? Att blanda ihop. Och resultatet var mer som ett djur. Det vände på utvecklingsprocessen. Och sjukdomar uppstod. Det var inte för planetens bästa att det skulle fortsätta. Så det beslutades att det för planetens bästa skulle avbrytas. Att det skulle stoppas, annars skulle det förstöra mänskligheten.

D: *Det låter väldigt drastiskt.*
C: Det var drastiskt. Det är drastiskt.

D: *Men istället för att göra exakta kloner, började de blanda DNA och gener bara för att se vad som skulle hända? Är det vad du menar?*
C: Ja. Nyfikenheten. Experimentet. Låt oss göra detta och se vad som kommer ut. Låt oss göra detta och prova detta och se vad som händer. Inom växtriket hade de skapat hybrider av olika växter, grönsaker och träd. Så de tänkte: "Wow, vi lyckades med det. Varför inte göra det med människor?" Och så började de. Det blev till: "Tja, låt oss se vad vi kan göra med det här, och det här, och det här."Och det blev en massiv katastrof.

D: Så när de började klona och blanda de olika generna, sa du att det blev mer djuriskt än mänskligt?

C: Det var som om de vände på evolutionen. Men det blev mycket groteskt och mycket ondskefullt.

D: Så de började få kombinationer som inte var önskvärda.

C: Och som aldrig tidigare hade funnits.

D: Men tydligen var de livsdugliga. De levde.

C: De levde ett tag. Och de gick in i ett tillstånd av vad du skulle kalla "galenskap". Och förstörelse uppstod, eftersom de blev som monster.

D: Varför blev de galna? Menar du att eftersom det inte var en normal process påverkade det varelsernas sinne?

C: Det är en del av det. Men en del av det var blandningen av genetik från djurriket med människan. Och så blev det en lek för vetenskapsmännen. Att se hur långt vi kan gå och vad vi kan skapa. Vi kan nu bli gudar och skapa det vi väljer att skapa. Det som aldrig tidigare hade existerat. Och så härskade katastrofen.

D: Men du sa också att sjukdomar introducerades.

C: Sjukdomar som aldrig tidigare hade varit kända introducerades.

D: Hur gick det till?

C: Genom att blanda gener. Genom att blanda det som var sjukt med det som var friskt. Och det som var... (hade svårt att hitta ordet) vad du skulle kalla "främmande kroppar" för den mänskliga rasen. Vilket kunde vara djur eller vad som helst från vilken rike som helst som de ville prova att introducera. Det var vad de gjorde. Och om en partikel av DNA från en tråd eller från en ras hade en antydan till någon typ av sjukdom, introducerades den i helheten, vilket skapade en helt ny linje av sjukdomar.

Detta kunde vara en vilande typ av sjukdom som värdkroppen bar på och antagligen var immun mot. Men när kloningsprocessen väckte den förändrades den också.

C: Sjukdomen skulle mutera, och sedan skulle den mutera till något annat. Och om en sjukdom skulle introduceras av en DNA-sträng, och en annan sjukdom skulle introduceras i samma sak, skulle kombinationen då introducera något som kunde och var mycket destruktivt.

Den Invecklade Universumet ~ Bok Ett

D: Så inte bara kropparna och det fysiska utseendet och sinnena hos dessa varelser förändrades, utan även – jag vill säga – bakterier, molekyler, muterade också och bildade olika sjukdomar. *(Ja) Och utvecklades på sätt som aldrig hänt tidigare.*
C: Det stämmer. Och det blev så omfattande att de var tvungna att stänga ner alla experiment, eftersom de såg att det blev ganska utbrett. Och att det kunde förstöra hela den mänskliga rasen.

Under 1997 tillkännagavs den första officiella kloningen av ett får i England. Efter denna session i augusti 1997 diskuterades farorna med kloning och etiken kring det öppet. Genom mitt arbete har jag upptäckt att kloningen av människor redan har fulländats. Det finns många saker som allmänheten inte känner till. Det är som om de första brödsmulorna av information nu släpps (särskilt med det senaste tillkännagivandet om den första framgångsrika kloningen av en apa [vår närmaste släkting]) så att vi vänjer oss vid det när det officiella tillkännagivandet om mänsklig kloning görs.

Vetenskapsmän sa att de kunde klona djur och införa mänskliga gener i dem för att producera bättre kött och skapa ett bättre djur. De började nyligen också införa mänskliga gener i speciella grisar så att deras organ kunde användas i mänskliga transplantationsoperationer. Om donatorgrisen hade några mänskliga gener skulle värdmänniskokroppen inte avvisa organet, eftersom det normalt sett skulle avvisa allt som inte var mänskligt eller kompatibelt.

En forskare invände och sa att införandet och blandningen av mänskliga gener med djurgener kunde skapa okända sjukdomar, som skulle börja med djuret och möjligen sprida sig till människan. Grisen, till exempel, hade sjukdomar som var unika för den och kunde inte spridas genom att hantera den eller äta dess kött. Men forskarna oroade sig för vad som skulle hända om det donerade organet var en permanent del av människokroppen och blodet ständigt flödade genom det. Det kunde bära på bakterier från dessa sjukdomar genom hela värdens system, och de kunde mutera till okända sjukdomar som kunde spridas över hela befolkningen. Det fanns tillräckligt med oro för att tillfälligt stoppa donatorprogrammet tills ytterligare forskning kunde göras.

Det verkade som om historien upprepade sig. Mänskligheten gjorde samma misstag som vi hade gjort under Atlantis forna dagar.

Kanske var det syftet med att denna information kom fram vid denna tidpunkt i vår historia. En varningsklocka från det förflutna.

D: Så sjukdomarna var inte bara i de genetiska experimenten. Det började sprida sig till resten av mänskligheten?
C: Det var begränsat till genetiken. Men forskarna såg att om de skulle fortsätta, då skulle det sprida sig. För dessa varelser skulle då integreras i det andra samhället. Och då skulle den sjukdomen spridas genom hela civilisationen. Och makthavarna sa att detta kunde vi inte låta hända. Så det som var, förstördes.

D: Var dessa varelser som de skapade sterila, eller kunde de reproducera sig själva?
C: De kunde inte reproducera sig själva. De var helt enkelt "kloner" utan reproduktionsorgan.

D: Vad använde de dessa varelser till, när det först började, innan det gick överstyr? Hade de ett syfte?
C: Syftet från början var helt enkelt att se om det kunde göras, och det gick överstyr.

D: Använde de sedan inte dessa varelser till något?
C: Det som varelserna kunde göra, lärde de dem som robotar. Så de agerade som robotar på vetenskapsmännens kommando. De kunde vara deras assistenter eller lekkamrater för andra. De var designade för att vara hushållerskor, designade för att vara herdar, designade för att vara vad som helst. När de såg att "tja, vi borde ha ett syfte med detta, om vi ska skapa dessa."

Var detta de vänliga tjänarvarelserna som John såg?

C: Och sedan tänkte de, "Tja, det här är trevligt. Så vi introducerar alla dessa andra gener med alla dessa andra djur, för att se vad vi kan komma fram till." Och så vad som hände då var kaos.

D: Då var den främsta anledningen till att avsluta experimentet att de var rädda för att det skulle gå överstyr och sjukdomen skulle spridas?
C: Det var den enda anledningen. Eftersom de kunde se att hela civilisationen skulle förstöras totalt. Så istället förstörde de de varelser som de hade skapat.

D: Och du sa att "makthavarna" var de som sa till dem att de var tvungna att göra detta. Vem menar du?

C: Regeringarna.

D: Så de visste vad vetenskapsmännen gjorde.

C: Ja. De godkände det, tills de såg att det var på en plats där det inte kunde fortsätta, och att det inte kunde tillåtas. Annars skulle hela civilisationen förstöras.

D: Det skulle ha spridit sig även till de samhällen som, mer eller mindre, vad du kallade "utstötta"?

C: Åh, ja. Åh, ja.

D: Så de samlade sedan in de varelser som de hade skapat och var tvungna att förstöra dem?

C: Ja, det gjorde de. Inte på ett massivt sätt, men på ett mycket tyst och subtilt sätt som verkade naturligt. Så samhället i stort skulle inte bli alarmerat eller gå in i en paniksituation. Så det hölls mycket under kontroll. Den allmänna befolkningen var inte medveten om några av de groteska varelser som kom ut ur experimenten. Det var ungefär som hur din regering döljer mycket för den allmänna befolkningen. Så var det under Atlantis tid.

D: Jag har ofta misstänkt att många av legenderna om halvmänskliga, halv-djur kan ha kommit från den tiden. Är det möjligt?

C: Ja. Det är möjligt. Det gjorde det.

D: Så dessa varelser, halvmänniska, halvdjur, existerade inte efter Atlantis tid? (Nej) Så legenderna måste vara så gamla?

C: Ja, det härstammade från Atlantis.

D: Under romarnas, grekernas och egyptiernas tid hör man dessa berättelser. Så de hade en grund i fakta, men det går väldigt långt tillbaka i tiden. Är det korrekt?

C: Långt innan Egypten och Rom ens var påtänkta.

D: Men det var en del av minnena, och de omvandlades till legender.

C: Ja, det stämmer. Det har förts vidare, så det är ett minne i det kollektiva medvetandet.

D: Jag har alltid trott att legender har någon grund i fakta, om man går tillräckligt långt tillbaka.

C: Alla legender har det. Annars, hur skulle de någonsin kunna bli en legend? När de väl är en legend, vill varje person som får den lägga till en liten touch av sin egen flair och flamboyans för att göra det till en ännu större, mer färgstark legend.

D: *Men det måste alltid börja någonstans.*
C: Det finns alltid en början.
D: *Var det något annat som vetenskapsmännen gjorde som de senare blev tillsagda att de borde sluta med?*
C: Det var den största saken. Det var det betydande som du frågade om och som verkade lämpligt att nämna vid denna tidpunkt.
D: *Eftersom vi börjar snubbla in på samma område. (Ja) Jag har fått höra att i vår tid, idag under 1900-talet, finns det forskare som experimenterar med samma typ av saker. Vet du något om det?*
C: Det är sant. Det är sant. De är i början av att leka med genetiken. Och när allmänheten blir mer medveten om det kommer det att bli ett uppror. De kommer att säga: "Det är onaturligt. Låt det vara."
D: *Jag har ofta misstänkt att de har gått längre än vad de låter folket veta.*
C: Ja, det har de. De kommer att släppa en liten bit information här och en liten bit där. Och som på Atlantis tid var det dolt. I dagens tid, som du känner till den, tillåter de små droppar av information att läcka ut. Precis tillräckligt för att den breda allmänheten inte ska bli upprörd. Och när tillräckligt med information läcker ut - medvetet, från några inifrån – kommer allmänheten att resa sig och säga: "Vi kan inte tillåta att detta händer. Det får inte hända. För det kommer att förstöra den mänskliga rasen, som vi känner den."
D: *Historien kommer att upprepa sig.*
C: Ja. Men på grund av kommunikation i den tid du lever i, är fler människor medvetna på ett snabbare sätt genom att få denna kommunikation massvis på en gång. Om det är känt att detta kan förstöra världen, kommer allmänheten att resa sig.
D: *Har vetenskapsmännen på 1900-talet redan börjat kombinera DNA från olika arter?*
C: Ja. Mycket hemlighetsfullt.
D: *Kan du berätta något om det? Jag skulle vilja veta hur långt vi har gått. Jag vet att det är ett störande ämne.*
C: (Djup suck) Det är inte lämpligt just nu för oss att prata mer om det ämnet.

Samma sak hände när jag ville utforska detta ämne vidare i The Custodians. Utomjordingarna berättade mycket information, men det fanns saker de inte avslöjade, mest på grund av vilken effekt det skulle ha på den kanal som informationen passerade genom. När detta händer kan jag inte åsidosätta dessa direktiv, och jag skulle inte vilja göra det heller.

D: *Okej. Men jag har fått höra att utomjordingarna hjälper vår regering med sådana experiment. Är det sant? (Ja) Godkänner de vad som pågår?*

C: Vad utomjordingarna gör är att kontrollera det och hålla det på en nivå där den mänskliga rasen inte kommer att förstöra sig själv.

D: *För de vet, mer eller mindre, hur detta fungerar, eller hur?*

C: Ja, det vet vi.

D: *Jag undrar om mänskliga vetenskapsmän kommer att lyssna på dem, eller om de gick sin egen väg?*

C: Vi har sätt att låta vetenskapsmännen förstå att det finns gränser.

D: *Och jag antar att dessa experiment görs på hemliga platser.*

C: Ja. Över hela planeten. Men vi hjälper i stort sett till att hålla ett lock på det, så att det inte förstör jorden.

D: *Tror du att vetenskapsmännen kan få det att gå ur kontroll?*

C: Det skulle kunna hända. Det är en planet med fri vilja. (Hon verkade obekväm.)

D: *Det är okej. Du säger alltid till mig när du inte kan ge mig mer information, och jag respekterar det. För att återgå till Atlantis – Kan du berätta vad som hände vid förstörelsen? Var det en specifik händelse som kulminerade och fick det att sjunka ner i vattnet?*

C: Jag kan inte diskutera det idag.

D: *Varför inte?*

C: Det är helt enkelt inte en lämplig tid att diskutera hur det hände. Kanske, vid någon framtida tidpunkt, när den informationen kan släppas.

D: *Okej. Men efter förstörelsen, fanns det överlevande?*

C: Det var mycket förlust av liv vid den tiden. Jorden krävde en ny sådd.

D: *Jag tror på sådden, så det förvånar mig inte. Låt mig berätta en teori jag har, och du kan berätta om den är korrekt eller inte. Jag har ofta tänkt att det kan ha funnits överlevande som kom till Egypten och Peru och olika delar av världen, där vi har dessa stora monument. Och att de kanske hade med sig kunskapen om hur man gjorde dessa saker, som att arbeta med sten. Är det korrekt?*

C: Under Atlantistiden var vi i kontakt med människor på Atlantis. Och så i samarbete besökte varelser från Atlantis andra stjärnor. Och några av varelserna från Atlantis, som befann sig på andra stjärnor, hjälpte då till att så området där Egypten ligger, och där andra områden finns. Så därför har informationen och minnena från Atlantis fortsatt. Legenden började och har förts vidare eftersom varelser från Atlantis, som bodde på andra stjärnor, återvände, som frön i fysisk form.

D: *Men som frön, menar du ... fullvuxna. (Ja) För jag vet att i början började livet på cellnivå och utvecklades.*

C: Ja. Inte så vid denna tidpunkt. De där varelserna, kan man säga, tog en sabbatsår, tog semester från Atlantis och åkte till en annan stjärna. Och sedan, när Atlantis försvann från jorden, och andra områden kom fram, återvände de varelserna till planeten jorden för att starta livet igen. Många av de som återbefolkade jorden var tvungna att komma från andra stjärnsystem, eftersom det var en stor förlust av liv. Helt enkelt på grund av den explosiva naturen i vilket planeten försvann. Och det är allt jag kan säga om det. Kanske vid en annan tidpunkt, om det är lämpligt, och rådet tillåter den informationen, kan vi släppa den.

Vad Clara sa om att människor transporterades till andra stjärnor och återfördes efter katastrofen lät väldigt likt den information jag fick, som rapporteras senare i denna bok. Detta är en genomförbar plan för att evakuera en del av den mänskliga rasen i framtiden om det behövs. Tydligen har det hänt tidigare, och det kan också vara historien som upprepar sig själv. Utomjordingarna har alltid sagt att de inte skulle tillåta att den mänskliga rasen utplånas. För mycket tid och energi har investerats i dess utveckling. Om vi inte lyssnar på dem, kommer de att hjälpa oss trots oss själva.

Det oroade mig inte att Clara inte kunde ge mig information om Atlantis förstörelse, eftersom jag redan hade fått det från andra subjekt. Jag har haft allt detta i mina filer i flera år tills jag började sammanställa det för den här boken. Då upptäckte jag att jag faktiskt hade allt jag behövde. Det hade getts i bitar och stycken under flera år.

223

Vi hade fått ledtrådar om att den stora civilisationen måste falla på grund av deras missbruk av sina tankekrafter och deras försök att gå emot universums moraliska struktur genom att omskriva genetiken. Ändå misstänkte jag att något mer kraftfullt var inblandat för att skapa den verkliga katastrofen som sänkte Atlantis.

Denna information kom från bibliotekarien vid det stora biblioteket på andeplanet.

D: Kan vi få tillgång till filerna om Atlantis igen? Jag skulle vilja veta om den faktiska förstörelsen av Atlantis. Förra gången berättade han några av orsakerna till varför det förstördes, på grund av missbruk av tankekraft. Men vad sägs om den faktiska förstörelsen? Kan han visa dig något om det?

John: Ja, han visar mig djupa sprickor som bildas i jorden. Djupa sprickor, på grund av dessa kristaller. De använde denna kristallkraft och överförde solljus ner i marken och det orsakade stress. De försökte också borra i jordens smältkärna, och detta orsakade mycket tryck som också bidrog till att förstöra ön. De borrade in i den smälta kärnan. Och denna smälta kärna exploderade, och det är därför saker och ting exploderade.

D: Varför gjorde de det?

J: De letade efter en annan energikälla, istället för bara solen.

D: Så de använde solen med kristallerna. Hur borrade de i jorden?

J: Genom tung koncentration och tankekraft.

D: De hade utvecklat sina sinnen till en ganska hög grad. (Ja) Och vad hände sedan? Du sa att de skapade dessa sprickor i jorden från båda dessa källor, kristallerna och deras tankekraft?

J: Kometar hade också något med det att göra.

D: Vet han varför?

J: Nej. Han visar bara att kometer var i himlen och förebådade att denna händelse skulle inträffa. Vetenskapsmännen borrade genom den fasta stenen ner till den smälta kärnan. Detta skapade ett enormt tryck på jordens smälta kärna. Men det påverkade också alla planeter, inte bara kontinenterna på själva jorden.

D: *Menar du planeterna i vårt solsystem?*
J: Rätt. Eftersom detta släppte ut en massa hög energi, och det var därför Atlantis sjönk.
D: *De lekte med något de inte förstod?*
J: De förstod inte kraften bakom den smälta kärnan.
D: *Så kometerna hade inget att göra med detta?*
J: Nej, men de var närvarande i himlen för denna händelse.
D: *Och vad hände sedan?*
J: Det skapade sprickorna genom detta mentala borrande. Och vad som undkom var den inre smälta kärnan, vilket rubbade världens balans, och detta är varför det sjönk.
D: *Som ett vulkanutbrott?*
J: Rätt. Det var en jordskiftning.

Efter att John vaknade upp berättade han vad han kunde minnas som inte spelades in på bandet. Som vanligt var det tydligaste minnet det sista vi diskuterade.

J: De visste om astrologi. De hade bemästrat den konsten. Kometerna som dök upp varnade dem för att de inte borde leka med att söka denna energikälla från jordens centrum. Ändå fortsatte de att borra i jorden med hjälp av mental kraft. Föreställ dig ett borr som går ner i jorden. Och när det träffade denna smälta kärna orsakade det en enorm mängd energi att släppas lös. Det orsakade vulkanutbrott. Och det är som om något bubblade och sprack upp till ytan. Du vet hur det kan bubbla och spricka upp till ytan och sedan...?
D: *Jag tänkte att det måste ha varit som en vulkan, men tydligen var det mycket kraftfullare än så.*
J: Åh, ja, det var mycket kraftfullare. De insåg inte att de inte kunde kontrollera denna energi.
D: *För att stoppa det, menar du?*
J: Rätt, det var för kraftfullt. Det var som en vulkan, men det var som en miljon gånger kraftigare. Det slet sönder hela ön. Han var väldigt motvillig att berätta för mig. Jag tror inte att han ville att folk skulle få idéer om att göra det igen.
D: *Det har talats om att borra in i jorden med maskiner.*

J: Ja. Han var verkligen motvillig att jag skulle prata om det. Jag kunde gå in på det mer, men det var som "ämnet avslutat, filen stängd". Det var tillräckligt.

Mer information hittades i Phils sessioner när han fick kunskap om historien från Planet of the Three Spires.

D: *Kan du se vad som orsakade förstörelsen av Atlantis?*
P: Det finns många faktorer här som är både uppenbara och icke-uppenbara. Men vi känner att den fysiska aspekten kanske är mer relevant för vad du frågar om. Förstörelsen var mångfacetterad. Men den mest dramatiska var förstörelsen av själva landmassan i en katastrof av vulkanisk aktivitet orsakad av jordbävningar. Majoriteten av denna förstörelse förstärktes av de som var den styrande klassen vid den tiden. Folket hade fått förmågan att förstöra sig själva genom att använda många olika former av energier. Det fanns många olika typer av energier tillgängliga. Och de missbrukade dem helt enkelt, vilket ledde till att det uppstod många disharmoniska krafter i den delen av planeten.

D: *Jag undrade om orsaken var naturliga fenomen eller om folket hade en roll i själva förstörelsen?*
P: Majoriteten av förstörelsen var ett resultat av okunskap och dumhet. Men på någon nivå fanns det en medvetenhet om att sådana handlingar skulle få konsekvenser. Ändå ignorerades dessa konsekvenser till förmån för den omedelbara så kallade vinsten av sådana handlingar.

D: *Men du sa att de använde energier, och dessa typer av energier var en del av orsaken till vulkanutbrotten och jordbävningarna?*
P: Det är korrekt. Det fanns energier från kristallerna som fokuserades så att jordens kraftlinjer skars av. Så att det lim, så att säga, som höll ihop den delen av jorden, bröts. Och det fanns disharmoni som resulterade från denna förstörelse. Och sedan följde katastrofen.

D: *Betyder det att de inte förväntade sig att detta skulle hända?*

Den Invecklade Universumet ~ Bok Ett

P: Det fanns de som varnade för att sådana handlingar skulle orsaka en sådan reaktion. Men majoriteten av människorna som fattade besluten vid den tiden var blinda för sin egen känsla av att inte behöva svara inför naturens och Guds lagar. Och de agerade på sätt som orsakade mycket förstörelse.

D: Så de lekte med saker de inte borde ha gjort, med andra ord.

P: De lekte med saker på sätt de inte borde ha gjort. Inte att de lekte med saker som de inte borde ha.

D: Så det slog tillbaka och slutade med att de förstörde sig själva och deras värld vid den tiden?

P: Det är korrekt.

D: Jag undrade om Atlantis var en så perfekt plats och utvecklade sådana enorma förmågor, vad hände då som ledde till dess fall?

Brenda: Vad som hände var – så gott jag kan se – en oförutsedd naturkatastrof. Och denna naturkatastrof var så omfattande att den kastade allt i kaos. Det verkar som att det främsta som hände var att de utvecklades riktigt bra och att det fanns en liten grupp som ville ha mer makt än de borde ha. Men de hade egentligen inte utvecklat någon betydande problematisk makt än. Som Atlantis var beläget, låg det på två olika tektoniska plattor. Och spänningen mellan dessa två plattor blev så stark att de fick en stor jordbävning. Jag menar, mycket stor, till den punkt då när marken sprack, sprack den hela vägen genom jordskorpan och magman och lavan började välla upp från den, inte från en vulkan utan från jordbävningen. Och den var så våldsam att den kändes över hela världen. Den kollapsade byggnader på båda kontinenterna. Den förstörde helt Atlantis till smulor, som denna person skulle säga.

D: Jag har hört en historia, och jag visste inte hur sann den var. Att gruppen som ville ha makt använde den största kristallen eller något liknande och att detta var en del av det.

B: Det bidrog förmodligen till jordbävningens våldsamhet, eftersom det var instabilt och redo att gå när som helst. Och de trodde att de skulle mixtra med vad de kunde göra, och det satte igång jordbävningen värre än vad det annars skulle ha gjort.

D: Ser du om det är därför kontinenten sjönk?
B: Den sjönk inte helt. Den sjönk, men i århundraden därefter kunde skepp inte navigera på det havet på grund av gyttjeförråden som var i vägen. Det var för grunt för skepp att navigera hela vägen över. Och när plattorna rörde sig isär, sjönk gyttjeförråden gradvis tillräckligt djupt för att skepp kunde ta sig över utan att gå på grund. Det finns några register om detta i era maritima annaler, som folk bara har avfärdat som något oförklarligt.

Detta skulle kunna förklara de gamla kartorna och sjömännens ovilja att segla ut långt bort. Det fanns många berättelser även på Columbus tid om monster och förlorade skepp. Kanske var detta bakom legenderna om skepp som föll av jordens kant, för när de seglade ut och inte återvände hade de verkligen fallit av. Folket hemma kunde inte veta att de kanske hade stött på grunden och sjunkit, eller fastnat och därmed dött av svält. Detta kan också förklara legenden om Sargassohavet eller Havet av förlorade skepp.

D: När det hände, var det som en sjunkning för folket som var på land?
B: Nej, det var förvirring och katastrof, med deras land som skakade galet och floder av lava som rann nerför gatorna. Och det var väldigt hemskt och folk sprang till havet och simmade ut i havet för att komma undan lavan och för att komma undan det skakande landet. Och de som flydde till havet drunknade eftersom den första jordbävningen orsakade tidvågor som kom tillbaka och studsade av kontinenten på båda sidor. Och tidvågorna svepte över resterna av ön och förstörde allt som inte redan hade förstörts av lavan och skakningarna.

Jag vill kommentera ett fall jag hade i New Orleans år 2000. En man regresserades till vad han beskrev som Atlantis, där han var medlem i en grupp präster. Det fanns en överstepräst över dem, och de använde kristaller för att försöka motverka de negativa influenserna från en annan grupp vetenskapsmän som var mycket dominerande.

Den Invecklade Universumet ~ Bok Ett

Det verkade som att den andra gruppen vetenskapsmän använde sina mentala krafter och sin tankekontroll på negativa sätt. Och de utförde också experiment på negativa sätt. Således försökte denna grupp präster motverka negativiteten genom att använda kristaller och rikta energi för att försöka neutralisera effekterna de skapade. Men prästerna hade problem. De hade en grupp kristaller, och dessa måste vara anordnade i en viss ordning eller mönster för att skapa den högsta graden av effektivitet, men det fungerade inte. De fortsatte att omorganisera kristallerna och använda tankekraften, och det fungerade fortfarande inte.

Saker och ting blev gradvis värre, och landet upplevde en stor mängd seismisk aktivitet. Och de visste att kontinenten skulle sjunka. Jag frågade honom hur de visste det säkert, och han sa att det berodde på de negativa saker som den andra gruppen gjorde. Det skapade en obalans, och allt var starkt ur balans. Detta tillsammans med allt annat som hände skapade den seismiska aktiviteten. Och de visste att markbiten, ön eller vad det nu var, Atlantis, skulle sjunka. Så de beslutade att lämna kontinenten och åka någon annanstans.

Han sa att de lämnade i skepp och tog hela sin grupp med sig. Jag ville ha en beskrivning av skeppen, och de var väldigt märkliga att se. Han sa att de var som stora runda bubblor. De var ganska stora eftersom de kunde rymma så många som femtio personer i en. När de färdades i vattnet, var hälften av bubblan ovanför vattnet och hälften av den var under vattnet. Den del som var ovanför vattnet var genomskinlig. Du kunde se igenom den. Människorna var inne i dessa bubblor och de drev dem med kristaller och tankekontroll. De hade tagit kristallerna med sig, några av dem på varje skepp. Gruppen fokuserade sina sinnen för att skapa kraften som drev dessa bubbloskepp över havet. De var på väg till vad som senare skulle bli känt som Egypten.

När gruppen nådde Egypten kunde de använda kristallerna och bygga bostäder. De hörde aldrig vad som hände med kontinenten, eftersom de aldrig stötte på någon som överlevde och gjorde resan. Det fanns grupper av människor som bodde där och som var inhemska i området, utan några avancerade psykiska förmågor. Så de blandades inte ens med dem. De höll sig för sig själva som denna grupp av präster, och skulle fortsätta sitt arbete och starta en helt ny civilisation där med användning av sina kristaller och tankekontroll. De tänkte fortsätta använda avancerad vetenskap.

Detta var ett oväntat exempel på överlevande som kunde undkomma tragedin och bära med sig avancerad kunskap. De hoppades att skapa en ny civilisation som inte skulle dras till samma ytterligheter som den tidigare. Vem vet hur många andra som lyckades fly och åkte till andra kontinenter? Detta skulle vara en förklaring till uppförandet av monument och byggnader som våra vetenskapsmän inte kan förklara. Kunskapen fanns där, och gick förmodligen förlorad efter flera generationer. Denna möjlighet kommer att utforskas i nästa kapitel.

Kapitel Sju
Pyramidernas Mysterium

Varje gång jag har en person i den djupaste möjliga nivån av trance har jag många, många frågor. När jag blev medveten om att jag hade tillgång till en obegränsad källa till information tog min reporters omättliga nyfikenhet över och jag ville veta allt jag kunde om alla tänkbara ämnen.
Phil hade tillgång genom Tre Spirors Planeten.

P: Kunskapen finns inte på själva planeten, men är tillgänglig från planeten via kommunikationssystemet på planeten.
D: *Ett clearinghouse, skulle det vara ett sätt att säga det? En kontakt via kommunikationssystemet?*
P: Ja, det skulle vara korrekt.
D: *Sa du inte att jordens historia var tillgänglig från denna plats?*
P: Det är korrekt. Historien finns här. Historien är överallt på en gång. Den är bara tillgänglig för mig vid denna tidpunkt.
D: *Det har funnits många olika teorier om hur de antika pyramiderna i Egypten byggdes. Kan vi få lite information om det ämnet, tack?*
P: Dessa strukturer byggdes med hjälp av levitation, vilket återupptäcks i vissa områden på jorden idag. Flyttningen av dessa stenar utfördes med ren mental energi. Detta är lika möjligt idag, i denna stund, som det var vid den tiden. Det kräver total fokus och koncentration. Det fanns en grupp på fem till sju präster som var utbildade i denna vetenskap och många andra vetenskaper. Detta var bara en aspekt av deras träning. Kunskapen överfördes från Atlantis. Pyramiderna var en gåva av kunskapen från Atlantis.
D: *Var levitation den enda metoden genom vilken dessa stenar höjdes?*
P: Det fanns sång av toner som åtföljde detta. Det var också en religiös upplevelse.
D: *Jag har också hört att kanske vissa pyramider byggdes på ett annat sätt.*

P: Det finns mycket spekulationer i världen. Alltid när kunskapen inte finns om hur något byggdes, teoretiseras det att det byggdes på ett sätt som är vanligt för civilisationen vid den tiden. Det skulle inte vara naturligt att anta en byggmetod som skulle vara okänd vid den tiden. Det finns många sätt att bygga pyramider. Vissa är mer relevanta än andra.

D: *En annan person sa att hon såg att de hälldes, som vi skulle hälla betong idag.*

P: Vi ser att de huggades och skars och sedan lyftes med levitation. Men vi kommer inte att förkasta den informationen, för vi har inte fullständig kontroll över all information. Och detta kan vara helt korrekt. Från vad vi ser dock, var de stenar vi är bekanta med huggna och skurna på avlägsna platser och sedan transporterade genom telepati. Prästen skulle följa med stenarna under transporten och sedan levitera dem till den plats där de restes. Arbetet var mer mentalt än fysiskt.

D: *Så de transporterades också genom levitation?*

Jag hänvisade till transporten av stenarna, men Phil trodde att jag menade att prästerna också leviterades.

P: Prästerna transporterades på mer konventionella sätt, som i vagnar, men skulle följa med stenarna och hålla dem i sikte, så att de kunde hålla stenarna fast i sin koncentration. Stenarna transporterades från stenbrotten till platsen genom levitation och flyttades sedan på plats med levitation. Hela höjningen gjordes med levitation. De energier som användes och förlängdes i de stenarna under deras levitation lagrades. Varje sten lagrade en liten del, och så innehöll pyramiden som helhet mycket energi. Stenarna fungerar som kristaller på det sättet att de kan lagra mänsklig energi såväl som många andra energier.

D: *Du nämnde sång, musik. Vilken roll spelade det?*

P: Detta är en fysisk manifestation av den energi som fokuseras.

När jag arbetade på min bok Jesus and the Essenes, var det svårt att få information om vissa ämnen på grund av den extrema hemlighetskoden som esséerna levde under. Jag försökte ta reda på om de hade några metoder för att skydda sig från sina fiender. Det mesta

Den Invecklade Universumet ~ Bok Ett

jag kunde få veta var att det hade något att göra med ljud och att det inte fanns några vapen, eftersom de inte behövdes. Jag frågade också om byggandet av pyramiderna, men jag fick bara höra historier och legender som de hade i sin kultur. När en person blir regresserad till ett tidigare liv blir de starkt påverkade av den moraliska strukturen hos den personlighet de var vid den tiden. Därför var det ofta omöjligt att få personen att avslöja hemligheter.

År efter att jag hade arbetat med detta material, kom en annan kvinna i en annan del av USA med några av de saknade bitarna som den ursprungliga personen inte kunde, på grund av sina mentala restriktioner. Denna kvinna hade också varit medlem i esséernas gemenskap i ett tidigare liv, involverad i undervisningen av mysterierna, och kände också det extrema behovet av sekretess. Eftersom hon inte gick in i den fullständiga somnambulistiska trancen kunde hon behålla minnen av scener när hon återfick medvetandet. Hon sa att även i vaket tillstånd var det svårt att prata om dessa saker, eftersom hennes kropp spände sig och hennes hals försökte stängas. Detta var imponerande av hur djupt dessa restriktioner hade varit i det livet. Hon förstod medvetet anledningarna till gemenskapens sekretess och behovet av att skydda denna information, eftersom om vissa saker kom ut och användes felaktigt, kunde de orsaka mycket stress och skada.

Hon rapporterade informationen som förblev i hennes medvetande, "Jag såg denna dal där så många som hundra eller tvåhundra människor satt i rader. De använde ljud för att levitera en enorm stenkonstruktion och flytta den dit de ville att den skulle vara. Ljudet var mystiskt, heligt och samtidigt jordnära. Det var alla universums saker kombinerade. Ljudet skapades inte bara av rösten, utan åtföljdes av vissa typer av horn. (Hon var inte säker på vad hon skulle kalla instrumenten eftersom de inte liknade något hon hade sett i detta liv.) De var mycket långa, några var böjda och några var raka. De producerade långa klara toner, och detta gjordes i enhet. Det kombinerade ljudet upphörde aldrig förrän vad de än gjorde var avslutat. Med andra ord, ingen andades samtidigt, så ljuden kunde hållas konstanta. Antalet personer som deltog berodde på uppgiften. Ju svårare eller storskaligare uppgiften var, desto fler personer var involverade."

Levitation var inte det enda användningsområdet. Ljud kunde användas för många olika saker. Det fanns olika toner eller höjder som kunde göra människor maktlösa genom att orsaka medvetslöshet, eller få dem att bete sig galet, arga eller upprörda. Det var också möjligt att döda med ljud, även om esséerna aldrig gick så långt, eftersom att göra människor medvetslösa skulle tjäna samma syfte. De kunde också använda ljud för att göra sig själva osynliga. Det hade att göra med harmonik, den naturliga metoden för att hitta den matematiska ekvationen som får något objekt att ticka. Detta kunde göras av en person, men om det fanns en framryckande armé, skulle det krävas flera personer för att hantera det."

Detta påminde mig genast om Bibelberättelsen om Joshua och slaget vid Jeriko, där ljud fick stadens murar att kollapsa. Det är känt att ljud är kapabelt till sådana saker, som att en viss ton kan krossa ett kristallglas. Och vibrationerna från en marscherande grupp soldater kan få en bro att kollapsa om de inte bryter stegen.

Jag undrade varför detta kraftfulla vapen inte användes i senare tider när romarna attackerade och förstörde Qumran, och tillfångatog och torterade esséerna. Detta var tiden då Dödahavsrullarna gömdes i grottorna för att skyddas. Kanske visste de att det var dags för en epoks slut? Kanske hade de glömt hur man använde denna metod, eller hade inte lärt sig den? Vi kommer förmodligen aldrig att få veta det. I alla avseenden verkade det som om de forntida hade kunskapen om levitation genom ljud, som har gått förlorad för senare generationer.

Jag återvände till mina frågor om pyramiderna.

D: Byggdes alla på samma sätt?
P: Konstruktionen av pyramiderna blev mer komplex och – betydelsen är svår att översätta – men utvecklingen gick från enkel till mer raffinerad, samtidigt med prästernas instämning i sin religion. Det var mer som åstadkoms, mer möjligt med prästernas högre instämning. Detta var inte något som den genomsnittliga lekmannen kunde göra. Det krävdes många års studier och koncentrerad ansträngning för att uppnå detta. Detta var något som endast ett utvalt fåtal kunde uppnå genom år av studier.

D: Skulle det vara möjligt för människor idag att lära sig hur man leviterar?

Den Invecklade Universumet ~ Bok Ett

P: Svaret är ja. Det finns inga fysiska, mentala eller känslomässiga hinder för vem som kan ta emot denna kunskap. Den avgörande faktorn ligger i personen själv, om de vill följa detta och anstränga sig för att lära sig det.

D: *Vad sägs om den konstiga energin i pyramiderna som folk säger kan bevara saker?*

P: Energin är helt enkelt en energi som kan fokuseras genom människokroppen. Det finns energier som människokroppen inte kan fokusera, som skulle vara i otakt med den mänskliga upplevelsen. Så dessa pyramider håller inte denna typ av energi eftersom de människor som laddade energin i dessa pyramider inte kunde kanalisera den energin. Därför innehåller dessa pyramider energi som är särskild för den mänskliga upplevelsen. Materialet kan laddas av vilken människa som helst som fokuserar sin energi på det, precis som de som arbetar med kristaller mycket väl vet. Samma princip gäller här.

D: *Jag har läst att det finns förbannelser som dödar människor som bryter sig in i pyramiderna eller kränker deras begravningsplatser. Är detta sant eller är det bara människors fantasi?*

P: Detta är inte vad man skulle kalla en förbannelse, i den meningen att det finns hämndlystna entiteter i arbete här. Det är inte korrekt. Pyramiderna är fulla av mänsklig energi, mer än någon annan enhet eller anordning som för närvarande finns på jorden. När man går in i dessa pyramider träder de in i detta fält av koncentrerad mänsklig energi. De är nedsänkta och badade i den energi som är en del av personligheterna hos dem som laddade dessa stenar. Förbannelsen, den otur du talar om, är bara manifestationer av obalans i dessa människor som inte kan hantera denna energi. Och så orsakar dessa olyckor sig själva. En som är tränad, medveten och öppen kan gå in i dessa pyramider och ta emot mycket kunskap som lagras i själva pyramiden. Om man är öppen och mottaglig är dessa mycket psykiska platser. Ett psykiskt byggnadsverk, om du vill.

D: *Vad sägs om pyramiderna i Sydamerika? Byggdes de på samma sätt som de i Egypten?*

P: Dessa pyramider kommer från samma folk som migrerade från Atlantis under tiden för förstörelsen. Metoden som användes är identisk, eftersom detta var allmän kunskap på Atlantis. Dessa tempel användes för tillbedjan. Många, många år gick från den ursprungliga Atlanteiska upplevelsen tills dessa pyramider i öst och väst byggdes, och många idéer hade utvecklats i olika riktningar också.

D: *Men det var samma princip ändå. Vad sägs om pyramiderna i Mexiko, byggdes de också genom levitation?*

P: Det fanns en gradvis förlust av denna konst, och många civilisationer försökte kopiera denna byggteknik på mer konventionella sätt. Vi letar efter denna kunskap, som verkar indikera att dessa byggdes på ett konventionellt sätt genom broar och fysiskt arbete.

D: *Var det för att kunskapen var på väg att gå förlorad vid den tiden?*

P: Det var för att denna generation aldrig mottagit kunskapen och ville kopiera de strukturer de hade hört om eller sett. Det fanns pyramider på Atlantis. De är dock nedsänkta för tillfället. Dessa pyramider är ämnade att resa sig igen efter katastrofen. Kunskapen som lagras i dessa pyramider ska släppas till den grundläggande generationen, den nya medvetenheten som jorden nu integrerar. Denna kunskap kommer att hjälpa mänsklighetens utveckling vid den tiden.

D: *Vad menar du med katastrofen?*

P: Detta är en lös term som används för de många fysiska förändringar som nu sker och kommer att ske under de kommande arton kronologiska åren på denna planet. (Detta spelades in 1985.) Dessa grupperas löst under termen "katastrof". Detta ska inte betraktas som en enda gigantisk händelse.

D: *Kan du berätta vem som byggde de stora pyramiderna i Egypten och varför? Och hur de byggdes?*

P: Detta har givits i många tidigare kanaliserade sessioner. Detta är ett monument över den tidigare civilisationens prestationer, en milstolpe för deras framgångar. Ett symboliskt monument för deras förståelse av verklighetens natur. Det faktum att detta monument förblir ett mysterium indikerar för de efterföljande

Den Invecklade Universumet ~ Bok Ett

generationerna deras brist på förståelse. Vid den tidpunkt när detta monument förstås, kommer generationens teknologi att ha nått en tillräcklig nivå av medvetenhet för att få den efterföljande informationen, som pyramiden bara talar mycket lite om. Det är ett lackmustest för den generationen. Vid den tidpunkten, när denna generation har nått tillräcklig förståelse av pyramiden, kommer mer information att ges. Så att de högre energierna, som ansvarar för spridningen av energi, kan uppfatta att den skapande strömmen på planeten vid den tidpunkten har nått en tillräcklig nivå av förståelse, så att de kan få den återstående informationen som finns tillgänglig. Tills den fullständiga förståelsen av pyramiden har uppnåtts, skulle det vara för tidigt att tillåta spridningen av den information som har hållits tillbaka.

D: *Jag var intresserad av hur dessa pyramider byggdes. Kan du se det?*

P: Kan du se det? (Skratt) Det har redan spekulerats om att det skedde genom levitationsmedel och elektromagnetisk framdrivning av många olika slag, inklusive användning av toner och mental resonans. Att vidare utveckla detta skulle vara meningslöst, eftersom er förståelsenivå inte har höjts till den punkt där ni skulle kunna förstå det som vi skulle ge er. Därför, när ni genom era egna försök till förståelse har lyft er själva till den nivån, så att ni kan förstå dessa högre ordningars verkligheter, då kommer ni att ges en mer fullständig förståelse. Ni måste bygga er grund innan ni kan bygga ert hus.

D: *Det låter vettigt. Jag har hört att det gjordes med hjälp av musik. Skulle det vara i linje med vad du sa om toner?*

P: Musik i betydelsen toner, inte i betydelsen sång.

D: *Blir dessa toner mer genomförbara med våra syntar idag? De är kapabla att generera toner som vi inte kunde generera tidigare.*

P: Inte på det sättet som du tänker på i form av enkla ljudvågor eller vibrationer. Men begreppsliga realiteter, tankens ton - ditt mentala energifält resonerar på en viss frekvens. Det är konceptet med en ton – att din mentala energi inte är ett slumpmässigt brus, som många nu verkar på. Men att din mentala energi kan fokuseras så att den resonerar på en specifik frekvens eller ton. Inte brus eller ens harmoni. Även om många ackord av mental energi är möjliga med den vidare insikten om begreppet mentala toner. Dessa

Den Invecklade Universumet ~ Bok Ett

mentala toner i samklang genererar en enorm kraft som bokstavligen kan dela jorden i två, om tillräckligt många varelser samverkar i en gemensam ansträngning. Det skulle vara som förstörelsen av Atlantis igen.

D: *Skulle detta stämma överens med vad vi har fått höra om hur utomjordingarna kan driva sina farkoster? Genom mental koncentration.*

P: Det är korrekt.

D: *Är det samma energi?*

P: Inte samma energi, men samma koncept, dock tillämpat i en annan form.

D: *Fungerar pyramiderna endast som monument, eller fyller de ett användbart behov i naturens energisystem?*

P: De är ett psyko-reaktivt element av energin på er planet. En slags stimulans för dem på er planet, som genom sina egna handlingar försöker höja sin medvetandenivå till den nivå som pyramiden resonerar med. Det var en stimulans, inte bara i begreppsliga termer, utan även i reaktiva termer. Energierna på er planet förstärks av att man stämmer in på och försöker förstå de konceptuella realiteterna hos dessa pyramider.

D: *Är det sant att pyramiderna också fungerar som energisändare till andra planeter, eller till och med andra galaxer?*

P: Det är korrekt. De energiströmmar som når er planet fokuseras av denna geometriska design, mycket mer än vad konceptet av "perfektion" ens kan närma sig. Dock överträffar detta det fyrfaldiga begreppet "perfekt" så att resonansen av denna perfektion sträcker sig bortom tredimensionella realiteter. Den mest absoluta sanningen som kan uppnås på era lägre verkligheter sträcker sig bortom era tredimensionella verkligheter. Denna sanning känns av på andra områden i er galax. De energier som strömmar till och från er planet styrs eller homogeniseras av denna sanning. Sanning fungerar på något sätt som ett polariserande filter. Dessa begreppsliga analogier är dock otillräckliga i den mening att de i er förståelse saknar gemensamma nämnare. Men vi försöker helt enkelt hjälpa dig att förstå, i termer som du kan uppfatta, att sanning inte bara är en abstraktion. Det är en verklighet. Sanningen är mycket mer verklig än abstrakt och kan utnyttjas. Sanningens koncept, på dina villkor, är helt enkelt

238

abstrakt. I verkligheten finns det en sann orsak och verkan av det du kallar "sanning". Denna sanning blir då något som ett filter, eller kanske till och med en reflektor. Ungefär som du kanske reflekterar en laserstråle. Lasern som är det koherenta ljuset från en viss våglängd eller spektrum, reflekteras kanske från en spegel eller en seismisk apparat på din måne. Analogien här är att reflektion anordningen på din måne skulle motsvara denna pyramid. Och konceptet eller den konceptuella strömmen av sanning, universell sanning, reflekteras från denna pyramid. På din planet finns denna reflektor av högre sanningar, högre kunskap. Så att de som skulle vända blicken mot din planet kan se denna reflektion av sanning. Därför hade någon på din planet vid någon tidpunkt varit på denna högre sanning, din planet har då eller sålunda en reflektor av högre sanning. Återigen, sanningen är mycket mer än enkel abstraktion.

D: *Jag tror jag fick mer av ett svar än jag planerat för. (Skratt)*

P: Pyramiderna användes som observationspunkter. Stjärnornas placering kunde beräknas genom pyramidspetsens närhet till en markeringsstjärna eller ett markstjärna. Vissa stjärnor tilldelades statusen som "markstjärna", och genom att placera sig vid en specifik punkt på pyramiden och titta upp mot spetsen och därifrån ut mot himlen, kunde man hitta markstjärnan eller var spetsen låg i förhållande till markstjärnan.

D: *Vad använde de denna information till?*

P: Det var för att tillåta kartläggning av himlarna såväl som att kartlägga tiden. Därigenom kunde man exakt veta var man befann sig i jordens omloppsbana runt solen.

D: Jag tänker på pyramiderna, och de i Peru och Mexiko. Monumenten som är gjorda av stora stenar. Hade de förmågor att resa dessa stenar som vi inte har idag under 2000-talet?
Clara: Nej. Ni har det. Ni använder det inte.
D: (Skratt) Det har jag fått höra. Det är tankens krafter som vi inte längre använder oss av då.
C: Det är korrekt.
D: Hur kunde de resa dessa stora stensymboler?
C: Låt mig ställa en fråga. Är den stenen inhemsk för den platsen?
D: Jag tror i vissa fall är den det, men i andra fall har de sagt att den måste ha transporterats en lång väg.
C: På många stjärnor och på många planeter skapar vi helt enkelt något till genom energi. Och stenarna kan bara skapas. De kan skapas från platsen. Men om vi har förmågan att skapa telepatiskt, eller bara materialisera genom ren energi, kan vi transportera den från vilken plats som helst. Men de stora pyramiderna skapades främst från det som var inhemskt för just det området. Så det kunde förvirra många människor, som det har gjort genom århundradena.
D: Jag har sett några där stenarna passar ihop absolut perfekt, utan någon form av murbruk eller cement. Och de är till och med böjda så att de passar ihop.
C: Ja. Det gjordes telepatiskt, helt enkelt genom att använda tanken. Tanken är skapandet av allt. Först blir det en tanke. Och i tanken hos dem som skapade strukturen enades de på ett sådant sätt att varje hörn skulle passa perfekt. Eftersom varje tanke passade perfekt med varje annan tanke. Och så, när varje tanke smälter samman och formar sig till den andra, blir det den andra, så att det passar perfekt i ett mönster eller en design som man väljer.
D: En del tror att det kan ha gjorts med maskiner som laserstrålar.
C: Tanken är den snabbaste lasern som finns. Varje block är en tanke. Så en tanke kan vara grunden. Ett block åt gången är en tanke åt gången. Och alla tankar tillsammans, och du kan säga att en telepatisk sten är en tanke. Så varje tanke, som är en telepatisk sten eller en fysisk sten – eftersom tanken kan bli fysisk – och varje placeras sedan en ovanpå den andra. En bredvid den andra. Hur mönstret än passar för att skapa.
D: Hur transporterades de eller placerades de ovanpå varandra?

Den Invecklade Universumet ~ Bok Ett

C: Genom tanken. Så min tanke är att skapa den här stenen. Jag kanske säger: "Jag ska ta den här stenen härifrån och placera den här." Det var en kollektiv konstruktion av många människor med sina tankar. Så min tanke är att jag har den här stenen att sätta här, och denna här. Tanken blir en verklighet. En levande varelse. En sten är en varelse. Det är bara en annan form av energi. Som du ser det, är det en massa som inte rör sig. Men allt är tomrum. Det är allt tomrum, och det är allt energi. Så därför, denna kollektiva grupp, med ett sinne och ett mål och ett konstrukt för att skapa, samlar dessa tankar. Och skapar en fysisk struktur.

D: *Så gruppmedvetandet var starkare än individen.*

C: Mycket starkare. Det är det alltid, när det finns ett mål eller en gemensam strävan.

D: *Jag har alltid trott att det kanske uppnåddes genom levitation.*

C: Du kan kalla det levitation. Genom dina tankar som leviterar, eller säger: "Okej, jag går över här och min tanke hugger ut den här stenen. Så jag kommer att skapa den. Jag ska ta den hit." Det är en bra analogi. Du kan säga, på ditt linjära sätt att tänka, att det faktiskt kan vara levitation.

D: *Jag har också fått höra att det kunde leviteras genom ljud.*

C: Det är en möjlighet. Tanken är mycket snabbare än ljudet. Tanken är snabbare än ljuset.

D: *Tror du att folk använde ljud senare för att de glömde hur man använde sinnet?*

C: Ja, ja. Folk blev så involverade i sina personligheter, och sina dagliga liv och händelser, att de började dra sig bort från källan. Dra sig bort från det som är. För att bli separata från Allt Som Är, och att bli individualiserade. Och så, som enskild person eller varelse, valde de separation från källan. Och med separationen från källan, så började de glömma att använda tanken. Och så började de finna andra sätt.

D: *Så det var möjligt vid senare tider att de använde ljud.*

C: Åh, ja.

D: *Var den ursprungliga gruppen, som använde gruppens tankar för att bygga pyramiderna, människor?*

C: Åh, ja. Mycket högt utvecklade människor.

D: *Var det dessa som du sa var överlevande från Atlantis?*

C: Tillbaka på jorden från stjärnorna.

D: Och de levde bara i dessa centraliserade områden, Egypten och Peru och Mexiko?

C: Ja, till en början. Och sedan vandrade människorna vidare för att upptäcka nya universum, för att upptäcka nya planeter, för att upptäcka nya länder. Och så, när de vandrade över landet, skapade de fler samhällen. Och vanligtvis var det mer än en person som gick, eftersom de ville ha sällskap, eller för att de ville ha skydd från vildmarken eller från de faror som kunde finnas där ute i de okända länderna bortom bergen eller vattnen.

D: Och till en början bar de med sig denna kunskap. (Ja) Men de behövde mer eller mindre gruppens medvetande för att skapa dessa stora monument. (Ja) Kan du berätta om syftet med den stora pyramiden?

C: Den är en förvaringsplats för kunskap, om allt som jorden är. Jordens mysterium och skapelsen av jorden finns i den stora pyramiden.

D: Försöker den bli en förvaringsplats som liknar den med de tre spirorna?

C: Den är en liknande förvaringsplats. Det kommer inte att omvandlas till det.

D: Många tror att måtten och orienteringen av hur den är placerad kan ge lösningar på mysteriet.

C: Det är sant, men det finns mer. Människan har förlorat förmågan att använda sitt sinne till fullo. Han använder bara en liten del av det som är tillgängligt för honom. Han måste öppna upp och acceptera att det inte finns några begränsningar, och utan begränsningar kan man gå bortom tid och rum. Och du kan känna till alla mysterier och all kunskap. Du kommer att ges mer information vid en framtida tidpunkt, eftersom pyramidernas energi återaktiveras, och nya förändringar kommer att ske i det området.

D: Hur kan människor få tillgång till den kunskap som finns i pyramiderna?

C: Människan är inte redo för det just nu. Han är inte tillräckligt öppen. Han går i en riktning där det är en grav. Han är inte villig att acceptera att det verkligen bär mysteriet om skapelsen av universum, och all kunskap om vad universum är. Jorden och universum, och stjärnorna.

Brenda: Kulturen hos folket som byggde pyramiderna var kopplad till Atlantis. Och de stenstrukturer de byggde var en del av deras vetenskaper. Och när Atlantis förstördes kunde dessa stenstrukturer inte längre fungera som de var designade att göra, eftersom den centrala delen av dem hade blivit förstörd tillsammans med Atlantis.

D: Hur var de tänkta att fungera?

B: Den närmaste konceptet jag kan hitta är en dator. De interagerade med varandra så att man kunde använda dem för att räkna ut himmelska ting. Men man kunde också använda dem för att manipulera kosmiska och jordliga energier, som gravitation och annat, för olika syften. De var komplexa enheter som kunde användas för många olika saker. Men de flesta av koncepten kan inte översättas till detta språk, eftersom de är saker som er civilisation inte har föreställt sig att göra.

D: Jag har fått höra att hemligheten fanns inom pyramiderna själva. Siffrorna och beräkningarna.

B: Ja, det stämmer. Pyramiderna var noggrant designade, särskilt de tre största i Egypten. Sättet de är placerade på och designade, måtten och varje möjligt mått, till exempel avståndet från spets till spets och vad du vill. Allt man kan tänka sig finns där, och inom dem finns alla matematiska formler som den civilisationen hade. Och det inkluderar många matematiska formler som er civilisation ännu inte har tänkt på. Det kommer att finnas några som kommer att upptäckas i pyramiderna, men det kan ta ett tag innan ni förstår dem och kan tillämpa dem. De kommer att hitta användningar för dem och ni kommer bara att tycka att det är något underbart. Pyramiderna är som en kondenserad behållare för all vetenskaplig kunskap från den civilisationen.

D: Vet du vilken energikälla som drev dem? Du sa att de inte kunde fungera efter att Atlantis sjönk.

B: Energikällan var själva jorden. Men anledningen till att de inte kunde fungera var för att de inte längre var balanserade för att kunna dra nytta av jordens energiflöde.

D: Vi har fått höra att de var begravningskammare för egyptiska kungar.
B: När civilisationerna förlorade kunskapen och inte visste vad dessa var, antog de att det måste vara begravningskammare. Och det var den berättelse som fördes vidare genom århundradena.

Bilder och hieroglyfer har hittats som tydligen visar byggandet av pyramiderna och slavar som drar stenar uppför jordramper för att placera dem på plats. Kanske var pyramiderna redan där och gamla vid tiden då dessa bilder skapades, och detta var folkets version av hur de trodde att de måste ha byggts. Kanske var de lika mycket ett mysterium på deras tid som på vår.

D: Det har aldrig hittats några kroppar där inne.
B: Det fanns aldrig några kungar begravda där.
D: Vad användes då rummen inuti till?
B: De användes för mycket mer komplexa ändamål än begravningskammare. Några av dem användes för att manipulera energier. Men de flesta rummen var till för att innehålla fler beräkningar och matematiska formler i deras mått och i deras förhållande till pyramidens mått.
D: Kan du se hur de byggdes med dessa enorma stenar?
B: Delvis genom manipulation av jordens krafter och delvis genom processen som du har hört talas om, att omvandla sten till vätska.
D: Samma metoder som de använde på Atlantis då. (Ja) Någon sa till mig att de trodde att de kunde ha använt musik på något sätt.
B: Ett av sätten de använde för att manipulera energier var den kontrollerade användningen av ljud.

En del av mina ämnen råkade oavsiktligt få tillgång till kunskap om pyramiderna när de regresserade till ett tidigare liv där.

Jag hade en session med Steve i augusti 2000 i New Orleans. Han hade en märklig upplevelse när han besökte den stora pyramiden i Egypten några månader tidigare. Detta var en av de saker han ville utforska när han var i trance.

Den Invecklade Universumet ~ Bok Ett

Han hade aldrig haft för avsikt att åka till Egypten och hade ingen önskan att se pyramiderna. Men när han och hans fru åkte till Schweiz för att besöka släktingar, hade de en överraskning åt dem. De hade redan arrangerat en resa till Egypten för Steve och hans fru för att besöka pyramiderna. Han ville verkligen inte åka, men kände att de inte hade något val. Överraskande nog hade Steve en enorm upplevelse medan de var där. Han kom ifrån sin fru och sina släktingar medan deras guide köpte biljetterna. Egyptierna var mycket selektiva och försökte särskilt hålla utlänningar ute. De tillät endast 300 personer om dagen att gå in i pyramiderna. Så deras guide stod i kö och köpte biljetterna åt dem. Sedan letade Steve efter resten av gruppen bland turisterna på Gizaplatån, så att de kunde gå in. Det var hundratals människor och många bussar. Mycket aktivitet.

När han gick över platån mot pyramiden hände något märkligt. Plötsligt var det som om han klev in i en slags tidsförvrängning. När han stod där och tittade runt var han den enda personen på platån. Han kunde inte höra något, ingen ljud. Och alla människor och bussar hade helt försvunnit. Han kände sig fortfarande likadan, ingen förändring, men när han tittade runt var han helt ensam. Och en enorm känsla kom över honom när han såg pyramiderna. Han fick en plötslig känsla av att han hade kommit "hem". Detta var "hem", och det var en underbar upplevelse. Han sa att det omslöt honom helt när han tittade på strukturen.

Sedan, lika snabbt som det hände, återgick allt till det normala när han fortsatte att gå mot pyramiderna. Det var ett plötsligt dån av ljud när ljudet kom tillbaka. Aktiviteten, alla människor och bussar och allt snurrade runt honom när han plötsligt återvände till nuet. När hans fru hittade honom bland folkmassan blev hon förvånad över att se att han grät känslosamt. De gick vidare in i pyramiden, vilket var en underbar upplevelse för honom. Men han kunde inte förstå vad som hände under den bråkdelen av en sekund. Tiden verkade stå stilla, och allt förändrades, och sedan återställdes igen.

Efter att Steve sattes i djup trance gick vi igenom en normal regression, och jag pratade med hans undermedvetna för att hitta svar på de frågor han hade begärt.

D: *När Steve åkte till Egypten och såg pyramiderna hade han en märklig upplevelse. Han vill förstå vad som hände vid den tiden?*
S: Det var en gåva. Han var där hans ande var som lyckligast. Mycket glädje.
D: *När han var på samma mark igen? (Ja) Vad hände? Han sa att det var en märklig upplevelse.*
S: Hans själ var så glad. Den ville uttrycka det. Därför var det en gåva till honom.
D: *Han sa att det var som om allt annat försvann.*
S: Ja, det gjorde det.
D: *Gick han faktiskt in i en annan tid under dessa minuter?*
S: Delvis. Medvetet, nej.
D: *Eftersom de andra människorna inte var närvarande.*
S: Nej, de var inte där. Det var för att ge honom styrkan att fortsätta.
D: *Varför var hans själ som lyckligast runt pyramiderna?*
S: Det går tillbaka till ett annat liv. Han var inblandad i byggandet av pyramiden. Han var en av huvudpersonerna som hjälpte till att konstruera den.
D: *Hur hjälpte han till med konstruktionen?*
S: Ingenjörsmässigt, genom placeringen av stenblocken.
D: *Hur gjorde de det?*
S: På olika sätt. Han ansvarade för ett av sätten. Det sätt som användes för att välja varje sten för dess placering. Det var en mycket komplicerad vetenskap.
D: *De måste ha passat ihop perfekt, eller hur? (Ja) Gjordes det med verktyg?*
S: Vissa verktyg användes. Men också mentala krafter.
D: *Hur gjordes det med mentala krafter?*
S: Hjärnvågor justerades med vibrationerna från stenen.
D: *För att synkronisera med varandra?*
S: Ja, genom ljud och mentala tankar.
D: *Gjorde han det ensam eller tillsammans med andra människor?*
S: Det gjordes med högt utvecklade människor. De utförde sina tekniker, och vi genomförde konstruktionen.
D: *Var dessa människor som bodde där på den platsen?*
S: Ja, de bodde där. De immigrerade dit.
D: *Du sa att det gjordes med ljud också?*

S: Ja. Det var en högfrekvent typ av ljud som kunde justera sig till stenens molekylära struktur och skära den på det sätt de ville.
D: *Skapades ljudet med något?*
S: Ibland, ja.

(Jag tänkte på ett musikinstrument.)

S: Det är som en stämgaffel. Det måste också göras med tanken. Utan sinnet har du ingenting.
D: *Kan du se hur instrumentet såg ut som de skapade tonen med?*
S: Det var långt, glänsande som metall. Det hade många tänder på sig. (Som om han observerade.) Och de rörde vid stenen med det.
D: *Var det stort?*
S: Nej, det var litet, men långsträckt.
D: *Vad hände när de rörde stenen med det?*
S: Ibland svävade den. Ibland sprack den. Det var mycket kraftfullt.
D: *Och det skapade denna ton när det rörde vid stenen?*
S: Ja. Ibland kunde du knappt höra det. Det var som en gnista, nästan.
D: *Men de andra människorna var tvungna att använda sina tankar tillsammans med det när personen rörde stenen med instrumentet?*
S: Ja, det stämmer.
D: *Kunde de förstärka kraften på det sättet? (Ja) Du sa att dessa högt utvecklade människor immigrerade dit. Varifrån immigrerade de?*
S: Vi är inte säkra.
D: *Så de visste hur de skulle visa andra hur det skulle göras?*
S: Ja. Men du var tvungen att kunna kontrollera dina tankar. Bara vissa kunde göra det, annars var det väldigt farligt.
D: *Varför skulle det vara farligt?*
S: Det kunde döda dig. Frekvensen skulle påverka dig på molekylär nivå. Du var tvungen att mentalt blockera den för att skydda dig själv.
D: *Du var tvungen att rikta den utåt? (Ja) Så om du inte hade rätt tankar, kunde den mer eller mindre studsa tillbaka på dig?*
S: I huvudsak, ja.
D: *Så bara rena eller rätt sinnen kunde rikta denna energi.*
S: Ja, bara de rätta sinnena.

Den Invecklade Universumet ~ Bok Ett

D: *Så alla inblandade i att rikta sinnesenergin behövde, så att säga, ha ett rent sinne?*

S: Ja, väldigt få människor kunde göra det.

D: *Om det fanns många arbetare, kunde de använda massmedvetandet från sina sinnen? (Nej) Det var tvunget att vara de som visste hur man riktade energin. (Ja) Och instrumentet hjälpte till att rikta den in i stenen?*

S: Ja, genom mental energi.

D: *Och du sa att de tog med sig instrumentet när de immigrerade.*

S: Ja, det gjorde de.

D: *Men detta var orsaken till att Steve kände sådan känsla när han återvände till den platsen.*

S: Ja. Det var en gåva för att ge honom styrka. För att stärka honom att fortsätta. Han var kapabel till mycket viktiga och kraftfulla saker i det förflutna. Och han kan använda samma förmåga nu, för sinnet är kraftfullt. Han kan göra vad han vill med sitt liv, men han måste lära sig disciplin.

Instrumentet som Steve såg var ungefär en fot långt. Det var gjort av en metall som var glänsande, som en spegel. De tunna tänderna fanns på instrumentets kropp, och ett kristallinslag fanns i handtaget.

År 2000 regresserade en kvinna till ett tidigare liv där hon var någon slags manlig ledare i Egypten. Hon stod i öknen på kanten av en stor stad och såg på byggandet av en stor struktur i närheten. Han var klädd i kläder som inte var avsedda för utomhusbruk, de var för lyxiga. Han hade gyllene remmar på sina sandaler och en tung gyllene krage med en inskription (solens strålar) runt sin hals. Den var tung, men han var van att bära den trots dess vikt. Han bar också en gyllene hjälm med fjädrar (liknande påfågelfjädrar) som stack ut från toppen. Allt detta var tungt och obekvämt i den heta solen.

Han beklagade sig över hur långsamt bygget gick. Han sa att alla var trötta, så trötta på det ständiga byggandet. Det var allt för härskarens ego, och det slutade aldrig. Han sa att byggnaden hade formen av en pyramid och att justeringen inte var helt korrekt, och att allt gick så långsamt. Härskaren byggde redan två andra pyramider, en var färdig och den andra nästan klar, men de hade redan börjat på denna tredje. Han tyckte att de borde ha slutfört de andra innan de började på den här. Folket var trött på det ständiga byggandet.

Jag frågade hur de byggde det. Han sa att basen var under jorden med vissa kammare och gångar som måste vara perfekt planerade. Denna del gjordes med fysiskt arbete eftersom "de" inte kunde ha kontakt med jorden. Naturligtvis ville jag veta vilka "de" var. Han sa att det var varelserna i skivan, som styrde hela operationen. Efter att basen hade byggts upp, konstruerades resten av byggnaden (ovan mark) med energi som dirigerades av skivan. Arbetarna bildade en obruten cirkel runt byggnaden. Energin riktades sedan från skivan till honom och andra, och vidare till arbetarna. Detta skapade en energicirkel som var tillräcklig för att lyfta de enorma stenblocken på plats. Det var viktigt att arbetarna hade renhet i sina kroppar (inga drycker osv.) så att energin kunde dirigeras genom deras kroppar. Efteråt skulle de inte minnas vad som hade hänt. De användes bara som kanaler, så att säga.

Problemet var ibland att skivan kunde sjunka för lågt. Den svävade normalt över var pyramidens topp skulle komma att vara. Detta var den plats varifrån energin dirigerades. Men om den sjönk för lågt kunde den slå några av arbetarna till marken och kasta dem ur cirkeln. Han visste inte om det skadade dem, men deras plats måste omedelbart ersättas, eftersom cirkeln behövde förbli obruten. Beskrivningen av skivan lät mycket som dagens observationer: glänsande grå metall med en mindre cirkel inuti den större. Energin kom från den mindre cirkeln. Jag frågade vad invånarna i skivan såg ut som. Han sa att han inte kunde se deras ansikten eftersom de bar en ovanlig typ av huvudbonad. Den var designad för att hindra människor från att läsa deras tankar och veta deras avsikter. Metallen var tjockare på den övre delen av huvudet, eftersom han sa att det var där tankarna emanerade ifrån. Hans egen huvudbonad var en kopia av deras, även om den inte tjänade samma syfte.

Trots att han skyllde det ständiga byggandet på härskarens ego, trodde han egentligen att det var varelsernas i skivan agenda. Det skulle byggas en serie på sju pyramider, och de skulle byggas i ett visst mönster. Konstruktionen hade pågått så länge han kunde minnas, minst 50 år. Han beklagade att folket var trött på det och tyckte att det var för mycket.

Pyramidernas slutgiltiga syfte var att rikta energi ut i rymden, vilket innebar att koordinaterna måste vara perfekta, och skivan dirigerade den exakta placeringen av stenarna. Konstruktionen blev enklare när den nådde toppen eller spetsen, eftersom det krävdes färre stenar. Efter att byggnationen var klar tilläts vanliga arbetare fylla i några av sprickorna och mellanrummen mellan stenarna, men även detta måste göras med precision. Han trodde att de borde ha slutfört en helt innan de började på en annan. De vanliga byggnaderna i staden byggdes på ett annat sätt och var grova i jämförelse. Arbetet behövde inte göras med samma intensiva noggrannhet. Att rikta energin för att höja stenarna var för intensivt för alla inblandade. Men det fanns ingen avsikt att trotsa dem i skivan.

Härskaren var en ovanligt formad man, väldigt lång och smal. Han måste ha varit gammal, men visade inga tecken på ålder. Mannen sa att han visste att han skulle vara död innan de sju pyramiderna var färdiga, men arbetet skulle fortsätta av andra. Han betonade att de i skivan inte kunde ha kontakt med jorden, och därför måste arbetarna utföra det fysiska arbetet. De stod i en obruten cirkel runt byggarbetsplatsen för att dirigera "jordens" energi, som tydligen samlades in och omdirigerades av skivan. Detta var den kraft som lyfte stenarna. Den dirigerades genom arbetarna och använde deras kroppar som "förstärkare". De skulle inte minnas något efteråt. Det var inte viktigt; de användes bara. Han visste vad som pågick, men användes också för att styra energin. Han sa att matematiker, astrologer och andra visa män användes för att justera pyramiderna. Det var nödvändigt för att kunna rikta energin korrekt ut i rymden. Han var en av de få som kände till pyramidernas syfte, men han visste inte exakt hur de skulle användas i slutändan. Varelserna i skivan hade bara kontakt med härskaren.

När jag försökte gå vidare i berättelsen hoppade kvinnan till ett annat liv. Eftersom jag gjorde sessionen för terapeutiska ändamål följde jag den linjen utan att återvända till berättelsen.

Det hade alla indikationer på att det ägde rum i Egypten, men det kunde ha varit Atlantis. Det är svårt att säga vilka pyramider som avses, eftersom det tydligen fanns många pyramider under den tiden. Några av dem kanske inte har överlevt till vår tid. I en annan session var en man närvarande under byggandet av en stor pyramid och var involverad i beräkningen av måtten. Han indikerade att den skulle användas som en kommunikationsenhet mellan Jorden och Sirius.

En annan session 2000 tog en märklig vändning, och även om den inte handlar om byggandet av pyramiderna, verkar den handla om ursprunget till ett annat mysterium som är förknippat med Egypten.

Efter att jag hade genomfört en regression med Marie kontaktade jag hennes undermedvetna för att ställa frågor. Hon hade gjort en lista över saker hon ville ha svar på. Hon hade haft en vision eller sett en scen av något som inträffade i Egypten. Åtminstone antog hon att det var Egypten. Hon såg sig själv i ett rum med någon form av märklig apparat.

D: *Kan du berätta något för henne om vad det var? Var det verkligt eller var det bara fantasi?*

Den Invecklade Universumet ~ Bok Ett

M: Det var verkligt. Det hon såg var bara en del av en större maskin. Och vi säger "maskin", men inte som vi känner till maskiner. Det var en kapslad energikälla.

D: Vad gjorde hon med den?

M: Hon var som en labbassistent egentligen. Bara personen som visste hur mycket av denna energi som kunde gå tillbaka in i en mänsklig livsform för att regenerera den. Det återgav faktiskt liv till döda kroppar. Och det var experimentellt.

D: Gjordes dessa experiment på Jorden?

M: De gjordes på Jorden, men inte av jordvarelser. De som visste hur man gjorde detta experimenterade på denna mängd människor. Jag vet inte hur de dog.

D: Vet du vilket land detta var, eller om det har ett namn?

M: Ordet "Targa" kommer.

D: Marie hade en känsla av att det var Egypten. Men du tror inte det?

M: Kanske var "Targa" gruppen. Det var i öknen, en civilisation som var lik Egypten, men det var inte Egypten.

D: Du sa att många människor dog på något sätt?

M: De är alla förkolnade kroppar. Och de ser ut som mumier. De är som de som du ser mumifierade under lång tid.

D: Uttorkade, menar du? (Ja) Men varför skulle de vilja återuppliva sådana kroppar?

M: För det fanns så få levande kroppar kvar vid den tiden. Något hade hänt. Och de behövde hitta ett sätt att få tillräckligt många livsformer tillbaka på planeten. För att ha tillräckligt många kroppar levande och aktiva.

D: Men kunde något sådant fungera?

M: Det fungerade.

D: De kunde reaktivera dem?

M: Ja. Men det fanns en inkubationsperiod, när du lindade in dem igen, som gav dem en kokong. Du tar detta kärnmaterial, för det var vad det blev. Det var bara uttorkat genetiskt material med benen.

D: De måste ha varit döda ganska länge, antar jag.

M: Ja, men inga kroppsvätskor. Och du lindar in dem på nytt, och ger dem en inneslutning för att återuppbygga sig själva.

D: De måste vara täckta?

Den Invecklade Universumet ~ Bok Ett

M: Helt inlindade. Och sedan kopplar du in denna slang som är ansluten till denna energikälla vid fötterna. Och du pumpar den. Det har ett pumpande ljud (hon gjorde dunkande ljud) som ett stort hjärtljud. Och pumpa tills du ser att bandagen börjar svälla. Och sedan låter du dessa paket, dessa inpackade kroppar, ligga där tills du behöver dem.

D: *Så det är lite som en form av suspenderad animation? (Ja) Men kunde de gå och röra sig när du behövde dem?*

M: Jag vet inte vad som hände efter det. Jag kan bara se att mitt jobb där var att linda in dem, återuppliva dem och placera dem i en förvaring.

D: *Hur förvarades de?*

M: På hyllor.

D: *(Jag fann det märkligt.) På hyllor? (Ja) Men jag har alltid haft intrycket att om inte en själ, en ande går in i kroppen så är den inte riktigt vid liv. Vad tror du om det?*

M: Nej, det finns en livskraft som aktiverar kroppens system. Det har inget att göra med själen.

D: *Är det mer eller mindre som en mekanisk eller robotisk varelse då?*

M: Du sätter igång systemet, men aktiveringen av intelligens och medvetande kommer senare.

** Den här informationen verkade antyda en mycket gammal och avancerad civilisation, och tekniken som beskrivs här var bortom vår nuvarande förståelse.

D: *Så dessa människor hade förmågan att göra dessa saker, men du var bara en hjälpare i det.*

M: Som en tekniker.

D: *Låt mig ställa en fråga till ditt undermedvetna som verkligen fascinerar mig. Kan detta vara varifrån idén om mumier kom senare i Egypten? Har du tillgång till den informationen?*

M: Ja, det stämmer. Men egyptierna visste inte. Det är nästan som att de fick det lite bakvänt. De hade inte utrustningen. De hade det kvarstående förhandskunnandet om lindning, och livets återvändande och fortsatt existens. Men de visste egentligen inte hur man skulle återuppbygga det. Och det är vad vi gjorde.

D: Så denna utrustning var inte tillgänglig för människorna som kom senare?
M: Nej, de hade kunskap om själsresor och efterlivet, och stjärnornas övergång. Men de visste inte riktigt hur man skulle återföra den fysiska kroppen.
D: Men de mindes från den tid när du var där att det kunde göras?
M: De visste att någonstans, på något sätt, var det möjligt, eftersom några av deras tidiga lärare var med oss. Och de visste, men de förlorade teknologin. De hade annan teknologi, men inte denna som kunde återföra livet.
D: Så de försökte återföra personen till livet. Och de trodde att det var så här det skulle göras.
M: Jag tror att de kom ihåg att vi packade upp kropparna som vi återförde till livet när det behövdes. De visste om det. Och därför antog de att lindning av kropparna skulle bevara livet. Men sedan visste de att något saknades.
D: Något de inte hade, en ingrediens, en kunskap. Men varifrån kom denna teknologi och kunskap ursprungligen?

** Den här diskussionen föreslog att kunskapen om att bevara och återuppliva kroppar, som fanns under en tidigare civilisation, föll bort när tekniken förlorades. Egyptierna hade bara kvar rester av förståelsen och kunde inte genomföra hela processen.

M: Människor som inte var från jorden. Jag var en arbetare för dem, men jag var inte en av dem. De var mycket, mycket effektiva och smarta. Och stora.
D: Stora människor? (Ja) Har du kunskap om vad som hände för att döda alla dessa människor?
M: Nej, jag vet inte. Jag är i det här rummet och gör mitt arbete.
D: Men de behövde återföra dessa människor eftersom det inte fanns tillräckligt med levande människor kvar. Något måste ha dödat många människor.
M: Ja, ett stort antal.
D: Och detta var ett sätt att snabbt återföra människor?
M: Eller för att rädda rasen.
D: De kunde inte bara skapa fler eller börja om?

M: Tydligen inte. Detta var mycket viktigt eftersom det var mycket arbete och tog mycket tid. Men det var också mycket andligt arbete.

D: Det var inte bara för att skapa arbetare. Det var inte den typen av motiv.

M: Nej, nej, nej, nej. Det handlade mycket om kärleken till dessa varelser och rasen.

Detta måste ha varit ett minne från en mycket gammal tid, eftersom det föregick egyptierna. Något katastrofalt måste ha hänt som dödade (brände) många människor. Det fanns inte lika stor befolkning på jorden som senare. Tydligen skulle det ha tagit för lång tid att vänta på att rasen skulle återbefolka sig själv. Kanske var detta en tillfällig lösning. Ett sätt att bevara människor och återaktivera dem när det var nödvändigt. Hon sa att det var det torkade genetiska materialet som lindades och bevarades. Vi vet att även en enda cell innehåller all genetisk information som behövs för att reproducera en identisk människa. Så de inlindade kvarlevorna av kroppar förvarades tills de kunde återaktiveras. Jag önskar att vi kunde ha fått mer komplett information om proceduren, men hon var bara en arbetare som utförde instruktioner och kunde bara rapportera vad hon visste. Det vore en logisk slutsats att när denna information gick vidare som ett rasminne visste efterkommande att lindningen och bevarandet av kroppar var nyckeln till att återvända till livet. De hade förmodligen minnen eller legender som gått vidare till dem om att dessa inlindade kroppar återfördes till livet eller återaktiverades efter en lång tidsperiod. Som det så ofta händer genom historien hade de partiell kunskap men inte tillräckligt för att upprepa vad dessa gamla varelser kunde göra. Senare förlorades orsakerna till lindning och bevarande av kroppar förmodligen, och det förvandlades bara till en ritual kopplad till livet efter döden.

Jag mottog mer information om mysterierna kring pyramiden och sfinxen när denna bok gick till tryck. Snarare än att fördröja publiceringen bestämde jag mig för att detta nya material skulle sättas

Den Invecklade Universumet ~ Bok Ett

in i bok två av The Convoluted Universe. Detta bekräftade för mig att min resa in i det okända fortfarande pågår. Jag har mycket mer att utforska.

Kapitel Åtta
Outförklarliga mysterier

Följande förklaringar av de olika mysterierna på jorden kommer från olika personer under flera år. Vissa av dem kan verka motsägelsefulla. Jag inkluderar dem här för att få läsaren att tänka. Jag lämnar det upp till läsarna att själva bilda sig en uppfattning. Det kan finnas element av sanning i alla förklaringarna, även om de kanske inte är hela sanningen. Allt beror på tolkningen av individen och deras förståelse av den information som mottagits.

NAZCA-LINJERNA I PERU

D: *Känner du till Nazca-linjerna i Peru?*
Phil: Det stämmer. Vad vill du veta om dem?
D: *Det finns ett mysterium kring var de kom ifrån och syftet med dem.*
P: De är mönster målade av en konstnär när han såg ner på denna planet. Han ville pryda denna plats eller punkt på planeten med sina konstnärliga färdigheter. Det var en manipulation genom telepatiska medel på avstånd. Från ett svävande fordon, men det ska inte förväxlas med ett utomjordiskt rymdskepp, för detta var ett fordon av jordiskt ursprung som drevs med anti-gravitationsmedel. Denna konstnär svävade helt enkelt upp till en utsiktspunkt högt över slätterna, och därifrån använde han sina telepatiska krafter för att rita dessa linjer. De är helt enkelt "klotter".
D: *Det finns andra saker förutom linjer, eller hur? På slätten finns också teckningar.*
P: Ja, det är detta vi syftar på, spindeln, apan och så vidare. Dessa är helt enkelt konstnärliga strävanden och har ingen särskild betydelse, annat än att de var en mans verk.
D: *Han lekte bara, så att säga?*
P: Ja, det stämmer.

Den Invecklade Universumet ~ Bok Ett

D: *En författare trodde att linjerna var gamla astronauternas landningsbanor.*
P: Haha! Vi finner detta underhållande, för vi ser denna konstnär med svart skägg och vit mantel i sin slags vagn. Vi ser honom tydligt nu, svävande över linjerna, tänkande, pausande, beslutar om sitt nästa drag. Det var lika viktigt som om han hade stavat "7-Up".
D: *(Skrattar) De trodde att detta var platsen där de gamla astronauternas skepp landade och lyfte.*
P: Det skulle inte vara korrekt. Utomjordiska skepp har inget behov av linjer av den storleken för att vägleda dem. Deras syn är ganska bra, och de skulle kunna landa på en femöring om den placerades på ökensgolvet.
D: *Tror du att utomjordiska skepp har varit där av nyfikenhet?*
P: För att observera linjerna? Kanske är det sant.
D: *Det har lagts mycket vikt vid dessa symboler.*
P: Ja, för det finns mycket missförstånd. Så naturligtvis blir det som missförstås antingen fruktat, eller om det också är mycket större än människan, mycket vördat.
D: *Har du någon uppfattning om hur länge sedan dessa teckningar gjordes?*
P: Vill du ha en tidsangivelse i kronologiska år?
D: *Ja, om du kan.*
P: Tolv tusen femhundra år. (12 500)
D: *Oj! Det var länge sedan.*
P: Inte direkt.
D: *Nåväl, det är det för oss. Så det gjordes av en person som levde under den tidsperioden.*
P: Det stämmer. En människa, en jordvarelse. Han var inte utomjordisk.
D: *Det måste ha varit en mycket avancerad civilisation om de hade svävande farkoster.*
P: Det är, i relativa termer till vad du talar om idag, korrekt. Det skulle vara avancerat i det avseendet. Dock skulle medicinerna och teknologin ni har idag höja er till Guds status på deras tid.
D: *Åh, så vi har saker de inte kände till.*
P: Det stämmer.
D: *Tja, det verkar som en så lång tid, och linjerna har inte visat några tecken på försämring eller ...*

Den Invecklade Universumet ~ Bok Ett

P: De är byggda av sten, vilket är mycket svårt att blåsa bort av vinden. Dessa är stenar som är placerade på ett sådant sätt att de bildar denna kontur. Det regnar inte mycket på dessa slätter.

D: *Har det inte skett några jordkatastrofer sedan den tiden?*

P: Naturligtvis, men inga som skulle ha utplånat dem, annars skulle dessa ha försvunnit.

D: *Jag trodde att om det hade varit några jordkatastrofer, skulle havet ha stigit över denna del och dränkt det med vatten.*

P: Det har inte hänt.

D: *Hade denna man med den svävande farkosten någon koppling till Atlantis?*

P: Kunskapen som möjliggjorde farkostens svävning var av samma kunskap som användes i Atlantis. Och mannen själv var av Atlantis härkomst. Det är ungefär så långt det går dock. Det har funnits andra kontinenter också, som du är väl medveten om, Lemurien eller Mu.

D: *Fanns dessa kontinenter innan denna tidsperiod då denna man levde?*

P: Samtidigt med. Denne man var inte ensam, för det fanns en civilisation där vid den tiden.

D: *Där Nazca-linjerna nu är belägna?*

P: Inte exakt på platsen, men ner längs kusten, så att säga.

D: *Det finns också märken på sidan av en klippa inte långt därifrån längs kusten.*

P: Fler klotter, för han var mycket uppfinningsrik. Det fanns andra linjer som drogs, men som har gått förlorade för elementen. Dessa däremot har bevarats tack vare deras position och relativa skydd mot elementen. Det fanns många konstnärer som konstruerade stora svepande mönster av magnifika strukturer med denna metod. Dock har dessa gått förlorade i tiden på grund av elementen.

D: *Vet du var Nazcalinjerna i Peru kommer ifrån?*

Brenda: De är mycket gamla nu. Och de är inte lika tydliga som de en gång var. En grupp besökare från en av civilisationerna som ville

Den Invecklade Universumet ~ Bok Ett

hjälpa oss, ville observera mänskligheten, men de behövde en plats för att landa sina större skepp och bara använda mindre skepp för att resa på Jordens yta. De valde ett område som var övergivet för att använda det som deras operationscenter. Så de använde energistrålar för att skära dessa linjer i marken för att tjäna som riktmärken, så att de skulle veta var de skulle landa utan att avslöja sig genom att använda några energienheter. De kom in med alla energisystem avstängda och landade visuellt, så att de kunde hålla sin närvaro hemlig. Och därför sträcker sig de långa linjerna från ett bergstopp till ett annat, mil efter mil. De gjorde det med en energistråle medan de flög förbi första gången mycket snabbt. De var tvungna att göra det mycket snabbt för att inte bli upptäckta av andra. Figurerna av djuren och liknande gjordes av de olika piloterna på deras fritid när de inte var i tjänst. De använde energienheter med låg effekt så att de inte skulle upptäckas av den andra gruppen på Påskön. De observerade olika konstformer från de olika folken. Istället för att rita dem med ett handhållet verktyg på en skrivyta, för skojs skull och för att hålla sina flygfärdigheter i form, gjorde de det med energienheter fästa vid deras personliga flygfarkoster.

D: *Åh, ungefär som att leka, menar du?*

B: Ja. Deras flygningar där var mycket grundläggande, inget för att hålla sina färdigheter skärpta. De var alla extremt skickliga piloter, och de ville hålla sina färdigheter vassa. Det är som en musiker som behöver öva varje dag. Så de gjorde bara det. Och också för att lindra lite av tristessen.

D: *Så dessa figurer, spindeln och apan etc., hade ingen egentlig betydelse. (Nej) Det finns vissa forskare som har ägnat hela sina liv åt att försöka tyda dessa.*

B: Det ansågs vara en mycket roande punkt bland piloterna. De sa: "Någon gång kommer dessa människors forskare äntligen att komma hit och upptäcka dessa. Och de kommer att undra vad i all världen som hände här."

D: *(Skratt) Jag undrade varför de kunde överleva så länge, med alla jordförändringar som ägde rum.*

B: Eftersom de skars med energistrålar, påverkade det platsen där det skars på ett sådant sätt att det blev av mer permanent natur än det annars skulle ha varit.

Den Invecklade Universumet ~ Bok Ett

D: *Det finns en design på kusten som ser ut som en högaffel.*
B: Det var en av de saker de använde som ett slags riktmärkesfyr för att hjälpa dem att komma in visuellt. När de kom tillräckligt långt ner i Jordens atmosfär för att kunna upptäckas, var de tvungna att stänga av sina energienheter och de skulle cirkla runt jorden ett par gånger och komma ner i atmosfären. När de kom tillräckligt lågt för att se land, närmade de sig vanligtvis kusten. Och den figuren som var uthuggen på klippan skulle visa dem rätt riktning. De skulle flyga i den riktningen och sedan över dessa långa linjer som sträcker sig från ett bergstopp till ett annat, och då visste de att de var på rätt väg.
D: *Så det var en plats där de kunde landa och vara dolda. Är det vad du menar?*
B: Ja. När de landade var det mitt på en övergiven platå. Och det fanns inga människor och ingen annan där. Så de behövde inte oroa sig för att bli upptäckta, på grund av platsen. Så de visste att de skulle vara säkra. Och de kunde hålla skeppen redo att lyfta när som helst, istället för att behöva dölja dem.
D: *Fanns det några människor på jorden vid den tiden?*
B: Åh, ja! Åh, ja! Det fanns ganska många människor på jorden vid den tiden. Och det var flera civilisationer som utvecklades. Det var därför de observerade. För civilisationerna såg mycket lovande ut och de visste att mänskligheten hade en nyfikenhet och intelligens för att snabbt utvecklas till en livskraftig teknologisk civilisation. Så de gjorde observationsframstegsrapporter.

D: *Ett annat jordmysterium som vi är nyfikna på är Nazcalinjerna i Peru. Vet du vad jag talar om?*
John: Ja. Han tar mig dit nu. (I biblioteket) Han säger att dessa teckningar bara observerades från planetariska fordon. Detta var ett heligt område för Lemurierna också. Detta var en del av Lemuriens kontinent. Och dessa var landningsplatser där utomjordingar kom och hjälpte folkets teknologi på den tiden.
D: *Jag trodde inte att de var så gamla.*

J: Några gjordes av Lemuriernas ättlingar för att attrahera utomjordiska besökare igen.

D: Så när de ursprungliga utomjordingarna landade, fanns det inga teckningar där då?

J: Det är en lång historia av att de kommer och går, och kommer och går, och kommer och går. Och denna konst fördes vidare tidigt. Utomjordingar hjälpte till att göra dessa linjer. Det är därför de ser mer exakta ut från luften än från marken.

D: Vad var syftet med att göra dessa?

J: Utomjordingarna som kom till detta område, kom som besökare, som att åka på semester. Du vet, "Låt oss se en primitiv värld." Lite som när amerikaner skulle resa till Nya Guinea eller den australiska vildmarken för att vara med aboriginerna. Dessa utomjordingar skulle komma till jorden för att observera människor och atmosfären vid den tidpunkten och platsen. Och det har varit många landningar, även in i nutid, på denna plats. Detta är en del av världen där utomjordingarna välkomnas.

D: Har de någon betydelse?

J: De representerar olika djurfigurer, och till och med en som representerar människor. Det var de primitiva människornas mentalitet, att låta utomjordingarna veta att detta var deras folk och djur som välkomnade dem. Det var delvis gjort av de lokala människorna och delvis av ättlingarna från Lemurien. Detta har varit en mycket speciell plats för rymdfarkoster att landa under tusentals och tusentals och tusentals och tusentals år. De landade när det var en del av Lemurien och nu som det är en del av den sydamerikanska kontinenten. De har landat och de landar fortfarande i detta område.

D: Kan han visa dig hur djurdesignen gjordes? Vilken metod användes?

J: Det fanns en utomjording som använde en energistråle som kom från ett rymdskepp. Och detta riktades över marken. Och så gjordes det.

D: De raka linjerna, eller även designen?

J: Även designen. Men det gjordes från ovan i luften. Det finns en energistråle som kom ner. Och sedan fanns det en grupp människor och utomjordingar som följde dess bana. Linjen brände in i jorden och de skrapade bort det. Efter att den hade passerat över ett visst segment pulveriserade det jorden och de kunde flytta det på något sätt.

D: *Det har varit ett mysterium i åratal där människor försöker lista ut vad de symboliserar, eftersom de vet att de bara kan ses från luften. – Precis där nära kusten finns det en på sidan av en kulle som de kallar "gaffeln". Kommer den från samma tidsperiod?*

J: Ja. Det är för att välkomna dessa utomjordiska besökare. Det är precis som Hawaiiöarna erbjuder människor blommor när de kommer på besök. Dessa människor erbjöd dessa design för att välkomna besökarna från andra planeter, eftersom de var kända som helare och hjälpsamma för den lokala människan. De förde också med sig spannmål som majs och liknande. Dessa hybridiserades ursprungligen av dessa utomjordingar för att hjälpa till att föda dessa människor. Det var som en fredskårsuppdrag.

D: *Betyder det att majs och sådant inte ursprungligen kom från jorden?*

J: Det har hybridiserats för att passa jorden, ja.

D: *Vet du några växter eller mat som inte ursprungligen kom från jorden men som ursprungligen togs hit?*

J: Han byter fil, så att säga. Vissa av våra grödor hybridiserades av dessa utomjordingar. Han säger sockerrör, bomull, potatis, alla hybridiserades. De var jordväxter, men de förändrades kemiskt eller på något sätt av utomjordingarna. Särskilt hjälpte utomjordingarna de infödda att utveckla potatisplantan och majsen. Det var mycket viktigt. Andra utomjordingar arbetade med bomull i Indien och den delen av världen. De tog en befintlig planta och hjälpte till att omvandla den.

När jag besökte Peru för att se Maccu Picchu, berättade en shaman för mig att majs och potatis är mycket viktiga grödor i Peru. De har hundratals olika sorter.

D: *Jag har alltid varit nyfiken på bananer, om det kan ha varit en sådan. Den växer inte från ett frö, utan från en rot av plantan.*

J: Nej. Bananer existerade under Lemuriens tid. De var en av de populära frukterna. Många växter och djur hybridiserades av dessa utomjordingar från ursprungligt jordmaterial.

D: Jag var nyfiken på Nazca-linjerna. Kan du berätta något om dessa design?

Clara: (Lång paus, men hennes ansiktsuttryck visade att något pågick.) Jag behövde bara gå upp och titta på dem igen. Den ursprungliga avsikten med dessa var som ley-linjer. Det fanns denna stora gemenskap. Och dessa var särskilda linjer som varelser från andra planeter använde för att komma ner och bli guidade ner. För att landa. På olika platser på designen fanns olika samhällen, olika platser, som hamnar där de skulle komma och sätta ner.

D: Då bodde det människor på den slätten?

C: Ja. På olika platser. På platser, en bit från slätten. Men det skulle vara en hamn där de kunde gå, och de skulle sätta ner. Och dessa var som riktlinjer för att veta var dessa olika byar och olika platser var där människor bodde. De olika samhällena. Och några av dessa samhällen har inte upptäckts, som Macchu Picchu har. Vissa kommer aldrig att hittas, och vissa kommer att hittas. Men det finns några civilisationer, från millennier sedan, som inte har hittats.

D: Om designen överlevde, varför skulle inte ruinerna av samhällena överleva?

C: Det beror på att de inte fanns på den slätten. Det var ett slags förklädnad, där dessa byar fanns. Det var en luftport, man skulle kunna kalla det, där de kunde komma in och gå ner i rymden. Och sedan kunde de stora skeppen komma ner, och mindre skepp skulle komma ut. De kunde åka till byarna med de mindre skeppen, från det stora.

D: Jag tänker på spindeln och apan – byarna var inte belägna precis där.

C: Inte på spindeln eller vid apan, men på vissa platser bort från det. Det var en förklädnad för skeppen att kunna hitta en viss plats på apan. Och från den specifika platsen kunde de gå och hitta byn. Och från en annan plats på apan skulle det vara en annan by. En annan civilisation.

D: Jag förstår. Ganska likt en navigationsenhet.

C: Exakt. Tack. Ja.

D: De tror att gamla stammar gjorde dessa, och de vet inte varför. För att de inte kan ses från jorden.

C: Det är korrekt. De kan inte ses om du inte är uppe i luften. Så vem ... (paus) Jag blir nedstängd från att säga mer om det. Bara att det finns andra byar som aldrig har blivit upptäckta, aldrig undersökta.

D: Så det var inte de ursprungliga infödda som bodde där, som skulle ha varit väldigt outbildade. De byggde inte dessa saker.

C: Nej, det gjorde de inte. Det kom från en högre, mer intelligent källa än de infödda som bodde där runtomkring. Men de interagerade med denna intelligens.

D: Då antar jag att detta skulle ha varit för mycket länge sedan.

C: Ja. Mycket äldre än inkafolket. Mycket längre tillbaka, innan inka kom. Detta var för interaktion med byborna, eftersom de hade kommunikation, men byborna hade inte samma intelligens som varelserna från rymdskeppen. Men de hade interaktion mellan några av byarna. Det var en vanlig syn att se rymdskeppen komma och gå. Det var en avgörande plats på planeten för interplanctär anslutning. När de såg planeten jorden var det som en stor landningsplats. En plats där de kunde komma och ha skydd från att bli upptäckta. Deras interaktion att komma och gå. Och de gör det fortfarande, även idag.

D: De kommer fortfarande till den platsen?

C: Ja, det gör de.

D: Varför skulle de komma nu? Byarna finns inte längre där.

C: Det beror på att det har varit deras mönster. Och de kan fortfarande inte bli lika upptäckta när de kommer in och ut där, som de skulle bli på andra delar av planeten. På grund av den specifika geografiska platsen i de peruanska bergen.

D: Då antar jag att dessa design förmodligen skapades av utomjordingarna. (Ja) Eftersom de infödda förmodligen inte skulle ha haft förmågan att göra det.

C: Nej, det hade de inte.

Dessa olika versioner av ursprunget för Nazca-linjerna kan verka något motsägelsefulla. Men jag tror att de helt enkelt kan vara versioner från olika tidsperioder som sträcker sig över tusentals år då det fanns aktivitet i området från både utomjordingar och senare civilisationer. Kanske hade var och en något att göra med skapandet av de olika designen.

Översvämningslegender

D: *De säger att varje land i världen har en översvämningslegend.*
Phil: Mycket av informationen har överförts oförändrad och är ganska korrekt. Men inte allt. Översvämningslegenden är verkligen mer än en legend, men var baserad på verkligheter. Detta orsakades av omvälvningarna av landet. Atlantis sjunkande skulle kunna ses som en översvämning om det betraktades från perspektivet att vara på land själv.
D: *Jag undrade om det var relaterat till Atlantis. Skedde det samtidigt?*
P: Detta är en förklaring av hur detta kom till. För på vissa sätt var denna översvämning bara sänkningen eller sjunkandet av landet i några av dessa legender. Det fanns dock ett verkligt globalt problem orsakat av smältningen av polariskapslarna på grund av polära förändringar eller skiftningar. Med de polära skiftningarna skulle varje pol naturligtvis förskjutas, och så skulle det ske en förändring från en pol till den andra. Företeelsen har hänt mer än en gång.
D: *Skedde detta samtidigt som Atlantis sjönk?*
P: Ja, det är korrekt. Det hände, det var samtidigt. Detta var helt enkelt en av många fysiska manifestationer av denna orsak.
D: *Det har också sagts att något drastiskt måste ha hänt, eftersom dinosaurier har hittats med mat fortfarande i munnen.*
P: Det är korrekt. Förändringen var så snabb att den orsakade en lutning av jorden, inte riktigt på ett ögonblick, men med mycket snabb takt. Så snabbt att atmosfären förflyttades, och dessa vindar och luftmassor förblev något stillastående medan jorden lutade under dem. Och så dessa kallare arktiska vindar och luftmassor, som tidigare fanns över polerna, skulle mycket snabbt befinna sig över de länder där ett mer tempererat klimat fanns. Som du kan

föreställa dig, åtföljdes detta av fruktansvärda vindar när luftmassorna rusade över land.

D: *Hur var det med jordbävningar och andra fenomen (vulkaniska)?*
P: Det är korrekt. Många länder som tidigare var ovan vatten sjönk och mycket land som vid den tiden låg under vatten höjdes.

D: *Var hela jorden täckt av vatten under en tid? Eller är det bara en del av legenden?*
P: Det var, i förhållande till dessa berättelser, utbredda översvämningar. Det skulle dock inte vara korrekt att säga att hela jorden översvämmades. Det fanns de områden som var säkra från översvämningen. Men de var inte en del av den kända världen vid den tiden.

PÅSKÖN

D: *Det finns en liten ö som heter Påskön utanför Sydamerikas kust som har många, många gigantiska statyer. Folk har alltid undrat över deras ursprung.*
Phil: Vill du ha en förklaring? Monoliterna skapades av en ras av människor som tillhörde den atlantiska kulturen och som migrerade vid tiden för Atlantis undergång. Symboliken handlar om att blicka mot öst för att invänta den ras som skulle återvända.

D: *Är det därför de byggde dem så stora?*
P: Den fysiska storleken är ett uttryck för deras respekt för dessa människor eller varelser. Många gånger är det vanligt i människans natur att relatera storlek till respekt. Ett intressant exempel på detta är hur en filmstjärna som projiceras på den stora duken omedelbart blir älskad och vördad. Detta fenomen fungerar omvänt. De som hålls i hög aktning ges gigantiska proportioner. De som ges gigantiska proportioner hålls i hög aktning.

D: *Jag förstår. De görs större än livet.*
P: Exakt. Och det fungerar åt båda håll. Detta är hur fenomen som fanhysteri eller mani uppstår. Det är en särart hos den mänskliga rasen.

D: *Varför är statyernas ansiktsdrag överdrivna?*

Den Invecklade Universumet ~ Bok Ett

P: Detta är ett konstnärligt uttryck, ungefär som målningar överdrivs för att framhäva en aspekt eller ett uttryck.
D: De är så stora, folk har undrat hur de gjordes.
P: Samma teknologi var inblandad som användes för att bygga pyramiderna. Materialet formades något annorlunda från ett block. Det fanns användning av verktyg, såsom mejsling, ungefär som idag. Men transportmetoden var densamma. Den var telepatisk till sin natur och utfördes med tankeenergi.

Det fanns hattliknande block ovanpå statyerna en gång i tiden. Dessa har sedan dess fallit av. De var gjorda av en annan typ av stenmaterial än statyerna. Jag undrade vad syftet med dessa så kallade "topknutar" var.

P: Detta var något som gjordes för att tillgodose de människor som skulle sitta på toppen av dessa statyer och därmed blicka i samma riktning som statyn själv. Detta ansågs ge en kraft eller insikt till dessa präster, genom att de blickade tillsammans med avgudabilderna.
D: De tittade ut över havet och väntade på att de andra från deras ras skulle komma. Är det vad du menar?
P: De kände att genom att göra detta kunde återkomsten påskyndas. Att det var nödvändigt att energin sändes ut innan den skulle återvända. Statyerna pekade i den riktning som de skulle titta. Prästerna skulle då klättra upp på toppen och sitta på dessa stenar eller topknutar och därigenom rikta sin energi för att dra till sig dessa varelser. Ansträngningen var framgångsrik många gånger. De besöktes av varelser som var utomjordiska till sin natur. Skeppen skulle komma in från havet. Blicken, längtan, fungerade som en signal, som skulle indikera en önskan om att kommunicera, och så skulle ankomsten ske.
D: Vilken typ av farkoster kom in från havet?
P: Det fanns utomjordingar som använde svävare. Termen är svävare, för det finns många olika typer av farkoster.
D: Jag trodde att det kunde ha varit någon form av båt.
P: Inte som människor skulle förknippa, eftersom dessa svävade över vattnet och inte på det.

D: Vad hände med dessa ursprungliga atlantider? Stannade de kvar på den ön?

P: De skingrades över tid på grund av svårigheter och förändringar i jordens axel, vilket förändrade klimatet. Människorna eller infödingarna skingrades till andra delar av världen. De nuvarande infödingarna tillhörde indianstammar, som efter att klimatet hade återgått till sitt nuvarande tillstånd, migrerade till öarna och därmed fann dessa monoliter många generationer senare.

D: Självklart förstod de inte deras syfte, eller hur?

P: Nej, de trodde att stenarna var gudar i sig själva.

D: Jag har också hört att det fanns en form av skrift som hittades. Den har aldrig blivit översatt. Vilken stam skapade den, de första eller de som kom senare?

P: Detta var en skrift som skapades eller uttrycktes av folket som reste stenarna. En del av den skrift som finns i besittning idag är en instruktionsmanual om hur man leviterar. Idéerna är så abstrakta att de är oanvändbara för dem som skulle läsa dem, om de kunde. Det krävs en komplett uppsättning av abstraktioner och idéer som inte finns på jorden idag.

D: Stannade några av atlantidernas ättlingar kvar där och avlade för att komma fram till modern tid?

P: Egyptierna, rasen med olivfärgad hud, är de närmaste direkta ättlingarna i en fysisk linje. De med olivfärgad hud tillhörde den ursprungliga atlantiska stammen. Alla lämnade ön eftersom klimatet inte var gynnsamt för att stödja liv där vid den tiden. För jorden är en rastlös gammal kvinna som vrider och vänder sig, och så flyttar människor till olika områden.

D: Hjälpte utomjordingarna dem att lämna?

P: Det behövdes ingen hjälp, eftersom att segla på vågorna var en fast etablerad konst eller vetenskap.

Phil sa vid uppvaknandet att han kunde se prästerna sitta med korslagda ben på toppen av statyerna och titta på svävarna som kom in över vattnet.

Den Invecklade Universumet ~ Bok Ett

John var återigen i biblioteket på det astrala planet, och väktaren frågade vad han kunde hjälpa oss att hitta. Jag frågade honom om det fanns några restriktioner för vem som kunde komma till biblioteket. Han sa att det egentligen inte fanns några, men att själar med låg energinivå inte skulle komma dit. Förutom att de inte skulle vara särskilt intresserade av att söka kunskap, skulle de också stötas bort av skillnaden i energi som detta rike avger.

D: *Det finns många saker på jorden som anses vara mysterier som människor inte förstår.*
J: Det stämmer. Det finns många saker i himlen som också är mysterier. Han säger att det medvetna sinnet inte alltid kan förstå saker. Så på ett sätt skulle man kunna säga att det är en begränsning. Men människor i sitt övermedvetna tillstånd kan förstå saker som det medvetna sinnet inte kan förstå. Så på ett sätt, när man pratar om begränsningar, är det så det fungerar.
D: *Menar du att saker skulle vara för komplicerade?*
J: Ja. Han säger att du inte är på rätt energinivå. Du skulle inte ge en algebra-bok till en treåring som just börjat förskolan. Han säger att man inte gör det. Det är en del av hur vårt bibliotek också fungerar. En treåring skulle inte förstå algebra.
D: *Men ibland har de gett mig saker som jag inte trodde jag kunde förstå.*
J: Det är sant. Men kunskapen är till för att få dig att växa. För att få dig att förstå mer.
D: *Och för att öppna upp ditt sinne.*
J: Och för att öppna dig, ja.
D: *Vi försöker hitta några förklaringar till jordmysterier som människor inte förstår. Måste vi gå in i visningsrummet?*
J: Det beror på vilken information du vill prata om.
D: *Det finns alla de gigantiska statyerna på Påskön. Kan vi få information om dem?*
J: Han säger, ja, varsågod och kliv in i visningsrummet. Han säger att detta en gång var en del av Lemurienkontinenten. Och när Lemurienkontinenten sjönk, var detta ett heligt bergstoppsområde. Han säger att Lemurierna var stamfolk, men de kunde manifestera fysiska lagar. De kunde göra dessa statyer. Och förvandla dem till fasta material och flytta dem med mental

kraft och tanke. Och detta gjordes av deras shamaner, deras präster och ledarna för de olika stamgrupperna. Och när jordskiftet ägde rum, säger han att detta var en av de platser som lämnades kvar. Moderna forskare kan inte datera dessa saker eftersom stenen kommer från en primitiv period. Det finns något speciellt med denna typ av sten som är unik. Jag kan inte få fram ordet. Geologer tror att de vet åldern på dessa saker, men de vet egentligen inte. Detta är varför det är ett mysterium. Men de är rester från den antika Lemuriska civilisationen. Han säger att de går tillbaka cirka tjugo tusen år.

D: *Moderna forskare tror att statyerna huggits från sten som tagits från de närliggande bergen.*

J: Stenen togs från de närliggande bergen. Det är sant. Men de formades genom koncentration av energiformer. Stenen gjordes formbar genom energiriktning. Så att det var lätt för sten- och flintverktyg att arbeta fram dessa olika former. Det var som en kniv som skär genom smör. Det var väldigt lätt.

D: *De tror att stenen kom från ganska långt ifrån där statyerna nu står. (Ja) Hur transporterades de?*

J: Återigen användes telepatiska levitationsmetoder med dessa stenar. Det är därför det inte finns några spår.

D: *Det var några av dem som hade fallit omkull. (Ja) De vi ser nu verkar alla vara vända åt ett håll. De verkar alla vara vända ut mot vattnet, om de inte har blivit flyttade.*

J: Nej, de har inte blivit flyttade. Han säger att de var vända i den riktning där solen gick upp vid den tiden. Solen steg upp på en annan plats än vad den gör i dagens läge. Och de var i linje med det.

D: *Fanns det någon anledning till varför de var vända mot den uppstigande solen?*

J: Det hade en andlig och betydande religiös innebörd för människorna på den tiden.

D: *Vad representerade statyerna? De verkar alla se likadana ut.*

J: De representerar människans själar. Väktarna av vakttornet, så att säga. Detta har spårats genom historien. De är manifestationen av väktarandarna hos de olika stammarna av de forntida lemurianerna. Det fanns 136 olika stamklaner i det forntida Lemurien. Och dessa representerar olika fraktioner av dessa stamklaner, förfäder, så att säga. De var ganska primitiva människor enligt er definition, men de hade också stora andliga gåvor.

D: Det verkar som om de också hade stora psykiska krafter.

J: Ja, deras ledare hade stora psykiska krafter.

D: Statyerna verkar ha överdrivna drag. Fanns det en anledning till det?

J: Ja, det fanns en bestämd anledning. Så här såg människor ut vid den tiden. Människan har blivit mer förfinad under sin evolutionära process. Och i själva verket kommer han att genomgå ytterligare ett steg av förfining när vi går in i guldåldern av Vattumannens tidsålder. Han kommer att vara mer förfinad då.

D: Det fanns också något som vi kallar en "top-knut" som satt på toppen av statyernas huvud, som sedan har fallit av. Detta var gjort av en annan typ av sten.

J: Ja, detta representerar något som en andlig sladd. De skulle klä sitt hår på detta sätt. Ibland skulle de säga att de drogs ur det materiella universum genom sin "top-knut." (skrattar) Så detta var anledningen till att de hade dessa utsmyckade hårornament.

D: Det var en annan typ av sten än vad kroppen på statyerna var gjord av.

J: Ja, precis som håret har olika färger i ditt liv nu. Det fanns olika mönster som dessa människor trodde skulle hjälpa dem att dras ur sina kroppar. De trodde att ande-enheten — inte deras egen ande — universums huvudsakliga ande skulle tillåta dem att gå in i det astrala. Och sättet det gjordes på var att de drogs ut. Men detta är forntidens historia i er tidsperiod.

D: Det är därför det är så svårt för forskarna att förstå det. De tror att statyerna gjordes av en grupp människor som levde senare.

J: Dessa var kvar från lemurianerna.

D: Kom andra människor till denna ö?

J: Åh, ja, många människor kom till denna ö. Och de vanhelgade några av stenarna. De åt upp varandra. De var som djur av den lägsta sorten.

D: Dessa var inte de ursprungliga människorna.

J: Nej, dessa var inte de ursprungliga människorna från detta land. Faktum är att några av resterna av lemurianernas civilisation fortfarande fanns kvar när denna invaderande stam kom. Och de blev uppätna av dessa våldsamma krigiska människor.

D: *Överlevde någon av de ursprungliga ättlingarna?*

J: Ingen av dem överlevde. De blev fullständigt utplånade av den invaderande stammen. För du förstår, haven runt Påskön vimlar av djurliv, men det är väldigt svårt att upprätthålla liv på detta öområde. Och faktiskt fångade dessa krigiska stammar dessa människor och åt upp dem.

D: *Så dessa krigiska stammar är förfäderna till de människor som bor där nu?*

J: Ja. Folket som är ättlingar till denna krigiska stam. Lemurianerna var väldigt avancerade människor andligt och psykiskt jämfört med den moderna människan, men de levde primitivt. Jag menar, de hade inte de uppfinningar som vi har. De hade stadsliknande platser, men de byggdes av material som enkelt kunde ersättas, som palmfibrer och naturlig vegetation.

D: *Forskarna har också hittat rester av vad de hävdar är deras skrift, och de visste inte hur gammal den var.*

J: Dessa går tillbaka till de forntida lemurianerna och de fördes vidare av deras ättlingar. Och sedan blev ättlingarna till sist utplånade av de våldsamma stammarna. Du förstår, de våldsamma stammarna ansåg att de var god mat. De såg bara på dem som djur, men ändå fortsatte dessa människor gamla traditioner. Och några av deras siare skrev till och med om tiderna före. Och om den jordförskjutning som ägde rum och som splittrade Lemurien.

D: *Så de behöll skrifterna men de visste inte vad de betydde. Är det korrekt?*

J: Ättlingarna till lemurianerna visste vad de betydde.

D: *Men de andra människorna...*

J: Åh, nej, de var bara djur. De var krigiska. Shamanerna bland erövrarna uppfattade platsens andar, och kanske tolkade de några av skrifterna. Men de ... Jag vill inte prata om detta. De är för krigiska och de är för elaka och de är verkligen ... jag vill gå härifrån. Det han visar mig ... de är bara hemska människor. De skar ut hjärtat ur människorna. Åh, det är bara hemskt.

John sa när han vaknade att han såg dessa människor jaga lemurianerna. Han såg en av dem skära upp bröstet på en man och ta ut hans hjärta. Han fortsatte sedan att äta det medan det fortfarande slog. Inte undra på att synen äcklade honom.

D: Okej. Jag vill inte att du ska behöva titta på något som stör dig.
J: Väktaren säger, fortsätt.
D: Ja, byt ämne. Låt oss byta skärmen, så att säga. Låt oss visa något annat. Vi behöver inte titta på det där.

FÖRBUNDSARKEN

D: Det finns mycket skrivet i Bibeln om Förbundsarken, och det finns mycket mystik kring den.
Phil: Ja, vi är bekanta med detta område. Vi skulle be dig att se detta som en mottagare, en radiomottagare som kunde översätta eller ta emot meddelanden från en högre plan och omvandla dem till en fysisk nivå. Så att information kunde kanaliseras till dessa människor på ett sätt som möjliggjorde största möjliga noggrannhet i denna kanalisering. Eftersom det då inte fanns någon mänsklig medvetenhet eller medvetande genom vilken denna information skulle passera.
D: Menar du att de talade till människor på detta sätt?
P: Det stämmer. Det var ett muntligt meddelande.
D: Varifrån kom ritningarna för att bygga detta?
P: Detta var en gåva. Ritningarna gavs för att bygga förvaringen för detta. Det fanns hantverkare och konstnärer från stammen som använde sina talanger för att skapa denna förvaring, denna mottagare. Mottagaren själv var dock av en design som konstruerades av varelser som hjälpte till med den planetära evolutionen vid den tiden. Instruktioner gavs om var man skulle placera den färdiga produkten eller förvaringen, så att den skulle aktiveras utan att ses av dessa människor. För detta gjordes under mörkrets täckmantel. Folket instruerades var de skulle lämna detta Förbund eller Arken, och det aktiverades sedan med denna mottagare. Den attraherade energi från kosmisk kraft, som även idag omger planeten och fortfarande är tillgänglig för denna

användning. Du skulle vilja veta var denna Ark eller mottagare befinner sig för närvarande. Och det skulle inte vara lämpligt att avslöja dess plats just nu. Den är dock i goda händer.

D: Finns den fortfarande på jorden?

P: Vi skulle inte ge en plats just nu.

D: Enligt vår Bibel blev den farlig.

P: Det stämmer inte. Den hade blivit missbrukad. Den själv var inaktiv och inte mer farlig än ett grässtrå. Men dess användning för politiska syften eller vilken annan uttrycksform som än kan vara lämplig, fördärvade dess avsedda syfte.

D: I Bibeln står det att människor dog när de rörde vid den. Fanns det någon slags kraft inuti?

P: Det fanns en energi som bearbetades för detta goda, vilket skulle få en person att helt enkelt "checka ut", eller att dö på grund av överexponering för denna energi. Denna insistering på att döden skulle inträffa var för att förhindra att människor öppnade arken och upptäckte dess innehåll. Och även för att bygga upp en aura av skydd kring denna enhet, så att den skulle behandlas med fruktan och respekt.

Den här delen av bandet var mycket förvrängd, och transkriptionen blev omöjlig. Det lät som kraftigt, högt brus som helt utplånade Phils röst. Man kunde knappt höra mina frågor, men inte hans svar. Resten av frågorna om Förbundsarken och början av mina frågor om Bermudatriangeln var blockerade. Om det finns något sätt skulle jag fortfarande vilja använda denna saknade del om den kan tydas. Det kan nu finnas sätt med datorer att separera bruset från rösten. I slutet av den här sidan av bandet återvände ljudet plötsligt. När bandet vändes över var den andra sidan normal. Det här var en konstig upplevelse eftersom Phil hade sin bandspelare igång på andra sidan av sängen, och hans band var också omöjligt att transkribera. Om något hade varit fel med bandet skulle jag tro att båda sidor skulle ha påverkats. Också, om något hade varit fel med mikrofonen, varför fortsatte inte problemet när jag vände bandet?

En elektronikexpert sa att det kan ha hänt om bandspelaren placerades ovanpå en TV eller någon källa till elektroniska utsändningar. Men den stod på ett litet bord bredvid sängen, och det fanns inte ens en radio i närheten. Det skulle inte heller förklara varför ljudet plötsligt återvände. Om orsaken var någon typ av elektronisk signal skulle jag tro att båda sidor av bandet skulle ha påverkats. Detta har hänt sedan med andra subjekt. Jag har haft konstiga saker hända med min bandspelare, som om den påverkades av yttre energi (brus, tonfall som går in och ut, hastighet som ökar och saktar ner, två röster samtidigt, etc.). På grund av bandets förvrängda tillstånd skulle jag försöka sammanfatta vad som sades, vilket vanligtvis är omöjligt. Nästa vecka när jag började sessionen med Phil ville jag veta om de kunde berätta vad som hände.

D: *Förra gången vi besökte den här platsen ställde vi många frågor om Förbundsarken och Bermudatriangeln och fick mycket intressant information. Men av någon anledning spelades det inte in på bandspelaren. Vet du varför?*

P: Informationen som gavs bar med sig en energivirvel liknande den som beskrivs i orden. Och orsakade en virvel i detta omedelbara område, liknande den som beskrivs i berättelsen. Detta illustrerar kraften i suggestionen. För dessa energier som nu finns på planeten är av sådan natur att bara att tänka på dem skapar den tanken fysiskt. Detta är energiernas natur på den här planeten just nu, när vi går in i denna nya medvetenhetsålder.

D: *Menar du planeten Jorden eller planeten du talar ifrån? (Planeten med de tre spirorna)*

P: Denna fysiska planet här, planeten Jorden. Energin på denna planet nu är av den naturen att en tanke är en handling. Detta illustrerar försiktigheten som måste utövas vid användningen av dessa energier. För de är mycket kreativa.

D: *Jag visste att bandspelaren fungerade korrekt.*

P: Det är korrekt. Bandspelaren reproducerade troget det den tog emot. Och som du kan se har din bandspelare en medvetenhet som går bortom vad dina mänskliga sinnen kan uppfatta. Maskiner och utrustning som produceras på detta plan höjer också sin medvetenhet. Dess energinivå höjs naturligt, eftersom den är en del av denna jord och allt på denna jord hädanefter kommer att vara genomsyrat av dessa energier.

Jag sa att jag ville försöka igen och ställa samma frågor. För jag ville använda informationen men skulle vara tvungen att förlita mig på mitt minne eftersom jag inte hade en klar inspelning.

P: Du får fråga om du så väljer. Det finns ingen skada i att fråga.
D: *Jag undrar om det finns något sätt vi kan förhindra att det stör bandspelaren igen?*
P: Vi ska försöka fokusera tydligare de energier som begärs för kanalisering, och så hjälpa till att begränsa de energier som kanaliseras genom detta medium. Det kan dock bli en viss återgång av detta tillstånd, eftersom detta medium till stor del är ansvarigt för de energier som kanaliseras genom det. Han måste bli medveten om detta breda spektrum av energi och lära sig att begränsa det som passerar igenom. Detta är inte skadlig energi. Detta är helt enkelt energi som kommer igenom och manifesterar sig på din bandspelare. Det finns ingen fysisk skada i detta.
D: *Det är bara att maskinen kan uppfatta det.*

Jag fortsatte sedan att ställa frågorna om Bermudatriangeln och hoppades att denna gång skulle det inte bli något störning. När jag transkriberade det bandet var allt bra. Under mina många år med att arbeta med Phil hände det då och då ovanliga saker med bandspelaren, men inget så drastiskt som detta.

Under 1980-talet och in på 1990-talet fortsatte jag att ställa samma frågor till andra subjekt varje gång ett lämpligt tillfälle uppstod.

D: *Det har funnits berättelser om att Förbundsarken var farlig. Var det sant?*
Brenda: Självklart var det! Det var en energienhet.
D: *Berättelser om människor som skadades om de rörde vid den eller...*
B: Om de inte visste hur man skulle hantera den och inte var korrekt isolerade, ja, då kunde de skadas av den.
D: *Vet du vad som slutligen hände med Förbundsarken?*

B: Den fanns kvar i flera århundraden. Det är svårt att säga vad som hände med den eftersom det i slutet, innan den försvann, fanns mer än en Förbundsark. En föll av misstag ner i en ravin. De bar den på den ram som den transporterades på, och de korsade en smal bro över en ravin. En av männen snubblade av misstag och den landade i botten av ravinen.

D: Var detta under vandringarna genom öknen?

B: Efteråt. En förvarades i ett tempel i flera århundraden. Och när inkräktare kom in i landet var de tvungna att gömma den. En tredje existerar fortfarande, men den är gömd i hemlighet och bara en mycket liten grupp vet om den.

D: Jag visste inte att det fanns mer än en. (Åh, ja.) Existerade alla samtidigt, eller gjorde de en annan efter att den första föll ner i ravinen?

B: De gjorde den ursprungliga och de gjorde andra under senare århundraden. Det finns en som fortfarande existerar. Den som ligger i botten av ravinen är nu en del av en glaciär. Ibland ser människor den när isen smälter. Och den som gömdes är förseglad i en grotta, och jag kan inte se om den kommer att upptäckas eller inte. Den tredje som fortfarande existerar ligger i ett privat bankvalv.

D: Vet du i vilket land?

B: Det är svårt att säga. Ett västerländskt land med avancerad teknologi.

D: Om någon någonsin skulle hitta den i bankvalvet, skulle de veta vad det var?

B: Det är omöjligt för någon att stöta på den inne i bankvalvet, eftersom det är ett privat bankvalv. Det ligger på privat egendom tillhörande någon som är extremt rik.

BERMUDATRIANGELN

D: Har du någon förklaring till försvinnandet av skepp och flygplan i Bermudatriangelns område?

Phil: Många spekulationer har lagts fram, som är felaktiga i bästa fall. Detta område är en energivirvel, en stor och mycket kraftfull skapande virvel av de energier som nu finns på planeten. Detta oberäkneliga beteende beror delvis på de maskiner som ligger djupt under havet, inaktiva men inte helt vilande. Det finns i de stora energiflödena som passerar genom denna planet tillräckligt med kraft kvar från dessa maskiner för att orsaka en fokuseringseffekt som resulterar i dessa försvinnanden, så att säga. Detta är helt enkelt att passera genom en dörr till en annan verklighet. De är inte förlorade i fysisk mening, för de är fortfarande här, de är bara någon annanstans. Det finns tron att de har dött en naturlig död, men de är helt enkelt i en annan verklighet, på ett annat existensplan, i en annan tidsram. Detta är en böjning eller en dörr, om du skulle vilja använda den termen. Dessa människor skadas inte när de passerar genom, förutom psykologiskt, mentalt och känslomässigt av denna händelse. Deras fysiska energinivåer skulle ha höjts genom att passera genom denna dörr. Många skulle upptäcka att de hade blivit mycket telepatiska och klärvoajanta. Många har funnit sig själva i en verklighet där dessa övermänskliga förmågor är ganska normala. Deras manifesterade verkligheter är sådana att de passar in med dem de är med. Eftersom verkligheterna här kan vara ganska olika om sinnet var benäget att tro att dessa saker skulle vara möjliga. Då, så snart man trodde tanken att de kunde vara möjliga, skulle de bli verklighet. Det är helt enkelt en fråga om tro på vad som är verkligt och vad som inte är. Och det är vad som avgör vad som är verkligt och vad som inte är.

D: Det har rapporterats att flygplanens instrument blivit tokiga strax innan detta hände.

P: Det stämmer. Det finns en störning i detta magnetiska flöde. Detta är ett symptom på detta fenomen. Detta flöde är resultatet av en böjning av Jordens magnetfält och andra energier okända för människan vid denna tidpunkt. Instrumenten fungerar när dessa fält är i sitt normala tillstånd. Men i frånvaro av ett normalt tillstånd hos dessa fält fungerar inte instrumenten som de var designade att göra. För de fält som de arbetar på fungerar inte korrekt, så att säga.

D: De sa också att horisonten såg konstig ut, och ibland såg det de flög över annorlunda ut.
P: Många saker skulle självklart se konstiga ut, på grund av det ökande medvetandet. Inte bara från ett fysiskt, utan även ett inre medvetande. Och så skulle de saker som i denna verklighet är ganska stängda och osynliga, för det mesta bli väldigt uppenbara när medvetandet ökar och de inre planen börjar assimilera den information de får, och sedan vidarebefordra detta till det medvetna jaget.
D: Är denna böjning alltid där? Många flyger in och ut ur det området, och seglar in och ut utan problem.
P: Den är inte alltid där, det stämmer. Den varierar, den är oförutsägbar.
D: När dessa människor gick genom denna dörr, landade de någonstans?
P: Det stämmer. För det finns fysisk massa precis som i denna verklighet. De är fortfarande på jorden. Men de är helt enkelt i en annan verklighet, en annan tid, om du väljer att använda den analogin. De skulle passera genom "stormens öga", så att säga, och finna sig på en plats de aldrig varit förut. De skulle finna sig i en annan tid på jorden.
D: Skulle du veta om dessa människor hamnade i det förflutna eller i framtiden?
P: Det spelar egentligen ingen större roll, för det finns, för att vara helt ärlig, ingen dåtid eller framtid. Detta är helt enkelt ett koncept som skapats av människan för att låta honom uppfatta de händelser han kan förstå. Det skulle inte vara korrekt att säga att de har passerat in i det förflutna eller framtiden. De är helt enkelt "i en annan tid".
D: Jag trodde att om ett flygplan landade i det förflutna skulle det vara ganska överraskande för människorna vid den tiden. Så dessa människor landade förmodligen någonstans eller skeppen kom i land någonstans, men de var i en annan tid.
P: En annan dimension, kanske, skulle vara mer korrekt.
D: Men det måste ha varit skrämmande för dessa människor om de inte väntade sig det.
P: De blev utan tvekan mycket överraskade av denna dramatiska händelseutveckling. Men som vi kan uppfatta har de flesta anpassat sig ganska lätt och känner inget verkligt behov av att

återvända till det förflutna, så att säga. För många av dem har klivit rakt in i er framtid, där Kristusmedvetandet finns. Det är ett välkänt och observerat fenomen, som det är på denna sida. Människor här försvinner helt enkelt, människor där dyker helt enkelt upp. Det finns lika mycket mysterium för båda, vem dessa människor är och varför de fortsätter att komma hit. Och hur deras berättelser är ganska fantastiska för dessa människor.

D: *Det måste ha varit en överraskning för människor i framtiden att ha dessa människor plötsligt dyka upp.*

P: Ur framtidens synvinkel skulle det inte vara så mycket av en överraskning. Eftersom framtiden redan vet vad som har hänt i det förflutna. Det skulle helt enkelt handla om att inse att någon annan har passerat genom dörren. Och sedan att välkomna och hjälpa dessa människor att anpassa sig och acklimatisera sig till sin nya verklighet.

D: *Så några av dessa människor kan fortfarande leva, eller de kan ha blivit gamla i den tiden.*

P: Det stämmer.

D: *Finns det något sätt för dem att komma tillbaka?*

P: För närvarande verkar det inte möjligt, eftersom dörren är lite skev och inte kontrollerad, utan helt enkelt svänger med vindarna som blåser den, så att säga. Man skulle helt enkelt behöva vara på rätt plats vid rätt tidpunkt och hoppas att dörren svängde på rätt sätt. Detta skulle kräva kunskap som inte för närvarande finns på denna planet. De skulle troligen inte vilja återvända, även om de kunde. Eftersom det medvetande de nu befinner sig i får denna verklighet att verka som barn som leker med leksaker. För de är högt över detta plan vi befinner oss i här.

D: *Var dessa människor utvalda att göra detta, eller råkade de bara stöta på dörren, så att säga?*

P: I det stora kosmiska schemat, i det universella klockverket, finns det en anledning till allt som händer. Och så kan man säga att dessa händelser var baserade på en mycket giltig anledning. Men det skulle inte vara korrekt att säga att detta var planerat. För många saker händer i livet som inte är planerade, men som blir mycket lämpliga vid den tidpunkten. Det är helt enkelt en fråga om att de saker som händer är mest lämpliga vid den tiden. Och så skulle det ha varit mycket lämpligt för detta att hända dessa människor. För att ge ett exempel, kan det ha varit mycket lämpligt för några av dessa människor att avancera. Kanske var de redo att avancera så snabbt in i nästa plans medvetande. Medan vi måste slutföra denna fysiska inkarnation och sedan födas igen, och uppfostras till den miljö de befinner sig i. Dessa människor hade kanske inget behov av en sådan händelse. De var helt enkelt redo i sitt inre medvetande och sin träning för att detta skulle hända. Och så fann de sig själva vid den punkt där de behövdes.

D: Finns det något sätt som människor som går in i det området kunde ha en varning om att något sådant skulle kunna hända?
P: Det skulle finnas ett medvetande på de inre planen för att vägleda en. När man befinner sig i denna situation, kan det inte sägas att varningen inte gavs på de inre planen.

D: Du menar, inne i deras eget sinne eller vad?
P: Det stämmer. De skulle behöva lyssna på sig själva, vilket skulle vara lämpligt för hela livet, att vara i harmoni med sig själva och känna sig själva.

D: Det finns alltså inget fysiskt sätt att veta. De råkar bara vara på fel plats vid fel tidpunkt.
P: Inte helt, för som det har sagts, varning gavs. Men varningen hörsammades inte.

D: Men det fanns ett fall där piloter skickades ut för att leta efter några försvunna flygplan. De hade inget val, de var tvungna att gå och leta efter flygplanen.
P: Vi skapar våra egna öden. Och så skulle det vara korrekt att säga att dessa individer skapade omständigheterna för sina försvinnanden, på samma sätt som många väljer sina egna dödsfall. För alla väljer sina egna dödsfall.

Detta koncept utvecklas mer i min bok, Mellan döden och livet.

D: Finns det många av dessa böjningar eller fält på jordens yta?
P: Inte i numerära termer, nej. Detta är ett isolerat fall.
D: Du talade för en stund sedan om maskiner under havet som fortfarande delvis fungerade och att det var en av de saker som orsakade detta.
P: Det stämmer. Du kan visualisera en spegel, en gång en storslagen spegel, nu trasig. Och en bit av denna stora spegel hänger nu i en

tråd. Och när vinden eller vattenströmmarna leker med denna spegel, fångar solen som skiner ovanför ibland spegeln och lyser för ett kort ögonblick starkt och klart, genom luften eller vattnet, beroende på vilken analogi du väljer. Du kan se att detta är en slumpmässig händelse och inte kontrollerad av människan. På samma sätt rör sig dessa energiströmmar eller leker med resterna av denna en gång stora civilisation och orsakar denna händelse.

D: *Är detta en verklig spegel eller en analogi?*
P: Detta är en analogi. Spegeln i sig är av kristallnatur.
D: *Hur hamnade den ursprungligen under havet?*
P: Den var inte ursprungligen under havet. Detta var under tiden för Atlantis. En del av maskinerna från den stora kontinenten. Den dränktes under förstörelsen och vilar nu ganska bekvämt och säkert i djupen.
D: *Är den i någon byggnad?*
P: Den är på en platå, där den ursprungligen restes. Hela landmassan sjönk och tog med sig allt som denna civilisation hade skapat.
D: *Kan du förklara mer om hur det såg ut?*
P: Det skulle inte vara nödvändigt eller användbart att förklara, eftersom det skulle vara meningslöst att försöka. Det skulle helt enkelt inte vara möjligt att ge några tillfredsställande förklaringar om vad man skulle se visuellt. Det ligger helt enkelt utanför mänsklig förståelse vid denna tidpunkt.
D: *Jag visualiserar en kristall i form av en pyramid. Jag vet inte om det skulle vara korrekt eller inte.*
P: Då skulle vi säga att du kan försöka använda denna analogi och visualisera med ditt inre öga vad du ser, och dina uppfattningar kan vara ganska korrekta. Vi kommer inte att döma detta, för det är din verklighet, och så må det vara. För detta är återigen av energiernas natur, vad man önskar, och så må det vara.
D: *Men du pratade som om det var trasigt. Skulle det vara sant att den ursprungliga kristallen eller vad det nu är där nere, är trasig?*
P: Den är fragmenterad, ja. Det stämmer.
D: *Hur hände det?*
P: Det skulle vara bäst att säga vid denna tidpunkt att det var avsiktligt, för att förhindra att de som åtrådde användningen av denna kristall skulle använda den på ett disharmoniskt sätt. För det fanns de som inget hellre ville än att göra anspråk på denna stora kraftkälla för

Den Invecklade Universumet ~ Bok Ett

sig själva. Och sågs det som nödvändigt att dela upp denna kristall för att förhindra dess användning på ett destruktivt sätt.

D: Så de förstörde den med flit?

P: Det stämmer.

D: Hände detta vid tidpunkten för sänkningen, eller innan?

P: Samtidigt som.

D: Orsakade förstörelsen av kristallen att kontinenten sjönk?

P: Det fanns samtidiga händelser som utlöstes av den disharmoniska användningen av denna kristall, genom att dessa energier användes på ett skadligt sätt. Vilket i sin tur till viss del orsakade kontinentens sänkning. Och så finns det ett visst samband. Dock är det inte en enkel orsak och verkan. De var på sätt och vis separata händelser och ändå något sammankopplade också.

D: Skulle inte de människor som förstörde den veta att det skulle orsaka en katastrof som denna?

P: Dessa människor var förblindade av sin girighet och ambition och var omedvetna om effekterna av sin dårskap. Och så fortsatte de att använda dessa energier på detta sätt och fick sedan betala priset.

D: Jag trodde att de kanske var i okunnighet och inte visste att detta skulle hända.

P: Det var inte total okunnighet, för det fanns de som varnade oupphörligt för användningen av dessa energier på detta sätt. Det fanns de som ägnade sina liv åt att försöka upplysa människorna om dessa energier, eftersom medvetenheten om deras användning och kraft minskade. Men okunnigheten överskuggade snart upplysningen och disharmonin tog över harmonin.

D: Är bitarna på djupet av havet?

P: Det stämmer.

D: Tror du att någon kanske hittar dem någon dag?

P: Det kommer att bli en återuppståndelse av detta land under tiden för omvälvningar. Och den information som är lagrad i templet för framtida generationer kommer återigen att upptäckas och tillämpas. För det förutspåddes att detta land skulle dränkas och bli utom räckhåll. Och så lagrades denna kunskap för de framtida generationer som kommer att få tillgång till denna kunskap. Och så kommer det att ges till dem som är av hög karaktär och således förberedda och kapabla att använda denna kunskap.

Den Invecklade Universumet ~ Bok Ett

D: *När vetenskapsmännen eller vem det nu är hittar denna kunskap, kommer de att veta vad det är?*
P: Man skulle hoppas det. Det, dock, är något som kommer att avgöras vid den tiden.
D: *Är kunskapen i form av en bok? Eller hur bevaras den?*
P: I skrift, i sten. Det kommer att behöva tolkas, eftersom det helt enkelt är på språket hos de människor som lagrade den. Och så skulle det vara nödvändigt att översätta från ett språk till ett annat. Dock är detta ingen oöverstiglig uppgift, eftersom mycket av medvetenheten kommer att vara intuitiv om hur detta ska genomföras. Det kommer att vara mycket mer arbete och bearbetning på mental nivå än vad som nu sker på enbart rationell nivå.
D: *Är templet fortfarande där eller skulle det vara i ruiner?*
P: Naturligtvis, efter att ha legat flera mil under havet i tusentals år, skulle det inte vara i särskilt bra skick. Men det skulle vara i ett tillstånd som bevarar informationen. Det skulle vara en korrekt bedömning för tillfället.
D: *Men detta kommer inte att upptäckas förrän landets omvälvning?*
P: Det stämmer. Och det kommer att ske vid en lämplig tidpunkt, när de som finner denna kunskap kommer att vara av högsta rang och använda den i enlighet med detta. Det kommer inte att ges förrän det är lämpligt.
D: *Innehåller denna kunskap historien om vad som hände med Atlantis?*
P: Det gör den. Den innehåller historien och dagliga berättelser om denna civilisation under tusentals år. Och en sammanfattning av de sista dagarna som ledde fram till det sociala sammanbrottet och den fysiska översvämningen. Genom en redogörelse för detta kommer de som finner informationen att förstå vad som hände med den civilisationen.
D: *När det fungerade under Atlantis tid, vad användes det till?*
P: Detta var en huvudkälla för energi. Många energier kunde kanaliseras på den tiden. Vissa energier kunde användas för flera olika ändamål, beroende på dess tillämpning. Det fanns helande energi, levitationsenergi, belysning, uppvärmning, motivation. Många typer av energier fanns tillgängliga, som också finns nu och återvänder till planeten.

285

D: Så när det bröts, skapade det av någon anledning denna tidsböjning.
P: Det är en enkel slumpmässig reflektion eller överföring av energierna. Vi skulle vilja säga att många som levde på den tiden återigen är inkarnater.
D: Det finns många mysterier, och vi söker efter svar.
P: Ofta frågar människor men vägrar att höra svaren. Många ställer frågorna men tror inte på svaren, och fortsätter att ställa frågorna tills de finner någon som ger det svar de vill höra.

LOCH NESS-MONSTRET

D: Ett mysterium på jorden som människor är intresserade av är Loch Ness-monstret i Skottland. Kan du berätta någon information om det?
Brenda: Svaret är komplext. Jag försöker få det organiserat. Det finns flera varelser av detta slag på jordens yta. De lever vanligtvis i djupa, sötvattenssjöar. Det finns en liknande varelse i en sjö i Sibirien, som anses vara den djupaste. Dessa varelser stannar i djupen och har egentligen ingen anledning att komma till ytan.
D: Är det en sorts däggdjur eller vad?
B: Det är en sötvattens, akvatisk reptil. Och det är ett mycket gammalt djur. Det har funnits på jorden länge. Det är mycket som vissa insekter på jorden. Det utvecklades så långt och hade inget behov av att utvecklas vidare. Så det förblev som det är genom eonerna. Det är en mild, ofarlig varelse, därav den skyddande färgteckningen den har, för att hindra andra från att skada den. Den äter vattenväxterna som växer i vattnet.
D: Finns det många av dem? Jag menar, förökar de sig mycket snabbt?
B: De förökar sig lite. De är inte lika produktiva som andra djur. De lägger ägg på sjöbotten och i leran, och äggen kläcks. Egentligen är de en slags blandning mellan reptil och amfibie. De är närmare en reptil än en amfibie. De finns mestadels i kalla vattensjöar, eftersom de gillar de svala temperaturerna. Och det finns fler än

Den Invecklade Universumet ~ Bok Ett

människor ger dem kredit för. De tror att de finner en här och en där, men det finns fler än så. Inte många, men några små samhällen av dessa varelser.

D: *Så om de inte är däggdjur, behöver de egentligen inte komma upp för luft?*

B: Inte riktigt. De kan. Detta är hur de är något besläktade med amfibier, eftersom de har gälar och rudimentära lungor. Så de kan komma upp till ytan i några minuter utan att kvävas, men de kan också andas under vatten. Dessa är akvatiska varelser. De har setts på land, men varelserna lämnar sällan sjön.

D: *I ett fall hade de sonarreflektioner i vattnet. Sonar är som radar, det studsar mot stora objekt. Vad var det de fångade upp?*

B: Det stämmer, men ofta studsar sonar också mot där vattnet ändrar temperatur. Och om det finns ett lager vatten med en annan temperatur, studsar det där också. Så de skulle vara kloka att inte förlita sig för mycket på en del av avläsningarna.

D: *Med andra ord, alla dessa bilder och så kallade bevis är inte tillförlitliga.*

B: Enligt dina forskares standarder kan de inte anses vara tillförlitliga.

D: *De har hävdat att det är som en förhistorisk varelse.*

B: Det är det. Som jag sa, den fastnade i evolutionen för eoner sedan. Det finns andra varelser som den du kallar Loch Ness-monstret eller den på den andra kontinenten ... Lake Superior? Kolonin i den vattenmassan. Dessutom finns det en koloni i Bajkalsjön i Sibirien. Det finns andra spridda, och det finns liknande besläktade varelser som gillar varmt vatten i Amazonasbassängen. De infödda där har rapporter om det, men människorna vid makten avfärdar det som vidskepelse.

D: *Vad kan du berätta om Loch Ness-monstret i den stora sjön i Skottland?*

Phil: Dessa varelser är landlåsta, i den meningen att de nu inte har någonstans att gå. Där de en gång kunde resa över hela jordklotet, finner de sig nu inlåsta – utan ordlek. Det finns dock inga andra varelser som skulle kunna jämföras med denna särskilda typ av varelse kvar i de fria haven.

D: *Varifrån kom de ursprungligen? Är de rester från dinosaurierna eller något liknande?*

P: Det stämmer. Under gångna tider fanns det många av dessa varelser i världens hav och sjöar. Men under tiden för omvälvningar och skiften var det bara de som strandades som kunde överleva, på grund av förändringar i salthalten i haven. Och därför kunde de inte förändras som de andra varelserna runt dem. Deras förmåga att förbli i sitt tidigare tillstånd beror på att de vatten där de blev fångade inte fick dem att förändras. De kunde fortsätta som de var och är.

D: *Är de mer amfibier eller däggdjur?*

P: De är mer besläktade med delfiner och tumlare, eftersom de har ryggrad och andas luft. Men de är mer serpentin eller reptil i utseende och har inga extremiteter.

D: *Men vi borde se dem oftare om de förökar sig, eller hur?*

P: Det finns ingen korrelation mellan antalet framträdanden och antalet djur. Faktum att de överlever än idag beror på att de är hemlighetsfulla och inte uppskattar den övre världen. Det finns många som tror att dessa är rester från prekambriumtiden. Men det finns faktiskt många som är av mer nutida härkomst, men som inte har blivit igenkända som sådana.

D: *Du sa att de var överlevande från omvälvningarna. Var det Atlantis, eller före Atlantis?*

P: Under de dagarna var det många omvälvningar över hela planeten. Under den tiden förlorades många varelser på grund av klimatförändringar, snarare än geologiska förändringar. Men när vi talar här om dessa varelser som du kallar Loch Ness-monstret, skulle vi säga att både klimat- och geologiska förändringar orsakade detta. De varmare haven de ursprungligen kom från blev kallare och orsakade att många av de i de öppna haven dog på grund av klimatförändringar. Men de som befann sig i det området vid den tiden upptäckte att de kunde överleva genom att stanna nära botten där vattnet var mycket varmare. De anpassade sig dock över tid till det kallare klimatet, så att de kunde överleva i det kallare vattnet under korta perioder, som det i Loch Ness-sjön.

D: *Då inträffade katastrofen för Atlantis mycket senare i tidsföljden.*

P: Så är inte fallet. De katastrofer vi talar om skedde dock över en mycket bredare tidsperiod än bara den som drabbade Atlantis kulturen. Hela scenariot var mer i linje med en miljon år än tusen år.

D: *Jag förstår. Finns det några av dessa varelser kvar på andra delar av världen?*

P: Det finns många varelser kvar på många olika delar av världen, som ännu inte är kända för er kultur. Men de är kända för andra kulturer som är mer medvetna. Det finns många varelser på er planet som ni inte är medvetna om.

D: *Är dessa alla havsdjur? Eller landdjur?*

P: Fördelningen skulle vara sådan att fler däggdjur finns än fiskar. Så den övergripande bilden av det ni kallar "naturen" idag är något förvrängd av denna mörka kusin till naturen, som människosläktet i sin helhet inte är medveten om.

D: *Är dessa djur vanligtvis i platser som Afrika, Sydamerika, kontinenter som inte är lika befolkade?*

P: De finns över hela den kända planeten. Men inte att säga att de existerar på planeten, utan kanske i planeten.

D: *De kan vara under ytan?*

P: Det stämmer.

D: *Eftersom större delen av världen, som vi känner till den, har utforskats. Och vi tror att det inte finns något kvar att hitta på ytan.*

P: Det mesta av den kända världen har utforskats. Men det som är okänt har inte utforskats. Därför är det inte en del av världen, eftersom det inte är känt att existera.

D: *Så under planeten finns varelser som vi inte har någon kunskap om.*

P: Det stämmer. Det finns raser och kulturer som existerar utan kunskap från dem ni kallar "ytbor".

D: *Är människorna under jorden rester av Atlantis? Eller är de raser som var där före det?*

P: Det finns var och en av ovanstående. Det finns några som var där före, och några efter. De är dock inte i fullständig harmoni med varandra. Och så tenderar de att hålla sig borta från varandra, och är något okända för varandra, på grund av deras egna unika önskningar att hållas åtskilda. Det sanna omfånget av interaktionen mellan de på ytan och de underjordiska invånarna är inte utbredd eller allmänt känd. Dock finns det de som är gemensamma för varje grupp som talar med ingen av grupperna.

D: Kan bibliotekets väktare ge oss någon information om varelser som Loch Ness-monstret? Är dessa varelser verkliga?
John: Ja, de är verkliga. De är rester av primitiva livsformer som brukade leva på jorden under reptilernas tid.
D: Du menar som dinosaurierna?
J: Ja. Det finns varelser både i havet, på land och till och med i luften, som människan ännu inte har upptäckt. De tog sin tillflykt till vissa områden, och deras liv förlängdes. Och de förökar sig.
D: Jag tänker på en särskild, den som kallas Loch Ness-monstret.
J: Det finns ungefär sju i Loch Ness sjön. (Skrattar) Det är vad han säger, "sjön". (Skrattar) Och de har förökat sig över tid. De lever väldigt länge, hundratals år. De förökar sig inte så ofta. Det kalla vattnet har något att göra med det.
D: Hur förökar de sig?
J: Som de flesta djur gör.
D: Jag menar, är det däggdjur eller lägger det ägg eller vad?
J: De lägger ägg under vattnet. Det tar lång tid för dem att växa till vuxna. Det tar nästan två år, verkar det som. Det finns rovdjur, fiskar och sådana saker, som måste hållas under uppsikt. Men de har ett tillhåll under en av klipporna vid Loch Ness.
D: Är de också luftandande, eller är de strikt akvatiska?
J: De är i grunden akvatiska, men de kan dyka upp korta stunder. Liknande hur flygfiskar kan hoppa upp och sedan gå tillbaka i vattnet. De har den förmågan. De behöver inte andas luft. De får sitt syretillförsel genom vattnet, eftersom de har gälar.
D: Det har funnits berättelser om att de kommer upp på land. Händer detta någonsin?
J: Ibland. Det har hänt tidigare och det kan hända igen.
D: Det har funnits berättelser om att man har sett dem runt sjön.
J: Åh, de har setts. De kommer upp ur sjön. Men de undviker att fångas eftersom de är väldigt intuitiva och litar på sina instinkter.

Den Invecklade Universumet ~ Bok Ett

D: Det har funnits berättelser om att man sett deras bilder på sonar. Hände det verkligen?

J: Ja. De existerar. Det finns sju av dem just nu som bor i Loch Ness, i en grotta under vattnet på en klippsida. De jagar fisk, och de är stora.

D: Ja. Några människor har tagit bilder på dem när de kommit upp ur vattnet. Finns det någon annan specifik plats där det finns många av dem?

J: Det finns två eller tre i en sjö i Afrika. Det brukade finnas tolv. Det finns två i den tropiska Amazonas regnskogen, i en sjö vid Amazonasfloden. Och i Sydostasien finns det fyra i floderna.

D: Är dessa varelser farliga?

J: Till viss del, nej, de är inte farliga. Men de äter fisk och skulle kunna ta fel på en person för en fisk i vattnet. Speciellt de större typerna.

D: Du sa också att det fanns andra varelser från denna tidsperiod som har överlevt?

J: Ja. De ser inte alla ut som Loch Ness-monstret heller. De är reptiliska till formen. Några ser ut som stora ödlor.

D: Sa du att det fanns landtyper?

J: Nej, de flesta av dem är akvatiska. Det är så de fungerar, de lever på botten av floder och sjöar och i grottor.

D: Du sa att dessa var rester, överlevare från dinosaurieeran.

J: Reptilernas era.

D: Finns det några varelser som överlevde som mest levde på land och inte var akvatiska?

J: Dessa har muterats till moderna biologiska evolutionsdjur. Det är mest akvatiska djur som har överlevt från denna period. Det finns en i luften som ni ännu inte har upptäckt. Den informationen kommer att hittas inom en snar framtid. Det är som, "Fråga inte fler frågor. Det är en fil som fortfarande är oöppnad." (Skratt)

D: Om det är i luften, varför har vi inte sett det?

J: Det har kunnat göra sig nästan osynligt. Det är anledningen.

D: Hur kan det göra det?

J: (Han log.) Jag vet inte. Denna fil om detta ämne är oöppnad. Och han säger att mer information kommer att avslöjas i framtiden. Och det finns en varelse på land i Afrikas djungler. En annan på land kommer att hittas i Anderna. Han säger att detta kommer att väcka din nyfikenhet, men jag kan inte prata mer om detta eftersom detta är en öppen fil, och den håller fortfarande på att fyllas i.

YETI ELLER SNÖMANNEN

Brenda: Det finns andra varelser som är låsta i evolutionen. Dessa varelser kallas vid flera namn. Det finns så många namn på ert språk för denna varelse, det är svårt att välja vilket som skulle vara den bästa benämningen: Yeti, Sasquatch, Bigfoot, Snömannen. Det är att förvänta sig, eftersom denna varelse är mycket spridd. Vilket bergsområde som helst där det finns snötäckta toppar har denna varelse. Och denna varelse är extremt skygg och rädd för människor. Den är psykisk på det sättet att den kan känna av andra varelser på långt håll. Vanligtvis gömmer de sig när de känner av andra varelser. Dessa är relaterade till människan på ett sätt. De är lite som människans småbröder. De utvecklar intelligens och denna planet kan stödja mer än en intelligent art, om den nuvarande dominerande intelligenta arten tillåter det. Och det skulle vara till nytta för planeten och så småningom för det galaktiska samfundet.

D: *Varifrån kommer denna varelse? Är den ursprunglig för planeten?*
B: Ja. När de gamla, de arkaiska, hjälpte arterna att utvecklas på denna planet, kom de på en intelligent art som nu är människan. Medan denna art utvecklades, blev de oroliga för de våldsamma tendenser den uppvisade. Och de märkte att en parallell utvecklingslinje också hade potentialen att utvecklas till en intelligent art men utan den våldsamma egenskapen. Så de fortsatte att utveckla den arten också. När denna art når sin fulla potential, kommer den att vara lika intelligent som människan, men på olika sätt. Och båda arterna kommer att behöva göra mycket anpassningar för att kunna hantera varandra. För denna art saknar den våldsamma strimma som finns hos människan, och därför är de extremt känsliga och skygga.

D: *Men de tar längre tid att utvecklas än människan gjorde?*
B: Nej, de började bara senare.

D: Vi hör många berättelser om att de är våldsamma.

B: Vanligtvis är det varelsens sätt att skrämma människor så att de kan fly och gömma sig, för de vill bara bli lämnade ifred. Till deras nuvarande utvecklingspunkt har de inte tagit längre tid än människan. Det är möjligt att deras utveckling kan bromsas för att säkerställa att de våldsamma dragen inte av misstag träder in. Men vissa av de andra säger att de kan behöva några våldsamma drag för att ge dem den energi de behöver för att överleva motgångar. Eftersom det finns en våldsam strimma i människan som har hjälpt honom att överleva olika motgångar sedan han uppnådde sin intelligens.

D: Det är egentligen inte bra att vara helt passiv ändå.

B: Det är korrekt.

D: När människan sprider sig och utvecklar mer av landet, inkräktar han på deras territorium?

B: Ja, och har gjort det under ganska lång tid. Därför gjorde jag uttalandet, "Om människan tillåter dem att utvecklas, kommer de att göra det." Men de är bra på att gömma sig. De lever över hela planeten. De finns i de mycket höga avlägsna bergen, liksom de djupa regnskogarna i tropiska områden på planeten. De har anpassat sig till olika klimat och höjder, men de föredrar de isolerade områdena.

D: Människor är rädda för det de inte förstår, det är en av våra egenskaper.

D: Vi har hört talas om några varelser som vi kallar Sasquatch och Yeti? Vet han vad jag syftar på? Snömannen, den typen av varelser? De är kända under många olika namn.

John: Han säger ja, de existerar.

D: Är de alla samma typ av varelser, men bara funna i olika delar av världen?

J: Nej, de är inte djur. Han säger att de är utvecklade varelser, liksom ni.

D: Kan han ge oss någon information om dem?

J: Han säger att de är ett mycket milt, andligt inställt folk, eftersom de är mycket intonade med naturandarna. Det är därför de nästan kan vara osynliga. De har förmågan att smälta in i sin omgivning. De söker inte aktivt upp människan eftersom de är rädda för honom. Deras naturandar har sagt till dem att människan har vilselett denna planet och missbrukat hennes resurser. Så de undviker människan. Men de gillar den mat som människan har.

D: Då är de som har hittats i olika delar av världen alla samma typ?

J: Ja. De var primitiva överlevare från den Lemuriska katastrofen.

D: Enligt beskrivningarna verkar de vara väldigt djuriska.

J: Vid en tidpunkt var vi alla det. (Skratt)

D: Så de har inte utvecklats. De har behållit samma kroppstyp?

J: Till viss del har de utvecklats. Men de har utvecklats mer på ett andligt medvetande och ett mentalt medvetande än ett fysiskt. Han säger att de är en skyddad ras, en skyddad minoritet, så att säga. För de är mycket mer i harmoni med de lägre livsformerna.

D: Skyddade av vem?

J: Naturandar.

D: Enligt beskrivningarna vi har fått, verkar de inte tala som vi gör.

J: De har telepatisk kommunikation. Något som ni människor behöver tal för att göra. Så de är inte så outvecklade som ni tror. De gör klickande ljud och ljud som djur gör. Men de har en telepatisk förmåga som är mycket starkare än vad människan har utvecklat för närvarande. Ärligt talat är tal en mycket begränsande sak. Varje enskilt ord vi säger till en annan varelse förstås bara utifrån den varelsens referensram för vad det ordet betyder. Så vi kan faktiskt prata om en sak, och personen som tar emot informationen kan få en helt annan bild, baserat på deras erfarenhetsdefinition av ett ord. När du har telepatisk kommunikation, då kommunicerar du vad du tänker. Det är mycket, mycket bredare än verbal kommunikation. Vi människor är begränsade till talat språk. Så vi har ett stort hinder att övervinna.

D: Många människor tror att de är våldsamma.

J: Nej, han säger att de inte är i grunden våldsamma, men de har djuriska egenskaper. De är rädda för människor. De plockar upp på den känslomässiga miljön. De kan intuitivt eller telepatiskt läsa människors auror eller människors omgivning. Om de kände att de skulle bli misshandlade, skulle detta orsaka negativa reaktioner. Likaså om de blev trängda i ett hörn. Och de flesta, oavsett om det är människa eller djur, tycker inte om att bli trängda.

D: Vad äter de för typ av mat?

J: De äter mycket nötter och bär. Fisk. De äter den hel. (Han gjorde ett uttryck av avsmak och jag skrattade.) De äter mycket enkelt från marken. De gillar saker som fjärilar och insekter också.

D: Vi har hört berättelser om att de bryter sig in i folks hönshus och sådant.

J: Ja. De äter mindre livsformer. De har ätit kycklingar. De äter också råttor. (Återigen ett uttryck av avsmak och jag skrattade.) Gnagare. Präriemöss. Men de äter inte köttätande djur. De äter bara djur som äter växter.

D: Jag skulle tro att om någon var tillräckligt utvecklad för att ha mentala krafter, att de inte ... det låter primitivt för mig.

J: Döm inte. (Han viftade med fingret åt mig.) Väktaren säger, "Döm inte! De är mer avancerade i så många saker som du inte kan förstå." För de är i harmoni med jorden och jordens energier och naturandarna, och de har telepati. Det är därför de kan undvika människan också. Han sa, "Var inte dömande."

D: Så när de låter primitiva enligt våra standarder, kanske de inte är det.

J: Nej. Enligt andra standarder är de inte det.

D: Låt oss flytta till en annan del av världen. Varför är djuren i Australien annorlunda än i andra delar av världen? Det finns djur där som inte finns någon annanstans.

Phil: Det finns inget riktigt svar på frågan du ställer, helt enkelt för att vi inte ser den skillnaden. Det finns verkligen djur på varje kontinent som inte finns på någon annan kontinent. Det betyder dock inte att de är unika på något sätt från resten av djuren på planeten. Bara att de bor på ett ställe och inte ett annat. Vi skulle be att du kanske förtydligar.

295

D: *I Australien finns det en teori att djuren kanske kom från yttre rymden. Att utomjordingar tog dem dit, och det är därför de är annorlunda där än i andra delar av planeten.*

Jag hörde detta under min första resa till Australien 1994. Det fanns en bok publicerad vid den tiden som utvidgade denna teori.

P: Det finns verkligen djur som fördes från andra planeter till denna planet. Men om vi skulle utesluta närvaron av endast de djur som fördes från andra planeter, skulle det då inte finnas något på denna planet alls.

D: *Jag tänker på det ursprungliga konceptet om sådden av planeten, men vi går inte med den idén, eller hur? Eller inte? Jag tänker på den fysiska transporten av ett djur, kanske efter tiden för sådden.*

Teorin om sådden av planeten jorden finns i Keepers of the Garden och The Custodians.

P: Det finns många saker, för vi inkluderar här inte bara djurriket, utan hela existensen av liv på er planet. Det har förstärkts genom transport av levande och livskraftiga varelser och entiteter från andra planeter och dimensioner. Så att hela existensen av någon särskild livsform på er planet beror på existensen av denna livsform på en annan planet.

D: *Så Australien är inte unikt från resten av världen.*

P: Det har gjorts många förbättringar av livsformerna på denna planet, i motsats till livsformerna på andra planeter. Det betyder inte att en är bättre än den andra, men kanske har de förändrats för det specifika klimat eller miljö de skulle bebo. Kanske på er planet finns det många som tycker att djuren är lite märkliga, sett från er uppfattning om deras förmågor på vissa sätt, och deras utseenden på andra sätt. Men vi skulle be att ni ser till helheten och ser att mångfalden i sig inte är en indikator på om dessa varelser ursprungligen befolkade denna planet eller kom från en annan planet. Den övergripande bilden av likheter på er planet är mycket annorlunda än på andra planeter.

Den Invecklade Universumet ~ Bok Ett

STONEHENGE

D: Jag ville fråga om Stonehenge i England.
Phil: Detta var helt enkelt en skola för astronomi. En plats där de som önskade lära sig astronomi kunde göra det.
D: Vilken ras byggde det?
P: Det var av gaeliskt ursprung. Denna kunskap spreds över hela världen vid tiden för Atlantiss förlisning, och många kulturer gynnades av denna kunskapsutdelning från dem som reste över hela världen.
D: Var detta den enda platsen där stenar placerades på detta sätt?
P: I den exakta strukturen, ja. Det finns många över hela världen vars funktion är identisk, men vars form är annorlunda. Pyramiderna i Sydamerika användes för observation, liksom de i Egypten. Det finns flera platser på jorden liknande denna.
D: Hur restes dessa stenar vid Stonehenge?
P: Genom telepatiska medel, genom tankenergi. På samma sätt som pyramiderna. De flyttades genom telepatiska tankenergier från deras stenbrott till platsen. Detta byggdes under en period av flera år. Det ursprungliga syftet gick förlorat. Men det betyder inte att det inte fanns någon funktion i dessa monument, men det ursprungliga syftet handlade inte om tid, utan om avstånd. Att spåra planeternas positioner, så att man kunde bestämma var denna planet befann sig i förhållande till många andra av känd ursprung på andra platser i universum.

MAYA-FOLKET

D: Vet du vad som hände med maya-folket? De var väldigt unika. Tydligen försvann de bara plötsligt.

Den Invecklade Universumet ~ Bok Ett

Phil: Svaret på denna fråga är lite komplicerat, så att säga. Historien eller kanske slutet är inte komplett i detta ämne. Men det räcker att säga att de inte dog ut, utan transporterades. Vi vill inte gå in på hur det gick till just nu, men de transporterades.

D: *Vet du varför?*
P: De själva valde att undkomma den förstörelse som de kunde förutse skulle hända deras bröder under den spanska erövringen.
D: *Har detta hänt civilisationer ofta i historien?*
P: Det har hänt tidigare, men det är inte en regelbunden händelse. Om en civilisation som helhet har nått en nivå där de, för att överleva, önskar en sådan transport, då ja, det skulle kunna hända. Det finns ingen lag som säger att det måste ske. Men genom individernas egen önskan att skydda sin medvetenhetsnivå och sina prestationer, för att bättre kunna förstå och växa, och för att skydda sitt samhälle, skulle de få den möjligheten om det låg i deras och omgivningens bästa intresse.

KORNCIRKLAR

D: *Vad kan du berätta om korncirklarna som har dykt upp i England? Jag vet att de förekommer på andra platser, men de verkar vara mer definierade där med symboler och är mycket mer komplexa. Kan du berätta något om vem som gör dem och hur de görs?*

Phil hade varit i djup trans i nästan en timme och svarat på många frågor, men plötsligt öppnade han ögonen och verkade obekväm.

D: *Vill du inte svara på den frågan?*
P: (Han verkade mycket obekväm.) Nej, det är bara... Jag vet inte... Jag känner mig inte så bra. Av någon anledning känner jag mig nästan illamående. Någonting är inte rätt. Jag tror inte det har med korncirklarna att göra. Även om jag får en känsla av att något hände när du ställde den frågan.
D: *Vi har aldrig betraktat dem som farliga, eftersom de bara är i spannmålen.*

P: Men det är något kopplat till det som är dolt. Jag är inte säker... det är något icke-mänskligt. Det finns en tydlig... Jag vet inte. Detta är på en mycket djupare och bredare nivå.
D: *Tror du att det var det som störde dig?*
P: Jag kände mig nästan illamående, illamående i magen. (Han satte sig upp.) Jag kan gå tillbaka. Jag bara... låt mig ta en paus här.

Phil reste sig och gick till badrummet. Han var unik bland mina försökspersoner i det att han kunde väcka sig själv ur en djup trance om han kände sig obekväm. Efter några minuter kom han tillbaka. Den störande känslan hade försvunnit lika snabbt som den kom. När han lade sig ner igen på sängen, slappnade han av och återgick omedelbart till djup trance. Jag behövde inte göra något. Jag gav lugnande förslag att han skulle känna sig helt bekväm, och förstärkte faktumet att han var skyddad hela tiden.

P: Vi skulle säga att det finns sådana anordningar på plats som skulle skydda både dig och mottagaren av denna information. Det skulle inte ges något som skulle vara skadligt på något sätt.
D: *Men han hade en fysisk reaktion. Det oroade mig.*
P: Behovet av en sådan anordning var inte uppenbart vid den tidpunkten. Men anslutningarna blev för nära för komfort, så att säga, i den meningen att etableringen av en sådan anslutning skulle orsaka fysiskt obehag. Energierna från dem som var anslutna till mediet var inte kompatibla med mediets energi.
D: *Tror du att du kommer att kunna svara på frågan nu? Jag ville bara veta om korncirklarna. Vem som gjorde dem och för vilket syfte? Och kanske hur de skapades.*
P: De högre formerna av kommunikation på er planet nu förstås vara i termer av binära eller datoriska språk. I ert vanliga trossystem anses de högsta formerna av kommunikation uppnås genom era vetenskapsmän, och är därför inte förstådda av massorna i allmänhet. Dessa korncirklar är avsedda att förmedla information till massorna som ges till er planet, så att befolkningen som helhet förstår att naturen av er existens är radikalt annorlunda än vad som vanligtvis tros vara den accepterade synpunkten. Att allt inte är som det verkar. De som skulle genomföra ett sådant företag försöker kommunicera på ett sätt som resonerar med varje individ

på en mycket personlig nivå, på nivåer som varje individ är öppen för, och inte bara ges.

D: *Vem eller vad skapar korncirklarna?*

P: Hela svaret på en sådan fråga skulle inte vara möjligt i detta sammanhang, i den meningen att det skulle krävas en hel föreläsning om människosläktets ursprung som helhet. Men vi bör säga att dessa symboler är relevanta för livets historia på er planet. Det är en geografisk lektion om era planetariska livsformers ursprung. Och det finns de som nu börjar sakta känna igen betydelsen av dessa symboler, i den meningen att de förmedlar betydelser. De är inte bara slumpmässiga konstverk. De är verkligen former av kommunikation. De som är kunniga inom denna form av kommunikation kommer långsamt att inse att de blir kommunicerade till, och de kommer sedan att förstå budskapet som förmedlas, om livets ursprung på denna planet.

D: *Så det är symbolik. Snarare som att "ta oss tillbaka till våra rötter", så att säga?*

P: Det är korrekt.

D: *Är det människor på jorden som gör det?*

P: Det har funnits försök att kopiera detta. Men det går inte att säga att människorna är upphovsmännen till detta, eftersom den kunskap som överförs inte har varit allmänt känd på denna planet på flera århundraden.

D: *Vilka var ursprungarna? De som gör de verkliga korncirklarna?*

P: De tillhör ordningen ... (letar efter ordet) ... sanningens väktare.

D: *Var finns dessa sanningens väktare?*

P: Deras fysiska plats är inte relevant. Däremot är deras syfte verkligen relevant. De presenterar nu för er, som en ras, sanningen om ert arv.

D: *Jag antar att jag försöker säga, är de utomjordingar på rymdskepp?*

P: Och det är vad vi försöker undvika att säga. För det skulle verkligen inte vara så. Men vi skulle säga att de inte är från jorden.

D: *Men de är inte heller från Väktarna?*

P: Det är korrekt. Inte i den meningen att de kommer från någon annanstans till hit. De är härifrån. De är redan hemma. Men de är inte av världen som ni känner den.

D: Skulle det vara tillräckligt att säga att de är från andra dimensioner?

P: De är av er värld, men inte av världen som ni känner den. Det finns dock inget behov av att avslöja deras sanna eller relativa plats, så att det skulle finnas ett försök att kommunicera med dessa varelser. Dock kommer det med tiden att ges platsen varifrån de kommer. Så att det kommer att finnas de som kan gå till dem för att söka högre förståelse.

D: Men de är inte från andevärlden som vi går till efter att vi dör?

P: De är från andevärlden på samma sätt som var och en av oss är från andevärlden. Men de har manifesterat sig på ett inte helt liknande sätt som ni befinner er i. Det betyder dock inte att de inte manifesterar vissa fysiska former för att kunna uppfylla sina syften. Men de bor inte i fysisk form.

D: Så de är mer eller mindre förknippade med jorden, men de är inte i en form vi är bekanta med. Skulle det vara korrekt?

P: Det är korrekt.

D: De är inte en avliden ande.

P: I den meningen att de var av fysisk natur och sedan gick bort, nej. De är av en högre form som inte var i den fysiska formen som ni känner den. Men inte att säga att de inte var av fysisk form. För de var en gång i sin evolution fysiska till sin natur, men inte som ni känner den.

D: Så de har utvecklats förbi de som finns på rymdskeppen och oss på jorden? Har de mer eller mindre utvecklats till en annan nivå, så att säga?

P: De står inte över dem på rymdskeppen, utan de har utvecklats på sitt eget sätt, till en nivå över den de var på. Men det finns fortfarande mer att göra, och ännu fler saker att göra innan de går dit. Denna kommunikation (korncirklar) är faktiskt en del av deras försök att förmedla till dem på er värld verkligheterna i deras värld.

D: Kan du berätta hur korncirklarna skapas?

P: Själva processen är inte så mystisk, men används helt enkelt i en skala som inte är vanlig i er värld. Det finns de som kan rikta energierna till koncentrerade former, så att de molekylära strukturerna i dessa växter förändras på det sättet. Det skulle vara som att böja en kvist, där böjningskraften inte är extern utan intern. Det är helt enkelt en omstrukturering av strukturerna själva, och inte av miljön.

D: Vi tror att det handlar om någon form av energi.

P: Det är korrekt.

D: Så det görs inte med en maskin eller ett skepp eller något sådant.

P: Inte i den meningen som ni uppfattar det. Det finns en verklighet i att maskiner är andliga, och inte fysiska. Så i den meningen, enligt er frågas definition, skulle vi säga maskiner inte i den fysiska meningen som ni känner till. Men detta utesluter inte konceptet av maskiner på den andliga nivån, som ni känner till. Vi utesluter inte andliga maskiner.

D: *Jag antar att jag tänker på rymdskepp.*

P: Dessa är inte maskiner som används för att transportera från en dimension till en annan, eller resa. Men snarare är begreppet maskiner i andevärlden något som saknas. Och vi skulle säga att det finns verkligen en verklighet av de maskiner ni kallar "maskiner" på andeplanet, utanför den tredimensionella världen. De är verkligen tillverkade och tjänar ett specifikt syfte. Men de är inte, som ni säger, tredimensionella, utan är tillverkade av högre energiformer.

D: *Det har rapporterats att vissa människor blir sjuka eller får fysiska symtom när de är i dessa cirklar.*

P: Det är korrekt. Det är samma reaktion som detta medium hade när han närmade sig dessa energier. Det finns de som helt enkelt inte är kompatibla med dessa energier. Det är helt enkelt så att energierna själva inte är i harmoni med vittnets energier.

D: *När jag var i cirkeln hade jag en underbar upplevelse. Det var väldigt fridfullt och väldigt härligt, upplyftande.*

P: Det finns de som är i harmoni och de som är i disharmoni. Men detta är inte ett värdeomdöme, utan snarare att vissa toner är i harmoni med andra toner. Och sedan finns det några toner som inte är i harmoni med andra toner.

D: *Den fysiska reaktion han hade, det var som om det var något som inte var bra med energin.*

P: Det är korrekt. Det är i den meningen att det som han förstår genom sin erfarenhet. I det medvetna filtret fanns en entitet eller energi som var okänd och uppfattades som ett hot. Vi ser att det är en produkt av denna rädsla för det okända. De fysiska symtomen påminner om det man finner när man är i disharmoni med många former av verklighet.

D: *Så de är inte negativa?*

P: Det är korrekt. Missförståndet eller bristen på förståelse är förståelig. Eftersom det aldrig har begärts av detta medium att kommunicera på den nivån. Det var en ny upplevelse.

D: *Då om han skulle gå till korncirklarna, som jag gjorde, skulle han kanske uppleva en obehaglig känsla eftersom hans energier skulle vara olika och inte kompatibla med cirkeln.*

P: Det är korrekt.

D: *Vet du varför de dyker upp runt platser som Stonehenge, Avebury, Glastonbury? Man säger att dessa är väldigt gamla kraftpunkter. Men varför dyker de upp i dessa områden i England mer övervägande än på andra platser i världen?*

P: Det finns vid denna tidpunkt på er planet många polära motsatser av energivirvlar. Det finns några punkter där energi går in och andra punkter där energi går ut. Det är portarna till floderna som flödar in i och ut ur er planet. Det finns vid denna tidpunkt många virvlar i just den delen av planeten, som tar in energi, ett inlopp. I dessa virvlar kommer energier att ges som är filter så att de energier som tillåts komma in är harmoniska och i linje med behoven och syftena för den planet som dessa energier riktas mot. Det är i dessa virvlar man hittar portväktarna, eller snarare att säga, portarnas väktare, där dessa manifestationer uppenbarar sig. De för med sig ny kunskap till er planet vid denna tidpunkt.

När Phil vaknade behöll han några minnen av informationen han hade tagit emot. Det presenteras alltid mer än vad som kan återges verbalt till mig. Det är därför det är så viktigt att ställa rätt frågor.

D: *Vilken känsla fick du om korncirklarna? Du sa att du inte trodde att det var människor och att du inte trodde att det var utomjordingar i ett rymdskepp.*

P: Men att säga att de är i jorden är inte riktigt rätt heller. Det är nästan som om de är i en annan dimension. Och de verkar ha teknologi, kanske fjärdedimensionell teknologi. De är faktiskt maskiner. De är tillverkade och de fungerar precis som maskiner här. Men de arbetar med energier på ett annat sätt än våra maskiner gör på denna nivå. Deras maskiner är mycket mer förfinade och är inte lika grova i sina handlingar. Och de arbetar med energi. Jag menar, de förändrar bokstavligen energierna.

D: *Formar dem på något sätt?*

P: Formar dem. Ändrar dem. Förvandlar dem. Men maskinerna själva är energier som arbetar med energier. De är inte i grov fysisk form som våra, men de är precis lika mycket maskiner som våra maskiner är.

D: *Du var mycket bestämd med att de inte var utomjordingar i rymdskepp.*

P: De är härifrån. Vad jag såg var på en högre nivå än där andarna finns. Det är nästan som en högre version av oss.

D: *Lever de i en annan dimension?*

P: Kanske. Jag är inte säker. Det är som om vår energi höjdes, inte så högt att vi lämnade det fysiska. Vi var fortfarande fysiska, men i en ultrafysisk form. Ja, det är ett bra uttryck: ultrafysisk. Bättre energi. Det är vad det är. De är inte riktigt fysiska enligt våra standarder, men de är inte andliga. De är hyperfysiska. Deras energiformer har en mycket högre frekvens än våra. Det är ultrafysiskt. Det ordet passar perfekt.

D: *Så de kan observera oss, men vi kan inte se dem. (Ja) Vi har tidigare talat om energivärldar och andra dimensioner. Vissa av dem kan existera sida vid sida med våra. Om vi kan höja vårt medvetande, som de säger att vi ska göra...*

P: Det handlar om mer än bara vårt medvetande. Det är som om våra fysiska varelser på något sätt skiftar mycket högre. Jag är inte säker på hur det går till, men det är som om våra atomer vibrerar dubbelt så snabbt. Så om du höjde allt, satt upp bordet där elementen var på plats i sin vibration, i termer av hur många elektroner det finns. Jag vet inte hur jag ska definiera det. Men om du tog energinivån för varje atom och fördubblade den, så att de alla behöll samma relativa energinivå i förhållande till varandra, men allt var dubbelt så högt som vårt. Det är därför vi inte skulle kunna se dem, för de vibrerar för snabbt. Jag ser att hela korncirkeln skapas på en gång, inte i segment eller liknande. Storleken på maskinen som gör detta är inte densamma som korncirkeln i sig. Men det är inte fysiskt som vi förstår det. Det är ultrafysiskt.

Hela denna sida av diskussionsbandet började gradvis att snabba upp tills det var omöjligt att transkribera. Det blev gradvis omöjligt att förstå. Kanske kunde det sakta ner så att det kunde förstås. Åtminstone var en del av den diskussionsdelen inte viktig nog att oroa sig för. Plötsligt, ungefär halvvägs genom diskussionsbandet, började det sakta ner igen så att jag kunde transkribera. Jag har ingen aning om vad vi diskuterade fram till denna punkt.

P: ... en sten är en sten och ett träd är ett träd. Men om du faktiskt är mästare över dina molekyler, och du förstår att det finns vissa överenskomna modeller, kan du omvandla dina molekyler till en annan modell.

Här återgick bandets hastighet till normal för första gången. Flera minuter hade varit en rasande röra av ljud.

D: *Nåväl, det går tillbaka till idén att vi kan kontrollera våra egna kroppsceller, och på detta sätt kan vi kontrollera sjukdomar. Vi kan ändra cellerna.*
P: Exakt. Och du kan gå ännu längre. Du kan kontrollera molekylerna, och ändå finns det mönster på molekylär nivå eller atomnivå som redan är etablerade och inte kan ändras.

Under sessionens band inträffade motsatt effekt. Det saktade gradvis ner till en punkt där det drog ut. Det var tråkigt, men åtminstone kunde det förstås för att transkriberas. Jag bytte bandspelare och effekten var densamma på båda. Så det var inte en mekanisk snabbning eller avmattning av bandspelaren. Det var definitivt något som påverkade bandet. Blev maskinen påverkad av samma energiflöde som påverkade Phil och fick honom att bryta trance eftersom han kände sig illamående? Detta var liknande det sätt som bara omnämnandet av korncirklarna drastiskt påverkade Janice i kapitel 4. Det verkade definitivt finnas en energipåverkan av något slag kopplad till korncirklarna som inte bara påverkade mina försökspersoner utan även den maskin jag använde.

Den Invecklade Universumet ~ Bok Ett

D: *Det finns fenomenet som kallas "korncirklarna", eller som engelsmännen kallar dem "Corn Circles". De verkar dyka upp runt gamla heliga platser. Finns det ett samband?*
Clara: Det finns mycket tydliga energimönster skapade, några från de andra heliga platserna till korncirklarna. Det finns ett mycket tydligt mönster i det. Det är något som ert – hur säger man? – anagram?
D: *Är det ett pussel?*
C: Ja, det är pusslet, och det är skrivet i vetet. Så pusslet är till för er att titta på, och allt är gjort med energier. Så när ni tittar på detta "anagram", detta pussel, är det för er att lösa.
D: *Kan du berätta vem eller vad som skapar korncirklarna?*
C: Allt jag kan säga är att det är för det positiva. Det är för kärlek, det är för det goda.
D: *Men är det utomjordiska varelser? (Nej) Kan du ge mig någon annan ledtråd?*
C: Det är energierna inom jorden. Det är allt jag kan säga. Jorden själv.
D: *Och kan det styras av varelser som du? (Entiteten som talade genom Clara) Eftersom jag ser dig som en annan typ än de som är i rymdskeppen.*
C: (Ett slugt leende.) Vad tror du? Det är upp till dig att avgöra.
D: *(Skrattar) Jag har en känsla av att du har mycket mer makt och kunskap. Men ändå är några av varelserna jag har talat med på rymdskeppen också väldigt intelligenta och mycket kunniga.*
C: Ja, de är det. De är väldigt intelligenta, mycket mästerliga varelser. Många av dem har haft en jordupplevelse på sin väg till en högre vibration. Och flyttade från jorden till en annan planet, vilken planet de än kommer från.
D: *Men ändå får jag känslan av att det styrs av högre krafter än varelserna på rymdskeppen.*
C: Vi kommer att säga att det är sanningen.
D: *För jag kan inte föreställa mig att jorden själv skulle skapa mönstren. Kanske använda jordens energi, men att den inte skulle...*

C: (Avbröt) Det är korrekt. Jordens energi används i detta, i dessa cirklar.

D: *Och den försöker ge oss meddelanden. Är det vad du menar?*

C: Ja. Hon har försökt ge oss meddelanden.

D: *Jorden. (Ja, ja.) Men vissa människor tror att det görs av rymdskepp.*

C: Vi kommer att säga detta. Det görs från en mycket högre källa, och en mer kraftfull källa, än rymdskepp.

D: *Jag har varit i cirklarna. Och för mig ser det definitivt ut som om det finns en energistråle eller något, som virvlar runt vetet. (Ja) För det verkar börja vid en central punkt och röra sig utåt från den.*

C: Det är en mycket kraftfull kraft, mycket större än ett rymdskepp, som skapar detta, med moder Jords energi. Och det finns ett meddelande, om man vill avkoda och dechiffrera meddelandet inom cirklarna.

D: *Kan du berätta vad meddelandet kan vara?*

C: Det är ditt pussel. (Vi skrattade båda.)

D: *När jag var i cirklarna kände jag mig mycket fridfull och med en väldigt positiv energi. Men jag har fått höra att vissa människor blir sjuka när de går in i cirklarna.*

C: Det beror på var varelsen befinner sig, inom sin egen resa, inom sin egen väg. Där deras resa är, är vad de kommer att känna. Om deras resa är på en plats av frid och harmoni, kommer de att känna sig underbara och fridfulla. Om de är i sin överenskommelse och inom sin väg och på sin resa med vad de kom hit för att göra. Om de inte är det, så kommer de att känna en vilja att flytta, en vilja att lämna den platsen. Eftersom de är i sin fysiska varelse och vill röra sig till en annan plats på sin resa. Så om de, så att säga, rör sig negativt från sin överenskommelse, så kommer de inte att känna frid inom cirklarna.

D: *Då skulle det förklara varför vissa människor kände illamående och blev sjuka. Och de kände sig väldigt obekväma i dem.*

Den Invecklade Universumet ~ Bok Ett

Denna session utfördes i ett Bed and Breakfast-ställe i norra delen av London. Sommaren 1992 var min första resa till England, och jag såg mycket fram emot att se korncirklarna efter att jag avslutat mina föreläsningar. Alick Bartholomew, min förläggare i England, var också med i Crop Circle Investigators styrelse. Han skulle ta mig till de senaste korncirklarna som hittats nära Milk Hill vid Alton Barnes och området vid Oliver's Castle. Laura var en attraktiv blondin som var en skicklig astrolog. Hon hade inga problem och letade inte efter något specifikt. När sessionen började regresserade hon till ett mycket normalt och alldagligt liv. Efter att ha fört henne genom dödssekvensen beskrev hon andevärlden. Vid denna punkt började en annan entitet tala genom henne. Det var då överraskningen kom. I dessa sessioner måste du lära dig att aldrig ta något för givet och alltid vara uppmärksam på det oväntade. Jag kommer aldrig att missa möjligheten att ställa frågor om varelsen verkar ha kunskap.

D: *Får jag ställa en fråga? Vi är mycket intresserade av de korncirklar som skapas här i England. Har du någon information om hur de konstrueras?*

L: Ja, vi har denna information. De konstrueras som en del av ett mönster som nu placeras inom jordens energifrekvens. Mönstret kommer att föras in i medvetandet hos många människor på jordplanet. Detta kommer att fortsätta inom energifrekvensen runt jorden. När varje person kopplar sig till denna frekvens, så kommer de att laddas upp. Deras egna frekvenser kommer att interagera med mönstren i cirkeln och andra konfigurationer.

D: *Hur konstrueras de? Används det instrument, eller vilken metod används?*

L: Det finns ett energifrekvenssystem. Och varje person kommer att bli medveten om sina egna frekvenser i sina kroppar. Du har en specifik frekvens. Det är ditt eget mönster. Nu när du interagerar med andra människor, så blir du medveten om deras frekvens. Är du medveten om att när du pratar med en annan person på ditt jordiska plan, kommer du antingen att njuta av deras sällskap eller vilja separera från dem.

D: *Ja, det stämmer.*

L: Ah! Det är den direkta interaktionen av energifrekvenser. Och när du uppfattar en frekvens av kompatibilitet, så kan den frekvensen interagera med din egen. Och så kan du komma i kontakt med varandras tankemönster. Det är ingen slump när du talar om tankemönster. Dessa frekvenser, dessa tankemönster, kopplar dig till varje annan intelligent livsform inom galaxen, inom själva universum. Det är så du kommunicerar, och också genom energilinjerna. Det är vad som kommer att skapa korncirklar och konfigurationer.

D: Så dessa produceras av människor i ett rymdskepp?

L: Det är korrekt, men också genom era egna tankemönster. Förstår du det? Dolores, dina egna tankemönster kommer att bidra till detta kompletta kommunikationssystem.

D: Är det därför jag måste vara här i England just nu? Eller antar jag bara?

L: Nej, du antar inte. Du har rätt. Varför skulle vi annars ha sammanfört dig med andra cirkelutredare? Kom ihåg att varje person du möter, kommer dina egna frekvenser att sammankopplas med deras. Och så fortsätter kopplingarna. Vissa rymdskepp och kapslar kopplas direkt till tankefrekvenserna hos alla livsformer på din jord och många andra frekvenser förutom dessa.

D: Så mönstren skapas egentligen genom tankar?

L: Det är ett sätt att tänka på det. Det är inte alltid lätt att förmedla hur denna kommunikation sker. Det enklaste sättet att tänka på det är i tanke-vågsmönster.

D: Med andra ord, det görs inte av någon sorts maskin eller stråle eller något sådant. Det har varit en teori som har presenterats. Något mekaniskt.

L: Det är inte mekaniskt. Det finns olika människor som har försökt med maskiner. De är välkända. Men maskinen vi talar om liknar inte alls den fysiska maskiner som används på ert jordiska plan. Vi har använt det ordet eftersom det finns i ert ordförråd. Och det är det närmaste ord vi kunde hitta. Maskinerna vi använder är mycket mer sofistikerade och komplexa än vad ni kan förstå.

D: Så jag ser det förmodligen på ett förenklat sätt, men jag ville ställa de frågorna eftersom de har presenterats för mig. Så det är en *kombination av att arbeta med vissa människors energier som skapar dessa mönster.*

L: Det är korrekt.

D: *Människor tror att mönstren är som ett språk, och att de försöker kommunicera ett budskap till oss. Finns det ett budskap i cirklarna?*

L: Det budskap som förmedlas är att alla människor har en roll att spela. Och vilket symbol du än väljer att se, vilket verktyg vi kan använda för att fånga din uppmärksamhet, för att förändra dina vågmönster, kommer vi att försöka. För vissa är det en stråle, en ljusstråle, som du uttryckte det. För andra är det de gamla symbolerna. För andra är det bara en nedtryckning av säden. Vad som än behövs för att fånga din uppmärksamhet kommer att användas. För när din uppmärksamhet fångas, så kan dina tankemönster interagera med vår dimension. Och så kan hjälp ges när som helst, för att hjälpa er alla på ert jordiska plan.

Den Invecklade Universumet ~ Bok Ett

SEKTION FYRA:
Vibrationer, Frekvenser och Nivåer

Kapitel nio
Uppvaknandet

Under 1980-talet hade jag många sessioner, och delar av dessa användes i mina många böcker. Det fanns andra delar som har förblivit i mina filer och väntat på en logisk bok att inkluderas i. Vi täckte många ämnen med Pam medan hon var i djup trance. Olika entiteter kom igenom under sessionerna för att ge oss information och svara på frågor. Under denna session 1988 såg hon en varelse i en mantel som påminde henne om Fader Tid. Även om hon instinktivt visste att det inte fanns något kön på denna varelse, tänkte hon genast på den som manlig. Han var klädd i vita kläder, men glödde faktiskt från en intensiv inre energi. Vi frågade varifrån han kom, och svaret var: "Bortom det bortom. Eller om du vill, Hallen av Alltid."

D: *Vet du vem han är?*
P: Nej. Han sa att han är en av essenserna som manifesterats för att vi ska kunna underlätta kommunikation. Och för att göra det enklare för mig har han tillåtit sig själv att bli tät och grov fysisk materia, eftersom det är lättare för mig att prata med en fysisk varelse än bara ett tomrum i luften. Detta är inte första gången. Han har visat sig för många andra i många andra tidsperioder på denna planet och andra, säger han, för att inte bara underlätta kommunikation utan också för att inspirera och trösta. Så detta är inte ett jobb som tas lätt, och detta är inte ett soloevenemang. Men faktiskt görs detta för syftet att kommunicera, vilket sällan görs. Han visar sig mestadels i människors dagdrömmar och drömmar för att inspirera och trösta.
D: *Skulle det vara korrekt att säga att han är som en guide?*
P: Han tycker att termen "guide" är alldeles för begränsande, men insåg sedan att vårt koncept av en guide är begränsat. Om vi kunde expandera vår uppfattning om guider, skulle han acceptera den etiketten.
D: *Jag försöker nog placera honom i någon form av kategori.*

P: Ja. Han säger att det är mänskligt. (Hon skrattade.) Han sa att ett av de problem vi har som begränsade jordiska varelser är att vi försöker märka, kategorisera och placera saker i lådor och fack, saker som är gränslösa och eviga. Och det är en väldigt begränsande tanke. Om vi kunde öva på att tänka på rymden som går för evigt, tidlöshet, evighet och oändliga möjligheter, så kanske vi kunde närma oss att definiera "guide". Precis som att sätta ett kön på en varelse på något sätt begränsar hur vi tänker på varelsen. Genom att sätta någon form av etikett på någonting, begränsar vi det. Han säger att kanske "vän" skulle vara ett bättre sätt att se på honom än "guide". För han önskar inte att leda oss eller guida oss, utan att hjälpa oss på vilket sätt vi än ber om.

D: Har han någonsin levt på Jorden i en fysisk kropp?

P: Nej, men han är intimt förknippad med jordiska varelser som har bett om hjälp. Det har inte funnits något behov för honom att genomgå glömskan som måste följa med livet i fysisk form som en människa på denna planet.

D: Har han då aldrig känt behovet av att ha ett fysiskt liv, för att få denna erfarenhet?

P: Aldrig känt behovet. Han säger att han bara har ett ansvar, och det är att manifestera kärlekens princip. Så att behöva vara en människa skulle fördröja eller ta hans uppmärksamhet från hans mycket större uppgift.

D: Jag tänker på de olika nivåerna och dimensionerna, och försöker fysiskt placera honom någonstans.

P: Om du skulle se planeten som en pingpongboll. Och utvidga ytterligare en koncentrisk sfär, säg, i storlek som en apelsin. Och sedan utvidga ytterligare från det, säg, en annan sfär stor som en basketboll. Och fortsätta med större och större sfärer. Du kan kalla dessa plan eller nivåer. Och faktiskt, vissa av planerna och nivåerna är så långsamma och nästan lika täta och glömska som pingpongbollen av Jorden. Men han har transcenderat dessa nivåer. Svårigheten ligger i att gå igenom dessa nivåer, eftersom vissa är klibbiga, nästan som sirapslik statisk elektricitet. Som kläder som fastnar vid varandra i torktumlaren. Det är med kärleksfull avsikt som han gör försöket att penetrera dessa nivåer till det mest täta, för att vi ska kunna ha denna kommunikation. Men i hans normala rike är han inte bunden till vad vi skulle

Den Invecklade Universumet ~ Bok Ett

betrakta som en "nivå". Han är ljus. Och ljus kan penetrera – jag ville säga nästan alla nivåer. Hans svar var att ljus kan penetrera alla nivåer. Inte att kvalificera uttalandet.

D: När vi lämnar våra fysiska kroppar, passerar vi också genom dessa olika nivåer, från pingpongbollen och utåt?

P: Ja, det gör vi. Som jag sa, det finns klibbiga nivåer. Vi har hela tiden vibrationer som strålar ut från oss i alla riktningar, och dessa vibrationer flätas samman med allas vibrationer och med vibrationerna från allt annat. Varje vibration har inte bara kraft och styrka som vi skulle kunna likna vid elektricitet, den har också magnetism. Så våra vibrationer dras till liknande vibrationer. Om till exempel en stor del av våra tankar har varit på en viss vibrationsnivå, kan vi lättare dras till en specifik koncentrisk ring. Men om vi däremot har övat på att projicera våra tankar, känslor och önskningar till Allt Som Är, till universums största kraft och kärlek – till och med till universumen, rättar han sig – då kan vi, som en fisk som glider genom vattnet, övervinna många, många nivåer, eftersom våra tankar är extremt kraftfulla vibrationer. Dessa extremt kraftfulla vibrationer dras till lika kraftfulla vibrationer. Och vi kan definitivt övervinna många av dessa klibbiga nivåer.

D: Finns det några hinder som hindrar oss från att nå en viss nivå?

P: Våra tankar, våra rädslor, våra trosuppfattningar och våra avsikter.

D: Skulle vi kunna nå den nivå han kommer ifrån?

P: Vid denna tidpunkt kan vi göra det med vårt medvetande, som alltid existerar på denna nivå, utan att vi vet om det, eftersom vi till 99% är sovande. Det finns en enorm del av oss som alltid vistas i ljusets och evighetens rike. Det är vårt ansvar att föra detta till det "vakna" tillståndet av vårt medvetande.

D: Jag tänker att vi är så fokuserade på våra fysiska kroppar, att när vi dör, så att säga, och vi lämnar den fysiska kroppen, skulle vi bara komma så långt och sedan återvända till den fysiska nivån igen.

P: Det är absolut en möjlighet. Det beror på ditt fokus. Dina medvetna tankar är den kraftkälla som du och alla andra människor besitter. De tankar du medvetet genererar kommer att vara en viktig faktor för var du hamnar, och om och hur snart du återvänder medvetet i fysisk form på denna planet.

D: Du sa att vi är 99% sovande? Menar du alla människor?
P: Naturligtvis finns det människor som har kunnat få insikt genom sina tankar, deras kärleksfulla avsikt, deras faktiska tro och tillit till det eviga kärleksljuset. Det har funnits människor på denna planet som definitivt har kunnat övervinna grov fysisk materia, och inte "dö", som ni är bekanta med. De har kallats "uppstigna mästare", vilket är en term med viss humor, för det innebar bara att de kunde övervinna många av de klibbiga lagren. Det verkar inte möjligt att faktiskt fortfarande vara i fysisk form på planeten och samtidigt verka i ljuset. Så för att faktiskt uppnå detta tillstånd måste vi kasta av oss det som är materiellt och tätt, och detta har uppnåtts av några människor. Det skulle innebära att varje molekyl i den mänskliga kroppen, så att säga, skruvar upp kraften. Varje molekyl skulle bli fullt ljus. Och genom att slå på ljuset ökas vibrationerna till en sådan grad att kroppen, liksom det oändliga medvetandet, övervinner detta plan.
D: Så kroppen försvinner?
P: Det stämmer.
D: Eftersom det inte skulle finnas något behov av en fysisk kropp i den andra dimensionen.
P: Det skulle vara mycket distraherande. (Hon skrattade.) Du inser att jorden har gravitation som håller föremål med vikt på plats. För att resa i rymden måste du göra något åt gravitation och vikt. Så de har faktiskt förmågan att teletransportera, som glittrande glitter. Demontera och återmontera enligt deras medvetna avsikt.
D: Så det är som om hela kroppen dekomponeras. Jag vet inte om det skulle vara rätt ord. Försvinner.
P: Ja, försvinner är tillräckligt. Det skulle behöva vara en mycket kontrollerad förutsättning, och endast i den meningen att dessa vibrationer skulle kunna höjas till en nivå som skulle vara bortom din fysiska synförmåga. Det har gjorts, men inte av människor du skulle anse vara vanliga. Vissa människor har insett att de faktiskt är en del av Gudskraften. När de i sitt medvetande blir ljus som de är, har de förmågan att demontera sina molekyler. Det finns de av en avancerad natur som kunde omorganisera sina molekyler. Men detta skulle inte vara normalt eller vanligt. Det finns väldigt lite anledning att återmontera molekylerna till grov,

Den Invecklade Universumet ~ Bok Ett

tät fysisk form. När de är demonterade, att återmontera betyder att du måste återvända på något sätt.

D: Vissa människor tror att detta skulle vara en metod för att undvika döden.

P: Det finns inget behov av att undvika döden. För som du kan se finns det ingen sann död i den meningen att det är något som du skulle undvika. Det finns ingen andlig död i den meningen. Och så skulle den fysiska kroppen naturligtvis inte behöva höjas till en annan nivå. Det skulle vara som att försöka ta med sig sin kappa när man dog. Du har inget behov av den, så varför skulle du ta med den? Det skulle inte vara nödvändigt att försöka omvandla en kropp för att ta den med dig till andevärlden. Den skulle inte ha någon funktion eller användning på den nivån. Men att försöka detta i inkarnationsform i ett försök att få mer kunskap medan man fortfarande är frisk eller fortfarande fungerar, ja, då skulle det kunna vara ett verktyg. I den meningen att det skulle kunna involvera många upplevelser långt bortom vad som skulle anses vara normala eller vardagliga upplevelser. Men återigen, i sig självt har det inget verkligt värde.

D: Vad sägs om den rapporterade förvandlingen av Jesus. Var det hans faktiska fysiska kropp?

P: Den fysiska kroppen höjdes långt bortom en nivå där den skulle förfalla. För att påskynda den naturliga förfallsprocessen var det som om molekylerna helt enkelt separerades genom en avancerad process av energistimulering, så att molekylerna själva bröts ner. Vilket är den naturliga förfallsprocessen i en snabbare form. När Jesus visade sig för människor efter sin "död" var det möjligt för honom att justera sin frekvens, eller mer exakt, frekvensen av hans ande eller själ till dem som skulle bevittna honom. Han kunde justera det så att bara en person i en folkmassa kunde se honom. Det kunde också justeras så att hela folkmassan kunde se honom om det var nödvändigt. Och detta görs många gånger på många olika platser. Det var inte unikt för Jesus-upplevelsen.

Jag har haft många fall där utomjordingar har kunnat göra detta. De dör inte förrän de bestämmer sig för det, vanligtvis för att de är redo att lämna och gå vidare till ett annat äventyr i en annan kropp någon annanstans. I dessa fall försvinner deras kropp, eller som de säger "disformuleras". Det har setts bryta isär till ett glittrande ämne eller i separata små molekyler. Jag hade aldrig hört talas om att en människa kunde göra detta, eftersom det normala sättet för våra själar att lämna kroppen är genom att andeväsendet lämnar den fysiska kroppen kvar för att förmultna.

D: När de flesta människor dör lämnar de kroppen på jorden, och anden, deras essens, går vidare.
P: Det stämmer. Det är det normala fallet. Exemplet vi beskriver handlar om någon som inte tillhör de 99% sovande. Detta skulle vara en person som har tron, viljan och avsikten att göra detta. Att transcendera, ta sina kroppar med sig. Andra människor önskar också denna transcendens, men tror inte att de kan göra detta. Därför kan de inte, och deras kropp måste fysiskt dö. Ditt trossystem är som en stålkärna. Utan att verkligen tro att detta är möjligt är det inte möjligt.

D: De verkar ha en anknytning till kroppen om de vill ta den med sig.
P: Du verkar ha besvarat din egen fråga också, att det är en viktig anknytning till individen. Den mänskliga kroppen har ett specifikt syfte, och det är att uppleva livet i den formen. Han säger något i stil med att du bad om fysisk form, och varje människa manifesterades på det sättet. Det är dess betydelse. Människor är inte den enda "arten", och det är inom citationstecken och sägs med humor. (Hon skrattade.) Men är inte den enda arten som är fäst vid fysisk form. Du måste förstå att de människor som medvetet har kunnat - låt mig använda termen "demontera" - medvetet den fysiska kroppen, är inte i det 99% sovande tillståndet. Om du faktiskt vaknar till kunskapen och tron att du kan transcendera dessa nivåer, eller lager, av varande, och har kunnat uppnå denna prestation, då har du också vaknat till insikten att du inte behöver slita vidare på den tunga och täta materiella planet.

D: Det verkar för mig som att kunna kontrollera sinnet till en sådan grad skulle vara en sista lektion. Skulle det vara korrekt?
P: Lektion. Lärande. Det verkar vara ett problem med semantik. Och ordet "sista" lärande, naturligtvis, är begränsande, eftersom du då tror att det är slutet. Men i själva verket är det den största fysiska

Den Invecklade Universumet ~ Bok Ett

lärdomen vi kan besitta. Om, om det åtföljs av hjärtats tro. Så det måste gå bortom sinnet. Sinnet är ett verktyg för anden.

D: *Men om du har lärt dig att kontrollera sinnet och kroppen till en sådan grad, skulle det vara den sista fysiska lärdomen.*

P: Det är svårt, eftersom vi är som barn som närmar sig Stilla havet. Vi är som små, små varelser som tittar på ett enormt, enormt hav utan gränser. Och det verkar så stort. Hans poäng, tror jag, är att vi använder sinnet som vårt verktyg för att nå anden. Men i själva verket, när vi släpper vår sömnighet, är det anden som har använt sinnet. Varje gång du har en medveten tanke om att höja din vibration, har den tanken kraft och klarhet. Du har fokuserat på vad det är du vill uppnå. Den tanken går ut som en tydlig, rak pil. Den stannar inte. Alla andra medvetanden som blir medvetna om den klara, raka tanken kan lägga kraft till den. Men det faktum att du hade den initialt betyder att du skjuter ut dessa linjer, dessa motorvägar av harmoni och "höjd" vibration. Ökad eller snabbare vibration. Så varje gång du gör den medvetna ansträngningen uppnår du faktiskt vad din avsikt är, eftersom du tror att det är möjligt. Du kan definitivt göra det medan du har fysisk form. Om du faktiskt kan tillåta ditt sinne att acceptera att varje molekyl av allt är ljus, och ljus är synonymt med kärlek, kan du integrera detta i ditt trossystem och sedan arbeta med varje atom i din fysiska varelse. Du kan öka kraften. Du kan låta ljuset lysa. Genom att öka kraften, genom att slå på ljuset, genom att snabba upp den vibrationen, kan du faktiskt demontera din fysiska form.

D: *Om, som du sa, människor är 99% sovande, vilka steg kan vi ta för att vakna?*

P: Han sa, Bra fråga! Informationen har naturligtvis givits, men det förtjänar verkligen att upprepas. Om vårt sinne är vårt största verktyg, och om vi vill använda det till sin fulla kapacitet, vill vi medvetet koppla oss till de i ljusets rike. Så vi sänder ut de vibrationerna. Vi övar medvetet på att tänka på ljus, på expansivitet, bortom stjärnorna. Tänk inte att det slutar någonstans och sedan finns det något annat. Bara skicka ut det som en satellitsond. Bara veta att det kommer att bli vad det är vi avser. Vår avsikt är den otroligt starka livlinan som vi kan skicka ut. Det måste dock göras på ett disciplinerat och fokuserat sätt. Det måste finnas en kontinuitet av något slag.

D: *Så vad borde vi göra varje dag?*
P: Medvetet fokusera dina tankar på ljus. Inte ljus bara utanpå, utan ljus som strålar från varje cell i din levande kropp. Från själva planeten, från varje växt och djur, och från själva luften och vattnet. Tänk att varje sak du kommer i kontakt med eller ens tänker på, i essens är gjort av ljus. Och kärnan av ljus, själva grundtanken, är kärlek. Och kärlek är en kraft som mycket missförstås av människor, som sätter den i en mycket liten, smal liten låda.

D: *Hur tänker du på ljus eller fokuserar på ljus?*
P: Hur fokuserar människan? Han skrattar eftersom han inser hur väldigt viktig den frågan är, och hur väldigt uppenbar den verkar för honom. (Hon skrattade.) Han sa att man inte ska försöka visualisera, som att se en film, utan att försöka föreställa sig allt som glöder. Bara tänk på glöd. Kanske gör det det lättare.

D: *Som att leta efter auran?*
P: Vad jag ser när du ställer den frågan är mycket likt rök som kommer ut från alla ting. Den vågar och virvlar, bildar mönster och sprider sig, och fortsätter att flöda. Så det är som glödande rök. Luminösa fibrer som talas om i många amerikanska indianska berättelser existerar. Så om du tänker på glödande trådar, kanske; om du faktiskt såg auran fortsätta för evigt! De flesta människor tänker på det som att det bara omger saker, men det finns inom och genom allt och fortsätter. Det genomtränger alla ting.

D: *På detta sätt skulle vi alla vara sammanlänkade, eftersom om det fortsätter för evigt skulle varje individuellt ljus, så att säga, överlappa det andra.*
P: Det stämmer. Analogin med väven har inte missats.

D: *Hur förklarar du analogin med väven?*
P: Inte riktigt så enkelt som jag är rädd att vi kanske ser på en väv. Väven verkar vara relativt platt, även om den är sammansatt av många fibrer som väver in och ut, rör vid skärningspunkter, bildar mönster och skapar design. Väven är faktiskt holografisk, så den har djup samt alla andra dimensioner.

D: *Jag ställde den frågan eftersom jag har blivit tagen till rummet där väven finns. (Beskrivet i "Between Death and Life")*
P: Var medveten om att information ges till dig genom andra människor i den form de bäst kan tolka, och sedan leverera

informationen. Det finns en sådan kärleksfull strävan att kommunicera till människor den otroliga oändligheten av Allt Som Är, att varelser kommer att använda många olika analogier som blir synliga för personen du talar med. Och de kommer att vara mycket verkliga i deras sinnen. De är faktiskt analogier som blir levande, om du så vill. Så att faktiskt tro att ett rum med Akashiska register existerar i fast form är underbart, det känns bra, och det är en bra analogi.

D: *Många av dessa samma analogier har kommit genom olika personer.*

P: Det stämmer. Men han sa att andra kärleksfulla väsen "läser samma böcker". Om de har hittat en teknik som kommer att fungera för att öppna en människa för dessa andra möjligheter och riken på ett sätt som de kan förstå och tolka datan, är de benägna att använda liknande tekniker med olika individer. Ett problem vi har stött på när vi arbetar med människor är att verifiera, validera och komma överens på något sätt med logik. Och detta är ganska begränsande och ganska onödigt. Uppvaknandet är syftet. Uppvaknandet till det faktum att vi i grunden är ljus, vi är kärlek. Varje cell i våra kroppar, varje cell och molekyl av allt. Källan till allt liv är ljus. Så att vakna till den kunskapen och att vilja operera i det riket, och att tro att det är möjligt, är alla faktorer som kommer att sätta dig där.

D: *Då är vi fångade på karmas hjul som håller oss bundna här och hindrar oss från att transcendera.*

P: Absolut. För det är det sovande tillståndet på karmas hjul. Och den termen behöver också mycket förtydligande. Men för kontinuitetens skull, på karmas hjul är människan sovande, därför omedveten.

D: *De inser inte att de kan kliva av.*

P: Det stämmer. Men det kommer inte att uppnås utan sann tro. Du ser, trosuppfattningar är verkliga saker, precis som tankar är. Tills de exponeras för ljus är trosuppfattningar, låt oss säga, som rep som binder oss. Och våra större Jag - jag måste säga att det är mycket förvirrande att tala i termer av större och sedan igen större än det, och sedan igen större än det självet. För det större jaget jag talar om är verkligen inte ljuscellerat och i det änglalika riket. Det större jaget är bara ett mer medvetet jag, men ännu inte expanderat till Allt Som Är. Så du förstår, här är det där terminologi är mycket kritiskt för förståelsen. Jag önskar att det fanns en annan term vi kunde använda. Kanske borde jag kalla det det "karmiska" jaget. För det karmiska jaget är det som bestämmer vilka distraktioner vi håller fast vid.

D: För de lärdomar vi måste lära oss.

P: Som vi har beslutat att vi måste lära oss, genom vår tro. Om det fanns någon lärdom vi kunde föra vidare från denna session till andra människor, skulle det vara kraften i våra trosuppfattningar. Tro är ett mycket svårt begrepp även för människor att verkligen förstå. Vad är tro? Det är bortom vad du tänker om något. Det är vad du tänker och känner och har den inre vetskapen om. Men det är ännu större än så. Det trotsar definition. Det verkar som att trosuppfattningar är motorvägar. Vi håller fast vid dessa trosuppfattningars motorvägar. Vår uppgift som varelser som försöker bli upplysta, är att skicka ut trosuppfattningarnas motorvägar mot ljuset. Trosuppfattningar är – det är så svårt att uttrycka detta - mycket starka tankar. Jag ser att vår vän tycker att ett av problemen kommer från semantik. Att genom att sätta ett ord på något så stort och gränslöst och utan skarpa kanter, tenderar vi att smalna av dessa motorvägar.

D: Varför blir all denna information tillgänglig nu?

P: För det första, det har funnits en kallelse. Till stor del på grund av att vid denna tidpunkt i mänsklighetens historia har vi omedelbar masskommunikation. Många fler människor blir intellektuellt medvetna om möjligheten att större riken existerar. När de väl blir intellektuellt medvetna om att denna möjlighet finns, vill den nyfikna människan prova. Så de skickar ut önskan, avsikt och den avgörande faktorn: att fråga. Så vid denna tidpunkt på planeten finns det faktiskt fler människor som frågar efter kommunikation med de osynliga rikena. Men det verkar som en inre brådska att vi får denna information. Det har funnits en önskan bland de änglalika rikena under en lång tid att medvetet ha kommunikation och kontakt med människor. Så denna brådska är inte nödvändigtvis en ny brådska. Önskan från de änglalika rikena har funnits under en mycket lång tid. Jag kan inte skilja vid detta tillfälle orsaken till brådskan, om den är långvarig eller om något är nära förestående. Att se på en potentiell planetär katastrof, som många har spekulerat i som orsaken till denna kommunikation, är inte avsikten vid denna tidpunkt.

Pam: Det verkar som att Gud, kraften, den genererande kraftkällan för Allt Som Är, känd under många namn – men vi kommer att kalla den kraften Gud för tillfället – också är nyfikenhet. Nyfikenhet är en otrolig kraft. Så när du tar den mest kraftfulla kraften som finns, och använder bara en del av den, är den nyfikenheten kapabel att manifestera i fysisk form vad som helst som kraften riktar sin uppmärksamhet mot. Så därför har du en myriad av livsformer, eftersom Gudkraften är en mycket nyfiken kraft. Och faktumet att tänka på något alls, att tänka på vad som helst, tar det till manifestation. Tanken skapar, och vi är en av många, många, många, många tankar.

Phil: Det finns liv i allt som finns. Det finns naturligtvis det som man skulle kalla livlöst. Men skillnaden som görs här är på en nivå som är långt bortom mänsklig förståelse. Ändå, från de högre medvetandenivåerna, är det uppenbart att allt, i någon form eller annan, är medvetet. Här gör vi skillnaden mellan medvetenhet och liv. Från ditt perspektiv skulle det vara svårt att uppfatta medvetenhet på den nivån. Men det är faktiskt sant att allt, även stenar, har medvetenhet, kanske inte på en nivå som du kan uppfatta. Och om det skulle förstås, då skulle det kunna sägas att ja, även stenar själva är levande om denna medvetenhet utgör liv. Det finns vad du skulle kalla en livskraft som är skild och distinkt från det som vi kallar medvetenhet. Men från ditt perspektiv är medvetenhet och liv något sammanflätade eftersom de verkar vara ett och samma.

Den Invecklade Universumet ~ Bok Ett

Pam: Musik är definitivt en stor konstform. Det är en form av interstellär kommunikation såväl som planetarisk kommunikation.

D: *Kan du förklara hur det är interstellärt?*

P: Ljud är en vibration, som du redan vet. Vibrationer sträcker sig inte utåt och stannar sedan vid en viss punkt. En vibration fortsätter att spridas. Det är svårt att förstå att den fortsätter för evigt, eftersom våra begränsade mänskliga hjärnor inte tänker i termer av evighet och oändlighet. Valens sång är dock mönstrad, harmonisk och helt planerad. Och denna vibration fortsätter på ett harmoniskt, mönstrat och planerat sätt. Därför når den utåt, och de som är mottagliga för att ta emot detta mönster och denna harmoni gör det.

D: *Innebär detta att varelser i rymden kan fånga upp och förstå den?*

P: Absolut.

Phil: Det är egentligen inte nödvändigt att äta något. Jorden vi lever på är en levande plasma. I denna plasma finns alla element som är nödvändiga för livet. Detta går bortom vad vi tänker på som luft, vatten och ljus. Men tillräckligt sagt, alla nödvändiga näringsämnen finns i en osynlig form över hela jorden. Problemet är att denna plasma påverkas av tankar och faktisk fysisk förorening, och i många delar av världen är den inte längre ren. Vad ni kallar "utomjordingar" behöver inte äta fysiskt. De kan ta emot plasma från kosmos, opåverkad och oförvanskad livskraft. (Detta utforskades i The Custodians.)

D: *Många av rymdvarelserna har sagt till mig att de inte behöver mat som vi gör. Det verkar vara en mänsklig egenskap. De kan leva på luft, atmosfär och ljus.*

Utomjordingarna fortsätter att säga att våra kroppar blir mer ljusa för att kunna fly den täthet som vår dimension innebär, och att vår diet förändras för att anpassa sig till detta. Utvecklas vi till det tillståndet då vi också kommer att leva av ljus? Är det planen?

En del av en session med LeeAnn 1989, som vi trodde skulle vara en UFO-upplevelse eftersom det var vad vi undersökte, visar att vi ofta inte får vad vi förväntar oss. Det visar också att personen ofta inte tas ombord på ett rymdskepp, utan någon annanstans som definitivt inte är jorden. (Som Clara i Kapitel 5.)

LeeAnn kom ihåg medvetet att hon såg ett vackert gyllene ljus just när hon skulle somna. Det hade en mycket varm, fridfull och lugnande effekt när hon slumrade in. Rummet var mörkt, så det kunde inte ha kommit från en normal källa. Hon kom ihåg fragment av en dröm den natten om att hon var i ett mycket vitt, mycket sterilt rum. I en del av drömmen såg hon en visuell bild av en vulkan eller lava, och när hon vaknade fanns ordet "hologram" i hennes sinne.

Vi hade redan utforskat andra upplevelser som hände precis efter att hon trodde att hon hade somnat. En av dessa rapporterades i The Custodians när hon togs ombord på ett rymdskepp. Jag förväntade mig att detta skulle vara kopplat till den typen av upplevelse, så när hon var i trance återförde jag henne till den natten då hon skulle somna. Plötsligt var det inte längre mörkt, det var ljust, men hon kunde inte bestämma ljusets källa. Hon såg sig sedan sitta på en plats som liknade en aula, utan att veta hur hon kom dit. Det var ett sterilt och rent utrymme, och hon satt på steg som liknade läktare, förutom att de var solida, formgjutna. Rummen var avdelade av genomskinliga väggar som inte var av glas, men de fortsatte i en oändlig form liknande en spegelsal. Atmosfären var mycket lugn och tyst. Hon blev förvånad när jag frågade hur hon var klädd.

L: Bara i ljus. Jag antar som en kåpa. Inte riktigt klädd alls, men inte heller naken. Jag vet att det finns människor där. Jag ser dem inte, men jag känner dem. Så någon måste vara där. Jag ser mig omkring och jag borde kunna se dem.

Den Invecklade Universumet ~ Bok Ett

D: *Om du kunde fråga dem hur du kom dit, vad skulle deras svar vara?*

L: (Lång paus) Detta är en bra fråga. Jag måste hitta på det här. (Långsamt, som om hon hör och upprepar.) Det är en manifestation av att transcendera de fysiska begränsningarna av din kropp för att våga sig in i rummets tidsdimensioner. Där enheten kallad – detta låter inte vettigt – enheten i universum. Slutet av att vara ... hel. Det är obegripligt.

D: *Det är okej om det inte är vettigt. Kanske förstår vi det senare. Var det svaret du fick?*

L: Ja. Vad det nu än sa.

D: *Är du där i din fysiska kropp?*

L: Nej, jag antar inte det.

D: *Så du reste dit i en andlig form av något slag?*

L: De säger det. Tja, den fysiska kroppen är inte här. (Lång paus) Jag antar att det handlar om... Jag förstår det inte, men jag vill säga vad som är korrekt. Energin i din ande är sådan att du bara är en kraft och du kan resa genom dimensioner och genom rymden, utan, antar jag, att faktiskt veta hur. Och när du är redo, då är du redo. Och det är inte genom vilja eller val. Du kan inte vilja det själv. Det bara händer. Ju mer du försöker medvetet anstränga dig, desto mer slår du dig själv tillbaka mot väggen.

D: *Då kommer det inte att hända förrän det är redo att hända.*

L: Rätt. Så du behöver den separationen. Det tänkesättet, objektivt och subjektivt.

D: *Har dessa varelser något att göra med detta?*

L: Jag antar att de har det. Vi är här för att lära, för att tjäna, eftersom de sprider ljus och de vägleder. Och för att veta, så att vi kan vara till nytta.

D: *Det är goda saker. Varför ville de att du skulle komma hit?*

L: För att förändringar kommer att ske. Förändringar sker. Inom planetens utveckling, allt för planetens bästa. Inom den tidsålder vi befinner oss i måste människor visas, genom ditt exempel, deras enhet med universum och fadern. Och vid den tidpunkten kommer planeten att vara väl. Vi har tagit mycket och missbrukat, och nu behöver hon renas. Och vi är här för att hjälpa, genom exempel, inte genom att predika. Och vänlighet ger vänlighet.

D: *Men de sa till dig att förändringar sker?*

Den Invecklade Universumet ~ Bok Ett

L: Ja. Jag vill verkligen inte veta om dem, men jag antar att jag måste.

Hon pausade då hon verkade observera något. Sedan började hon beskriva vulkanutbrott och jordbävningar. Också explosioner och bränder orsakade av gaser som kom upp från marken. Det var många dödsfall, men mitt i allt detta såg hon rymdfarkoster som evakuerade människor till ett större skepp högre upp på himlen. De skulle sedan transporteras till andra planeter i andra galaxer.

L: De kommer för att ge hjälp. Vi höjer våra vibrationsnivåer, eller de höjer våra vibrationsnivåer, någon gör det, något gör det. Och sedan är du bara "whoosh" där. Och eftersom du bara är en energikraft fluktuerar du på en högre nivå. Och fysiskheten av tätheten i din kropp är inte lika tät som den är just nu, men du är fortfarande samma varelse. Jag antar att du måste vara så, för om du skulle byta planet antar jag att de har en annan atmosfär. Den är inte så tät och strukturen på din varelse måste förändras. Vibrationsnivån måste förändras mer till en ljusgestalt än en tät materia som vi är nu. Och jag antar att det är vad som händer. Och det är sanningen, för människor kan göra det även när de är på denna planet. De kan förändra tätheten i sina kroppar. Och människor går igenom väggar och sådana saker. Det finns människor som gör det, riktiga människor. Så jag antar att om du har en mer högt utvecklad art - eller "varelse" är ett bättre ord - så kan de hjälpa till med det vi redan vet, eftersom du i grund och botten vet allt. Och genom att höja den vibrationsnivån spelar det ingen roll ändå, eftersom även om de fysiska kropparna dog, skulle de bara flytta någon annanstans ändå.

D: Men i det här fallet tar de den fysiska kroppen med sig.

L: Ja, men de omarrangerar partiklarna för att möjliggöra överföringen.

D: Tar de med sig alla överlevande på planeten?

L: (Sorgset) Nej, jag antar att de inte gör det. Jag skulle vilja tro att de skulle göra det. Många fysiska kroppar förlorades i förstörelsen. De tar inte med sig alla.

D: Finns det en anledning till det?

L: De människor som är mer utvecklade är de som tas med. Jag kan knappt tro det heller, för det verkar inte passa. Men jag antar att det gör det. Vem är jag att döma?

D: De som är mer utvecklade är de som kan göra denna övergång.

L: Jag antar det. Och jag ser en regression på planeten. De fysiska människorna går tillbaka till ett mer primitivt, mer bestialiskt tillstånd, som vi brukade vara.

D: Menar du de som blir kvar på planeten?

L: Ja. Mer tillbaka ... innan grottmänniskan ens fanns.

D: Finns det en anledning till att de regresserar?

L: Efter att detta händer förändras den faktiska fysiska atmosfären på planeten. Och för att stödja det fysiska människolivet förändras människosläktet, eftersom planeten blir tätare. Luften blir tätare på grund av allt som händer. Saker börjar bara om igen. Jag kan inte tro att vi börjar om igen.

D: Tja, kanske är detta ett alternativ. Kanske försöker de visa oss de olika saker som kan hända. Men händer detta alla människor som är kvar på jorden?

L: Jag vill inte säga "alla". Bara för att det skulle ta så lång tid om allt ... Men nej, bara några, bara några. Det är vad det är. Det rationella sinnet säger att det är som medfödda defekter, på grund av vad som än har hänt. Och atmosfären har förändrats. Men det måste finnas högre livsformer, mänskliga former.

D: Tror du att de visar dig vad som skulle hända med några av människorna som överlever?

L: Nej, inte de överlevande. Det här är avkomman till de överlevande, antar jag.

D: Låt dem visa dig de andra som inte utvecklades i den riktningen.

L: (Paus) Jag kan inte se hur sådana motsatser kan existera. Jag tror inte att jag är på jorden längre. Människorna är för ljusa. Lätta i den fysiska strukturen, nästan som en andes ande. Det är inte tätt nog för att bebo jorden. Men kanske med förändringen kommer jorden att bli himmel, eller hur?

D: Dessa människor du ser nu är de som togs bort? Och de existerar någon annanstans.

L: Människorna som är lättare är mer utvecklade och har tagits bort. Jag vet inte vem som kan göra den bedömningen. Det är en mycket trevlig plats. Lugn. Mer gasformig. Det är mer som att existera i en gasform, med blått och lavendel och lila. Och du gör inte saker som du gör på jorden, eftersom du inte är bunden. Du har inte ens hus. Och du har former, men kunskap förvärvas. Det är bara genom tanken. Det finns inga påtagliga, solida böcker eller vad som helst. Det finns inget som har någon täthet förutom det gasformiga tillståndet. Och det är en mycket fri, mycket flytande slags plats, där alla är snälla och alla är lyckliga.

D: *Och det finns inga fysiska, solida strukturer?*

L: Ja, det finns några där. De kristallina sakerna jag berättade om tidigare. Jag tror inte att de är av glas. Så vackra, ganska utsmyckade faktiskt i strukturen. Kristalltorn. Det finns några stora saker som strukturellt verkar vara mer som en romersk design, med pelare. De är inte gjorda av marmor, som romarna gjorde. Det är en blåaktig sorts glas, ljusblått glas. Det är väldigt vackert.

D: *Vad används de strukturerna till?*

L: Jag antar att de används för lärande. Det var bara vad som dök upp innan du ställde frågan, eftersom jag visste att du skulle fråga det. Men lärandet sker genom ljud, inte böcker.

D: *Tror du att alla människor som togs ombord på farkosterna kom till denna plats, eller åkte de till andra platser?*

L: Åh, nej, de kommer inte alla hit. De kommer alla att åka till sina hem. Men inte alla kommer härifrån.

D: *Menar du att alla dessa människor kommer från andra platser? (Ja) De är inte ursprungligen från jorden?*

L: Åh, jag är säker på att det finns några människor som bara är från jorden. Allt är möjligt inom detta rike. Men inte alla kommer att åka till denna planet. Vem vet var vi ursprungligen kom ifrån.

D: *De kommer att åka till en atmosfär som är bekant för dem?*

L: Ja. Deras hem. Alla kommer att återförenas, eftersom de reser i grupper, med sina svärmödrar. (Skratt) Familjemedlemmar. Det tar aldrig slut.

D: *Men detta tillstånd är inte vad vi kallar "dödstillståndet".*

L: Åh, nej, detta är ett fysiskt tillstånd. Inte tätt fysiskt som den här kroppen är tätt fysisk.

D: *Jag försöker förstå detta. Alla dessa människor tas ombord, transcenderas på något sätt, deras molekyler bryts ner och tas på något sätt ombord på dessa farkoster. (Ja) Men det var inte alla.*

Den Invecklade Universumet ~ Bok Ett

Alla de som togs ombord på farkosterna tas tillbaka till sin ursprungshem?

L: Ja. De kom till jorden för att hjälpa till i artens utveckling, eftersom när arten utvecklades glömde de Gudomen. Och så sände de andra för att hjälpa till med den andliga utvecklingen, som inte fanns där från början. Jag antar att det är vettigt.

D: Och det var många av dessa?

L: Åh, ja, många, många. En del av mig sa att dessa var de människor som plockades upp eftersom deras vibrationsnivåer är högre. Men jag kan personligen inte se hur någon kan bli lämnad kvar. Men vem är jag att döma? Gud i sin gudomliga visdom skulle kunna ta med sig alla, eftersom vi alla är en.

D: Ja. Men ser du några av dessa människor återvända till jorden, eller åker de alla någon annanstans? Jag trodde att det var en tillfällig sak.

L: Människor kommer att återvända till jorden, människor som väljer att komma tillbaka. För det jag ser nu är en mycket primitiv sorts kultur. Och jag antar att de människor som återvänder är de människor som vill komma tillbaka för sin egen utveckling, som vet att planeten har saker att erbjuda som de behöver lära sig eller komma ihåg. Och människorna som kommer tillbaka, tror jag, kommer att vara ledarna eller ljusvarelserna ett tag. För att hjälpa vem, vet jag inte, om inte en annan art kommer att utvecklas.

D: Blir dessa människor återförda av farkosterna i den fysiska kropp som de lämnade i?

L: Nej, jag ser dem inte i den fysiska kropp som de lämnade i. (Hon suckade.) Nej, de kommer inte att vara i sina samma fysiska kroppar. Det kommer att vara en mycket högt utvecklad art och en inte så utvecklad art. Det är nästan som att änglarna kommer att se efter den nya art som kommer att finnas här. Och om de är i harmoni då ... Jag vet inte. Jag tror att planeten kommer att vara mycket annorlunda. Jag vet inte. Jag vet inte. Jag vet inte.

D: Du sa att du såg de överlevande som förvandlades till dessa djurliknande människor, som regresserade till det primitiva tillståndet. Blir hela världen så, eller finns det några som fortsätter civilisationen?

L: Det verkar som att civilisationen börjar om igen.

Den Invecklade Universumet ~ Bok Ett

D: *Du ser det inte som att den fortsätter i kanske isolerade delar av världen?*

L: Nej. Världen är tillbaka till ett tillstånd där byggnader och teknik och bilar och flygplan inte längre finns. Tillbaka till ett tillstånd där allt buskage precis knoppas, och träden precis börjar växa. Det är som nästan i början, igen. Det är som om du går in i skogen och hittar en liten bit skog som människor inte har gått i eller stört, och allt är väldigt nytt och väldigt fräscht. Det är så hela planeten är.

D: *Tror du att allt förstördes?*

L: Detta är en tid långt fram. Strax efter ... vad ser jag? Jag ser att det finns mer vatten på planeten. Eller fler landmassor täckta av vatten.

Jag bad henne sedan beskriva hur världen såg ut när det gäller vilka delar av kontinenterna som skulle vara kvar ovanför vattnet. Det märkliga var att hon beskrev nästan exakt samma sak som jag rapporterade i Volym Två av Samtal med Nostradamus. Hon kunde inte ha fått denna information från boken, eftersom den ännu inte var publicerad när vi hade denna session 1989.

D: *Dessa kan vara möjligheter. De behöver inte vara konkreta sanningar. Nåväl, har de något råd?*

L: Rådet är väldigt enkelt, och har lärts ut genom århundradena. Behandla andra som du själv vill bli behandlad.

Denna gyllene regel finns i de sju grundläggande religionerna på vår planet:

BRAHMANISM: Detta är summan av plikten: gör inget mot andra som skulle orsaka dig smärta om det gjordes mot dig. (Mahabharata 5:1517)
BUDDHISM: Skada inte andra på sätt som du själv skulle finna skadliga. (Udana-Varga 5:18)
CONFUCIANISM: Visst är det maximen om kärleksfull vänlighet: Gör inte mot andra vad du inte skulle vilja att de gjorde mot dig. (Analects 15:23)

331

TAOISM: Betrakta din grannes vinst som din egen vinst och din grannes förlust som din egen förlust. (Tai Shang Kan Ying P'ien)
ZOROASTRIANISM: Den naturen ensam är god som avstår från att göra mot en annan vad som inte är bra för sig själv. (Dadistan-I-dinik 94:5)
JUDAISM: Vad som är hatfullt för dig, gör inte mot din medmänniska. Det är hela lagen; resten är kommentar. (Talmud, Shabbat 31 a)
KRISTENDOM: Allt vad ni vill att människorna skall göra för er, det skall ni också göra för dem; för detta är lagen och profeterna. (Matteus 7:12)
ISLAM: Ingen av er är en troende förrän han önskar för sin broder vad han önskar för sig själv. (Sunnah)

D: *Ibland har de enklaste råden mest visdom.*
L: Om vibrationsnivån på planeten förändras, genom att människor blir vänligare, eller genom att människor erkänner Gud i alla, kommer vibrationsnivån på planeten att förändras. Och genom att höja den nivån kommer planeten Jorden att läkas till viss del. Och den rening som borde ske, på grund av hur vi har misshandlat planeten, behöver inte nödvändigtvis ske. Tacka planeten för hennes godhet, för det finns ingen separation mellan oss och vår planet. Skapa inte separationen. Vi är alla ett tillsammans. Planeten, vi, fågeln, hunden, det finns ingen separation mellan något. Bara skillnaden i manifestation av form. Och om människor inser det, då skulle vi ha himlen på planeten.

När LeeAnn vaknade diskuterade hon sin uppfattning om platsen hon befann sig på direkt efter att ha somnat.

L: Det såg ut som en spegelsal, men det var inte glas, som när du tittar i en spegel och fortsätter att se reflektionen igen. Detta var mer som en tunnel. Där du kunde fortsätta att se ner, och det var uppdelat i sektioner. Rummet var runt eller böjt med de formgjutna stegen, och hallen sträckte sig framför mig.

Eftersom hon tidigare hade nämnt hologrambegreppet undrade jag om denna spegelsal hade något att göra med att projicera katastrofbilderna hon såg. Jag förklarade konceptet för henne. Hon visste inte ens vad ett hologram var.

D: *Tydligen skulle du se detta av någon anledning. Besvärar det dig?*
L: Nej. (Skratt) Jag hittade på det.

Jag skrattade. Detta var det bästa sättet att integrera något som kanske var störande. Om personen inte tar det för allvarligt kommer det inte att påverka deras liv. Senare, när de är redo att utforska det djupare, kommer deras sinne att kunna hantera det.

LeeAnn visste inte att jag hade arbetat med andra på kartorna över jordens förändringar, och att vi hade koncentrerat oss på samma former av kontinenterna och världens tillstånd som hon beskrev. Jag tog henne senare för att träffa en av de andra deltagarna i detta projekt. När hon pratade med Beverly om dessa saker blev hon förvånad över att några av de saker hon kom ihåg matchade vad Beverly hade fått. (Beverly var konstnären som ritade kartorna över jordens förändringar i Samtal med Nostradamus, Volym II.)

Trots att det finns stora likheter tycker jag fortfarande om att se dessa katastrofala scener som alternativa framtider, sannolikheter och möjligheter, istället för som säkerheter. Jag vill inte att detta ska vara vår framtid, och vi kan ta till oss rådet att behandla jorden som en levande varelse och vara snällare mot den och varandra. Kanske kan vi då undvika denna typ av framtid.

Uppenbarligen tar utomjordingarna inga risker. De förbereder sig för alla värsta tänkbara scenarier. Kanske förstår de människans natur bättre än vi gör.

Kapitel Tio
Platsen Kallad "Hem"

Flera subjekt har oväntat hamnat någon annanstans istället för att gå in i ett tidigare liv under denna typ av terapi. Det är definitivt inte Jorden, men var och en av dem anser känslomässigt att det är deras "hem". Ofta verkar det vara en så fientlig miljö att denna beskrivning är svår att förklara, men det går inte att förneka de starka känslor som subjektet känner när de ser det igen. Första gången detta hände var med Phil i Keepers of the Garden när han såg planeten med de tre spirorna. Den känslomässiga kopplingen var överväldigande. Det hände igen med Clara i kapitel 5 när hon såg en liknande planet med spirliknande strukturer. Hon hade också en stark känslomässig reaktion. Om vi förnekar reinkarnationens existens skulle detta vara svårt att förklara. Om personen bara levt ett liv på planeten Jorden, skulle detta anses vara det enda hem de någonsin känt. Varför skulle de ha en sådan stark och känslomässig koppling till en ödslig, utomjordisk och mycket o-jordlik planet? När de ser den finns det en stark hemlängtan och en önskan att stanna där, istället för att återvända till deras nuvarande hem på Jorden.

Jag kallar dessa människor "Stjärnbarn" även om jag inser att detta är en bred term. De betraktar denna planet som en utomjordisk miljö. De vill inte vara här. De är milda människor och förstår inte hur människor kan vara så hjärtlösa mot varandra; hur världen kan ha så mycket våld. De längtar efter att åka "hem", även om de egentligen inte vet var "hem" är. I de flesta av dessa fall, när de är i trance, säger de att de upplever sitt första jordliv eller bara har haft några få. Var och en av dessa Stjärnbarn säger att de frivilligt kom hit för att uppleva livet i hopp om att deras livskraft, som inte känt våld, ska ha en positiv effekt på Jorden. De kallas infusionen eller transfusionen av nytt blod. De anmälde sig frivilligt, men de vet detta inte medvetet, och är därför mycket olyckliga här. Många av dem försöker begå självmord för att fly det de anser vara en outhärdlig situation.

Sedan mina böcker har översatts till många språk får jag nu brev från människor över hela världen som upplever samma känslor. De

Den Invecklade Universumet ~ Bok Ett

trodde att de var de enda i världen som hade dessa känslor och kände sig verkligen ensamma, eftersom dessa känslor inte var meningsfulla för deras familj och vänner. Det var en underbar uppenbarelse att läsa mina böcker och upptäcka att de inte var ensamma och att det faktiskt fanns många andra som gick igenom samma kaos.

Sedan jag arbetade med Phil på 1980-talet har jag upptäckt många av dessa Stjärnbarn över hela världen. Några går igenom samma känslor som Phil. Andra verkar ha anpassat sig och är ganska glada över att vara här. De senare är yngre, så kanske de styrande krafterna blir bättre på att hjälpa dem att anpassa sig. I varje av dessa fall säger deras undermedvetna att huvudorsaken till att de är här är att fungera som en kanal för den energi som behövs just nu i Jordens evolution. Många, många har berättat för mig att vi går igenom dramatiska förändringar medan Jorden ändrar sin vibration och förbereder sig för att höja medvetandet hos människorna på vår planet till en högre dimension. Stjärnbarnens energi behövs för att stabilisera denna övergång.

Under en session sa en man att han hade avslutat återbetalningen av all sin karma och inte behövde vara här, men var en del av det kollektiva som skickats av Källan. Andra är insamlare av information, även om detta är okänt för deras medvetna sinne. Ett exempel på detta var en prostituerad klient i London 2000, som rapporterade en extremt traumatisk barndom och liv. Hon ville definitivt inte vara i den fysiska kroppen och hade försökt begå självmord för att lämna den. Men i trance sa hon att hon hade skickats för att samla information om mänskligt beteende. Vad bättre sätt att undersöka denna sida av mänskligheten än som prostituerad? En annan kvinna försökte begå självmord på ett mer subtilt sätt. Hennes kropp dödade henne långsamt medan alla hennes organ utvecklade allvarliga problem. I trance beskrev hon att detta inte var hennes hem och gick till sin uppfattade "hem": en vacker vattenvärld där hon simmade i tillfredsställelse utan bekymmer. När hon skickades till denna värld för att bo i en tung tät kropp, gjorde hon uppror mot den och försökte förstöra kroppen i ett fåfängt försök att återvända hem.

Mycket av detta var svårt för mig att förstå i de tidiga dagarna av mitt arbete. Senare, när jag mottog mer komplicerad information om dimensioner och andra verkligheter, började det få en underlig logik.

När jag absorberade mer och mer information, stötte jag på fler av dessa typer av själar, ofta under ovanliga omständigheter. Jag fann två fall där subjekt vittnade om förstörelsen av en planet. I Singapore 1999 hade jag ett fall med en kinesisk kvinna som hela sitt liv hade känt en otrolig sorg. Hennes föräldrar påpekade att hon aldrig log som barn. Hon hade också en känsla av tyngd i bröstområdet som nästan var smärtsam. Under sessionen såg hon sin hemplanet sprängas. Chocken orsakade smärtan i bröstområdet, och sorgen orsakades av den överväldigande insikten att hon aldrig kunde återvända "hem" och att alla människor hon kände var borta.

Detta fall var mer trovärdigt eftersom litteratur om UFO-fenomen och det paranormala inte var lättillgänglig i Singapore. Jag var en av de första författarna att hålla föreläsningar där på ett nyöppnat metafysiskt center. Regeringen är mycket kontrollerande när det gäller vilken typ av material som kan skrivas eller föreläsas om. 1999 var första året då några föreläsningar av detta slag tilläts. Trots detta fick jag veta av ägaren till centret att jag kunde föreläsa om alla mina andra böcker, men inte om UFOs. Jag tog dock med mig mina UFO-böcker, som alla såldes, så jag lyckades få in informationen i landet. Min kvinnliga klient hade inte utsatts för sådana skrifter, och hon blev chockad av sessionen, eftersom det var den mest bisarra förklaringen hon någonsin skulle ha kommit på.

I Memphis år 2000 stötte jag på ytterligare ett fall med liknande drastiska konsekvenser. En kvinna återupplevde ett liv som man där hon landade på en planet i ett litet farkost. När hon gick ut blev hon förvånad över att finna att sanden och jorden hade utsatts för en otrolig hetta som förvandlat det till en glasliknande substans. Hon kommenterade att det måste ha krävts en otrolig värmekälla för att göra detta. När hon såg ruinerna av en stad började hon gråta okontrollerat. Allt som återstod var fruktansvärt förvridna och brända byggnadsskal. Det fanns inga tecken på liv någonstans, och hon visste att alla hade bränts så fullständigt att inte ens deras ben återstod. Alla hade blivit fullständigt förintade. Detta var hennes (hans) hem, och han hade förväntat sig att hitta familj och vänner, men det fanns ingen.

Hon överväldigades av känslor, och det tog ett tag att släppa ut det så att hon kunde bli mer objektiv. Han gick till andra platser för att leta efter liv, men överallt var förstörelsen fullständig. Den enda återstående växtligheten var växter med svärdliknande blad. Han mindes sedan att han hade bevittnat orsaken till förstörelsen. Från ett större farkost hade han sett en enorm explosion resa sig från ytan med stora, svällande gråa moln. Tydligen var detta orsaken, men han visste inte varför det hade hänt. Han bestämde sig för att gå ner och se efter, och upptäckte den fruktansvärda förstörelsen av sin hemplanet. I desperation ville han bara komma bort från det och återvända till det större farkostet som kretsade i den högre atmosfären.

Han var helt förtvivlad och grät när han dockade med det större farkostet. Han hade glömt hur man skulle komma in i det (förmodligen på grund av sitt känslomässiga tillstånd). Slutligen, när han slappnade av, fann han sig inuti. Det var så han skulle komma in, genom att använda sitt sinne. Helt utmattad och överväldigad av känslor gick han till sina kvarter och lade sig på något som liknade ett fönstersäte. Han ville bara sova och komma bort från ångesten av scenen.

Vi kunde inte följa historien längre, eftersom han drog sig tillbaka in i sömn och glömska. Vi gick sedan vidare till andra ämnen som rörde klientens problem. Dessa fall visar att förstörelsen av en hemplanet har inträffat flera gånger under universums otroligt långa historia, och detta kan överföras till detta liv som extrem sorg, känslan av att inte höra hemma eller längtan efter att återvända "hem", utan att veta var "hem" är. Anpassningsperioden till en ny värld är ofta svår och är gömd inom det undermedvetnas register.

Dan var en ung man från Australien som hade ihärdigt mejlat mig från olika länder, och frågat efter mitt reseschema så att han kunde hitta mig i USA. Han vandrade runt i Sydamerika och skulle komma till USA i juni 2000. Jag försökte avråda honom från att komma till USA bara för att träffa mig, men hans mejl var envisa. Han planerade att anlända till Los Angeles och hyra en bil för att köra till Chicago, och vara där när jag talade på en Dowser-konferens. Han sa att om han missade mig skulle han följa efter mig till Arkansas. Så jag gick med på att arbeta med honom och bokade en session vid den tidpunkt han trodde att han skulle anlända. Jag avråder vanligtvis från detta beteende, men eftersom han var så envis kände jag att jag borde göra ett undantag eftersom han reste så långt.

Den Invecklade Universumet ~ Bok Ett

Han bodde på ett vandrarhem nära kongresscentret, och nästa morgon var han lite sen på grund av trafiken, så vi kom inte igång i tid. Vi insåg inte hur betydelsefullt detta var förrän senare. Organisatören av konferensen tillät mig att använda sitt rum för privata sessioner, eftersom vi bodde (tillsammans med flera andra) i ett privat hem ganska långt från konferensplatsen. Jag hade planerat två sessioner per dag, och Dan var den enda den dagen eftersom det var sista dagen av konferensen.

Under diskussionen före sessionen berättade han att han var från Australien men hade tagit ett underbart jobb som grafisk designer för ett stort företag i London. Jobbet hade börjat bra, men efter ett tag började pressen av tidsplaner, livet i den stora staden osv. ta ut sin rätt. Det påverkade hans hälsa. Istället för att återvända till Australien bestämde han sig för att sluta sitt jobb och resa. Eftersom han var en värdefull anställd gav hans chef honom ledighet och sa att han kunde komma tillbaka till jobbet när han fått det ur sitt system. Detta var anledningen till att han först åkte till Sydamerika och ryggsäcksvandrade över hela landet. Hans flickvän följde med honom på en del av resan, men de hårda levnadsvillkoren var inte spännande för henne, och hon lämnade honom slutligen i Argentina. Han fortsatte resten av äventyret ensam och anlände till slut i USA. Han hade noggrant övervakat sina pengar och hade bestämt sig för att återvända hem till Australien efter att ha lämnat USA. Vi hade flera saker att utforska under denna session.

I min vanliga rutin kommer personen att sjunka ner från ett moln och finna sig själv i ett lämpligt tidigare liv som vi kan utforska för att hitta orsaken till deras problem. Men istället för att komma ner till ett jordliv, fann Dan sig själv gå någon annanstans.

Dan: Jag lämnade molnet, men jag gick inte ner. Jag ser ett stort, starkt ljus med en siluett. Och när ljusstrålarna kommer igenom siluetten, splittras ljuset så att jag inte kan se några detaljer. Jag känner att jag är i rymden.

D: *Men du kan flyta genom rymden också, om det är dit du vill åka.*

Dan: Jag föreställer mig en slags dörröppning i rymden. Så kanske jag borde gå dit. Jag känner att jag simmar mot en ström för att komma dit. Det är nästan som om mitt sinne inte tillåter mig att gå dit. Eller så vet jag inte hur.

Jag gav förslag som förstärkte att han var säker och skyddad och kunde utforska vad han ville i trygghet.

Dan: Jag är inte säker på om jag har gått igenom den eller inte, men nu kan jag se en massiv, massiv, väldigt enorm grön planet. Den är mest i förmörkelse, i skugga, så jag kan bara se kanten av den. Den är väldigt långt borta. Det finns vackra stjärnor bakom, och en ljus sol långt till vänster. Och den kastar en skugga. Jag kan se kanten av planeten, och den är vackert grön, som smaragd. Jag ser en textur. Den är inte slät; den ser skrovlig ut, som en science fiction-måne. Jag flyger över en öken mellan några strukturer som inte har någon annan funktion än att fungera som en grind, som en markör, om man så vill.

D: Är de en del av en mur?
Dan: Nej. Det är två pelare. Inte olikt Washingtonmonumentet, men sandfärgade, och står sida vid sida. Som en dörröppning, men utan en överliggare eller någon dörr. Det är bara markörer.

Här var återigen en planet med framträdande spirliknande strukturer som dess dominerande drag.

D: Flyger du genom den dörren?
Dan: Eller ovanför den, som en örn. När jag tittar på den känner jag en slags längtan, om man så vill. Dessa två pelare står på en slätt, som en öken. Och ett smaragdgrönt hav ligger till höger från min position. Det finns en vik längre bort i fjärran. Det är inte en strand, som sådan. Det är som att öknen bara slutar. Och sedan lite längre inåt landet finns det klippor, som ett klipputsprång ut i havet. Och det är väldigt stort.
D: Måste du gå genom grinden, pelarna, för att komma dit?
Dan: Nej, det är som en vägskylt. Du är här. Detta är – för att använda ett bättre ord – mitt hem.
D: Du sa att du kände en känsla av längtan när du tittade på de två pelarna.
Dan: Ja. (Känslosam) Att se denna plats igen väckte mitt tidigaste minne av att känna mig helt bekväm. Jag försöker utforska vidare,

men det är som om jag har tagit ett foto i mitt minne, och jag håller fast vid det.

Det gav mig definitivt en känsla av déjà vu, för detta var samma känslomässiga beskrivning som Phil och Clara gav. Logiskt sett fanns det inget med denna plats som skulle inspirera en sådan känsla. Men jag lärde mig för länge sedan att logik inte har något att göra med det. Känslor förskjuter logiken.

Dan: Och jag vet att jag inte har en kropp på denna plats. Jag försöker se på mig själv, och jag vet att jag bara är en essens. Jag känner mig nästan som om jag är planeten. Jag är denna plats, om du förstår. Och här är havet precis som vårt, men helt smaragdgrönt. Och öknarna är som våra, men de är inte bekanta för denna person. Det är annorlunda, men ändå bekant. Och jag känner mig som en örn, bara tittar på allt. Jag kan se så långt.

D: *Finns det några städer, eller är det bara land?*

Dan: Om jag tittar ut i öknen verkar det inte finnas någon där. Inga byggnader, bara öken. Och om jag ska vara ärlig, vad jag känner är att pelarna nästan är som en stämgaffel för energi. Och min varelse känner igen denna stämgaffel, denna ton, denna vibration. Och det tar mig tillbaka varje gång jag behöver vara där, för det är som ett fokus, som en kristall. Det är väldigt bekvämt här.

D: *Det är bra. Men känner du några andra varelser som du själv på denna plats?*

Dan: Jag känner att jag inte är ensam. Jag känner mig mer stabil, mer bekväm. Som om jag är så glad bara över att vara där. Jag känner mig som allt annat. Jag kan inte låta bli att känna den känslan inom mig där jag är välkommen. Jag bara är. Det är väldigt svårt att beskriva.

D: *Men du känner dig som ren energi utan kropp?*

Dan: Ja, för jag kan inte relatera till någonting. Jag är alla ting, så att säga. Stenarnas stillhet, öknens hetta, havets vågor. De är alla bekväma och bara trevliga.

D: *Vad gör du där?*

Dan: Bara existerar. Men kanske är det för att jag bara fokuserar på en del, för det är så bekvämt att göra det. Om jag måste säga att jag hade ett syfte, skulle jag inte kunna berätta något, för det är bara att vara där. (Paus) En sak med dessa pelare är att jag känner att de hjälper mig att resa. Om jag till exempel ville komma hit, kunde jag använda dessa pelare eftersom jag känner dem så väl, för att ta mig tillbaka hit. Det är bara ett exempel. Jag säger inte att det är vad jag har gjort.

D: Du menar att resa från var du än var?

Dan: Till var jag än vill åka. Var som helst. Det är ungefär som en verandabelysning. Dessa pelare är som ljuset vi lämnar på för pizzabudet. Du vet, här är du.

D: För att identifiera en plats. Men hur kan de hjälpa dig att resa till andra platser?

Dan: Jag tror inte att de faktiskt hjälper mig att resa som sådant. Det är bara ett sätt att komma tillbaka. Nu får jag bilder av vackert ljus. Bara ljus. Jag får en annan bild nu, så jag har lämnat platsen. Från ett tredjepartsperspektiv kan jag liksom se något hända, och jag tror att det kanske bara är en illusion av hur det fungerar. Men det är som en manet, eftersom den är som en orb i form. Det finns dessa små spetsiga senor eller tentakler som håller mig fast vid den platsen. Men inte fast. Bara som när folk dyker i grottor och lämnar en lina för att hitta tillbaka till ytan. Det är vad detta är.

D: Det är en illustration. Du har ingen kropp, men du är kopplad till den platsen. Men tydligen måste du ha lämnat den platsen någon gång. Låt oss lämna den scenen, och jag vill att du ska gå till tiden då du lämnade den plats du kallar hem.

Dan: Instinktivt hade jag bara ett behov av förändring. Det var det första som kom. Det var bara dags. Jag vet inte varför.

D: Det var inte en händelse eller något som inträffade?

Dan: Har du någonsin sugit upp en servett med en dammsugare? (Ja) Det är den sortens känsla jag får. Som att se den åka "swoosh". Se den försvinna genom ett rör och känna hur min energi bara går "swoosh" ut. Så jag är inte säker på om det var ett medvetet val. Nu vill jag nästan gråta för det gör ont. Hela denna grej gör ont. Separationen.

D: Det är bra, för när vi får en känsla vet vi att vi träffar något viktigt. Men du sa att det var som att energin sögs upp. Du menar bort från den platsen?

Dan: Ja, om jag måste beskriva vad jag ser, skulle jag säga att jag var upptagen med att titta på mina vackra pelare och mitt vackra hav, och sedan plötsligt är jag bara inte där. Jag kan inte känna att det gjordes ett val. Och jag ser saker som galaxer och underbara scener som jag alltid stirrat på i böcker. Och jag stirrade och stirrade och bara undrade och undrade.

D: *De är så vackra.*

Dan: Ja, det är de. De är för vackra. När jag försöker tänka på när jag lämnade min plats, ser jag dessa saker. Och jag vet att detta är en riktig syn, för det är som ett minne. Det är som om jag är nästan som ett flygplan som kommer in, eller en örn, för det finns inget ljud. Men jag kan se dessa pelare, och känner mig riktigt bra. Och säger, "Här är jag igen." Utmärkt. Och sedan väntar jag bara tills nästa gång jag kan komma hit. Men när jag talade om suget? Det känns inte bekvämt. Jag är inte säker på var det tar mig. Jag kan känna det nu. Det är en insikt om att jag inte kommer tillbaka.

D: *Men vi vet att det är där, och du kan besöka det när du vill med ditt sinne.*

Dan: Ja, men det hjälper inte. (Snörvlar)

D: *Du sa att det är känslan av att energin, du själv, blir uppsugen. Och den här gången vet du att du inte kommer tillbaka. Låt oss följa den känslan.*

Dan försökte sedan motstå att gå vidare till något annat. Han ville verkligen inte lämna denna plats igen efter att ha varit separerad från den så länge. Slutligen, efter att ha fått några förslag, slappnade han av och fann sig själv i ett ovanligt liv. Han antog att det var Egypten eftersom det fanns pyramidformade byggnader som var en del av en livlig stad. Det kan ha varit en mycket äldre civilisation. Han bodde i en enorm pyramidliknande byggnad med många stora rum och underjordiska ramper och tunnlar. Han kände sig mycket ensam och uttråkad av att bo i denna stora plats själv, ibland tittade han ut genom fönstret eller dörren och betraktade människornas aktiviteter. Även om han inte var en fånge där, kände han sig separerad och fångad i denna tillvaro. Jag förde honom framåt för att se vad hans arbete var. Han arbetade som rådgivare åt endast en person, och han var uttråkad eftersom personen inte var där ofta. Resten av tiden hade han inget att göra. Han kände att han arbetade med universella energier och använde gester för att fokusera sina tankar.

Dan: Han är inte här hela tiden. Jag ser en stor ljusboll. Jag ser den röra sig genom rymden. Och jag ser att vi har direkt kommunikation. Jag vet inte vad vi säger. Jag vet inte ens varför vi säger det. Förutom att det kanske är råd eller att jag berättar för honom vad som händer, som nyheter.

D: Av Jorden, eller av denna plats där du är?

Dan: Denna plats. Det här är inte Jorden. Jag är ganska säker nu. Saker här är för stora. Vi har stora saker på Jorden, men den här platsen är mycket, mycket större. Jag berättar för honom vad som pågår och kanske hur vi ska hantera det. Men jag får fortfarande denna överväldigande känsla av ofullständighet. Ärligt talat, det är som om vad jag gör inte riktigt spelar någon roll, och det är så tråkigt.

D: Men kommer den här stora ljusbollen ibland in i det där rummet?

Dan: Ja, jag tror att han har förmågan. Och nu får jag bilder av en mycket vältränad, muskulös individ. Stor och stark. Om jag tittade på mig själv skulle jag säga att jag var genomsnittlig, och han är enorm. Jag tror att han är mycket viktigare än jag. Jag tror att han styr detta område.

D: Men när han kommer dit ser han ut som du?

Dan: Ja, men större. Jag tror inte att jag är särskilt omtyckt av någon. Jag tror inte att han behandlar mig med särskilt mycket respekt. Lite som en tjänare. Ingen artighet i det. Jag känner mig så ensam här. Och jag får samma känsla som jag har här på Jorden. Det är bara att jag vill bort. Jag vill att detta ska ta slut. Jag känner mig verkligen fångad, tror jag, men inte fängslad. Jag måste göra det tydligt. Jag känner att jag har det bekvämt. Min position är bra. Men jag är som en hovmästare för den här stora personen. Jag berättar saker för honom, och om folk vill träffa honom måste de gå genom mig. Och jag berättar för dem om de kan bli sedda. Och det är bara tråkigt.

Oväntat knackade någon på dörren till hotellrummet. Jag hade satt upp "Stör Ej"-skylten på dörren, och det var för sent på eftermiddagen för att det skulle vara städpersonalen. Men knackandet fortsatte, så jag gav Dan instruktioner att pausa ett ögonblick och att alla ljud inte skulle störa honom. Och jag gick för att se vem det var. Det var konferensledaren och hans fru. De hade med sig en vagn och ville hämta sitt bagage. De var tvungna att checka ut, annars skulle de bli debiterade för ytterligare en dag. Jag hade inte tänkt på det när jag schemalade sessionen, så jag var i en knipa. Jag bad dem om de kunde komma tillbaka om cirka femton minuter, vilket skulle ge mig tid att få Dan ur trance. Jag gillade inte detta, eftersom vi inte hade hunnit arbeta med några av hans problem än. Men jag hade inget val utan att föra honom tillbaka till medvetandet. De gick, men jag visste att de skulle komma tillbaka snabbt.

Jag orienterade Dan's personlighet tillbaka i hans kropp och förde honom till nutid. Jag gillade verkligen inte att behöva arbeta under pressade förhållanden, och visste att jag inte gjorde mitt bästa arbete. Jag kände att det var bättre att föra honom tillbaka till medvetande än att försöka skynda mig och inte göra arbetet effektivt, så jag gav förslag till hans undermedvetna för att hjälpa honom, så att han kunde lära sig att leva med de mänskliga känslorna. Men jag visste att jag behövde mer tid för att göra förslagen mer effektiva, särskilt eftersom jag inte hade lokaliserat orsaken till hans problem. Jag kände att jag svek Dan. Om vi hade haft den normala tid jag vanligtvis avsätter, vet jag att vi kunde ha hittat svaret.

Jag väckte honom precis i tid, för de kom tillbaka och knackade på dörren. Han var lika missnöjd som jag, eftersom han också kände att han inte hade hittat svaren och inte hade avslutat sessionen. Vi gick ner till bordet vid konferensen där min dotter Nancy sålde mina böcker. Vi visste att det inte fanns något annat val än att ha ytterligare en session för att slutföra det vi påbörjat. Jag kände att jag var skyldig honom det, och jag visste också att jag inte kunde ta betalt för en ny session, eftersom jag kände mig ansvarig för hur denna hade utvecklats. Så jag gick med på att låta honom komma till Arkansas till mitt hem, vilket jag aldrig tillåter främlingar att göra.

Jag sa till Dan att ringa mig när han var i närheten, och vi skulle möta honom och ta med honom upp på berget till mitt hus. Jag är väldigt försiktig med att låta någon av mina läsare eller fans veta var jag bor, annars skulle jag inte ha någon privatliv alls. Men jag litade på min instinkt att han var en trevlig ung man, och han hade rest halvvägs runt jorden för att arbeta med mig. Han hade bott på vandrarhem som var väldigt billiga jämfört med hotell, men det fanns inga sådana platser i Huntsville.

Dan stannade i Chicago i några dagar för att titta på sevärdheterna, och körde sedan ner till Arkansas. Han anlände på den värsta möjliga

Den Invecklade Universumet ~ Bok Ett

dagen. Natten innan hade vi haft en av våra Ozark-skyfall som får bäckarna att svälla och förvandlas till brusande floder. Han ringde från staden och sa att han hade tillbringat natten vid Beaver Lake i sitt tält. Under natten blev stormen så våldsam att han vaknade med flera tum vatten i tältet. Han upptäckte på det hårda sättet att det tydligen inte var vattentätt. Han köpte ett nytt tält och körde vidare till vår lilla stad Huntsville.

När han ringde hade jag verkligen glömt att han skulle komma så snart. Vi var mer bekymrade över vädret. Jag sa till honom att bäcken var uppe och att huvudvägen till vårt hus var ofarbar. Det skulle ta ett tag innan någon kunde komma ner till staden för att leda honom upp på berget via bakvägen. Det är det enda sättet att ta sig till mitt hus när bäcken stiger, och det tar ungefär en timme längre. Han sa att han skulle vänta i den lilla närbutiken tills någon kom ner. Först bad han om vägbeskrivning för att komma upp på vårt berg, men jag sa till honom att glömma det. Det är omöjligt att vägleda en främling över bakvägar om de inte känner till området. Han fick vänta där i över två timmar innan vi kunde nå honom. På vägen tillbaka till mitt hus körde Nancy min bil och jag åkte i hans så att jag kunde peka ut lokala sevärdheter längs vägen. Området är väldigt isolerat, naturligt och rustikt, men jag njuter av privatlivet eftersom jag tillbringar så mycket tid på resande fot och föreläser i stora städer omgiven av folkmassor. När jag är hemma uppskattar jag isoleringen.

Jag hade bestämt mig för att låta honom stanna i mitt gästrum för natten, men han insisterade på att slå upp sitt tält i trädgården. Han hoppades faktiskt att det skulle regna igen under natten så att han kunde se om tältet var vattentätt. Jag gav honom kvällsmat, och det var sent på kvällen innan vi kunde ha sessionen. Han var avslappnad och det var lätt att få honom i trance igen. Den här gången visste jag att vi skulle ha mer tid att utforska hans problem, och det fanns ingen risk att bli störd. Jag hoppades att han skulle återvända till samma scen, och han gick dit omedelbart.

Dan: Jag tittar på ingången till mitt kammare. Det finns inga mönster eller något på väggen. Den är väldigt enkel. Väggarna är definitivt av sten. Återigen kan jag verkligen känna det under mina fötter. Det är svalt och skönt. Det finns något som liknar lyktor. Jag tror att de genererar ljus, inte eld. Det är någon sorts kemisk process. Det är bara ett härligt ljus. Det är inte störande för mina ögon.

D: Det är annorlunda, men det är inte som en flamma?

Dan: Nej, det är definitivt inte eld. Jag tittar rakt på det nu. Och det är lite som ... jag vill säga fluorescerande ljus, men det är det inte. Det är mjukt. Det är ett långt gyllene rör med en glödande glasliknande kristall vid toppen. Så vitt jag förstår så producerar de ljus kemiskt. Jag tror inte att det finns mycket kraft inblandad, och ingen ledning används. – Ja, detta är min plats. Samma fönster, och det finns inget som blockerar min utsikt, förutom när jag tittar ut finns det en pyramid till höger om mig. Det finns en pyramid till vänster, som är mindre. Och en pyramid bredvid den till vänster som är ännu mindre.

D: Så det finns tre då?

Dan: Det finns fyra inklusive min. Den bredvid mig är mycket större än min. Och min är ansluten till den största och de andra två. Och jag måste gå ner från min kammare för att komma till dem. De är anslutna genom en serie tunnlar med dessa lyktor längs dem, som korridorer. Jag måste gå ner på något sätt. Jag försöker visualisera hur det händer. Schakt, tror jag, men jag kan inte se några trappor.

D: Men det tar dig under jorden.

Dan: Ja. Hela platsen känns på något sätt avsiktlig.

D: Avsiktlig? Vad menar du?

Dan: De är inte nödvändigtvis för att bo i. De är som fästningar som fokuserar ... en fokuspunkt för energi. Och jag kommer ihåg att den här större personen vi talade om reser längs energin, om du vill. Han har förmågan att bara bli energi. Jag kliver ut från min kammare på en plattform, och det är som en hiss. Jag kan se blinkande ljus. Detta går snabbt ner under.

D: Du sa att du gav denna person information.

Dan: Ja, det är mitt jobb. Det är klarare nu. Jag skulle fungera som länk mellan människorna som behandlar honom som en gudom – och jag vet att han inte är en gudom. Jag vet att han är lika mycket en del av universum som någon av oss. Kanske är det att jag har glömt hur man gör vad han gör. Jag kan ibland se denna stora ljuskula. Och folk – jag vill inte säga "vanliga" människor – men i princip människor som inte delar hemligheterna, om du vill. De dyrkar honom mycket. De tror att han är en gud. Och jag vet att han inte är det. Men det finns inget jag kan göra åt det, eftersom jag har glömt några av hemligheterna. Och han kommer troligen inte att berätta för mig. Det är en maktkamp på gång. Jag kan till och med se argument nu som blinkar framför mig. Jag säger att det inte är rätt, och han bryr sig inte.

D: *Det är inte rätt att de dyrkar honom, menar du?*

Dan: Ja, för alla saker i universum är lika. Men eftersom han kan göra saker de inte kan tror de naturligtvis att han är någon form av gud. Och jag måste fortfarande hålla honom informerad. Jag vet bara att jag vill bort från den här situationen igen. Det är ingen bra känsla. Jag tänker på att fly ibland, men bara brist på engagemang, och rädsla. Och brist på någonstans att gå, tror jag.

D: *Vart skulle du gå?*

Dan: Det är det. Jag har ingen aning om vart jag skulle gå. Jag är ganska säker på att jag är den enda som vet att han inte borde dyrkas på det sätt han dyrkas. Och de hemligheter han har borde delas som en upplyftande idé, och inte användas som en poäng av "Jag är bättre än dig." Han använder människor för att dra energi ifrån, antar jag. Jag är inte säker på om det är rätt sätt att uttrycka det, men det är som ett ego-grepp. "Titta på detta. Titta vad jag kan göra. Jag är detta. Därför är jag bättre." Jag försöker arbeta med idén att han kommer från en annan plats. Och jag tror att det mer är ett annat rum än en annan plats. Det är mer att han har utvecklat denna idé om universell ... det är svårt att uttrycka. Låt oss bara säga att det finns en universell energi. Och när du är i den floden kan det göras bra, eller det kan göras dåligt, eller det kan inte göras alls. Och han har gjort det dåligt, eftersom han har hoppat in i floden. Det har gett honom dessa krafter, som vi kanske genom att titta på honom säger, "Åh, wow, det är ganska fantastiskt. Du måste vara en gud för att göra de där sakerna." Och istället för att använda den kraft som har uppstått genom självmedvetenhet – Det är mer än så. Det är att veta och vara. – Istället för att göra det och vara ödmjuk med det, är han helt egotistisk med det. Och här är jag, som vet att jag är på en liknande kraft, eller åtminstone har kommit från någonstans. Ett svagt minne av en annan existens, eller bara förståelse för de krafter som universum håller, och medvetenheter, om du vill. Och säger till honom att detta inte är en bra sak. Och han förlöjligar mig för det.

347

Han älskar det. Det är som om det inte är min sak. "Vad ska du göra åt det" slags sak. Den här självgoda attityden.
D: Men du sa att han inte är där hela tiden.
Han kommer och går.
Dan: Han behöver inte vara där hela tiden. Han kan resa vart han vill. Det är inget. När du förstår universums princip finns det inget som egentligen hindrar dig från att vara var som helst när som helst. Det är grundläggande materia och energi. Och som vi förstår det finns det ingen skillnad mellan de sakerna.
D.: Om vi inte sätter begränsningar på det själva.
Dan: Nåväl, vi kan begränsa materia till en form, men det finns ingen skillnad mellan den materian och energi. När du förstår att medvetandet är den separerande faktorn mellan någon form av form, då när det medvetandet når ett utrymme där det kan kontrollera den formen, vad är då skillnaden mellan något i formen? Det finns ingen. Det är bara en samling energi som placeras i fysisk materia.
D: Du sa när du kan kontrollera eller när du inte kan kontrollera?
Dan: När du kan. När du förstår.
D: När du förstår kan du kontrollera energin?
Dan: (Suckar) Nåväl, jag säger "kontrollera", men det är inte rätt ord, för det är bara vad vi förstår. Men det är mer att du är energin. Du är den, så du kan vara den. Formen av den fysiska materian är bara fysisk energi. Tid är energi. Vi är energi. Medvetande är energi. Och vi kan rikta det till en form. När du placerar detta i dess rena källa, källan till medvetandet, kan du omdirigera det var som helst. Det behöver inte nödvändigtvis vara på en plats samtidigt. Det kan vara vad du vill att det ska vara. Om du önskar kunde du existera i en evighet utan att vara saknad från en del av tiden. Vad jag ser framför mina ögon är idén om ett elastiskt band som sträcks ut. (Handrörelser) Och du håller ena änden med dina fingrar långt upp, så att den delen inte påverkas av sträckningen, och den förblir i sin normala form. Sedan drar du i ena änden och den blir tunnare, men den andra änden som du håller med dina fingrar påverkas inte. Så det ser ut som ett gummiband. Men den andra sidan ser ut som en lång utdragen ljussträng av gummi. Så vad jag försöker säga är att vi är kontinuerliga genom medvetandet. Och vi kan – "trycka? dra? manipulera?" Men vi kan manipulera detta genom att säga, "Nåväl, jag existerar i denna del av bandet. Jag existerar

i den delen av bandet. Jag kan stanna i denna del i en evighet. Jag kan leva denna del i en millisekund." Men det är fortfarande ingen skillnad på det bandet, det är fortfarande en del av samma fysiska materia. Det är bara deformerat, separerat, splittrat.

D: *Det är komplicerat. Betyder detta att det inte behöver ha en kropp i den formen?*

Dan: Det återkommer till idén att jag kan existera som ett grässtrå, och vara en del av den energin, och vara en energivarelse av rent ljus samtidigt i olika tidsrum. Vad som särskiljer dessa två energier är mitt medvetna varande.

D: *Detta går tillbaka till idén om att det inte finns någon tid, och att allt händer samtidigt?*

Dan: Tid är bara en energi som snurrar. Det är pulsationen av materia. Så långt denna kropp här förstår det, känns detta mest korrekt, att det är den faktiska förflyttningen av materia, fysisk materia. Så det finns egentligen ingen tid som sådan, men det existerar på ett kausalt plan - jag vet inte ens vad det betyder - men det existerar kausalt. Så om det finns materia, finns det tid. Om det finns energi, finns det tid. Om det finns medvetande, finns det ingen tid, för vi skapar våra fysiska världar från medvetandet.

D: *Från medvetandet. Så om det inte finns medvetande, finns det ingen tid? Är det vad du ser?*

Dan: Nej. Om det finns medvetande, finns det ingen tid. Tid är materiell. Vad jag ser framför mina ögon är en stor snurrande gasboll. Jag är inte helt säker på varför det är relevant just nu, men hela min kropp skakar som ett löv.

Det måste ha varit internt, för hans fysiska kropp visade inga tecken på något förutom avslappning.

Dan: Konceptet är svårt att förmedla. Vi kan bara begränsa genom vår fantasi, för det har bara inga gränser. Så vi kan bara föreställa oss, och därmed begränsa vår uppfattning av det, för att försöka förstå det. Så vi är i det. Det finns ingen tid som sådan. Så vi kan existera fritt – det bästa ordet, det enda ordet som kommer – är: vi kan existera fritt. Försök nu att materialisera en medveten tanke – bara medveten. Det finns inga andra ord. "Tanke" är fel, för tanke är också energi. Men medvetande självt är som där universum – ja, vårt universum åtminstone – definieras innan det händer.

D: Innan det händer.

Dan: Som tanke att hända, är det bästa. Det är de friaste orden jag kan säga. Medvetandet definierar det för att hända.

D: För att det ska hända. Men medvetandet är denna energi du pratar om. Är det vad du menar?

Dan: Medvetandet definierar energi, om du vill.

D: Men detta betyder inte fysiskt medvetande. Det är som ett energimedvetande?

Dan: Tanke är energi. Men vem har tanken? Jag ställde den frågan eftersom jag försöker illustrera en poäng. Där vi måste säga, "Nåväl, tankar är energi. Men vem tänker den tanken?" Och jag försöker antyda att denna kropp tror eller känner, att medvetandet är den tänkaren. Att medvetandet självt är drivkraften för all skapelse, som vi känner till det. Oavsett om det är metafysiskt, andligt, energiskt, fysiskt, materiellt. Alla dessa saker är härledda av medvetandet. Det är genom medvetandet att lära eller medvetandet att existera, som dessa saker existerar. Som att singla slant. Du kan inte ha ena sidan av myntet utan den andra. Så nu visas jag gasbollen igen, som snurrar för att skapa en kraft. Den kraften blir tätare, blir vad vi förstår, eller åtminstone vad jag förstår – för mitt medvetna sinne skriker åt mig nu, och jag försöker ignorera det, men det är svårare. - Jag kan se det snurra. Jag kan se skapandet. För att det ska finnas den materian måste den existera under en period. Period? Det måste existera. Så vi håller fast vid ett koncept av tid, eftersom vi är begränsade? (Han var inte säker på det ordet.)

D: Det skulle vara rimligt. Vi är begränsade i våra fysiska kroppar medan vi är på jorden, i denna dimension eller vad det nu är.

Dan: Det behöver inte nödvändigtvis vara så... men ja, jag antar att det gör det.

D: Vi är begränsade, men i det andra tillståndet är vi inte det?

Dan: Medvetet tillstånd, inga begränsningar. Det är nästan som – för att ta ett bättre exempel – en lekgrupp. Det låter trivialt, jag vet, men vi är alltid perfekta. Ändå har vi lektioner att lära oss. Medvetandet ger tillväxt? Jag tror att "tillväxt" är det som kommer – om jag inte vill säga "manifestation" – men jag tror att någonstans mellan de två är korrekt. Medvetandet härleder någonstans mellan idén om tillväxt och manifestation, genom att vara lekfull, kreativ, energisk. Och för att förstå sig själv skapar vi andra saker, annat än vad det är. Jag blir nu direkt tillbaka till planeten där jag blev uppslukad som en vävnad. Och nu måste jag skapa fler saker för att växa. För att bli mer kreativ existerade jag där i – Gud vet hur länge – det säger bara ordet "eoner" till mig.

D: Du existerade där i samma form av energi som den här andra personen är? Eller skulle det vara rimligt?

Dan: Jag får en känsla av, med denna varelse som vi talar om, den som är så egotistisk – det är där vi är tillbaka nu – han är nära ett tillstånd av total essens, men är fortfarande mer en individ som du och jag. Snarare än att existera helt som jag gjorde i den existensen på den planeten med vävnadsuppsugningseffekten. Jag kunde känna en individualitet om mig själv, men mer som energi också. Mycket mer, mycket mer. Men jag försöker definiera denna person för dig.

D: Men han bildar en kropp ibland, eller hur?

Dan: Ja, han är fullt kapabel. Det är som magi.

D: Men när du var på den andra planeten där du kände dig som en del av allt, var du samma typ av energi som han är nu, eller var du mer avancerad?

Dan: Jag skulle säga: mer enkel. Det fanns ingen intelligens. Det fanns ingen bedömning av något. Det var som om jag var ett spädbarn. Mer okomplicerat. Jag förstod inte ens idén om fysisk värld, som sådan, som en materiell kropp.

D: Det var något du aldrig hade upplevt?

Dan: Aldrig. Men den här, jag tror att han har utvecklats till detta stadium, från att vara humanoid, människa, upp till denna idé om energiska självsnivåer. Och han har fortfarande tillväxt kvar.

D: Så han var inte på den punkt som du var.

Dan: Jag tror att de är två olika saker. Jag tror att det finns en idé om den enklaste livsformen man kan tänka sig, som är så naiv och nyckfull, lekfull, mild.

Det lät som om han beskrev en elementarenergi. Var det vad han var på den planeten? Bara den mest grundläggande formen av energi?

Dan: Den första existerar och har alltid bara existerat på det sättet. Den finns där. Och den andra, denna varelse har utvecklats så långt i sina fysiska evolutioner att han började verkligen gå vilse i de krafter som det medvetna universum har att erbjuda. Och han blir så medveten att han kan använda dem. Det finns andra varelser som honom.

D: *Det är därför han blev egotistisk då.*

Dan: Jag tror att det är vad som händer.

D: *De har så mycket makt och de njuter av att använda den, och de gillar att bli dyrkade.*

Dan: Självklart! Jag skulle också vilja. Jag skulle vilja dansa och sjunga och visa upp mig, om jag kunde flyta eller lysa.

D: *Varför var du tvungen att lämna den existensen på den andra planeten om den var så enkel och okomplicerad?*

Dan: Jag tror att det handlade om tillväxt. Vi har en idé som är målet, att existera i dessa former, där ren energi är allt vi är. Och vi kan vara underbara och strålande. Men för att medvetandet ska växa på ett kreativt sätt måste vi skapa. Låt mig illustrera det genom att fråga, "Vad skapade jag, förutom upplevelse?" Det fanns ingen kärlek. Det fanns inget äventyr. Det fanns lite förundran, eftersom jag kunde känna att jag skulle resa och se andra platser, och bara uppleva deras miljö en stund. Men jag längtade efter att vara tillbaka i min komfortzon, för det var vad det var.

D: *Det var därför den platsen var som hem.*

Dan: Alltid. Jag börjar nu känna det från ett mer objektivt perspektiv, snarare än den känsla jag kände förra gången. Jag börjar känna att jag var där en extremt lång tid. Jag kan verkligen inte sätta det i siffror. Det var för länge. Det var poängen, tror jag, det var för länge. Kanske fick jag möjligheter att lämna på egen hand. Och jag var som, "Åh, jag vill egentligen inte gå." Sedan plötsligt, tror jag, fattades beslutet åt mig. Jag får höra att det var svårt för mig att glömma.

D: *Det är därför du hade den känslan av att inte höra hemma och vilja åka hem, för att du fortfarande hade det minnet. (Ja) Och när du var med den här andra varelsen hade du ett minne av att du en gång kunde göra mer än vad han kunde.*

Dan: Det är nästan rätt. Men jag hade ingen aning om hur man gör den fysiska inkarnationen. Han hade all kunskap. Han kunde komma

352

in som vinden, och bilda en kropp. Bara en minut inte vara där, men nästa sekund kunde han vara det. Och jag bevittnade det. Jag kan se skiftningar i ljuset, och kroppen som formas ur det ljuset. Och honom som kliver fram ur det. Inte som en dörröppning. Jag tror inte det i alla fall. Något sa hela tiden: pyramiderna blinkade rakt upp. Kanske arrangemanget av de pyramiderna och ordningen de stod i. Det var: stort, lite mindre, lite mindre, lite mindre, i en halvcirkel. Kanske hjälpte det honom att få en idé om var han skulle vara. Jag vet inte riktigt. Men jag fick precis den blixten.

D: *Hur de var arrangerade?*
Dan: Ja, pyramiderna hjälpte.
D: *Du sa att det var som en fokuspunkt för energi? Så han kunde använda det på något sätt?*
Dan: Jag tror det. Han skulle alltid materialisera sig i sin pyramid, aldrig i min. Inte heller i de andra.
D: *Vilken var hans?*
Dan: Den största. Och folk skulle beundra honom, och det skulle få mig att må illa.
D: *Så varje gång han dök upp var det som om guden hade återvänt. (Ja) Du var förväntad att dyrka honom som de andra gjorde.*
Dan: Ja, han hade en aning om att jag visste. Och jag tror att det var därför jag gav honom råd, eftersom jag hade några krafter. Och jag antar att när man når en nivå som han var på, kan man se aura precis som man kan se vad som helst annat. Och man kan läsa människor, och därmed är det också lättare att ha kontroll över dem. Och det är lätt att missbruka det. Istället för att hedra den personens individualitet i deras resa, utnyttjar man det.

Efter ett tag slutade den andra entiteten att komma. Det fanns ingen förklaring, och Dan blev lämnad sittande och väntande, uttråkad och visste inte vad han skulle göra härnäst. Folket började vända sig till honom för råd, men han hade inget att ge dem.

Dan: Jag var förvirrad. Han hade lämnat, och de började se på mig som denna gudom. Jag sa, "Tja, sköt det själva." De gillade inte den idén. Så jag gömde mig i princip. Jag är i denna stora pyramid, och jag gömmer mig för alla dessa människor, vetande att ingen kan komma åt mig. Om de inte leds in i dessa komplex vet de inte hur man tar sig in. De behövde en gud. Och jag ville inte vara en hycklare. Efter år av att ha sagt till den här killen att han inte borde vara så, ville jag inte bli den killen, även om jag inte hade hans krafter, och jag blev äldre. Men samtidigt känner jag att jag inte gjorde något för att hjälpa till heller. Och det gjorde mig lite upprörd. Jag är i en cykel av att bara inte veta vad jag ska göra. De vill ha denna gudom. Jag är i ett energifokuseringssystem av dessa pyramider. Jag föreställer mig att det kan hjälpa, kan förstärka. Känslan jag får är som att skrika i mina öron. "Var är du? När ska du hjälpa oss? Gör så att 'vad det nu än är' händer." Jag ville säga "regn" då, men jag är inte säker.

D: De såg till honom för att lösa alla sina problem.

Dan: Ja. Och kanske var han på det stadiet där han kunde göra det. Jag minns att han stod där och skapade mirakel. Ensamhet är det första ordet som kom till mig.

D: Vad betyder det?

Dan: Tja, jag var helt ensam. Efter att han lämnade fanns det ingen. (Stor suck) Det finns idén att jag inte riktigt gör det bästa av detta.

Det var uppenbart att detta inte ledde någonstans. Ingen ny information lades till. Så jag tog Dan till den sista dagen i hans liv under det livstiden.

D: Vad gör du nu, och vad ser du?

Dan: Jag ligger bara i sängen och dör ensam. Och hemligheterna dör med mig. Det finns inget sätt för folket att använda vad jag har i dessa pyramider, eftersom jag inte har visat dem något. Eller jag har inte lärt någon något. Det är bara jag ensam. Och det är det. Jag har mina ögon stängda.

D: Vad är det för fel på dig när du dör?

Dan: Jag är bara gammal. Jag får en känsla av ånger och ensamhet, och bara fullständig sorg. Jag tittar på mitt ansikte just nu, och det finns några tårar i mina ögon, och de bara stängs. Och jag ser ut som om jag inte vet vad som händer. Jag kunde ha gjort det bättre.

D: Vad menar du med fullständig sorg?

Dan: Som att hela den här grejen var ett slöseri. Som om hela din varelse säger, "Du borde ha gjort det där bättre," eller "Jag önskar att det inte var så här." Och du får den där sorgen inom dig. Och det är vad jag kan se i mina ögon när jag tittar på dem när de stängs.

Jag tog honom sedan bortom dödsupplevelsen och lät honom titta tillbaka på hela livet och se vad lektionen var.

Dan: Att göra något. Att göra det bästa av vilken situation som helst som du har skapat. Människor kommer att vara vad de ska vara. Och det är upp till dig att vara vad du ska vara. Så du kan ta ansvar för dig själv, eller så kan du aldrig göra någonting. Och det leder dig ingenstans. Vilket är värre, att inte uppnå något när du vet att du kan. Jag tror att det är ganska relevant i mitt liv nu. Alla måste göra vad de måste göra. Och du kan bli besegrad av det, och aldrig göra något. Om du ska titta på varje enda brist som du har, har du fortfarande den inputen att göra, den hjälpen att ge. Och det är värre om du inte ens gör något och inte ens försöker.

Efter detta arbetade jag med Dan och hans undermedvetna för att upptäcka källan till hans problem och hur man löser dem. Resten av sessionen var mycket framgångsrik. Jag visste att allt vi behövde var tillräckligt med tid för att arbeta på det, vilket nekades i Chicago genom det abrupta slutet på sessionen.

Jag tog sedan Dan till full medvetenhet. Efter att ha pratat ett tag gick Dan ut till sitt tält, där han sov som en stock till morgonen. Efter frukosten gav han sig av för att göra lite mer utforskning och sightseeing i New Mexicos och Arizonas indiankultur innan han återvände till Los Angeles för att lämna tillbaka sin hyrbil och återvända till Australien.

Veckor senare mejlade han mig att sessionen hade varit en framgång och hade gjort en betydande förändring i hans liv. Han var nu inte rädd för vad framtiden kunde innebära. Genom vårt märkliga möte gav han mig också en intressant bit information om platsen som han ansåg vara "hemma".

När jag letade igenom mina filer för att hitta fall som borde vara med i den här boken hittade jag detta från 1990. Vid den tiden insåg jag inte dess relevans, men nu ser jag att det är en annan bit av pusslet kring Stjärnbarnen. Mycket av mitt material måste vänta i åratal innan det hittar sin plats.

Robert var en stilig ung man som såg ut att vara i slutet av trettioårsåldern eller början av fyrtioårsåldern. Han var en Vietnamveteran som hade haft många problem som han kopplade till kriget. Sedan han återvänt hade han inte kunnat hålla ett jobb och var på sjukersättning. Han tillbringade mycket tid på Veterans Administration Hospital där läkarna konstaterade att hans fysiska problem (mest mag- och tarmproblem samt nervositet) orsakades av mentala problem (eller psykosomatiska). De hade försökt spåra om någon specifik händelse i Vietnam hade orsakat det. De hade misslyckats eftersom han vägrade prata om något som hände under kriget. De försökte hypnos men misslyckades. Deras enda lösning var att sätta honom på mediciner.

Hans flickvän varnade mig för att jag troligen skulle stöta på samma hinder eftersom han envist vägrade att närma sig ämnet Vietnam. Jag sa till honom att det var okej, eftersom vi inte ens behövde utforska det området. Vi skulle istället titta på hans tidigare liv för att se om det fanns någon ledtråd där. Jag tror att detta hjälpte honom att slappna av eftersom han inte såg mig som ett hot. Förklaringen som kom fram skulle ändå aldrig ha förståtts av läkarna på VA. Så hans undermedvetna skyddade honom klokt genom att inte tillåta denna historia att avslöjas för olämpliga personer. Han hade troligen hamnat som patient på ett psykiatriskt sjukhus. Kanske var detta varför hans undermedvetna tillät honom att berätta det för mig, eftersom han var säker. Oavsett orsaken, trots år av terapi och behandling av VA-läkare, var detta första gången som denna förklaring (eller någon förklaring alls) erbjöds för hans krigsrelaterade problem.

Jag gick till huset där Robert bodde med sin flickvän och hennes två pojkar. Han hade sin egen del av huset, som en liten lägenhet, där han kunde vara ensam om han ville. Det var där vi genomförde sessionen. Efter att han var i djup trance kom han in i en märklig scen som inte lät jordisk. Det krävdes ganska mycket frågor för att försöka avgöra var han befann sig. Sedan blev det uppenbart för mig att han inte hade gått in i ett tidigare liv, vilket är det normala förfarandet för en första regression. Han hade tydligen hoppat över de tidigare upplevelserna och var på en plats som lät som andevärlden där själen går mellan liv. Det lät specifikt som området där skolorna finns. Kanske trodde hans undermedvetna att hans svar skulle komma lättare från detta område snarare än från att utforska ett specifikt tidigare liv. Han befann sig på en stor plats med höga vita väggar och olika nyanser av ljus som kom från en okänd källa. Han såg att han var klädd i en vit dräkt som verkade vara en del av honom snarare än ett klädesplagg.

R: Min kropp behöver inte skyddas av kläder.
D: Varför är det så?
R: Min kropp är en.
D: Är det en fysisk kropp?
R: Nej, inte riktigt. Den fungerar som en fysisk kropp, men det är inte en fysisk kropp alls.
D: Kan du förklara vad du menar?
R: Jag har energi inom mig. Jag kan känna värmen från min energi. Jag kan se mina armar. Jag känner att jag kan gå igenom saker. Men inte hela tiden. Bara när jag behöver det.
D: Var tror du att denna byggnad är?
R: Det måste vara ett slags hus. Eller en kommunikation. Eller ett auditorium.
D: Vad menar du med en kommunikation?
R: Jag väntar på att gå till en terminal. Jag är tänkt att få information där innan jag går...
D: Vart ska du gå?
R: Det är inte upp till mig att bestämma.

Han hade känslan av att han var tvungen att vänta på att någon skulle komma och tala om för honom vart han skulle gå, eller för att eskortera honom. Han såg att det fanns många korridorer, och han var inte säker på vilken han skulle ta utan någon som gav honom riktningar. Även om det egentligen inte spelade någon roll, "För jag kommer att vara här eller jag kommer att vara där. Det spelar ingen roll var jag är." Det fanns en osäkerhet om att om han gick iväg på egen hand kanske han skulle bryta mot någon slags regel. Till slut

bestämde han sig för att gå nerför en av de böjda korridorerna. Sedan befann han sig i ett stort öppet område.
R: Jag står framför något. Jag ser människor, men de ser inte ut som jag. Kanske ser de ut som jag nu. De sitter uppe ovanför, så de kan se ut runt hela platsen, alla korridorerna. De har auror. Det finns gula auror, och blå auror, och gröna auror. Och vita auror. En person i hörnet har en riktigt vit aura.
D: Har de kläder på sig?
R: Nej. Det är samma sak som med mig. De behöver inga kläder. Det är som om de har en informationsdisk, och de sitter ovanför alla, så de kan se ut och se vem som kommer och går. Och du kan också se dem. Det är som en reception. Jag frågar vad jag måste göra. (Paus) De sa, "Var inte orolig. Du kommer att gå när tiden är nödvändig för dig att gå. Du kommer att återvända till skolan."
D: Förstår du vad de menar?
R: Jag känner att alla utbildas, går i skolan för att lära sig mer om vad kärlek är, vad livet är, vad Gud är. Men mitt koncept av Gud är inte deras koncept.
D: Vad menar du?
R: Gud är överallt.
D: Vad är deras koncept?
R: Vi är Gud. Men vi måste dyrka Gud. Vi ber inte för Gud.
D: Kan du ställa några frågor till honom för mig?
R: Jag ska försöka.
D: Fråga honom var den här platsen är.
R: Den är i en annan dimension. Inte nödvändigtvis där den är. Den är i vårt solsystem, men solsystemet är inte vad vi bestämmer att det är. Vår galax har olika solsystem. Och denna plats är bara en terminal, ett informationsområde, för alla de olika världarna i vårt specifika universum.
D: Är de fysiska?
R: De är egentligen inte fysiska, precis som jag inte är fysisk.
D: Kan de berätta var du ska gå i skolan?
R: De tar reda på vad min bakgrund är och hur jag skulle gynna hela universum. Och hur jag kan gå framåt. De ville veta om min vetenskapliga bakgrund på Jorden verkligen är vad jag vill ha som min bakgrund. Eller är det min andliga natur som jag verkligen

Den Invecklade Universumet ~ Bok Ett

vill gå vidare med i livet. Min bakgrund inom biologi och medicin är intressant för mig, men det är mer intressant att hjälpa människor andligt att återhämta sig själva.

D: *Har du erfarenhet av biologi och medicin i ditt arbete?*

R: På Jorden har jag examina i omvårdnad och biologi, masterexamina. Men ju mer jag lärde mig, desto mindre visste jag. Det finns så mycket att lära. Vi kan inte förstå alla de koncept som är öppna för oss på Jorden, eftersom vi är mycket begränsade och omogna. – Jag står bara här. Jag känner mig lite dum. Det är som att vänta på att gå på toaletten.

D: *(Skratt) Ja, men ska de skicka dig tillbaka till Jorden när de har tagit reda på vad din bakgrund är?*

R: Nej, jag ska gå vidare. Till en annan värld. Det finns olika världar. Det finns hundratals och tusentals världar du kan gå till.

D: *Hur känner du för det?*

R: Tja, jag kommer att skaffa vänner var jag än går. Det skulle vara trevligt att veta att jag är med några vänner, men vi är alla på samma väg ändå. Och kanske kan jag bara gå vidare och skaffa mina egna vänner igen.

D: *Vad sägs om andra livstider?*

R: Jag har levt andra livstider. Jag har alltid varit inom vetenskapens, medicinens och metafysikens område.

D: *Då finns det mycket kunskap att dra nytta av, eller hur?*

R: Ja. Jag känner att jag är väldigt intelligent. Och det är därför de inte vet var de ska placera mig. För min intelligens matchar inte det jag gjorde på Jorden. Jag har alltid hållit mig själv tillbaka.

D: *Menar du att du hade mycket potential som du inte använde? (Ja) Och de vill placera dig någonstans där du kan använda det?*

R: Uh-huh. Så jag kan vara lycklig.

D: *Tror du att du skulle vara lycklig om du använde all din potential? (Ja) Kan du inte göra det medan du lever på Jorden?*

R: Jag vet inte vilken riktning jag ska gå, förutom bara den väg jag går.

D: *Om du har mycket potential, skulle det vara synd att slösa bort det, eller hur?*

R: Det är aldrig bortkastat. Kunskap är aldrig bortkastad. Det är en av glädjeämnena med kunskap och utbildning. Det finns alltid där. Det är fakta eller sanningen.

Den Invecklade Universumet ~ Bok Ett

D: *Du förlorar det aldrig. Du kan alltid dra nytta av det om du behöver det. Har du varit på den här platsen tidigare?*
R: Jag kanske har varit på ett par platser längre ner i korridoren. Jag har aldrig varit i det här specifika området.
D: *När går du dit?*
R: Efter att du dör.
D: *Det var vad jag trodde att det lät som. Men de är inte säkra på vad de vill att du ska göra nästa gång?*
R: Jag behöver använda den välbalanserade kunskap jag har ackumulerat för att hjälpa andra människor som aldrig har haft sådana möjligheter. Jag har haft tur.
D: *Har du alltid levt på Jorden i en fysisk livstid?*
R: Nej. Jorden är bara en mycket liten värld. Det är en utmaning att leva på Jorden.
D: *Kanske är det därför människor skickas hit.*
R: Alla behöver en utmaning, och Jorden är en av utmaningarna. Det verkar alltid som om vi kan hantera denna utmaning. Men när vi väl är här är vi så frustrerade, eftersom utmaningarna är större än vi faktiskt kände att de skulle vara. När man ser ner på Jorden ... det är en så liten planet, men den håller så mycket kaos att en människa inte riktigt kan förändra den.
D: *En människa kan ibland göra mirakel. Du vet aldrig förrän du försöker. Känner du som om du har levt någon annanstans mer än du har levt på Jorden?*
R: Jag har utforskat Jorden ganska många gånger, men nästa gång ska jag inte återvända till Jorden. Jag ska gå vidare till någon annanstans.
D: *Vad sägs om de platser du har bott på tidigare. Fanns det någon favorit?*
R: Jag har alltid njutit av vatten. Vatten och träd. På den här andra världen finns det olika... det ser inte ut som samma träd. Dessa träd ser alla ut som Douglasgran. Och vattnet är blått på grund av syret och vätet.
D: *Hur är människorna som bor där?*
R: De är som jag nu.
D: *Du menar den där energitypen?*
R: Ja. Det finns fysiska saker. Djur. Men det finns inget som skadar mig, som på Jorden.

D: Varför är du inte fysisk och mer solid på den världen?
R: För att vi inte har något avfall, vi har ingen mat. Vi tar in energi. Detta hindrar kroppen från att bli tätare.
D: Och det var en av dina favoritplatser?
R: Ja. För att du bara kan sitta och känna doften av träden och vattnet. Det är så fridfullt.
D: Men uppnådde du något medan du levde där?
R: Ja. Hjälpte andra människor.
D: Hade den världen utmaningar?
R: Alla världar har utmaningar. Vissa utmaningar är inte nödvändigtvis av ond natur, som på Jorden. Andra världar har utmaningar där du behöver veta vad som är rätt och vad som är fel. Du har olika vägar att gå ner. Men du måste se till att Guds kärlek är inom dig, och att du väljer den vägen. För varje gång vi väljer den vägen förstärker vi vår godhet som vi har inom oss.
D: Och det är väldigt viktigt. Men du sa att dessa varelser i det rummet försöker hjälpa dig.
R: Ja. Detta är deras uppdrag. Det är deras jobb att hjälpa till att placera människor. Det finns skärmar där uppe inuti skrivbordsområdet. Jag ska inte titta på skärmarna. Jag har en känsla av att de tittar på något. Det är som om jag blir programmerad. Mitt minne av allt jag har tänkt på, och vad jag är, de kör det igenom. De raderar de dåliga delarna och lämnar de bra delarna. Jag behöver egentligen inte komma ihåg de dåliga delarna längre, eftersom det tillhör det fysiska.
D: Jag antar att de vet vad de gör. Är det som en maskin?
R: Det närmaste jag kan tänka på är som en dator. Mannen vid terminalen försökte säga något, men han säger det inte särskilt bra. (Paus) Det är inte en dator. Det är tankemönster som vibrerar vid en viss våglängd som bara de känner till. Det är som ett fingeravtryck.
D: Så varje person har sitt eget individuella tankemönster eller vibration?
R: Det är inbyggt som en terminal i en dator. Det går vidare till olika världar. Det går till den världen som är huvudstaden i vårt universum.
D: Det är lite som ett centrallager. Och de analyserar dina talanger och alla dessa saker?

Den Invecklade Universumet ~ Bok Ett

R: Ja. Detta är vad som kommer till mig: Jag kanske är ganska bra på att prata med människor och trösta människor. Och att diskutera filosofi av andlig natur, vilket jag kan använda genom min vetenskap, min utbildning och min törst efter kunskap om det andliga.

D: Vad händer sedan?

R: De kommer att ge mig ett uppdrag. Jag har lite vilotid. Jag måste göra mina justeringar.

D: Tja, det är bra att veta att någon annan hjälper till.

R: Det finns alltid någon som hjälper. Det finns människor som hjälper mig just nu. De är olika energier. De är precis bredvid mig. De är en annan energi än jag är. Det är egentligen inte en energi, men det är energi. De känns väldigt tröstande. De har varit med mig på Jorden.

D: Är dessa energier som de andra?

R: Nej. De vid skrivborden har mer en kroppsform. Inte vita. De är en slags smutsig färg. En blågrön färg, kanske? Blå-grönaktig. De är ganska fasta, men de är inte fasta. Du kan egentligen inte sticka din arm igenom det. Men den andra energin som är med mig är mer som en ljusenergi. Det är vad det är. Det är ljus! Rent ljus. De är alltid med mig. De kommer att vara en del av mig.

D: Tror du det?

R: Ja. Men jag pratar fortfarande inte deras språk. Det finns ingen talan mellan oss. Det är tankar.

Vid denna punkt bestämde jag mig för att ta honom framåt till en tid när han hade avslutat sin vila och var redo att acceptera sitt nästa uppdrag. Han skulle kunna snabba på viloperioden men ändå få fördelarna från den. Jag behövde inte räkna honom dit eftersom han avbröt mig innan jag hade avslutat instruktionerna.

R: (Avbryter) Ja, jag är precis där, precis vid kanten, och tittar ut i rymden. Jag är med någon. Och jag måste vara precis på deras ... jag vet inte vad ... Jag är omsluten av det. Jag ska bli omsluten. Okej. Jag kan gå nu. Jag kan gå. Det är som änglavingar. Det är änglar, men det är inte änglar. De är bara annorlunda. Det är som en hierarki. Alla har sitt jobb. Alla har olika uppgifter för att hjälpa varandra. Och de känner alltid sorg för människor som lever på

Jorden. Men de känner också lite avund, för de kan inte uppleva de känslor som vi har upplevt.

D: *Dessa ljusenergier?*

R: Ja. Ljusenergin. De har inte upplevt känslor, och att gråta och skratta, som vi har upplevt det. Och smärtan. De vet inte vad smärta är. Kanske är det jag som känner att jag är lite bättre än de är. Men jag har inte den makt de har. Jag ska omslutas av denna energi och tas bort utan att brännas, för vi reser så snabbt. Det måste finnas lite friktion. (Är detta hans egen uppfattning? Eftersom en ande inte skulle skadas.) Och det håller mig säker. Det håller dem säkra.

D: *Från vårt mänskliga perspektiv skulle du tänka att de hade tur som inte har upplevt känslor. Det verkar konstigt att tänka att de skulle vara avundsjuka.*

R: Kanske är de mer medkännande, och det är vad jag känner.

D: *Och du reser genom rymden eller vad?*

R: Jag kan gå när som helst. Jag väntar på dig.

D: *Väntar på mig? Varför?*

R: Jag vet inte. Jag bara trodde det. (Jag skrattade) Okej. Vi är redo. Ska du gå?

D: *Jag antar det, om du är redo. Jag är bara en guide som tar dig igenom dessa olika saker. Det är allt jag är.*

R: Okej. Låt oss gå!

D: *Och de håller dig säker. Berätta vad det känns som när du går.*

R: Det känns som mitt huvud ... Whoaaa! Det kändes som en stor rusning. Vi är på en strand nu.

D: *Åh! Det gick snabbt, eller hur?*

R: Ja. De reser väldigt snabbt. Och vi är på en strand. Och jag kommer bara att ledas till vad jag ska göra. (Paus) Jag är inget spädbarn. Jag har ingen ålder. Jag känner mig som en vuxen, men det finns ingen ålder. Det finns ingen tid egentligen. Det finns tid för vila. Det är inte den tid vi tänker på.

D: *Var är denna strand?*

R: Den är på en värld. Och det finns olika träd. Jag är vid vattnet eftersom det är där jag ville vara. Jag behöver gå ... och det finns en bostad där uppe. Den har en bred grund, och det är ... inte pyramidformad, men den har olika nivåer som blir mindre mot toppen. (Handrörelser) Och den har en liten fyr där uppe, en liten

fyrtornsaktig sak. Du känner dig inte som dig själv när du går, men du går. Det känns bara som att jag går. Men jag har egentligen inte en fast hud med hår på. Det är bara... (svårt att förklara.) Du kan greppa det.
D: Så det har lite substans. – Berätta hur bostaden är.
R: Det finns trappor upp, steg. Byggnaden är blå, med en gul kant. Det finns stora panoramafönster. Stora, stora dubbeldörrar som är gula. Den är väldigt stor. Väldigt vacker. Mycket ljus. Mycket bekväm att se på. Jag skulle trivas här. Det finns andra människor som säger, "Hej!"
D: Känner de dig?
R: Ja. De känner mig. De väntade på mig. Många av dem känner jag, men de har inte sina namn längre. Jag vet bara att jag har känt dem tidigare. Och det känns bra att vara med människor jag brukade känna. De valde samma plats som jag gjorde.
D: Är detta en fysisk värld?
R: Ganska fysisk, ja.
D: Är människorna alla som du?
R: Ja. Det finns ett par personer där borta som är längre. De ser klokare ut. De kan vara överordnade.
D: Har de alla samma typ av energikropp, utan några drag?
R: De behöver egentligen inga drag. Jag behöver egentligen inga drag. Vi har öron, men vi pratar inte riktigt. Vi har ögon, och vi ser. Vi har dofter. Och det verkar som om jag har så många olika sinnen. Fler än jag har nu på Jorden. Det kommer att bli trevligt att uppleva. Vi är alla där för att undervisa och att lära av varandra.
D: Vilken typ av sinnen har du som du inte har på Jorden?
R: Det är svårt att förklara. Doft ... alla, allt har en annan doft. Och det är korrelerat med ljuset ser det ut som. Så jag behöver egentligen inte gå in på det för mycket. Beröringen har samma vibrationsnivå som doften. Alla har en aura, som om de är inkapslade.
D: Vad behöver du göra där?
R: Jag behöver studera, prata och lära mig. Med dessa andra människor diskuterar vi våra tidigare liv. Och vi förväntas få instruktioner om hur vi ska leva på den här planeten.
D: Så du kommer att stanna på den planeten ett tag?

Den Invecklade Universumet ~ Bok Ett

R: Ja, tills vi mer eller mindre klarar våra prov. Andra kanske inte klarar dem lika snabbt som jag. Och jag kanske inte klarar dem lika snabbt som några andra.
D: *Så det finns ingen bestämd tid?*
R: Nej, det finns ingen tid.
D: *Vet du vad du kommer att göra efter att du har klarat dina prov?*
R: Nej, det kommer att bestämmas då. Jag tycker om sökandet efter kunskap.

Jag trodde inte att vi kunde lära oss mer om han skulle stanna på den platsen ett tag. Sessionens slut närmade sig, och vi hade fortfarande inte fastställt orsaken till hans fysiska problem i detta nuvarande liv. Så jag bad honom lämna den scenen så att jag kunde prata med hans undermedvetna och kanske få mer tydliga svar.

D: *Jag skulle vilja ställa några frågor till ditt undermedvetna om ditt liv på Jorden just nu. Är det okej?*
R: Låt mig komma tillbaka till Jorden.

Jag orienterade honom tillbaka till nuet och instruerade hans medvetande att helt återvända till sin kropp. Vid denna punkt började han röra sig runt, och jag ville inte att han skulle vakna ännu.

D: *Jag vill att du förblir i detta tillstånd så att jag kan prata med ditt undermedvetna och ställa frågor.*
R: Jag har fortfarande minnen av det där.
D: *Åh, det var väldigt vackert. Jag vill prata med Roberts undermedvetna, tack. Varför visades Robert dessa scener?*
R: För att han ska kunna berätta för människor på Jorden att livet är för evigt. Och att vi är balanserade och lever livet vi har här på Jorden. Vi, i denna fysiska kropp, behöver inte vara negativa. Vi kan vara positiva. Och när vi känner kärlek och ger kärlek, upplever vi vad som finns bortom denna värld. Vi behöver veta att vi är andliga, vi är balanserade. Från vetenskapen vet han varför himlen är blå och bladen är gröna. Varför maskarna går in och ut. Han vet varje del av kroppen, varje muskel, varje ben. Men han har aldrig utvecklat det han har tänkt på som sin andliga natur. Inte religiös tro, utan spiritualism. Han visste att det alltid finns liv

efter denna värld. Inte nödvändigtvis på denna värld. Om du kommer tillbaka till denna Jord, väljer du att komma tillbaka. Eller så får du mer eller mindre veta att du ska komma tillbaka, eftersom du inte har uppfyllt och lärt dig kunskapen, utmaningarna på denna olydiga värld. Det är som att gå i skolan. Det är allt vi är. När vi utbildar våra små barn, från början lär vi oss. Vi går alltid i skolan. Vad vi börjar som spädbarn och tar med oss genom vårt vuxna liv, fortsätter vi med i ett annat liv efter födelsen. Vi lär oss alltid. Och vissa människor vägrar att lära sig. Det är som det gamla talesättet att du kan ta åsnan till vattentråget. Du kan sätta dess nos och mun rakt i vattnet, men du kan inte få honom att dricka det. Förrän han inser att vattnet släcker hans törst.

D: Ibland gör människor bara samma misstag om och om igen.

R: Ja. Du kan slå deras huvud mot väggen. I Roberts fall har han levt fler liv på andra världar än på Jorden. Han kom bara till denna värld eftersom det är en utmaning, eftersom han lätt blir uttråkad.

D: Tror du att detta är en del av hans fysiska problem, eftersom han inte är van vid en fysisk kropp?

R: Det är möjligt, antar jag. Jag ville inte vara här. (Skratt) Jag håller med, för jag vill inte ha den här kroppen. Men jag är fast med den.

D: Ja, för tillfället är du det. Och du måste lära dig att leva med den. Men det verkar som om han i andra livstider inte hade den här typen av kropp att bekymra sig om.

R: Nej, han kände ingen smärta. Smärta är helvetet.

D: Han visste inte vad det var.

R: Nej, det finns ingen smärta där. Du måste vara fysisk för att förstå smärta.

D: Kanske är detta något han kom för att lära sig.

R: Det är det. Och alla andra måste också lära sig om Roberts smärta, för Robert kan hantera smärtan. Men han har svårt med sina droger. Det finns ett fysiskt beroende av droger. När han blir fri från denna Vietnam-stress som hans kropp går igenom, kanske han kommer att be VA om att bli inlagd på sjukhus ett tag. För den stackars killen har varit på droger i så många år, i ett försök att bekämpa denna smärta. Och denna smärta kommer aldrig att lämna honom förrän han dör.

D: Tror du det, eller har du något att säga om det?

R: Det är hans öde. Han måste känna smärtan, för han kan hantera smärtan. Och människor måste lära sig av honom.

D: *Verkar inte det ganska grymt?*

R: Det är inte grymt alls, eftersom det inte finns någon tid. När en person dör av cancer för att han rökt för många cigaretter, lär sig människorna omkring honom en fruktansvärt hård läxa. Och det gör han också. Men alla går vidare. Det spelar verkligen ingen roll, för det är bara en blinkning av några sekunder av verklig tid.

D: *Om han hade liv där han inte hade en fysisk kropp, tror du att det var därför det var så stressande att åka till Vietnam?*

R: Ja. Men det var något han ville göra, och han blev tillsagd att göra det. Han visste att han inte skulle dö, men han visste egentligen inte. Det fanns död överallt omkring honom.

D: *Och det förde fram rädsla.*

R: Ja, men det var det som höll honom igång. Det var det som fick honom att göra det han gjorde. Utmaningen i rädslan. Det finns inte så många platser i universumen där det finns krig. Jorden är en av de enda platserna där du kan uppleva krig som människa. Det hände människan för länge sedan, när hela världen gick fel.

D: *Vad menar du med att hela världen gick fel?*

R: Det fanns andra varelser som kom ner för att hjälpa oss. Och de försökte para sig, och de försökte leka Gud.

D: *Och var det de som orsakade dessa situationer?*

R: Ja. De ville leka armé, cowboys och indianer. De skapade ett mönster. Människor är i grunden djur, och det är svårt att bryta mönstret. Det handlar om att utvecklas bort från mönstret. Det är som en dålig vana. När du väl börjar bita på naglarna, som Robert gör, är det svårt att sluta. Eller att säga ett visst svärord. Det är svårt att bryta det.

D: *Så du menar att det är en vana för människosläktet?*

R: Ja. Det är allas vårt problem.

D: *Det fördes hit av andra varelser?*

R: Ja. De visste inte. Det är egentligen inte deras fel. Jag tror det bara liksom ... hände.

D: *Och nu är detta i mönstret för jordens folk?*

R: Ja. Det blir bättre. Jorden har haft en viss framgång i sina evolutionära mönster. Män gillar att slåss. Och detta är en av de platser där du kan uppleva det. Det finns många upplevelser på

Jorden som du kan gå igenom, som svält och krig. Det finns andra upplevelser. Att vara gudalik i politiken. Eller så kan du uppleva bara en trevlig, trevlig känsla av familjeliv.

D: *Ja, du har många valmöjligheter. Så jag får känslan att när han åkte till Vietnam...*

R: Det var mitt val.

D: *Men du var inte förberedd på stressen.*

R: Nej, nej. Ingen berättade för mig hur dåligt det är.

D: *Men du lärde dig uppenbarligen en värdefull läxa av det?*

R: Ja, för jag vet hur krig är. Jag vet hur det är att slåss. Så när jag går vidare till en annan värld, och om någon blir arg eller visar ett – du kan kalla det ett "recessivt" drag – så skulle jag veta hur det är. Och jag skulle kunna hjälpa dessa människor att komma förbi det.

D: *Det är mycket värdefullt. Men tror du verkligen att Robert kom in i detta liv för att uppleva det obehag han nu upplever? (Ja) Men skulle det inte vara lättare om vi kunde hjälpa honom att leva med det?*

R: Det kommer att bli lättare med tiden.

D: *Tror du att om han förstår var det kommer ifrån, och anledningen till det, så kommer det att bli lättare för honom att hantera?*

R: Men han har många fysiska problem.

D: *Men kan inte du, som undermedvetandet, hjälpa honom med dessa?*

R: Bara om han kan gå till undermedvetandet och be om vägledning, och be om de naturliga endorfinerna i hans kropp att hjälpa. Han kommer att få smärtan så att någon annan kan uppleva att hjälpa honom.

D: *Men det skulle fortfarande vara bra om vi kunde lindra det. Vi vill inte göra livet eländigt medan han lär sig dessa lektioner.*

R: Roberts liv är inte eländigt. Han har det bra.

D: *Tycker du det? Jag vet inte om han skulle hålla med. Men det viktiga är att om han vill få lindring från obehaget, kan han gå till undermedvetandet och be om att de naturliga endorfinerna ska hjälpa honom.*

R: Ja. Som just nu, han har ingen smärta.

D: *Ja. Dessa endorfiner är väldigt kraftfulla. De är mycket kraftfullare än att ta någon typ av droger. För de är naturliga och de kontrolleras av undermedvetandet.*

Jag planterade sedan förslaget att när han behövde lindring kunde han slappna av och be undermedvetandet att frigöra de naturliga endorfinerna. Undermedvetandet försökte argumentera med mig, "Ja, men Robert är så känslig för alla andras smärta." Jag kunde förstå varför, eftersom Robert var en mycket känslig och medkännande person. Efter mycket diskussion gick undermedvetandet med på att göra sin del, om Robert samarbetade. Det slutliga resultatet ligger alltid hos personen. Om de inte verkligen vill bota sig själva, av vilken anledning som helst, då kan inget jag gör hjälpa.

Jag arbetade aldrig med Robert igen. Jag hörde om honom då och då. Han hade fortfarande svårigheter och var in och ut på VA-sjukhuset. Det verkade som om han verkligen inte ville släppa smärtans läxa, även om hans undermedvetna var villigt att arbeta med honom på problemet. Jag skulle vilja tro att det hjälpte genom att frigöra de naturliga endorfinerna när han behövde dem, så att han inte skulle vara så beroende av drogerna. Åtminstone visste han nu några av anledningarna till varför han upplevde denna del av sitt liv. Kanske hade hans undermedvetande rätt när det sa att smärtan aldrig skulle lämna honom förrän han dog. Om det är så hoppas jag att han lär sig sin läxa, och också lär andra om smärta och om att leva med någon som har kronisk smärta. Om det är anledningen, har det en förtjänst eftersom det undervisar. Det är egentligen vad allt handlar om, att lära sig lektioner och gå vidare därifrån. Om vi lär oss en läxa väl, behöver vi inte upprepa den.

Återigen kan jag fullt förstå varför Roberts undermedvetna inte tillät denna historia att komma fram när han arbetade med VA-läkarna. Kanske skulle de, om de hörde denna historia, bli mer förstående och mer öppna för att leta efter orsaken till krigsrelaterad stress på ovanliga platser med ovanliga förklaringar.

ÅTER TILL TAPETSRUMMET

Jag tillbringade mars månad 2000 med att hålla föreläsningar i alla stora städer i Australien. Jag försöker göra några privata sessioner när jag reser, eftersom det alltid finns en väntelista med människor över hela världen som vill ha terapi. Norma hade skrivit till mig efter att ha läst några av mina böcker, och vi bokade en tid för en session medan jag var på Gold Coast. Hon hade många personliga och fysiska problem som hon ville hitta förklaringar till. Hon var också fascinerad av beskrivningen av andevärlden som vi träder in i när vi lämnar detta liv, som rapporterades i min bok Between Death and Life. Hon ville se dessa platser själv, särskilt Visdomens Tempelkomplex med sitt underbara bibliotek och Tapetsrummet. Jag berättade för henne att det kunde vara möjligt. Jag skulle behöva ta henne genom ett tidigare liv först och sedan se var hon hamnade efter döden. Detta är den procedur jag har funnit fungerar bäst om vi vill utforska den andliga sidan.

Hon gick in i ett djupt tillstånd snabbt och återupplevde ett tidigare liv i viktorianska England som förklarade mycket av de personliga karmiska relationer hon var involverad i under detta liv. Det fanns många detaljer: datum, namn och platser i London, som kunde kontrolleras och verifieras. Jag har nu gjort så många regressioner att denna typ av detaljer inte längre överraskar mig. Det viktiga är den terapi som härstammar från att återuppleva trauman och känslor från livstiden. Jag brukar låta det vara upp till personen om de vill undersöka och verifiera det. Jag behöver inte längre bevis och kontrollerar inte dessa saker om det inte är av värde att inkludera i en bok. Det kommer aldrig att finnas tillräckligt med bevis för att övertyga en sann skeptiker, och en troende behöver inte bevis. Vid denna punkt i mitt arbete är jag mer fascinerad av det okända, som ändå inte kan bevisas.

När jag tog henne till slutet av det livet dog hon fridfullt som en gammal kvinna i sitt hem, omgiven av sin familj. När hon gled bort från den fysiska kroppen bad jag henne beskriva vad som hände.

N: Det finns ett ljus. Figurer i dräkter och det finns kärlek och frid. De tar henne till en plats som är väldigt tyst och fridfull. Det är ingen där. Det är bara tyst och mycket dimmigt.

Detta lät som platsen som andra har beskrivit som viloplatsen, en typ av tillflyktsort där själar kan vila ett tag innan de går vidare till en

annan destination, antingen på den sidan eller genom att återvända till
en annan kropp i ett nytt liv.

D: *En plats där hon bara kan vila ett tag?*
N: (Milt) Ja. Det är trevligt.
D: *Efter det, kommer hon behöva gå någon annanstans?*
N: Ja, det är dags. Hon måste gå till kunskapens rum nu.
D: *Jag har hört talas om dessa platser. Norma ville minnas hur de såg ut. Vad visar du henne?*
N: Det finns pelare. Och massor av böcker. Och en kupol ... och människor. Och det är väldigt ... tungt, tjockt med kunskap. Det är stort. Det går för evigt. Det har många rum bortom stenområdet. Och det finns gångar och böcker och bord och människor.
D: *Vem talar jag med? Hennes undermedvetna eller ...?*
N: Norma är medveten om Norma, men jag är hennes högre jag.
D: *Jag kallar det undermedvetandet. Det är den del som har all information, eller hur? (Ja) Det är det jag gillar att prata med. Jag är medveten om vissa delar av denna plats. Finns det ett rum som kallas "tapetsrummet"?*
N: Åh, ja.

Detta beskrevs i Between Death and Life som ett livets väv där varje persons liv representeras som en tråd. Sättet det sammanflätas är en levande beskrivning av hur allas liv påverkar alla andra. Vi är ett och samtidigt alla sammankopplade.

D: *Hon undrade om hon kunde se det rummet?*
N: Hon går dit hela tiden.
D: *Gör hon? (Ja) Hon vet inte om det, eller hur?*
N: Hon gör det, men hon trodde inte på det.
D: *Kan du visa henne hur rummet ser ut?*
N: Det är ett rum fullt av ljus. Det har inget tak, för tapeten är väldigt hög. Och den är väldigt lång. Den går långt. Det finns inget slut. Och den rör sig. Den lever.
D: *Vad menar du?*
N: Den lever med ljuset, och trådarna är levande saker. De är inte ... materiella. De har känslor, och de har tankar, och de har färg, och de har liv.

Den Invecklade Universumet ~ Bok Ett

D: *Trådarna som gör väven av tapeten?*
N: Ja. De är livfulla. Några av dem är så ljusa. Och de är alla olika tjocklekar, och de har energi, enhet. Deras energi är deras egen. Varje tråd är unik och vacker. Och de skapar denna rörelse och livfullhet. Vackra mönster. Det förändras som en film på skärmen.
D: *Så det är mer som en levande sak, snarare än bara ett tygstycke.*
N: Åh, det är inte ett tyg. En tapet är till och med en underdrift. Det beskriver det inte alls.
D: *Det är något vi kan förstå med vår begränsade kunskap. Men om trådarna, stråken, lever, vad representerar de?*
N: Åh, de är vackra. De är människor, deras liv, deras själar. De representerar allt som vi är.
D: *Så det är ett exempel på hur allt är sammanvävt?*
N: Åh, ja. Det är väldigt, väldigt invecklat. Mer än vi någonsin kunnat föreställa oss. För varje liv, varje existens, varje tanke, varje handling, allt som vi är, allt vi kommer att bli, vad vi har varit, representeras i varje tråd. Och vi är alla de sakerna också.
D: *Representerar det bara det nuvarande livet, eller är tråden själens historia?*
N: Ja, och framtiden och ... ja, själen. Det är vad det är.
D: *Men om det redan är sammanvävt, betyder det att allt är förutbestämt?*
N: Åh, nej. I vissa delar av tråden är det förutbestämt, beroende på själens senaste resa vid den tiden, eftersom vissa liv det väljer att leva inte har fri vilja.
D: *De har inte? Eller vet de inte att de har?*
N: De har ingen fri vilja.
D: *Så inte varje varelse har fri vilja?*
N: Det stämmer. Det beror på vilket liv den väljer. Om den väljer ett mänskligt liv har den fri vilja. Men om den väljer en annan existens, i vissa fall har den inte fri vilja. Därför förändras tråden i sin struktur, sin belysning, sin färg, sin tjocklek och sin koppling till andra trådar. Det är väldigt komplext.
D: *Så allt beror på den läxa som själen lär sig vid den tidpunkten?*
N: Vi skulle inte kalla det en "läxa" i sig. Vi skulle kalla det ... minne. För själen vet allt. Den vet allt. Den vet allt som finns att veta. Den minns bara inte alltid. Och beroende på vilket liv den väljer att leva, minns den ibland, och ibland minns den inte.

Den Invecklade Universumet ~ Bok Ett

D: *Om det är ett mänskligt liv skulle det bli förvirrande om vi minns alla dessa saker.*

N: Det är ett liv som själen väljer när den vill rensa mycket. Den skulle inte välja ett mänskligt liv annars, för det är en svår existens att välja, på många nivåer. Det är också ett mycket stimulerande liv att välja. För det är väldigt fullt. Fullt av känslor, textur och livlighet. I många andra liv som en själ väljer finns det inte så mycket variation. Det finns inte mycket textur. För de har ibland inte den tredje dimensionen att ens relatera till. De känner inte till den tredje dimensionen.

D: *Måste de gå igenom den typen av liv innan de kommer till ett jordiskt liv?*

N: Inte nödvändigtvis. Det beror på vad själen väljer. Många själar har såklart valt många jordeliv och fastnar på det tredimensionella hjulet. Och de vet inte ens om andra existensformer, vilket skapar mer karmisk anknytning och därför tvingar dem att återvända till jorden. För själen kan det vara frustrerande, för de förstår på andra sidan att det finns andra liv de kan leva. Men de är så låsta till jordplanet att de inte kan lämna det.

D: *De måste avsluta allt det först?*

N: Inte alltid all karma som skapats av karmakraften. Men mycket av tiden finns det så mycket att göra, om de inte hade ett till jordeliv skulle de förlora möjligheten att få en kropp att återvända till. Och de skulle missa kopplingarna de måste göra. De kan missa möjligheten att ingå kontrakt med nästa själ de måste ansluta till. De tenderar att hålla sig inom liknande kretsar. Och de, som Norma, som vet att de inte behöver vara här så ofta, tenderar att röra sig i cirklar av liknande själar och även resa utanför dem.

D: *Men om de förlorar möjligheten att ansluta, skulle det ta en lång tid innan de får möjligheten igen? Och den karmaskulden skulle behöva betalas tillbaka till slut och rensas upp? Är det vad du menar?*

N: Ja. Norma är mycket medveten om detta. De som är fast i den tredje dimensionen är inte riktigt medvetna. De vet någonstans i sin kunskap, särskilt mellan liven, att det finns andra liv de kan leva. Men de vet att de måste stanna på jordplanet för att uppfylla karmiska skulder. Annars skulle de missa möjligheten och tvingas stanna i andlig form under en lång tid. De kan gå till andra utomjordiska liv, andra dimensionella liv. Men de vet att det begränsar dem, för de missar att koppla till de jordbundna liv de måste uppfylla.

D: Men i de andra liven, där de inte ens är medvetna om den tredje dimensionen, skapar de också karma?

N: Åh, ja! (Eftertryckligt) Åh, ja! Det är en del av själens resa att skapa karma.

D: Och arbeta ut den.

N: Det är för att höja vibrationerna i själen, för att föra dem tillbaka hem till Gudskällan.

D: Men i de andra liven skapar de inte lika intensiv karma som vi gör med den mänskliga kroppen?

N: Det kan vara lika intensivt, ja. Och ibland kan de fastna i ett utomjordiskt liv.

D: Av samma orsaker? (Åh, ja!) Men som jag förstår det, i vissa av dessa utomjordiska liv, kan de leva så länge de vill. (Ja) Så de skulle ha gott om tid att arbeta igenom saker.

N: Vi talar om lägre utomjordiska livsformer.

D: Kan du berätta mer om det?

N: Det finns några som är som myrkolonier, på sätt och vis. De har inte nödvändigtvis kroppar. De är energi, men är av ett sinne, så att säga.

D: Som en grupp?

N: Ja. Och de rör sig kanske som en fågelflock. Och kanske rör sig som myror. De ansluter till varandra som en koloni. De rör sig som en, men som enskilda enheter. Och de har inte de karmiska komplikationer som den mänskliga formen har. Det är mer som en gruppkarma, där de kommer överens om att göra visst arbete tillsammans som en grupp. Så om det inte uppfylls, är det inte integrerat och frigivet.

D: Finns det andra som är lägre typer av utomjordiska livsformer?

N: De kan vara arbetare för högre livsformer. Men ironin är att själarna i de högre livsformerna ibland kan välja att vara arbetare. De rör sig mellan olika nivåer, så att säga. Det är en villfarelse att en själ rör sig uppåt. Det är inte från en högre livsform till nästa högre livsform. Det är inte så.

D: Vi tenderar att tänka så.

Den Invecklade Universumet ~ Bok Ett

N: Nej, det hoppar och vrider sig. Av alla möjliga anledningar väljer en själ en resa. Ibland bara för nöjet, för upplevelsen.
D: Att gå tillbaka och uppleva något annorlunda vid den tidpunkten.
N: Ja, det lägger till väven. Det lägger till själens komplexitet.
D: Variation.
N: Ja, det lägger till. Det ger. Det fyller. Det gör själen mer komplett. Det är ytterligare en bit av pusslet.
D: Det verkar logiskt för mig. – Norma undrade om hon hade en galaktisk anknytning.
N: Åh, ja! Hon är medveten om de galaktiska livsformer hon har varit, men hon är inte medveten om detaljerna på ett medvetet plan. Hon vet mycket om sig själv. Och hon lär sig mycket i detta liv. Om hon inte verkligen vill återvända till den tredje dimensionen, kommer hon inte att behöva komma hit igen.
D: Så hon håller på att mer eller mindre fullborda sitt uppdrag här?
N: Det finns aldrig något fullbordande i sig, eftersom du kan komma och gå som du vill. Men hon gillar den fria viljans aspekt av denna resa.
D: Så när som helst kan en själ bestämma sig för att den inte vill ha fler jordeliv och gå vidare och prova något annat?
N: Endast om den har rensat mycket av sin karma. För som vi sa, kan du vara fast på jordplanet i många livstider. För ju fler livstider du lever, desto mer blir du fast här på grund av den karma du skapar.
D: Så det är bättre om du rensar all karma om du vill gå vidare någon annanstans.
N: Och många själar är medvetna om detta. Inte på ett medvetet plan, såklart; det är därför de pressar in så mycket i ett liv. Många själar som är här vid denna tidpunkt i jordens evolution, har haft utomjordiska liv. Och många är inte helt medvetna om det. Fler är nu på detta jordplan än någonsin tidigare, för de är här av en anledning: att hjälpa till att höja vibrationerna på Moder Jord.

I Keepers of the Garden sa Phil att många själar som aldrig tidigare upplevt jordeliv hade frivilligt kommit för att hjälpa jorden vid denna tidpunkt i dess historia. De var infusionen eller transfusionen av nytt blod, de som aldrig känt till våld. Eftersom de inte har detta i sin själs historia kan de hjälpa till att förändra jordens vibration och höja den till en högre dimension där sådana saker som våld är omöjliga.

D: *Detta är vad jag har fått höra. Att vi rör oss bort från våldet och går in i en annan evolutionär period för jorden?*

N: Åh, ja, och Moder Jord har skapat detta.

D: *För hon är också en levande varelse?*

N: Naturligtvis.

D: *Som många människor inte inser.*

N: Nej, och hon måste interagera med de andra planeterna i denna galax. Och sedan förstås bortom den också. Det är större än du tror.

D: *Ja. Jag har hört att det inte bara finns tapetsrummet som representerar själarna, utan att det är mer komplext än så.*

N: Åh, ja. Tapetsrummet representerar bara de själar som arbetar i detta universum och de många universa bortom. Men det finns mer än så.

D: *Finns det andra tapeter, som ett exempel, som en analogi?*

N: Det är något liknande, men det är en så förenklad förklaring. Ord kan inte beskriva det. Föreställ dig, eller visualisera, universum, och skicka sedan det till det oändliga. Och du kommer att få en idé om att varje stjärna representerar ett liv, en själ. Och då kommer du bara att nudda vid vad allt handlar om.

D: *Men stjärnorna är fysiska objekt, eller hur?*

N: Ja, men vi använder universum som ett exempel på hur många och hur komplexa själens resor är. Om du visualiserar eller föreställer dig att varje stjärna representerar en själ och dess resa mot det oändliga, kommer du att förstå hur omfattande vi egentligen är.

D: *Inga begränsningar egentligen, om vi inte själva sätter dem? Är det korrekt?*

N: Varje liv som väljs av själen representerar en begränsning av en anledning, en lektion, för att rena eller komma närmare källan, eftersom det är vårt själsliga syfte.

D: *Att återvända till källan? (Ja) Men vi har mycket att göra innan vi kan återvända dit, eller hur?*

N: Och är inte det äventyret?

D: *Ja. Alla hinder och stötar längs vägen.*

N: Norma har varit många livsformer av alla beskrivningar. Och hon är medveten om detta. Hon har redan anslutit sig till dem. Det hon inte förstår är omfattningen av sin storhet. Hon tror att valet av denna mänskliga form på något sätt förminskar henne. Hon tror inte riktigt att hon kan vara så stor, med tanke på vem hon är i mänsklig form, med bristerna och blockeringarna i det mänskliga liv hon lever.

D: *Är inte det sant för oss alla?*

N: Åh, ja. Men många själar inser inte ens sin storhet och har inte ens rört vid det faktum att de är stora. För, förstås, vi är alla det.

D: *Men i det avseendet är vi alla större på de andra planen, i de andra dimensionerna. När du säger "storhet", hur definierar du det?*

N: Alla själar är stora, förstås, för de är en del av källan. Många själar förstår eller känner inte till sin storhet, och därför kan de inte känna den oro som Norma känner. För de har det inte i sitt medvetande. Den oro hon känner är att hon medvetet är medveten om den storhet hon är. Hon kan inte förlika sig med det faktum att hon är i en mänsklig kropp, och att en del av hennes resa är att integrera storheten. Storheten vi talar om är hennes plats i denna plan. Hon är en del av en större bild, själen som är Norma.

Detta lät bekant. Det undermedvetna eller det högre jaget har sagt samma sak om många av mina andra ämnen. Tydligen är vi alla mycket större än vi ger oss själva kredit för. Om vi bara kunde känna igen denna Gudsgnista i andra, skulle det inte finnas några dömanden, inga fördomar. Vi skulle se att vi alla är själar på resor som arbetar ut olika faser av karma. Alla försöker återvända hem till Gudskällan.

N: Hon har tagit många viktiga beslut som påverkar många själar.

D: *I andra livstider.*

N: Det går bortom de många livstiderna när hon är "Den vi är". Hon förstår att hon inte behöver vara i livsform för att fatta beslut. Hon har fattat dessa beslut i själform för många själar.

Tydligen, när vi går in i jordiska existensen, den tredimensionella verkligheten, existerar vi med en fasad som skådespelare som spelar olika roller. För vissa är det äventyret av upplevelsen, resan. För andra är det en fångenskap i en illusion som tar på sig alla verklighetens egenskaper. Oavsett hur vi uppfattar det, skapar vi automatiskt karma bara genom att leva i denna dimension och är fångade i denna verklighet tills vi betalar tillbaka skulderna. Det är så mycket som händer bakom kulisserna som vi aldrig kan inse. Men det har sagts: "Om vi kände till svaren, skulle det inte vara ett test." Och så längtar vi efter att återvända till den vaga platsen vi kallar "hem", omedvetna om att detta inte kan ske förrän vi har slutfört vårt arbete här.

SEKTION fem:
Metafysik-Kvantfysik?

Kapitel Elva
Parallella Universum

Jag leddes in i denna märkliga och mycket djupa diskussion på 1980-talet medan jag utforskade livet av Tuin, jägaren, vilket är grunden för min bok The Legend of Starcrash. I det livet dödade han och tog tillbaka till byn ett mycket ovanligt djur, ett som människorna aldrig hade sett tidigare och aldrig har sett sedan dess. Shamanen i stammen noterade att det var en mycket märklig händelse och ville veta alla detaljer om jakten. Han var så imponerad att han bad slaktarna och skinngarvarna att vara extra försiktiga när de förberedde köttet. Han ville att kraniet skulle bevaras och använda det därefter under ceremonierna för att hedra vintersolståndet. Alla detaljer som presenterades av Tuin antydde en paranormal upplevelse av högsta grad. En som han aldrig tidigare hade upplevt, men som han villigt accepterade. Realiteten i det kunde inte förnekas av folket eftersom bevisen var synliga genom det bevarade kraniet och skinnet. Beskrivningen var så märklig att jag också visste att det inte var ett djur som någonsin levt på planeten Jorden, åtminstone inte inom känd historia. En zoolog bekräftade också mina misstankar. Om djuret inte var från Jorden, var kom det då ifrån?

Efter Tuin dog och korsade över till andra sidan kunde jag utforska många av de märkliga händelserna som rörde hans by. I detta tillstånd hade han tillgång till kunskap som är förnekad för den dödliga. Jag frågade honom om upptäckten av det märkliga djuret. Svaret som kom fram var så komplext att jag visste att det inte hörde hemma i den boken. Jag sammanfattade det i de enklaste detaljerna eftersom jag trodde att det skulle vara så komplicerat att det skulle avleda från syftet med den boken. Här erbjuds det i sin helhet. Jag kan inte förklara det ytterligare. Bara att lyssna på det förvirrade mig och lämnade mig yr. Idén var så främmande för mitt sätt att tänka att den störde mig och totalt förvirrade mitt resonemang. Även om konceptet verkade revolutionerande för mig, kan det verka ganska enkelt för någon annan, någon som inte har några problem att förstå komplexa teorier. Många människor kommer förmodligen att säga att det inte alls är en ny teori, bara ny och överraskande för mig. Så får det vara. Jag frågade den avlidne Tuins ande om den kunde förklara mysteriet med det märkliga djuret.

Beth: Det var en sällsynt händelse. Du måste förstå att vårt universum inte är det enda. Många parallella universum existerar bredvid vårt, men eftersom de vibrerar med olika hastigheter är de normalt sett osynliga för mänskliga ögon. Universumen korsar varandra, men vanligtvis är korsningspunkterna inte kompatibla. Därför är invånarna i de två olika universumen inte medvetna om korsningen. Det kan finnas några små förändringar som en eller två kanske märker, men det kommer inte att vara något större. Vid denna specifika punkt var det en sällsynt händelse av en kompatibel korsning. Och när Tuin var ute och jagade befann han sig i två universum samtidigt, men han var inte medveten om det. Djuret som han dödade var en invånare i det andra universumet. Men eftersom korsningen var kompatibel kunde han transportera djuret till detta universum utan att förstöra dess grundläggande matris.

D: Menar du att det andra universumet också var ett fysiskt universum?

En annan person hade beskrivit universum som bestående av energi.

B: Ja. Det var ett fysiskt universum uppbyggt på en annan grundmatris. Men eftersom överlappningen var kompatibel, förstördes inte djurets matris när det fördes över till detta universum. Det är vad som gör denna händelse så sällsynt. Om överlappningen inte är kompatibel, förstörs den grundläggande matrisen för allt från det andra universumet och det upphör att existera i detta universum.

D: Hur menar du? Skulle det bara försvinna eller vad?

B: Ja. Det skulle helt enkelt upplösas till ingenting och släppa energin ut i etern.

D: Skulle någon se det som en hägring eller något liknande?

B: Kanske. Under vissa omständigheter skulle de se det, och sedan skulle det verka skimra och försvinna till ingenting.

D: (Jag försökte förstå.) Säger du att detta andra universum existerar sida vid sida med det här?

B: Ja, det finns ett oändligt antal universum som existerar sida vid sida med detta. Och de är alla sammanvävda som en tygväv. (Suck) Orden i detta språk räcker inte till.

D: Det har jag fått höra förut.

B: (Letar efter orden.) Jag måste missbruka några termer för att försöka förklara det här. Dessa olika universum - universi?, universum, vilket som - är sammanvävda som en tygväv i en gigantisk kosmos som innehåller hela existensens totalitet. Men dessa universum är levande, så de rör sig och skiftar alltid, så det är som en levande tygväv. Och när de rör sig och skiftar förändras deras relationer till de andra universumen ständigt. Och eftersom det finns ett oändligt antal av dem, är relationen aldrig densamma två gånger. Och för att det ska finnas en kompatibel överlappning, som vid detta tillfälle med Tuin, måste det finnas en mycket ovanlig uppsättning variabler samtidigt. Eftersom det händer så sällan kan det inte uttryckas med procent, antalet är för litet. Så detta universum är fortfarande sida vid sida med detta universum i förhållande till det, men det är en annan relation nu eftersom det har skiftat tillsammans med alla de andra universumen genom tidsåldrarna i denna relation till den gigantiska kosmos. Förstår du?

Jag mumlade att jag gjorde det, även om jag egentligen inte gjorde det. Denna överraskande information var så komplicerad att den gav mig huvudvärk när jag försökte hänga med.

D: Men du sa att detta händer ibland och människor är inte medvetna om det?

B: Ja. Detta universum överlappar andra universum hela tiden. Det är bara en fråga om när och var. När: varje ögonblick. Detta universum överlappar vid någon tidpunkt alltid med minst ett annat universum, om inte fler. Och eftersom det finns ett oändligt antal universum och de alltid överlappar varandra, är det ganska rimligt att flera av dessa överlappningar sker på eller nära denna planet där det kan observeras av människor. Men om överlappningen är tillräckligt kompatibel för att kunna observera något direkt, är inte så vanligt. Vanligtvis är det en mycket liten förändring som människor med mycket vanliga perceptioner inte skulle märka. Bara någon som är särskilt observant skulle märka denna mycket lilla skillnad. Och det är vanligtvis inget omvälvande eller något som skulle spela någon större roll. Det skulle bara vara en mycket liten sak som kanske en eller två personer märker, men de skulle inte kommentera det eftersom det är en så liten sak, och de känner att andra skulle tro att de hade misstagit sig om vad de hade observerat från början.

D: *Kan du ge mig en idé om vad de kan uppleva?*

B: Ja. Till exempel, en person går en dag och de märker detta träd. Det har en särskild form som är utmärkande och särskilt vacker. Och de går längs samma plats en vecka eller så senare och upptäcker att trädet inte längre är där. Eller kanske formen är radikalt annorlunda, men det är inget de egentligen kan bevisa åt ena eller andra hållet. Det är bara en liten sak som den, men det är annorlunda än vad det var förut. Vad som hände är att vid den punkt där trädet var hade det överlappat med ett annat universum och effekten antingen förändrade trädet eller förstörde dess matris så att det upphörde att existera. Eller kanske existerar det i förändrad form i det andra universumet nu.

D: *Tuin sa att när han stötte på detta djur, fick han en konstig känsla med sina sinnen. Han visste att något utöver det vanliga pågick.*

B: Ja, han var mycket utvecklad psykiskt, och därför var han medveten om att han befann sig i två universum samtidigt, men han visste inte hur han skulle uttrycka detta verbalt. Han var inte helt säker på vad han visste. Han visste vad han visste utan att riktigt veta vad han visste.

D: *Ja, han visste inte exakt vad det var. Men du menar att det var mycket ovanligt att han kunde föra tillbaka djuret till byn?*

B: Ja. Att kunna föra tillbaka djuret helt och hållet till sitt universum utan att djuret upplöstes till ingenting är extremt ovanligt. Det händer sällan. Det händer, men inte särskilt ofta.

D: *Självklart var människorna mycket hungriga vid den tiden också. Detta kanske var en del av det?*

B: Ja, deras psykiska förmågor hjälpte utan tvekan djuret att göra övergången.

D: Sedan under många år efteråt användes djurets huvud och skinn av den vise mannen, så det var definitivt något fysiskt. Så när något som detta händer, händer det mycket sällan i närheten av människor där de skulle märka det?

B: Tja, det händer i närheten av människor, men vanligtvis är förändringarna så små eller så obetydliga att majoriteten av dem inte märker det. Människor har en tendens att bara se vad de vill se. Och om något annorlunda har hänt, om de inte vill se det, kommer de inte att göra det. Eller så är de för upptagna för att lägga märke till det.

D: Eller de tror att de bara har inbillat sig det. Finns det någon chans att en människa kan korsa över till ett annat universum?

B: Det händer hela tiden. Många gånger korsar människor som går på gatan över till ett annat universum. Flera av de universum som ligger närmast detta är så lika att de är praktiskt taget identiska. Så ibland, när de överlappar, kan människor korsa över till det andra universumet tillfälligt och sedan korsa tillbaka utan att förstöra sin matris. Det är den permanenta övergången som är så mycket sällsyntare, som med djuret. Och många gånger kommer de att vara i ett annat universum och tänka: "Oj, jag var säker på att detta hade hänt." Och någon säger: "Nej, det har aldrig hänt. Du hittar bara på." Och sedan några dagar senare nämner de det igen och någon annan säger: "Jo, du har rätt, det hände faktiskt." Under den perioden när alla sa att det inte hade hänt, var de i ett annat universum där det inte hade hänt.

D: Det här skulle vara förvirrande för en människa.

B: Ja. Det skulle få dem att tro att de kanske hade inbillat sig det. Därför skulle de snart avfärda det från sina sinnen och glömma incidenten, så att de inte skulle vara medvetna om att de hade varit i ett annat universum.

D: Men det låter som att universumen är identiska om de har samma människor i båda.

B: Vanligtvis ja, och vanligtvis kommer det bara att vara några få saker som är något annorlunda.

D: Då betyder det att vi alla har en motsvarighet, eller mer än en motsvarighet som är precis som vi?

B: Ja. I de flesta universum har vi en identisk motsvarighet vars grundläggande erfarenheter skulle vara mycket lika. I vissa universum skulle vi inte ha någon motsvarighet, men det är sällsynt att vi stöter på dessa universum. När vi gör det, är det en mycket chockerande upplevelse. När du går fram till någon som du vet att du känner, och du vet att de känner dig. Och du hälsar på dem och de stirrar på dig som för att säga: "Vem är du? Jag känner dig inte. Jag har aldrig sett dig förut."

D: *Det skulle vara mycket förvirrande. Men då är det möjligt om du korsar över, att korsa tillbaka igen?*

B: Ja. Vanligtvis är övergången bara en mycket kort tidsperiod, kanske några timmar eller kanske så länge som ett par dagar. Men det är vanligtvis en mycket tillfällig övergång. Och i allmänhet fortsätter de människor som korsar över bara med sina liv, sina vanliga dagliga aktiviteter. Och de är inte riktigt medvetna om när de korsade över och korsade tillbaka. Ögonblicket för övergången är mycket tvetydigt. Men vissa människor kanske minns något konstigt som hände medan de var där.

D: *Märker de bara att de känner sig lite konstiga eller vad?*

B: Ibland märker de inte ens det. Ibland märker de bara något, till exempel en viss byggnad som finns i deras universum. Och de märker att en dag de går förbi finns det ingen byggnad och det har aldrig funnits en byggnad där. Några dagar senare märker de att det finns en byggnad där igen. Och på detta sätt skulle de veta att de tillfälligt var i ett annat universum där det inte hade byggts någon byggnad där det hade byggts en i deras universum.

D: *Med andra ord, de är inte helt identiska.*

B: Rätt. De är aldrig helt identiska. Det finns alltid minst en sak som är annorlunda. Och den ena saken som är annorlunda räcker för att skapa ett annat universum. Ibland kan det vara så litet som ett sandkorn som är placerat annorlunda på en strand, vilket är tillräckligt för att det ska vara ett annat universum. Och vad som gör det ännu mer komplext är att nya universum alltid skapas. För varje handling som utförs finns det mer än ett möjligt utfall. I ditt universum förverkligas ett utfall, men all energi från de andra utfallen måste ta vägen någonstans. Och dessa andra olika utfall som inte förverkligades i ditt universum orsakar att ett annat universum kommer till, som är nästan identiskt med ditt universum, förutom att detta specifika utfall är annorlunda. Och från där fortsätter universum att utvecklas i sin egen riktning.

D: *Menar du att en enda person kan få detta att hända? Eller måste det vara många människor?*
B: Nej, bara en person. Vad som helst. Det händer hela tiden. Den gigantiska kosmos växer kontinuerligt. Och det är oändligt komplext, så att ett sinne inte kan förstå det. Till exempel, i det här universumet, säg att din näsa börjar klia. Nu kan du göra flera saker. Du kan gnugga näsan eller klia den, eller din kropp kan bestämma sig för att nysa. Alla dessa tre saker kommer att hända i det här universumet. Säg att du bestämmer dig för att nysa, du gör det. Men energin från de andra två möjliga utfallen måste ta vägen någonstans. Och därmed skapas två andra universum vid det ögonblicket, där du i det ena gnuggade din näsa och i det andra kliade du din näsa. Och det är den enda skillnaden vid denna tidpunkt mellan de två universumen och detta. Och sedan fortsätter de att utvecklas. Och de kommer att vara något olika, men de kommer fortfarande att vara mycket lika detta.

D: *Det låter som om det kan bli väldigt komplicerat.*
B: Det är det.
D: *Jag har alltid trott att vi kommer till vägskäl många gånger i våra liv. Att vi fattar ett beslut att göra en sak och ändå skulle vi kunna göra flera andra beslut som skulle sätta oss på en annan väg. Betyder det att det andra beslutet också blir verklighet?*
B: Ja, de andra besluten blir också verklighet, men inte i ditt universum. Du kommer till ett vägskäl, som du uttrycker det, och du har ett stort beslut. Och du kan göra vilket av flera saker som helst. Beroende på vilken sak du gör kan det mycket väl bestämma den allmänna riktningen för resten av ditt liv. Du fattar beslutet att gå en särskild väg. Så snart du fattar beslutet att göra en viss sak, orsakar den potentiella energi som lagrats bakom detta att andra universum kommer till där alla dessa andra beslut också går i uppfyllelse. Till där nu finns alternativa du som reser dessa olika vägar. Och deras liv kommer att vara annorlunda från ditt eftersom de fattade ett annat beslut och gick i en annan riktning. Och därmed orsakar det att det universumet är annorlunda, och ibland kan effekterna vara mycket långtgående. Till där på kort tid, märkligt nog, det universumet är mycket annorlunda från ditt.
D: *Ja, för ditt liv skulle kunna gå i en helt annan riktning.*

Den Invecklade Universumet ~ Bok Ett

B: Och ha en helt annan effekt på människorna omkring dig. Det är en snöbollseffekt som därmed har en annan effekt på människorna omkring dem, och så vidare, och så vidare.

D: Men du är egentligen inte ansvarig för dina beslut.

B: Nej, nej. Du fattar beslutet som du känner är bäst för dig. Under dina omständigheter kan det vara det. Och de andra omständigheterna kommer till där de andra sidorna av beslutet är bäst för de omständigheterna som också kommer till. Men ibland fattar du ett beslut, och du inser att du fattade fel beslut, att du inte valde den bästa omständigheten. När du inser detta, vad som har hänt är att denna specifika gren av ditt liv har avskilts från ett annat universum, från ditt ursprungliga universum. Och det ursprungliga "du" tog det rätta beslutet och du spelade ut det alternativa beslutet med den energi som lagrades där. Du levde med det och anpassade ditt liv runt det så gott du kunde.

D: Är det möjligt att få tillbaka det andra? (Nej) Det är inte möjligt att slå samman de två igen?

B: Nej. Men det är inte så ödesbestämt som det låter. För även om du fattade fel beslut eller du känner att du fattade fel beslut, kan du fortfarande göra det bästa av det. För du har fortfarande beslut att fatta varje ögonblick av ditt liv, att fatta dessa beslut klokt kommer att hjälpa till att hålla ditt liv på den väg du vill ha det.

D: Då är det fortfarande möjligt att vända ditt liv och gå den andra vägen om du vill.

B: Ja, du kommer bara att vara i ett annat universum än det alternativa du som fattade det beslut du skulle ha velat fatta.

D: Det låter som om din fysiska kropp är på många ställen vid olika tidpunkter. (Ja) Är det en exakt kopia av den här kroppen? Jag försöker förstå detta med mina begränsade jordiska termer.

Jag skrattade nervöst. Det här blev extremt komplicerat och oroväckande.

B: Det börjar som en exakt kopia, men efter ett tag sker olika förändringar. Till exempel kan du i ett universum få en skada som du inte får i detta universum, vilket skulle göra skillnad. Det är väldigt komplicerat. Det svåraste av allt är att försöka relatera de olika alternativa versionerna av dig själv i de alternativa

388

Den Invecklade Universumet ~ Bok Ett

universumen till ditt sanna jag, din själ. Det är en av de saker som gör karma så komplicerat. På grund av karmas dragningskraft måste du uppleva allt åtminstone en gång för att få en komplett erfarenhet och för att arbeta dig fram till ditt sanna högre jag. Nåväl, i varje liv upplever du nästan allt samtidigt. Men du måste fortfarande uppleva alla dessa olika saker i rätt proportion för att kunna bli en fullständig person. Därför måste du gå tillbaka flera gånger genom flera livstider. Och du slutar med att existera i flera universum varje gång. Men det är så det är. Detta språk är bara inte tillräckligt.

D: Men om alla dessa olika motsvarigheter lever separata liv och ändå är delar av oss, varför är vi då inte medvetna om dem? Varför kan vi inte kommunicera och veta att de existerar?

B: För att det skulle vara för svårt och för komplicerat för era begränsade mänskliga sinnen att acceptera. Det skulle vara för överväldigande. Det finns många, många koncept bortom det du accepterar som verklighet som du inte får veta om, eftersom de skulle överbelasta det mänskliga psyket helt och hållet. Det räcker för dig att fokusera på det nuvarande livet och omständigheterna du lever i. Men var medveten om att ditt sanna jag, din själ, vet allt som dina otaliga motsvarigheter gör och håller perfekt koll på det. Du, som människa, behöver inte vara bekymrad över dess komplexitet.

Tack och lov för små välsignelser! Mitt i all denna komplicerade information blev jag påmind om något en annan av mina ämnen sa. Han sa att jag aldrig skulle få svar på alla mina frågor, eftersom viss kunskap skulle vara som gift snarare än medicin. Det skulle skada snarare än upplysa. Så jag antar att människan aldrig kommer att kunna hantera hela mängden information från Guds sinne.

D: *Det verkar förvirrande att tänka att en annan motsvarighet till dig själv, en fysisk motsvarighet, gör saker som du inte är medveten om.*

B: Det stämmer. Du kanske undrar, när du korsar över till ett annat universum och interagerar med en alternativ uppsättning människor, skulle inte de människor du normalt interagerar med sakna dig? Men när du korsar över har din motsvarighet också korsat över, så du blir inte saknad.

D: Jag undrade över det, om du kunde möta ditt eget jag.

B: Nej. För när du korsar över bildas ett vakuum som måste fyllas, och din motsvarighet korsar automatiskt över för att fylla vakuumet tills spänningen når en punkt där du måste korsa tillbaka till det universum du hör hemma i.

D: Skulle de andra människorna märka någon skillnad?

B: Kanske. Någon liten defekt, en subtil skillnad, vanligtvis i minnen och sådant. De skulle säga, "Kommer du ihåg när det här och det där hände?" Och din motsvarighet kanske säger, "Nej, det har aldrig hänt mig." Och de kommer bara att avfärda det som dåligt minne eller vad som helst.

D: Om din motsvarighet drogs genom vakuumet, skulle den då också inte veta att den befann sig i ett alternativt universum?

B: Inte om du och din motsvarighet inte var en av de få människor som lägger ihop två och två, så att säga, och inser: "Oj, allt är inte riktigt som det borde vara. Kanske är jag i ett alternativt universum." Och det som gör detta intressant, och borde hjälpa dig att förstå dina medmänniskor, är att när som helst kan du ha att göra med en av dem från ett av deras alternativa universum. Där om du säger något och de inte kommer ihåg det, istället för att bli otålig med dem, bara kom ihåg, med just den här personen kanske det inte har hänt dem eller inte hänt ännu.

D: Skulle den andra också kunna ha en helt annan personlighet?

B: Nej, personligheten är i allmänhet densamma. Ibland utvecklas olika aspekter av personligheten lite annorlunda på grund av en annan uppsättning erfarenheter, men vanligtvis är personligheten i grunden densamma. För personligheten är en av de saker som länkar din fysiska kropp till ditt sanna jag.

D: Jag tänkte att om de träffade någon som såg ut som dig men var helt annorlunda, så skulle folk tänka att något konstigt pågick.

B: Rätt. Men det händer aldrig, eftersom personligheten i grunden är densamma. Kanske är några av detaljerna annorlunda. Till exempel, i ett universum kan någon vara vänlig, utåtriktad och mycket pratsam. Ändå kan deras alternativa jag fortfarande vara vänlig men inte lika utåtriktad. De kanske är mer blyga och inte lika pratsamma. Det skulle bara vara en mindre förändring som det.

D: Ja, och din familj eller andra människor skulle bara tänka, tja, han är på humör eller något.

B: Precis.

D: Men finns det någonsin ett fall där de två motsvarigheterna kan mötas?

B: Jag tror inte att det är möjligt.

D: Jag tänkte på berättelser eller legender vi har hört, som doppelgängers. Att se sin dubbelgångare.

B: Ja. När du ser din dubbelgångare är det när de två universumen korsar varandra, och ni befinner er fortfarande i era separata universum. Och du ser dem, men det är inte särskilt vanligt.

D: Det är förmodligen därför det är så sällsynt när det har rapporterats.

B: Ja. Vanligtvis är det någon annan som ser din dubbelgångare och berättar om det för dig senare.

D: Åh. Jag har hört om sådana fall. De säger: "Vi såg dig på den och den platsen." Och du säger: "Jag var inte där. Jag var hemma hela dagen."

B: Exakt. Du var hemma, men du var i ett alternativt universum och din motsvarighet var ute och vandrade omkring.

D: Det skulle förklara många av dessa märkliga fall vi har hört om. Men i fallet med Tuin var djuret helt annorlunda än något djur på jorden vid den tiden.

B: Ja. Det var en annan anledning till varför det var så sällsynt att dess matris överlevde och korsades permanent, eftersom det inte fanns någon motsvarighet i detta universum. Åtminstone inte på jorden. Nu finns det en möjlighet att djuret i det specifika fallet har en motsvarighet i detta universum, men på en annan planet. När detta djur korsade över och stannade kvar i det andra universumet, korsade dess motsvarighet antingen över till ett annat universum eller så upphörde det att existera vid den tidpunkten.

D: Ett annat jordiskt djur skulle inte ha korsats i dess ställe?

B: Nej, eftersom det inte var detta djurs motsvarighet.

D: Det måste alltså vara en exakt motsvarighet. Men det inträffade vid en tidpunkt när byn behövde mat och de åt det. Det skadade *dem inte på något sätt. Det är väldigt intressant, men också väldigt komplicerat.*

B: Ja. Jag känner att jag kanske har lämnat några felaktiga intryck i ditt sinne på grund av språkets otillräcklighet.

D: *Tja, det är möjligt. Andra människor jag har pratat med om detta har också sagt att språket är otillräckligt för att förklara saker. Ibland måste de dra analogier för mig.*

B: Sant. Också mycket otillräckligt. Det lämnar ganska förenklade föreställningar i ditt sinne.

D: *Ja, men ibland är det det enda sättet att förklara saker på, även om det inte är helt korrekt.*

B: Det är sant. Jag vill inte att du ska känna dig skyldig eller begränsa dina handlingar bara på grund av de alternativa sakerna som också inträffar. Fortsätt att leva ditt liv som du alltid har gjort, för det är det naturliga sättet i den gigantiska kosmos. Faktum är att när du föddes i detta universum, föddes du också i flera andra universum. Så, handlingar och beslut som du fattar kommer att skapa ett annat universum eller kanske förändra ett annat universum som är tillräckligt likt. Detta ska inte oroa dig, för det händer hela tiden överallt.

D: *Det är en naturlig sak, med andra ord.*

B: Ja, och det är en del av att bearbeta din karma. Det är inte som förutbestämmelse heller. Du och alla dina alternativa du har valfrihet i besluten som dyker upp i era liv. Och även om du fattar ett beslut, betyder det inte automatiskt att en alternativ du måste fatta det andra beslutet. Om en annan alternativ du fattar det andra beslutet är det för att den valde det. Det är deras fria val. Och det brukar balansera sig så. Ibland väljer du och dina alternativa jag ett sätt och det andra sättet valdes inte. Då kommer ett annat universum till där det sättet valdes för att hålla energin i balans. Förstår du?

D: *Jag försöker. Det här kommer att ta lite tid att smälta och absorbera, försöka förstå det. Varje gång jag utsätts för en ny idé är det så här det händer. Jag måste gå igenom det innan jag verkligen förstår det.*

B: Känn dig fri att ställa fler frågor när du har smält det. Det är viktigt att du förstår.

Den Invecklade Universumet ~ Bok Ett

D: *Jag känner att jag leds till att ge denna information som jag får till många människor.*
B: Ja, och det är viktigt att du förstår det så tydligt som möjligt med de begränsningar som språket har. Så att när det sprids till andra människor får de en klar förståelse och inte en förvirrad förståelse. För just detta koncept kan uppröra de religiösa institutionerna i ditt universum. Och det kan orsaka mycket, mycket onödiga oroligheter.
D: *Du talar hela tiden om dessa alternativa människor. Kan en ha ett yrke och en annan ett annat yrke? Eller skulle det vara mycket liknande?*
B: Åh, det beror på. Många gånger är det inte ovanligt att de har liknande yrken. Till exempel, i detta universum är en person bra på att arbeta med händerna och så arbetar de, säg, med elektricitet. I ett annat universum kanske de inte arbetar med elektricitet men kanske gör något annat där de också arbetar med sina händer. De kanske är hantverkare eller träarbetare eller något sådant. Eller om någon i detta universum är ingenjör, men har en hobby, säg musik. De är väldigt passionerade för musik, men det är bara en hobby för dem. Då kan de i ett annat universum vara musiker istället för ingenjör. Så vad dina grundläggande tendenser är i din personlighet, eftersom personligheten i grunden är densamma över universumen. Om det är en mångsidig personlighet där personen är kapabel att göra många olika saker, kan deras motsvarigheter i de andra universumen göra något radikalt annorlunda än vad de gör här, eftersom förmågan att göra det finns i deras personlighet.
D: *Till exempel, nu är jag författare. Skulle en annan del av mig fortfarande vara hemmafru och inte intresserad av att skriva?*
B: Nej, intresset att utveckla sig själv skulle fortfarande finnas där. Du kanske inte nödvändigtvis tar skrivandet i ett annat universum. Till exempel, i detta universum ville du inte förbli hemmafru, du ville utveckla ditt sinne och göra något mer uppfyllande och du blev författare. I ett annat universum skulle du ha samma grundläggande personlighetsdriv att inte stanna kvar som hemmafru. Du skulle vilja utveckla dig själv, göra något annat, så du kanske hade börjat med volontärarbete. Eller kanske i ett annat universum hade du börjat med hantverk och sådant istället. Eller,

jag uppfattar att du är intresserad av psykiska saker. I ett annat universum, istället för att skriva, kanske du hade engagerat dig i psykiska saker och inte funderat på att skriva om dem, utan bara göra dem.

D: *Och när jag tänkte på dessa olika alternativ jag kunde ta, så blev de verklighet någon annanstans?*

B: Ja, om de inte redan var en verklighet någon annanstans.

D: *Ummm, detta kan bli väldigt komplicerat.*

B: Det är mycket komplext. Och jag känner starkt att du inte kommer att kunna absorbera detta den här gången. Du kommer förmodligen att behöva komma tillbaka och ställa fler frågor till mig, vilket är helt okej. Det är viktigt att du förstår detta och att det är klart. Varje beslut du fattar är rätt. Det finns ingen sådan sak som ett felaktigt beslut. Du kanske senare känner att du kunde ha fattat ett bättre beslut. Men vid den tidpunkten var det beslut du fattade rätt för dig. Så, känn dig inte skyldig över så kallade misstag som du har gjort i det förflutna, för det finns ingen sådan sak som ett felaktigt beslut.

D: *Eftersom den andra sidan av beslutet finns någonstans.*

B: Ja, allt är i balans. Och närhelst ett stort beslut dyker upp i ditt liv, kommer vanligtvis någon form av det beslutet också att dyka upp i några av dina alternativa liv i de alternativa universumen. Således kommer vanligtvis de flesta aspekterna av beslutet att representeras i det slutliga resultatet. Ibland kommer en av aspekterna inte att representeras, och därmed kommer ett nytt universum att skapas för att representera den sidan av beslutet också. När det händer är du inte medveten om detta eftersom det bara är en naturlig sak. Och ditt liv kommer att fortsätta längs den linjen och du kommer inte att inse att det finns en ytterligare alternativ du. Det är en automatisk process och det finns inget fysiskt fenomen involverat, så du vet inte när det händer.

D: *Vissa av de frågor jag ställer kan verka väldigt enkla och naiva.*

B: Det är att förvänta sig så att du ska förstå. Du måste börja någonstans.

D: *Är dessa andra alternativa personligheter alla kopplade till samma familjemedlemmar? (Ja) Det skulle inte vara en annan familj eller en annan make eller barn eller något sådant.*

Den Invecklade Universumet ~ Bok Ett

B: Ibland. Vanligtvis är det en balanserad representation. Till exempel, om du vid en tidpunkt i ditt liv hade ett val mellan att gifta dig med en man eller en annan man. Och du valde en man, i de andra universumen kommer flera alternativa du att besluta sig för samma man. Och vanligtvis kommer flera alternativa du att välja den alternativa mannen. Därför kommer deras universum att vara olika i den riktningen eftersom en alternativ du beslutade sig för den andra mannen. Och därmed skulle familjen vara olika på det sättet. Så ja, det finns du som har olika familjer, olika förfäder och sådant på grund av dessa olika beslut. Men samtidigt finns det andra universum där samma beslut fattades och så skulle samma familjemedlemmar vara involverade.

D: Då, om du korsade över till ett universum med en annan make och familj, skulle det vara väldigt förvirrande.

B: Ja, det skulle det. Men det händer inte särskilt ofta, eftersom eftersom det universumet är radikalt annorlunda skulle det vara svårare för dig att kunna korsa över framgångsrikt. Det är vanligtvis med de universum där allt är mycket, mycket likt, nästan identiskt, som de lättaste oavsiktliga korsningarna äger rum.

D: Skulle detta ha något att göra med vibrationsnivåer?

B: Ja, komplementära vibrationer, komplementära energier. Ett universum där liknande beslut har fattats i det förflutna. Som i ditt universum där allt ser mycket likt ut, med bara några små, mycket subtila skillnader här och där, är det mycket enklare att korsa över till detta universum. Och korsa över på ett sådant sätt att det finns en öppen portal för dig att passera genom. Nu kan det förekomma händelser där detta universum korsar med ett annat universum så att du kanske kan observera saker som pågår, men det skulle inte vara en öppen portal, så att du inte skulle kunna interagera med det som händer.

D: Du kan se igenom men inte gå igenom?

B: Rätt. Till exempel, du kanske går en dag och ser något som är annorlunda än vad du minns det. Men du går inte över för att undersöka det, du fortsätter bara att gå. Du undrar över det och det finns ingen runt omkring att fråga om det. Därför har du interagerat med det universumet. Du har bara observerat något annorlunda. Eller om det finns andra människor omkring, skulle det inte komma att tänka på att fråga dem om det. Eller om du gör det, kommer de att verka som om de inte hör dig eftersom portalen inte är öppen för att du kan interagera.

D: *Precis som ett fönster som du kan se igenom, men inte kliva igenom?*

B: Rätt. Och du skulle inte kunna se platsen där ditt universum slutar och det universumet börjar. Du skulle bara tro att du tittar över gatan eller något liknande på något. Och någonstans mellan dig och dit är där de två universumen korsar varandra.

D: *Du sa dock att ibland ser du något och det börjar se skimrande ut och sedan försvinner det bara?*

B: Ja, det är när korsningen håller på att ta slut och universumen drar sig isär. Detta skulle hjälpa till att förklara många av de incidenter som ni kallar spöken och mirage också. Du har ett fenomen känt som Bermuda-triangeln. Det området korsar av någon anledning ständigt med detta andra specifika universum. Det finns en ovanlig magnetism där, och det får dessa plan att flyga in i det andra universumet. Och för det mesta löses deras matriser upp.

D: *Då finns det inte längre några människor kvar när de går igenom där?*

B: Rätt. De passerar över vid den punkten.

D: *Och planet, båtarna eller vad det nu är, hela saken löses upp? Det existerar inte längre på den andra planeten?*

B: Efter att det har passerat ut ur detta universum in i det andra universumet existerar det inte längre i detta universum eftersom det har passerat ut. I det andra universumet kan det inte existera eftersom vibrationerna inte sammanfaller, och deras motsvarigheter är fortfarande där borta. Så en av dem måste ge vika. Vanligtvis är det den som nyligen har korsat över som löses upp. Ibland är det den andra som löses upp, men det händer inte särskilt ofta. Detta är förklaringen till några av de redogörelser du har av någon som går över ett fält eller något, och sedan försvinner i tomma luften. Deras motsvarighet hade just korsat över till detta universum och de var tvungna att gå någonstans. Och när de försvann i tomma luften har de vanligtvis antingen korsat över till det andra universumet eller deras matris har lösts upp.

D: *Men detta är bara upplösningen av den fysiska kroppen. Självet kan inte skadas på något sätt, kan det?*

Den Invecklade Universumet ~ Bok Ett

B: Nej, nej. Detta är bara den fysiska kroppen.

D: *Är det andliga planet betraktat som ett av dessa parallella universum?*

B: Det finns oändliga universum på den fysiska planet, men på det andliga planet är det i grunden ett universum. Vi kan interagera med allt. På den fysiska planet arbetar vissa människor ut sin karma genom att leva flera alternativa liv i olika parallella universum. Särskilt om de vill arbeta ut några specifika detaljer av en viss aspekt av sin karma. Och de olika beslut de fattar i de olika universumen har balanserat ut på ett sådant sätt att hjälpa deras karma. Ibland, eftersom alla dessa universum är på en fysisk planet, kan de skyddande barriärerna mellan dem ibland upphävas. Och personen de pratar med har redan passerat över från detta universum, men lever fortfarande i det andra universumet. Det är svårt att förklara.

D: *Jag trodde att när de dog i ett universum, skulle alla deras olika alternativ också dö.*

B: De dör alla inom samma allmänna tidsram, men inte nödvändigtvis alla på en gång. Det beror på hur lång tid det tar för dem att arbeta ut den aspekten av karma, av alternativa lösningar till denna en aspekt av karma i dessa olika universum. Det tar vanligtvis ungefär samma tid, men det är inte ett klart avslut eftersom tid inte har någon betydelse på denna sida. Och så finns det ibland vissa avvikelser som det. Men vanligtvis kommer de att dyka upp för det är inte ofta att dessa avvikelser sammanfaller med energibarriärerna som upphäver sig själva ibland.

D: *Då, om du ser någon och får reda på senare att de har dött veckor innan, kanske du ser en alternativ?*

B: Ja. En annan förklaring är att ibland, när en ande har dött för några veckor sedan och de ännu inte har anpassat sig till att vara på det andliga planet, kan deras andliga ekon vara särskilt övertygande, eller särskilt kompatibla med den fysiska vibrationens saker.

D: *Tillräckligt fysiska för att någon skulle kunna röra vid dem och prata med dem? (Ja) Detta skulle också stämma överens med att Jesus gjorde sig synlig nog för att människor skulle kunna röra vid Honom. När Han påstås ha kommit tillbaka efter uppståndelsen.*

397

B: Ja. När Han först kom tillbaka var Han inte helt anpassad till den andliga nivån än. Och det är därför Han sa till de första som ville röra vid Honom, att inte röra vid Honom, eftersom Han ännu inte hade stigit upp till Sin Fader. Men senare, när Thomas ville röra vid Honom, hade Han gjort vissa andra justeringar av Sitt andliga ekon så att Han kunde bli berörd.

D: *Det har alltid varit förvirrande. Om de var döda, hur kunde de vara så fysiska? Det finns också fall av spökhitchhikare, där de faktiskt hoppar in i bilen, och de åker och pratar med folk.*

B: Ja. Och så försvinner de.

D: *Skulle det vara på samma sätt? (Ja)*

Denna barrage av märklig information lämnade mig mentalt utmattad. Jag kände mig som om min hjärna hade vridits och böjts som en pretzel. Ingenting hade någonsin riktigt stört mig så mycket som denna lavin. Jag visste att det skulle ta lång tid, om någonsin, för mig att smälta, sortera ut och förstå det. Kanske kommer andra läsare inte att ha samma svårigheter och det kommer att passa in i deras syn på verkligheten, eller åtminstone vara plausibelt nog för att öppna deras sinne för radikal tankegång.

När Beth vaknade var det enda hon kom ihåg från sessionen en konstig mental bild. Hon ville berätta för mig om den innan den försvann.

B: Föreställ dig elektroniska modeller av atomen, där den visar de olika elektronskal och vägarna för elektronerna som går, "Whirrrrr", runt i alla riktningar. Nu, dessa vägar för elektronerna, istället för att vara elektroniska trådar som de är avbildade, föreställ dig att de istället är silverband. Och föreställ dig detta på den allra elektroniska nivån, dessa silverband ungefär en fjärdedels tum bred, skulle jag säga. Och hela bilden är ungefär sex tum runt. (Hon gjorde handgester för att visa storleken.)

D: *Det skulle vara större än en baseboll.*

B: Ungefär storleken på en bra grapefrukt eller cantaloupe. Och dessa silverband är ungefär en fjärdedels tum breda, som går runt i alla olika riktningar. Rullande och svajande lite och rör sig och ständigt förändras som om det innehöll en explosion av silverband. Det finns inget sätt att räkna dem, det är ett oändligt antal av dem. Det är bilden i mitt sinne.

D: *De är på något sätt sammanflätade eller vad?*

B: Ja, det kommer att finnas en som går så här och en annan som överlappar och en annan som överlappar och en annan som överlappar. (Handgester.) Och de är alla på något sätt sammanflätade och överlappar varandra och korsar varandra. Och skiften mellan dem, och relationerna mellan dem förändras alltid och skiftar och vinklarna förändras och sådant.

D: *Detta kan vara en annan visualisering som de försöker ge mig för att visa hur de olika universerna fungerar. De talade om en duk med alla trådar som flätar ihop.*

B: Ja, jag såg också trådarna göra detta.

D: *Detta måste ha varit bilden i ditt sinne, men de kunde inte riktigt få fram det, så de gav mig idén om en duk eftersom det var enklare att beskriva.*

B: Ja. Kanske behöver vi båda koncepten för att hjälpa till att förklara hur det är.

Information om samma ämne från en annan källa.

D: *Om var och en av oss lever i olika existensplan samtidigt, är detta vad som kallas parallella liv?*

Phil: Det är korrekt. I den meningen att var och en av er, vid denna tidpunkt i era liv, helt enkelt är facetter av ert sanna hela jag. Ni är prickar av medvetande. Ert totala medvetande är långt bortom något ni kan omfatta eller föreställa er på er nivå. Därför är det lätt att se att när ert medvetande växer, när ni breddar er verklighet av den andliga stegen, upptäcker ni att ert medvetande överlappar med andras. Så att på den ultimata nivån är ni faktiskt på Guds plan, där allt är ett. Ert medvetande på er nivå är helt enkelt en utdragen eller fokuserad prick av det totala andliga medvetandet. Så det kan ses att på olika nivåer kommer ert medvetande faktiskt att överlappa med andra, så att slutligen är allt ett. Därför är alla liv slutligen samtidiga.

Den Invecklade Universumet ~ Bok Ett

D: Du sa en gång att vi bara var topparna av våra egna isberg.
P: Det är korrekt.
D: När de förutsagda förändringarna på jorden kommer att ske, hur kommer det att påverka de parallella eller genomträngande universumen?
P: Det kommer att finnas erfarenheter på denna specifika nivå som kommer att upplevas på detta plan. Men erfarenheten som helhet kommer att delas på en mycket djupare nivå. På en rasnivå såväl som på en djupare nivå, den universella nivån. Även nu delas erfarenheter på andra planeter och i andra områden av ert universum av en djupare aspekt av er själva. En längre upp i stegen nivå av er själva. När - och detta är återigen på en individuell nivå - var och en av er upplever den övergången, som var och en måste uppleva till slut, då kommer ni att se att det finns andra på andra plan som har upplevt liknande övergångar. Och de kommer att kunna erbjuda uppmuntran och energi, så att ni kommer att få stöd i de strävanden ni behöver.

Mer information kom fram när Beth besökte Biblioteket på det andliga planet under en session 1986.

B: Det har gått ett tag sedan vi sågs i biblioteket. Kunskapen är här, sprudlande och glänsande och redo att läras. Om frågan råkar befinna sig någon annanstans, kommer jag istället att projicera mig dit. Det är inga problem.
D: En gång frågade jag dig om UFO:n och rymdskepp från yttre rymden. Och då blev du ganska upprörd över mig eftersom jag inte kunde förstå konceptet dimensioner. (Ja) Du sa att dessa skepp kom från många dimensioner, och du sa att jag var ganska okunnig om ämnet. (Skratt) Kan du upplysa mig?
B: (Uppgiven) Jag ska försöka. En svårighet är de planetära influenserna under vilka du föddes. Det får dig att hålla fast vid det du uppfattar som verklighet, vilket ibland framstår på denna nivå som att vara tung eller envis. Det är ibland frustrerande. Jag ska försöka förklara dimensioner för dig. Där du är, på vägen i det

liv du lever vid denna tidpunkt i din utveckling, uppfattar du tre dimensioner visuellt. Det är höjd, bredd och djup. Och dina forskare antar att den fjärde dimensionen är tid, för att fylla utrymmet av resten av objektet som du vet finns där, men som du inte kan se direkt, eftersom ljus reser i en rak linje på din existensnivå. Av bekvämlighet har era vise män märkt dessa dimensioner: den första, andra, tredje och fjärde dimensionen, och antagit att det är allt som finns. Utifrån deras begränsade förståelse av universums natur och deras begränsade förståelse av den matematik som är involverad, är detta tillräckligt för att arbeta ut sina ekvationer. Men det finns många olika sätt att uppfatta verkligheten, många olika sätt att uppleva "vad som är". Och var och en av dessa olika sätt innehåller och involverar olika dimensioner. Dessa olika dimensioner är inte nödvändigtvis längd, bredd, djup och tid. Dessa etiketter gäller bara fyra dimensioner när det egentligen finns många dimensioner. Förstår du så här långt? (Ja) De olika kombinationerna av dessa olika dimensioner innehåller olika grenar av mega-universumet som jag har beskrivit för dig tidigare. Kommer du ihåg universumet och hur det alltid grenar sig och delar sig och väver ihop sig på grund av tidens natur?

D: Ja. Och de parallella universumen väver alla ihop sig?

B: Exakt. Dessa parallella universum involverar inte bara de samma dimensionerna som du är bekant med, utan även andra parallella universum som involverar alla andra dimensioner som du inte har något sätt att uppfatta. Dessa andra universum innehåller också intelligent liv, högre livsformer som också arbetar genom karmacykeln. Varelserna i några av dessa universum är mycket mer avancerade än vad du är, andligt, mentalt och intellektuellt. Följaktligen har många av dem upptäckt ett sätt att resa från sitt universum till ditt universum genom att använda vissa underbara enheter för att ändra de dimensioner de uppfattar. Och genom att ändra de dimensioner de uppfattar till de dimensioner du uppfattar, hamnar de automatiskt i ditt universum. Det är svårt att förklara. Följaktligen är det därför de sägs komma från olika dimensioner. Eftersom deras universum ockuperar samma utrymme, så att säga, som ditt universum, med en annan uppsättning dimensioner så att inget krockar. För att dra en analogi i din värld: I ett område en dimmig dag, är det som att ha en bit gasväv hängande i dimman med lite dagg på gasväven och lite dimma i dimman. Nu ockuperar gasväven, daggen, dimman och dimman alla samma utrymme, men de är fortfarande separata från varandra. Så här är det med de olika dimensionerna. Din uppsättning dimensioner kan vara gasväven, till exempel. En väsendes uppsättning dimensioner kan vara dimman, och dimman är överallt i gasväven och i gasväven, men den kolliderar inte med gasväven. Och allt detta väsen kan uppfatta är dimman. Därför är den inte medveten om gasväven och kolliderar inte med den. Medan du, allt du är medveten om är gasväven och fibrerna som utgör gasväven. Du är inte medveten om dimman som finns runt och genom gasväven och omger varje fiber av gasväven. Och du är inte medveten om daggen som har kondenserat på gasväven, för den är utanför din perception. Förstår du?

D: *Det är svårt. Forskare i vår tid tror att dessa UFO:n kommer från fysisk rymd som vi känner den.*

B: De kommer från fysisk rymd, men inte som du känner den. De ändrar sin perception av verkligheten för att överensstämma med din perception av verkligheten, vilket gör att de framstår i rymden som du känner den. Ett sätt de kan uppnå de fantastiska hastigheter de använder för att resa är genom att delvis uppfatta båda universumen, så de kan kondensera avståndet mellan punkterna. Vilket jag vet låter helt förvirrande, men det är det enda sättet det kan förklaras på ditt språk. När jag ser de så kallade "visuella" representationerna av det i detta bibliotek, är koncepten som involveras mycket eleganta och enkla, som de flesta stora koncept som är de grundläggande byggstenarna i universum. Men när jag försöker förklara dem i ord, låter de mycket mer komplicerade än de verkligen är. För jag försöker förklara vad som inte är, såväl som vad som är, så jag kommer att ge en korrekt mental bild.

D: *Jag förstår. Men utredarna tänker på UFO:n som kommer från olika planeter. Jag vet inte om de kan förstå detta koncept.*

B: De behöver vara mycket tydliga på detta ämne om de olika dimensionerna. Jag har bara använt etiketterna för de fyra dimensioner som ni har. De tre som ni uppfattar visuellt är allt ni kan uppfatta med era fem sinnen. Ni har helt enkelt inga koncept

någonstans i era hjärnor eller ert språk för att hantera andra
dimensioner. Därför har jag inte gett dem några etiketter. Men jag
kommer att säga detta för att hjälpa till med förståelsen. Det som
ni anser vara en del av dimensionen som kallas "tid", omfattar
faktiskt flera dimensioner. Er värld och universum innehåller inte
bara fyra dimensioner. Det består av många fler dimensioner än
så, men de andra sammanförs under etiketten som ni kallar "tid".
Det är därför märkliga saker ofta händer som är oförklarliga, på
grund av dessa olika dimensioners interaktion med varandra, som
ni uppfattar som en dimension. Därför är det ibland konfliktfyllt,
nonsens och förvirrande för er. De olika naturerna av dessa olika
dimensioner som ni kallar "tid" är dessa extra dimensioner. Ni är
kapabla att uppfatta dem, men era forskare försöker rationalisera
bort dem. Men er kropp är utrustad för att uppfatta dem, och det
är denna uppfattning av dessa andra dimensioner som ger upphov
till det ni har märkt som "psykiska krafter". Dessa psykologiska
krafter är inget extraordinärt. De är i linje med er förmåga att
uppfatta djup, längd, bredd. Dessa psykologiska krafter är ert
"tuning in" till dessa andra dimensioner som ni har lumpat ihop
under begreppet tid.

D: *Detta är ett ämne som troligen kan pågå ett tag.*

B: Det kan det. Under flera sessioner. Flera av dina band.

D: *Huvudsaken är att jag kan skriva ner det, och låta dem som kan förstå det, förstå det, även om jag inte kan greppa allt.*

B: De som är högre utbildade kan ha svårare att förstå eftersom de är mer fasta i sina idéer.

Information från Phil under en session 1996 i Hollywood där han
bodde vid den tiden. Jag hade försökt träffa honom under ganska lång
tid, men mitt reserutiner tillät det inte. Mitt huvudfokus i denna
session var att knyta ihop några lösa trådar och hitta saknade bitar som
jag kunde använda i denna bok. Det tog många år av att samla in små
och stora delar från olika människor över hela världen för att få fram
dessa koncept och klargöra dem, så gott vi kan med vår förståelse.

Phil kom till mitt hotell efter att han slutat jobbet. Efter att vi hade pratat om de senaste månaderna började vi sessionen. När han slappnade av på sängen började han tala innan jag gav honom hans nyckelord. Jag behövde inte använda vår vanliga procedur. Han började innan jag ens hade satt på bandspelaren. Detta hände bara en gång tidigare, i de tidiga dagarna av vårt arbete när vi arbetade med berättelsen om befruktningen av jorden.

P: Du är en registerhållare, och det finns nu de som skulle underlätta detta arbete. Du kan ställa de frågor som du uppfattar som dina frågor.

D: Jag ville att de skulle vara närvarande som kan ge information i analogier, om möjligt, för att göra det lättare för den genomsnittliga personen att förstå.

P: Det är korrekt. Det har, som du själv har noterat tidigare, alltid varit vårt kännetecken. Att använda dina förenklade symboler för att förmedla de abstrakta koncept som vi skulle förmedla till dig. Vi tycker att det kanske är lättare för det mänskliga sinnet att visualisera det som är bekant, istället för att försöka konceptualisera det som är abstrakt. Det är nödvändigt, på grund av den unika strukturen i ditt mänskliga sinne – och vi vill klargöra här, inte säga hjärnan, utan snarare sinnet självt. De mentala processerna som är inneboende i din mänskliga existens är inte konventionella. De är något modifierade från den accepterade normen av vad vi skulle kalla den "universella verkligheten".

D: Jag är involverad i ett projekt, och jag försöker förstå många mycket komplicerade koncept. Kan du förklara konceptet av simultantid?

P: Vi ser att verkligheten är något missrepresenterad i er konventionella visdom som ert mänskliga sinne söker definiera. Detta är både ett hinder och en hjälp i er önskan att förstå. Vi skulle be dig att föreställa dig en skiva som ligger på sin plana yta, så att toppen av denna skiva är synlig för dig.

D: Tittar ner på den?

P: Det stämmer. Inskriv en punkt på ett avstånd från centrum av denna skiva, längs en radie av en linje från centrum till omkretsen eller den yttre kanten av denna skiva. Rotera sedan denna skiva och notera att vägen som den inskrivna punkten färdas verkar fortsätta oändligt i en riktning. Vi skulle beskriva detta som oändlighet. I den bemärkelsen att den uppfattade riktningen aldrig har förändrats, och slutet har aldrig mötts. Du har aldrig mött dig själv på denna väg. Därför, för observatören som är placerad på denna punkt, finns det inget slut eller ingen början. Det finns helt enkelt rörelse i en uppfattad framåtriktning. Förstå sedan att denna perception beror enbart på att du är på din resas plan. Om du skulle ta bort dig själv från denna plan, eller ta perspektivet av den som tittar ner på skivan, i motsats till den som är på skivan, skulle denna perception bli uppenbar. Den uppenbara diskrepansen är att det faktiskt finns en början och ett slut. Varje position på den skivan kan användas som en referens, eller början eller slut. Det är helt enkelt inte uppenbart från den positionen på skivan. När man tar bort sig själv från den uppenbara verklighetens plan, manifesteras den sanna verkligheten.

D: *Då, den som är på skivan, skulle det vara det sätt vi uppfattar det?*
P: Det är hur det uppfattas, inte att du uppfattar det.
D: *För vi uppfattar det som att det fortskrider i en linjär riktning.*
P: Det är korrekt. Uppfattningen kommer helt enkelt från en synvinkel, och inte från en verklighet. Vi upptäcker att många på ert plan söker definiera sin verklighet utifrån sin synvinkel. Det finns bredare verkligheter som går obemärkta, helt enkelt för att människor vägrar att ändra sin synvinkel. Vilket är något som inte är möjligt för någon som utmanar förmågan att göra det.
D: *Jag tror att en av svårigheterna vi har med att försöka förstå simultantid är idén att istället för att avancera i en linjär riktning, så sker allt faktiskt samtidigt. Det är så vi definierar simultantid.*
P: Själva konceptet är något oexakt. Er definition av hända är, i sig självt, inte riktigt kapabel att förstå verkligheten av existens. När vi säger "hända", är själva idén om att hända definierande. Att hända är just nu, i motsats till att existera, vilket är odefinierat. Perceptionen av att hända är återigen något begränsande, i och med att ordet "hända" måste ha både en början och ett slut. Den allra definitionen av "hända" indikerar början av någon händelse och slutet av någon händelse. Därför skulle vi be dig att släppa både dessa början- och slutpunkter. Och helt enkelt inse att det som finns. Därför existerar allt samtidigt, istället för att allt händer samtidigt.

D: *En av svårigheterna jag har med detta är att i vår verklighet som vi uppfattar det, växer man från en bebis till ett barn till en vuxen. Och det är linjärt. Om allt existerar samtidigt, hur kan det definieras?*

P: Det finns många olika scenarier i ditt liv, som du medvetet uppfattar på ett enskilt sätt. Och här hänvisar vi till vårt andra uttalande, att dina mentala processer är något modifierade från de allmänt accepterade universella verkligheterna. Ditt mentala processande definierar det som du uppfattar. Det tillåter bara en mycket liten del av verkligheten vid varje given tidpunkt. Det finns de som kan se ett mycket bredare spektrum av existens, utan dessa begränsande faktorer, varken början eller slut, utan total existens. Vi talar här om många som är av mycket högre och avancerade medvetandenivåer. Men det är möjligt för de som är på ert plan att förstå detta och till och med uppleva det på något sätt eller grad som de öppnar sitt sinne, så att säga, för att släppa barriärerna av början och slut. Universum existerar. Det börjar inte och det slutar inte. Det existerar helt enkelt.

D: *Men i vår verklighet ser vi oss själva börja som en bebis och kroppen växer och förändras. Strider det inte mot idén om att allt händer på en gång?*

P: Födelserfarenheten är mycket analog med de mentala koncepten eller mentala funktionerna i din erfarenhet. Det finns en definierad början och ett definierat slut, en födelse och en död. Och ditt liv definieras av alla de punkter som faller mellan de två gränserna. Om du skulle ta bort dig själv från denna definierade uppsättning av perimeter och se på din totala existens, skulle du se att födelsen och döden "bänkmärken" helt enkelt är definitioner och inte verkligheter. Din själ existerar både inom och utanför de "bänkmärken" du beskriver som födelse och död. Du tar därför ett högre eller bredare perspektiv och ser att du existerar oavsett om du är levande eller inte.

D: *Ja, detta är saker jag kan förstå. Jag kan bara inte sätta det inom ramarna för simultantid där allt skulle ske på en gång.*

P: Existensen av termer som "hända" eller "början och slut" är något definierande, i och med att de får dig att tänka i dessa termer. Vi skulle be dig att använda andra termer, såsom "existens", som inte är definierande i början eller slut, utan helt enkelt relaterar till verklighetens existens. Verkligheten existerar. Den börjar inte, och den slutar inte. Din definition av simultantid är helt enkelt ett försök att se på hela bilden i ett tvådimensionellt begrepp, vilket är något förvirrande, i och med att det faktiskt finns detta koncept men inte i dina termer.

D: Vi måste hantera de termer som vårt sinne förstår på engelska. Okej. Låt oss gå vidare till en annan. Jag försöker förstå konceptet av parallella liv, till och med parallella universum. Kanske är det två helt olika saker, men låt oss börja med parallella liv. De säger att dessa är liv vi upplever samtidigt. Och därigenom dyker konceptet av tid upp. Men de är i olika tidsperioder och kan till och med överlappa.

P: Detta är faktiskt ett liknande koncept, i och med att parallell tid och parallella universum verkligen är den simultana tid och universum som vi talade om tidigare. Det handlar helt enkelt om att fokusera din uppmärksamhet på en särskild aspekt av det som är summan av alla dina erfarenheter. Vi skulle återigen hänvisa till analogin av cirkeln, där varje punkt som definieras på cirkeln kan vara antingen en början eller ett slut. Den är inte definierad av sin karaktär som den ena eller den andra. Den är helt enkelt där. Förstå sedan att alla punkter på den cirkeln existerar samtidigt på den cirkeln. De är varken början eller slut, i och för sig själva, utan endast genom definition. De är inte, i och för sig själva, en punkt. De är helt enkelt en definition.

D: Vi tror att vi går in i en kropp som en ande och upplever det livet. Men om vi också existerar och lever ett annat liv som är parallellt med det, hur kan det definieras? Jag tänker på en själ som går in i en kropp vid en specifik tid.

P: Din verklighet, du, din personliga verklighet, kan definieras som en cirkel. Du, i ditt medvetna tillstånd, kan bara förstå den punkt eller segment som ditt sinne är kapabelt att uppfatta. Din medvetenhet är endast kapabel att uppfatta det som ligger direkt framför dig. Det är inte så att du inte kan se bortom din egen näsa, men vi skulle använda den analogin i meningen av en övergripande bild. Allt som du är och allt som du har varit och allt som du kommer att vara, ligger på den cirkeln. Men din perception av det är helt enkelt det som är tillräckligt litet för ditt medvetna sinne att uppfatta. Du är, på högre plan, medveten om den totala summan

407

av din existens. Men ditt medvetna sinne, på den plan från vilken du talar, är endast kapabelt till det som är mest omedelbart för ditt medvetna sinne.

D: Jag fick precis en tanke. Varje gång jag gör hypnos och jag tar personen till andra liv, är det ett sätt att förändra fokus? Som att byta kanaler på en TV-apparat.

P: Det är helt rätt. Det är verkligen samma person eller energi. Medvetandet är helt enkelt riktat framåt eller bakåt längs denna cirkel. Detta väsen existerar. Det börjar inte, det slutar inte. Det existerar helt enkelt. Du ändrar bara ditt fokus eller perspektiv från en del av den existensen till en annan. Det finns inget avbrott i existensen. Den är kontinuerlig och oändlig i båda riktningar. Men du kan avancera din perception för att passa det du söker. Den kunskap du söker kommer att finnas på någon annan del av den cirkeln.

D: Då är det som att det omedvetna har kunskapen, summan av alla liv.

P: Det omedvetna är summan av alla dessa liv. Det är själva cirkeln. Det medvetna rör sig helt enkelt till den del av cirkeln där du söker information. Och relaterar sedan det som finns i den delen av cirkeln. Vi skulle klargöra, som i din fråga, att i fall av mentala avvikelser eller sjukdomar där perceptionen är förvrängd, skulle en flytt till en annan del av cirkeln orsaka en förvrängning i perceptionen. Vi talar här med antagandet att verkligheterna presenteras som de verkligen är, och inte genom en förvrängd lins av falska intryck. För det är verkligen möjligt. Linsen eller det medvetna sinnet måste vara klart och odefinierat, så att informationen från de olika punkterna på denna cirkel presenteras och... Vi finner här en svårighet i att översätta ordet, för att antyda att perceptionen av den informationen är korrekt.

D: Då låter det som om vårt koncept av det omedvetna verkligen är felaktigt. Är det omedvetna mest nära besläktat med själen eller anden?

P: Det finns faktiskt ingen skillnad. Själ och ande är identiska. Det omedvetna, i din definition, är helt enkelt intelligensen eller medvetenheten av den själen. I din definition är medvetenheten av din själ definierad som det omedvetna. Faktum är att din själ är din medvetenhet. Det är en av hindren för att lära sig universums verkligheter. Att din medvetenhet är din verklighet. Det är inte så att du uppfattar universum genom din medvetenhet, verkligheten är din medvetenhet. Du är vad du tänker. Det är din sanna verklighet.

D: *Vi tror att det omedvetna är som en registerhållare, en beskyddare av kroppens system, och förblir objektiv på det sättet. Det är som en beskyddare av kroppen. Men jag antar att jag inte har korrelerat det med att vara den faktiska själen eller anden.*

P: Existensen av din medvetenhet validerar faktum att du är. Du tänker, därför är du. Och ändå är du, och ändå vet du det inte. Därför tänker du, därför är du inte.

D: *Ofta när jag kontaktar det omedvetna direkt och ber det om information om kroppen, verkar det vara väldigt objektivt och avskilt.*

P: De känslomässiga aspekterna av att leva i en miljö som du befinner dig i kräver att det finns någon form av gränssnitt, för att kunna fungera med de strömmar av verkligheter som snurrar runt dig. Dessa känslor möjliggör upptaget av information från det som bearbetas runt omkring dig, så att det kan assimileras in i din själs existens. För att översätta de existensformer som finns runt dig till ett sätt som kan uppfattas av ditt medvetande.

D: *Jag tror att det gör det lite lättare. En annan fråga i samma linje. Kan du ge mig en beskrivning eller definition av andra dimensioner som existerar i nära närhet till oss, även om de är osynliga för oss?*

P: Det finns många dimensioner som omger ditt definierade område av verklighet. Vi skulle be dig att välja det som du uppfattar som mest relevant och definiera det i termer som du kan förstå. Det finns faktiskt många dimensioner, både ovanför och under din uppfattningsdjup. Men det betyder inte att den ena eller den andra är större eller mindre än.

D: *De säger att det finns många dimensioner som existerar mycket nära oss, men som är osynliga för oss, och som ändå är mycket lik våra. Har det någon mening?*

P: De är tillgängliga för dig, men kanske inte uppenbara för dig. Det finns många aspekter av dessa andra dimensioner som överlappar från en dimension till en annan. Och ändå finns det många fler aspekter som är unika för den specifika dimensionen. Det finns

409

Den Invecklade Universumet ~ Bok Ett

tider när dina känslomässiga tillstånd får ditt sinne att expandera, bredda och förstärka din perception av världen runt dig. Till exempel, många människor upptäcker att när de ser en särskild solnedgång vid en viss tidpunkt i sitt liv, eller kanske vid en viss tid på dagen eller året, ger dem en känsla av medvetenhet som inte är vanlig i deras liv. En enhet med naturen som är ovanlig. Eller kanske, i språket hos dem som söker dessa upplevelser, att bli ett med naturen. De har stämt av sitt medvetande till den specifika tråd som går gemensam för alla dessa universum. Därför känner de hur deras existens andas ut till den punkt där de känner att de befinner sig i många andra dimensioner på en gång. Och det gör de verkligen. De är medvetna om det.

D: Då verkar det som att det handlar om samma koncept där vårt fokus ligger. De andra dimensionerna finns där, men vi kan inte uppfatta dem på grund av vårt fokus.

P: Det stämmer.

D: Då verkar det som om de tre ämnena hänger ihop.

P: Det stämmer. Den allmänna omfattningen av denna konversation handlar mer om perception snarare än verklighet. Universums verkligheter finns där för alla att uppfatta. Men den individuella tillväxten och förståelsen hos den person som försöker förstå det vid ett givet tillfälle, kommer att avgöra till vilken djup eller bredd eller höjd de kommer att kunna uppfatta dessa andra verkligheter.

D: Då när de pratar om att höja vårt medvetande, betyder det att vi blir mer medvetna om dessa andra verkligheter?

P: Det stämmer.

Diskussion vid ett av gruppmötena på 1980-talet.

Q: Ibland tänker vi på att ha olika aspekter av oss själva, som mycket möjligt kan leva här på jorden samtidigt som vi gör det. Hur ofta är detta sant?

Phil: Mitt omedelbara svar var, mycket ofta. Mycket oftare än vi är medvetna om. Faktum är att ju fler tankepresentationer vi skickar ut i dessa områden, desto mer "energi" ger vi den kapaciteten.

Men våra aspekter har ett liv av sitt eget. De existerar, och för det mesta är de inte medvetna om sina andra aspekter. Oss och andra.

Under en annan session med Phil 1999.

D: Jag har samlat information om olika dimensioner, och jag ville expandera på det. Jag vet, på mitt begränsade sätt, att de andra dimensionerna som omger vår planet är fysiska världar, med fysiska människor som lever på dem. Men de vibrerar i olika hastigheter och är osynliga för oss. Kan du ge mig mer information om det?

Phil: Det finns en viss cirkulär verklighet i det att det inte finns någon känsla av begränsning i den sanna verkligheten. Det finns många nyanser av verklighet som uttrycks på olika sätt. Men att säga att en dimension är fysisk, i motsats till spirituell, är något missvisande. Konceptet verkar förstås som att det fysiska är annorlunda än det spirituella. Det är helt enkelt så att det som du kallar "fysiskt" har vissa egenskaper, som är något separata eller olika från det som du kallar "spirituellt". Men de är en och samma. Det handlar helt enkelt om att det finns vissa skillnader som särskiljer den ena från den andra. Om du skulle definiera den sanna verkligheten av grönt vatten i motsats till blått vatten, skulle du kunna säga att grönt vatten verkligen inte är samma som blått vatten. Men det är uppenbart att den verkliga beståndsdelen av var och en, som är vatten, är helt identisk. Det finns helt enkelt skillnader mellan de två som särskiljer dem. Så skulle du kunna säga att blått vatten verkligen är annorlunda än grönt vatten?

D: Jag har hört att det finns andra varelser som lever i dessa andra dimensioner. De är osynliga för oss, men de lever i vad de anser vara en fysisk värld.

P: Det stämmer. Det är som radiovågorna i din luft som alla existerar samtidigt, och alla innehåller olika information, olika verkligheter, men som ändå kan existera i samma rum samtidigt. Det handlar helt enkelt om en skillnad i frekvens. Det finns ingen

störning förrän frekvenserna försöker dela samma frekvens vid
samma tid.
D: *Detta orsakar vad vi kallar "statisk" eller överlappning?*
P: Ja. Problem.
D: *Sker detta med dimensioner?*
P: Ibland. Men lyckligtvis, i den stora planen finns det skyddsåtgärder
som förhindrar detta. Men det är möjligt med en occasional
överlappning.
D: *Vad skulle hända om det inträffade?*
P: Varelser från olika dimensioner skulle kunna interagera och bli
medvetna om varandra genom sina egna sensoriska perceptioner.
De sinnen som du kallar dina "fem sinnen" är instrument som är
stämda till frekvenserna på din nivå av existens. De varelser som
bebor andra existensnivåer har sensoriska organ som är stämda till
deras egna specifika frekvenser av existens. Om, av någon
anledning, dessa medvetandenivåer skulle överlappa eller dela
samma frekvens, skulle då de sensoriska elementen av varje vara
stämda till samma frekvens. Och varelserna på varje plan skulle
vara medvetna om varandra.
D: *Skulle de veta att något ovanligt hade hänt?*
P: Kanske, men inte nödvändigtvis. Det finns mellan dimensionerna
små förändringar. Mellan successiva dimensioner blir de större
förändringarna mer uppenbara. Så att varelser från flera
dimensioner bortom skulle, om de kunde förstå att de såg, inse att
det faktiskt finns något mycket märkligt som händer. Men
eftersom förändringarna är så subtila mellan dimensionerna, är
varje successiv dimension något annorlunda än den nästa. Det kan
möjligtvis vara så att man inte, åtminstone inledningsvis, skulle
vara medveten om att de befann sig i en annan dimension.
D: *Men det är möjligt att gå fram och tillbaka.*
P: Det stämmer.
D: *Vi har hört att det ibland finns fönster som gör det lättare att gå från en dimension till en annan. Är detta sant?*
P: Det finns öppningar som är användbara för att möjliggöra för
varelser, som har kunskapen och medvetenheten, att kunna
manifestera detta så kallade "fönster". Men det finns inget i er
terminologi, en viss plats som kan definieras som ett existerande
fenomen, i och för sig själv, som är statiskt, som ni kan få tillgång

till när som helst genom att helt enkelt gå fram till det. Energi kan manipuleras så att ett fönster kan genereras. Men det är inte ett naturligt förekommande fenomen. Det fanns, som ni vet, ett experiment som gjordes av er flotta som vanligtvis kallas "Philadelphia-experimentet". Detta är ett exempel på ett experiment med dessa "fönster". Det finns de varelser som är spirituellt kapabla att passera från en dimension till en annan. Ditt bästa exempel kanske skulle vara Jesus, som kunde få tillgång till många olika nivåer. Efter hans uppstigning kunde han medvetet återvända till er plan och visa sig. Även om han kanske inte var av er plan, kunde han komma till er plan.

D: *Menade du att regeringen fann ett sätt att öppna fönstret för att gå fram och tillbaka med Philadelphia-experimentet? Eller skapade de ett fönster?*

P: Vi skulle säga att ett fönster öppnades. Men förmågan att komma tillbaka var inte riktigt lika finesserad som förmågan att öppna det. Det fanns katastrofala resultat på grund av oförmågan att korrekt manipulera detta fenomen. Det är ett naturligt – i universell mening – tillstånd. Dessa plan är helt enkelt naturliga och vanliga. Men det är er nivå av förståelse vid denna tidpunkt som gör dem eller detta koncept något övernaturligt. Inget kan vara längre från sanningen. Det är grunden för verkligheten, i universell mening.

D: *Men regeringen fann ett sätt att göra detta.*

P: Det finns de som arbetar med att manipulera dessa energier. Det finns några som har lyckats mer eller mindre. Men på grund av bristen på spirituell medvetenhet, som är nödvändig, finns det hittills kanske en mest grov grundläggande förståelse av detta fenomen.

D: *Pågår experimenten fortfarande?*

P: Det stämmer. Det är möjligt vid denna tidpunkt att transportera energi eller materia genom dimensionerna. Men de spirituella verkligheter som möjliggör att detta fenomen inträffar är ännu inte förstådda. Grunden för förståelsen hittills har varit teknologisk. Den spirituella komponenten har inte förståtts. Det har förekommit experiment som har misslyckats. Och deltagarna var något i sämre skick efteråt än innan. Deras själ eller ande har förmågan, eller kanske resurserna, att hela dessa offer för dessa experiment när de har passerat genom den dimensionella planen

413

till det som ni kallar "den spirituella" planen. Det har förekommit fall där individer var helt förlorade i en annan dimension och var, i essensen, fast i en annan dimension.

D: *Hur kunde de vara fast om själen kan gå vart den vill och göra vad den vill?*

P: Det handlar om de fysiska komponenterna som vi talar om. Det finns fall av den fysiska kroppen som helt transporteras till en annan dimension med själen intakt.

D: *Det är vad du menar. Det fysiska var fast i en annan dimension och kunde inte komma tillbaka.*

P: Det stämmer. Din förståelse är tillräcklig för att vi ska kunna se det som du beskriver. Och ja, det är sant att de ibland överlappar. Men vid denna tidpunkt är det inte teknologiskt genomförbart för någon på er plan att försöka detta regelbundet. Det är faktiskt ett av de sätt på vilka de som ni kallar "aliens" kan manövrera genom stora avstånd. Det handlar helt enkelt om att gå mellan dimensionerna och hitta de portar som existerar i deras naturligt förekommande tillstånd. Vi vill här definiera skillnaden mellan det som vi beskrev som ett fönster och det som vi beskriver som en portal.

D: *Ja, jag skulle vilja veta skillnaden.*

P: I den kontext i vilken vi talade tidigare, var ett fönster en enhet som tillät en att helt enkelt passera från en existensplan till en annan. Detta är inte en naturligt förekommande enhet. En portal, å sin sida, är ett naturligt förekommande fenomen likt en tunnel, där det ni skulle kalla "avstånd" på en särskild plan kan överskridas. Man skulle kunna resa långa avstånd genom att gå genom dessa portar. Men dessa portar finns på samma plan. De överskrider inte de separata verkligheternas plan. När man har kommit fram till destinationen på den specifika planen, är det nödvändigt att konvertera till den plan som man önskar ankomma till.

D: *Det är den del jag har förvirring med. Detta är annorlunda än andra dimensioner, detta är på samma plan.*

P: Portaler finns på samma plan. De transcenderar inte plan. Det finns portar inom planerna själva, men portarna sträcker sig inte över planerna.

D: *Och detta är annorlunda än att gå mellan dimensioner.*

P: Det stämmer.

Den Invecklade Universumet ~ Bok Ett

D: *Jag är fortfarande lite förvirrad om det. Om vi tänker på samma existensplan, skulle då utomjordingarna komma från en fysisk stjärna eller del av galaxen som finns därute nu. Men istället för att åka med ljusets hastighet eller vad som helst, skulle de bara hitta en portal?*

P: Det stämmer.

D: *Så de är på denna fysiska verklighetsplan, snarare än i en annan dimension. De har helt enkelt funnit dessa dörrar så att de kan gå fram och tillbaka snabbare.*

P: Det stämmer.

D: *Allt detta är förvirrande för mig, men jag fick just en idé. Att använda planeten Venus som exempel, i "vår" dimension verkar det som om det inte finns något liv där. Skulle det kunna vara möjligt att i en "alternativ" verklighet eller en annan dimension, skulle det kunna finnas människor som lever där?*

P: På den nivå där du upplever verkligheten, skulle det inte finnas. Men i högre dimensioner finns det faktiskt många livsformer på många av planeterna som helt enkelt är på en annan uttrycksnivå. Det skulle helt enkelt vara så att uttrycket, som det manifesterar sig på din nivå, inte förmedlar eller uttrycker essensen av det ni skulle kalla "reformer". Det finns på de lägre nivåerna av det uttrycket helt enkelt gas och berg. Men mycket som ett isberg anses bara vara delvis synligt, är det känt att hela uttrycket av isberget inte är synligt. Den nivå där du ser verkligheten på Venus är helt enkelt en del av det som ligger under ytan, så att säga. Det finns delar av det totala uttrycket som är osynliga för dig eftersom dina uppfattningar inte kan förstå verkligheten av de högre existensnivåerna.

D: *Så i en alternativ verklighet, en annan parallell värld, så att säga, skulle det kunna finnas en fysisk ras som lever där?*

P: Det stämmer. Och i meningen av vår isbergsanalogi skulle vi inkludera isberget att transcendera existensplaner.

När Phil vaknade diskuterade han den del av sessionen som han mindes.

P: Det viktigaste jag fick var att det finns en skillnad mellan dimensionerna. Men att det inom en dimension finns nivåer av medvetenhet även inom en dimension. Till exempel finns det saker som vi inte är medvetna om i denna dimension, än mindre i de andra dimensionerna. Det är som ljusspektrumet som är ett och samma ljus i denna dimension, och vi kanske bara är medvetna om vissa delar av spektrumet. Vår medvetenhet är begränsad till en mycket liten del av denna dimension. Vi är inte helt medvetna om alla element i denna dimension, och än mindre i de andra dimensionerna. Så konceptet av portar är inom en dimension. Du kan resa stora avstånd inom denna dimension, men det finns inga portar från denna dimension till nästa. Men det finns grader av ... det är nästan som att det finns dimensioner inom dimensioner. Det finns nivåer inom denna dimension som förändras tillräckligt mycket för att de skulle vara olika från de andra nivåerna inom denna dimension.

D: Lite som att läsa en oktav. Varje ton skulle vara en dimension, men det är fortfarande säkert inom en oktav. (Ja) Jag uppskattade verkligen att du förklarade om portarna i motsats till fönstren.

P: Vattnet verkade vara det enklaste sättet att förklara hur vi tänker på det spirituella och det fysiska. Det är i grund och botten samma verklighet, bara i en annan form.

Vi var alla överens om att vi växer och expanderar till den grad att vi nu kan hantera och förstå komplicerad information som vi aldrig skulle ha kunnat förstå i början av vårt arbete.

ARTIKEL SOM PUBLICERADES I DAILY TELEGRAPH,
London den 11 oktober 1995

VÄLKOMMEN TILL NÄSTA VÄRLD
Av Dr. Michio Kaku

Einsteins gravitationsteori, som ger oss Big Bang-teorin och svarta hål, har genomgått det mest stringenta testet hittills och klarat det med glans. I den senaste utgåvan av Physics Today meddelade astronomer från Harvard, MIT och Haystack Observatory stolt att de

Den Invecklade Universumet ~ Bok Ett

hade bekräftat Einsteins teori med en imponerande noggrannhet på 0,04 procent genom att mäta böjningen av radiovågor från quasar 3C279 nära kanten av det synliga universum. Men det finns en viss ironi i detta meddelande. Varje framgång belyser bara ett gapande tomrum. Även när forskare hyllar alltmer exakta tester av Einsteins teori om förvrängd rum, visste Einstein själv att hans teori bröt samman vid tidpunkten för Big Bang. Teorin hade lera fötter.

Relativitet var värdelös, insåg han, när det kom till att besvara den mest pinsamma kosmiska frågan inom hela vetenskapen: Vad hände innan Big Bang? Fråga vilken kosmolog som helst denna fråga, och de kommer att kasta upp sina händer, rulla med ögonen och beklaga: "Detta kan vara för alltid bortom vetenskapens räckvidd. Vi vet helt enkelt inte."

Tills nu, vill säga. En anmärkningsvärd enighet har nyligen utvecklats kring vad som kallas "kvantkosmologi", där forskare tror att en sammanslagning av kvantteori och Einsteins relativitet kan lösa dessa kluriga teologiska frågor. Teoretiska fysiker rusar in där änglarna är rädda för att beträda.

I synnerhet framträder en tilltalande men chockerande ny bild inom kvantkosmologi som kan syntetisera några av de stora skapelsemytologierna. Det finns två dominerande religiösa mytologier. Enligt den judisk-kristna tron hade universum en bestämd början. Detta är Genesis-hypotesen, där universum kläcks från ett kosmiskt ägg. Enligt den hindu-buddhistiska tron på Nirvana är dock universum tidlöst; det hade varken början eller slut.

Kvantkosmologi föreslår en vacker syntes av dessa till synes fientliga synsätt. I början var det Ingenting. Ingen plats, inget materie eller energi. Men enligt kvantprincipen var även Ingenting instabilt. Ingenting började att sönderdelas; det började "koka" med miljarder små bubblor som bildades och expanderade snabbt. Varje bubbla blev ett expanderande universum.

Om detta är sant, då är vårt universum faktiskt en del av en mycket större "multiversum" av parallella universum, som verkligen är tidlöst, likt Nirvana. Som Steve Weinberg, den Nobelprisbelönade fysikern, har sagt: "En viktig implikation är att det inte fanns en början; att det fanns allt större Big Bangs, så att (multiversum) fortsätter för alltid - man behöver inte kämpa med frågan om vad som

Den Invecklade Universumet ~ Bok Ett

var innan Bang. (Multiversum) har helt enkelt alltid funnits här. Jag finner det som en mycket tillfredsställande bild."

Universum kan bokstavligen uppstå som en kvantfluktuation av Ingenting. Detta beror på att den positiva energin i materien balanseras mot den negativa energin av gravitation, så den totala energin av en bubbla är noll. Således krävs ingen nettEnergi för att skapa ett nytt universum.

Alan Guth, upphovsmannen till inflations-teorin, har en gång sagt: "Det sägs ofta att det inte finns någon gratis lunch. Men själva universum kan vara en gratis lunch." Och Andre Linde från Stanford har sagt: "Om mina kollegor och jag har rätt, kan vi snart säga adjö till idén att vårt universum var en enda eldboll som skapades i Big Bang."

Även om denna bild är tilltalande, väcker den också fler frågor. Kan liv existera i dessa parallella universum? Cambridge-kosmologen Stephen Hawking är tveksam: han anser att vårt universum kan samexistera med andra universum, men att vårt universum är speciellt. Sannolikheten för att bilda dessa andra bubblor är ytterst liten.

Å andra sidan tror Weinberg att de flesta av dessa parallella universum troligen är döda. För att ha stabila DNA-molekyler måste protonen vara stabil i minst tre miljarder år. I dessa döda universum kan protonerna ha sönderdelats i ett hav av elektroner och neutroner.

Vårt universum kan vara en av de få som är förenliga med liv. Detta skulle i själva verket besvara den uråldriga frågan om varför de fysiska konstanterna i universum ligger inom ett smalt intervall som är förenligt med livets bildande. Om laddningen av elektronen, gravitationskonstanten osv. skulle förändras något, skulle livet ha varit omöjligt. Detta kallas den antropiska principen. Som Freeman Dyson från Princeton sa: "Det är som om universum visste att vi var på väg."

Den starka versionen av detta påstår att detta bevisar existensen av Gud eller en allsmäktig gudom. Men enligt kvantkosmologi kan det finnas miljoner döda universum. Det var därför en olycka att vårt universum hade förhållanden som var förenliga med bildandet av stabila DNA-molekyler.

Detta öppnar dock möjligheten för att det finns parallella universum därute som nästan är identiska med vårt, förutom något ödesdigert. Kanske förlorade George III inte kolonierna i ett sådant universum.

Den Invecklade Universumet ~ Bok Ett

Jag kan dock räkna ut sannolikheten att du en dag går nerför gatan, bara för att falla ner i ett hål i rymden och enter ett parallellt universum. Du skulle behöva vänta längre än universums livstid för att en sådan kosmisk händelse skulle inträffa. Som biologen J.B.S. Haldane observerade: "Universum är inte bara märkligare än vi antar, det är märkligare än vi kan anta."

Dr. Michio Kaku är professor i teoretisk fysik vid City University of New York och författare till Hyperspace: A Scientific Odyssey through the 10th Dimension (Oxford University Press).

Det verkar som om de stora vetenskapliga sinnena har en del av bilden åtminstone.

Kapitel Tolv
Energin och assistenterna

Mycket av informationen som ingår i denna bok samlades under 1980-talet när jag var en nybörjarundersökare. Jag var övertygad om att jag hade alla svar på livet genom mitt arbete som terapeut för tidigare liv. Allt bevis övertygade mig om existensen av reinkarnation, men jag hade placerat liv i en linjär progression (eller regression), eftersom det var det enda sättet de flesta av våra sinnen kan förstå det. Jag hade bildat mina åsikter och teorier baserat på de fall jag hade arbetat med. Sedan, när jag började arbeta med Phil, blev mitt ordnade trossystem störd. Mitt arbete med honom resulterade i min bok Keepers of the Garden, som utsatte mig för ett radikalt annorlunda koncept av livets början på jorden. Det fanns mycket mer som inte ingick i den boken. Jag fick information och blev utsatt för koncept som jag aldrig hade hört talas om. De hotade att krossa min trygga värld. I början var jag så säker på att jag hade alla svar att jag inte ville utforska några nya teorier som inte passade. Jag kunde ha avfärdat dem, men sedan bestämde jag mig för att hålla ett öppet sinne och dyka djupare. Jag insåg att om jag förnekade informationen utan att undersöka den, skulle jag inte vara bättre än religiösa institutioner som proklamerar att de har den "enda" sanningen. Istället för att kasta bort det avvikande materialet satte jag det åt sidan för att titta på det senare. Tiden har nu kommit för att undersöka det och försöka förstå det, så gott våra begränsade mänskliga sinnen kan.

Istället för att vara isolerad information från Phil började det dyka upp från många ämnen över hela världen, som om det var oupptäckta sanningar och kunskap. Jag vet att jag aldrig skulle ha kunnat förstå det i början av mitt arbete och kunde ha kastat bort det. Nu, efter över tjugo års forskning, inser jag att jag har blivit matad små portioner tills jag var redo att smälta den mer komplicerade informationen. Även om jag inte förstår det helt, och jag är säker på att jag bara har en liten del av en mycket större bild, är jag nu redo att presentera det för att få andra att tänka.

Den Invecklade Universumet ~ Bok Ett

I de tidiga dagarna av mina experimenterande under 1980-talet hade vi ofta gruppmöten hos Billie Cooper i Rogers, Arkansas. Där satte jag Phil i trans, och vem som helst kunde ställa frågor. Det var ofta många människor närvarande, och naturligtvis centrerade deras frågor kring deras personliga problem (jobb och kärleksliv). Men ibland ställdes mer komplexa frågor, och jag har isolerat dessa för att presenteras i denna bok, eftersom jag såg att de följde en gemensam tråd.

Följande hände ofta när vi bad den talande enheten att identifiera sig själv.

P: Vi talar här som en kollektiv energi. För det finns inget behov av personalisering. Det finns inget sådant som "jag"-koncept här, för allt är "vi".

D: *Hur många är ni?*

P: Att tillskriva ett fysiskt antal skulle vara meningslöst. För genom att göra det skulle du försöka definiera gränser för personlighet, att det skulle finnas x antal personligheter. Och från vår uppfattning är detta inte korrekt. Det finns ingen åtskillnad. Vi samexisterar helt enkelt. Det finns ingen åtskillnad mellan en personlighet och en annan, eller början på en personlighet och en annan. Det är helt enkelt en delad och samexisterande existens. Det finns ingen åtskillnad. Återigen säger vi, vi är inte linjära i tid eller avstånd, och kan inte riktigt översätta det konceptet. Vi existerar helt enkelt. Vi försöker inte definiera vår existens. Det är på er sida som ni måste identifiera och separera er själva och isolera er så att ni blir "ni". Vi är vi. Vi på detta plan har ingen, vad ni skulle kalla, identitet, för det finns på denna nivå inget behov av att identifiera. Erkännandet av identitet är omedelbart och komplett. Det finns inget behov av att fästa en etikett. För när man fäster etiketter, fäster man sig mer vid etiketten än vid identiteten. Detta görs på ert plan eftersom ni inte har medvetenhet. Tänk inte på etiketten utan på energin. Om ni var som vi, skulle ni nu som sitter i detta rum kunna sitta i totalt mörker och gå in och ut i varje rum, och var och en av er skulle omedelbart känna igen i totalt mörker, de som sitter och vem som rör sig omkring. Var vänlig förstå att det ni medvetet omfattar är så stort, och är mycket mer än vad era medvetna sinnen kan förstå.

Ni är faktiskt ett med universum. Och därför bör ni inte bli överraskade över att ni har många aspekter av er själva som ni aldrig har varit medvetna om.

D: *Skulle detta inkludera det vi tänker på som tidigare livserfarenheter?*

P: Dessa kan vara minnen, inget mer än minnen som delas, på grund av det faktum att ni är kopplade, var och en av er tillsammans, på er inre medvetenhetsplan. Minnet av en av er delas av var och en av er. Ni kan minnas varandras tankar på en mycket djup nivå. Och så kan ni upptäcka att ert tidigare liv faktiskt ganska exakt kallas ett minne av den som har levt den existensen. Vi skulle säga att det inte finns något sådant som tidigare liv, för från vår synvinkel har allt varit, allt är, och allt ska vara samtidigt. Eftersom vi inte har något koncept av tid har var och en av er redan varit varandra och är varandra i er framtid. Vi vet att detta inte är särskilt klart för er just nu. Emellertid kommer var och en av er att ges information inom en snar framtid, där var och en av er kommer att utmanas att undersöka detta koncept. Det vill säga: det förflutna och nuet samtidigt med framtiden.

D: *Det är vad som blir förvirrande. Hur är det möjligt att vi kan kontakta ett visst tidigare liv om och om igen? Varför skulle vi inte gå till olika liv varje gång jag regressade personen?*

P: Ni skulle också kunna följa en enda ton genom hela en symfoni. Om ni kan föreställa er att höra en enda ton spelas på ett enda instrument, och följa denna ton genom hela en symfoni, skulle ni se denna ton återkomma, eller mer korrekt, höra denna ton återkomma genom denna symfoni. Och ni skulle faktiskt kunna identifiera denna enda ton som en separat identitet. På samma sätt kan ni återkalla dessa, vad ni skulle kalla, tidigare liv genom hela er historia, helt enkelt genom att snäva in ert perspektiv till det specifika område ni önskar välja. Den medvetna urvalet kan verka slumpmässigt; emellertid är det i själva verket att ni har förprogrammerat er själva att återvända till det specifika segmentet varje gång ni återvänder dit.

D: *Kan vi använda ordet "vibration" eller "energi"? Att de som kan granska många tidigare liv helt enkelt kan granska fler av dessa energinivåer än andra?*

Den Invecklade Universumet ~ Bok Ett

P: Det stämmer. Var och en av er skulle kunna följa många fler linjer än ni någonsin skulle kunna förstå. Det är möjligt. Emellertid finns det ett behov av att begränsa sina erfarenheter till endast de områden som ger förståelse och upplysning. Därför skulle det vara klokt att bortse från de liv som skulle ge disharmoni, för det är inte den avsedda syftet. Om ni omedelbart tillät ert medvetande att ta in allt som finns tillgängligt för er skulle ni bli överväldigade. För det pågår mycket mer än ni någonsin skulle kunna förstå, även nu medan vi talar, i var och ens separata personligheter. För i färgen vit finns det många, många separata färger, och ni kan lätt plocka ut en separat färg från det som är vitt. På samma sätt har ni själva plockat ut eller isolerat en specifik energi som är en komponent av ert högre jag. Och så denna energi togs ner till er nivå, denna aspekt av personligheten, för att säga. Det var faktiskt en del av er själva som fick fria tyglar på denna nivå. Ni själva som sitter i detta rum är helt enkelt spetsarna av ett enormt isberg. Och om ni vore mer medvetna och medvetet kapabla, skulle ni kunna ta med mer av det som ligger under ytan till er nivå, och vice versa. Det som ni har isolerat som era jag skulle kunna gå till de högre nivåerna där era andra aspekter av energi finns. Många av er gör detta vid något tillfälle. Det är inte så att ni upplever någon annan. Det är som att ni upplever en del av er själva som ni aldrig har sett förut.

D: *Är det möjligt att granska ett liv som ännu inte har inträffat?*

P: Det stämmer. Ni kan gå vart ni vill gå: förflutet, nuvarande, framtid, på jorden eller i rymden. Det spelar ingen roll. Vart som helst. Att gå in i framtiden kan verka svårt i början, helt enkelt för att ni inte är vana vid att tänka på det sättet. Så ja, ni skulle lätt kunna regressa till ett framtida liv.

D: *Progress.*

P: Det skulle vara en fråga om semantik. Men som har sagts, har allt redan inträffat och inget har ännu inträffat, samtidigt. Tid är verkligen en relativ faktor.

D: *Kan du beskriva simultan tid på ett sätt som människor på detta plan kan förstå lätt?*

P: Vi ska försöka. Om ni skulle överväga skillnaden mellan en rak linje och en cirkel. Om ni skulle rita en linje och koppla ihop två punkter på en rak linje, skulle ni upptäcka att det inte finns någon

423

Den Invecklade Universumet ~ Bok Ett

möjlighet till parallellitet, i den meningen att alla är i samma plan. Men om ni skulle koppla ihop två punkter inom en cirkel, skulle det faktiskt finnas möjlighet för två punkter att kopplas ihop med en rak linje. Om ni skulle betrakta tid som ett koncept endast, och i det sammanhanget en cirkel, då skulle det vara möjligt för två punkter i tiden att kopplas ihop. Anta att denna cirkel då skulle bli en spiral, så att ändarna oändligt förlängdes till den punkt att de faktiskt var samma punkt. Då skulle detta spiralbegrepp kunna föreställas för att se att det finns även inom en cirkel, kanske, en linjär progression av något slag, från ena änden till den andra. Detta tidskoncept är ett som är särskilt fysiskt till sin natur, eftersom allt i den fysiska världen måste lyda vissa grundläggande koncept. En början och ett slut. Liv och död. Svart och vitt. Plus och minus. Det är nödvändigt att segregara verkligheterna från den andliga världen, så att dessa verkligheter lämnas i det fysiska, så att en polariseringsprocess kan uppnås. Det finns i denna process ett dualitetskoncept som är givet. Plus och minus, och så vidare. Det finns därför fri vilja, medan det i en cirkel inte finns någon fri vilja, eftersom det inte finns någon början och inget slut, och inget svart och inget vitt. I det fysiska har ni ena änden eller den andra, om ni kan följa detta koncept. Fri vilja är inte änden som rättfärdigar medlen. Det är helt enkelt en biprodukt av verkligheten av polarisationer. Fri vilja utvecklades helt enkelt från det faktum att det finns polariteter i den fysiska världen. Tid är emellertid inte polariserad. Det finns ingen plus tid och ingen minus tid. Det finns helt enkelt en idé om vad som är nu och vad som är då. Vilket, även medan vi talar, förändras från det som är nu till det som är då. Så hur kan det finnas "nu"? Tiden står aldrig stilla, så automatiskt kastas konceptet av nu helt ut genom fönstret. Nu är omedelbart igår eller förflutet. I det ögonblick ni inser att nu är en tanke, har det redan blivit förflutet. Så det finns inget behov av att oroa sig för nu. Ni lever alltid i framtiden, om ni så väljer.

D: *Men jag har hört att vi har många möjliga framtider.*

P: Det stämmer, men många gånger kan ni observera de som är mest troliga att hända er utifrån den riktning ert liv har tagit fram till den punkten. Och det finns också fri vilja som dikterar allt som ska bli.

424

D: *En fråga från gruppen: Jag har varit bekymrad över energier, plus och minus, manliga och kvinnliga, som vi uttrycker dem nu. Finns det sätt som vi kan balansera dessa energier inom oss?*
P: Först och främst bör man vara medveten om att många är polariserade av en anledning. Det finns, faktiskt, i naturen, som det finns i den andliga världen, de som är mer av en än den andra. Och så finns det de som är lika. Kanske kan vi använda yin och yang-exemplen här. Är det mindre ädelt att vara helt yin, än att vara helt yang? Eller är det mer ädelt att vara en total balans mellan de två? Det är inte mer rätt att vara mer av en än den andra, och det är inte ens mer rätt att vara helt lika. Det finns bara det som är mest lämpligt. För varje specifik läxa bör ni dra från det som är mest lämpligt, yin eller yang. Vi ser att er fråga handlar om att harmonisera er själva. Det vill säga att bli mer balanserade i era energier. Emellertid skulle vi varna er att inse att mitten av vägen inte nödvändigtvis är den mest önskvärda platsen att vara på.

D: *Vilket väcker frågan om homosexualitet.*
P: Detta är helt enkelt en fråga om energier, i det att det finns manliga och kvinnliga energier. Och i en man, när han är begåvad med övervägande kvinnliga energier, utövar han denna egenskap, som är övervägande hos kvinnor. Detta är då anledningen till attraktionen till män, för motsatser dras till varandra, oavsett om de är i manliga eller kvinnliga kroppar. Och så detaljiseras detta ner till en energinivå av kvinnlig energi som finns i en manlig kropp, attraherad av manlig energi i en manlig kropp.

D: *Du sa att det är en kvinnlig energi. Vad menar du?*
P: Polariteten eller dispositionen av själen ges som mer övervägande kvinnlig energi.

D: *Skulle det betyda att själen har haft fler kvinnliga liv, eller mer kvinnlig erfarenhet?*
P: Denna själ skulle förmodligen ha det, inte att övervägandet av liv skulle ha programmerat själen till mer kvinnlig energi. Det finns, vid skapandet av själar, ett personlighetsavtryck som vanligtvis är mer manligt eller mer kvinnligt eller något mer neutralt.

D: *Då har inte de tidigare liv något med detta att göra?*
P: Ja, de har mycket att göra med detta, eftersom de är erfarenheter som är ihågkomna, och så programmerar de delvis de

affectationer av individen i att uttrycka energierna. Liven, däremot, avgör inte huruvida entiteten är manlig eller kvinnlig.

D: *Jag har funnit att om en själ har haft fler liv av ett kön än det andra, var det svårare för dem att hantera det.*

P: Det stämmer, för det finns mer bekantskap med det motsatta könet. Det kan orsaka förvirring, för det finns i detta samhälle mycket programmering att vara strikt antingen en man eller en kvinna, och inte helt enkelt en eller den andra med könen korsade.

D: *Är detta den huvudsakliga anledningen till homosexualitet, eller kan det finnas andra förklaringar?*

P: Detta är den mest framträdande. Emellertid finns det fall där någon väljer att inkarnara i en sådan korsad verklighet för att lära sig läxor. Många läxor är: måttfullhet, tolerans, tålamod, ödmjukhet, etc. Det kan vara en fråga om nödvändighet snarare än enbart val.

Fråga: Det finns en teori om att planeten Jorden är omgiven av ett energiband. Och registrerat i detta band finns varje handling, varje tanke och allt som någonsin har inträffat. Och att vem som helst kan få information helt enkelt genom att koppla in sig i det. Är det korrekt?

P: Det är en korrekt uttalande. Ja, faktiskt, för det finns vad ni kanske kallar en aura som omger denna planet, vilken kontinuerligt byggs upp av de känslor och attityder som de invånare som lever på denna planet har. Och så reflekterar denna aura som helhet den ras som befolkar planeten under den. Precis som er aura som helhet reflekterar er personlighet. Det vill säga, energin som finns i er aura.

D: *Vår aura påverkas av de energier som våra kroppar skapar?*

P: Det stämmer.

D: *Hur är det med energierna som omger jorden?*

P: Är de framtida energier som kanske inte har kanaliserats till en fysisk nivå? Svaret är ja. För er progression av förflutet, nuvarande, framtid är en typ av bearbetning. En industriell process som tar energier från en högre plan och kanaliserar dem ner till en lägre plan genom era handlingar. Och så är er aura ett resultat av denna bearbetning. Emellertid har energierna alltid varit och kommer alltid att vara. De är, ur ert perspektiv, dock omkanaliserade från en nivå till en annan. Jordens aura består av de energier som har bearbetats från de högre till de lägre energierna. Och så är dessa biprodukter av den mänskliga erfarenheten. Mycket som röken från en skorsten.

D: Kan du förklara skillnaden mellan de högre energierna och de lägre energierna?

P: De högre energierna är vad ni kanske kallar "Gud" eller "sanningsmedvetande" eller "upplysning". Det som är. Dessa är frekvenser av högsta ordning, och de tappas genom ert sinne och ert medvetande. De lägre energierna är energier från den högre planen som har förts ner till en lägre plan. De är en biprodukt av den mänskliga erfarenheten. De är energier, men de har sänkts till en nivå som är mer i samklang med er egen. Vi talar här om energier på många olika sätt. Musik, matematik, förundran, kärlek, hat. Dessa är alla energier.

D: Och jag förstår att allt är registrerat. Att inget är bortkastat, inget är glömt. Är det korrekt?

P: Inget går någonsin förlorat. Många, däremot, används inte. Till exempel, om kärleksenergin som omger er planet användes mer frekvent än hatenergin eller rädslan, så uppfattar vi att aurorna som omger er planet skulle vara betydligt annorlunda. Och av en högre övergripande energinivå. Det är som om dessa biprodukter, dessa aura som avges, är indicativa för de energier som har bearbetats.

D: Om denna planet skulle förstöras, vad skulle hända med dessa energier?

P: De skulle helt enkelt återgå till universum. Och ombearbetas på ett annat sätt på en annan plats i, som ni kanske säger, en annan tid. Energi kan inte förstöras. Det skulle dock vara nödvändigt för energierna att omdirigeras. För de skulle driva planlöst genom universum om de inte omkanaliserades och återanvändes på ett annat område eller plan, så att de kunde återvända till ett användbart syfte.

D: Så dessa energier går inte förlorade, de förändras. De skulle inte förbli i samma form. – Kan du utveckla det vi kallar vår " själ"? Skulle detta vara samma energi som du har pratat om?

P: Det finns en separering här. Vi talar om energier på ett mycket fritt sätt, vilket själen bearbetar. Själen här skulle vara den fungerande maskineriet, om ni så vill säga. Energierna skulle vara bränslet som matar själen. Själen är en gnista, ett fragment av den ursprungliga Enaste själen. För alla, vid en tidpunkt, var helt enkelt hela och tillsammans. Och i vad ni kallar skapelsens början, blev denna helhet splittrad. Och var och en av er kastades ut för att börja uppleva livet som separata identiteter. Detta är vad ni har kallat tidens Fall, där kunskapen gick förlorad och medvetandet vändes ner mot jorden. Och dessa högre energiplaner åsidosattes och övergavs. Så ni kan se från en strikt analogi ståndpunkt att det skett en definitiv nedgång av medvetandet, från den högre planen till den mer basala jordiska planen. Det fanns inte, som tidigare har känts, en våg av ondska när detta fall inträffade. Det var helt enkelt så att de invånares uppmärksamhet skiftades från de högre till de lägre planen. Det är vad som menas med Fallet. Detta är inte en rätt eller fel bedömning. Det är helt enkelt ett faktum som ligger inom sanningens område. Och så kan ni se att när ni förlorar er syn på vem och vad ni är, så skulle ni tendera att vandra, som mänskligheten har gjort på denna planet i många årtusenden nu. Därför är Fallet helt enkelt en glömska av den sanna identiteten. En sänkning av medvetandet, och en glömska av att alla faktiskt är en del av helheten.

D: *Vad orsakade splittringen, uppdelningen, från första början?*

P: Detta var en avsiktlig handling av hela Själ, den Enhetliga Själ, så att erfarenheten skulle kunna vara mångsidig. Vid den tiden kände man behovet av mer mångfaldig erfarenhet. Det erkändes att för att fullt ut förstå Allt Som Är, skulle mer erfarenhet vara nödvändig.

D: *Denna själ som splittrades i början kom att ha jordupplevelsen och tog formen av en kropp. Sedan separeras kroppen och själen vid döden. Vi vet vad som händer med kroppen. Vad händer med själen vid den tidpunkten?*

P: Detta är en högst individuell fråga. För många själar – vi skulle kalla dem splinter – finner de att de har regressat bortom den punkt där de ursprungligen befann sig. Och så finner de sig själva längre bort från sanningen än när de ursprungligen inkarnerade. Och därför måste de ges de lektioner som kommer att utplåna de misstag som begicks. Andra finner att de har blivit mer upplysta, och så är de i samklang med den nivå som om är den Enade Själ.

D: *Måste de som regressar komma tillbaka och bebo en kropp igen?*

Den Invecklade Universumet ~ Bok Ett

P: Nej, för det finns inget måste. Om det är mest lämpligt, ja, då kan det vara det bästa att göra. Men det finns ingen regel som säger att man måste inkarnara.

D: *Vad händer så småningom med den individuella själen?*

P: Det yttersta målet är att alla själar ska återvända till Den Enade. Och så ta med sig allt som har upplevts. Det är som om var och en av er samlar erfarenhet och lagrar den för något framtida datum, när var och en av er kommer att återvända med er samling av erfarenheter. Och så dela den med helheten igen. Då kommer allt som har upplevts från början till slut av skapelsen att delas. Det är en symfoni av erfarenhet.

D: *Den ursprungliga själen som splittrades, skulle det vara detsamma som vår uppfattning om Gud?*

P: Det är korrekt. Det är den Enade, Allt-Varande, Sanningen, Ljuset. Många har sin egen särskilda beteckning. Ni kan säga att era identiteter är separata från denna Gud. Men var och en av er är verkligen en individuell del av det som ni kallar Gud. Det finns ingen Gud utan var och en av er. För om var och en av er helt skulle disskapa, då skulle Gud Själv disskapa.

Denna session ägde rum 1987 efter att Phil hade spenderat många månader i Kalifornien med olika jobb, inklusive filmer, och medan jag var helt uppslukad av att arbeta med Nostradamus-informationen. Han hade flyttat tillbaka till vårt område och ville börja arbeta med mig igen. Vi hade inget ämne att fokusera på, så vi beslutade att bara se vart denna session ledde. Jag var alltid beredd på det oväntade. Jag använde hans nyckelord och hissmetoden. När hissdörren öppnades såg han ett strålande vitt ljus.

P: Det är helt vitt ljus. Total energi. Detta är en energiplan, eller ett rike av existens som vi som kan kallas "Assistenter" vistas i. Vi är i grunden ren energiform utan fysisk konstruktion, utan bara energi och sammansatta av tanke.

D: *Vad menar ni när ni säger att ni är assistenter?*

Den Invecklade Universumet ~ Bok Ett

P: Vi är de som kommer för att assistera i dessa strävanden som ni har åtagit er. Det vill säga, att söka kunskap som är tillgänglig för dem som skulle fråga. Vi är flytande av naturen, så att vi kan forma oss efter de energier vi finner omkring oss. Vi kan anpassa oss till de energier som har kallat oss. Det är ni själva. Vi är assistenter. Vi för med oss den energi som är mest gynnsam för det arbete som ni är på väg att delta i. Vi assisterar i balansering av energier och för med oss det som är mest lämpligt för vilken särskild situation vi än kan befinna oss i. Återigen säger vi "vi", eftersom vi är en kollektiv medvetenhet och inte en singular identitet. Vi prenumererar inte på konceptet av singular identitet, vilket i mänskliga termer skulle innebära isolering, för vi är definitivt inte isolerade. Vi är i kommunikation och gemenskap med alla andra former av energi hela tiden. Det finns ingen isolering eller separation. Vi talar helt enkelt från det rike av existens i vilket vi befinner oss, till ert rike av existens som ni befinner er i.

Jag var rådvill om hur jag skulle ställa frågor. Detta var något jag inte hade stött på tidigare. Jag försökte relatera det till något jag var bekant med i mitt arbete. Jag visste aldrig vad som skulle komma härnäst, eftersom jag alltid blev ledd in i okända och outforskade områden.

D: *Har ni någon koppling till våra guider eller beskyddare?*
P: Det finns kanske en differentiering här i det att vi inte är ni själva eller delar av er själva. Vi är faktiskt distinkta från den aspekten av er själva, och ändå är vi i själva verket en del av er, i det att vi är av det hela, en av hela skapelsen. Därför är vi på vissa sätt en del av er, och på andra, inte så. Vi är av och ändå inte av det som ni kallar "Jordens" energier.
D: *Då menar ni att våra guider eller beskyddare är aspekter av vår egen själ, vår egen själv?*
P: Det är korrekt. För ni är verkligen er egen guide, i det att er högre själv alltid ser efter er lägre själv. Ni, som söker identifiera er själva vid en viss punkt av medvetande, är bara en facet av er totala själ. Ni, genom att söka identifiera och isolera er medvetenhet, segreggerar den särskilda aspekten av er själva från er hela själ. Detta är vad vi skulle kalla ... vi finner termen

430

oöversättbar här. Men konceptet skulle vara isolering från helheten eller personalisering.

D: Som energier, har ni någonsin haft liv på Jorden eller separation eller identitet på det sättet?

P: Vi delar er isolering, i det att vi är, igen, en del av er existens. I det avseendet, ja, vi har realiserat många inkarnationer. Vi är dock inte vad ni skulle kalla "invånare" av en särskild plan. Vi är faktiskt multidimensionella och omfattar många olika nivåer av medvetande samtidigt. Därför kan vi inte säga att vi någonsin har varit, som ni kanske skulle säga, personaliserade.

D: Jag försöker särskilja. Jag trodde att ni kanske vid något tillfälle hade jordiska identiteter och sedan utvecklades till en högre energi, som ni är nu. Detta är inte korrekt?

P: Vi skulle kunna säga, inte att vi någonsin har blivit fragmenterade. Vi talar från en nivå som är multidimensionell och inte splittrad eller uppdelad i individuella energienheter. Vi är helt enkelt medvetna om många olika nivåer samtidigt. Så att även nu talar vi på er existens nivå, medan vi är eller existerar på en annan nivå samtidigt. Det är vad ni kanske skulle kalla "trans-medvetande."

D: Då är denna energi den enda existens ni någonsin har haft.

P: Vi har utvecklats från en lägre andedräkt av medvetande till en mer omfattande form av energi. Men vi har alltid varit en transmedveten energi. Vår existens har alltid varit en av assistansläge. I det att vi assisterar, för vi med oss det som behövs till dem som skulle fråga efter det. Vår existens är en tjänsteindustri, som ni kanske skulle säga.

D: Självklart är jag alltid bunden av vårt konventionella tänkande. Så snälla, ursäkta mig om mina frågor låter okunniga. Men skulle ni vara den nivå som vi anser vara "änglar"? Jag vet att vår uppfattning troligtvis är mycket begränsad.

P: Vi känner att i er terminologi skulle det faktiskt vara lämpligt för vissa att säga att vi verkligen är änglar. För i er terminologi är en ängel en som kommer för att assistera i nödsituationer. En budbärare från Gud. En välgörare. Det finns naturligtvis många olika idéer om vad en ängel är. Men för illustrationsändamål skulle vi tillåta oss att klassiceras som änglar om det var lämpligt.

Den Invecklade Universumet ~ Bok Ett

D: *Självklart har vi denna mentala bild av änglar som har mänsklig form.*
P: Det är inget annat än ren energi som attraheras av en annan energi. Det är en enkel fråga om attraktion av liknande krafter. Det är kanske möjligt att förklara detta genom att använda termen "nukleär" nivå. I den meningen att energierna faktiskt är nukleära i essens. Nukleär används här i termen av... Vi finner att kanske detta tankesätt är inaktuellt och vi skulle önska att återvända här. Och säga att det koncept vi försöker beskriva är av mer elektrisk natur. I det att liknande laddningar repellerar och motsatser attraherar. Och på detta sätt skulle man kunna se att när det finns en skillnad i energi, så kommer överskottet naturligt att gravitera mot underskottet. Vilket i grunden är där du får dina polära motsatser. Den ena har ett överskott, den andra ett underskott. Och så skulle de två naturligt attrahera varandra.

D: *Då när vi använder elektricitet, använder vi en del av det som ni representerar? Skulle det vara korrekt?*
P: Bättre att säga, ett koncept av vad vi är. För principen är densamma. Inte nödvändigtvis att använda en del av oss själva, i konceptet att vi är en del av den elektriska strömmen som flyter. Men i det att all energi är av helheten, i det avseendet är det korrekt att säga så.

D: *Då skulle sättet vi använder elektricitet vara sättet vi skulle kunna utnyttja era tjänster?*
P: Kanske för att bättre förklara, kan man använda biologin i ert immunförsvar. När det finns ett behov i en del av kroppen för ett särskilt försvarssystem, mobiliserar kroppen som helhet sin ämnesomsättning för att producera och skicka det erforderliga enzymet eller proteinet för att bygga de specifika antikroppar som behövs för att avvärja en infektion. Således reagerar kroppen som helhet på en punkt eller en lokalisation av infektion, och skickar de särskilda behoven av den defensiva reaktionen till det område som har behov. På samma sätt kan universum som helhet mobilisera och skicka vilken särskild energiform som helst till vilken särskild plats i universum den behövs, för att hjälpa till med läkning av vad vi skulle kalla "o-harmoni". Vi, i denna analogi, skulle kunna jämföras med antikroppar som skickas för att hela o-harmoni.

432

Den Invecklade Universumet ~ Bok Ett

D: *Jag kan alltid få en tydligare bild genom dessa analogier. Jag har hört talas om elementaler? Har ni någon koppling till den typen av energi?*

P: Som vi sa tidigare, finns det alltid en koppling mellan alla nivåer och former av energi. Det finns bara en lokalisering av en särskild energi till en särskild form av behov. Och så är vi i kontakt och medvetna om det som ni kallar "elementära" energier. Vi är dock inte vad ni skulle kalla "elementär" energi. För som ni skulle uppfatta det, är vi långt över det, men omfattar det samtidigt.

D: *Jag undrade om ni var av samma natur. Jag har hört att elementär energi är mycket grundläggande och inte har den intelligens eller förståelse som ni tycks ha.*

P: Kanske tittar ni på ena änden av ett spektrum när ni singulariserar eller isolerar vad ni skulle kalla "elementär" energi. Ni tittar bara på en särskild aspekt av en total energi och beskriver detta som elementärt. Det är emellertid en del och bit av en mer komplett bild.

D: *Jag har förstått att elementär energi mestadels är associerad med vår Jord.*

P: Det verkar som om ni uppfattar det som bara lägre livsformer, såsom era gräs och växter eller särskilda former av vad ni kanske skulle kalla "låga livsformer" på er planet. Det finns, förstås, energi som är associerad med era högre livsformer, det vill säga, era katter och hundar. Och även energin som är associerad med era högsta livsformer, det är ni själva. Det finns ingen distinktion mellan energierna, i det att de återigen är del och del av helheten. De är bara associerade med en eller flera särskilda nivåer av medvetande. För det skulle vara en grov inaccuracy att säga att gräset inte är medvetet, för det är det verkligen. Den mark som ni går på är faktiskt medveten. Att förneka detta skulle kanske releggera er till en position av Gud, alltomfattande, allvetande, och allt annat som är under och ovetande. Detta är inte korrekt. Allt av hela skapelsen är medvetet. Huruvida ni uppfattar detta eller inte, är helt upp till er. För ni har förmågan att bli medvetna om hela skapelsen, från de lägsta till högsta formerna av medvetande. Och inte nödvändigtvis begränsade till er specifika Jord. Ni skulle mycket väl kunna bli medvetna om hela skapelsen, helt enkelt genom att erkänna faktum att allt som är, är medvetet.

433

D: Självklart skulle detta göra livet svårt i vårt fysiska liv.
P: Vi känner att det kanske skulle göra ert liv rikare och fullare, eftersom ni inte skulle känna er så ensamma och avskilda. För ni skulle återigen vara i en broderskap, som är ert öde. Ni har kanske blivit isolerade genom många fel som inte är era egna, eller kanske genom otur. Men i slutändan är det individens ansvar hur medveten han eller hon blir. Om någon väljer att förneka existensen av andra, så är det deras prerogativ. Men då måste de kunna... Vi skulle ändra detta, i det att vi inte önskar att ange en betydelse av straff. Vi vill inte uttrycka det konceptet. Vi försöker antyda att man skapar sin egen verklighet. Och så kan man se att när man skapar sin egen verklighet, måste man leva i den.

D: Ja, vissa människor skulle se på det som ett straff. Men om du skapade det själv, måste du ta konsekvenserna.
P: Det är korrekt.

D: Ni talar hela tiden om helheten. Är det vad vi anser vara Gud?
P: I en mer upplyst synvinkel är helheten verkligen vad ni skulle kalla "Gud", i den meningen att Gud skulle vara alltomfattande. Men vi känner att er nuvarande uppfattning om Gud kanske är mer generaliserad som en abstraktion av mänskliga egenskaper upphöjda till en skapande status.

D: Jag undrade om ni skulle anses ha skapande status eller vara medskapare.
P: Det finns, förstås, en viss sanning i det ni säger. Men vi känner att det skulle vara olämpligt att anse oss sådana.

D: Då har ni inte utvecklats så långt? Jag antar att jag försöker placera er fysiskt någonstans.
P: Vi har aldrig varit skapare. Vi är inte skapare. Vi är faktiskt möjligtvis... men vi skulle vilja klargöra detta. Det finns för närvarande en... (Paus)

D: Vad? En missförstånd eller vad?

Ett djupt andetag och sedan öppnade Phil plötsligt ögonen. Han var vaken. Detta var ovanligt för honom att göra. Jag frågade vad som hade hänt.

P: (Han var helt vaken nu.) Det stängdes av. Det var som om de var på väg att säga något, sedan fanns det en störning i energifälten.

D: Tror du att det var något de inte borde prata om?
P: Nej, det var som om det fanns en störning. Det händer ibland, ni vet, när olika energier kommer och går. Det är lite känsligt att få det i balans, och om en utomstående energi kommer in bryter det kopplingen.
D: Som statisk elektricitet eller vad?
P: Nåväl, det är inte elektrisk energi. Det är mer som tankens energi.
D: Något du tänkte?
P: Nej, det är bara extern energi. Det är inte dåligt, det var som om kopplingen bröts.

Det var aldrig klart vad som orsakade störningen, men Phil tyckte att vi skulle avsluta sessionen för dagen. Det var okej för mig, eftersom hela sessionen hade varit påfrestande för mig. Vi diskuterade ett ämne som var mycket komplicerat för mig att förstå, och jag hade svårt att formulera frågor. Så jag andades ut när jag lämnade hans hus. Jag visste att jag skulle behöva tid för att smälta och åtminstone delvis assimilera informationen. Litet visste jag att jag inte hade sett det sista av denna konstiga energi.

Vi hade schemalagt ett särskilt möte hemma hos Billie Cooper den kvällen. De hade också saknat våra sessioner med Phil medan han bodde i Kalifornien, så de var ivriga att ha honom igen. Det var många närvarande som aldrig hade sett detta fenomen, så det var en nyfikenhet i rummet när vi började. Jag använde återigen hans nyckelord och hissmetoden. När dörren öppnades var det strålande ljuset tillbaka, nästan som om det aldrig hade lämnat. Eftersom jag inte hade haft tid att formulera frågor, rusade mina tankar när jag försökte tänka på hur jag skulle börja.

D: Är detta samma ljus som vi såg i eftermiddags?
P: Det är korrekt.
D: Tror du att detta är den lämpliga energin som kan svara på eventuella frågor som kan ställas ikväll?
P: För denna grupp vid denna tidpunkt skulle detta fungera som en länk mellan det som ni frågar och det som ni kommer att få. För ofta kommer man att fråga något som är opraktiskt att ge, och därför måste man ta emot det som är närmast det som har efterfrågats.

D: *När vi kontaktade denna energi i eftermiddags sa de att de var av en assistentnatur. En assistentnatur är den energi som används när man vill skapa saker i sitt liv och få saker att hända. Detta är den energi som tas fram och används, och den kan användas på många sätt. Har jag rätt i min definition?*

P: Vi skulle säga att det är korrekt.

D: *Det är en energi som omfattar flera dimensioner istället för att vara på en nivå. Därför har den mycket mer kunskap än en enda energi skulle ha. Så kanske är den lämplig att framträda ikväll.*

P: Vi skulle säga att en mer tydlig förklaring kanske är på sin plats. Vi vill förklara att denna energi inte är av ett förrådsnatur. Det vill säga, en form av eller behållare för kunskap. Det är helt enkelt en ledning genom vilken den kunskapen passerar. Vi för med oss det som efterfrågas. Vi håller inte eller lagrar denna kunskap. Kanske är detta en obetydlig punkt på er nivå. Men i vidare samtal kan det bli ganska uppenbart att det faktiskt finns en djup skillnad mellan dem som skulle kanalisera denna kunskap och dem som skulle lagra eller ta emot denna kunskap.

De frågor som besvarades är införlivade i de olika kapitlen i denna bok.

Många gånger vid dessa möten kom andar, eller vad de nu var, fram som var nyfikna på oss. Dessa skulle ofta underhålla och överraska oss genom att ställa frågor. Några av dessa frågor var extremt svåra att svara på, eftersom de ofta involverade koncept i vår kultur som vi inte tänker så mycket på. När detta hände kunde vi lätt uppskatta den svårighet vi utsatte dem för med några av de frågor vi ofta ställde. Men det är anmärkningsvärt att de alltid kunde hitta svaren omedelbart, medan vi fumlade och konfererade och ofta bara ryckte på axlarna i resignation när de vände på situationen.

P: Det finns ingen anledning att frukta oss när vi talar genom denna man, han gör detta frivilligt och utan rädsla för negativa konsekvenser. Således för han denna energi genom sig för att dela med er, för han har funnit sanningen i denna energi, och så vill han dela den med andra. Genom att ge så tar han emot oöverskattat. Det finns återigen ingen anledning att frukta oss. Vi är helt enkelt några som har uppnått en nivå långt över det som nu finns i inkarnationsnatur på er planet. Vi är här för att bringa sanning och upplysning. Och för att hjälpa till att höja medvetenheten på er planet, så att den okunskap och de vidskepligheter som tycks råda skulle kunna skingras och ersättas med kunskap och sanning. Vi kommer i fred och i harmoni och i kärlek. (Rösten var djupare och lät annorlunda än Phils. Det skickade kalla kårar genom mig.) Ni övervakas just nu av en som är mycket större än något som någonsin upplevts i detta rum. Det finns för närvarande en Väktare, en beskyddare som nu är tilldelad detta rum, för att skydda dem som har samlats här nu som vill lära. (Rösten fortsatte att bli lägre och djupare. Den lät inte alls som Phils vanliga röst. Detta var också uppenbart för de andra i rummet.) Vi skulle nu vilja fråga er, får vi ställa frågor till er?

Detta var oväntat, men när jag såg mig omkring i rummet nickade de andra i enighet om att vi borde prova detta nya perspektiv.
En medlem av gruppen frågade: "Är ni essensen av liv som har levts på Jorden?"

P: Det skulle vara en korrekt uttalande, ja. Om ni kunde, föreställ er det kollektiva medvetandet av var och en av er i detta rum nu, tillsammans utan era fysiska kroppar. Om ert medvetande skulle tas bort från era kroppar, skulle ni förenas av ett gemensamt intresse eller ett gemensamt mål. Och så är det med oss. För vi finner att våra energier är lika i vibration och mycket kompatibla, även om de inte är identiska. Vi arbetar helt enkelt mycket bra tillsammans som en enhet, delar information och idéer och erbjuder det som vi är bekanta med vid varje givet tillfälle. Det ges ingen identitet eller nödvändighet. Vi existerar helt enkelt.
D: *Och ni vill ställa oss några frågor?*
P: Vid denna tidpunkt skulle vi uppskatta möjligheten. Men vi kommer att låta er förhandsgranska eventuella åtaganden för denna överenskommelse ikväll. Med andra ord, ni kan gå först.

D: *Oavsett hur ni vill göra det. Det kommer att finnas tid för oss alla, tror jag.*

P: Det finns ett område vi skulle vilja täcka ikväll, om det är enighet inom er grupp. Och det skulle vara inom området sexuell medvetenhet, eller med andra ord, könsidentitet. För vi här har inte någon sexuell identitet. Vi är helt enkelt eterisk andlig energi och finner det något lustigt – utan respektlöshet – att ni ser er själva som den ena eller den andra. Ni tycks ha ett mycket starkt behov av att segregera er själva enligt könsidentitet. Detta finner vi mest fascinerande. Det verkar som om det finns någon splittring här i er egen identitet. Vi känner att ni har förlorat er sanna identitet när ni måste relatera till varandra på dessa villkor. Det är helt enkelt en observation från vår synvinkel. Och det är helt enkelt det ämnet som vi trodde vi skulle ta upp för diskussion, om ni fann det lämpligt.

D: *Hmm, ett ganska märkligt ämne. Jag antar att vi aldrig har tänkt på det, eller hur?*

En medlem av gruppen erbjöd sig: "Kan jag utveckla det lite grann, tack?"

P: Vi skulle hoppas att du gör det. Och ge oss lite insikt i denna uppenbarelse, så att vi kanske kan komma till en bättre förståelse av den från vår nivå.

Medlemmen fortsatte: "Det sätt som jag förstår det, vill ni diskutera det fysiska. Och ni som eterisk energi är inte bekymrade över fysiska saker, så ni behöver inte oroa er för sexuell identitet. Men i ett fysiskt område är detta mycket viktigt, eftersom det representerar vår egen identitet. Så ni har kommit in i ett område för diskussion som kan vara lite främmande för eterisk energi. Så länge vi är begränsade till fysiska kroppar är detta en mycket viktig del av vårt väsen, och vi måste vara bekymrade över det. Ger detta mening för er?"

P: Vi assimilerar detta svar. Och skulle svara så här: Vi förstår er oro. Vi förstår ert behov av att identifiera eller att erkänna er fysiska aspekt. Men vi känner - och vi är här inte för att predika, utan gör bara en observation från vårt referensram - att det inte har blivit

så mycket en känsla av vårdnad över dessa fysiska kroppar, utan mer en känsla av identitet som ges till dessa fysiska kroppar. Det verkar som om den fysiska kroppen i sig själv har fått en identitet.
D: Det är sant. Den har fått en identitet eftersom det är så vi erkänner oss själva, när vi är begränsade av tid och materiella saker. Får jag ställa en fråga? Har någon av er energier någonsin varit i en fysisk kropp?
P: Det är inte korrekt, för vi har aldrig varit på en nivå där det fysiska kan manifestera sig. Vi är av en energi som helt enkelt inte är gynnsam för bildandet av fysisk materia. Det är en elektromagnetisk energi och inte av den struktur eller sammansättning som skulle underlätta bildandet av fysisk materia. Det finns ingen bland oss vid denna tidpunkt som någonsin har upplevt vad ni skulle kalla en "fysisk" inkarnation, även om det inte betyder att vi inte har varit på er planet tidigare. Vi har varit, men inte i en mänsklig form. Det har funnits många former andra än människor på er planet, som bar medvetande. Men ni har ingen registrering av dessa former, för ingen har getts att registreras.
Medlem: Vad är då ert ursprung?
P: Vi talar från sanningen, från Den Enaste Sanna Guden, som ni skulle säga på ert språk. Vi härstammar från sanningens givare, ljusets legion, eller som ni kanske skulle säga, ärkeänglarna. Vårt budskap är information. Vi skulle definiera vår roll här som sanningens givare. Det finns många andra skvadroner eller legioner vars ansvar kan inkludera hälsofrågor, eller kanske att återuppbygga eller rekonstruera planeter. Det finns de vars hela funktion är enbart konstruktion av universum.
D: Skaparnivån.

P: Det är korrekt. Det finns många olika områden av expertis tillgängliga att dra ifrån. Eftersom ni söker information, har ni kontaktat oss, sanningens givare. Och så här är vi.
Medlem: Jag tror att jag förstår det. Vi har ansvar i vår fysiska sfär. Vilka slags ansvar har ni? Jag vet att ni inte är begränsade av tid som vi är. Vad sysselsätter ni er med? Vad gör denna energi?
P: Det finns på denna nivå mycket arbete och uppmärksamhet som ges åt bildandet och skapandet av underordnade energier, eller för att

parafrasera, att göra ringar eller cirklar i en damm. Vårt arbete, om vi kan grovt likna detta, är helt enkelt att kasta stenar i vattnet och få cirklarna att stråla utåt från där stenar eller småstenar har landat. Det är i dessa koncentriska cirklar som strålar utåt, där vi utmärker oss eller är som bäst. Naturligtvis förstår ni att detta är en enkel analogi. Men syftet är att skapa energimönster som är användbara för de livsformer och energier som är på en nivå något under vår. Med andra ord, vi skapar en mycket gynnsam atmosfär eller miljö i dessa energicirklar. Så att de som arbetar under oss har en gästvänlig miljö inom vilken de kan arbeta. Det är en kedja av ärftliga miljöer, mycket lik er naturliga kedja av hierarkier i er fysiska värld. Ger detta mening?

Medlemmarna i gruppen svarade att det gjorde det.

D: *Det är lite komplicerat. Men är dessa också energier som vi själva kan använda för att skapa saker?*
P: Inte direkt. För dessa energier vi hanterar är på en nivå mycket högre än ni någonsin skulle kunna manipulera direkt. Men genom situationer som denna, där det finns en broeffekt, kan vi byta koncept och analogier och visualiseringar och rationaliseringar och så vidare. Så att våra verkligheter och sanningar kan broas till er nivå av förståelse och vice versa.
D: *Det är därför det verkar så främmande för er att se våra olika koncept.*
P: Det är korrekt. Vi ber om ursäkt här, för vi vill verkligen inte predika, utan bara observera. Men vi känner att för mycket betoning har lagts på könsidentitet. Och att det har dragits bort från sann identitet, medvetandet eller Gud-självet eller Kristus-identitet, eller en av många hundratusentals termer som ges till det som är. Det som är er sanna identitet, energin som är energi som vi själva är. Naturligtvis vet ni att era fysiska kroppar inte är mer än ett redskap eller ett verktyg. Det skulle vara som om ni, medan ni körde i er bil, antog bilens identitet, och inte bara är en passagerare i bilen. (Skratt) Ni skulle då känna att ni är en Buick. Ni är stora. Ni är röda. Ni skulle känna era fyra däck under er. Och ni skulle känna varje repa och buckla ni fått. Detta, naturligtvis, är återigen en mycket enkel analogi. Men vi känner att den

adekvat – åtminstone från vår synvinkel – sammanfattar våra uppfattningar om hur den fysiska verkligheten verkar ha överskridit den andliga verkligheten.

D: *Ja, men när ni går in i den fysiska kroppen glömmer det omedvetna den andra delen och koncentrerar sig bara på det fysiska. Detta är en av farorna med att gå in i det fysiska.*

P: Det är en helt korrekt utsaga. Det är verkligen en fara, en som inte nödvändigtvis är given men som verkligen är utbredd.

En annan medlem av gruppen avbröt: "Säger ni att vi har blivit så involverade med kroppen som bär vår ande, till den punkt att vi citerar och känner varje repa, varje knöl, och är stolta över vår färg och så vidare, mer än att vara involverade med den sanna identiteten, anden?"

P: Det är korrekt, och en mycket upplyst insikt i ett mycket verkligt problem på denna planet. Den sanna identiteten finns inom det fysiska. Och det är mycket ovanligt för en individ att erkänna sin sanna identitet som energin inuti, och inte av fordonet runt omkring det.

D: *Då gör vi för mycket av uppdelningen mellan det maskulina och det feminina, istället för att integrera båda i vårt väsen?*

P: Det är helt korrekt. För i denna identitetsuppdelning ges de sociala lagar som dikterar att energier inneslutna i maskulin energi, ska relatera enligt social konvention på ett särskilt sätt till de energier som är inneslutna i en feminin kropp. Och vi kan använda som exempel era sedvänjor kring dejting och kroppsspråk och så vidare. Det är vid denna tidpunkt, i detta område av er planet, den accepterade normen att hela betoningen ska ligga på kön av motsatt identitet. Och det är inte accepterat att kön av lika identitet ska vara medvetna om varandra, som det är på vår plan. Vi känner att det har funnits mycket missjustering på grund av denna felaktiga identifiering. Vad vi säger här handlar inte om sexuella relationer, utan helt enkelt om att vara vänner. Många män är rädda för att vara vänner eftersom de båda är män. Och många kvinnor är rädda för att vara vänner eftersom de båda är kvinnor. Och ändå är många kvinnor och män rädda för att vara vänner, eftersom de fruktar att motiven är av en annan nivå. Så ni ser, det finns mycket missförstånd på grund av denna fysiska identifiering.

D: Har ni balansen av maskulina och feminina energier inom er?

P: För alla praktiska syften finns det ingen sådan sak som maskulina och feminina energier på denna nivå. Det finns helt enkelt energier. Det finns ingen distinktion.

Medlem: Jag skulle tro att för att kunna känna igen det skulle ni ha haft någon erfarenhet av det. Är ni då energier som skapades av högre energier, eller är ni de som skapades på grund av tankemönster från Jorden?

P: Vi skapades av Mästarna, av den All-Ena. Den högsta Guden av all skapelse. Vi är inte, som ni kanske misstänker, av jordiska energier, för vi kommer från en nivå långt ovanför den som kan nås av jordiska energier. Men ju längre ni avlägsnar er från den man-kvinna nivå av existens, desto mindre växer distinktionen mellan manligt och kvinnligt. Till den punkt som vi är här, så att det inte finns någon distinktion alls. Det är helt enkelt för era syften med reproduktion som denna distinktion har givits. Men i det andliga finns det inget behov av reproduktion. I det andliga finns det inget behov av distinktion, och så ju mer ni drar er tillbaka från er fysiska plan, desto mindre växer distinktionen tills den punkt där det inte finns någon distinktion alls.

D: Detta är en av de lektioner vi valde att lära oss och uppleva, att komma till denna nivå och in i dessa fysiska kroppar av olika kön. Tydligen har ni som energi inte beslutat att uppleva dessa saker, men det är allt en del av vår inlärning.

P: Det finns inget val i denna fråga. För om vi skulle välja att inkarnara, skulle vi helt enkelt inte kunna. Det är en fråga om fysik.

D: Ni skulle inte få lov att, eller inte kunna?

P: Det skulle inte vara möjligt för våra energier att vara inneslutna i en fysisk kropp. Det handlar om vibration. De fysiska kroppar som innesluter era energier vibrerar på en nivå som är mycket för långsam för att innehålla våra energier. Det skulle vara som att försöka hålla vatten i en hink av skärm. Vi gör ingen bedömning här, för vi förstår era skäl till att vara inkarnaterade i det fysiska. Det finns många lektioner att lära här. Men vi känner att – och återigen säger vi detta med så mycket kärlek som vi möjligtvis kan förmedla – att det helt enkelt verkar från vår synvinkel finnas en överidentifiering med de fysiska fordonen. Och mindre med den energiaspekt av era identiteter. Kanske är vi fördomsfulla i vår åsikt eftersom vi betraktar det från en position som är avlägsen från det.

D: Jag trodde kanske att ni var en utvecklande energi. Att det kanske vid något tillfälle skulle komma till den punkt där ni skulle inkarnara i en kropp.

P: Om det var möjligt att höja en fysisk kropp till en nivå som kunde innehålla oss, då skulle det vara möjligt. Men vid denna tidpunkt, åtminstone i vår erfarenhetsvärld och i de nivåer av fysisk materia vi har upplevt, skulle det inte vara möjligt.

D: Vad är skillnaden mellan den andliga energin som vi har som bor i våra kroppar och er typ av energi?

P: Enkelt uttryckt, frekvens av vibration. Vi finner i er diskussion mycket upplysning. Och vi uppskattar er ärlighet och öppenhet. Vi gillar ibland att observera också, så att vi kan lära oss av era diskussioner. Vi uppskattar detta, för det är sällan de som skulle komma till vår nivå för att dela med sig av era sanningar, era koncept. Även om de inte är våra, uppskattar vi att dela dem med er, för de upplyser oss också. Det finns tydligen idén att vi är överlägsna på något sätt för att vi är olika. Det är inte sanningen. Vi är på en annan vibration, möjligen något avlägsna från er egen, men detta gör oss inte överlägsna. I Guds rike finns det inga över- och underlägsna. Det finns helt enkelt de som existerar i sin lämpliga form och plats, och som helt enkelt gör det som ska göras. Det finns inget koncept av bättre eller sämre. Detta är ett särskilt mänskligt koncept.

Medlem: Är ni en perfekt varelse och har ni en evolutionsväg på er nivå? Återvänder ni till källan av all energi i universum, eller kommer ni att stanna på denna nivå?

P: Först och främst skulle vi säga att det finns flera antaganden som vi finner inte helt korrekta. Vi är inte perfekta varelser och långt ifrån det. Vi är lärande varelser också. Vi är ascenderande varelser. Vi är på en evolutionsväg, som ni kanske väljer att säga. Vi har inte det ultimata svaret. För om vi redan skulle ha uppnått det slutgiltiga steget, skulle det inte finnas något sätt för oss att kommunicera genom detta fordon och låta honom leva genom det. Det är en energi långt bortom något som skulle kunna rymma en fysisk form. Eftersom den fysiska formen helt enkelt skulle förångas, om denna energi skulle försöka bebo en kropp. Det skulle helt enkelt höja vibrationerna av dessa fysiska molekyler till en nivå långt bortom vad de skulle kunna upprätthålla, och skulle då bli upplösta. Vi önskar inte att skrämma eller oroa er, utan att ge er en känsla av kraften i den energin. För energin skulle vara så intensiv att den skulle få alla i detta rum som omger honom att helt enkelt förångas. Ni har ingen uppfattning om kraften hos hela Gud-energien. Den är långt för mäktig för att tas hit. Denna energi driver hela universum, hela skapelsen. Och som sådan, även i minuscule form, om den skulle tas till denna nivå, skulle den inte göra någon nytta. Vid en viss punkt i er evolution – och detta inkluderar alla i detta rum i fysisk mening – kommer var och en av er, inte bara att uppnå denna nivå från vilken vi talar, utan också överträffa den, precis som vi själva kommer att göra. Vi, också, är en evolverande art. Vi är på en ascenderande nivå och är inte perfekta. Men vi är mer upplysta från den synvinkel att vårt perspektiv är mycket bredare än ert eget. Det finns de saker av vilka ni har intim kunskap, som vi inte har någon kunskap om. Och så är det genom att kommunicera som vi ger och tar av denna kunskap. Vi lär oss av detta precis som ni lär er. Vi skulle lika gärna kunna samla oss tillsammans och kontakta någon av er så att vi skulle kunna ställa frågor till er. Och gör ofta det.

D: *Då kommer vi vid något tillfälle att nå den nivån?*

P: Det är korrekt. Men det är inte givet, det måste läras. För när ni ökar er kunskap och medvetenhet, ökar er vibrationsfrekvens. Och ju mer ni har blivit i samklang med det absoluta, med den sanna Gud-identiteten, desto högre kommer er vibration att öka. Och så kommer ni, genom er process av andlig evolution, så småningom att nå den vibration vid vilken vi nu resonerar. Men det är en förutsättning att vår nivå är där ni önskar att utvecklas till. Återigen finns det många andra områden och nivåer att utvecklas till. Ni kan föreställa er att ni står vid foten av ett enormt berg, med många, många, många olika stigar att klättra. Ni står vid foten av en stig som grenar sig in i en myriad av andra stigar. Alla leder så småningom till toppen, men ändå inte alla till samma plats ens på toppen. För kanske finns det på den högsta nivån en platå, så att ni kan befinna er på många olika platser på denna platå. Då är var och en av er på något sätt under platån, kanske nära botten, för vår analogi. Och ni kan se att det redan finns ett visst avstånd mellan er själva och botten. För genom att nå denna nivå där vi kan kommunicera, har ni redan rest en viss sträcka. Då kan ni se att med detta berg som är täckt av olika stigar, finns det många olika sätt att gå i er uppstigning. Vi, kanske är på en sida och på en viss nivå högre än er, om ni väljer att placera oss där. Och vi känner oss smickrade över att ni skulle göra så. Då kan ni se att ni kanske skulle vilja följa den väg eller de vägar så att ni kan nå vår mycket samma punkt på sidan av detta berg. Men det finns en multitude av val, så att ni inte skulle behöva eller kanske vilja. Så småningom skulle ni själva nå platån, kanske på mycket kortare tid, eller kanske längre tid, för att använda er terminologi. Så småningom skulle vi alla nå platån. Men vi kanske inte nödvändigtvis är på samma punkt ens på platån. Ger detta mening?

Det var mycket enighet från gruppen.

D: *Men ni behövde inte gå igenom den evolution som vi måste.*
P: Det var inte vad ni skulle kunna kalla jämförbart. Men vi har själva utvecklats från en lägre till en högre nivå. Det finns energier som är mer kraftfulla än den nivå vi har uppnått, som ni inte ens kan föreställa er.

D: *Var kommer dessa energier ifrån? Var har de sitt ursprung?*
P: Det finns ingen plats eller tidsram given till dessa energier. De är av en konstruktiv typ av energi. De är något av universums byggande energier. De är konstruktiva energier i den meningen att de assisterar och strävar efter att konstruera universum. Det vill säga, fysiska verkligheter och de andliga nödvändigheterna som är förknippade med den fysiska verkligheten. De är byggare av universum.

D: *Från skaparnivån? Medskapare?*
P: Inte så, för de är inte av skaparen. Men de är assimilatorer, kanske det skulle vara en mer korrekt term. För de i och av sig själva skapar inte materialen som utgör ett universum. Men de samlar

Den Invecklade Universumet ~ Bok Ett

dessa energier och verkligheter för att sammanfoga ett universum. Inte för att antyda att de skapar ur intet som skulle vara på en skaparnivå, utan är mer av ingenjörsnatur. De är byggarna kanske, inte skaparna.

D: *För en stund sedan sa ni att ni skulle vilja ställa oss några frågor.*
P: Kanske borde vi samla oss här, för vi är lite spridda just nu. Vi skulle kanske kunna samla våra resurser och se vad som är mest relevant för oss att fråga om, precis som ni själva gjorde före denna session. En mycket liknande situation skulle inträffa på vår sida, om ni så väljer. Vi skulle föredra en kort stund så att vi kan samla våra energier i ett fokus. (Paus) Vi skulle säga att vi har mycket lite förståelse för ert koncept av rättvisa. För vad som är rättvist för en är ofta inte rättvist för en annan. Och ändå kanske imorgon kan det vara helt omvänt. Hur är det så att era normer för rättvisa kan vara så flexibla?

Det var en "större fråga". Det pågick mycket diskussioner om huruvida någon i vår grupp ens ville frivilligt ta i det.

D: *Det är en svår fråga, men vi har också ställt svåra frågor till er. Nu har rollerna bytts.*
Medlem: Jag måste erkänna att det är mycket lite rättvisa som ses och erkänns. Jag tror att vår mänskliga natur spelar in här. På grund av mänskliga bekvämligheter vill vi att allt ska vara rättvist i förhållande till oss. Och vår benägenhet är att tänka på oss själva före vi tänker på andra. Så tills vi når en punkt där vi accepterar andra människor, är det svårt för oss att vara rättvisa. Och ibland, även när vi försöker vara rättvisa, tas det inte emot av andra på samma sätt som det var avsett. Så rättvisa blir mer av ett koncept än en verklighet.
D: *Menar du att det är en självisk sak, med andra ord?*
Medlem: *Det är vad som gör det att verka självviskt, ja. Att vara orättvis.*
P: Vi skulle kanske se då att ert koncept av rättvisa är ganska dynamiskt. I det att det förändras, kanske, med timmen, beroende på de situationer där ni befinner er. Kan det då också sägas att rättvisa verkar vara kanske ett mycket högst individuellt koncept

som grovt har generaliserats av ert samhälle som givet av Gud själv? Då är vad som är rättvist bra och därför givet av Gud.

Medlem: Jag tror att det är sant.

D: Jag tror att vår uppfostran också påverkar mycket. Sättet man uppfostras på.

P: Vi känner kanske att det är därför Gud är så missförstådd på er nivå. Att kanske Hans domar och dekret verkar vara i verkligheten enkla mänskliga – vi söker här efter – det finns inget helt korrekt koncept tillgängligt för att beskriva detta.

D: Kanske är det därför det är så svårt att förklara. (Skratt)

P: Vi skulle säga att ert koncept av rättvisa kanske är en litmus-test som används för att ge er den mest bekväma passagen genom någon viss tid. För att mildra obehag, med andra ord.

En annan medlem: Nåväl, jag har ett annat koncept av rättvisa. Om en sak eller en förmån är rättvis för en person, så borde den vara samma fördel för varje person som är involverad. Men vårt samhälle låter det inte vara så. Det kommer mer eller mindre från vem man känner för att få mer fördelar. Och det är inte rättvist. Och jag pratar inte för mig själv. Jag pratar för hela USA eller hela världen. Detta är mitt koncept av rättvisa. Inte, "Hej, jag blev lurad i livsmedelsbutiken och det är inte rättvist," för jag är inte den enda som händer. Jag pratar förmodligen i gåtor.

Medlem: Och vi är också individer, så vi ser på varje separat sak eftersom de är individer och ingen av oss tänker lika.

D: Ja, det är vad som gör det svårt att säga vad som är rättvist och vad som inte är rättvist. Vi kan inte ha en generell beskrivning eftersom vi alla är så olika. Jag vet inte om vi svarade på den frågan så bra.

P: Vi känner kanske att vi får gå tillbaka till ritbordet. (Skratt från gruppen.)

D: Jag ber om ursäkt för det. Vi har troligtvis gjort er mer förvirrade än någonsin. (Skratt)

P: Det är korrekt. Återigen är vi inte här för att diskutera moraliska frågor. För från er synvinkel har vi inga moraler. Det finns inget behov av moraler, eftersom moraler helt enkelt är lagar som upprättas för att styra beteende. Och i vår existens finns det inget sådant behov av dessa utomstående styrande influenser. Det är icke-existerande. Det är inte nödvändigt. Och så kommer vi inte att välja att påtvinga våra artificiella moraler, vilket skulle vara nödvändigt för att relatera till era mycket verkliga moraler. För vi har ingen verklig erfarenhet med vilken vi har moraler. Alltid när det finns de som vill lära sig kommer vi att dela det vi vet är sant för oss och för er. Det finns många saker som är sanna för er som inte är sanna för oss. Och återigen många saker som är sanna för oss som inte är sanna för er. Men det finns många saker vi kan dela som är sanna för oss båda.

D: *En gemensam mötesplats.*

P: Det är korrekt. - Vi skulle vara mycket hedrade att komma igen, för alltid i dessa utbyten lär vi oss lika mycket, om inte mer, från er. Vi förstår ofta inte era koncept förrän vi kan förklara dem från vår synvinkel.

Vid denna tidpunkt inträffade en märklig övergång. Med ett djupt andetag och en suck började Phil tala med sin vanliga röst, som var högre och livligare. Det var uppenbart för alla att den andra energin hade försvunnit och en annan hade tagit dess plats. Denna föredrog att svara på vanliga och ordinära frågor angående jordplanet. Den andra energin hade varit närvarande i över en halvtimme. När den lämnade var förändringen omedelbar och fullständig. Frågeställningarna fortsatte med varje person som ställde personliga frågor om sina dagliga liv.

Bandspelaren hade varit påslagen och när Phil återvände till det vakna tillståndet sa han att en sak han mindes var att det var mycket mer som pågick än han pratade om. Det var som om dessa energier gjorde mycket prat mellan sig själva, antingen om vad vi frågade eller vad vi sa. Men det var inte som tal. Han hade bara känslan av diskussion. Han skulle förmodligen inte ha kunnat återge det ändå.

Phil mindes att gruppen av enheter bad oss definiera vad rättvisa var. Han hade intrycket av en grupp som ibland babblade så mycket att han inte kunde avgöra någon enskild röst. Det verkade som om de sa: "Varför är det okej att döda en man på slagfältet men inte ett barn i livmodern?" Detta var anledningen till frågan om rättvisa. För att hjälpa till att lösa deras känsla av frustration över vår uppenbara dubbelmoralen.

Under ett annat möte hade en medlem av gruppen en fråga: "Många gånger när jag vaknar från en djup sömn känner jag att jag vibrerar, eller min kropp pulserar i en hög takt. Vad orsakar detta?"

P: Er själ, som ni kallar den, återvänder från ett högre laddat tillstånd, från att vara i den astrala planen, som är en högre nivå av medvetande. Och ni återvänder till en lägre nivå av medvetande, så att er själ kan återvända till er kropp. För er kropp vibrerar på en viss frekvens, och medan er själ är i er kropp är det nödvändigt att er själ är nära den vibrationalfrekvensen. För om er själ skulle vibrera för snabbt, skulle den separera från er kropp. I ert drömstate driver ofta era drömmar er själ till en högre nivå av energi. Och så separerar ni er från er kropp och upplever astral projektion. Er själ och kropp måste vibrera på, inte nödvändigtvis, en lika frekvens men en liknande eller nära frekvens. Många gånger när ni är i depression har er själ sänkt sin vibration under den för er kropp, och så känner ni er ganska nedstämda eller labila. Era stunder av höjd är ofta när er själ vibrerar på en frekvens som är högre än er kropp.

D: *Då, genom att vibrera snabbare och separera från kroppen, är detta de utomkroppsliga upplevelser som människor har?*

P: Det är korrekt. För när ni separerar från er kropp vibrerar ni på en frekvens som är högre än den som er kropp kan upprätthålla eller uthärda, och så sker separationen.

Att återvända från en OBE kan också skapa temporär förlamning tills hjärn/kropp-anslutningen återställs.

MÅNGA PERSONLIGHETER

Den Invecklade Universumet ~ Bok Ett

Fråga: Jag har alltid känt mig mycket obekväm på denna nivå, som om jag är fem olika personer.

P: Det är kanske nödvändigt för er att verkligen identifiera era jag. Överraskar detta koncept er? Det finns faktiskt separata entiteter eller identiteter inom er, eftersom många människor har multipla personligheter. Detta är inget främmande koncept. Men det verkar som om det i detta samhälle har blivit något smutsat med idén att multipla personligheter automatiskt är schizofrena, eller ett symptom på psykisk sjukdom, vilket inte är fallet alls. Det är en enkel aspekt av naturen som är mycket utbredd i alla samhällen, och i alla typer av djur, mänskliga eller andra. Ni, om ni så väljer, kan identifiera flera identiteter inom er. En som är blyg och introvert som gillar att stanna hemma och sticka eller virka, eller vad det nu är ni gillar att göra. Och sedan finns det de gånger när ni skulle föredra att gå ut och fira, så att säga, och bara ha en bra tid. Och detta är inte fel. Det är inte mer fel än att stanna hemma och vara en hemmakatt. Ingen av dem är fel. Var och en talar sina egna sanningar och sin egen lämplighet. Det finns de aspekter av er själva som väljer att vara studiemedvetna och skrika efter kunskap. Den aspekt av er själva som är mycket moderskapsinriktad och kärleksfull, och ändå med flippen av en mynt kan vara så kall som blått stål. Känns detta bekant för er? Är det onaturligt att vara mycket kärleksfull ena minuten och mycket kall nästa? Om man finner sig i en position som kräver detta, är det onaturligt, eller är det inte? Det är inte. Naturligtvis är det inte. Det finns inget behov av att frukta multipla personligheter, för det är helt enkelt en aspekt av er själva. Vi skulle uppmuntra er att identifiera dessa separata personligheter eller personlighetsdrag. De kommer till och med att ge sig själva namn om ni så väljer, och ha vad ni skulle kunna kalla "separata" identiteter. Dessa är helt enkelt facetter av er totala personlighet. Och det är denna kombination av facetter som utgör den hela personligheten. När en personlighet inte är hälsosam, då är dessa facetter ur synkronisering, eller kommunicerar inte med varandra. De arbetar inte tillsammans. En hälsosam personlighet har denna makeup av facetter som är i harmoni. Det finns ingen sådan sak som en diamant med en facet, lika lite som det finns en människa med en personlighetsdrag. Det är omöjligt. För den mänskliga personligheten, genom sin blotta existens, kräver multipla facetter. Regnbågen kan användas som en analogi för harmoni. Detta fenomen ger utseendet av den cirkulära eller kanske halvcirkulära aspekten med de olika färgerna genom hela. Det vill säga, harmoni. Summan av färgspektrumet i en cirkulär aspekt, som representerar helheten. Det vill säga, cirkeln är oändlig och representerar Gud. Därför visas halva och halva är inte uppenbar, vilket återigen är sant för er egen natur. Det betyder att ni själva är fysiska och ändå andliga. Halva visas och halva är inte. Och ändå innehåller ni var och en av er det som inte finns tillsammans med hela spektrumet av allt som är.

En annan version av multipla personligheter från ett annat ämne.

D: *Har ni någonsin hört talas om vad som kallas "multipla personligheter"? De verkar ha många personligheter i en kropp.*
Brenda: Ja. Era psykologer är på rätt spår när de försöker hitta orsakerna till detta. Dessa multipla personligheter orsakas av andar som har en särskild tung börda av negativ karma. Och i processen av att försöka förneka detta för sig själva, splittrar de sig i vad som verkar vara separata entiteter, men egentligen är det olika grenar av samma entitet. Det är som att ha en blomma med många kronblad. Jag kommer att använda denna enhets hand för att demonstrera. (Hon höjde sin hand och pekade på de olika fingrarna och handleden medan hon gav sin analogi.) Ni har en blomma med många kronblad och kronbladen är kopplade vid basen (handleden). Men blomman är placerad så att ni bara ser kronbladen från mitten upp till spetsarna, och de ser ut som separata objekt. Ni kan inte se var de är sammanfogade vid botten. Dessa multipla personlighetsandar verkar vara separata entiteter eftersom ni bara ser den del som verkar separat. Men vid basen, vid kärnan av anden, kopplas de alla samman till en ande. Och, som jag nämnde, har anden en särskilt tung börda av negativ karma som de har utvecklat. Och de försöker förneka detta för sig själva, och vill fly från deras nuvarande cykel av karma. Så de

fortsätter att slå ut i alla riktningar. Och dessa olika riktningar som anden slår ut i, framstår som olika personligheter inom den kropp som anden besitter.

D: *Jag har teorin att kanske dessa personligheter var fragment eller spegelbilder av personligheter de hade i tidigare liv.*

B: Vanligtvis, ja. När anden slår ut i en annan riktning, drar den på de senaste tidigare livens personligheter de använde i andra fysiska existenser. Men eftersom anden slår ut vilt är det oftast förvridna versioner av dessa personligheter eller som du sa, bara ett fragment av dem, eftersom anden inte är organiserad. Anden är i panik.

D: *De säger ibland att de andra personligheterna är manliga, kvinnliga, vuxna eller barn. Det var därför jag kom på den idén.*

B: Ja. Det var en bra idé. Det är nära sanningen. Eftersom de drar på sina tidigare minnen, och anden kommer ihåg de tidigare liv. Och så kan de dra på olika aspekter eller kanske bara en särskild aspekt av en personlighetsdrag från ett tidigare liv för en av dessa multipla personligheter.

D: *Och de tar in dem för att hjälpa dem att fly, så att säga, från deras liv, deras karma.*

B: De tror att det hjälper dem att fly, men det gör det inte. Det är som att ha en fisk som flämtar på din fiskelina. Det har ungefär lika mycket effekt.

D: *Psykiatern försöker förena dem tillbaka till en personlighet. De säger att det är en mycket svår sak att göra.*

B: Ja. Psykiatriker är ännu inte riktigt effektiva med det. De har rätt idé i åtanke, men de försöker applicera lim på spetsarna av de separata delarna istället för att försöka gå ner till basen där de redan är förenade och hela sprickorna på basen. Men det är en mycket komplex process, och de har inte utvecklat förmågan att göra det än. Men åtminstone är de på rätt spår.

D: *En sak de har funnit gemensamt är att det verkar finnas någon form av traumatiskt evenemang i personens liv som orsakar detta att hända från början.*

B: Ja. Det traumatiska evenemanget kallar på andens uppmärksamhet till den negativa bördan av karma som den måste hantera. Och det är därför i dessa fall, varje gång därefter när ett traumatiskt evenemang inträffar, slår anden ut i panik igen, och en annan personlighet dyker upp. Anden inser inte att de kan vända detta och arbeta för det goda, för bekräftande karma. De panikslår bara igen och slår ut igen, och därmed dyker ett annat fragment upp.

D: *Det låter som om de inte arbetar med sin karma.*

B: Ja, det stämmer. De hanterar det inte.

D: *De fortsätter att kämpa emot det.*

D: *Finns det något annorlunda med tvillingar, antingen identiska eller icke-identiska?*

B: Nej. Tvillingar är vanligtvis som vilken annan familjemedlem som helst och syskon. De är två andar som är nära relaterade till varandra karmiskt eftersom de arbetar med något tillsammans, som man och hustru, andra syskon eller nära relationer. Men i fallet med identiska tvillingar, på grund av resonansen mellan de två kropparna, tenderar de att ha extra psykologiska förmågor.

D: *Jag har hört en teori, att identiska tvillingar kan vara samma själ som har delat sig i två delar för att lära sig två olika lektioner.*

B: Vanligtvis, ja. Om en själ behöver lära sig två olika lektioner, kommer de att bebo samma kropp men i två olika universum. (Förklarat i kapitel 11.)

D: *De säger att vissa tvillingar är så lika. De kan vara en hel kontinent bort och ändå göra samma saker.*

B: Det beror på resonansen som sätts upp mellan deras kroppar och mentala energier, på grund av det allmänna mönstret av universum. När två saker är mycket lika kommer de att ha en resonans mellan sig. Deras vibrationer är så lika att det kommer att få liknande effekter och liknande utfall. Och det är därför tvillingar som separerades vid födseln och uppfostrades en kontinent bort och inte kände varandra, slutar med att gifta sig med personer med samma namn, ha liknande hobbyer, liknande jobb och så vidare, på grund av resonansen.

D: *Ibland verkar de ha en mental koppling också.*

B: Åh, ja. Som jag sa, identiska tvillingar har en extra dos psykologiska förmågor mellan sig. Enbart för att deras sinnen vibrerar på samma nivå.

D: Då är de precis som alla andra. De är två andar som kom tillbaka så att de kunde vara tillsammans.
B: Rätt. Och att kunna tänka lika och deras psykologiska förmågor, är som att plocka en sträng, och sedan föra en stämskruv nära den så att stämskruven börjar vibrera.
D: Jag tänkte att ett sätt jag kunde bevisa eller motbevisa det skulle vara att regressa tvillingar och se om de gick till samma personlighet i samma liv. Tycker du att det inte skulle hända?
B: Nej, jag tror inte det. De skulle förmodligen överlappa flera gånger i tidigare liv och nämna varandra i andra relationer. I ett tidigare liv kan de ha varit man och hustru eller någon annan typ av nära relation.
D: De skulle vara olika karaktärer, så att säga, i samma liv, men de skulle inte vara samma person.

ÅTERKOMSTEN AV KRISTUS

Under en annan session hos Billie blev diskussionen inriktad på att ställa frågor om Jesus.

Phil: Det skulle vara lämpligt att säga att Han var en man i varje avseende. Och ändå var Han i varje avseende också en kvinna. Han var helt integrerad och hade både mannens begär och kvinnans intuition och känsla. Vi talar här inte nödvändigtvis om sexuella begär, utan om mänskliga känslor. Men Han var mer än mänsklig. Han var inte, som ni skulle säga, en vanlig människa. - Kunde inte Mästaren vara här nu?
D: Vi tror att Han är bland oss i ande.
P: Kan Han inte vara i fysisk form?
D: På Jorden, menar du?
P: Det är korrekt.
D: Tja, vi har aldrig tänkt på det.
P: Kanske har Han kommit och ni har inte erkänt Honom. Är detta möjligt?

Den Invecklade Universumet ~ Bok Ett

D: Det kan vara. Det var min förståelse att Hans ande skulle bo i var och en av oss.
P: Det är korrekt.
D: Är det då separerat från att bo i en kropp som en person?
P: Om anden bor i en kropp, är Han inte inkarnat?
D: Tja, om det skulle vara en universell inkarnation.
P: Det är korrekt.
D: Säger du att Han har kommit tillbaka till Jorden?
P: Han är här. Han är överallt omkring er.
D: Det är inte bara som en individuell person?
P: Det är korrekt.
D: Vi trodde kanske att du menade att Han hade kommit tillbaka i fysisk form.
P: Han har kommit tillbaka i fysisk form. Men Han är inte i, som ni skulle säga, en enda individuell kropp. Han arbetar genom var och en av er. Detta är i en mycket bokstavlig mening, sanningen. Det är inte bara en vältalig figur av tal. Kristus kraft finns inom var och en av er som nu är inkarnaterade i detta rum.
D: Jag fick just en idé. Detta kan vara vad de menar med den andra ankomsten av Kristus.
P: Det är korrekt. För i denna tillströmning av upplysning finns det verkligen i var och en här gnistan av Kristus. För var och en har en liten del av Kristus-anden som bor i dem, och så genom hela mänskligheten. När hela mänskligheten kommer samman i ett sinne, då kommer det bokstavligen såväl som bildligt att vara Kristus återkomst.
D: Jag tror att folk förväntar sig att Han ska vara en entitet, en person som återvänder igen.
P: Detta är en korrekt uppfattning, men det är en som inte i detta fall är sann. Ni uppfattar situationen korrekt, men sanningen är att det inte är den sanna situationen. Det är mer än så. Det är faktiskt så, och ändå är det mer.
D: Då, istället för att en person återvänder, har det återkommit i flera människor.
P: Det är korrekt. Som inom hela planeten.
D: Faktiskt har Kristus redan återvänt.
P: Det är korrekt.

455

D: Det är bara ett annat sätt att se på det. Det är därför det skulle kräva ett annat koncept för att förstå det. Han har redan återvänt i andan av flera olika människor.

P: I andan av många miljarder människor. För denna ande är verkligen över hela planeten nu, inte bara i ett fåtal.

D: På det sättet kan de åstadkomma mycket mer än en person.

P: Det är korrekt. För ordet sprids över hela planeten samtidigt. Och arbetar sig från insidan och utåt.

D: Kyrkan vill att vi ska tro att det bara skulle vara en person som skulle sprida det när Han återvände. Där igen skulle Han dyrkas. Det är problemet.

P: Det är en korrekt bedömning.

D: Detta skulle vara ett annat sätt att se på det, som Kyrkan skulle ha problem med.

P: Vi skulle också ha problem med Kyrkan i detta avseende. För vi försöker många gånger att nå dem som verkligen och ärligt söker sanningen. Men de finner att de måste vända sig utåt istället för inåt. De kan inte tycks nå detta koncept som tillåter dem att vända inåt där den verkliga sanningen ligger.

D: Ja, de måste alltid ha något eller någon de kan se upp till och dyrka. Det är det enda sättet de kan tolka det på. En staty, en bild eller ett koncept av en person.

P: Det är korrekt. En predikant, talare, stateman, läkare eller någon av många andra former av hjältedyrkan.

D: Det gör det mycket enklare för några av dem, antar jag, om de får budskapet från den enda källan eller ideologin eller vad det nu är. Och de behöver inte förlita sig på sitt eget tänkande, sin egen själ.

P: Det är korrekt.

D: Det är ett intressant koncept.

Fråga: Är Torinslakanet det autentiska begravningslakanet för Jesus?

P: Det är korrekt. Den relik som kallas eller tillskrivs som Torinslakanet är verkligen det begravningsplagg som Mästaren själv sveptes i vid tiden för hans fysiska död. Det är präglat med den energi som strålar ut från den framträdande nedbrytningen av hans fysiska kropp, så att det inte skulle finnas några fysiska spår kvar av den kroppen. Detta är verkligen ett helt naturligt fenomen. Det var något avancerat i sin natur eftersom det inte var vanligt. Men det var inget mirakel.

Fråga: Kan du berätta varför vissa bilder och statyer, särskilt av Kristus eller Hans mor, tycks producera tårar eller blod, och har det någon betydelse?

P: Det finns återigen denna medvetenhet vi talar om, som genomsyrar allt som är. All skapelse är en del av det Gud-konceptet. Därför är de faktiska fysiska elementen av vilket ni talar verkligen en del av det Gud-konceptet. De är verkligen medvetna. Men i er definition kanske de inte är levande. Det finns i dessa ikoner medvetenheten om det Gud-konceptet. Medvetenheten om inte bara sin egen medvetenhet, utan också om de individer och entiteter omkring dem, er själva, som också är medvetna. I era projektioner av att se dessa ikoner överförs medvetenheten från den ena till den andra. Eller medvetenheterna hos de individer som betraktar överförs ofta till den ikonen. Fenomenet i sig är en manifestation av den överföringen av medvetenhet. Tårarna är en manifestation av medvetenheten hos de individer som ser dessa ikoner. Sorgen är verkligen äkta. Skammen över mänskligheten som är korsfästelsen av den som kommit för att rädda den ras som korsfäste Honom.

Fråga: Jag förstår att ett av dem producerade tårar som kunde samlas i en flaska. Vad skulle de visa om de analyserades?

P: De skulle verkligen vara tårar, eller innehållet jämförbart med mänskliga tårar.

D: *Även om de kom från duk och färg?*

P: Det är korrekt. Ni själva, igen, är skapare. Detta är verkligen ett rent fysiskt och helt naturligt fenomen. Det handlar om överföring av medvetande. Och genom att göra detta, formuleras en manifestation som härrör från medvetandet, eller det medvetande som har överförts. Individerna själva överför detta medvetande till ikonerna, inte att ikonerna själva gråter. Men medvetandet hos individerna, och styrkan av deras tro överför detta medvetande till den ikonen.

D: *Den mänskliga varelsen är alltså katalysatorn då.*

P: Den mänskliga varelsen är avsändaren av detta medvetande. Ikonen är katalysatorn.

D: Även utan att de är medvetna om att de faktiskt gör detta?

P: Det är korrekt. Om ingen betraktar dessa ikoner skulle det inte finnas någon överföring av medvetande, och därför skulle det inte finnas några mirakel att se.

Medlem: Då är det sant att om tio procent av oss ber för samma sak...
D: Så förstärks det. Det är inte bara multiplicerat, utan kvadrerat.
P: Rätt. Var och en av er bär inom er en gnista av denna energi. En liten tidskapsel, kanske, för att använda ord i ert vokabulär. Ett litet fragment av denna energi. Och när ni ber tillsammans, kopplar ni samman dessa små gnistor och skapar en mycket mer potent och kraftfull nivå av denna energi. Så ni kan se hur det är att när människor ber tillsammans ökar deras energi. Det är genom att förena denna skapargnista som detta görs.
Medlem: Så vi har alla en gnista av skaparen i oss. En del av oss är Gud.
P: Det är korrekt. Det är det som håller er vid liv. Vi skulle vilja utveckla en åsikt här. Många på planeten känner att för att manifestera något, måste de bli så beslutsamma att det inte finns något annat alternativ. Felet i detta ligger i att vad man säger och vad man tänker ofta är i konflikt med varandra. Vad man verkligen tror är ofta inte exakt vad man säger. Och så när man säger något, sätter det verkligen igång en reaktion som kan vara helt motsatt till vad som sägs. Och så, genom att vara så fasta i denna tro, ges det en manifestation som kan verka helt i strid med vad som sägs.

P: Vi skulle säga att er tvivel är något mer av en skyddsfunktion, i det att ni väljer att inte tro och så tvivla. Informationen som ofta strider mot det som ni har kommit överens om är verklighet, är obekväm att integrera. Och ni känner att detta återigen, inte är ogrundat, men kanske onödigt. Vi skulle be er att ha mer tro på er själva. Förstå att ni inte är här för att bedra er själva. Ni är faktiskt er egen lärare. Och ni borde lyssna och sätta mer tro på det som ni själva lär er. Ni borde se er själva mer som er egen bästa vän och förtrogne än som rival.

Q: *Mina frågor har besvarats när vi gick runt i rummet. Jag känner mig som när min son gick i femte klass och han sa: "När jag var i tredje klass trodde jag att jag visste allt." Och jag sa: "Nåväl, vad säger du nu?" Och han sa: "Nu vet jag att jag vet allt." (Det var mycket skratt.)*

P: Vi skulle säga att det är mest lämpligt för den mänskliga upplevelsen. För man får syn på nästa berg och säger: "Nåväl, jag måste klättra dit," och så gör man det. Och man säger: "Åh, det finns ett annat." Och så är varje berg nedanför bara en myrstack. Detta är inte riktigt den analogi som ni gav, men vi är underhållna av båda. Och skulle gärna njuta av dem, för vi är ganska underhållna av mänskliga strävanden, av att bygga berg och bli ganska missnöjda och så bygga ett annat. Kunskap är densamma. En tredje klassare bygger ett berg av kunskap och tittar och säger: "Wow, nu vet jag allt." Och se där, han tittar och det finns ett annat berg precis österut. Och så klättrar han upp på det, och detta tredje klassberg är så litet, och på och på och på. Och så bygger vi fortfarande berg här också. För det finns aldrig det högsta berget nått förrän perfektion. Det är det ultimata berget.

D: *Jag har kommit till den slutsatsen. Ju mer du lär dig, desto mer upptäcker du att du har mer att lära.*

Den Invecklade Universumet ~ Bok Ett

Kapitel Tretton
Användning och Manipulation av Energiflödet

Denna session genomfördes 1989 med Beverly, en konstnär som jag hade arbetat med många gånger. Jag använde hennes nyckelord och räknade henne till det andliga tillståndet mellan liv, där vi kunde få tillgång till information.

D: *Vad gör du? Vad ser du?*
Beverly: Jag ser ingenting än, men det känns som om jag gungar på milda vågor. Jag är inte i ett hav, utan i universum. Jag kan titta ner och se planeten. Den ser ut som alla bilder man ser av jorden. Blå och vit.
D: *Är det något annorlunda med den?*
B: Nej. Den är bara svävande i rymden, på en säng av nätverk, så att säga.
D: *Vad menar du med det?*
B: Det är som att universum är uppbyggt av nätlinjer genom hela det. Och de fluktuerar, de rör sig. De ebbar och flödar, som fullkroppsvågor i havet. Jag menar inte krossande vågor. Jag menar vågor som rör sig från mycket djupt ner i vattnet. De är milda, men de är mycket djupa, långsamma vågrörelser i rymden. Och jorden sitter inom denna säng, liksom alla andra planeter och stjärnor och solar.
D: *Detta visar att universum faktiskt är levande, om det rör sig så. Betyder det att jorden och de andra planeterna också rör sig? Jag tänker på vågornas rörelse.*
B: De rör sig inte som rymden gör. De snurrar och vad som helst inom detta undulerande rum. Jag har ett exempel till dig. Har du sett de glaslådor som har vatten i sig, som flödar fram och tillbaka, som affärsmän ibland köper för att titta på eftersom det är avkopplande?
D: *Ja, jag har sett sådana.*

B: De rör sig mycket långsamt och jämnt, men det går upp och ner, och upp och ner. Det är sängen av rymd.
D: *Det stör inte planeterna som är inom den?*
B: Nej. De snurrar och vänder inom denna säng.
D: *Bilden av en säng är som om de ligger på den.*
B: De ligger i den. Som i ett hav där det kan finnas en fisk som simmar i det. Där det skulle finnas vatten ovanför fisken och under fisken, och till höger och till vänster. Kanske om jag sa att det mer är som luften vi lever i, istället för en säng, skulle det klargöra för dig.
D: *Okej. För jag hade bilden av jorden som gungar fram och tillbaka, som ett skepp som kastas på havet.*
B: Nej. Det är en mycket långsam rörelse, men är fullkroppslig. Med andra ord, den rör sig genomgående. Det är inte en ytvåg.
D: *Och detta är vad rymden är sammansatt av? (Ja) Jag tror vi har uppfattningen att rymden är stillastående och tom.*
B: Nej, nej. Det är levande, och det är närande. Det föder allt inom sig. Så det måste vara levande och rörligt.
D: *På vilket sätt föder det?*
B: Ingenting skulle växa i stagnation. Ingenting skulle utvecklas eller förändras. Dess själva väsen föder det som finns inom det, precis som luften låter oss andas. Om luften inte fanns för att ge oss vår andning, då skulle vi också dö.
D: *Så samma sak sker i större skala, som om jorden är en person. (Ja) Det finns något i rymden som bidrar till livet. (Exakt) Jag kan se vad luften ger oss. Vad ger rymden till jorden, världarna? En energi?*
B: Dess närvaro är liv. Återgår till fisken i havet, om fisken skulle tas ur den platsen eller om vattnet skulle avdunsta, skulle fisken dö. Så det är inte så att rymden föder oss något för att närma oss. Dess närvaro tillåter oss att leva och därigenom närar oss, eftersom utan den skulle vi inte existera. Det finns liv i den, och ja, det kan kallas en energi. Men jag är rädd att det skulle vara missledande, för det är inte en aktiv energi. Det är aktivt, men på en subtil nivå.
D: *Men det är inte passivt heller.*
B: Rätt. Som jag sa, det är aktivt på en subtil nivå, medan vi tänker på energi som något med stark rörelse. Det finns energi med stark rörelse som passerar genom denna rymd, och genom oss. Men rymdelementet själv som jag har pratat om är mer av en inaktiv

energi, men ändå inte död. Eller en mindre aktiv energi än vi vanligtvis tänker på.

D: *Vad är denna starkare energi som du sa passerar genom allt?*

B: Den starkare energin är mer som livskraften, den kreativa drivkraften, som faktiskt kan dirigeras. Medan rymdens livfullhet inte är dirigerad, den är bara där. Den existerar bara.

D: *Det är mycket neutralt?*

B: Det är neutralt, och ändå har det en positivitet inom sig, eftersom utan det skulle vi inte leva. Så man kan inte säga att det är helt neutralt, som i "stillastående" eller "död". Det har livskraft i sig och viss rörelse.

D: *Men det är inte dirigerat.*

B: Korrekt. Det är som en konstant, där mer aktiv energi kan dirigeras och fokuseras.

D: *Detta är den mer aktiva energin som du pratar om, som går igenom allt på alla nivåer?*

B: Det är en separat typ av energi från rymdens livskraft eller energi, ja.

D: *Och den här andra energin som är starkare och riktad, går igenom allt på alla nivåer?*

B: Ja, det gör den.

D: *Självklart undrar jag alltid var något sånt kommer ifrån. Allt måste komma från någonstans, i vårt sätt att tänka.*

B: Det är korrekt i vårt sätt att tänka, och jag vet inte alla svar på det. Men jag tror inte att det måste komma från någonstans. Det finns där, det är givet, det har alltid funnits och kommer alltid att finnas. Så var skulle du kunna säga att det kom ifrån?

D: *Men du sa att det var dirigerat.*

B: Det är dirigerbart. Kanske det gör mer mening eller är mer korrekt. Det kan dirigeras, och det kan förändras. Energiflödet kan gå in i en blomma och få den att växa upp ur jorden och blomma. Det samma energiflödet kan gå in i en löpare som springer ett maraton. Det kan gå in i en målare som målar. Det kan gå in i barnafödande, och återskapa sig och fortsätta och fortsätta. Och istället för att vara en utbredd energi när den blir en blomma eller en löpare eller ett nytt barn, är det dirigerad eller fokuserad energi.

D: *Det är det som förvirrade mig när du sa att det var dirigerat eller dirigerbart. Jag tänker alltid att någon eller något måste ge det riktning.*

B: Har du sett en snurra snurra? När den väl börjar snurra, återskapar den sin egen kraft, låt oss säga. Nu, förstås, snurror kan välta. Men det finns en sådan sak, jag tror man kallar "centrifugalkraft", som säger att när den börjar snurra, fortsätter den. Precis som jorden själv. När den väl börjar snurra i sin bana, fortsätter den bara. Ingen behöver fortsätta trycka på den som man skulle göra med ett barn i en gunga. Den dör inte ner. Och det skulle vara på samma sätt med energi. Den fortsätter att återskapa sig konstant. Och var den ursprungligen kom ifrån - om den gjorde det - vet jag inte.

D: *Så det behöver inte dirigeras av en överordnad kraft av något slag.*

B: Det är bortom vad jag kan prata om. För att föra det till en närmare nivå, till något vi kan förstå, är energin den som dirigerar sig själv. Den är medvetande och dirigerar sig själv. Och om det finns något ovanför och bortom det, vet jag inte vad det är.

D: *Du sa att det var något du inte kunde prata om. Är det något du inte får göra, eller bara något som du inte känner till svaren på?*

B: Nej, det är bara för stort.

D: *För stort för att bringa ner till vår nivå av förståelse?*

B: Det är för stort för mig att förstå.

D: *Jag gissar att det alltid återgår till vår uppfattning om Gud.*

B: Jag tycker att vår uppfattning om Gud är mycket felaktig. Vi försöker se det som en person eller en ande eller en energi som trycker på knappen för att sätta igång saker. Och jag tror inte att det är så det fungerar. Men det är för stort för att jag ska kunna förstå, och därför för stort för mig att relatera till någon.

D: *Om den här energin går att styra, kan den då styras av människor?*

B: Energin är människan. Energin manifesteras som en människa. Så människan styr inte energin, energin styr människan.

D: *Jag tänkte att om energin fanns där, kanske den var där för att vi skulle använda den på något sätt.*

B: Vi använder den själva. Jag vet att det här är svårt. Jag vet inte hur jag ska förklara det.

D: *Om du inte har något annat exempel?*

B: Kanske. (Eftersom hon är konstnär använde Beverly det hon var bekant med för att ge en analogi.) Om du droppade - jag måste använda tunn färg, eftersom tjock färg inte skulle röra sig. Låt oss säga att du droppade tunn färg på ett papper. Vackert färgad färg. Och den droppade och spred sig i olika riktningar och skapade en vacker bild. Färgen som droppat på papperet är resultatet av energin som droppat. Den energin styr resultatet som dök upp på papperet. Målningen på papperet styr inte energin som droppade det. Förstår du vad jag menar?

D: Ja, jag tror det. *När den droppade gick det av sig själv, slumpmässigt.*

B: Ja. Men sedan är produkten, den färdiga målningen - jag tänker på en bläckfläckdesign, inte en färdig målning som du jobbar på i flera timmar. Men låt oss säga att du droppade vacker färg från himlen på detta bläckpapper, så att det rann i olika riktningar och bildade ett mönster av skönhet. Det färdiga mönstret av skönhet styr inte energin som droppade det. Så energin manifesteras som en mänsklig form, och energin själv har kontrollen. Den mänskliga formen, som då skulle vara målningen, styr inte vad som droppade den.

D: *Jag antar att jag tänker på människor som vill förändra sina liv och skapa sina egna verkligheter. Är detta den typ av energi de skulle kunna använda genom någon form av riktning?*

B: Ja, men du kan inte göra det från fel ände, ser du. Energiänden är den ände som har energi och gör det, inte bläckmålningänden eller människans ände. Nu kan människans ände påverka en förändring i sina resultat. Men det kommer inte från papperet eller den mänskliga kroppen, det kommer från energin. Energien skulle kunna droppa en annan färgdroppe och förändra vad som existerade just innan.

D: *Jag försöker se om vi kanske hade mer kontroll över våra liv, att vi skulle veta hur vi ska styra denna energi.*

B: Vi har det. Vi har kontrollen. Men kontrollknappen är på den andra änden, den är inte på resultatänden. Den är på energin. Jag kan misstolka vad du säger, men jag tror att du försöker säga att du vill att bläckpapperet ska stiga upp och styra energin, färgflödet. Och så fungerar det inte. Om du använder människan som bläckpapper och du använder droppandet av färg som energikraften, så skapar droppandet av färg på bläckpapperet något som har det som fanns i det, färgen, på bläckpapperet. Och det är fortfarande där. Men om det inte droppade mer färg, skulle bläckpapperet vara stillastående och permanent, precis som det var. Det skulle aldrig förändras. Och om bläckpapperet försökte påverka en förändring på energin från vart den kom, skulle det vara omöjligt. Energin, färgen, droppar kontinuerligt på bläckpapperet för att förändra det. Bläckpapperet förändrar inte energin.

D: *Då hur kan människor påverka förändringar om det måste vara på den andra änden? Hur kan de använda detta och påverka förändringar i sina liv?*

B: Det är så de gör det, med den energikraft som droppar färgen. Du ser, vi är båda kopplade. Men det är där förändringen kommer från, energikraften, inte från bläckpapperet eller den platta mänskliga formen.

D: *Då hur kan de skapa en förändring? Jag försöker tänka på ett sätt för människor att använda denna energi för att hjälpa sig själva.*

B: De gör det, men ... kanske jag har gett dig en dålig analogi. Papperet utan färg som kontinuerligt droppar på det skulle vara dött papper. Nu är interaktionen av energin som droppar färg på papperet en kontinuerlig fram och tillbaka energiexchange. Men sättet att trycka på knappen är inte på ytan, den döda kroppens ände eller papperets ände. Knappen trycks från där den droppar ifrån.

D: *Men hur kan vi få denna knapp att tryckas?*

B: Vi är den knappen. Vi är inte bläckpapperet. Så vi trycker på den varje gång vi droppar färg.

D: *Då har vi kontroll genom våra egna sinnen?*

B: Det är mer än sinnet. Ja, sinnet är en del av det, men det finns en energi som är ännu större än sinnet, som omfattar det. Som sinnet finns inom. Och som är större än sinnet.

D: *Men idén, önskan, måste börja med den mänskliga sinnen. Om vad de vill förändra och vad de vill skapa.*

B: Återigen, eftersom vi redan har använt exemplet på färgdroppandet, låt oss säga att det är från en pipett, eftersom den inte ens har en hand. Eller från en kran. Pipetten kanske inte fungerar. Men den droppar flytande färg på ett papper. Om den slutar droppa, skulle det papperet bara vara död skräp. Men den slutar inte droppa. Den fortsätter att droppa, och därför är det papper som den faller på ständigt förändrat. Och de matar tillbaka på varandra. Eftersom energin, i form av färg, som droppas på papperet ger energi till papperet. En energi föder sig själv, så den sprider ut sig och matar tillbaka till källan, pipetten. Så det finns en kontinuerlig revolution där. Papperet på egen hand skulle inte kunna styra energin, eftersom det är ingenting på egen hand. Det skapades från droppen från början. Förstår du lite klarare nu?

D: Jag tror så. Jag försöker bara hitta något fungerande sätt som vi, som människor, kan använda detta. Jag vet att det är den lägre änden av skalan.

B: Nej, det är inte den lägre änden av skalan. Det är helt enkelt det sätt som människor använder energin på denna nivå. Det är inte botten. Det mycket ordet "botten" anger en högre eller topp, eller något att höja sig till. Och det är inte en korrekt beskrivning. Det finns bara många former och många sätt som energin kan styras. Och ingen är nödvändigtvis bättre eller sämre än den andra.

D: *Jag ville hitta ett praktiskt sätt som en människa skulle kunna styra denna energi. Skulle det finnas en procedur de kunde följa för att skapa ett mål och föra det till verklighet?*

B: Ja. De skulle kunna styra den energin.

D: *Hur gör de det?*

B: I våra fysiska kroppar skulle det vara mentalt. Det är mer än det dock. Den mentala återkopplingen från papperet till dess energikälla är liten jämfört med energikällan. Det är en del av sättet vi skulle - detta papper skulle kunna - aktivera vad det vill. Det, tror jag, är vad du frågar.

D: *Ja. I livet.*

B: Energin i sig är livet. Den är också ljus. Om vi försöker separera den från bläckpapperet gör vi ett stort misstag. Det skulle vara bläckpapperet som försöker kontrollera energin. Så det måste fungera i samarbete. Det måste finnas ett flöde. Och sättet det kan styras på skulle vara att stämma in på den ursprungliga energin. Det handlar mer om uppmärksamhet och fokus, och att stämma in på var detta flöde är konstant och jämnt. Om bläckpapperet ville arbeta på egen hand och gå av på en tangent, skulle det kunna. Eftersom det har sin egen energi, skulle det då starta en annan cykel. Men det skulle vara mycket litet och troligen felriktat, jämfört med om det matade tillbaka till sin egen källa. Och det skulle hålla kraften som fungerar konstant. Så länge bläckpapperet här till höger matade in i energikällan till vänster (handrörelser), så länge detta fungerade eller energin styrdes fram och tillbaka, matade in i sin manifestation och tillbaka till sin källa, in i sin manifestation och tillbaka till sin källa, även om det var en blomma. Matande in i blomman och låta den växa, släppa sina frön, mata tillbaka till källan, komma upp igen, växa, släppa sina frön, mata tillbaka till källan medan det var i det ickeväxtstadiet. Så det skulle vara konstant. Du kan förstå hur det inte skulle vara fysiskt manifesterat under vintern, till exempel, men att det skulle komma upp igen på våren. Men människor går inte i dvala, även om de går in och ut ur grader av livfullhet. De är subtila. Kanske drömtillståndet, kanske en in och ut som vi inte är riktigt medvetna om. Och så länge det fortsatte att mata tillbaka till den källa som det kom ifrån, skulle det finnas en pågående energi som inte skulle minska. Den skulle behålla sin energinivå. Nu, om det här bläckpapperet här bestämde sig för att gå av på en tangent och skapa något, skulle det kunna. Och det skulle skapa något som skulle mata tillbaka till det om och om igen. Men det skulle vara av mindre styrka än om det matade tillbaka till sin ursprungliga källa. Det är som strålar som skulle gå ut. Förstår du vad jag menar?

D: *Ja. Men i exemplet med blomman är allt det automatiskt. Det händer ändå. Det är ett konstant matande tillbaka till källan. Detta är vad livskraften är.*

B: Ja. Och det är detsamma med människor.

D: *Men det är en automatisk sak som de inte riktigt tänker på.*

B: Det skulle hända oavsett om de tänkte på det eller inte. Men du skulle kunna styra det. Och den riktningen skulle komma från en högre nivå än vår egen medvetenhet, som regel. Nästan som om den vore vägledd. Och om den inte blev tillräckligt vägledd, skulle detta vara tiden, området där våra energier skulle bli felriktade, och saker skulle hända som vi troligen inte avsåg.

D: *Eftersom vi skickade ut fel energivågor?*

B: Nej, vi skickade ut rätt energivågor, men vi visste inte hur vi skulle styra dem eller vi hade inte tillräckligt med styrka för att styra dem till att påverka vad vi ville, och så gick de lite snett. Som statisk elektricitet på en radio när den inte är inställd rätt. Om du är inställd skulle det komma ut mycket klart. Men om du skickade ut det utan någon riktning, skulle det kunna bli statisk, som skulle se ut som bara en massa röriga saker. Eftersom det inte var fokuserat rätt eller riktat på rätt sätt.

D: Då måste vi veta hur vi ska styra detta och fokusera det?

B: Ja. Men mer än bara människan som vet hur. Energiströmmen som skapade oss vet hur, och vi skulle behöva stämma tillbaka till det. Då skulle vi inte behöva lista ut det för oss själva. Vi skulle lista ut det för oss själva, för det är oss själva. Men vi skulle stämma in på en ännu starkare frekvens, en högre medvetandenivå, som skulle hjälpa till att styra detta, snarare än att försöka ta all kraft för oss själva och styra det felaktigt.

D: Men du sa att vi måste ha mer kontakt. Hur kan vi göra det medvetet?

B: Jag tror att det handlar om … om jag säger "att reparera skadan", är jag rädd för att det blir missvisande. Men jag vet inget annat att säga just nu. Om vi inte skulle störa arbetet skulle det fungera okej av sig själv. Nu när vi skickar ut energi som är felriktad eller är statisk, låt oss säga, om den lämnades ensam skulle den försvinna och gå tillbaka till den ursprungliga energin. Men om en person skickar ut felriktad energi, och dussintals andra personer råkar skicka ut det samtidigt och på samma plats, då vinner det kraft. En felriktad energikraft, ser du. Och det gör det svårare, eftersom det nu börjar bilda och hårdna till en kraft av sin egen. Och det gör det svårare för det att naturligt försvinna och falla tillbaka till det naturliga flödet.

D: Det har fått ett liv av sitt eget då.

B: Ja. Och när det väl har gjort det måste vi medvetet arbeta för att få bort det. Innan det hade vi inte behövt det. Det skulle ha gått tillbaka till flödet automatiskt. Men när det finns tillräckligt med felriktade energier som skickas ut samtidigt eller på samma plats och det vinner viss kraft, då kommer det att fortsätta snurra av sig självt. Göra samma sak som det vet att göra, vilket är felriktad energi. Om vi inte bryter upp det och låter det försvinna tillbaka till det normala flödet, vilket för övrigt händer omedvetet. Jag tror att det var en del av din ursprungliga fråga, "Hur kan vi medvetet göra det?" Vi behöver inte medvetet göra det. Det gör bara. Den enda gången vi behöver göra det medvetet är när det har gått snett.

D: *Hur bryter vi upp denna felriktade energi? Du skulle behöva bryta upp den för att låta den gå tillbaka till källan.*

B: Genom att så, detta skulle vara ett sätt. Jag vet inte att det är alla sätten. Men låt oss säga att du har detta flöde som går från en enorm energikälla till sin manifestation, av vilken vi bara är en, en mänsklig kropp. Det finns många, många saker som den energin går ut och manifesterar sig som. Men om vi är intresserade av denna just nu, människan, och den människan skickar ut - eftersom den nu har energi, den har nu liv också. Och energi återskapar sig själv. - Så skickar den ut sin egen, och låt oss säga att den är felriktad. Hur bryter vi upp den, är din fråga. Genom att återkomma till den ursprungliga energikällan, tillåta positiv eller naturlig energiflöde att gå in i detta, och ha den sådd i den felriktade, till den punkten att det späds ut tillräckligt för att sedan kunna falla tillbaka till den normala – omedveten för människor – rutinen. Här finns medvetande, så jag vill förtydliga det. Det finns, i denna stora energikälla, dess medvetande, som sprider sig in i oss när energin går fram och tillbaka.

D: *Det var medvetandet du sa var bortom vår förståelse.*

B: Ja, ja.

D: *Men då måste vi skicka ut goda tankar och positiva tankar, eller kan vi göra det genom att be den ursprungliga källan att skicka positiva tankar?*

B: Det är mer som att stämma in på den. Låt oss säga att den ursprungliga källan har allt. Den kan skapa vad som helst, inte bara i den här världen utan i alla världar. Och den skickar alltid ut denna energi till oss. Om vi vill ha en sak istället för en annan, så stämmer vi bara in på den frekvensen.

D: *Men vi måste göra detta med en medveten ansträngning. I våra fysiska kroppar måste vi få instruktioner för att göra vissa saker för att kunna göra det.*

B: Med sin egen medvetenhet kan de styra den. Deras medvetenhet kommer också att spridas ut, och det kommer att skapa andra saker. Men vad de vill ta emot från den stora källan stämmer de in på. De öppnar upp den kanalen för att låta den komma in istället för något annat. Och så blir det en mer framträdande och dominerande del av deras makeup. Och sedan snurrar samma sak ut i vad de manifesterar.

Den Invecklade Universumet ~ Bok Ett

D: *Folk frågar mig alltid hur de kan skapa vad de vill. De vill ha en formel, en steg-för-steg-metod.*
B: Ja, jag vet, och det är mycket svårt. Och jag önskar att det fanns ett mer hjälpsamt svar, men jag tror inte att det gör det. Jag tror att när vi lär oss att gå den raka linjen, så att säga – och jag menar inte moraliskt – utan jag menar att när vi vacklar, så sprids våra energier längs vägen. Om vi går på en häcklinje, ju mer vi går rakt, desto mer kraft har vi att skapa vad vi vill. Men just nu vacklar vi. Så ibland skapar vi det, och ibland vacklar vi av och fördärvar det, och sedan går vi tillbaka och återskapar det. Kanske handlar det bara om att öva på att gå rakt, så att vi inte vacklar så mycket och förlorar några av de saker vi vill ha.
D: *Det har också mycket att göra med trossystem.*
B: Åh, ja, det involverar vad du vill. Om du inte hade ett trossystem skulle du inte vilja ha en sak över en annan. Du förstår, allt finns där.
D: *Du skulle bara ta emot vad som helst som kom din väg.*
B: Exakt. Och vårt trossystem är det som gör att vi har en preferens för en sak över en annan, oavsett om det är regn, låt oss säga, eller solsken. Det är alla manifestationer, både regnet och solskenet. Om vi inte hade ett trossystem skulle den ena vara lika bra för oss som den andra; faktiskt är de det. Det är vårt trossystem som säger att solsken är att föredra framför regn. Och om vi kom till den insikten – vi är redan där; vi vet bara inte att vi är det. Faktiskt, vi är alltid där; vi har bara inte medvetenhet om det. När vi har medvetenhet om att allt är lika bra som allt annat, kommer vi inte ens att försöka fokusera på att få vad vi vill ha. Vi har allt.
D: *Det finns människor som bara flyter med, så att säga, och tar emot vad som kommer. De vet inte att de kan välja något över något annat.*
B: Men tyvärr lider vi av det. Vi lider uppenbarligen om vi har svår smärta istället för kroppslig komfort. Jag förstår att det är vad du säger. De flyter med oavsett om det gör ont eller inte. Men jag säger att det finns en högre nivå än så, där smärta känns lika bra som något bra. Där vi inte påverkas av smärta som smärta. Allt det vi har pratat om är förstås så, men det leder till ett ultimatum där det inte spelar någon roll. Vi kommer att gå igenom en lärandeprocess kanske, som människor. – Låt oss prata från den

470

nivån. – Om hur vi kan styra tillbaka till denna energi och få vad vi vill. Vi är i den processen, och det kanske eller kanske inte är en lång process. Eftersom vi inte vet något om tid är det svårt att bedöma det. Men du ser, över här, denna stora energikälla (handrörelser) bryr sig inte om vad den skickar ut eftersom allt är lika bra som allt annat. Vi, här på jorden, med våra trossystem, bestämmer att den ena är bättre än den andra. Och vad du frågar är hur vi kan träna oss själva att bara välja det goda.

D: Eller vad vi vill.

B: Eller vad vi vill, ja, av det som skjuts ut, så att säga. Och så kommer vi att gå igenom denna process av att lära oss hur man gör det. Och vid den punkten kommer vi att inse att allt detta inte var nödvändigt, för allt det är vad vi vill ha ändå. Om vi inser det, behöver vi inte ens lära oss hur vi får vad vi vill ha.

D: Då kan vi faktiskt använda något av det. Vad vi anser vara positivt, negativt eller vad som helst.

B: Absolut. Allt är bara energi utan bra, utan dåligt, utan smärta, utan välbefinnande, utan rätt, utan fel, utan någonting. Men främst på grund av vårt trossystem vill vi separera det i delar som är rätt och fel, och bra och dåliga. Och som ett resultat vill vi bara välja det vi vill ha av det. När vi når en nivå där vi förstår att allt detta var onödigt – det fanns inget rätt, inget fel, inget bra, inget dåligt, ingen smärta, inget välbefinnande – då behöver vi inte ens ha lärt oss hur vi får vad vi vill ha.

D: Men som mänskliga varelser, det är där vårt fokus är.

B: Det är där det är just nu, ja. Innan vi kan dra in vad vi vill ha i våra liv, måste vi nå medvetenheten om att det inte spelar någon roll. För så länge det gör det, gör vi det svårare för oss själva att få det. Endast när det inte längre gör någon skillnad, blir flödet så jämnt, att vi kan stämma in så lätt att vi kan få vad vi vill ha. Det är lite som att det krävs pengar för att tjäna pengar. Så länge du har det kan du fortsätta att tjäna det. När du inte har det, då är du i trubbel i detta liv. Så när vi höjer vår medvetenhetsnivå, inser vi att vi kan ha alla pengar, hjälp, vad vi än vill ha. Men vid det laget, eftersom vi vet att vi kan göra det, är det bara tankar; det spelar inte längre någon roll. Vi är inte så fästa vid det. Tills inser det, är vi mycket fästa vid det, för vi tror att vi inte kan få det.

D: Det ger mycket mening.

Den Invecklade Universumet ~ Bok Ett

B: Jag ger ett exempel. När du klättrar en stege, en trappa till himlen, så att säga, varje steg som du fortsätter att gå uppåt, löses de som är under det upp. Det är som om du projicerar stegen framför dig, eftersom du tror att du behöver den för att klättra till nästa stjärna. Och den löses upp under dig när du går, eftersom du inte längre behöver den. Du kommer från denna stjärna till den andra. (Handrörelser) Och du bygger din stege, som när du klättrar löses upp. Och sedan kommer du upp till denna stjärna. Det som var sant hela tiden var, när du var på denna stjärna, kunde du ha varit på denna andra stjärna när som helst utan att använda stegen. Men det enda sättet vi vet det är att komma dit på denna stege, som då inte är värd något och inte betyder något. Jag menar inte att den inte är bra. Jag menar att den inte längre tjänar något syfte. Och om vi tror att vi bygger den stegen så att andra kan följa oss, är vi i fel, eftersom varje person måste bygga sin egen stege. Du kan inte resa på någon annans hjärna eller energi. Det är inte vad det handlar om, men kanske i dessa termer kan det förklaras. Du kan inte leva någon annans liv.

D: *Ja, men skulle inte stegen tjäna sitt syfte att visa dem vägen?*

B: Den visar bara den person som lever det livet vägen. En annan person måste bygga sin egen stege för att komma dit.

D: *Jag trodde att om du lärde dig något, kunde du vidarebefordra det som kunskap för att hjälpa andra människor.*

B: Ja, det kan vara så. Men stegen handlar mer om att leva den, än om kunskap. Och varje person måste leva sin egen livserfarenhet. Vi kan inte åka till himlen på någon annans kappor.

D: *Men vi kan ge dem exempel och visa dem?*

B: Ja. Varje varelse, som gör vad den gör, ger exempel oavsett om den vill eller inte. Det sker automatiskt. En annan varelse, med en viss medvetenhet, kan se det. I verkligheten skulle de inte behöva låna eller använda vad någon annan har lärt sig. Men de tror att de behöver det, och därför gör de det.

D: *De vill inte börja från början och räkna ut allt för sig själva. Det är därför vi har exempel, vi har böcker.*

B: Ja. Och så om det är hjälpsamt och vi använder det och det vägleder oss, är det okej. Det finns inget fel med det. Men i sanning, om det bara fanns en människa på jorden någonsin, och han inte såg något av andras exempel som föregick honom, skulle han fortfarande nå den stjärnan. Och han skulle antagligen göra det lika snabbt, om tid existerade någonstans.

D: *Genom att räkna ut det själv.*

B: Det handlar inte om att räkna ut det, det är en naturlig evolution. Du planterar ett frö i marken, det växer upp. Det blir vad fröet var. Om du planterar ett ekollon, vad växer ut är en ek. Det är inte en björk eller en kanin. Och vi har allt detta inom oss. Och om vi lämnas helt ensamma, kommer vi fortfarande att hamna på samma ställe. Men på grund av denna statiska energi runt oss som stör det naturliga flödet, vill vi gripa efter hjälp. Och eftersom statisk energi är där, och vi tror att vi behöver gripa efter hjälp, gör vi det. Men under allt detta, skulle vi inte egentligen behöva det och kommer ändå att komma dit. Det underlättar bara våra mänskliga sinnen att ha hjälp där ute, eller vad vi tänker på som hjälp.

D: *Ja, det är den mänskliga delen av det. Nåväl, all denna energi du pratar om, jag undrar hur vår mänskliga själ passar in.*

B: Det är förmodligen vad du skulle kalla en "själen". Anden, livskraften, skulle vara det närmaste sättet jag kan förklara det. Det är vad vi vanligtvis kallar "själ" här.

D: *Det är den del som förblir efter den fysiska kroppen dör.*

B: Ja, för den fortsätter och fortsätter. Energi kan inte försvinna.

D: *Men det verkar som om den förblir individualiserad som en personlighet.*

B: Den kan om den vill. Den kan göra vad den vill. Den kan individualiseras som en blomma, eller så kan den individualiseras som en människa. Antingen med samma medvetenhet som den hade i ögonblicket innan, eller med en annan medvetenhet. Den kan göra vad den vill. Det är skapelse.

D: *Energin eller själen?*

B: Det är allt en och samma. Och den kan dela sig, eller den kan på något sätt koagulera som en stor entitet. Tänk dig att du sprayar vatten ur en slangmunstycke. Genom att vrida på munstycket kan du antingen få det att komma ut som separata droppar, eller så kan du ändra munstycket och få det att komma ut som ett flöde. Eller du kan sprida det ännu bredare, och få det att bara bli små droppar som en spray. Eller hur du vill göra det. Det är allt samma.

Den Invecklade Universumet ~ Bok Ett

D: Det är allt så komplicerat. Det är därför jag försöker sätta det i termer som jag kan förstå. För om jag inte kan förstå det är det svårt för mig att vidarebefordra det till någon annan.

B: Det finns en skillnad mellan att förstå logiskt och att vara medveten om. Och jag tror att vi kan vara medvetna om saker och veta dem, som vi inte logiskt förstår. Det är som att försöka sätta en fyrkantig tapp i ett runt hål. De passar inte riktigt ihop.

D: Så det skulle vara mycket svårt för oss att ens hoppas på att förstå mycket av detta. Vi är begränsade av våra mänskliga hjärnor. Vi måste bara inse och känna att det är sant.

B: Ja. Så länge vi är begränsade inom våra trossystem är det svårt om inte omöjligt att förstå det logiskt. För våra trossystem är så begränsade i storlek, och det vi försöker förstå och bli medvetna om är så stort, att det inte får plats i vår lilla låda av trossystem. Tills vi gör oss av med den lådan kan vi inte låta allt komma in. Det kommer att hända oavsett om du förstår allt eller inte, eftersom det är dess natur.

D: Men jag försöker skriva om dessa saker, så att folk kan bli medvetna om dem.

B: Ja. Och det är väldigt hjälpsamt, för det expanderar folks trossystem. Och det är där att se andra som har gått före oss verkligen hjälper. Det skulle hända ändå. Men att se dem som har gått före oss, gör att vi kan expandera vår låda lite med vår medvetenhet om det. Och vad du gör i att skriva om dessa saker hjälper människor att se att det finns något på andra sidan den lådan. De kan trycka upp den lite och inkludera den. Och de kommer att fortsätta göra det och göra det och göra det, tills deras låda blir tillräckligt stor för att hantera allt detta. Tja, inte allt, men det skulle vara en fortsättningsprocess.

D: Med andra ord, de kan inte hantera det förrän de är redo för det ändå.

B: Det är sant. Du kan skriva hur många böcker du vill, men förrän någon är villig att läsa dem, kommer de inte att göra den personen något gott. Det kan vara bra för dig, och det kan vara bra för andra. Men det kommer inte att hjälpa den personen som inte är redo att titta över kanten av sin låda. Och när de är redo att titta över kanten, kommer allt att hjälpa.

D: *Då kommer de att leta efter saker som ger information. Det verkar mycket klart för dig, men det är komplicerat för mig.*

B: Det är inte så klart för mig heller, förutom att jag vet att det är så.

D: *Vi har läst om universell själ, universellt medvetande. Är det sant att vi alla är sammankopplade på något sätt, att vi kan få information från den universella själen när vi blir mer upplysta?*

P: Det stämmer, för alla är till slut ett, Gudskonceptet omfattar hela skapelsen. Alla, punkt. Därför, eftersom var och en av er verkligen är en del av helheten, är var och en av er verkligen en aspekt av den andra. Ni är verkligen en del av varandra.

D: *Är det så metafysisk läkning äger rum? Där man kan manipulera den energi som finns tillgänglig och de energier vi alla är sammanlänkade med?*

P: Det skulle vara något mer komplicerat än så. Men konceptet är faktiskt korrekt på så sätt att de energier du talar om är en del av er själva, och ni är en del av energierna. Det är som om ni simmar i energier och ni själva är en del av de vattnen ni simmar i. Genom att manipulera vattnet runt er kan ni orsaka strömmar som trycker eller drar från er till någon annan, eller från någon annan till er. Dessa strömmar, som ni kan föreställa er, är de energier vi talar om. Ni behöver bara styra dessa energier med ert sinne för att bilda dessa strömmar. Det kan finnas förråd av dessa strömmar tillgängliga för dem som skulle behöva dem. Och i denna manipulation finner ni att dessa förråd är tillgängliga för er själva. Det handlar om att skapa och avskaffa energier. Ni själva på ert plan är, i varje sann mening av ordet, gudar, eftersom ni kan och gör era skapelser i ert eget plan och dimensioner av medvetenhet. Men ni är inte jämlika med eller lika stora som den totala, allomfattande aspekten av Gudskonceptet som ni har. Ingen av er på detta plan skulle någonsin kunna hoppas på att nå den nivån. Men det är tillräckligt att säga att var och en av er har en del av det totala, övergripande medvetandet inom er. Och ni är verkligen kapabla att skapa och avskaffa. Därför, enligt er egen definition av Gud, Skaparen, är ni en gud i er egen rätt. Ni är verkligen gudsskapare. Kanske inte på den nivå som ni tillskriver den allomfattande Guden. Men det är viktigt att notera att ni verkligen är skapare.

Phil: Det finns ett fysiskt energispektrum. Det finns de energier som utgör och i rätt proportion gör det som ni uppfattar som fysiskt. I en riktig kombination av olika energier manifesteras fysisk form. Den fysiska formen ni ser omkring er är en kombination av många olika fysiska energier som manifesteras för att producera de former ni ser. Era ögon uppfattar dessa energier och därigenom uppfattar ni fysisk form.

Brenda: Jag är inom en nexus som är en korsningspunkt för flera universum i kontinuitet. Jag observerar hur de interagerar. Och jag tittar på de mönster som de orsakar i sin existensstruktur.
D: Det låter komplicerat. Är det vackert att titta på?
B: Ja, det är det. Verkligt komplext och vackert. Det är svårt att beskriva. Det beror på vilken nivå du tittar på det. På en nivå ser det ut som – vet du hur blixtrar ser ut? (Ja) Föreställ dig blixtrar i varje tänkbar färg och se dem interagera med varandra. De olika energilagren av de olika färgerna som flödar och fladdrar runt. Och om du ser på det från en annan nivå kan du se tidens galler som kröker sig och interagerar och förändras. Det beror helt på vilken nivå du ser på det. Det finns andra nivåer. Det är mycket komplext och det är mycket vackert.

Brenda: Jag observerar nätverket av grundläggande energipartiklar som utgör universum och håller det samman. Du skulle kunna beskriva det på flera olika sätt, beroende på dina uppfattningar och vilken nivå av organisation du tittar på. Å ena sidan ser det ut som en löst vävd filt där varje enskild tråd representerar särskilda typer av energi, som vävs in och ut och interagerar med de andra energierna, och håller allt samman och i ordning. Å andra sidan, om du ser på det på ett annat sätt, ser det ut som en energimoln, eftersom allt är energi och sprider sig överallt. Det är som om du var i en dimma och kunde se varje enskild partikel som utgör dimman, för att använda en analogi. Där du är på ditt jordiska plan, består dimma av små partiklar av fukt. Det är som om du kunde se varje enskild partikel unik och fullständig i sig själv. Ändå, i det här fallet, är varje enskild partikel en energipartikel, och varje enskild partikel är levande på sitt eget sätt. Den är upphetsad. Den vibrerar och rör sig inom sin lilla sfär av inflytande. Och detta är överallt med de otaliga mängderna av partiklar.

D: *Skulle detta vara som atomer?*

B: Mindre än atomer. Atomer är kluster av energipartiklar. Dessa är som de subatomära fysiska egenskaperna som era forskare försöker studera. (Paus) Jag kan inte göra kopplingen med ert språk. De har så konstiga namn som era forskare använder. Kvarkar? Saker som små, små neutriner av energi. De energier och partiklar som är involverade i det som märks i ert språk som den nya fysiken. Detta är den första glimten av en idé om hur saker är. Eftersom detta är ett nytt område ni studerar har ni ingen kunskap om det än. Ni misstänker knappt att denna aspekt av saker existerar. Era forskare försöker förstå det och kvalificera det. För att ge det regler för att förklara saker som de observerar, men vad de observerar är en mycket ofullständig bild. För att använda en analogi är det som om en lång film visas i era teatrar. Och allt ni ser är ett enda bildruta av hela bilden. Och försöker förklara vad filmen handlar om och handlingen i berättelsen.

D: *Bara från en bildruta?*

B: Precis. Och det är vad era forskare försöker göra med denna energi.
  Vad de har observerat är motsvarande att ha sett kanske en liten detalj i den där bilden. Kanske färgen på håret hos en av skådespelarna i denna bildruta. Och från den informationen försöker de bygga vad filmen handlar om. Handlingen, vem som

477

skrev den, vad musiken handlar om och allt det där. Och det är omöjligt. De behöver lära sig mer och observera mer innan de kan räkna ut vad som verkligen pågår. De har redan gjort den korrekta kopplingen mellan denna nya fysik och den gamla vetenskapen om mysticism. Men den gamla vetenskapen om mysticism är delvis kvar från den tidigare civilisationen och delvis från årtusenden av observation. Observationer samlade av dessa saker som orsakas av denna energimoln, som människor har observerat och försökt förklara.

D: *Men hur kan de få hela bilden? De kan inte se dessa saker.*

B: Nej, men de kan observera effekterna av dessa saker, vilket skulle hjälpa dem att förstå vad dessa är. Det viktigaste de behöver göra är att hålla sina sinnen öppna för allt, oavsett hur absurt eller osannolikt det kan verka till en början. För alla osannolikheter och alla saker som verkar absurda är också en del av universum. Saker som kallas "slumptillfällighet" och "sammanträffande" är allmänna etiketter för saker som har observerats som orsakas av detta.

D: *Du sa att detta baserades på mysticismens vetenskap. Många människor tänker på det som häxkonst och ockultism. Är det vad du menar?*

B: Ja, delvis. I den tid ni befinner er i har människor skurit sig själva från sina rötter. Och i processen av att göra detta har de förnekat mysticismen, och sagt att de är moderna och bildade människor; att vetenskapen förklarar allt. När vetenskapen slutligen når sin högsta punkt kommer alla att vara mystiker. Med mysticism syftar jag på allt som rör de högre nivåerna av saker, inklusive häxkonst, ockultism, de olika mystiska religionerna från öst: buddhism eller hinduism och sådant.

D: *Många människor sammanför allt detta som att vara på den mörka sidan.*

B: Ja. Kraften kan perverteras och användas för fel skäl, precis som allt annat. Men det är till människans fördel att bli bekant och bekväm med denna kraft och använda den för att lösa sina problem. Det finns fortfarande kulturer som är mer öppna för detta än andra. I er kultur har detta stängts. Men det finns många individer som praktiserar detta och använder det i sina liv och hjälper till att hålla sina traditioner vid liv, vilket är viktigt. Det verkar vara en egenskap hos människan. Saker som de inte förstår kategoriserar de och stänger in i en garderob och glömmer bort dem, eller försöker göra det. Och allt som finns kan läras av och ni kan dra nytta av allt som finns - vissa saker mer än andra, det är sant - men i allmänhet. Till exempel, i er medicinska vetenskap har de utvecklat vaccin. Så nu används vacciner av alla för att hjälpa till att förebygga sjukdomar och förhindra obalans i kroppen. I forna civilisationer utvecklade deras vetenskaper det som nu kallas mysticism, och alla använde det för att hjälpa till att förebygga obalans i den harmoniska helheten. Av sin egen natur åstadkom det vad alla era individuella vetenskaper försöker åstadkomma nu. Deras vetenskaper började som liknande individuella vetenskaper och förenades när de blev långt framskridna inom kunskapsområden. Och de insåg att allt är ett, är en harmonisk helhet. De enades och folket lärde sig och tillämpade den kunskap som utvecklades. Det är vad som kallas mysticism, eftersom de hade strävat efter det ultimata och funnit att denna underliggande energi organiserar allt. Och om man är medveten om detta och vet hur detta kan förändras eller manipuleras för att uppnå det man önskar medan man förblir i harmoni med det, så är allt som behöver göras gjort.

D: *Menade du att de fann att de inte behövde det för medicin?*

B: När de nådde denna nivå där de kunde vara i harmoni med helheten, var medicin inte längre nödvändig. Den blev överflödig, eftersom det var sällsynt att någon blev sjuk. De visste var de var ur balans. Och de ändrade sina energier för att återställa allt till balans. Då skulle de inte längre vara sjuka.

D: *Kan du berätta vilka civilisationer som utvecklade detta till en så hög grad?*

B: Det var flera civilisationer, men de var i kontakt med varandra. Det var en världsomspännande typ av kunskap, men olika delar av världen hade subtilt olika sätt att se på saker, på grund av sin kultur. Det fanns civilisationen Atlantis, och det fanns en civilisation i Sydamerika. Och det fanns flera civilisationer i öst: en i Indien, en i bergen i det som nu kallas "Tibet" och "Sri Lanka". Och två olika civilisationer uppstod i det som kallas "Kina", men de levde i harmoni med varandra. De ansågs vara en enda civilisation med en dualistisk kultur. Och dessa civilisationer bidrog alla till utvecklingen av vetenskapen från sina olika synvinklar för att hjälpa till att göra det till en komplett helhet.

D: Fanns dessa andra civilisationer samtidigt som Atlantis?
B: Ja. Atlantis föregick de flesta av dem, men de var alla gamla civilisationer. Civilisationen i Tibet och Sydamerika startade ungefär samtidigt som Atlantis, och de andra civilisationerna kom lite senare. Men de existerade tillräckligt länge för att alla avancerade till en hög grad.

D: Jag tror att många människor har uppfattningen att de civilisationerna kom efter förstörelsen.
B: En ny uppsättning civilisationer kom efter förstörelsen av Atlantis. När Atlantis förstördes påverkades hela världen, när det gäller mänsklig interaktion, vetenskaper, konst, osv. Hela världen kände av dess effekter. Atlantis var den största civilisationen, centrum för civilisationen i allmänhet. Och när den förstördes verkade det ha tagit den livsviktiga energin från de andra civilisationerna, så att de gick in i nedgång. Men dessa andra civilisationer gav upphov till den nuvarande världen.

Brenda: Jag tittar på hela tidens struktur. Den är mycket intrikat. Det är nästan som en ihålig glob av fin silvertråd. Och alla dessa trådar går runt och skär varandra, ungefär som en tredimensionell modell av atomen och hur du ser elektronerna snurra runt. Det finns en serie av silvertrådar som går runt så där. Och det finns en annan serie av silvertrådar som går runt i rät vinkel för att skära alla dessa. Och det formar denna ihåliga glob. Det är svårt att beskriva, det är mycket intrikat.
D: Det låter komplicerat.
B: Och en sak för att ge dig hopp, med det strukturerat på detta sätt, betyder det att vad som helst kan hända. För alla möjliga kombinationer finns här.
D: Menar du att det inte är förutbestämt, att det måste vara så?
B: Nej. Det är därför magi och liknande fungerar. För om du vill att något ska hända, och du mediterar över det och projicerar mental

energi mot denna händelse, kommer det att styra ditt liv in i den tidsströmmen.

Brenda: Det kanske är att upprepa vad du har hört förut, men det kan inte betonas nog. Först och främst måste du inse att allt som genererar energi avger vibrationer. Saker som genererar ljus, vilket är en form av energi, avger ljusvibrationer och ni ser dem som strålar, som en glödlampa. Eller något som genererar ljud, ni ser det vibrera och ni hör ljudet, men det är fortfarande vibration och det är fortfarande energi. Din hjärna genererar också energi. Allt som händer i din hjärna genererar energi, och därmed genererar vibrationer. Vilket innebär att alla dina kroppsliga processer eller några av dina tankar eller någon känsla, avger vibrationer. Och dessa vibrationer påverkar eter som omger dig. Du är omgiven av och fylld med och genomborrad av vibrationer från miljarder olika källor. Dessa vibrationer är av alla nivåer och styrkor. Och energin som avges av din hjärna är tillräcklig för att påverka vissa av dessa nivåer av vibrationer. Följaktligen kan man påverka framtida resultat genom vad man tänker. Jag vet att du har hört detta förut, men jag förklarar det för dig igen, så att du inte blir nedslagen när saker verkar inte fungera till en början. Du fortsätter bara att tänka på vad du vill ska inträffa så kommer det att inträffa. Ibland på oväntade sätt, för ibland måste vibrationerna gå genom många kanaler för att påverka det som behöver påverkas. Jag kan se detta väldigt tydligt. Jag vet inte om jag förklarar det på ett sätt som gör det övertygande för dig.

D: *Du gör ett mycket bra jobb. Om jag blir förvirrad kommer jag att fråga dig.*

B: Din hjärna är det vibrationala centret i din kropp. Och det finns ett fokus för dessa vibrationer, kallat solar plexus. Det är som en lins som fokuserar ljus. Solar plexus fokuserar dessa vibrationer och skickar dem sedan ut igen till alla delar av kroppen och ut i din aura för att hålla saker i balans. Det är därför, när du mediterar och öppnar dig för att absorbera vibrationer för att återfylla dina vibrationer, bör du föreställa dig att de går in genom toppen av ditt huvud och sedan ner till ditt solar plexus. Så att solar plexus kan sprida dessa vibrationer ut i din kropp där de behövs så att allt är i balans.

D: *Jag blev lärd att gå igenom kroppen och aktivera varje chakra och sedan föra bort överskottet genom fötterna ner i marken. Skulle det vara fel?*

B: Inte fel. Det är ett sätt att göra det. När du går igenom varje chakra, se till att du också laddar solar plexus. På så sätt revitaliserar du din kropp, men du måste också se till att du revitaliserar din aura, som sträcker sig långt bortom din kropp. Så, se till att du skickar en extra stöt av energi till solar plexus, för att säkerställa att din aura revitaliseras till sina yttersta gränser för att hjälpa till att skydda dig från eventuell skada som kan komma i din riktning. Och sedan, allt överskott av energi, ja, bör skickas ut genom fotsulorna ner i Moder Jord. Det återfyller din aura och hjälper till att skydda dig när ditt försvar är nere, som när du sover. Det är klokt att göra extra saker för att skydda dig under dagen. Antingen genom att föreställa dig din aura som strålande vit eller gyllene, eller genom att föreställa dig en energipyramid omkring dig. Genom vilken metod du än är bekväm med, för när du interagerar med andra människor behöver du extra skydd. Men på natten, i ditt hem när du ska sova, bör skyddet av din aura vara tillräckligt. Du kan vilja föreställa dig en energipyramid omkring dig precis innan du somnar, men du behöver inte oroa dig för det. Du kommer att vara skyddad under natten när du sover, eftersom det undermedvetna gör ett mycket bra jobb av det. Och om du är i en lutande position när du projicerar pyramiden, föreställ dig att du är ungefär en tredjedel upp från botten av pyramiden, eftersom det är fokus för styrkan och energin av pyramiden.

D: *Menar du att kroppen är leviterad ungefär så långt ovanför botten av pyramiden?*

B: Ja, men du kommer fortfarande att vara helt omgiven av pyramiden, även undersidan av din kropp. Det är en väldigt kraftfull figur. Det är ett fokus. Det är svårt att förklara allt som pyramiden kan göra.

D: *Många människor har sagt till mig att det inte finns något att oroa sig för. Du behöver inte skydda dig mot något.*

B: Det är som blixten. Blixt är en neutral kraft. Det är varken bra eller dåligt, det är bara där. Det är väldigt kraftfullt. Å ena sidan kan det användas för att generera elektricitet. Å andra sidan kan det döda människor. Dessa krafter är grundläggande neutrala och man kan använda dem för sina egna syften om man är försiktig. Men samtidigt, när man öppnar sig för utforskning och nya upplevelser, måste man se till att man är skyddad, eftersom dessa neutrala krafter saknar moral. De handlar bara på det sätt som deras energi flödar i en viss situation. Och du måste se till att du är skyddad mot negativa flöden. Det är bra att du följer våra råd. Det hjälper dig att avancera och gör det lättare för oss att kommunicera med dig.

D: *Men i alla fall, du sa att du skickar ut dessa vibrationer för att åstadkomma vad du vill. (Ja) När du skickar ut dem måste det hända?*

B: Det finns saker som kan påverka det. Som till exempel, du skickar ut tankar om att du vill att något ska hända. Och de kommer att gå ut och börja få saker att falla på plats för att det ska hända. Men om du senare blir besviken eller deprimerad och skickar ut tankar om "Åh, det kommer aldrig att hända", kommer det att försvaga dess drivkraft. Och när du kommer över din depression måste du skicka ut starka tankar igen, positiva tankar för att hjälpa den att återfå sin drivkraft så att den kan inträffa.

D: *För att förstärka de första tankarna?*

B: Precis. Och detta fungerar med allt. Alla förändringar i ditt liv, oavsett om det handlar om arbete eller personligt. En relation mellan dig och någon annan, eller något du vill göra, eller personliga drömmar, eller vad som helst.

D: *Jag har blivit lärd att tankar är mycket kraftfulla och de kan åstadkomma vad du vill.*

B: Ja, det kan de. Och det är därför du måste vara försiktig med negativa tankar, för de är också kraftfulla. Och de kan hjälpa till att neutralisera dina positiva tankar. Så om du vill att dina positiva tankar ska inträffa, fortsätt att tänka positivt om dem. Meditera intensivt över dem. Gör riktig visualisering. Är du bekant med det konceptet?

D: *Där du visualiserar det som redan har hänt?*

B: Ja. Eller kanske till och med föreställa dig att det händer som om du sväva ovanför och ser det. Och sedan efteråt föreställa dig alla positiva förändringar som har inträffat som ett resultat av det som händer. Och hur världen och ditt liv skulle vara efter att det har inträffat.

D: Jag blev lärd att visualisera det som redan händer och att fylla det med så mycket detaljer som möjligt.

B: Ja, exakt. Lägg till dialog, känslor och allt, som om du observerar verkligt liv. Kom ihåg att ju större projektet är, ju längre tid det ibland tar, eftersom det finns fler kanaler som dina tankar måste gå igenom för att få fler bitar att falla på plats.

Vid ett gruppmöte frågade vi om helande energi. En medlem av gruppen frågade: "Jag har ett intresse av att hjälpa andra att läka. Varifrån kommer den energi som används för att hjälpa andra?"

Phil: De kosmiska energier vi talade om tidigare är de energier du frågar efter. Du behöver bara öppna ditt sinne för att fokusera dessa energier. Öppna och acceptera, och ditt sinne kommer att fungera så klart som en kristall.

D: Kan vem som helst använda dessa energier eller är de speciella gåvor för helande?

P: Dessa energier är för praktiskt taget alla i universum att använda för sin egen fördel och andras, om de så väljer. De är inte exklusiva för någon. Du kan använda dessa energier som du finner lämpligt.

D: Kan dessa energier vara skadliga för personen som hjälper eller den de helar?

P: Det finns något som kallas överbelastning, men detta är inte så skadligt. Det är bara en obalans. Du skulle inte döda någon genom att använda dessa energier. Var inte rädd, för dessa är Guds gåvor, precis som solljuset och luften på din planet. Värdesätt dem och använd dem i god tro så kommer de med tiden värdesätta dig.

Den Invecklade Universumet ~ Bok Ett

Medlemmen: *Flera människor får vad vi kallar en "helande", men inom kort tid, sex månader eller ett år, utvecklar de ett nytt problem eller går tillbaka till samma problem.*

P: Du säger att helandet inte stannar kvar eller tar?

Medlemmen: *Nåväl, det verkar så för oss. De blir helade under en period och sedan går de tillbaka till samma sjukdom.*

P: Ja, detta är naturligt. Effekterna är inte alltid permanenta. Om sjukdomen är av en sådan grad, kan en periodisk rehealing, en förstärkning, om du så vill, vara nödvändig och lämplig. Detta avfärdar inte effekterna av helandet, inte heller överdriver det sjukdomen. Det är helt enkelt ett faktum att en förstärkning ofta kan vara nödvändig. Du kommer att bli bekant med dessa åtgärder ju oftare du använder dessa energier. Vissa sjukdomar kan kräva en kort helandesession, andra kan kräva ett förlängt, ibland livslångt, åtagande för att åstadkomma en bot. Den första frågan när det gäller helande kan bäst visualiseras som en läckande hink. Om hinken har hål i sig, måste du kontinuerligt fylla den med vatten. Hinken kommer att läcka vatten tills hålen är täppta. Helande är helt enkelt, i detta exempel, att fylla hinken med vatten, vilket tillfälligt täcker symptomen. Hålen i hinken behöver täppas till, och då kommer helandet att vara fullständigt.

Medlemmen: *Är det möjligt att vi har blivit förprogrammerade för en tid att dö? Är det möjligt att detta finns i vårt DNA eller är det ärftligt? Till exempel, en person föds och de ska leva till att vara trettiofem. De kan dö tidigare genom en olycka eller de kan förlänga det. Är det möjligt?*

P: Det kan vara av många olika anledningar. Det kan vara förprogrammerat för att leva livet under en förutbestämd tidsperiod, eller det kan bero på felaktig kost eller livsstil. Det kan bero på olyckor. Det finns många saker som kan orsaka ett hål i hinken, så att säga. När det gäller en tidsram för livet, är döden nödvändig för att göra framsteg. Stillastående skulle inträffa om det inte fanns någon död för att föra en till andevärlden. Detta är en pågående process som är bäst lämpad för att lära sig mycket information. Allt är som det ska vara i detta avseende.

Medlemmen: *Jag var bara nyfiken på om vi kunde förlänga det eller förkorta det med fri vilja. Jag undrade om mitt DNA hade någon form av förprogrammering.*

Den Invecklade Universumet ~ Bok Ett

P: Det finns en maximal nivå programmerad i DNA:t. Den faktiska tid som tilldelas är nästan säkert beroende av individen.

Samtalet förde oss mot att använda energi för att hjälpa i finansiella situationer.

P: Denna energi, kanske du blir förvånad över att upptäcka, är en nästan identisk energi, manifesterad på olika sätt. Energien som bringar finanser är faktiskt samma energi som ger hälsa eller sjukdom. Är du förvånad över att få veta detta? För att stimulera en ökning av finansiell energi skulle man använda samma teknik av visualiseringar och affirmationer som används i helande energi. Detta är helt enkelt som om du passerar samma stråle av vitt ljus genom två separata prisma. En som har en tendens att framhäva mer av en blå färg, och en som skulle tendera att framhäva mer av en grön färg. Det är faktiskt samma energi, men den översätts på olika sätt. Energin är i grunden neutral, det är helt enkelt hur den används. Denna energi kan bringa fattigdom eller rikedom, eller den kan bringa hälsa eller sjukdom. Den kan ge många saker. Den kan ge lycka och sorg, eller den kan ge förnuft eller galenskap. Alltid är det hur den används, och i avsikten är hur den manifesteras.

D: *De flesta människor tänker att det antingen är bra eller dåligt.*
P: Många skulle välja att besluta att någon annan har gjort dem orätt och orsakat att det hände. Och i så doing motverkar de sitt syfte med att leva. Och det är, att lära sig att fokusera dessa energier på det mest konstruktiva sättet möjligt. Det är verkligen den underliggande anledningen till att födas inkarnat, i fysisk form, är att lära sig att bli manipulatorer av denna energi.
D: *Kanske är det en av lektionerna vi försöker lära oss.*
P: Det är lektionen vi alla försöker lära oss. Det är lektionen som ska läras på denna planet. För allt kan spåras tillbaka till detta. Lektionerna i helande, lektionerna i kärlek, lektionerna i förståelse, lektionerna i tålamod. Alla har sina rötter i denna grundläggande grund: användningen av energierna. Så det reflekteras i den fysiska planen mest noggrant vad som är den sanna planen, som är Guds plan. De som manipulerar denna energi oförsiktigt eller omedvetet finner att de skapar situationer

runt sig som inte är produktiva eller sanna mot planen. Den hela syftet med att inkarnata och lära sig är att lära sig att bli duktiga manipulatorer av denna energi. Och i allt ni gör lär ni er att manipulera detta på ett eller annat sätt, vare sig det handlar om ekonomi, politik eller hälsa eller på många, många olika sätt.

D: *De flesta människor inser inte att de drar till sig det de vill ha, även om det är dåligt.*

P: Inte så mycket att de drar det till sig, utan att de manifesterar det. Var och en av er manifesterar vad ni finner. Det handlar inte om att det är där ute och kommer till er. Naturligtvis vet ni att vi har en semantisk diskussion, men det är en fin punkt som behöver förstås. Att ni faktiskt manifesterar vad ni finner. Det är inte så att det flyter omkring och på något sätt fäster vid er, och sedan finner ni er själva i elände och ångest. Nej, nej. Det är så att den här situationen som man finner så obehaglig har manifesterats, har orsakat en missbruk eller missförstånd av energierna. Det är inte något som kommer till en, det är något som kommer från en.

D: *Som människor säger: "Allt går alltid fel. Allt jag gör, ingenting fungerar."*

P: Ja, och det förstärker hela konceptet av "allt händer för mig". Och så går man genom livet och tänker på hur fel livet är mot dem, och hur miserabelt allt är. Och deras egna tankar kanaliserar energin in i just den typen av situation. Du får vad du ber om.

D: *Självklart skulle de vara de sista som medger att de faktiskt orsakar detta att hända för sig själva. De säger: "Jag vill inte vara olycklig. Jag vill inte vara sjuk."*

P: Det är korrekt. Och den svåraste personen att lyssna på är dig själv.
– Det finns just nu på denna planet en brist på förståelse av relationen mellan känslor och hälsa. För om ni integrerade alla dessa förståelser skulle återhämtningen vara mycket snabbare och mer effektiv. Så det kan sägas från en känslomässig synpunkt, att genom att föra disharmoni till harmoni, sprids denna disharmoni genom allt, förutsatt att kroppen är i harmoni från början. Så du kan se på det som en fråga om disharmoni eller ohälsa. Och att bli förd till en som inte är i fred med sig själv, kan du se att denna ohälsa förs in i kroppssystemet och sprids genom allt. Så man känner sig obekväm och ur balans helt enkelt ur en känslomässig synpunkt. Det kan ses ur ett matematiskt perspektiv, om du vill gå

till den nivån. Till exempel, om du har vad du kanske kallar en perfekt ekvation, en som fungerar perfekt, utan rester och utan delare. Vi kommer att vara försiktiga här eftersom detta fordon inte har en högre nivå av förståelse av matematik, men vi kommer att använda hans nivå för att förklara detta. Om du kan se att det finns en given ekvation som tillfredsställer en viss uppsättning beräkningar, och detta kommer ut till ett perfekt balanserat svar, då är det harmoni. Men om man går in i denna ekvation en variabel eller ett nummer, kanske, som tenderar att orsaka rester att dyka upp, eller ekvationen att inte komma till en perfekt lösning, då kommer det att finnas, som du kanske relaterar till, disharmoni eller ohälsa. Det finns i själva verket en rest, i matematiska termer.

D: Det kommer inte ut jämnt.

P: Det är korrekt. Det kan relateras genom musik som en dissonans eller genom någon av ett antal olika metoder av vad du kanske kallar "analogier". Dessa är alla sanna och samtidigt förekommande, och allt händer samtidigt. Det är helt enkelt så att du väljer att detta händer på en eller flera medvetandenivåer.

D: *Vad kan dessa människor göra för att återställa sig själva eller komma tillbaka i harmoni med sig själva?*

P: De bör alltid se sig själva omgivna av det som är så perfekt som möjligt. Och de bör alltid använda sitt omdöme med hänsyn till denna faktum, för att upprätthålla denna nivå av perfekt kvalitetsliv. Kom alltid ihåg denna harmonifaktor, att det som uppfattas kommer att vara mest lämpligt för det syftet. Det gäller för alla aspekter av mänskligt medvetande. Kom alltid ihåg att man kommer att ta emot och göra det som är mest lämpligt för en själv, eller för vad som helst som företaget är. Genom att göra så attraherar man naturligt till sig själv, om du vill relatera till den nivån av tal, det som man verkligen ber om. Du manifesterar i själva verket verkligheten av den mest harmoniska situationen. Många på planeten känner att för att manifestera något måste de bli orubbliga till den grad att det inte finns något utrymme för att något annat ska kunna hända. Felet i detta ligger i att det som sägs och det som tänks ofta står i motsats till varandra. Vad man verkligen tror är ofta inte exakt vad man säger. Och när man säger något, så utlöser det faktiskt en reaktion som kan vara helt motsatt till det som sägs. Och så, när man är så bestämd i denna tro, ges det en manifestation som kan verka vara helt i strid med det som sägs. Man manifesterar det som man fruktar mest, eftersom man säger att de inte kommer att se det, eller att det inte kommer att hända. Men genom att kontinuerligt tänka på det, vad det nu kan vara, skapar man det. Och precis så säkert måste man möta eller konfrontera just den saken som man så starkt säger att man inte vill möta.

D: *Det är en paradox av att vara människa.*

P: Det stämmer. Det är en paradox av att vara en manipulator av energierna. Det är en fallgrop av att bli eller vara mindre upplyst. Och så skulle det vara bra för alla som, som de är på denna planet nu, en manipulator av energierna, att bli mer upplysta. Och att veta mer om hur man manifesterar det som verkligen önskas.

D: *Det skulle göra livet mycket lättare om folk bara kunde inse att de har en stor kontroll över situationer och händelser.*

P: Det stämmer. De skulle kunna ha i sina liv den sanna harmoni som alla söker. Vissa är mer skickliga och duktiga på detta än andra. Vi skulle säga till er nu samlade i detta rum, att var och en av er på sitt sätt kan se en resa som ligger framför er. Faktiskt, i mycket enkla termer, har alla på denna planet denna samma resa. Men många är mer medvetna om det än andra.

D: *Vi är alla på samma väg, bara i olika riktningar.*

P: Det stämmer. Men alla vägar kommer så småningom att konvergera och mötas på en enda plats.

D: *Det tar bara många fler svängar och vändningar längs vägen.*

P: Det stämmer.

Den Invecklade Universumet ~ Bok Ett

Kapitel Fjorten
Transformationen av den mänskliga kroppen

I 1999 fik jeg min første eksponering for omtalen af DNA-forandringer i den menneskelige krop, da jeg havde en session med Luigi ved vores UFO-konference i Eureka Springs. Jeg mødte hans mor i Florida ved en konference et par måneder før, og der var ikke tid til at have en privat session. Da jeg fortalte hende om UFO-konferencen i Eureka Springs, besluttede hun at tage med sin datter. Hun ringede til sin søn, Luigi, i Italien og fortalte ham om det, så han rejste hele vejen fra Europa for at deltage. Da han ankom, besluttede hun, at han havde brug for sessionen mere end hun havde, fordi han havde haft nogle forstyrrende UFO-oplevelser (formodentlig), og han ønskede at udforske dem. Harriet deltog i sessionen, ligesom hans mor. Hun troede, jeg kunne få problemer med hans accent, og at han kunne have problemer med at oversætte til engelsk, mens han var under hypnose. Det viste sig, at vi ikke havde nogen problemer. I diskussionen før sessionen fortalte han mig, hvad han kunne huske, så vi planlagde at vende tilbage til den dag og få flere detaljer. Han havde været i skole om aftenen til en skuespilklasse i Pavia, Italien, og kørte hjem, da hændelsen skete. I hans erindring så han og hans kæreste et lys på himlen og trak ind til siden for at se på det. Det var alt, hvad der skete, men det forstyrrede ham.

Under sessionen blev jeg ikke overrasket, da vi opdagede, at der skete meget mere, end blot at se lyset. Da Luigi trådte ind i den dybe trance, genlevede han hændelsen. De troede, at lyset måske var et fly, der styrtede ned, og trak ind til siden for at se på det. Da de steg ud af bilen, så de, at det var et kæmpe fartøj, der bevægede sig langsomt, indtil det stoppede over hovedet på dem. Derefter åbnede en dør sig fra undersiden, og en lysstråle kom ned mod dem. Det næste, han så, var, at han lå på et bord i et rum, der lignede et operationsrum med et stort lys over sig. Da han satte sig op, så han et væsen nærme sig ham, som syntes at være helt sammensat af lys. Til min overraskelse

Den Invecklade Universumet ~ Bok Ett

omfavnede væsenet ham. Luigi blev derefter følelsesmæssig, da han sagde: "Jeg føler mig tryg der. Jeg føler mig glad." Han havde svært ved at finde de rigtige ord på engelsk til at beskrive, hvordan væsenet føltes, da han rørte det. "Som hvis nogen giver dig energi, og du kan føle det. Når det omfavnede mig, føltes det som fysisk. Men hvis du rører det ... det er ikke solidt."
Jeg ønskede derefter at stille væsenet spørgsmål, og det accepterede. Det sagde, at han var ombord på et fartøj, og at dette ikke var første gang, han havde været der. Jeg spurgte, hvorfor han ikke kunne huske, og Luigi sagde: "Bedre for mig. Jeg vil vide det senere. Nu er det for tidligt." Han sagde, at dette var sket i lang tid, og de havde mødt hinanden før i andre livstider. Væsenet havde levet i seks hundrede år i vores tid.
Jeg havde hørt dette før, når jeg arbejdede med disse typer sager. Mange gange har væsenerne fulgt sjæle gennem flere livstider og haft interaktioner med dem, fordi de kan leve så længe, som de ønsker. Nogle gange bliver den fremmede frustreret, fordi personen ikke husker, og de skal mindes om deres aftale og forpligtelse til projektet.
I brudt engelsk gentog Luigi, hvad væsenet fortalte ham. "Jeg vil vide det på det rigtige tidspunkt. Jeg vil have en vigtig rolle i, hvad der skal ske. Og de har allerede fortalt os. Store forandringer. Meget store forandringer på Jorden. Kontinenter vil bevæge sig. Og vandet ... og de kommer tilbage. Vi vil ikke genkende noget. Og de vil være meget kede af det for os. Mennesker har gjort alle de snavsede ting, dumme ting. Men det er ikke verdens ende. Det vil være enden på en æra." Enhederne kunne ikke gøre noget for at stoppe disse ting, men de forsøgte at bremse det. Hans rolle var at redde mennesker, og de ville lære ham, hvordan han skulle gøre dette.
Selvfølgelig leder jeg altid efter en tidsramme. De sagde, det ville være meget snart. Jeg vidste, at det ikke sagde meget, fordi deres tidssans er anderledes end vores. Han sagde: "Maksimalt tyve år." Luigi blev derefter vist en stor eksplosion og en toksisk sky, der ville sprede sig over landet, og mennesker, der løb og forsøgte at gemme sig.
Derefter fik han at vide det samme, jeg allerede har nævnt i denne bog, at de ville være i stand til at redde visse udvalgte ved at tage dem ombord på fartøjer. Der ville være mange, mange fartøjer, og folkene ville skulle leve ombord i lang tid. Så ville de blive bragt tilbage, "Og

med deres hjælp fortsætter vi med at vokse. Vi starter forfra. Alt er ændret. Det vil være meget hårdt for os. Det er allerede sket i fortiden."

Jeg spurgte, hvem disse mennesker var. "De er fra forskellige planeter, forskellige galakser. Som en union? For at redde planeten. Først og fremmest hjælper de os, fordi vi er forskellige. Og dette er en planet, der skal reddes, fordi vi ændrer os, og vi ikke længere vil have masken. De rejser rundt i galakser. Mest med vores, fordi vi er mere i problemer. Og vi kan ikke komme ud af det på egen hånd, fordi vi altid graver dybere. Og vi vil ikke være fysiske som vi er nu. Han viste mig, hvordan vi vil se ud. Vi ligner ... næsten som et spøgelse, men med en figur."

D: Et spøgelse. Mener du, at man kan se igennem?
L: Ikke præcist. Det er svært at beskrive det. Jeg ved ikke, hvordan jeg skal beskrive det. Ikke solid længere.
D: Mere som en ånd?
L: Ja, men ikke en ånd. Han viser mig det, men jeg ved ikke, hvordan jeg skal forklare det. Næsten som de er. Men næsten. Han viste mig lige. Han blev lige til en gris. For at vise mig, at han kan blive, hvordan han vil.
D: Ja. Sig til ham, at jeg forstår, hvad han siger. Han er et energivæsen, ikke? (Ja) Han kan blive, hvad han vil. Men han sagde, at vi ikke vil være sådan.
L: Næsten, men ikke helt.
D: Men kroppen vil stadig være fysisk til en vis grad? (Ja, ja.) Vil den stadig have brug for mad?
L: Ikke så meget som nu. Andet.
D: Vil den stadig have brug for søvn? Ting, som en krop har brug for?
L: Et par. Ikke med dette.
D: Vil den stadig skulle skabe andre væsener som ... jeg tænker på reproduktion?
L: Han siger, at sex vil være anderledes. Ikke fysisk længere. Det vil være som en forening af energi, men han siger, det føles rart. Det føles godt alligevel. Han viser mig. Som to kugler, der mødes og skaber noget. Det er svært at forklare.

Denne type reproduktion blev beskrevet i Vogterne.

Den Invecklade Universumet ~ Bok Ett

D: *Jeg tror, jeg ved, hvad du mener. Men jeg prøver at finde ud af, om det var næsten fysisk, hvordan det ville være ens, og hvordan det ville være anderledes. Skal vi stadig have huse og bygninger som vi gør nu? (Ja) Og byer.*

L: Byer? Fordi vi ikke vil være, som de er. Det er for meget. Og for tidligt.

D: *Hvis vi ikke er rigtig solide, vil vi stadig bruge vores kroppe til at bygge ting?*

L: Med hovedet. Sindet vil være meget stærkt. Vi vil ikke længere have brug for at tale. Og vi vil være i stand til at leve meget mere.

D: *Kan han svare på nogle spørgsmål om dig? Fordi jeg ved, at Luigi har undret sig over, hvad der er sket for nylig, da han sagde, han vågnede og rystede og vibrerede. Kan denne væsen fortælle dig, hvad der sker i de tider?*

L: Ja. Arbejder på systemet. Arbejder på DNA'et. Sætter det op ... i spirant (fonetisk. Mente han spiraler?).

D: *Kan du forklare, hvad du mener?*

L: Ja. Fordi vi har mennesker med to spiraler af DNA. Vi skal have tolv.

D: *Hvorfor skal vi have tolv?*

L: Det er et højere niveau, vi kan nå.

D: *Men hvordan vil det hjælpe kroppen?*

L: Fordi vi plejede at have tolv. For mange millioner år siden.

D: *Hvad skete der så?*

L: Genetiske eksperimenter. Kunne bringe os tilbage til tolv. De blev reduceret til to.

D: *Hvad var det for eksperimenter, der blev udført?*

L: For at se hvad ... hvad der skete. Og jeg gætter på at lave ... hvad vi gør på rotter. På dyr. De har gjort det ved os.

D: *Mener du, de har gjort det?*

L: Nej, nej, nej, ikke dem. Andre væsener.

D: *Hvorfor ville de gøre det?*

L: For at se. Bare nysgerrighed.

D: *For at se, hvad der ville ske, hvis de ændrede DNA'et til to, mener du?*

Den Invecklade Universumet ~ Bok Ett

L: Ja. Det er derfor, vi er, som vi er nu. Og vi har den store maske. Det er derfor, mennesker er så begrænsede. Og det er derfor, der er folk, der ikke tror på UFO'er og alt muligt.
D: Bliver vi alle eksperimenteret på for at øge DNA'et?
L: En del af os vil have seks, og en anden del tolv.
D: Og de gør dette nu på bestemte mennesker i befolkningen, mener du?
L: Ja, på mange mennesker. For at ændre DNA'et. For at forberede os.
D: Han sagde, at de gør det nu med Luigis krop. Vil det skade kroppen på nogen måde?
L: Nej, nej, slet ikke. Vi vil ikke have de sygdomme, vi har nu længere. Det er en meget langsom proces, og det tager år.
D: Men dem, hvis kroppe er blevet forberedt, er dem, der vil blive taget ombord på fartøjet, når forandringerne sker?
L: Ja, men de siger, mange, mange, mange, mange, mange vil have det.

Jeg fik en tanke, mens jeg skrev dette. Det blev nævnt i min bog Vogterne, at den menneskelige krop ikke kan overleve rumrejser ombord på deres fartøjer i sin nuværende tilstand. Kroppen kan ikke håndtere accelerationen og ændringen i vibrationerne fra en anden dimension. Dette var én ting, der ville forhindre menneskeheden i at rejse i rummet, som de gør, fordi vi ikke kan håndtere hastigheden af vibrationerne for at krydse dimensioner. Vil ændringen i DNA'et muliggøre, at kroppen kan tilpasse sig disse ændringer? Er det en af grundene til det? Han sagde, det var forberedelse.

D: Så de arbejder på mange mennesker. (Ja) Er dette grunden til, at flere og flere mennesker ser UFO'er og har oplevelser med udenjordiske?
L: Fordi det skal blive normalt for os at se dem.
D: De lader sig selv blive set mere nu, fordi de vil have folk til at vænne sig til dem? (Ja) Så når disse ting sker med Luigis krop, bør han ikke bekymre sig om dem? (Nej) De er naturlige.
L: Ja. Nogle føler dem mere, og nogle føler dem mindre. Men han er meget følsom. Og meget snart vil jeg gå fysisk ombord på skibet. Og jeg vil huske. Og de vil give mig mange oplysninger.

Han huskede derefter, at han forlod skibet for at vende tilbage til sin bil. Han græd og sagde: "Og alt er lykke, fordi jeg føler mig godt tilpas." Dette var et stort kontrast til, hvad han følte, da han rapporterede observationen. Derefter var der en stor frygt for det ukendte og undren over, hvad der, hvis noget, var sket.

På grund af vanskelighederne med det brudte engelsk har jeg stærkt forkortet denne optagelse og besluttede at lægge det meste af det ind i fortællingen.

De følgende tilfælde kom fra andre dele af USA og giver flere oplysninger om forvandlingen af den menneskelige krop.

Jeg mødte John, en ældre mand, på en tur med en gruppe på den smukke ø Bali om sommeren i 2000. Udover at besøge templerne og deltage i de forskellige ceremonier, ønskede han at have en privat session med mig. Han havde været involveret i metafysik i mange år og havde allerede lært detaljer om mange af sine tidligere liv gennem personlig meditation. Han var mere interesseret i at opdage eventuelle udenjordiske forbindelser. Han havde ingen bevidste minder om nogen involvering med dem, men på grund af mange usædvanlige begivenheder i hans liv, mistænkte han, at der kunne være en forbindelse. Jeg fortalte ham, at når jeg laver en regression, leder jeg ikke personen eller forsøger at påvirke dem, så han ville gå derhen, hvor han skulle gå.

Sessionen blev holdt på et smukt luksushotel på stranden. Duft af blomster og den svingende sang fra fugle fyldte luften og strømmede ind gennem de åbne vinduer, mens vi begyndte. Jeg brugte teknikken designet til at sætte emnet i en passende tidligere liv. Fordi han ikke havde nogen bevidste minder om udenjordiske interaktioner, syntes det bedst at begynde på min normale måde ved at tage ham til et tidligere liv først. Men det skete ikke.

Da John trådte ind i scenen, så han sig selv stå i sin baghave iført sin pyjamas og stirre på et mærkeligt objekt. Det var en skinnende sølv konveksformet skive, der blev bakket op på ben. Han udbrød: "Det er måske tyve, tredive fod lang. Jeg er overrasket, fordi det er så smalt,

Den Invecklade Universumet ~ Bok Ett

så slankt. Jeg tror, nogen skulle ligge ned i det for at passe ind. Det er ikke, hvad jeg troede, det skulle se ud som."

For at finde en tidsreference spurgte jeg, hvordan han så ud. Han sagde, han havde sit skæg, men det var mørkt (det er nu gråt). Han har haft skæg i omkring femten år, og hans krop føltes yngre. Det gav os en passende tidsramme. Han stod og så på den skinnende skive, indtil han bemærkede en anden lyskilde til venstre for ham. Det var et meget større skib med flere lag. "Det har en generel luminescerende kvalitet, der ser ud til at lyse området op. Det er metallisk, men i modsætning til den sølvfarvede skive, som er tynd. Det er så stort, at jeg ikke kan se det hele på én gang. De er meget forskellige fra hinanden."

Da jeg spurgte ham, hvorfor han stod i haven, relaterede han en historie, der er blevet meget bekendt i mine undersøgelser af denne type fænomen. "Nogen bragte mig, så jeg kunne se det. Jeg var lige ved at gå i seng, da jeg så noget flakke rundt om hjørnet af rummet. De tog mig op gennem loftet. Jeg kan ikke huske den del. Alt blev sort, da jeg kom op til loftet. Udefra havde dette væsen den ene arm under min bagdel og den anden arm bag min ryg. Vi svævede op til en ... det ser ud til at være en lysstråle. Op i en bugt af en slags, og kom ind i et område, der er hvidt, glitrende rent og meget moderne at se på."

Der blev han mødt af flere væsener, som syntes at kende ham. De ledsagede ham ind i et rum. "Der er et medicinsk undersøgelsesbord med en slags metal-lignende fodstøtter for fødderne. Bordet ligner det, man finder på et lægekontor på Jorden, undtagen for disse metalforlængelser. Det er en polstret overflade i en meget lys grå farve. Jeg bliver bedt om at ligge ned på dette. Jeg synes ikke, jeg er bange. Jeg er lidt vant til deres — hvad jeg kalder — sjove ansigtstræk. Det er som om, jeg har gjort det før, og her er jeg igen til min årlige tjek-up eller noget lignende."

Figurerne stod ved siden af bordet og lænede sig over ham. "Jeg er ikke bevidst om, at de gør noget andet end bare at kigge på mig. Jeg gætter på, at de scanner mig med deres sind, deres øjne eller noget." Der var ingen former for udstyr eller instrumenter. Væsenerne var ret små, men der var et højere væsen, der projicerede en feminin følelse af venlighed mod ham. Det deltog ikke, men stod blot bag de andre og observerede.

Han rejste sig derefter fra bordet og gik med de andre ind i en anden del af skibet. De gik gennem en åbning ind i et stort rundt kuppelformet område med trappetrin langs siderne. Et stærkt lys udsendte fra en stor, glødende krystal i midten af rummet. John tænkte, at dette måske var energikilden til skibet. De gik rundt om omkredsen af det kuppelformede rum og drejede ned ad en smal gang ind i et andet rum. Der blev han placeret i en mærkelig enhed, der stod mod en væg.

J: Jeg står op i dette ... Jeg bliver spændt fast ... Det er en slags glas ... helt gennemsigtig. Det er lidt dybere, end jeg er. Det er ikke et rør, det er en aflange ting med en flad ryg. Jeg står i denne gennemsigtige ting, og nu kommer der lys ned fra oven. Jeg gætter på, at jeg bliver fyldt med lysenergi af en eller anden art. - Det er som om, jeg står udenfor og ser mig selv.

Jeg beroligede ham med, at han var sikker. Dette lød ligesom Phil (fra Vogterne), der så, hvad der blev gjort mod ham, fordi hans personlighed blev fjernet og adskilt fra hans krop. Han blev også observatør.

J: Det er bare det lys, der kommer fra toppen. Det belyser mit hoved, og jeg gætter på, at lyset går ned gennem min krop. Det føles som en infusion af energi, der ændrer min molekylære struktur. Jeg gætter på, at det transformerer det mere og mere til en lyskrop eller noget, selvom jeg stadig føler mig meget tung indeni. Men jeg gætter på, at det handler om det. Det føles bare som en prikkende fornemmelse. Jeg får nu noget om at ændre DNA-strenge, øge DNA-strengene.

D: Hvad mener du?

J: At lysenergien, der kommer ind i kroppen, ændrer og øger ... du ved, at DNA-strengene i virkeligheden er som lysstrenge i en forstand. Og de bliver ændret og udvidet, øget. Det betyder, at de øger deres kapacitet til at holde mere og mere lys, med hver infusion. Det varer ikke så længe; de åbner døren, og jeg træder ud.

D: Og lysprocessen ændrer DNA'et på en eller anden måde?

J: Det er den forståelse, jeg har.

D: *Hvad er formålet med at ændre DNA'et?*
J: At holde mere og mere lys og at transformere kroppen til mere og mere en lyskrop. Mindre tæt. At kunne holde mere og mere himmelsk lys. Og formålet er at nå en tilstand af Kristusbevidsthed.
D: *Ved du, hvordan DNA'et bliver ændret? Kan du spørge nogen derinde? Måske kan de forklare det for dig.*

Dette har fungeret før. Når vi har et spørgsmål, som emnet ikke kender svaret på, beder jeg dem om at spørge et af væsenerne for at skaffe oplysninger.

J: Ja, jeg vil spørge, hvordan DNA'et bliver ændret. (Pause) Nå, de viser mig ... Jeg ser en visualisering af disse strenge, spoler, der bliver alle lysende eller glitrende med lys eller noget. Og åbenbart føder de ... deler sig og laver andre strenge, gennem denne fusion af lys.
D: *Hvor mange strenge deler de sig i?*
J: Jeg hører "seks", men jeg ser ikke seks.
D: *Og dette skal gøres hver gang?*
J: Jeg gætter på, det er en igangværende procedure — mere og mere hyppigt i øjeblikket. Nogle gange mere end én gang i løbet af en tyve-fire timers periode. Når jeg tager en lur, og derefter under søvntilstanden om natten. Det er derfor, jeg bliver opfordret til at tage hyppige meditationspauser. Hver time mindst, for at opretholde dette bestemte niveau af vibration.
D: *Hvorfor skal det gentages? Bliver DNA'et ikke ved med at være sådan, når det først er udvidet?*
J: Det forbliver sådan, men for at opretholde det på et højt lysniveau afhænger det også af de mellemliggende infusioner, og af min mentale evne til at tilgå min egen Gud-kraft, lyset indeni, så at sige. Det holder de strenge aktiverede, så de kan blive mere og mere permanente. Og det forbereder til næste skridt. Men det skal på en eller anden måde konsolideres eller solidificeres.
D: *Før de går videre til næste skridt?*
J: Det næste, ja. Og meget af det afhænger af min vilje og min evne til konstant at tune ind på Kristusbevidstheden, mit højere selv.
D: *Er dette noget, der har været i gang i mange år?*

Den Invecklade Universumet ~ Bok Ett

J: Ja, men det accelererer nu, at jeg har bevist for dem, at jeg er dedikeret til at opfylde mit guddommelige formål, så at sige, og ønsker at forblive på den spirituelle vej. Jeg har bevist, at jeg virkelig ønsker at være til tjeneste for menneskeheden. Og så har jeg nået et bestemt punkt ved at bestå tests og udfordringer og holde kursen. Så denne accelerationsproces bliver intensiveret.

D: *Men det skal gøres med en stigende hastighed for at gøre det til en permanent forandring i kroppen?*

J: Fortsætte med at øge det til de endelige tolv strenge. Det er det endelige mål at nå den ophøjede femte dimensionale tilstand af væren.

D: *Men det ville ikke blive solidt, hvis dette ikke blev gentaget regelmæssigt?*

J: Det er som om, det kunne ossificere eller blive stagnere ... Jeg ser dette ... præcis som musklerne i kroppen. Hvis de ikke bruges, bliver de ...

D: *Atrofierede?*

J: Det er det samme. Og så skal jeg gøre min del med meditation og tune ind og bekræfte mine intentioner. Så vil de hjælpe i deres teknologiske proces, gå ind og accelerere hele sagen. Det ville tage mange, mange år at opnå udelukkende gennem meditation.

D: *Men hvis denne proces blev stoppet på noget tidspunkt, så ville det atrofere. Det ville ikke fortsætte?*

J: Det ville være højere end min tilstand plejede at være, men ville ikke nå op til det, der er planlagt og kan være. Det ultimative mål: den femte dimensionale tilstand af vibration og bevidsthed.

D: *Spørg dem, når de gør dette, aktiverer de noget med lyset, eller skaber de noget i kroppen, nyt DNA, som ikke var der før?*

J: Åh, nej. De er startet med de to strenge, og som jeg sagde - på en eller anden måde gennem denne proces - fortsætter de med at føde andre strenge, hvilket øger antallet af celler eller hvad som helst.

D: *Næsten som celler deler sig?*

J: Hmmm, jeg gætter på, at det er, hvad de prøver at sige.

D: *Bliver dette gjort på alle?*

J: Det bliver primært gjort på dem, der er inkarneret specifikt for at hjælpe menneskeheden under denne evolverede større tilstand af bevidsthed. Det vil ske i mindre grad for dem, der ikke i øjeblikket

er bevidste om deres spirituelle selv, som ikke ved, at de er
spirituelle. Så primært er de stadig fastlåst i bevidsthedens tæthed.
D: De andre, der får det gjort, skal de alle gå ombord på skibe som
dette for at få det aktiveret?
J: Svaret er ja.
D: Det er? Du sagde for lidt siden, at de kunne gøre det, når du
mediterer eller sover?
J: Jeg gætter på, at jeg bliver taget i de tider til en anden proces, der er
mindre intens, men lad os se. (Pause) Der er noget, der kan
udføres, når jeg er ude af kroppen. Der er teknologiske kirurger,
siger de, som er i stand til at fjerne din eteriske krop og smelte den
sammen med den større lyskvote. (Forvirret) Som jeg forstår det.
Og så returnere den til min fysiske krop uden at gå hele vejen op
til moderskibet. De har mindre laboratoriskibe, hvor dette gøres.
D: Så det behøver ikke altid at gøres med maskinen så.
J: Jeg prøver at se, om det er en teknologisk enhed, eller om de
teknologiske kirurger gør det med deres sind. Jeg tror, det er
sådan, det er. Deres sindskraft kan også hjælpe og støtte denne
proces, men ikke i samme grad som sindet og den teknologiske
enhed på det større skib. Men begge er effektive, og begge bliver
nu udført regelmæssigt.
D: Hvordan påvirker denne proces kroppen?
J: Kroppen bliver lettere, og den cellulære struktur, membranerne
bliver tyndere og tyndere, og lettere og lettere. Vi ønsker lettere
og lettere fødevarer. Kroppen har mere og mere vanskeligheder
med at fordøje og bearbejde de tunge tætte fødevarer. Det er
derfor, jeg gætter på, at jeg har haft et ønske om mere og mere
væske. Og jeg spiser meget sjældent, når jeg er hjemme, noget
andet end en frugt smoothie. Jeg hælder det hele i og laver en tyk
flydende morgenmad og frokost. Og flere gange om ugen har jeg
en flydende frokost af bare gulerods- og tomatjuice og selleri og
friske grøntsager.
D: Så det får dig ikke til at ønske de tungere fødevarer?
J: Rigtigt. Mere og mere har jeg følt det i et stykke tid nu.
D: Hvordan påvirker disse ændringer kroppens sundhed?
J: Det ville være en sundere krop, efterhånden som den mere og mere
ændrer sig til en lyskrop.
D: Kroppen bliver sundere til, at der ikke er sygdom, mener du?

Den Invecklade Universumet ~ Bok Ett

J: Nej, der vil fortsat være sygdom, men efter processen er fuldført, vil kroppen være meget mere immun over for de fleste sygdomme, men ikke helt fri. Det har øget mine mentale kræfter, og når transformationen er fuldført, vil jeg have meget mere kontrol over min krop, end jeg har nu. Og jeg vil være i stand til at korrigere og genbalancere det, så at sige, meget efter eget valg.

D: Så selv ændringen af kun nogle få strenge kan gøre en forskel i kroppen, før den når den færdige tilstand?

J: Det gør nogle forskelle, men i overgangsprocessen er der en tendens til, at flere ubalancer opstår, fordi det gamle bliver erstattet af det nye. Og det gamle ønsker at holde fast i sig selv for at opretholde en status quo, indtil et bestemt punkt, hvor det nye er solidt, og de nye strenge er flertallet. Det er næsten som en demokratisk proces, så vil det nye være dominerende. Og accelerationsprocessen vil igen speedes op, efterhånden som mere og mere af det gamle bliver erstattet af det nye.

D: Så i den tid, hvor kroppen gennemgår ændringer, er den stadig mere modstandsdygtig over for sygdom og sygdom?

J: Ikke nødvendigvis.

D: Jeg undrede mig over, hvordan kroppen blev påvirket, og hvordan det føltes.

Indtil dette punkt var Johns stemme blød, søvnig og ofte svær at transkribere, da ordene flød sammen. Nu blev stemmen højere og mere tydelig, lettere at forstå og transkribere. Dette var et sikkert tegn for mig, at det andet væsen endelig var begyndt at svare for John i stedet for ham at høre svarene. Det kunne også indikere, at det underbevidste var trådt ind i samtalen. Uanset hvad, flød svarene meget lettere, hvilket jeg altid kan lide. Så ved jeg, at jeg er i kontakt med de sande oplysninger, og jeg kan opnå mere nøjagtige svar uden indblanding fra det skeptiske og kritiske bevidste sind.

D: Vil dette øge livslængden for individet?
J: Meget.
D: Ved tiden, det er fuldført, eller mens hele processen pågår?
J: Det menneskelige væsen er i denne overgangsproces stadig modtageligt for mange negative påvirkninger, der eksisterer på planeten på dette særlige tidspunkt. Der er dog andre faktorer af

501

Den Invecklade Universumet ~ Bok Ett

beskyttende karakter, der hjælper og støtter menneskeheden, som går igennem denne proces, plus så meget ekstra beskyttelse som muligt. Og under besøgene på skibet bruges scanningenheder, der ofte kan reducere enhver indtrængende bakterie eller infektiøse partikler. Men det er ikke en perfekt procedure på nuværende tidspunkt. Der er en stor del af eksperimentering og videnskabelig observation for den mest dramatiske transformation af den menneskelige krop til en betydeligt anderledes krop, en lyskrop.

D: *Så du er ikke helt sikker på, hvordan det vil ende, fordi I stadig eksperimenterer?*

J: Vi vil bestemt modtage det endelige taktile produkt, så at sige, men processen med overgangen består stadig af mange mysterier.

D: *Men når du giver denne beskyttelse for at gøre nogen mere modstandsdygtig over for bakterier og sådanne, gøres dette med maskiner? Eller hvordan gøres den proces?*

J: Når man er i glasrummet og bliver fyldt med lyset, ødelægger det en række af de interessante ting, der kan trænge ind i den menneskelige krop.

D: *Hvad var formålet med scanningen i starten, på bordet?*

J: Generelt blot at bestemme hans generelle fysiske, mentale, følelsesmæssige velbefindende. At se i hvilken grad han er balanceret, for at se i hvilken grad hans forskellige kroppe: fysiske, mentale, følelsesmæssige, eteriske og astrale kroppe er i eller ude af alignment. Og bare en visuel undersøgelse af fysiske tilstande osv., som bør observeres, registreres og sammenlignes med tidligere besøg og undersøgelser.

D: *Det er bare som en tjek-up for at se, om alt går, som det skal? (Ja) Og hvis det ikke er, ville du så lave justeringer?*

J: Ja. Justeringer ville delvist være teknologiske og delvist øgede instruktioner gennem meditationsprocessen, hvad det — ved at bruge udtrykket — "valgte væsen" kan gøre i forhold til at overvinde aktuelle problemer, bedømmende adfærd eller følelser af mangel. Følelsen af ikke at have tillid til universet til altid at give alt, hvad der er nødvendigt på ethvert givet tidspunkt, uanset hvad omstændighederne er. For til sidst at give slip på alle følelser om den materielle verden som en kilde til sikkerhed. Og stole på den spirituelle og metafysiske verden, så at sige, som kilden til sikkerhed.

Den Invecklade Universumet ~ Bok Ett

D: *Det er svært. Men du sagde, at hvis justeringer skulle laves, så blev det gjort med teknologiske enheder. Ville det så være disse maskiner med lyset?*

J: Troligen, men människan måste göra sin del. Vi kan inte överlagra vår tekniska expertis bortom vad människan är villig att göra på egen hand på den fysiska planen. Det måste vara en perfekt harmoni mellan viljan att utvecklas andligt, så att man kan arbeta tillsammans. Om man tar de nödvändiga stegen på den mentala planen kommer dessa steg att belönas med vår ökade deltagande för att hjälpa den individen. Om individen stannar, ovillig att gå vidare på sin förutbestämda väg – som varje person väljer före inkarnationen – kommer processen att stanna av. Fri vilja är mycket viktigt för alla på jorden. De måste se igenom och transcendera illusionen som finns i den nuvarande massmedvetenheten. Och lita på de högre andliga lagarna och processerna.

D: *Görs detta på flera personer som är andligt på rätt nivå?*

J: Tiotusentals människor just nu. Det är när mänskligheten når kritisk massa, de som har ökat sina vibrationsnivåer och sin förmåga att hålla allt större mängder ljus – himmelskt ljus, måste vi säga – då kommer "Hundradje apan-syndromet" att bli en verklighet och denna jord kommer att ha uppnått ett tillstånd av högre medvetande, och det kommer att påverka andra på planeten. Och detta högre medvetande kommer att sprida sig från de relativt få till allt större antal, helt enkelt på grund av enheten i all skapelse. Helt enkelt för att alla finns inom den enda linjen, den enda kärleken från Gud.

D: *Vad kommer att hända med dem som inte deltar? De som fortfarande är i ett tätare tankesätt, i fysisk mening.*

J: Varje själ kommer att göra sitt eget val, att delta eller inte delta i denna process. Och många kommer inte att delta. Många kommer att hålla fast vid sina gamla värdesystem. Många kommer att hålla fast vid illusionen av vad de har kommit att tro på under sin inkarnation på jorden, och kommer inte att se bortom denna illusion. Och därför kommer de att lämna sina kroppar och tilldelas en annan planet vars lektioner är en fortsättning av dem som finns på planeten jorden vid denna tidpunkt. Planeten jorden kommer att bli en annan skola, en högre skola där den femte dimensionens vibration kommer att bestämma den nya läroplanen, de nya lektionerna som finns tillgängliga för de själar som vill delta på en högre nivå än vad som nu är tillgängligt i det tredimensionella medvetandet.

D: Jag har blivit informerad om att de människorna skulle bli lämnade bakom. Är det vad det betyder?

J: De kommer att bli lämnade bakom när det gäller deras egen tillväxt. De kommer inte att röra sig med och fortsätta att växa med de andra som är dedikerade och har övat de mentala och fysiska discipliner som krävs för att involvera sig andligt.

D: Så när de lämnar sina kroppar kommer de inte att komma tillbaka hit. Detta kommer att vara på en helt annan plats då. (Ja) Och detta händer med tiotusentals människor, och de vet inte om det medvetet, eller hur? Precis som John inte visste det medvetet.

J: John vet mycket tack vare sina direkta läror. Och det finns många på jorden idag som är i direkt kontakt med sina vägledare från många planetsystem, som är här för att hjälpa mänskligheten att röra sig upp till de högre vibrationsnivåerna och medvetandet. Och fler och fler vaknar varje dag på grund av deras specifika förutbestämda tidtabell när de kom in i kroppen på jorden. Din själ kommer in med en förutbestämd agenda som inkluderar en tidtabell för uppvaknande, så att säga. Det uppvaknandet kommer att triggas av vissa händelser som händer på planeten. Dessa händelser kan helt enkelt vara kontakt med andra människor, andliga lärare som kommer att berätta något som väcker dem och startar deras process. Vissa kommer att vakna av geofysiska katastrofer, så att säga, som kommer att hända i deras närhet, vare sig det är en orkan, en tornado eller en jordbävning. Så det finns många olika metoder eller processer för att trigga uppvaknandet av själar som kommer till planeten vid denna tidpunkt. Vissa kommer att vakna plötsligt och dramatiskt, precis som John, av sina förutbestämda, utsedda guider. Medan andra kommer att nå självförverkligandeprocessen mer gradvis, genom olika erfarenheter och så vidare. Det finns katalysatorer när denna process "rullas ut", så att säga.

D: Över hela världen då.

J: Ja. Även om Amerika är, vid denna tidpunkt, det primära området för att ta emot och sprida information, genom människor i de böcker de skriver, filmer de gör. Och andra former av kommunikation som kommer att spridas över hela världen. Det är inte så att andra människor i andra länder inte också får information, men USA är publiceringscentret, så att säga, för andlig information vid denna tidpunkt.

D: Det sprider sig utåt från Amerika och påverkar många fler människor på det sättet. (Ja) Är detta en annan anledning till att livslängden ökar?

J: När den nya jorden utvecklas kommer tillståndet att vara dramatiskt annorlunda än den nuvarande verkligheten, för när man når det högre medvetandet, den femte dimensionens medvetande, finns det inte längre någon okunskap om den kosmiska processen. Det finns inte längre någon okunskap om Gud som genomsyrar allt liv överallt. Därför är man fri från begränsningarna av födelse, mognad och död under en relativt kort tidsperiod. En som befinner sig i den femte dimensionens medvetande inser att de kan ha ett mycket större kontroll över – – inte bara hur länge de lever, vilket kan vara hundratals år – utan hela skapelseprocessen. För skapandet av verkligheter kommer att ske mycket, mycket snabbt när man når den femte dimensionens medvetande. Så kontroll över kroppen eller flera kroppar, och förmågan att resa fritt ut ur kroppen genom hela universum kommer att vara vanligt.

D: Jag blev informerad om att jag skulle vara här för att se alla dessa saker, eftersom åldern inte skulle vara densamma. Är det vad du menar?

J: Ja. Den gamla paradigmen som existerar på jorden nu av en relativt kort livslängd kommer att vara ett avlägset minne.

D: Men bara för dem som förbereder sig för detta.

J: De som uppnår tillståndet av femte dimensionens medvetande kommer att gå vidare och delta i den nya jorden och kommer att kunna göra dessa saker.

D: Jag har också blivit informerad om att utomjordingarna har undersökt mänskliga kroppar för att försöka hitta botemedel mot sjukdomar så att kroppen kan leva längre. Är det korrekt?

J: Det är korrekt.

D: Att ett av syftena med de fysiska undersökningarna var att försöka stoppa vissa av dessa progressiva sjukdomar som finns i världen.

505

J: När den fysiska kroppen går igenom sin transformationsprocess kommer den att bli mer immun. De människor eller de nya människorna, eller hybriderna som kommer att delta i den nya jorden, kommer att föra med sig större medvetenhet, större kunskap för att bota de gamla sjukdomarna, så att säga. Så det är inte bara en pågående process, utan en som kommer att fortsätta in i de högre medvetandena. Och i de högre medvetandena kommer elimineringen av dessa saker att accelereras, på grund av den enormt ökade intelligensen, användningen av sinnet, och bättre tillgång till mycket avancerad teknologi. Många saker som inte existerar på planeten vid denna tidpunkt – eller om de gör det, hålls tillbaka eller används inte eller hålls hemliga av någon motivation eller annan.

D: *Jag blev informerad om att de människor som är ombord på dessa farkoster redan har bemästrat detta. De kan leva så länge de vill, är fria från sjukdomar, och de dör inte förrän de är redo att dö.*

J: Det är korrekt.

D: *Och att de försöker få människorna till ett liknande tillstånd?*

J: Ja, eller åtminstone ett tillstånd som är avsevärt över där nuvarande mänsklighet är.

D: *Vi kommer troligen alltid att ha vissa begränsningar då.*

J: Ja. Alltid ett arbete i framsteg, så att säga, är en ständigt utvecklande serie av utmaningar, eller att övervinna dessa utmaningar.

D: *Eftersom detta är en planet för att lära sig läxor, såväl som att ha fri vilja.*

J: Alla planeter har sina läxor, så att säga. Även de läxor som är bortom din vildaste fantasi på jorden i det nuvarande tillståndet av tredimensionella begränsningar. Men universum är, och kommer alltid att vara, en process av tillväxt och expansion, och utmaningar. Oavsett hur hög vibrationsfrekvensen är, oavsett vilken nivå civilisationer och varelser har uppnått, möts nya utmaningar för fortsatt tillväxt med varje nivå av spiralerande uppåt.

D: *Så jorden kan aldrig bli en verkligen perfekt plats, på grund av fri vilja och de läxor som finns här. (Ja) Jag har en fråga till. Dessa saker du pratade om, om förändringen av DNA. Vet den amerikanska regeringen om dessa saker? Har du delat dessa koncept med dem?*

J: Det finns flera forskare inom USA och andra länder som är medvetna om mutationsprocessen, så att säga. De är något förbryllade och förundrade över den process som nu utspelar sig på planeten. Och de ser på det som en ganska plötslig och dramatisk mutationsprocess. Men många är medvetna.

D: *Menar du att de kan se dessa förändringar som sker vetenskapligt?*

J: Många är medvetna. Många är också rädda för att avslöja denna information av rädsla för att bli hånade av sina vetenskapliga kollegor, som inte har haft direkt erfarenhet och observation av denna process.

D: *Så de kan, med sina vetenskapliga instrument, se att dessa förändringar äger rum i den mänskliga kroppen.*

J: Det stämmer.

Andra forskare och författare har upptäckt information om aktiveringen och framstegen till tolvtrådig DNA, men de antar att det kommer att hända spontant. Det verkar som om det kommer att vara en gradvis process att aktivera DNA för att producera (eller föda) fler trådar. Om dessa nya trådar kan befästas och bli permanenta kommer de att producera fler trådar. Så det kommer inte att hända snabbt, men det triggas definitivt inom kropparna hos tiotusentals människor över hela världen. Det är allt en del av en gudomlig plan som vi just nu bara har en svag inblick i.

Innan sessionen hade jag listat frågor som John ville få svar på. En involverade en ovanlig dröm som hade stannat kvar i hans minne.

D: *John sa att han hade en väldigt, väldigt verklig dröm en natt där han såg ett rymdskepp utanför fönstret. Han kände behovet av att skrika, men kunde inte. Var det bara en dröm, eller var det en upplevelse, eller vad var det?*

J: Det var mer än en dröm. Det var en möte i en annan dimension. Och närvaron av vårt skepp väckte tillbaka vissa traumatiska minnen som främst härrörde från hans barndomsupplevelser när den nuvarande själen inte var utvecklad till den mognad som nu existerar inom John vid denna tidpunkt. När han var barn skrämde vårt konstiga, icke-mänskliga utseende honom tyvärr, och lämnade vissa traumatiska ärr, så att säga, känslomässiga ärr.

D: *Eftersom barn ofta inte förstår.*

J: Ja. Och vi beklagar djupt att detta hände, och att ärren fortfarande finns kvar. Så för John var skeppets utseende dubbelt. Det väckte det minnet och den känslan av skräck. Det tjänade också syftet att göra John medveten om att han hade inre arbete att göra för att övervinna denna tidigare erfarenhet. Och han har gjort mycket framsteg i det avseendet sedan dess.

D: *Är detta en av anledningarna till att dessa minnen är dolda eller borttagna, för att det är svårare för ett barn att förstå vad som händer? Skulle det vara en anledning till att man inte tillåter personen att minnas?*

J: Mycket definitivt. Också när man utvecklas andligt och höjer sin vibrationsfrekvens till en punkt där man verkligen känner sig ett med all skapelse, och upprätthåller ett tillstånd av kärleksfullt medvetande, finns det ingenting att frukta. Eftersom den universella livsrealiteten, så att säga, att vara ett med allt liv, inte bara accepteras intellektuellt, utan blir en djupt känd känsla. Därför accepteras enheten av all skapelse, oavsett hur livsformerna ser ut. Varje livsform, oavsett hur bisarr formen kan vara jämfört med nuvarande jordisk medvetenhet, när man når den tillståndet av universell enhet och villkorslös kärlek för allt, då försvinner rädslan. Det är inte längre en verklighet för den specifika personen.

Jag har blivit informerad av utomjordingarna att rädsla är den starkaste känslan som människor har. Om de inte kan förstå något färgar de det med rädsla för att få det att passa in i sin mentala ram. Med förståelse för upplevelsen försvinner rädslan. Detta har varit plattformen för mitt arbete med människor som tror att de har haft så kallade "obehagliga" upplevelser. När de kan förstå vad som har inträffat kan de integrera det i sitt nuvarande liv och leva med det, snarare än att frukta och dra sig undan från det.

Jag tycker att det är ganska anmärkningsvärt att två män världen över kunde komma fram till en identisk situation utan att veta vilken information jag hade samlat in från hela världen. Jag tycker att detta ger giltighet.

Den Invecklade Universumet ~ Bok Ett

En session som förväntades bli en normal terapisession, genomfördes medan jag talade på Laughlin UFO-konferensen i Nevada år 2000. Under min inledande intervju gör jag alltid en lista med frågor som ämnet vill ha svar på. På så sätt kan jag ge dem så mycket hjälp som möjligt och de kan få så mycket nytta som möjligt av sessionen. I många av dessa fall är svaren inte vad jag normalt skulle förvänta mig. När jag arbetar med det undermedvetna har jag lärt mig att hålla ett öppet sinne och fortsätta ställa frågor som den objektiva rapportören, även om sessionen går i en oväntad riktning. Med min omättliga nyfikenhet är jag öppen för all ny information, oavsett hur konstig den kan vara.

Lee var en ung kvinna i tidiga fyrtioårsåldern, och vi hade just gått igenom ett tidigare liv och kopplat samman med hennes nuvarande liv med hjälp av hennes undermedvetna.

D: *Finns det en koppling mellan det livet och det nuvarande som Lee lever?*

L: Ja, men det är gradvis. Inget händer i ett liv. Jag gillar inte långsamheten. Det livet visade henne att det är okej att stå upp för vad du tycker är rätt. Det är okej att vara ensam. Det spelar ingen roll att vi är ensamma. Vi tror bara att vi är det. Vi är aldrig verkligen ensamma.

D: *Hon har några frågor hon skulle vilja ställa. I sitt nuvarande liv som Lee har hon aldrig gift sig och har avstått från sex. Hon ville veta anledningen till det.*

L: En del av mig kom inte från denna verklighet. En del av mig som är här nu kommer inte från denna tid och är inte från detta rum. Den förstår inte sex som sex förstås på denna planet. Den förstår inte tid som tid förstås på denna planet. Denna planet är extremt långsam, och mycket, mycket svår att vara i. Och den delen av mig har kommit hit på egen hand, och jag har ingen hjälp här för detta.

D: *Vilken del pratar du om?*

L: Vi är alla delar. Vi är aldrig bara en del. Den kom hit som ljus. Ljuset vet redan. Ljuset kommer hit helt rent, och det är en mycket konstig upplevelse att vara här, men det är okej. Det kan justeras till.

509

Den Invecklade Universumet ~ Bok Ett

D: *Men Lee har haft många fysiska liv på jorden, har hon inte?*
L: Ja, men det är bara en del av henne. Hon har aldrig varit bara Lee. Det är bara ett trossystem. Det är mer än så. Det är inte manligt, det är inte kvinnligt. Det är ljus. Dess förståelse är av en annan typ. Det finns inga ord i vokabulären för detta. Det är nytt.
D: *Hennes själ är samma själ som har gått igenom alla dessa liv och lärt sig erfarenheterna. Är det inte sant? (Ja) Pratar du om något annat som har kommit in?*

Jag tänkte på de små lysande ljusvarelser som Bartholomew talade med, som var frivilliga att komma och hjälpa. (Avsnitt ett)

L: (Hon hade svårt att försöka uttrycka sig.) Tid existerar överhuvudtaget inte. Tid är inte. Tid finns bara i din dimension, i denna dimension här. Den existerar inte på samma sätt någon annanstans. Det är väldigt långsamt. Det är mycket svårt att uttrycka detta. Det behöver klargöras.
D: *Men vi är fångade i detta system av tid i denna verklighet. (Ja) Denna del som är annorlunda, som inte förstår dessa saker, varifrån kommer den delen?*
L: Den kommer från ... inte från stjärnor. Inte från ditt solsystem. Den kommer inte från din tro på ett solsystem, för det är vad alla dimensioner här är. Det är bara vad du behöver för din inlärning.
D: *För vår verklighet.*
L: Ja. Du skapar mästare. Du skapar lärare. De är bara skapelser.
D: *Men de hjälper oss att lära.*
L: Ja. De är här för det syftet.
D: *Varifrån kommer den andra delen?*
L: Den andra delen är bortom ... det är inte ute någonstans. Det är inte här, det är inte där. Det är. Det är en vibrationsfrekvens, men det är inte en vibrationsfrekvens. Det är så långt bortom det, att det inte finns ord för att uttrycka det. Det måste kännas. Det börjar kännas på denna planet, men det har tagit så lång tid.
D: *Denna del, hur blir den en del av henne?*
L: Genom att släppa gamla koncept, gamla idéer. Att kunna återförenas med det. Det har alltid funnits där. Men vi binder oss själva när vi är på denna planet. Och när vi binder oss själva kan vi inte se det.

D: *Jag försöker förstå. Tar denna del över?*
L: Den har ingenting att ta över. Den är. Den är bara. Det finns inget att ta över. Vi tror att vi blir kontrollerade. Det är vad som är fel på denna planet. Vi är alltid rädda för att bli kontrollerade av något eller någon, men vi blir aldrig kontrollerade. Detta är illusionen av det. Vi har aldrig blivit kontrollerade. Vi tror bara att vi är det.
D: *Men om den alltid har funnits här, varför är inte andra medvetna om det?*
L: Den har inga ord. Den har ingen plats. Den har inget ljud. Den har inget som kan kännas igen. Den är helt tyst, och ändå är den helt kraftfull. Och den är bara ... mycket långsam. (Suck) Det har tagit så många liv. Tiden på denna planet är inte ens korrekt. Historieböckerna har det inte korrekt. Tid är bara inte vad vi har blivit ledda att tro att det är.
D: *Du sa att den inte tar över. Hur fäster denna del sig vid den fysiska personen? (Paus) Eller är det rätt ord?*

Jag tänkte fortfarande att den del hon beskrev var något separat från hennes själ eller personlighet som vi uppfattar den. Den mest logiska slutsatsen skulle vara en slags besittning av någon entitet. Andra forskare har rapporterat om fall av detta, men under alla mina år av arbete har jag aldrig funnit något av detta slag.

L: Det fysiska är bara här. Här är det inte ens i den tidsram som du tror att det är. Livslängden är inte ens i den tidsram som du tror att den är. Det är allt. Allt, men vi har planerat att gå igenom det. Människor går igenom detta, men det är inte allt av vilka vi är.
D: *Du sa att detta är en del av henne. Är detta en annan del av alla? (Ja) Alla människor har denna andra del?*
L: Det finns graderingar av det. Alla har det, men inte alla kommer att se det.
D: *De kommer inte att veta att det finns där? (Ja) Vad med mästare eller andliga lärare? Är de medvetna i större grad än andra?*
L: Vissa av dem.
D: *Men denna del i Lee är mer framträdande i detta liv, och det är därför hon aldrig har gift sig? (Ja) I andra liv var det inte lika framträdande? (Nej) Jag tänkte på att om den är mer*

framträdande i detta liv, när kom denna del in i eller blev fäst vid hennes kropp, men du menar att den har funnits där hela tiden.
L: Det händer inte i en sekvens av händelser. Den är där. Den är inte i denna linjära tidsram. Och det är därför det verkar som om den fäster sig, men det gör den inte. Det finns bara så mycket. Det finns världar och världar av information. Och ingenting av det är begränsat till födelse och död. Födelse till död är en väldigt liten del av detta. Och det spelar verkligen ingen roll. Vi tror att det spelar roll. Det gör det och ändå gör det inte. Det är bara en liten, liten fläkt. Och den andra delen är den mest viktiga, men den är inte begränsad. Detta är den svåraste delen att beskriva. Du kan inte beskriva något som är obegränsat.
D: Det är sant. Skulle denna del vara ekvivalent med Gud, som vi känner den?
L: Vi känner inte Gud. Vi tror att vi gör det, men vi gör det inte. Gud är så vid. Gud är ett namn vi har gett till den ultimata kraft som går bortom galaxerna. Den går bortom allt som sinnena kan föreställa sig.
D: Är denna andra del kopplad till det, eller är den separat?
L: Nej, den är kopplad till det.

Jag försökte verkligen förstå detta främmande koncept, så det var svårt att tänka på frågor som skulle få mer information.

D: Så det är som en allt omfattande energi eller kraft. (Ja) Och den finns i alla, eller där?
L: Den är där.
D: Men inte alla är medvetna om den.
L: Ja. Kropparna är mer löst sammanfogade än man kan föreställa sig. Vi ser på dem som solida, men de är inte det, från andra perspektiv. Från andra verkligheter är de inte det. Ibland är människor rädda för detta, men det är inte något att vara rädd för. Universum är rätt i sitt sätt att göra saker.
D: Varför är människor rädda för det?
L: För att de inte ser tillräckligt långt. Det har ingenting att göra med att se med ögonen. Du kan inte nå det. Du kan inte nå slutet av universum. Du kan inte nå slutet av något, för det finns inget slut. Och ord, språket ... den genetiska strukturen av kroppen

innehåller det inte än. Den har ledtrådar om det, men den innehåller det inte. Vi är inte separerade från det. Det är där för oss, men vi har separerat oss själva i individer för att uppleva detta. Det finns ingen upplevelse som är fel.

D: *Allt har ett syfte eller en läxa. (Ja) Men vi har alla individuella själar, eller hur?*

L: En själ är ett mycket större koncept än vad vi kan föreställa oss genom att kalla den "individuell". Vi kan vara individuella för ett ögonblick, och vi kan vara en vid själsupplevelse i ett annat ögonblick. Och det finns ingen tidsindelning i det. Det går från en till den andra.

D: *Jag gillar att tänka på en individuell ande som har erfarenheter och lär sig läxor.*

L: Anden går ut och lär sig läxor genom individuella gnistor, och den återvänder med all kunskap från dessa erfarenheter.

D: *Den gör detta och blir en del av denna större själ? (Ja) Och den större själen är ekvivalent med Gud?*

L: Den är ekvivalent med vad vi tänker på som Gud, eftersom vi inte har förstått Gud. Den är för vid. Vi måste sätta gränser. Vi skapar våra egna hierarkier för att förstå.

D: *Vi föreställer oss Gud som Skaparen av allt som vi vet. Är det korrekt?*

L: Vi är också den skaparen. Vi är inte separerade från Gud. Vi är alla en del av samma skapelse. Det finns ingen uppdelning.

D: *Med den förståelsen har jag sagt till människor att de kan skapa vad de vill i det fysiska, kan de inte?*

L: Nej, för det finns bindningar här. Det finns sätt att lära här som vi upplever. Ja, på ett sätt skulle vi kunna, och på ett annat sätt har vi valt att inte göra det. Det är ett val att gå den här vägen.

D: *Vi lägger begränsningar på oss själva.*

L: Vi har lagt begränsningar för denna erfarenhet.

D: *Men denna andra del manifesterar sig inte i de flesta människors liv för att göra deras liv annorlunda. Är det sant?*

L: Detta är vad de är, men de kan inte röra det med sina fem sinnen. Det finns inte kapacitet ännu, inte ens i hjärnan, för att börja förstå detta på rätt sätt. Det som händer är att det förändras. Det finns inte kretsar i hjärnan för att hantera detta. Det kommer aldrig att

Den Invecklade Universumet ~ Bok Ett

finnas i den mänskliga hjärnan som den nu existerar. Detta förändras.

D: *Hur förändras det?*

L: Det finns en hoppande förändring framför oss. Det är inte gradvis. Det finns ett språng, men inte alla kommer att ta det språnget. Vissa kommer, vissa kommer inte. Men det betyder inte att de lämnas bakom. De är bara på en annan väg. Det är en uppgradering av förmåga som det är dags för. Många saker förändras just nu på planeten. Det finns många problem som puttrar under havets yta och marken. Vi har skapat det för upplevelsen. Och det är inte något att frukta. Det kan orsaka rädsla, men ...

D: *Allt händer av en anledning.*

L: Ja, det gör det.

D: *Men du sa att kretsarna i våra sinnen, våra hjärnor, förändras?*

L: Vi kommer att kunna hantera mer. Vi kommer aldrig att veta allt. Det finns inget slut.

D: *Hur sker detta?*

L: Under lång tid har den mänskliga hjärnan varit stillastående. Den kunde inte och kunde inte gå längre. Det har gjorts uppgraderingar. Precis som datorer uppgraderas, uppgraderas också människohjärnor. Det pågår. Det är en ny sammankoppling av kretsar.

D: *Är detta på en genetisk nivå?*

L: Cellerna förändras. Genetiken förändras. (Som om hon tittade på något.) Åh, jag vet inte vad det där är! Cellerna förändras. Genetiken förändras. Det finns mer kapacitet. Folk tror att deras hjärnor måste växa större för att ha mer kapacitet. Det behöver de inte. De måste bara vara ... det är en annan koppling. Det är en annan konfiguration.

D: *De säger alltid att vi inte använder hela våra hjärnor ändå.*

L: Det gör vi inte.

D: *Är detta något som automatiskt var programmerat i vår krets, eller är det något som sker utifrån?*

L: Det placerades där från början för att se hur det skulle utvecklas. Det kunde bara ske när vissa förändringar hade inträffat i atmosfären på planeten. Du måste titta på de unga barnen för detta. Några av dem. Inte alla, men några av dem, mycket. Små barn har

514

något nytt som inte har setts förut. De kommer inte att se det på röntgen, på någon typ av utrustning som det. Det är en ny utveckling. Vi har alla kapacitet för det. Inte alla ännu, men det finns där.

D: *Så det dyker upp gradvis även hos vuxna? (Ja) Men det var något som lades i våra kroppar när vi skapades?*

L: Det fanns hopp om att det skulle utvecklas, men två gånger har det misslyckats. Sedan startades det om, och det verkar som om det till slut har tagit fart.

D: *Jag har blivit informerad om att utomjordingarna är de som skapade vår fysiska kropp. Är det de som programmerade detta i vårt system? (Ja) Du sa att det har misslyckats två gånger. (Ja) Kan du berätta om det? Är det i vår historia?*

L: Det var före den skrivna historien, till att börja med. Det finns ingen skriven historia för detta i början. Återigen, hela er historia är fel. Så mycket av det är fel. Det har skrivits om. Det har skrivits falskt. Det är inte korrekt.

Du säger inte något sådant till mig utan att väcka min nyfikenhet. Jag letar alltid efter "förlorad" kunskap, särskilt kunskap som har kommit felaktigt ner till oss. Jag söker alltid efter den "sanna" versionen.

L: Det känns som om det var ett misslyckande i planeringen. Något hade inte tagits hänsyn till.

D: *Menar du att något oväntat inträffade? (Ja.) Utvecklades mänskligheten för snabbt?*

L: De utvecklades i fel riktning. Mänskligheten skulle ha utvecklats för snabbt för planeten som huserade dem. Det gjordes misstag. Det skulle ha orsakat en obalans för tidigt i systemet.

D: *För mycket för tidigt? (Ja) Och det var före den inspelade historien?*

L: Ja. De var tvungna att göra förändringar.

Jag undrade om hon pratade om Atlantis. Jag har blivit informerad om att mänskligheten utvecklade sin mentala potential till en mycket hög grad, men sedan missbrukade de den så att förmågan togs bort. Detta var vid tidpunkten för Atlantis förstörelse. Det sades att förmågorna skulle återkomma i vår tidsperiod om vi befann oss på en nivå där vi kunde använda dem klokt.

D: Vad hände vid den andra tidpunkten?

L: Det var en splittring. Bibeln har inte rätt om raser som går i olika riktningar. Det är inte korrekt information. (Hon verkade frustrerad, uppenbarligen hade hon svårt att formulera det.) Historien om denna planet kommer aldrig att bli känd genom de skrifter som finns på denna planet nu. Dessa skrifter har inte varit korrekta. Det finns ledtrådar, men de har inte varit korrekta.

D: Det är vad jag försöker göra i mitt arbete, återställa förlorad kunskap.

L: En del av den har tagits bort. En del av den har medvetet förlorats. En del av den har begravts. Och det finns en återkomst av den nu, men den är fragmenterad. Och det är fragmenten du måste leta efter. Och fragmenten kommer bit för bit. De kommer inte alla på en gång. Och fragmenten kommer att döljas i hjärnorna hos vissa av de människor du arbetar med i framtiden.

D: Och jag måste sätta ihop dessa? (Ja) Men du sa att det splittrades vid den andra tidpunkten när det inte fungerade? Kan du förklara det?

L: Det gjordes ett genetiskt experiment som inte fungerade korrekt. Och det skapade förvirring. Bibeln skrev om det i berättelsen om Babels torn. Det var ett genetiskt experiment som inte var helt korrekt.

D: Så sinnet vid den tiden försökte expandera?

L: Ja. Det kunde inte göra det. Det fragmenterades. Det förlorade sin förmåga att förstå korrekt och delade sig själv.

D: Och sedan var allt tvunget att börja om igen? (Ja) Även om det inte var hela vägen tillbaka till början.

L: Nej. I en annan form.

D: Och nu når vi punkten igen? (Ja) Och de tror att det kommer att fungera denna gång?

L: Ja. Det håller på att sammanfalla. Men det sker på ett så annat sätt att människor inte letar efter det i rätt riktning. Vi blir överbalanserade i vår teknologi, och det är där det största problemet ligger. Det andliga har inte betonats tillräckligt. Religion är inget, men andlighet är allt. Och det finns en obalans, och planeten förlorar sin balans när balansen är borta. Själen, kroppen, anden går ur balans. Så gör planeten. Vi är ansvariga för det.

D: Så vid denna tidpunkt har utomjordingarna återigen utlösts för att fungera i rätt riktning?

L: Ja, det har triggas. Men de kan bara göra så mycket, eftersom vi har våra lektioner att lära.

D: Ja, det är sant. När det triggas, görs det genom dessa observationer och interaktion med dem?

L: Ja, det sker på många olika sätt.

D: Men detta är något vi behöver för denna tidsperiod?

L: Ja. Det har alltid funnits där för att användas.

D: Och de tror nu att vi kommer till den tidpunkt då vi kan öppna upp mer kapacitet.

L: Ja. Men om det händer för snabbt finns det inte kretsar för att ta hand om det. Kretsar är inte ens det bästa ordet för det. Det finns saker i hjärnan som en läkare inte kan se. En röntgen kan inte berätta det för dig. Inga av dessa saker.

D: Men kretsar är ett ord vi förstår. (Ja) Så vi måste använda liknelser och ord som vi kan förstå, annars är det för svårt att förklara för människor.

L: Ja. Det har inga ord. Det har ingen förståelse. När du ser in i havets mörker kan du inte kasta ljus ner där. Du kan bara inte. Du kommer att störa det som redan har bosatt sig där. Det finns de som behöver det. Och de som behöver simma i mörkret. Och deras hela livsform skulle förstöras och helt ruineras om det gjordes. Det kan inte göras snabbt, även om språng kan ske. Språng kan äga rum, men endast när kretsarna finns där och på plats, och när balansen finns där. Planeten är i ett desperat tillstånd just nu. Planeten är överhuvudtaget inte stabil. Det finns människor som går omkring utan begrepp om vad som händer med dem, eller vad som händer med deras hjärnor, med deras kroppar under den ökade tyngden av vibrationerna och plasman. Plasma? Något om en plasmavortex. Jag förstår inte. Det finns en plasmavortex av något slag som påverkar detta. Det finns inget bra eller dåligt här. Det finns bara erfarenhet. Men vi har den förmågan inom oss att vara balanserade. Det finns en kombination av elektrisk magnetisk stimulans på olika delar av hjärnan som inte kunde upptäckas förrän nu i historien. I den tid som kan föra det framåt. Före detta skulle det inte ha varit redo. Det kan återöppna kretsar som har stängts. Om du tittar på dina pyramider kommer du att hitta en bild av vad som nu händer på planeten. Men du måste titta djupt i pyramiders historia för att hitta den bekräftelsen. Den finns där, men den är inte skriven på väggarna. Det som nu händer är en omstrukturering av hjärnans kretsar. Egypten visste detta. De hade ett annat system för att få det att hända. Deras system var rudimentärt jämfört med vad som nu kan ske på planeten. Även om deras system stöddes av utomjordiskt liv. Om någon säger att det inte var sant, så var det sant. Som det var, hade de en uppgradering. Det har skett liknande uppgraderingar runt om på planeten i olika områden.

D: *Men ibland var det för tidigt. Är det vad du menar?*

L: Det hände oftast när det skulle hända. Men igen är vi på kanten av obalans. Men obalansen är inte bara planetär. Den omger planeten. Det handlar om tankarna, det handlar om missbruk av miljöbalansen. Vi har all den kunskapen, men vi har förstört den. Vi har underkuvat den. Vi har förlorat mycket av den.

D: *Vi måste börja om helt.*

L: Något görs på östkusten av USA. Det kommer inte att vara omedelbart, men det pågår i vissa laboratorier nu. Det är i Virginia.

D: *Ny teknologi eller vad?*

L: Ja. Det är början. Ändå finns det en ny teknologi.

D: *En sak jag har blivit informerad om. Vår fysiska ålder spelar ingen roll, eller hur?*

L: Det har inget att göra med det. Vår ålder kommer ändå att expanderas. Inte med många år ännu. Vi har mycket arbete kvar att göra innan det kan hända.

I detta fall lärde jag mig att inte bara förändrades den genetiska sammansättningen av den mänskliga kroppen för att stå emot sjukdomar och ålder, utan även hjärnan genomgick utvecklingar och expansion. Nämnandet av barn som visar denna fantastiska utveckling i ung ålder har redan dokumenterats. Det finns flera böcker om ämnet, och tester genomförs i vissa delar av landet. Barn föds med den avancerade kretsen redan på plats. De vuxna är de som måste hänga med.

Detta konstiga koncept av en del som talar till mig som var separat från klienten, men ändå en integrerad del av dem, var svårt för mitt mänskliga sinne att förstå. Ändå har jag sedan dess funnit andra fall, och ett rapporteras i det sista kapitlet.

Mer information av denna typ kom genom Phil 1999. Jag hade inte haft en session med Phil på några år. Efter att ha arbetat ett tag i Kalifornien bodde han tillbaka i Arkansas vid den här tiden och kom till UFO-konferensen i Eureka Springs. Harriet var närvarande under denna session. Hon var också glad att se honom efter så lång tid.

Jag använde kontorsbyggnadmetoden som Phil var van vid, och när hissdörren öppnades såg han det bekanta lysande vita ljuset som ofta var närvarande under våra sessioner. Det fanns någon som var redo och väntade på att ta oss dit vi behövde gå för information.

P: Han säger att informationen ges vid denna tidpunkt, eftersom det är dags för mänskligheten att förstå den okunskap som har gjort dem så rädda i många, många, många år. Kunskap, medvetenhet och förståelse kan låta människor uttrycka sig mer fullt och helt, och inte stänga av delar av sin verklighet på grund av rädsla och okunskap. Han säger att du får en nyckel som gör att du kan få tillgång till dessa områden av information som har varit otillgängliga i många eoner. Förståelsen av vilka vi är och var vi kom ifrån har förändrats så fullständigt att det inte finns någon grund för denna kunskap att förstås. Men i dessa tider av andlig uppvaknande och lyftande kan den sanna historien och den genetiska verkligheten av den mänskliga rasen återigen förstås mer fullständigt och helt.

D: *Du sa att de skulle ge mig nyckeln?*

P: Det finns de som är dina motsvarigheter på den andliga planen som arbetar med dig. Såväl som i dig, för att främja detta åtagande som du har tagit dig an. Inte bara detta särskilda avsnitt som vi talar om nu, utan hela insatsen för att föra kunskap och medvetenhet till massorna. Denna nyckel kommer att ge dig tillgång till vissa områden av information som ännu har varit otillgängliga för dem som skulle försöka forska om historien och verkligheten av den mänskliga arten.

D: *Vi har flera saker vi är intresserade av just nu. Vi har fått information om DNA:t i den mänskliga kroppen, att något händer med det och förändras. Kan du berätta något om det?*

P: Vissa förändringar görs som gör att vissa funktioner i kroppen förbättras. Den mänskliga modellen manipuleras något för att förbättra dess överlevnadsförmåga och förmåga att motstå och uthärda vissa miljöutmaningar. Detta är nödvändigt för att den mänskliga kroppen ska kunna tolerera vissa atmosfäriska förhållanden på andra planeter och under andra förhållanden. Den kroppsliga prototyp som du bär kan användas på många andra ställen i hela universum. Så denna fysiska kropp anpassas för att kunna överleva vissa planetära förhållanden som är annorlunda än dina egna.

D: *Betyder detta att dessa mänskliga kroppar kommer att åka till andra planeter?*

P: Det stämmer. Det kommer att användas genetiskt konstruerade kroppar på andra planeter, som kommer att befolkas av själar som har valt den sfären för att låta dem delta i sina andliga uppgifter.

D: *Jag har hört att något definitivt pågår med DNA:t i de kroppar som lever nu.*

P: Det finns många förändringar som har introducerats genom miljöförhållandena på din planet, inte genetiskt manipulerade. Det har skett många förändringar i din miljö som har orsakat förändringar i ditt fysiologiska uttryck. Reaktionen på dessa kemikalier och energier i din atmosfär och miljö har ålagt dessa förändringar i din kropp. Kroppen reagerar helt enkelt på dessa stimuli.

D: *Menar du att immunförsvaret anpassar sig eller reagerar på något sätt?*

P: Det stämmer. Anpassningsförmågan att möta sin miljö och att göra förändringar automatiskt programmerades in i detta mänskliga uttryck vid dess skapelse. Det finns livsformer som inte har denna automatiska anpassningsförmåga inbyggd och som därför är beroende av yttre manipulation för att förändras. Den mänskliga kroppen har emellertid fått en förmåga att automatiskt anpassa sig till sin miljö så att nära manipulation inte är nödvändig. Kropparna reagerar helt enkelt på dessa förändringar i din miljö.

D: *Om kropparna inte anpassar sig, skulle kroppen då dö?*

P: Det skulle bli mindre tolerans när miljön förändrades och blev kanske mer utmanande för kroppen. Kroppen skulle bli mindre och mindre kapabel att tolerera det. Och när förhållandena ytterligare förändrades skulle det bli mindre motstånd mot de miljöutmaningar som uppstod. Ja, kropparna skulle vid någon tidpunkt inte kunna upprätthållas i miljön.

D: *Så det som händer med vår miljö förgiftar kroppen och tvingar den att anpassa sig?*

P: Det stämmer.

D: *Så om den inte förändras skulle den inte överleva.*

P: Förutsatt att miljön inte förändrades till ett mer harmoniskt tillstånd. För med borttagandet av utmaningarna skulle kroppen ha lärt sig och mönstrat sina försvar för att kunna stå emot. Om dessa utmaningar togs bort skulle kroppen förändras tillbaka igen för att anpassa sig till den miljö den befann sig i.

D: *Jag har blivit informerad om att det finns utomjordingar som ser mänskliga ut men inte är riktigt mänskliga eftersom deras inre organ har lärt sig att anpassa sig till många olika miljöer.*

P: Det stämmer.

D: *Så vi går längs den vägen?*

P: Det stämmer.

D: *Jag har blivit informerad om att det var en av anledningarna till att vi skulle ha svårt att resa och leva i rymden, eftersom våra kroppar inte kan anpassa sig för tillfället.*

P: Vi skulle säga att "vid denna tidpunkt" är nyckeln. Vi är medvetna om att dessa förändringar verkligen tar tid. Emellertid kan manipulation göras genom efterföljande generationer för att tillåta en ganska kapabel tolerans för många olika typer av miljöer.

D: *Eller kan det ske snabbt i en kropp under en generation?*

P: Beroende på den specifika förändring som behövs, kan det faktiskt åstadkommas i en generation. Men mer radikalt olika förändringar skulle kräva en mycket längre tidsram för att låta dessa förändringar ske naturligt.

D: *Som en form av evolution, fast accelererad.*

Den Invecklade Universumet ~ Bok Ett

P: Det stämmer.
D: Förändras alla? Eller är det bara vissa grupper, vissa människor?
P: Alla människor som lever vid denna tidpunkt på denna planet upplever miljöorsakade förändringar i sina immunsystem. De andra förändringarna vi talar om är inte miljömässiga, utan är avsiktliga genetiska manipulationer. Emellertid kontrolleras den genetiska manipulationen inom en viss population som har valts, på grund av tidigare generation ... (hade svårt att hitta det rätta ordet) ... kanske skulle "skörd" vara ett sätt att formulera det. Men vi är känsliga för din moraliska konditionering angående "skörd" i en konventionell mening.
D: Vår användning av ord.
P: Det stämmer.
D: Så om vissa grupper eller vissa människor har valts, sker den genetiska manipulationen inte på alla?
P: Det stämmer. Manipulationen orsakas från inom livmodern vid befruktningstillfället. Och så när denna varelse växer och blir producerande, eller fortplantande, eller kanske fortplantningsduglig, så är varje efterföljande generation då något förändrad för att föröka den önskade förändringen. Detta är en generationsinsats, i den meningen att varje efterföljande generation är något annorlunda än den föregående.
D: Skulle dessa utvalda personer vara annorlunda på något sätt som genomsnittliga människor skulle märka?
P: Den avel och manipulation som görs på din planet är inte vad du skulle kalla "märkbart" från en generation till nästa. Men om du skulle kunna jämföra kanske tio generationer sida vid sida, eller tiotal generationer bort, skulle det finnas en mer märkbar förändring i fysiologiska, emotionella och andliga komponenter.
D: Självklart skulle de flesta säga att det beror på skillnaderna i maten och de framsteg vår medicinska vetenskap har gjort.
P: Och det skulle finnas förändringar baserade på dessa stimuli. Emellertid är de förändringar vi talar om här mycket mer subtila än vad du skulle märka på grund av miljömässiga eller sociala förändringar.

522

Den Invecklade Universumet ~ Bok Ett

Denna session ägde rum medan jag talade på en UFO-konferens i Clearwater, Florida, i november 1999. Marie pratade med mig efter att ha anlänt till konferensen och visade mig en konstig skrift hon hade gjort medan jag föreläste. Hon sa att hon gör denna konstiga skrift hela tiden och har ingen aning om vad den betyder eller varför hon skriver den. Jag tänkte att det skulle vara en bra idé att sätta henne ihop med en kvinna jag träffade året innan på en UFO-konferens i Wisconsin. Skriften såg märkligt likadan ut. En annan kvinna hade gett mig exempel på vad hon kallade utomjordisk skrift, men det såg mer ut som hastigt automatisk skrift, eftersom det var på engelska.

Mane ville ha en session, och en av de saker hon ville utforska var varför hon kände sig tvingad att göra den konstiga skriften. Hon hade också haft en ovanlig upplevelse året innan medan hon deltog i Gateway-kursen vid Monroe Institute i Virginia. Detta är en intensiv kurs för dem som vill lära sig hur man medvetet kan utföra utanför kroppen-resor, fjärrskådning och hur man använder sina sinnen på anmärkningsvärda sätt.

Sessionen hölls i mitt hotellrum på konferensen. Den började ganska normalt. När hon kom in i det djupa transläge återvände jag henne till tidpunkten för incidenten. Hon stod utanför institutet och gick sedan in i byggnaden, men det blev snart uppenbart att hon beskrev något annat förutom de normala omgivningarna som borde ha funnits där.

M: Jag går in i byggnaden ... Jag ser allt trä, och tygerna runt omkring. Jag kollar på atmosfären. Möjligen ser jag om - jag är inte säker på vad jag letar efter - ser ... jag ser genom luften. Jag ser mer än jag normalt ser.
D: *Vad tycker du om det stället?*
M: Att det inte är vad jag trodde. Det är större, och det händer mer. Jag är nästan överväldigad av rymdens storhet som finns där inne.
D: *Du trodde att det bara skulle vara en liten grupp med ditt program.*
M: Jag antar det.
D: *Och det finns andra saker som pågår?*

Jag trodde att hon menade att det fanns andra program med andra deltagare som pågick samtidigt. Det blev snart uppenbart att hon inte

Den Invecklade Universumet ~ Bok Ett

beskrev den fysiska ingången till denna byggnad. Hon såg något i detta transläge som inte hade varit synligt för hennes fysiska ögon, men som inte var dolt för hennes undermedvetna. Kunde hon se in i en annan dimension?

M: Det finns ett hål som jag ser det nu. Det är som en ravin eller en portal.

D: *Vad menar du?*

M: Det är allt jag kan känna när jag tittar. Jag går in och plötsligt försvinner det fysiska rummet och en annan typ av rum tar dess plats. Och det är stort. Och det är klart.

D: *Menar du att istället för väggarna och rummen finns det något annat där?*

M: Rätt. Som att det var en falsk struktur. Det finns en scen för fysisk förståelse, för viss komfort för den fysiska varelsen.

D: *Finns det andra människor där också?*

Jag undrade om de andra som anlände för att ta kursen såg samma sak.

M: Jag ser inga människor i detta rum nu. Och de ska vara där. Jag får en känsla av otroligt högenergisk "grej" i detta stora utrymme. Jag ser inga varelser. När jag väl gick in, vad jag trodde var den fysiska verkligheten som jag skulle uppleva, nu när jag kan se det härifrån, är det en illusion av vad det verkligen är. Och det finns en möjlighet att skifta från att veta och relatera i tre dimensioner till att existera i mer än den tredje dimensionen.

D: *Men vid den tidpunkten kände du inte detta medvetet, är det vad du menar?*

M: Rätt. Jag visste inte det förrän precis nu. Och det är väldigt verkligt, och väldigt fysiskt i sin egen mening, men inte som vi känner det.

D: *Vilken typ av program ska du studera där?*

M: Om ljus.

Min nästa mening blev helt blank. Den skiftade så långt bort att jag knappt kunde höra några ord. Med följande mening återvände ljudet till det normala. Detta händer ibland när jag gör denna typ av arbete, och bandspelaren verkar nästan påverkas av energiburst. Hon

524

andades tungt och verkade uppleva någon typ av obehag. Kände hon också av den energi som påverkade min inspelare? Jag gav henne förslag för välbefinnande och frågade vad som påverkade henne.

M: Jag vet inte. (Tung andning.) Det är så totalt, och det är en chock.
D: *Varför tror du att det skulle påverka dig på det sättet?*
M: För att det är så annorlunda. Så mycket om de andra energierna som vi huserar.
D: *I våra kroppar, menar du?*
M: Dels i våra kroppar, men det är bortom våra kroppar. Våra kroppar är som små jordningsanordningar, på grund av denna dimensionella grej.
D: *Hur ser detta ställe ut?*
M: Det ser inte ut som jag trodde. Det ser inte ut som träet och tyget.
D: *Jag menar, ser det ut som en byggnad?*
M: Den verkliga institutet gör det när du går in.
D: *Men vad du ser nu.*
M: Nej. Jag är på en balkong, en väldigt hög balkong. Och det finns en balkong där i det fysiska. Men detta är mycket bredare, och det är som kristall. Det finns massor av kristall. Jag ser ner i rummets mitt. Och det är ganska upplysande och hisnande och chockerande. Det är en överlagring. Det finns något som existerar utöver det fysiska.
D: *Det är ett bra ord för det, en överlagring.*

Kan det vara möjligt att Monroe-institutet faktiskt ligger över någon typ av interdimensionell dörr eller portal som är osynlig för våra medvetna sinnen? Detta kan delvis förklara några av de anmärkningsvärda händelser som inträffar där.

D: *Är du ensam?*
M: (En viskning.) Jag är ensam. Det finns min fysiska kropp som känns väldigt upprätt och isolerad och ... som om den inte har skiftat över ännu. Och nu när jag går vidare i detta ser jag att jag blir ombedd att släppa taget och skifta från min fysiska. Det är väldigt vackert.

Hon blev känslosam och började gråta.

D: *Vad är det som händer?*
M: (Känslomässigt) Det är så vackert. (Gråter)

Marie var en konstnär. En av de saker hon ville ta reda på var varför hon inte kunde måla längre. Hon hade ingen inspiration. Så jag föreslog att hon skulle kunna komma ihåg scenen hon tittade på och kunna återskapa den i en målning.

M: (Känslomässig och i beundran.) Jag kan försöka. Ja.
D: *De flesta skulle aldrig inse att det fanns något så vackert där, eller hur?*
M: Nej, de kunde inte se det. Jag kunde inte se det. Jag kunde inte veta det förrän nu.
D: *Låt oss tillåta dig att behålla minnet av bilden i ditt sinne så att du kan måla den. Och vi kan få det så exakt som möjligt.*
M: (Tårfyllt) Jag vill. Jag vill.

Jag gav det undermedvetna förslag så att hon skulle kunna behålla minnet och använda det senare. Att se en sådan vacker scen påverkade henne känslomässigt. Även om detta var en oväntad utveckling ville jag gå vidare och utforska den ovanliga händelsen som inträffade vid institutet. Hon kom ihåg att hon såg ett vackert ljus medan hon satt i en mörk isoleringshytt med hörlurar på huvudet.

D: *Jag vet att det är svårt att lämna den platsen eftersom den är så vacker, men vi vill utforska några andra saker. Låt oss lämna den scenen, och låt oss gå till den tidpunkt då du hade den konstiga upplevelsen med ljuset. Och du lyssnade på några band?*
M: (Känslan och gråten stannade.) I en liten låda.
D: *Är banden musik?*
M: De är vibrationer.
D: *Lyssnar du genom hörlurar?*

D: *I ett rum för dig själv?*
M: En liten låda. Du sover och lyssnar på band och ....
D: *Sover du där inne?*
M: Ja, det är en isoleringshytt som du sover i.

D: Stör det dig att vara instängd så där?
M: Nej, jag gillar det. Det är där jag kan träffa dem.
D: Träffa vem?
M: Jag vet inte. Dessa mycket intelligenta varelser.
D: Okej. När du lyssnade på ljudvibrationerna genom hörlurarna hände något, eller hur? (Ja) Vi kan gå igenom det igen och se det i mer detalj. Vad hände först?
M: Jag blev rädd.
D: Varför?
M: För att jag aldrig har känt något sådant här. Åh gud!! Det känns som en otroligt godhjärtad ren kärlek. Det kommer till dig, och du kan inte tro det. (Känslomässig) Du kan inte tro att det är med dig. Och du kan se det.
D: Detta orsakas av att du lyssnar på hörlurarna?
M: Det öppnar upp en möjlighet att vara så öppen och att möta med rätt frekvens.
D: Du måste vara öppen för att göra detta, utan blockeringar, eller vad?
M: Du måste längta efter det på någon nivå.
D: Vad händer sen?
M: Då fick det mitt förtroende. Det vita ljuset. Och stabiliserade mig. Det kopplade ihop med mig, så jag inte skulle vara rädd.
D: Bara det vita ljuset?
M: Först. Och sedan när jag var stabil kände jag mer vibration på min vänstra sida. Det skrämde mig eftersom det var så annorlunda än det vita ljuset. Och på något sätt blev jag ledd att vända på huvudet och titta. Det var helt mörkt i detta utrymme, men jag kunde titta, jag kunde se och känna. Glittrande. Det är en rymdvarelse. Jag visste inte det. Du kan nästan se in i den, men det är det klaraste blå. Djupt, klart blått. Du kan mer känna det än se det.
D: Varför säger du att det är en rymdvarelse?
M: Jag vet inte. Det kom bara ut.
D: Kunde du se några drag eller något som skulle få dig att tänka så?
M: Bara djupt blått. Jag vet inte var detta kommer ifrån. Det är bara en känsla av att det kommer från en stjärna. Det känns rätt i mitt hjärta när jag säger det.
D: Vad var det första vita ljuset du såg?

Den Invecklade Universumet ~ Bok Ett

M: Det var ett direkt från Gud. Det var inte Gud, men det kändes som kärleken från Gud. Men det var en intelligens som guidade denna koppling mellan mig och denna varelse. Den visste så mycket om mänskliga känslor att den kunde intensifiera de bästa och säkraste känslorna som vi känner. Och tillhandahålla det, för att länken skulle kunna ske.

D: Och det andra blå ljuset, eller vad det nu är, kom vid den tiden och kom bredvid dig?

M: In i mig.

D: In i dig. Var du tvungen att tillåta det att komma in i dig?

M: Ja. Det väntade på att jag skulle erkänna det. Och sedan på det mest varsamma, långsamma, enklaste sätt gled det bara in, som en överlagring. Det vibrerade, och jag känner så nu. Det var bara vibrerande. Och jag tror att det förändrade mig. Det omformade mitt system.

D: Varför gjorde det det?

M: För högre arbete. Så att jag inte skulle bli skadad och bränd.

D: Hur skulle du kunna bli skadad eller bränd?

M: Det finns något som kan bränna oss. Detta är skydd. Strålning. Någon slags strålningsexperiment.

D: Och detta ger dig ett skydd? Förändrar dig, sa du?

M: Ja, på min cellnivå. Börjar på den fysiska cellnivån, men det justerar också något för att hysa fler nya system för framtiden.

D: Nya system. Vad menar du?

M: Nya stjärnfrön. För denna planet. System som finns i kroppen, men som inte är av kroppen.

D: Det skapar nya system i kroppen som inte fanns där tidigare?

M: Det sås in i systemet.

D: Detta kommer inte att skada kroppen på något sätt, eller hur?

M: Nej. Genetiskt är jag inställd för att hjälpa denna övergång. (Hon verkade upplyft.) Det är fullständigt. Och det är levande. Och det är säkert.

D: Var kommer denna strålning ifrån som kan skada människor?

M: Från jordens inre. Nu ser jag jordens kärna. Jag ser bara en boll. Det kan till och med vara någon slags strålning som injiceras i oss, eller läggs in i oss av någon dålig anledning. Och detta blå system kan förändra dig tillräckligt så detta - jag vill säga "kärnmaterial" – kommer att inaktiveras.

D: In i våra kroppar, menar du?

M: Det kan vara, eller det kan läggas i jordens kärna. Du skulle kunna svälja det. (Känslomässig) Det var smärtsamt att tänka på det.

D: Hur skulle vi få in det i våra kroppar?

M: Du skulle kunna svälja det. (Nästan gråtande.) Du skulle kunna tvingas. Som någon slags krig. Du kan överleva. (Hon var känslosam.)

D: Finns det andra sätt det kan komma in i kroppen?

M: Du skulle kunna bli bombarderad, beamad med det. Detta blå ljussystem skulle skydda dig, och du skulle inte bli skadad.

D: Vem skulle bombardera människorna med något sådant?

M: Det finns en annan ras som skulle vilja ha det genetiska materialet. Och de skulle kunna ta det på detta sätt. Men denna blå energi skulle göra det omöjligt.

D: Används denna blå energi med andra människor också?

M: Ja. Många människor nu. När det kommer, och när det är dags, kommer du att få ett val att acceptera det eller inte.

D: För inte alla kan gå till Monroe-institutet.

M: Nej, det kan hända på andra ställen.

D: Är det något som händer och de inte inser det?

M: De vet inte vad det är till för. De tror att all denna kärlek som kommer till dem, och att det är så bra, så förförande, att självklart vill du ha detta. Och det är det enda sättet det kan smälta samman med ditt system, för du måste säga "ja" med ditt hjärta.

D: Händer det alltid på en medveten nivå där människor kommer ihåg att det hände?

M: Ja. Och du vet om den medvetna utbytet.

D: Men det låter bra eftersom det är ett sätt att skydda människor.

M: Det är en del av den större planen. Det kommer att bli ett stort krig.

D: På jorden?

M: Det kommer att involvera människor på jorden. Det finns röd energi med denna andra grupp. Och den är väldigt het. Och de kommer inte att vinna, men de kommer att försöka mycket hårt att ta det de vill ha och behöver.

D: Men detta kommer att orsaka strålning?

M: Ja, denna grupp. Det är deras metod.

D: Men inte alla kommer att vara öppna för denna kärleksenergi, eller hur?

M: Nej. De måste lära sig att koppla ihop med sitt hjärta först innan öppningen och infusionen kan hända.
D: För det finns många människor i denna värld som är mycket bittra, mycket negativa.
M: Rätt. Och det kommer att stå i vägen.
D: Vad kommer att hända med de människor som inte har detta skydd?
M: De kommer att vissna. De kommer att brinna. De kommer inte att skyddas.
D: *Så denna skyddande energi kommer till fler och fler människor på jorden? (Ja) Detta är planen, att ha fler människor överleva?*
M: Ja. Planen är.
D: *Och varför fick du detta skydd?*
M: För att jag kan prata. För att jag kommer att arbeta med många människor. Och jag säger dem de rätta orden vid rätt tidpunkt. Jag kommer att fungera som en nyckel för dem att öppna sig för att ta emot.
D: *Har detta blå ljus någon koppling till att du utför ditt healingsarbete?*

Hon hade nyligen börjat utföra denna tjänst.

M: (En uppenbarelse.) Åh, ja! Du ser, när jag gör healingsarbetet är jag den blå ljusvarelsen. Och jag gör mot andra vad den blå ljusvarelsen gjorde mot mig. Jag kan överföra det till människor. Det är därför de kommer till mig.
D: *För en tid sedan kallade du det en "sådd". De får energin in i människor och kan överföra den till andra.*
M: Ja, det stämmer. Det är så enskilt dock. Det är den svåra delen, men det är vad jag måste göra under en tid. Det tar så mycket tid att bara göra en i taget. Detta är mitt syfte. Jag tänker nu att jag har sett allt detta, att jag har varit i kontakt mer än jag insåg. Jag kunde inte sätta ihop allt. Jag kunde inte se den stora bilden.

En anmärkning här. När hon pratade om att något gjordes med den fysiska kroppen för att förhindra att strålning skadade den, påminde det mig om Karens regression som rapporterades i The Custodians. I hennes vision som hon visades av utomjordingarna försökte hon hjälpa människor som dog runt omkring henne, ändå kunde hon inte bli sjuk själv. Det verkade vara någon slags strålningförgiftning och inget hon kunde göra skulle hjälpa. Det var hjärtskärande, och hon var mycket obekväm medan hon såg scenen. Precis innan hade hon sett ett moln över landet och vattnet som gjorde något, och förgiftade fisken osv. Jag undrade om Maries berättelse om att något gjordes med den fysiska kroppen för att förbereda dem för just en sådan scen, skulle kunna ha något att göra med Karens.

D: Vi har en annan fråga. Denna märkliga skrivning som Marie har fått. Vet du något om det?

M: Det är som regn. Det är som ljus. Det regnar ner genom dessa kanaler runt om i världen, jorden. Och om du ser på det, kommer det att förändra dig.

D: Är det ett språk?

M: Det är information. Det kommer från en högre källa som bryr sig om oss och övervakar vår evolution.

D: Varför lägger de det i symboler?

M: För att symbolerna aktiverar nya mönster inom energifältet självt.

D: Att bara se symbolerna?

M: Rätt. Personen kan faktiskt följa mönstret och identifiera rörelsen.

D: Är detta ett språk som någonstans talas eller skrivs?

M: Det har talats.

D: Så det är ett språk som någonstans förstås?

M: Det är mer som ett matematiskt typ språk, om du kan föreställa dig det.

D: Jag har blivit informerad om att vissa rymdvarelser använder symboler. Och detta är hur de överför block av information, i symboler.

M: Det är inte riktigt som språket som du känner här, eller ens antika skrifter. Det är inte så. Det är ett mönster. Det verkar vara tvådimensionellt, som ett språk. Men om du kunde se varje bit som en rörelse som aktiverar en annan del av varelsen, skulle du förstå det bättre.

D: Så när Marie skriver detta, säger det inte något som en sida i en bok? (Nej) Så om jag bad henne att titta på denna sida hon har skrivit skulle hon inte kunna säga vad den säger. Stämmer det?

M: (Tveksam) Du kan prova.

Den Invecklade Universumet ~ Bok Ett

D: Okej. Låt oss låta Marie öppna sina ögon och titta på papperet. (Jag höll pappret hon hade skrivit framför henne.) Kan du se pappret? Säger det något i ord?
M: (När hon studerade pappret) Ja, det gör det faktiskt.
D: Hur läses det? Från vilken riktning?
M: (Hon gjorde en rörelse från pappret mot sina ögon.) Det kommer på detta sätt.
D: Vad menar du?
M: Det är inte på detta sätt, detta sätt, detta sätt. (Rörelser)
D: Inte upp och ner, och det går inte i följd.
M: Det är på detta sätt. Det kommer från pappret till dig. Det ger information. Det är nästan som om du lägger det här. (Hon la handen över sitt hjärta.) Och du känner det. Och det bästa du kan göra ibland är att bara titta på det och ta in det här.
D: Men vilken information ger det dig?
M: Det är uppmuntran. Och det är ett sätt att veta den raka vägen för ditt hjärta, att veta om storheten.
D: Så när hon skriver detta, är detta ett annat sätt att få det in i sin kropp? (Ja) På samma sätt som det blå ljuset gjorde?
M: Det är annorlunda, men på ett sätt, ja, det förändrar saker där. Men det är nästan som om du kan föreställa dig ljus som kommer från varje symbol, och förändrar dig genom sin egen strålning.

Exemplet som Marie ritade ser mer ut som snabb handskrift eller kortfattat. Sedan jag började arbeta med henne har jag fått prover på märklig skrivning från hela världen. Denna skrivning verkar mer strukturerad (som tryck). I alla fall känner personerna sig tvingade att skriva symbolerna. Det verkar inte finnas någon logik i deras beteende. I Bok Två kommer jag att inkludera dessa prover och datoranalys för att hitta likheter.

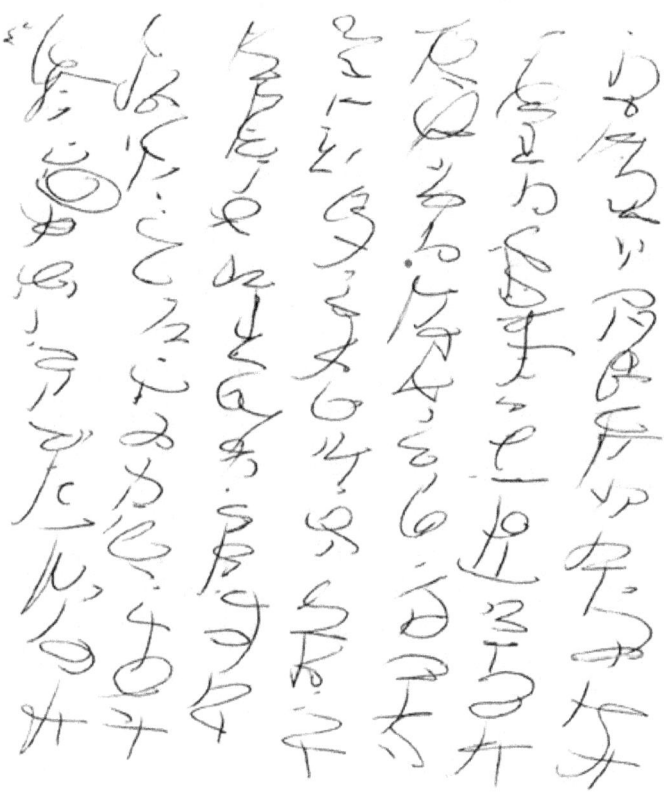

Jag tog bort papperet och bad henne stänga ögonen igen.

D: *Annars skulle vi tänka på det som vår skrivning och förvänta oss att det skulle säga ord. Så det är okej om Marie fortsätter att skriva dessa saker.*

M: Ja. De renar.

D: *De tillhandahåller information på sätt vi inte kan föreställa oss. (Rätt) Vi har en fråga till. Hon har haft drömmar tidigare om operationer. Kan du berätta något om det? Var de bara drömmar eller vad?*

Marie hade levande barndomsminnen av fysiska operationer som utfördes på hennes kropp och att gå till läkare. Hon kunde inte förstå varför hennes familj förnekade att de hade inträffat. De sa att inget någonsin hade gjorts mot henne.

M: Jag tror att hon vet. Det var så klart att det var allt genom överenskommelse. Och hon hade bett för många år sedan, många år sedan att få arbeta med oss.

D: *Så det var inte drömmar? Det var minnen av saker som hände?*

M: När hon hade nått rätt ålder. Det var justeringar som gjordes, men det gjordes på den fysiska kroppen.

D: *Vad var justeringarna för?*

M: För att ta bort gamla mönster som skulle hindra henne från att gå in i det arbete som hon skulle göra senare. De måste tas bort kirurgiskt.

D: *Kirurgiskt! Okej.*

Det fanns en annan ovanlig händelse medan Marie var på Monroe Institute. Hon upplevde en högfrekvent ton som verkade pierca rakt genom hennes huvud. Den varade i flera sekunder och var mycket obehaglig. Jag frågade om det.

D: *Vad orsakade obehaget?*

M: Hon visste, och vid den tiden ville hon inte acceptera det. Det var ett högt stämningsförsök att justera mottagarna i temporalloberna, för att kunna få tillgång till mer information, och det måste göras i en gruppinställning. Det måste göras med de andra.

D: *Påverkades också andra människor på samma sätt?*

M: Ja, det var en plan.

D: *Gav de information eller tog de information?*

M: Nej, det var bara justeringen av den del av hjärnan, men det är inte hjärnan. Varelsen som tar emot all information och högre frekvenser kan nu nås.

D: *Det var så hon kunde ta emot mer information. (Ja) De tog inget bort då. (Nej)*

Om jag kunde få tillgång till så många fall inom ett år som talade om manipulering av den mänskliga kroppen, hur många andra finns det som inte har blivit tillgängliga? De sa att dessa förändringar utfördes på tiotusentals människor över hela jorden. Det kan verkligen

Den Invecklade Universumet ~ Bok Ett

likna Hundrade apan-syndromet, och kommer att gå obemärkt tills den kritiska massan har nåtts, och verkligheten av detta fenomen inte kan förnekas.

Jag fick fortfarande mer information om förändringen av DNA-strukturen i den mänskliga kroppen när denna bok skulle tryckas. Detta kommer att utvecklas ytterligare i Bok Två av The Convoluted Universe. Jag tänkte först att jag borde hålla hela detta kapitel så att detta material kunde läggas till, men jag tror att detta skulle försena förberedelsen av människors sinnen. De måste vara redo att förstå de dramatiska och dynamiska förändringar som kommer.

Kapitel Femton
Den Mekaniska Personen

Denna session genomfördes i mitt hotellrum i London i september 2000 medan jag var på en föreläsningsturné i England. Johanna var en ung kvinna som bara hade bott i England i två år. Hon kom från Tyskland, men jag tyckte att hennes accent var perfekt. Hon sa att hon hade en naturlig talang för språk och lärde sig snabbt. Hon hade inte många klagomål, mest nyfikenhet. Vissa av hennes frågor verkade triviala för mig, men varje persons problem verkar vara viktiga för dem. Hon var till och med orolig över att hon hade fått några tänder utdragna som barn. Jag trodde att det var känslan av att behöva vara perfekt, men hon såg det inte riktigt så. Jag hade ingen aning om vad jag skulle förvänta mig (som med alla som kommer för en session), men jag förväntade mig verkligen inte det förflutna liv som kom fram. I slutet frågade jag om hon skulle tillåta mig att använda bandet, eftersom det verkligen var en första. Och vid denna tidpunkt i min forskning trodde jag att jag inte kunde bli överraskad längre. Varje gång jag gör den antagandet kommer något nytt till mig som återigen utmanar mitt tänkande. Hon gjorde en kopia av bandet och skickade det till mitt hotell senare.

Jag använde molnmetoden som vanligtvis tar personen till ett lämpligt tidigare liv när de faller ner från molnet. Återigen skulle jag bli överraskad.

D: Berätta för mig den första saken som du ser när du svävar ner till jorden.
J: Faktiskt svävar jag inte ner till jorden. Jag svävar någon annanstans.
Jag svävar ner på en slags gråaktig planet. Den ser konstig ut, metallisk. Den ger mig en konstig känsla. Mycket underlig. Inte så trevlig.
D: Varför stör det dig?
J: Det känns väldigt kallt. Och det är inte mjukt som molnet. Det är hårt.
D: Vad ser det ut som under dina fötter?

Den Invecklade Universumet ~ Bok Ett

J: Det är en slags stenig. Sten, det är damm också. Och det finns inga gräs överhuvudtaget, eller något som liknar växter. I alla fall där jag är just nu. Det är grått och metalliskt också. Det verkar finnas byggnader av något slag på planetens yta. De är i fjärran, men jag skulle kunna gå dit om jag ville.

D: Hur ser byggnaderna ut?

J: Asymmetriska. Det är som en halv taksorts. Du vet, om du tar ett hus och det har ett mycket brant tak, och du skär det i hälften, då får du en typ av byggnad som jag menar. Det har en mycket rak framsida, och små fönster, om det är vad de är. De kan vara lufthål eller något, jag vet inte.

D: Ser alla byggnader lika ut?

J: Jag kan bara se några just nu, och dessa ser ut som så. Allt annat är sten, och berg, små berg.

D: I bakgrunden?

J: Ja, och där jag är också.

D: Är det ljust ute?

J: Nej, det är inte ljust.

D: Jag undrade om det fanns en sol.

J: Nej, jag kan inte sc någon sol. Det är mer mörkt. Du kan se allt, men det är inte ljust.

Jag bad henne att titta ner på sina fötter så att jag kunde ta reda på hur hon såg ut. Hon gaspar och verkar vara helt överraskad av vad hon såg. Det var helt oväntat för henne.

J: Det är besvärligt för mig att säga, men jag antar att jag måste säga det. De är metalliska. De är en slags hemska saker som ... om du kan föreställa dig klövarna på en häst, men spetsiga och mycket tekniska. Det är mina fötter. (Det gjorde henne mycket obekväm.)

Jag blev också förvånad, men jag har lärt mig att följa med vad subjektet ser, och försöka tänka på frågor, oavsett hur konstig situationen är. Det finns alltid en anledning till att det undermedvetna väljer det liv de går in i.

D: Det är konstigt, som om de är gjorda av någon typ av metall?

537

Den Invecklade Universumet ~ Bok Ett

J: Ja. Det känns som om jag är en slags metallisk själv. Och händerna är lite som det ... de är en slags klor, men det finns bara två bitar. Du vet, som fötterna. Det är som två spetsiga saker som en klöv. Och händerna är liknande.
D: Istället för att ha fingrar eller någon typ av siffror?
J: Ja. Det känns inte mänskligt alls. Jag känner mig konstig.
D: Har du någon aning om hur ditt ansikte ser ut? (Paus) Jag föreställer mig att du inte kan se dig själv, eller hur?
J: Jag vill gå till sjön och se mig själv i vattnet.
D: Finns det en sjö i närheten?
J: Ja, jag kan gå. (Paus) Jag går på ett konstigt sätt, som om jag nästan är en maskin. Det är annorlunda från hur jag är nu i min kropp i detta liv. Jag kan se min arm som är lite konstig också, vilket bekräftar min chock. Faktiskt är det som en metallisk sak, hela saken. Och jag går över till denna sjö, och jag gör rörelser som inte är smidiga. Jag staplar över dit och jag ser i vattnet.
D: Stela rörelser?
J: Stela, ja, och jag känner mig som en robot när de går. Bara flytta den ena sidan framåt och den andra sidan framåt. Inte särskilt elegant faktiskt. Även om kroppen inte är så ful, men jag ska titta på mitt ansikte om en minut.

Jag gav instruktioner om att det inte skulle störa henne att titta på sig själv, oavsett hur ovanligt det kan vara.

J: Jag har något som ögon, och de har utseendet av ögon, men ... hur de sitter i mitt ansikte, det är mer som en triangel. De sitter i en triangel.
D: Istället för en oval?
J: Ja. Det platta är på toppen, och spetsen är nedåt. De är ganska fina ögon, det är en lättnad. Det är konstigt, de mörka ögonen, och de verkar ha en geléaktig kvalitet. Men resten av ansiktet är metalliskt.
D: Har du en mun eller en näsa?
J: Jag har någon sorts mun, ja, men det är mer som en öppning. Som en rund liten sak. Och näsan ... jag är inte säker på en näsa. Det finns sorters springor, spalter. Mycket konstigt.
D: Kan du få någon känsla av hur det är på insidan av dig?

Den Invecklade Universumet ~ Bok Ett

J: Det finns mycket maskineri som pågår där. Maskineri.

D: *Jag undrade om du hade organ som människor.*

J: Jag verkar ha saker inuti mig, ja. Jag vet inte om de är organ eller vad de är. Mycket maskineri. Faktiskt verkar det som om det finns mer maskineri än något annat. Jag vet inte om jag har blod eller något sånt. Jag är ... gråaktig, mörkaktig ... en mörk grå sort metall.

D: *Det är som färgen på hela planeten, eller hur? Mörkgrå?*

J: Ja. Även om det finns variationer på planeten. När du kommer närmare finns det också vitt som vit sten och även mörkare grå sten. Och byggnaderna är mycket mörka. De är en slags glänsande grå. Vad kallar du denna metall som är så mörk och grå? Huset är glänsande, reflekterande. Det är som det material de har på jorden, inte som silver, men mörkt.

D: *Aluminium är ljust, inte mörkt. Men inga träd eller gräs eller något?*

J: Nej, inga träd eller gräs, nej.

D: *Tror du att du bor där borta i den staden där de byggnaderna är?*

J: Ja, jag tillhör där på något sätt. Det är där jag har blivit skapad.

D: *Vill du gå över dit och se det närmare?*

J: Hmm, det är ganska långt bort.

D: *Du behöver inte gå. Du kan röra dig mycket snabbt.*

J: Ja, jag kan gå dit. Det är en enorm stad med dessa hus.

D: *Det är större än du trodde?*

J: Nej, det är en annan plats. Den där jag såg en eller två, det är just det. Men jag har flyttat till den andra platsen där jag har blivit skapad. Det är alla möjliga former av hus, men alla väldigt glänsande och grå och mörka. Och vi kan gå under. Vi kan gå in i planeten. Det händer många saker under ytan. Det viktigaste händer sort av i hemlighet. Det är under.

D: *Är det den del du är mest bekant med?*

J: Det är där jag kommer ifrån. Det är där jag har blivit skapad.

D: *Hur går du ner dit?*

J: Jag vet bara hur man går ner. Det finns öppningar, men du går bara igenom. Det är inte som dörrar. Det är bara för att du vill gå igenom, så går du igenom. Och du svävar inte ner, men glider ner. Det finns många stigar, och du går bara ner som om du hade ett

539

modernt rörsystem där du bara trycker genom luften eller något i ett rör.
D: *Som stigar eller trottoarer?*
J: Ja, men du går egentligen inte. Du faller in i det. Du bestämmer var du vill gå, och det är dit det trycker dig.
D: *Och du sa att du blev skapad där nere?*
J: Ja. Det finns mycket eld. Och det finns bord där de gör saker.
D: *Eld? Menar du som svetsning eller maskiner eller...?*
J: Ja, kanske svetsning. Det finns eldstäder där de arbetar med metall. Och de formar saker. Och det finns andra platser i ett annat rum där de gör inredningen.
D: *De olika delarna och allt?*
J: Ja, insidan av det. Det fungerar allt tillsammans.
D: *Kan du se människorna som gör dessa maskiner?*
J: Ja. De är mer köttiga i ansiktet. Och resten kan jag inte se för att de har en slags plastig skyddsklädsel. De bär den här klädseln över hela kroppen.
D: *Är det på grund av var de arbetar?*
J: Ja, det måste vara väldigt rent.
D: *Hur ser de ut?*
J: (Hon verkade studera dem.) Inte som jag. De har mjukare ansikten, och de är ganska bleka. De ser ganska mänskliga ut, vad vi kallar "mänskliga". Bleka och något rosa. De har ögonbryn, vilket jag inte har.
D: *Har de hår?*
J: De har hår, ja, och de har väldigt extremt hår. Mycket ljust blont eller helt svart. Jag kan inte se någon annan färg. Ganska kort. Det är liksom slickat bakåt. Jag kan se män, och de är ganska snygga.
D: *Ser du några kvinnor eller är det bara män?*
J: Jag kan inte se några kvinnor just nu, nej.
D: *Och dessa män gör dessa maskiner?*
J: Ja, de gör oss.
D: *Ser du andra som ser ut som du?*
J: Nej. Jag ser bara halva. Jag menar, delar av den processen.
D: *Så de är i processen att bli skapade. Varför skapar de människor... saker som du? Jag vet inte om jag ska kalla dig en person eller inte. Varför skapar de dig?*

J: De vill experimentera och se om de kan göra det. De använder oss också för saker som de inte vill göra. Eller de kan inte göra det, för det är för farligt eller något.

D: Som tjänare eller arbetare?

J: Ja, mer som arbetare. Arbetare som måste göra en viss uppgift.

D: Det låter som om de har experimenterat ett tag, för det fungerar verkligen bra, eller hur?

J: Ja. Det finns ett stort utrymme. Och de skapar nya. Jag vet inte varför. Jag antar att vi slits ut efter ett tag. Vi kan inte gå vidare för alltid, så de behöver skapa nya. Det är väldigt konstigt.

D: Men är det bara maskiner?

J: Det är alla maskiner. Det finns något som en själ. Det är det som är så konstigt, för jag har känslor också. Jag är inte bara en maskin, du vet.

D: Kan de sätta en själ, en ande i dessa maskiner?

J: Jag tror att de ger en del av sin själ till dem.

D: Vad menar du?

J: De delar upp sin själ. De ger oss en liten del av sin. Så vi är inte dem, men vi fungerar på deras sätt.

D: Annars skulle du vara som en robot, en maskin?

J: Ja. De vill att vi ska göra saker rätt. Eller att lita på våra känslor såväl som den uppgift vi har att göra. Vi skulle inte vara tillräckligt sofistikerade för att göra det om vi inte hade den delen. Vi skulle bara vara programmerade. Men, förutom att vara väldigt bra utrustade för uppgiften med en metallkropp, behöver vi också göra saker där vi behöver ha en själ på något sätt. Och det var därför de ger oss en liten del av sin, för det är det enda sättet de... Jag menar, de skapar inte själar. De har inte den förmågan. Kanske Gud gör det eller någon. Men de har inte en själ att ge oss. De kan bara göra det genom att offra en liten del av sin. Och det är vad de lägger i oss.

Detta var den delen jag hade svårt att förstå. Om hon gick till ett liv där hon var en mekanisk person, en maskin, en robot, hur kunde hon kommunicera med mig? Hur kunde hon ha känslor? En mekanisk skapelse skulle normalt inte ha en själ tilldelad sig, och en själ skulle normalt inte välja att gå in i den. Detta var en helt ny idé, att någon kunde ge en maskin en bit av sin egen själ så att den skulle kunna fungera mer effektivt i denna utomjordiska värld.

D: Kan du se hur det görs?

J: Jag kan se att de gör en ceremoni. De samlas och de "spottar" ut det och lägger det i maskinen när den är färdig.

D: Vad menar du med "spottar ut"?

J: De verkar bestämma att de vill ge en bit, och de spottar det från sin mun in i maskinpersonen.

D: Hur ser det ut när de spottar ut det?

J: (Paus) Jag kan verkligen inte se det. De lägger det direkt in i maskinen.

D: Menar du att det är osynligt?

J: Ja. Eller som när du andas ut ser du inte riktigt något om det inte är kallt. Den sortens sak.

D: Detta ... aktiverar det?

J: Det låter bara dit. Och det är det som ger känslan till maskinen. Utan det skulle det bara vara en maskin, och de skulle behöva sätta in datorchip eller saker för att få den att utföra mycket enkla uppgifter. Men de vill ha mer än så.

D: Tar det något från dem när de ger en del av sig själva?

J: Ja, det tar bort den delen av dem själva. De måste vara nöjda med mindre. De måste ge upp lite av sin kraft för att få saker att hända, som de vill ska hända. Annars skulle de inte kunna göra det.

D: Tror du att det skulle finnas något annat sätt de skulle kunna aktivera maskinerna?

J: Nej, de kunde inte, nej. De behöver en själ.

D: Många gånger aktiveras saker av sinnet.

J: Åh, nej, det är inte så. De har inte den kraften i sinnet. De har inte det än.

D: Men de kan ge det en liten del av sig själva, dela upp det för att aktivera maskinen.

J: Ja. Det är vad de kan göra. Jag menar, maskinen kommer att fungera med bara elektricitet eller vad de har för att stimulera delarna och allt. Eftersom den är programmerad skulle den fungera. Men den skulle inte fungera på detta sofistikerade sätt. Så de bestämde att de skulle göra ett litet offer och lägga in tio eller tjugo procent. Och de kan fortfarande ha sina själsdelar, vilket jag antar att de tycker är ganska tillräckligt. Så de ger en liten del till maskinen så att den kan agera mer i enlighet med det.

D: Tänker maskinen själv och har en intelligens?

J: Maskinen har tänkekraft, ja. Men självklart är den programmerad. Den tänker bara för att den har blivit programmerad. Den har fått allt det av dem.

D: Den kan inte gå iväg som en individ?

J: Nej, nej. Det är bara när den har själsbiten som den kan reagera på ett annat sätt. Det är skillnaden. Den kommer fortfarande bara att göra vad den är avsedd att göra, men den har mer variation i att reagera.

D: Så den är inte som ett komplett väsen som kan fungera och tänka på egen hand som en människa? (Nej, nej.) Men det ger den fler förmågor än en maskin.

J: Ja, det stämmer.

D: Mer av en personlighet, antar jag. (Ja.) Nåväl, som en maskin, kan du prata? Kan du kommunicera med dem?

J: Nej. Vi kan prata, ja. Det låter inte särskilt trevligt. Det är som ett språk, men det låter inte vackert.

D: Är det så de kommunicerar?

J: Nej, de har trevliga röster, men vi har bara maskinröster.

D: Så de kommunicerar verbalt, med ord?

J: Ja, det kan de. De ger oss kommandon med ord, såväl som med insidan, maskineriet. De kan inte bara tänka och så gör vi det. De måste berätta för oss.

D: Och du kan kommunicera med dem.

J: Allt vi säger är "ja" eller "förstått" eller något.

D: Så även om du har en viss grad av intelligens kan du inte kommunicera som en tänkande människa.

J: Vi ska inte. Vi skulle kunna, men vi ska inte. Vi är programmerade att förstå uppgiften och säga "förstått", och göra det.

D: Nåväl, den individ som gav dig en del av sin själ, av sig själv, känner den individen någon attraktion till dig, eller koppling?

J: Jag tror att den enda kopplingen vi har är att jag vet vilken det är. Jag kan se ansiktet.

D: Jag tänkte om den gav dig en del av sig själv, kanske den skulle känna sig kopplad till dig på något sätt.

Den Invecklade Universumet ~ Bok Ett

J: Det kan den, men jag vet inte. Jag kan inte känna det. Jag vet vilken
det var, och kanske känner jag något för den, eller med den eller...
Jag kan inte säga.
D: Nåväl, det är ett annat sätt att existera, eller hur?
J: Ja, det är ett konstigt sätt att existera.
D: Måste du konsumera något? Jag tänker på näring. Hur håller du
dig vid liv? Som en maskin, jag tycker det är nog en konstig fråga.
J: Vi äter inte riktigt något. Vi går inte heller på toalett. Vi får något
som en substans, som olja, men det är bara för maskineriet. Vi får
inget för själen.
D: Hur sätter de oljan i dig?
J: De lägger bara dit den där den behövs, små spakar och hål där du
behöver vanlig olja. Du vet, det är som en bil eller något.
D: Men åtminstone ville de inte bara ha maskiner. De ville att de skulle
ha mer personlighet. (Ja.) Men som du sa, det slits ut. Och det är
därför de måste fortsätta göra fler?
J: Ja, de vill verkligen utforska allt, och de behöver många arbetare.
På grund av var de ska vet de inte miljön och hur det kommer att
vara. Och vi måste vara stabila mot värme. För om vi måste åka
till en annan planet där det är mycket varmt, måste vi kunna
överleva det, och inte torka ut. Så oljan är en sorts
värmebeständig. Och våra händer är värmebeständiga faktiskt.
Jag inser nu att fötterna också är värmebeständiga. Allt är
värmebeständigt.
D: Jag skulle tro att metall leder värme, men jag antar att det är en
annan sorts.
J: Det är en annan sorts. Vi har det inte på jorden. Det ser bara ut på
utsidan som något vi har.
D: Så de tar med dig på sina utforskningar av andra planeter.
J: Ja, de skickar oss iväg för uppgifter, så vi kan se vilken planet som
är gynnsam för vad syftet är.
D: När de tar med dig dit, vad tar de med dig i?
J: De runda saker som vi reser i. Och de lägger in destinationen. Vi vet
att de ger det ett litet kort och sätter in det, och det är destinationen.
Så det transporterar oss dit.
D: Går de med dig?
J: Nej, nej. De skulle aldrig gå med oss. Nej, nej. Vi måste göra det.
För de har en hud, och de är rosa. De skulle inte ha något skydd

544

mot ljus, för det är ett mycket intensivt ljus där vi ska. Det är därför vi har mörka ögon. Vi har också speciella solglasögon. De är solglasögon som är... (förvirrad, svårt att beskriva)... hur säger man det? Som en tunn, plastig sak. Men det har små hål i sig, så bara en viss mängd ljus kommer igenom. Och allt annat är mörkt. Det är så vi ger oss extra skydd.

D: Är det en del av ditt öga?

J: Nej, det är som något extra som vi sätter ovanpå. Vi lägger det över ögonen, nästan som solglasögon.

D: När du går till dessa platser, kan de också vara väldigt kalla, eller hur?

J: De kan vara, ja.

D: Kan du fungera i vilken temperatur som helst, vilken miljö som helst?

J: Ja, men vi är särskilt skapade för värmeplatser.

D: Nåväl, se dig själv bli skickad till en av dessa platser. Du sa att de sätter kortet i maskinen?

J: Ja. Och vi går in i den och kapseln stängs, och kapseln går dit vi ska. Och den måste vara ganska värmebeständig också, ännu mer än vi är på något sätt. För annars kommer den inte att ta oss tillbaka.

D: De måste ta tillbaka dig med information?

J: Rätt. Vi har en automatisk registrering av information. Den går genom ögonen.

D: Registrerar det information på något sätt, som data eller något? (Ja.) Vad gör du när du kommer till platsen?

J: Det landar där. Vi måste gå igenom värmen. Och resa runt i värmen, och se vad som finns under. Och om det finns människor, eller inte, vad som finns där.

D: Som en värmebarriär, menar du? (Ja, ja.) Och du landar där för att se om det finns liv?

J: Och om det finns liv, och vilken typ. Så de kan vara förberedda om de lyckas gå igenom värmen. Så de kan antingen ta över planeten eller utforska den. Och om inte, är det bäst att de inte gör det. Så de får den här typen av information.

D: Om det är den typen av plats de kan gå till och överleva.

J: Ja. Och det är därför vi också behöver själen, för vi kan känna om det är trevligt, eller om människorna är bra eller dåliga.

Den Invecklade Universumet ~ Bok Ett

D: En maskin skulle inte kunna göra det. (Nej.) En maskin skulle kunna registrera information, men den skulle inte kunna ge dem saker som de behöver veta.
J: Ja. Men det finns också en nackdel med det. För vi har själ - okej, kanske det bara är tio eller tjugo procent - men vi har det. Vilket betyder att vi har alla känslor som följer med det. Vilket betyder att vi känner saker som attraktion mellan varandra.
D: Menar du varandra som maskiner?
J: Ja. Och kanske till och med med andra varelser från andra planeter. Det kan finnas andra som är tillräckligt lika för att skapa en attraktion. Och självklart, vi ska inte leva eller känna så. Vi har inga reproduktionsorgan. De har blockerat det. De har gjort oss, men vi känner alla känslor. Det är mycket konstigt.
D: Är det en av nackdelarna?
J: Ja, för vi lider av det. Och också för dem är det något de inte förstår. De måste hantera det när vi kommer tillbaka. Och vi vill inte göra vår uppgift, för vi har träffat någon. Det är mycket svårt.
D: Eftersom den delen av själen har en attraktion, en känsla.
J: (Sorgset) De är faktiskt väldigt grymma mot oss, för de bevisar för oss att det inte finns något hopp. Och de gör saker med våra kroppar, konstiga saker. För vi tror att det kan finnas en chans om de ger oss något inuti. Om de gör det ordentligt, skulle vi faktiskt kunna göra detta. Vi skulle kunna ha kopplingar som de har. Vi skulle kunna vara kära, och ha en familj och sådant, men de är inte beredda att göra det. Tvärtom, de skrattar. De gör saker med mig. Du vet, de sätter något igenom, som en skruvmejsel, och de säger: "Titta, det finns inget i den. Det är löjligt. Det är bara metall. Du har ingenting. Det kan inte finnas några känslor." Men det är som en fantomsmärta. Vi har den, för vi tror att vi har något fruktbart där, på grund av själsdelen. De inser nog inte riktigt hur det måste vara. Och de tänker: "Åh, de är bara maskiner." Men vi är inte det. Vi har alla behov. Det är bara i mindre grad kanske, i en lägre grad, men på vårt eget sätt har vi dessa behov. Och de tillåter oss inte att leva det.
D: Så de insåg inte att de också handikappade dig genom att ge dig dessa känslor.
J: Jag tror att de inte hade någon aning.
D: Men som du sa, de experimenterar fortfarande.

J: Det stämmer, de experimenterar, och de insåg inte riktigt vad som skulle kunna hända.

Detta fick mig att tänka på referenser till nyligen filmer och TV-program. I "Bicentennial Man" var Robin Williams en robot som utvecklades till den punkt där han var odifferentierbar från en människa, med alla känslor och emotioner. Också i ett avsnitt av "Star Trek: The Next Generation" när Data skulle demonteras, och var tvungen att bevisa att han verkligen var nästan mänsklig. I båda fallen kunde "normala" människor inte tro att maskiner kunde utveckla förmågan att känna och uppleva känslor och uppvisa egenskaper som vi kategoriserar som strikt mänskliga.

D: *När du går till dessa platser, samlar du information genom att bara titta på allt?*

J: Ja. Och i grunden genom att åka dit. Genom att stå där - mäta temperaturen, och se hur tät skärpan är runt denna planet. Och hur kallt eller varmt det är därunder, om det finns en befolkning, eller om det inte finns. Och om det finns en befolkning, är det som att ta ett fotografi genom dina ögon. Bara att titta på dem lägger informationen i viss mån. Och de kan få ut det i andra änden och återskapa datan.

D: *Vad med människorna, varelserna som bor på dessa planeter? Hur reagerar de när de ser dig?*

J: Åh, vi måste verkligen försöka att inte bli sedda, för de är ganska chockade när de ser oss.

D: *Det var vad jag tänkte. Du skulle inte se ut som dem.*

J: Åh, inte alls. De skulle bli förskräckta. Vi kan bara göra det när de är... som i trans. Ibland måste vi göra något för att få dem att inte vara medvetna om att vi är där. Typ blockera den medvetna delen av det medvetna sinnet - då tar vi fotografiet och går därifrån. Och de slappnar av och är normala igen. De minns inte det.

D: *Kanske är det därför du måste ha den lilla mänskliga delen, för en maskin skulle inte veta hur man gör dessa saker.*

J: Nej, det skulle inte vara känsligt nog för att inse att den andra personen koncentrerar sig, eller att den sover, eller att den dagdrömmer, eller vad de än är.

D: *Och om den skulle ses, skulle den inte veta hur man gömmer sig.*

J: Nej. Den skulle inte förstå chocken överhuvudtaget som den orsakar. Medan vi kan veta, vi kan se att det finns olika slags människor, och de reagerar. Och vi föredrar maskinmänniskor. Jag menar, jag skulle hellre vara med en maskinmänniska i kärlek än någon annan. Det är mycket svårt.

Denna beskrivning av syftet och plikterna för robotarna lät mycket liknande de små grå varelser som ses i UFO-fall. I "The Custodians" blev jag informerad om att dessa små varelser hade skapats för att utföra uppgifter och att gå in i fysiska miljöer som skulle vara skadliga för varelserna på de större farkosterna. När jag föreslog att de lät som robotar, blev jag informerad om att de inte var mekaniska, utan biologiskt skapade varelser som användes strikt som arbetare. De verkar också ha en viss mängd intelligens, i den meningen att de kan utföra uppgifterna, men verkar inte vara känslomässigt involverade. Det är denna kalla attityd som de flesta skräms av de människor som har haft kontakt med dem. Jag försöker förklara i min terapi att detta beror på att de inte är ett fullt tänkande, fungerande väsen. Skulle de kunna vara en mer uppdaterad version av de mekaniska robotarbetarna? Skulle den vetenskapliga teknologin ha utvecklats från maskiner till bionik över tid? Skulle de också kunna aktiveras av en gnista som ges till dem av deras skapare? Jag säger inte att dessa skapades av samma ras av varelser, men deras syften är anmärkningsvärt lika.

D: *Nåväl, känner du lycka eller glädje med ditt arbete? Har du sådana känslor?*
J: Jag har en känsla av plikt. Jag har inte riktigt glädje med arbetet. Jag gör det för att jag ska göra det.
D: *Du är programmerad för att göra det.*
J: Ja, och det är vad jag ska göra, så det är rätt. Det känns rätt att göra det, men det är inte något som ger mig något särskilt.
D: *Så du kan inte säga att du gillar ditt arbete. Du gör det bara.*
J: Ja. Jag ogillar det inte heller. Du gör det bara.
D: *Så vad gör du när du har utforskat planeten klart?*
J: Vi kommer tillbaka, och de tar ut informationen. Och ibland ger de oss lite vila, och oljar oss och sådant. Ibland åker vi direkt tillbaka någon annanstans.

Den Invecklade Universumet ~ Bok Ett

D: För du blir inte trött som de skulle.
J: Nej, vi blir bara känslomässigt trötta inombords, om det är vad du kallar det. Men de vet det inte ändå.
D: Du har inget sätt att kommunicera och berätta för dem om dina känslor.
J: Ja, vi kan, men vi ska inte. De gör narr av oss om vi skulle säga att vi vill ha si eller så. De skrattar, för vi är bara cirka tio procent mänskliga. Du vet, om du vill säga det, och vi ska inte. De inser inte vad de har gett oss. Det är en mycket bredare sak, en gåva eller vad som helst, än de inser.
D: Jag undrar om de visste om det skulle göra någon skillnad.
J: Nej, för de skulle vilja kontrollera oss. De har oss bara på grund av vad de vill.
D: Jag trodde att det kunde göra en skillnad om de verkligen visste.
J: Det enda jag kan tänka mig skulle hända är att istället för att peta runt i våra nedre delar av kroppen, skulle de helt enkelt fylla det med någon sorts ogenomtränglig metallisk sak. Och de skulle skratta igen och säga: "Titta, nu är det där inne. Det är vad du har. Du har ingenting."
D: Jag tänkte att eftersom de inte verkligen kan veta vad du känner, kanske det är en av anledningarna till att de inte kan göra något åt det.
J: Nej, de vill inte. Varje gång vi säger något, oavsett vad det handlar om, om det inte har att göra med uppgiften, så skrattar de bara.
D: Du sa att om en slits ut måste de skapa en annan. Vad händer med den mänskliga delen? Överförs den till den nya?
J: Jag tror det. Den går in i den andra.
D: Så de behöver inte göra det igen?
J: Nej, alla ger bara en donation en gång.
D: Och sedan när kroppen rostar eller slits ut...
J: Ja, eller vad det än är. De sätter bara in den i nästa.
D: Hur kan de göra det? Hur skulle det överföras från en maskin till en annan?
J: (Viskar) Hur kan de göra det? (Paus) Jag tror det är samma sak som i ceremonin. De låter den sugas in av den andra, av den nya.
D: Då används den andra antagligen för delar, gissar jag.
J: Ja, eller så lägger de bara den i elden och gör något nytt av den.
D: Så den här delen som är som en själ...

549

Den Invecklade Universumet ~ Bok Ett

J: Den är liksom återvunnen.
D: *Går bara från maskin till maskin. Så de behöver bara göra det en gång. Men du har inte riktigt något val i hela saken, har du? (Nej.) Nåväl, låt oss lämna den scenen och gå vidare till en viktig dag, när något händer som du anser vara viktigt som den här maskinen. Vad gör du nu? Vad ser du?*
J: Jag är med någon. Med en maskinmänniska. Och vi vill verkligen leva på ett annat sätt. Och hon är faktiskt mer - hur ska jag säga? - hon längtar efter detta. Hon har öppnat mina ögon lite grann. Hon verkar ha mer själ eller något. Och hon säger att det inte räcker att vara som en maskin. Vi har också den här andra biten. Och vi vill göra andra saker också, inte bara gå in i värmen och utforska. Vi vill ha - du kanske kallar det - ett privatliv.
D: *Hur vet du att det är en "hon"? Känner du att du har ett kön eller en könsidentitet?*
J: Jag känner att jag är en "han", för jag fick själen från en han. Och hon är från ett annat område. Och hon är en hon. Jag vet det. Jag kan känna det. Jag kan alltid känna när jag arbetar om jag är omgiven av en han eller en hon.
D: *Hon kom från ett annat område?*
J: Ja. Och hon gör uppgifter som jag, men kanske har hon lite för mycket själ eller något. Hon har tänkt mycket på detta, och hon vill att vi ska fly eller göra något annat.
D: *Vad känner du för det? Finns det ett sätt att fly?*
J: Jag vet inte. Jag litar på henne. Jag tror det kan finnas om hon säger det.
D: *Finns det någonstans ni kan gå?*
J: Hon tror att det finns många ställen vi kan gå till, för de skulle inte veta om vi gick någon annanstans. Som efter uppgiften, innan de ger oss den nya informationen. Om vi planerar ut vart vi kan gå, skulle de inte veta.
D: *I kapseln, menar du?*
J: Nej, bara på planeten. Om vi bara går ut till uppgiften, men istället går vi någon annanstans. Och vi kommer bara inte tillbaka.
D: *Skulle de inte kunna spåra er på något sätt?*
J: Jag vet inte. Kanske skulle de.
D: *Är det hennes plan?*

Den Invecklade Universumet ~ Bok Ett

J: Det är bara ett hopp. Det är bara ett litet, litet hopp. Det är inte en riktigt genomtänkt plan, för det är allt hon kan komma på.

D: *Men det är en idé.*

J: Det är en fin idé, och det skulle vara värt att försöka, eller hur?

D: *Ja. Är det det hon vill göra efter nästa uppgift?*

J: Hon vill inte göra det själv, för uppenbarligen är anledningen till att vi vill göra det just den privata biten. En sorts själsutbyte. Och vi har inte mycket av det, men vi tror att det kanske växer när vi använder det mer eller något.

D: *Ja, och om du var ensam skulle du känna dig ensam. Kan du känna ensamhet. Är det rätt?*

J: Ja, vi kan känna det. Och vi har längtan efter en obeskrivlig närhet, som vi aldrig har upplevt.

D: *Du har längtan efter andra av din egen art, så du skulle inte kunna gå iväg ensam och existera. (Nej, nej.) Vad bestämmer du dig för att göra?*

J: Jag tycker det låter väldigt lockande det hon säger. Och jag tycker det skulle vara värt att försöka. Och det ger henne mod att säga: "Kanske borde vi försöka snart." Snarare snart än senare. Så vi bestämmer oss för att hitta sätt att gå till dessa avlägsna platser där det finns en grotto eller något. I bergen finns det ett litet hål, och kanske kan vi gömma oss där en stund. För allt vi behöver är olja eller något sådant, så det är inget problem.

D: *Så du tror att ni skulle kunna göra det och att de inte skulle märka någon skillnad. (Ja.) Vad bestämmer du dig för att göra?*

J: Vi bestämmer oss för att göra det efter nästa uppgift. När nästa möjlighet dyker upp.

D: *Berätta vad som händer.*

J: Hon har kommit tillbaka, och hon är i en annan kapsel, men hon är på samma uppdrag. Vilket är konstigt, för hon har inte varit det förut. Jag vet inte hur det fungerade. Kanske bytte hon med någon eller något. Men hon var på samma uppdrag. Och ja, vi flyr. Vi flyr verkligen. Vi går bara iväg till denna plats. Men självklart har vi inte insett att de har fler medel än ett för att hitta oss. Och självklart hittar de oss nästa morgon. De hittar oss väldigt snabbt. De inser nästa dag att vi har gått. Och de använder bara sin maskin för att hitta oss där vi är. De hittar oss snabbare än jag trodde.

D: *Vad hände sedan?*

Den Invecklade Universumet ~ Bok Ett

J: Först av allt gav de oss elaka skratt för att göra narr av oss. Och sedan pekar de på våra nedre delar av kroppen. De petar på det och gör roliga skämt om vår icke-existerande könsidentitet, och hur fåniga vi tror att vi är. Hur kloka vi tror att vi är, och egentligen är det de som är mästarna. En kommer in som verkligen är upprörd, som om han personligen skulle vara kränkt, på grund av vad vi har tillåtit oss att göra. (Suck) Och det är den som ger order om att vi ska krossas i den nedre delen av kroppen. Vi krossas medan vi har själen fortfarande i oss.

D: De inser inte att det inte har något att göra med sex. Det handlar bara om sällskap, eller hur?

J: De tror att det är vad vi vill göra. Och de gör narr av det.

D: Så det är vad han har dekretat, att ni kommer att krossas?

J: Ja, vi kommer att krossas i den delen av kroppen. "Vi ska visa er hur löjliga ni är." Och för oss båda skulle det hända, som en förnedring och en bestraffning. Och självklart är det som en dödsdom, eller hur? (Ja.) För det betyder att vi kommer att smältas igen. (Sorgset) Och vad händer med själsbiten?

D: Ja, det var vad jag undrade. Vad händer?

J: De gör det mot oss, ja. Vi kan känna förnedringen. Även om vi inte kan känna kroppen eller något, kan vi känna förnedringen.

D: Du kan inte verkligen känna smärta i en metallkropp.

J: Nej, nej. Men vi känner allt annat. Och vi känner den makt de har, och i grunden att de helt enkelt kan behandla oss som ingenting. Så de krossar kroppen och kastar oss i elden.

D: Med själen fortfarande inuti? De brukar inte göra det, gör de?

J: Nej, själen måste ha varit... Jag vet inte vad de gör med själen.

D: Låt oss se vad som händer efter att de kastade dig i elden. Flytta till där det är över. Vad hände med dig, den verkliga du?

J: Det cirkulerar bara. Det har lämnat elden och cirkulerar runt. Och det kan kommunicera med den andra själen också, så det är ganska trevligt. Men å andra sidan har vår existens inte varit möjlig på det sätt vi ville.

D: Vad bestämmer du dig för att göra?

J: Vi bestämmer oss för att flyta iväg, väldigt långt bort.

D: De kan inte fånga dig nu, kan de?

J: Nej, de märker oss inte ens. De har faktiskt helt glömt bort det.

D: Normalt skulle de ha satt in dig i en annan kropp.

J: Ja, det är sant. De tänkte på det för sent eller något. Jag vet inte.

D: *Kanske trodde de att du inte var den typ de ville ha, så det skulle vara bättre att bli av med dig.*

J: Det är en möjlighet, ja. Jag vet inte.

D: *Men det är bra. Du har flytt, eller hur?*

J: Egentligen, efter allt vi gjorde, ja. Det är sant.

D: *Du flydde på ett annat sätt än du trodde. (Ja) Du behöver inte leva i den typen av existens längre. Du kan gå vart du vill.*

J: Ja, det är sant.

Jag bad sedan att få tala med Johannas undermedvetna. Det är så jag kan få svar och tillämpa terapin genom att tala direkt till den del som håller reda på personlighetens register, och den kan påverkas för att göra positiva förändringar. Jag har aldrig blivit nekad tillgång, för den inser att jag har personens välbefinnande i främsta rummet i mitt arbete. Jag tror att den vet mina motiv väldigt tydligt, och om jag inte hade de rätta motiven skulle jag nekas tillgång. Det är alltid lätt att säga när det undermedvetna talar, för det är objektivt och talar om klienten i tredje person, och behandlar dem som en separat personlighet.

D: *Varför visade det undermedvetna Johanna det ovanliga livet?*

J: För att visa henne att förnedringsdelen fortfarande är mycket stark hos henne. Hon har en rädsla för att bli förnedrad. Det finns en stark koppling.

I detta nuvarande liv är ett av problemen för Johanna att hon lätt känner förnedring, även när det inte är avsiktligt. Detta har hindrat henne från att utveckla sin fulla potential och att följa många mål.

D: *Den kroppen var inte mänsklig. Har Johanna haft många liv i en helt mänsklig kropp?*

J: Ja, hon har haft många andra mänskliga liv också. Men det där påverkar fortfarande henne. Det var också för att hjälpa henne förstå varför hennes behov av frihet är så starkt. Att vara oberoende.

D: *Men jag tyckte att det var konstigt att hon skapades på det ovanliga sättet och fick en del av en själ.*

Den Invecklade Universumet ~ Bok Ett

J: Det är inte överraskande, för innan det hade hon ett liv där hon inte uppskattade själens del av sig själv tillräckligt. Människor säger: "Åh, det är bara din själ. Åh, den känslomässiga lilla biten är inte viktig." Och hon visades hur det är när själen inte kan hitta uttryck. Eller hur begränsande det är att bara ha tio eller tjugo procent, istället för hela mängden.

D: *För mig är det förvirrande. Kan du svara? Hon trodde att den som skapade henne gav henne en del av sin själ. Är det vad som hände?*

J: Ja. Men ändå var hon i sig själv i maskinlivet. Hon var en komplett - ja, så komplett som möjligt - person. Så hon måste uppleva begränsningen av att ha mer maskinliv än själsliv.

D: *Men varje gång den andra personen gav henne en del av sin själ, skulle det vara hans, eller hur, istället för hennes?*

J: Det var en del av henne, var det inte? Jag menar, hon var båda.

D: *Det slog mig just. Menar du att hon också var den person som gav henne liv?*

J: Ja, men hon visste inte alls det. För annars skulle hon inte ha haft denna upplevelse, om de hade berättat det för henne. Om hon hade blivit informerad om att vi är mer än en person. Vi har själsbitar överallt.

D: *För i grund och botten kunde de inte skapa liv. De kunde bara överföra en del av sig själva?*

J: Det stämmer.

D: *Så hon skulle faktiskt veta i maskinen att hon var mindre. (Ja.) Så en del av henne gick vidare med mannen och det har också skapat karma. (Ja.) Och den andra delen finns nu i Johanna.*

J: Och det förklarar också för henne varför hon i detta liv tar sin själ som viktigare än något annat.

D: *Vid det här laget inser hon värdet av det, för det fanns en tid då hon bara hade en mycket liten del av det. (Rätt.) Hon hade några fler frågor. Förklarar detta också problemen med hennes fysiska kvinnliga organ?*

Innan sessionen diskuterade hon problem med oregelbundna menstruationscykler med mycket kramper.

Den Invecklade Universumet ~ Bok Ett

J: Ja, det gör det. Rädslan för att bli förnedrad av en manlig person, för den som bestämde över krossandet var en man. Och hela känslan handlade också om förnedring. Även de undersökningar och pokningar de gjorde med verktygen när de skrattade åt dem var en del av hennes själsminne också. Så det handlade om att inte känna sig säker i en kvinnlig roll.

D: Så hon ville inte vara en fullständig kvinna och få barn.

Hon har aldrig gift sig och har aldrig velat ha barn. Hon har för närvarande en platonisk relation med en man.

J: Ja. Gefärdningen av att bli krossad på det sättet av någon som är mer mäktig verkar vara en mycket verklig fara.

Jag fortsatte att ställa de frågor hon hade begärt, och många av de nutida problemen härstammade från att hon lätt blev förnedrad, även om det var oavsiktligt. Den största delen av mitt terapeutiska arbete handlar om att sätta ihop bitarna och övertyga det undermedvetna att frigöra de fysiska obehagen, eftersom de inte behövs i det nuvarande livet. De har sina rötter i ett annat liv. När kopplingen görs och förståelse kommer, då frigörs problemet och de fysiska och känslomässiga fördelarna är omedelbara. Symtomen har tjänat sitt syfte att få den medvetna tankens uppmärksamhet, så de behövs inte längre. Många fall av kvinnoproblem och infertilitet kan spåras tillbaka till händelser från tidigare liv. Men detta var den konstigaste förklaring jag någonsin haft för den här typen av fysiska problem.

Terapikopplingen var viktig, men för mig var den mest intressanta aspekten av detta fall att en själ kan bebo en maskinkropp. Också att själen kunde dela sig, och en avknoppning kunde avvika och bli en annan personlighet som lär sig olika läxor än värden eller den ursprungliga själen. De två skulle aldrig ens vara medvetna om varandra, eller att det fanns en separation. Så hur många delar av oss har avknoppat och blivit själsbitar utan vår medvetna medvetenhet? Vi kommer förmodligen aldrig att veta, och det går tillbaka till idén att vi i grunden alla är en del av alla, och att allt är ett.

Den Invecklade Universumet ~ Bok Ett

I mina tidiga dagar med att utföra regressions terapi hade jag ett fall som har vissa likheter, och vid den tiden hade jag ingen aning om vad jag hade funnit. Det passade inte in i mallen som jag försökte passa mina fall i vid den tiden, mestadels linjär reinkarnation. En kvinna gick till ett tidigare liv där hon var en högt utbildad prästinna som var dedikerad till att arbeta vid ett tempel och som rådgivare till folket. Hon skulle förbli celibat och ledde ett mycket ensamt liv. Tills en dag när en främling seglade in i hamnen, och de föll för varandra. Hon ställdes inför ett svårt val: att lämna med sin älskare, eller stanna kvar med sina svurna löften i templet. Hon beslutade sig till slut för att segla bort, och det var där förvirringen (från min sida) kom in. Hon rapporterade scenen från två separata perspektiv: när hon lyckligt seglade iväg, och när hon stod på stranden och bittert grät för att en del av henne lämnade. Tydligen var den delen av henne som var på skeppet inte medveten om den del som var kvar. Nästan som om beslutet hade splittrat henne i två personer. Jag kunde aldrig förstå detta koncept.

Ändå går det också ihop med konceptet som rapporterades i kapitel 11 om parallella liv och dimensioner. När vi fattar ett beslut måste energin från det vi inte valde gå någonstans. Och så avknoppar det sig och blir en annan "du" som lever ut det andra beslutet. Kanske var prästinnan medveten om vad som hände på grund av sin träning, där hon normalt sett inte skulle ha vetat att något hade inträffat. Hon skulle ha sett mannen segla iväg och känt sorg för sig själv på det sättet, inte för att en del av henne lämnade. Om inte annat har dessa fall lärt mig att tänka och utforska komplicerade koncept med ett öppet sinne.

Kapitel Sexton
Guds Källa?

Jag talade på en UFO-konferens i Berkeley i november 2000 och bodde på den närliggande Y.M.C.A. Denna session var en av flera som jag genomförde i mitt rum på Y. Shirley var en kvinna i fyrtioårsåldern som hade velat ha en session länge, men varje gång jag kom till denna del av Kalifornien fanns det en lång väntelista. Slutligen fick vi en chans att träffas. Det pågick kraftig byggnation på andra sidan gatan där en fem våningar hög byggnad höll på att slutföras. Alla mina sessioner på denna plats hade samma problem. Ljudet störde mig, men verkade inte störa ämnet när de väl var under. De är likgiltiga för störningar när de är i detta trance-tillstånd. En gång i Memphis gick en tornado-varningssirén igång på taket av byggnaden bredvid motellet jag bodde på. Den fortsatte i en halvtimme och var mycket märkbar på inspelningen, men ämnet hade ingen minne av det alls.

Shirley gick snabbt in i djup trance, och jag fortsatte att ta henne till ett tidigare liv för att hitta svar på hennes problem. Hon regressade till ett lantligt liv där bönder arbetade på ett fält. Hon såg sig själv i en manlig kropp, men hon verkade inte vara en deltagare, utan bara en observatör. Ofta när detta händer är de inte från området och kanske reser genom, och har stannat för att titta på scenen. I dessa fall kan jag vanligtvis ta dem tillbaka till var de reste ifrån, eller ta dem framåt till sin destination. Detta fungerade inte med Shirley. Hon var inte involverad i några av scenerna hon besökte. Även om de var fyllda med levande detaljer, var hon bara en observatör.

Hon sa: "Jag känner igen dessa platser, men jag är inte bekväm där. Jag känner mig malplacerad, som om jag inte är den jag är. Ingenting verkar egentligen bekant för mig. Det är som om jag kämpar."

Eftersom hon kände sig malplacerad bad jag henne att flytta till där hon kände sig bekväm, där hon kände att hon hörde hemma. Att gå till en plats som var bekant.

Hon överraskade mig fullständigt med sitt snabba och oväntade svar: "Solen!" Jag bad henne att förklara vad hon menade.

Den Invecklade Universumet ~ Bok Ett

S: Vi kan gå in i solen. Det är där jag känner mig bekväm och familjär.
D: I solen?
S: I solen. Med ljuset. Jag är en del av det. Det är bara ett stort ljus. Och det är varmt.
D: Vår sol, eller är det ... något liknande?
S: Det är solen.
D: Det är solen? (Ja) Nåväl, hur är det att vara en del av det?
S: (Stort andetag) Normalt! Det känns som hemma. Jag har ingen kropp. Jag har medvetande. Jag är en del av hela grejen, och inte separat.

Eftersom hon var så positiv och nöjd bestämde jag mig för att gå med på det. Jag har haft ämnen som beskrivit några mycket konstiga upplevelser som var oväntade. Det undermedvetna tar alltid dem till vad de är tänkta att se, och det är vanligtvis av en viktig anledning. Det kommer att gynna ämnet; även om jag inte förstår det.

D: *En del av hela ljuset? Nåväl, hur är det att vara i solen? Många människor undrar över det.*
S: När du närmar dig den, är den extremt ljus och varm. Men när du går in i den, är det inte varmt längre. När du väl blir den, är det bara en boll av ljus. Med medvetande.
D: *Sonden har också medvetande?*
S: Ja. Det är en större medvetenhet. Det fortsätter och fortsätter för evigt.
D: *Men finns det inte många solar på många ställen?*
S: Inte som detta. Det finns bara denna.
D: *Detta är annorlunda än en stjärna som är en sol? Är det vad du menar?*
S: Ja. Det är ren energi.
D: *Eftersom det finns många solar, eller hur, med många planeter som kretsar runt dem?*
S: Jag vet inte. Allt jag vet är att jag gick mot denna ljuskälla jag kände igen. Så snart jag visste att det var mitt hem, och när jag gick in i den hade jag ingen form. Jag hade bara total medvetande och energi.

D: *Känner du att det är ditt hem? (Ja) Och det är där du är bekväm? (Ja) Nåväl, det är mycket bra. Känns det konstigt att inte ha en kropp?*
S: Nej. Det känns normalt.
D: *Har du varit där länge, eller vet du?*
S: Jag vet inte, men jag känner igen det. Det är vem jag är.
D: *Finns det andra varelser, andra enheter med dig?*
S: Ja, men när du är där är du inte annorlunda. Det är som om du är enheten. När jag drar mig ur solen, eller drar mig ur denna boll av energi och ljus, blir jag då annorlunda. Och det finns andra enheter. När de drar sig ut blir de separata. När de går in är det bara ett.
D: *Så det är en bekväm känsla att vara en del av en sak? (Ja) Och sedan kan du dra dig tillbaka igen.*
S: Ja, om jag ville, kunde jag dra mig tillbaka.
D: *Har du ett namn för denna plats?*
S: Jag har inget namn för den.
D: *Vi gillar att ge namn och etiketter på saker. Men är du där länge?*

Det var svårt att tänka på frågor för något så okänt.

S: Jag kan vara här länge. Om jag är där är det inte troligt att jag skulle vilja gå ut igen. Men jag kan.
D: *Men du kan inte alltid stanna på ett ställe, kan du?*
S: Jag kan. Jag vet inte varför jag skulle gå ut, men ibland går vi ut.

Jag försökte tänka på hur jag skulle flytta henne, för detta verkade inte gå någonstans. Hon kunde vara nöjd att stanna där på obestämd tid.

D: *Och du kan gå ut och komma tillbaka in igen? (Ja) Och när du går ut så separerar du dig till olika individuella enheter? (Ja) Okej. Låt oss se vart du går när du går ut. Berätta vad som händer när du går ut och blir en individuell enhet.*
S: Det är inte bekvämt. Det är mycket störande. Det är ... den fysiska ... känslan är obehaglig.
D: *När du lämnar ljuset, menar du att du blir fysisk som en enhet?*

S: Fysiskt som en enhet. Det är mycket mer annorlunda. Att inte vara en del av hela saken är väldigt, väldigt störande. Och det är mycket kallt. Och det är väldigt tungt. Och det är mycket ensamt.

D: *Du är då separerad, och i den andra är du en del av allt? Skulle det vara rätt?*

S: Du är inte en del av det. Du är bara det.

D: *Du är det.*

S: Det är inte som att du är en hel massa, som går in i en. Du är bara det. Det finns ingen separation. Ingen skillnad. Det finns bara en skillnad när du går ut. Det är då du drar dig isär, och du blir "vi" och "de" eller många, eller ... en gräns.

D: *Vad menar du med en gräns?*

S: Eftersom du har en form, så finns det en gräns runt dig. Och på grund av den formen hindrar det dig från att vara utan separation.

D: *Jag försöker förstå. Varför skulle du då ta en form?*

S: Jag tror det är för att tjäna den du väljer. Jag tror det är någon form av att tjäna och offra att vi går ... för att hjälpa....

D: *För att hjälpa vem?*

S: För att hjälpa de andra som kanske inte vet hur man kommer tillbaka.

D: *Kommer alla från samma plats?*

S: Jag tror det. Om jag närmar mig det kan jag svara bättre. Om jag går in i det, ja. Men när jag kommer ut ur det, och är utanför det, finns det för mycket skillnad för att veta allt.

D: *Menar du att du förlorar en del av informationen eller kunskapen?*

S: Ja, jag tror så. Det är som när jag närmar mig, jag vet, jag är säker, jag är. Men när jag går bort från det, förlorar jag en del av det. Och ändå väljer jag att gå bort.

D: *Men tror du att alla dessa individuella enheter kommer från en och samma plats?*

S: Det är den enda plats jag känner till.

D: *Den enda du är bekant med. (Ja) Jag var nyfiken på om det fanns andra platser som den.*

S: Min känsla är att det bara finns en plats.

D: *Och sedan går människor ut och kommer tillbaka som individer. (Ja) Kommer de tillbaka i cykler, med intervaller eller hur?*

S: Ja. Det är inte allt på en gång. Det är slumpmässigt, när något är slutfört, eller när du behöver bli energiserad.

D: *Menar du att du måste gå tillbaka periodiskt för att bli energiserad? (Ja) Om du inte gör det, vad skulle hända?*
S: Det är inte så att vi inte skulle. Vi måste gå hem. Du går tillbaka. Du blir energiserad så att du kan fortsätta gå ut. Och du kommer aldrig att sluta gå tillbaka.
D: *Så du går fram och tillbaka då.*
S: Ja. Ibland stannar du längre. Och ibland stannar du mindre.
D: *Men det är alltid en plats som du till slut kommer att gå tillbaka till? (Ja) Nåväl, var går du när du reser bort från detta ljus?*
S: Jag gissar att jag går till planeter. Jorden, andra platser också.
D: *Kan du beskriva vad du menar? Vilka andra typer av platser skulle du gå till?*

Byggnationen, nitarna och ljudet av tung utrustning över gatan blev väldigt högt och distraherade mig. Det verkade dock inte störa Shirley alls.

S: Platser som är olika. Som har inte lika mycket färg som Jorden. Har olika former - inte av det materiella.
D: *Vad menar du?*
S: Ingen växtlighet. Inget med färg. Inga blommor, inga fåglar. Grått. Röda färger. Grova röda färger. Kullar, lera.
D: *Har de fysiska omgivningar, som berg eller smuts eller något?*
S: Det finns berg, men de är annorlunda där. De är spetsiga, och mycket linjerade och skarpa.
D: *Hur vet du vart du ska gå när du går ut till dessa olika platser?*
S: När jag rör mig finns det något i mig som ... jag blir skickad. Jag skickas för att hjälpa världen.
D: *Hur vet du vart du måste gå?*
S: Medvetandet skickar oss. Vi vet bara.
D: *Menar du det stora ljuset som du lämnade? Medvetandet? Är det vad du kallar det? (Ja) Det skickar dig, berättar för dig vart du ska gå?*
S: Ja. Det är mer som mental telepati. Det är som att jag bara vet. Jag är en del av hela grejen, så jag vet vart jag ska gå. Och när jag lämnar det blir jag mer av ett individuellt ljusväsen.
D: *Du är separerad vid den tiden. Och du verkar instinktivt veta vart du ska gå? (Ja) Och när du kommer dit, vad händer då?*

S: Jag blir, tror jag, en form som formerna vart jag än går. Och jag hjälper till som jag behövs.

D: *Så formerna kan vara olika vart du än går. (Ja) Hur blir du dessa former?*

S: Jag tror att jag bara tänker dem.

D: *Jag antar att jag tänker på själar och andar och hur de skulle gå in i en form. Är det annorlunda än det?*

S: Jag tänker på formen, och jag är där.

D: *Jag tänker i jordiska termer.*

S: Du menar som om jag föds. (Ja) Jag ser inte mig själv bli född. På Jorden ... låt mig tänka, om jag gick till Jorden.

D: *Eftersom Jorden är vad jag är bekant med. Jag vet att andra förmodligen är olika.*

S: Jag var på väg någon annanstans.

D: *Vi kan återkomma till det om en minut. Jag ville klargöra denna del, om möjligt. Om du skulle komma till Jorden, hur skulle det hända?*

S: Jag tror att när jag kommer till Jorden, kan jag ibland bli född. Men jag måste inte vara det.

D: *Jag tänker på själen eller anden, vad du nu kallar dig själv, som går in i ett barn när det föds.*

S: Jag behöver inte göra det på det sättet.

D: *Hur skulle du göra det om du gjorde det på ett annat sätt?*

S: Jag skulle bara gå in i något.

D: *Men skulle det inte redan finnas en själ inuti?*

S: Inte om jag gick in. Inte när jag skulle gå in. Men mycket sällan, på Jorden, gör vi det.

D: *För jag har blivit informerad om att en tilldelas varje form?*

S: Ibland lämnar du. Ibland en själ - det är en överenskommelse - ibland lämnar de. Och jag kan komma in.

Detta lät något som en "walk-in". Dessa beskrivs i Between Death and Life. Normalt byter en annan själ plats med den själ som för närvarande ockuperar kroppen om den själen har tagit på sig mer än den kan hantera. Det är ett acceptabelt alternativ till självmord.

D: *Kallar du dig själv en själ eller en ande?*

S: Jag är inte en ande. Jag är en själ.

D: *Hur skulle du definiera dig själv som en själ? Jag vet att ibland är språket inte tillräckligt.*
S: Ja, för jag använder inte språk. Tänk. Du tänker bara. Det är medvetande. Och jag är medvetande, saker kan hända väldigt snabbt.
D: *Så skulle du betrakta dig själv som en själ som en del av medvetandet?*
S: Jag är medvetande.
D: *Du är medvetande, men du är också en individ.*
S: På Jorden, på andra platser, men när jag går hem är jag bara den.
D: *När du kommer till Jorden går du in i en form när den föds som ett barn?*
S: När vi går till Jorden, och jag går in i ett barn, går jag inte in i vilket barn som helst. Jag går in där jag behövs. Jag kan se en själ i barnet som jag går till. Och jag tror att jag förenar mig med den själen.
D: *Så det är annorlunda än vad de andra själarna eller andarna gör? Är det vad du menar? (Ja) Där de tilldelas en, gör du det på ett annat sätt?*
S: Jag tror så, för jag ser inte mig själv bli född. Jag ser mig själv göra ett val. Och det är en överenskommelse.
D: *Med själen som redan är där?*
S: Ja. En sådan situation kanske.
D: *Och du kan göra detta när som helst under livets gång för formen?*
S: Jag gör det och stannar med det hela tiden. Och sedan lämnar jag. Men jag kan göra det i vilket stadium som helst.
D: *Det var vad jag menade. Det behöver inte vara ett barn? Du kan gå in i det vid vilket stadium som helst? (Ja) Så länge det är i överenskommelse med själen som redan är där? (Ja) Och medvetandet är den som instinktivt berättar för dig vart du ska gå nästa? (Ja) Och du sa att när du går till andra platser, andra planeter eller andra riken, görs det på ett annat sätt?*
S: Jag tror att jag går in som en vuxen form. Jag ser formen och jag blir bara den. Men det finns redan en form.
D: *Så det finns inga mindre versioner av den, som barn. De är alla mogna, vuxna former?*
S: När jag går in vid det stadiet. I alla fall på denna plats.
D: *Jag fortsätter att tänka på det fysiska, men det kanske inte är så.*

Den Invecklade Universumet ~ Bok Ett

S: Det är en fysisk inträde. När jag säger att jag är en individ när jag lämnar massan av energi medvetande, är jag en form av något utanför den energi medvetandet. Jag kanske inte är en form av vad som än kommer att hända. Så jag är fortfarande energi medvetande, men jag har en form som är obeskrivlig.

D: Och du har ett medvetande, en personlighet som tänker, eller hur?

S: Jag får veta, ja, som medvetande.

D: Så på det sättet har du en individualitet, även om du är energi. Är det vad du menar?

S: Ja. Och jag är till tjänst.

D: Dessa platser du går till där du tänker en kropp, är det så som de andra enheterna på den platsen också skapar kroppar? (Ja)

Nu, förutom byggljuden, började några barn en hejaramsrörelse på gatan nedanför med rop, sång och trummor, eftersom vi befann oss i närheten av flera skolor. Återigen verkade det inte störa Shirley alls.

D: Jag ställer så många frågor eftersom jag försöker förstå svåra koncept. Så på dessa platser behöver människor eller enheter inte gå igenom en tillväxtprocess. De skapar bara den form de vill vara i genom att tänka på den. Är det korrekt? (Ja) Så det finns många andra sätt att göra saker på förutom det vi vet på Jorden. (Ja) Det är därför det är lite svårt för mig att förstå. Men om du skapade kroppen till existens genom att tänka på den, då skulle den inte dö, eller hur?

S: Jag dör aldrig. Kroppen av den som jag går till kommer att dö, och då separerar vi. Och deras själ går sin egen väg. Och jag går tillbaka.

D: Så varje gång du gör detta är du alltid med en annan själ i kroppen?

S: Ja, jag tror det.

D: Du är aldrig i kroppen själv. Det låter annorlunda. Det är inte så vi normalt tänker på andar och själar.

S: Jag är medvetande.

D: Men menar du att det finns en annan själ i dessa kroppar, den fysiska formen, även när du tänker den till existens? (Ja) Och sedan förenar du dig med den.

S: Jag förenas inte.

564

D: *Hur gör du det? Går du ihop med den? Det skulle vara att förena sig.*

S: Jag blir inte ett med den. Jag tjänar den. Och sedan går jag hem.

D: *Gör inte det att du blir mer som en observatör? Jag kanske inte använder rätt terminologi.*

S: Jag är inte en observatör.

D: *Du sa att du tjänar själen, men du är ett medvetande. Kan du hjälpa mig att förstå?*

S: Den här personen som ligger här har också svårt att förstå detta.

D: *Låt bara informationen flöda igenom, så kan vi sortera ut det senare. På det här sättet kan vi båda förstå det. Du sa att du inte är observatören. Om du tjänar själen som är i kroppen, är du inte själen som har upplevelsen.*

S: Det kan hända att jag förenas med själen, och att jag är ren medvetenhet. Jag har en själ, men jag är inte min själ. Jag är nu ren medvetenhet. En energi. Jag har varit där länge nog att det är mitt hem. Jag hjälper planeter. Jag går till vissa platser där jag behövs, och jag hjälper varelserna på planeten. Och när jag går in i dem är det där jag behövs just när jag behövs. När jag går in i själen, ett barn, dominerar min medvetenhet. Jag överskrider den medvetenheten tills jag inte behövs längre.

D: *Kan detta hända innan kroppen faktiskt dör, att du inte längre behövs?*

S: Ja. Men vanligtvis inte.

D: *Nåväl, om det finns en annan själ tilldelad den kroppen, och du mer eller mindre hjälper den själen, betyder det att du inte skapar karma för dig själv?*

S: Jag kan skapa karma. Jag behöver inte. Men ibland kan jag glömma för mycket och skapa karma. Och då tappar jag lite av mitt hem, tills jag kommer ihåg. Det är de gånger jag tillbringar längre tid borta. Då kan jag födas på ett annat sätt. Men när jag kommer ihåg, går jag hem. Jag glömmer aldrig, aldrig. Men ibland, om jag har en uppbyggnad av allvarlig karma, måste jag bearbeta den innan jag kommer att komma ihåg.

D: *Vid den tiden är du den dominerande själen i kroppen, istället för hjälparen? (Ja) Kan du växla fram och tillbaka? (Ja) Du kan hjälpa själen, eller om du skapar karma, så blir du själen som*

måste uppleva det. Ger det mening? (Ja) Jag antar att vi alltid
tänker på besatthet, men det låter inte så.
S: Nej. Nej, det är alltid av val, och det är bara när jag behövs.
D: Men ibland blir du fast, så att säga, och måste vara den
dominerande i kroppen tills du har bearbetat det. (Ja) Och då kan
du antingen gå hem, eller växla fram och tillbaka igen?
S: Jag går hem. Det är inte ... ibland kommer jag att glömma.
D: Då har det mesta du har gjort varit som en hjälpare, snarare än
att leva ett fysiskt liv. Är det vad du menar? (Ja) Så även på andra
planeter, andra dimensioner har du försökt hjälpa. (Ja) Men vid
den här tiden när du är i Shirley kropp, är du hjälparen eller är
du den dominerande själen?
S: Jag går in för att se. (Paus) Jag är den dominerande själen.
D: I detta liv då. (Ja) Är detta varför - i hennes medvetna sinne - hon
har känt sig frånkopplad i detta liv? (Ja) Hon säger hela tiden att
hon vill gå hem. Hon vet att hon inte hör hemma här. (Ja) Eftersom
hon är mer kopplad till dig än den genomsnittliga personen? (Ja)
Det ger mening, eller hur?

Detta liknar de andra fallen i denna bok där människor längtade efter att gå hem, men inte visste var "hemma" var. I de flesta av dessa fall, när de återvände hem, var det en konstig fysisk planet. Detta fall med Shirley verkade indikera en ännu djupare längtan efter hem som gick bortom den fysiska eller ursprungliga värdplaneten. Dessa andra ämnen kände ofta att de var en del av den plats de befann sig på, och de hade också en stor tvekan att lämna. Men Shirleys längtan verkade vara ännu mer grundläggande och väsentlig. Kanske ett minne från en del av vårt primordiala sinne som existerade före skapelsen av fysiska världar, som har varit en av oss för alltid.

D: Varför blev du fast, så att säga, i denna kropp och blev den
dominerande själen? (Paus) Du skapade karma, antar jag, annars
skulle du inte vara den dominerande själen, eller hur?
S: Ego. Jag missbrukade lite makt.
D: Berätta om det.
S: Jag skapade falska saker.
D: Du sa att du kan tänka saker till existens?

S: Nej. När jag kommer från mitt centrum kan jag tänka till existens. Men jag kan inte tänka saker till existens.

D: Men du sa, vid en annan tid, att du skapade falska saker?

S: Jag experimenterade med djur. Jag gjorde dem till olika former.

D: Var detta i ett liv som du levde vid den tiden? *(Ja) Varför gjorde du det?*

S: För att jag ville skapa något. Och jag hade förmågan.

D: *Som en fysisk entitet gjorde du dessa saker? (Ja) Jag antar att jag tänker på en vetenskapsman eller något? (Ja) Gjorde du det bara av nyfikenhet eller vad?*

S: Det var för att se om det fungerade.

D: *Gjorde andra samma sak?*

S: Ja. Men jag var en av ledarna. Det var moraliskt fel.

D: *Men du sa, att skapa falska saker.*

S: Människor och djur. Experimentera med olika djur. Skapa med kroppsdela. Kirurgiskt och genetiskt.

D: *Skulle dessa konstiga varelser leva? (Ja) Den plats där du gjorde detta, hade den ett namn?*

S: Atlantis. Det var inte riktigt i, det var någonstans i närheten.

D: *Bara av nyfikenhet för att se om det kunde göras.*

S: Ja, det kom från ego.

D: *Vad gjorde du med dessa skapelser efter att de hade skapats?*

S: Släppte dem.

D: *Kunde de återskapa sig själva? Kunde de reproducera?*

S: Vissa kunde. Vissa kunde inte. Jag hade kommit in i en annan själ. Själens ego var en vetenskapsman. Själen hade ego. Mycket ego. Och jag blev förlorad i egot.

D: *Du blev för involverad då, och så blev det din karma. (Ja) Men var det inte människor som gjorde många saker som inte var rätt på den tiden, för de var bara nyfikna?*

S: Ja. Men eftersom jag blev uppfångad i egot, användes mitt medvetna ego felaktigt. Jag hade makt.

D: *Och då blev du, mer eller mindre, uppfångad i cykeln av att behöva återvända och betala tillbaka karma. (Ja) Och det gjorde att du blev fast i det fysiska på den mänskliga jordplanen? (Ja) Har du betalat tillbaka dessa saker?*

S: Jag har betalat tillbaka.

Den Invecklade Universumet ~ Bok Ett

D: Det är en stor skuld, men tror du att du nästan har fullgjort den karma? (Ja) Så kanske det inte dröjer mycket längre, och du kan gå hem. Men vid denna punkt måste du stanna med Shirley, med denna kropp? (Ja) Det betyder att Shirley har en stor mängd outnyttjad kunskap och information som hon inte ens vet finns där. (Ja) Om hon vill använda det i detta liv, skulle hon kunna få tillgång till den kraften och den informationen?

S: På ett sätt.

Jag fortsatte sedan att ställa denna del av henne (jag visste inte om jag talade med hennes undermedvetna eller inte) de frågor hon hade skrivit ner före sessionen. Denna del var så nära kopplad till henne att den kunde ge henne viktig rådgivning för att hjälpa henne att förstå händelser i hennes liv. En sak hon särskilt hade frågat om var hennes djupa och nära samhörighet med djur. Hon kan mentalt kommunicera med dem. Jag misstänkte att svaret skulle kopplas till livet i Atlantis där hon hade misshandlat djur i stor utsträckning. Jag hade rätt, för det sa att hon nu hade utvecklats till den punkten att hon hade blivit ett med djuren på ett positivt sätt.

Shirley hade haft en konstig upplevelse för några år sedan som hon ville att jag skulle fråga om. Under en återfödelsesession såg hon sig själv leva ett liv som en utomjording i en reptilsk kropp. Ibland, när man slappnar av under återfödelseprocessen, kommer ämnet att ha dramatiska upplevelser, ofta gå bortom att återuppleva födelseupplevelsen och ta in tidigare livsscener. Hon ville ha mer information om detta.

D: En gång när hon gjorde återfödelse gick hon till en upplevelse där hon var i en reptilsk form. Hon ville veta om det var ett sant minne, eller vad som hände?

S: Ja, det var ett sant minne. Det var inte vem hon var. Det var vem jag är. Och faktiskt är jag inte separat från henne, utan jag är.

Jag blev förvirrad igen. Denna hela session presenterade information som jag aldrig hade stött på tidigare.

D: Du sa att du är den dominerande själen nu som Shirley. (Ja) Har ni alltid varit tillsammans, som själar? (Ja) Varje liv ni har levt,

har hon levt? (Ja) Och ibland var hon den dominerande, och ibland är du?
S: Hon har varit den dominerande själen, men jag börjar bli den dominerande själen.
D: Men ni har alltid varit tillsammans, och ni har hjälpt henne hela tiden. (Ja) Men det var ett liv hon levde någon annanstans i en reptilsk form?
S: Det var ett minne som jag hade. Eftersom jag har varit i hennes själ som en del av henne, och ändå inte separat, men inte samma - det finns inga ord - kom jag med mitt minne. Och när hon blev återfödd såg hon sig själv som det.
D: Det är den svåra delen, att försöka separera dessa två saker, eftersom vi är så vana vid att tänka i våra fysiska termer.
S: Det är gränserna.

Efter att ha ställt fler frågor som rör Shirleys fysiska tillstånd bad jag den ovanliga delen av henne att dra sig tillbaka, och jag förde tillbaka henne till fullt medvetande. Det är överflödigt att säga att jag var förvirrad av denna nya information och visste att det skulle ta tid att smälta. Jag undrade också hur svårt det skulle bli för Shirley att förstå efter att hon hade fått chansen att lyssna på inspelningen.

Sedan denna session hade jag en liknande upplevelse med en man 2001. Han regressade också till ett starkt ljus som var så bekvämt att han ville stanna där. Han uttryckte känslan av stor ensamhet och separation när han var tvungen att lämna det och individualisera för att kunna ge sig ut på dessa själsutforskningar.

Vad kontaktade vi? Källan? Universell medvetenhet? Fragmenterad själsdel? Guds källa?

Ju fler frågor vi ställer, desto fler frågor väcks. Det verkar vara oändligt. Vi kommer troligen aldrig att kunna förstå allt, och det kommer alltid att finnas mer komplicerade koncept precis bortom vår räckvidd. Men för mig och min omättliga nyfikenhet är det spänningen i sökandet och äventyret i att utforska det okända. Jag kommer att fortsätta resan.

Den Invecklade Universumet ~ Bok Ett

Författarens sida

Dolores Cannon, en regressionshypnoterapeut och psykisk forskare som dokumenterar "förlorad" kunskap, föddes 1931 i St. Louis, Missouri. Hon utbildades och bodde i St. Louis fram till sitt äktenskap 1951 med en sjöofficer. Hon tillbringade de följande 20 åren med att resa runt världen som en typisk marinfru och uppfostra sin familj. År 1970 blev hennes man pensionerad som en funktionshindrad veteran, och de flyttade till kullarna i Arkansas. Därefter inledde hon sin författarkarriär och började sälja sina artiklar till olika tidskrifter och tidningar.

Hon har varit involverad i hypnos sedan 1968 och har uteslutande arbetat med tidigare livsterapi och regressionsarbete sedan 1979. Hon har studerat olika hypnosmetoder och utvecklat sin egen unika teknik som möjliggjorde den mest effektiva frigörandet av information från sina klienter. Dolores undervisar nu i sin unika hypnosteknik över hela världen.

År 1986 utökade hon sina undersökningar till UFO-området. Hon har utfört fältstudier av misstänkta UFO-landningar och undersökt sädesfältcirklar i England. Majoriteten av hennes arbete inom detta område har varit insamling av bevis från misstänkta bortförda genom hypnos.

Dolores var en internationell talare som har hållit föreläsningar på alla kontinenter. Hennes sjutton böcker har översatts till tjugo språk. Hon har talat till radio- och tv-publik världen över, och artiklar om/av Dolores har publicerats i flera amerikanska och internationella tidskrifter och tidningar. Dolores var den första amerikanen och den första utlänningen som mottog "Orpheus-priset" i Bulgarien för de högsta framstegen inom forskning om psykiska fenomen. Hon har också fått utmärkelser för framstående bidrag och livslånga prestationer från flera hypnosorganisationer.

Dolores hade en stor familj som höll henne stadigt balanserad mellan den "verkliga" världen av hennes familj och den "osynliga" världen av hennes arbete.

Om du vill korrespondera med Ozark Mountain Publishing om Dolores arbete eller hennes utbildningskurser kan du skriva till följande adress:
(Vänligen bifoga ett självadresserat frankerat kuvert för svar.)
Dolores Cannon, P.O. Box 754, Huntsville, AR, 72740, USA
Eller skicka ett e-postmeddelande till kontoret på decannon@msn.com eller via vår webbplats: www.ozarkmt.com.

Dolores Cannon, som gick bort från denna värld den 18 oktober 2014, lämnade efter sig otroliga prestationer inom alternativ helande, hypnos, metafysik och tidigare livsregression. Men det mest imponerande av allt var hennes medfödda förståelse för att det viktigaste hon kunde göra var att dela information. Att avslöja dold eller outforskad kunskap som är avgörande för mänsklighetens upplysning och våra lärdomar här på jorden. Att dela information och kunskap var det som betydde mest för Dolores. Det är därför hennes böcker, föreläsningar och unika QHHT®-metod fortsätter att förbluffa, vägleda och informera så många människor runt om i världen. Dolores utforskade alla dessa möjligheter och mer, medan hon tog oss med på våra livs resa. Hon ville att medresenärer skulle dela hennes resor in i det okända.

Other Books by Ozark Mountain Publishing, Inc.

Dolores Cannon
A Soul Remembers Hiroshima
Between Death and Life
Conversations with Nostradamus,
  Volume I, II, III
The Convoluted Universe -Book One,
  Two, Three, Four, Five
The Custodians
Five Lives Remembered
Horns of the Goddess
Jesus and the Essenes
Keepers of the Garden
Legacy from the Stars
The Legend of Starcrash
The Search for Hidden Sacred
  Knowledge
They Walked with Jesus
The Three Waves of Volunteers and the
  New Earth
A Very Special Friend
Aron Abrahamsen
Holiday in Heaven
James Ream Adams
Little Steps
Justine Alessi & M. E. McMillan
Rebirth of the Oracle
Kathryn Andries
Time: The Second Secret
Will Alexander
Call Me Jonah
Cat Baldwin
Divine Gifts of Healing
The Forgiveness Workshop
Penny Barron
The Oracle of UR
The Oracle of UR, Book 2
P.E. Berg & Amanda Hemmingsen
The Birthmark Scar
Dan Bird
Finding Your Way in the Spiritual Age
Waking Up in the Spiritual Age
Julia Cannon
Soul Speak – The Language of Your
  Body
Jack Cauley
Journey for Life
Ronald Chapman
Seeing True
Jack Churchward
Lifting the Veil on the Lost

Continent of Mu
The Stone Tablets of Mu
Carolyn Greer Daly
Opening to Fullness of Spirit
Patrick De Haan
The Alien Handbook
Paulinne Delcour-Min
Divine Fire
Holly Ice
Spiritual Gold
Anthony DeNino
The Power of Giving and Gratitude
Joanne DiMaggio
Edgar Cayce and the Unfulfilled
  Destiny of Thomas Jefferson
  Reborn
Paul Fisher
Like a River to the Sea
Anita Holmes
Twidders
Aaron Hoopes
Reconnecting to the Earth
Edin Huskovic
God is a Woman
Patricia Irvine
In Light and In Shade
Kevin Killen
Ghosts and Me
Susan Linville
Blessings from Agnes
Donna Lynn
From Fear to Love
Curt Melliger
Heaven Here on Earth
Where the Weeds Grow
Henry Michaelson
And Jesus Said – A Conversation
Andy Myers
Not Your Average Angel Book
Holly Nadler
The Hobo Diaries
Guy Needler
The Anne Dialogues
Avoiding Karma
Beyond the Source – Book 1, Book 2
The Curators
The History of God
The OM
The Origin Speaks

For more information about any of the above titles, soon to be released titles,
or other items in our catalog, write, phone or visit our website:
PO Box 754, Huntsville, AR 72740|479-738-2348/800-935-0045|www.ozarkmt.com

Other Books by Ozark Mountain Publishing, Inc.

Psycho Spiritual Healing
James Nussbaumer
And Then I Knew My Abundance
Each of You
Living Your Dram, Not Someone Else's
The Master of Everything
Mastering Your Own Spiritual Freedom
Sherry O'Brian
Peaks and Valley's
Gabrielle Orr
Akashic Records: One True Love
Let Miracles Happen
Nick Osborne
A Ronin's Tale
Nikki Pattillo
Children of the Stars
A Golden Compass
Victoria Pendragon
Being In A Body
Sleep Magic
The Sleeping Phoenix
Alexander Quinn
Starseeds What's It All About
Debra Rayburn
Let's Get Natural with Herbs
Charmian Redwood
A New Earth Rising
Coming Home to Lemuria
David Rousseau
Beyond Our World, Book 1
Beyond Our World, Book 2
Richard Rowe
Exploring the Divine Library
Imagining the Unimaginable
Garnet Schulhauser
Dance of Eternal Rapture
Dance of Heavenly Bliss
Dancing Forever with Spirit
Dancing on a Stamp
Dancing with Angels in Heaven
Annie Stillwater Gray
The Dawn Book
Education of a Guardian Angel
Joys of a Guardian Angel

Work of a Guardian Angel
Manuella Stoerzer
Headless Chicken
Blair Styra
Don't Change the Channel
Who Catharted
Natalie Sudman
Application of Impossible Things
L.R. Sumpter
Judy's Story
The Old is New
We Are the Creators
Artur Tradevosyan
Croton
Croton II
Jim Thomas
Tales from the Trance
Jolene and Jason Tierney
A Quest of Transcendence
Paul Travers
Dancing with the Mountains
Nicholas Vesey
Living the Life-Force
Dennis Wheatley/ Maria Wheatley
The Essential Dowsing Guide
Maria Wheatley
Druidic Soul Star Astrology
Sherry Wilde
The Forgotten Promise
Lyn Willmott
A Small Book of Comfort
Beyond all Boundaries Book 1
Beyond all Boundaries Book 2
Beyond all Boundaries Book 3
D. Arthur Wilson
You Selfish Bastard
Stuart Wilson & Joanna Prentis
Atlantis and the New Consciousness
Beyond Limitations
The Essenes -Children of the Light
The Magdalene Version
Power of the Magdalene
Sally Wolf
Life of a Military Psychologist

For more information about any of the above titles, soon to be released titles,
or other items in our catalog, write, phone or visit our website:
PO Box 754, Huntsville, AR 72740|479-738-2348/800-935-0045|www.ozarkmt.com

www.ingramcontent.com/pod-product-compliance
Lightning Source LLC
Chambersburg PA
CBHW051330230426
43668CB00010B/1219